广东知识产权年鉴

Guangdong Intellectual Property Yearbook 2013

二〇一三年版

广东省知识产权局 编

广东省出版集团
广东人民出版社
·广州·

图书在版编目（CIP）数据

广东知识产权年鉴. 2013 / 广东省知识产权局编. —广州：广东人民出版社，2013.12
ISBN 978-7-218-09041-2

Ⅰ.①广… Ⅱ.①广… Ⅲ.①知识产权—工作—广东省—2013—年鉴 Ⅳ.①D927.650.34-54

中国版本图书馆CIP数据核字（2013）第226648号

广东知识产权年鉴（2013）
广东省知识产权局 编

出 版 人：曾 莹

责任编辑：余小华 陈东英
责任技编：周 杰 黎碧霞

出版发行：广东人民出版社
地　　址：广州市大沙头四马路10号（邮政编码：510102）
电　　话：（020）83798714（总编室）
传　　真：（020）83780199
网　　址：http://www. gdpph. com
印　　刷：广州汉鼎印务有限公司
排　　版：广州市友间文化传播有限公司
书　　号：ISBN 978-7-218-09041-2
开　　本：889毫米×1194毫米 1/16
印　　张：34　　**插　页：**26　　**字　数：**940千
印　　数：1—2000册
版　　次：2013年12月第1版 2013年12月第1次印刷
定　　价：280.00元

如发现印装质量问题，影响阅读，请与出版社(020-83795749)联系调换。
售书热线：（020）83790604　83791487　邮购：（020）83781421

说　明

一、《广东知识产权年鉴》自2002年首卷问世以来至今已满十二周岁。她在各级领导、省知识产权局、有关主管部门以及社会各界人士的关心和支持下，正在健康成长，在此一并表示谢意。

二、《广东知识产权年鉴》是由广东省知识产权局主持，全省有关知识产权管理和执法的单位和部门，以及各地级以上市知识产权管理部门共同参与编撰的大型资料性工具书。《广东知识产权年鉴》每年出版，公开发行，其宗旨是全面、系统、详实地载录广东知识产权工作的基本情况和最新发展状况，为广东历史提供基本资料保存，为社会各界乃至海外人士了解与研究之用，也可作为企事业单位知识产权部门及有关人员的参考书。

三、《广东知识产权年鉴》采取分类编辑法，以编目、分目、条目组成框架结构的主体部分，着力满足读者的需求，方便读者查阅，体现年鉴作为知识产权工具书的现实意义。

四、《广东知识产权年鉴》以出版年号为版次名称，2013年版主要记载广东省2012年知识产权工作的基本资料，设有十二个编目：（1）特辑；（2）综述；（3）知识产权创造；（4）知识产权运用；（5）知识产权保护；（6）知识产权管理与服务；（7）知识产权交流与合作；（8）宣传、教育培训；（9）地市知识产权工作；（10）表彰奖励；（11）工作交流；（12）附录。

五、书内所刊载的内容和数据，均由广东省内省直各厅局、高等院校、科研院所以及各地级以上市知识产权部门提供，并经过一定程序的审核。

六、本年鉴的编辑出版工作得到各供稿单位大力支持和通力合作，谨此致谢。由于时间仓促、水平有限，本书难免有疏漏之处，欢迎各界人士批评指正。

主编：唐　毅

2013年10月31日

《广东知识产权年鉴》（2013年版）
编辑委员会

2012年9月16日，中共中央政治局委员、广东省委书记汪洋（右一）在商务部部长陈德铭（右三）、国家知识产权局副局长甘绍宁（右二）、广东省知识产权局局长陶凯元（右四）等陪同下视察首届中国加工贸易博览会知识产权投诉站。

2012年7月24日，国家知识产权局局长田力普（右四）、世界知识产权组织副总干事王彬颖（左三）、广东省知识产权局局长陶凯元（左二）、中山市副市长冯煜荣（左四）考察中国中山（灯饰）知识产权快速维权中心。

2012年7月25日，广东省委副书记、省长朱小丹（左六）在广州会见来粤参会并调研的国家知识产权局局长田力普（左五）。双方就深化知识产权试点工作达成共识，表示将携手推动知识产权服务业加快发展。

2012年4月26日，广东省委副书记、省长朱小丹（左二），广东省人民政府副省长刘志庚（左四）在佛山市检查督导“三打”工作。

2012年1月11日，广东省人民政府副省长陈云贤（右四）、广东省人民政府副秘书长李捍东（右三）在广东省知识产权局局长陶凯元（左三），党组书记、副局长马宪民（右二）陪同下视察广东省知识产权研究与发展中心。

2012年10月16日，广东省人民政府副省长陈云贤（左三）在广东省知识产权局局长陶凯元（右一）陪同下视察第112届广交会知识产权保护工作。

2012年11月16日，国家知识产权局副局长贺化（右二）、广东省知识产权局局长陶凯元（左四）出席在深圳市举办的第十四届中国国际高新技术成果交易会。

2012年2月28日，广东省人民政府副省长陈云贤（主席台右四）、广东省知识产权局局长陶凯元（主席台右三），党组书记、副局长马宪民（主席台左三）出席“全省知识产权局局长会议”。

2012年2月28日，广东省知识产权局局长、知识产权局系统“三打两建”专项行动领导小组组长陶凯元（主席台左三），党组书记、副局长马宪民（主席台右三）出席“全省知识产权局系统‘三打两建’工作会议”。会议上传达广东省委、省政府关于“三打两建”行动的重要精神和工作要求，同时对开展“三打”专项行动进行动员和部署。

2012年3月2日，“国家知识产权局　广东省人民政府知识产权高层次战略合作工作委员会第四次会议”在北京市召开。国家知识产权局局长田力普、广东省人民政府副省长陈云贤出席会议并讲话。

2012年4月10日，广东省人民政府副省长陈云贤（右三）、国家知识产权局副局长杨铁军（左二）、广东省人民政府副秘书长李捍东（右二）、广东省知识产权局局长陶凯元（右一）出席在广州市举行的由广东省人民政府与国家知识产权局合作共建的“国家知识产权局区域专利信息服务（广州）中心揭牌仪式暨泛珠三角区域内地九省（区）专利信息运用合作协议签署仪式”。

2012年4月19日，“2011年广东省知识产权保护状况新闻发布会”在广州市召开。会上广东省知识产权局通报《2011年度广东知识产权保护状况》。

2012年7月24日，“全省知识产权工作会议暨广东省专利奖励大会”在广州市召开，国家知识产权局局长田力普（右三）、广东省人民政府副省长陈云贤（右一）出席会议并颁奖。

2012年7月24日，国家知识产权局局长田力普、广东省人民政府副省长陈云贤出席由广东省人民政府、国家知识产权局在广东联合召开的“国家专利审查协作广东中心共建领导小组第一次会议”。

2012年5月28日至30日，由国家知识产权局主办的“全国专利信息利用与技术创新研讨会”在广州市举行。国家知识产权局专利局专利文献部副部长王强（主席台右二）出席会议并讲话。

2012年6月至12月，广东省知识产权局在广州市举行“太阳能光伏产业”、“生物医药产业”、“LED产业重点产品”、“LED产业封装和MOCVD设备领域”、“数字家庭产业”、“新一代通信产业”等广东省战略性新兴产业专利分析及预警系列报告会。图为“广东省LED产业重点产品专利分析及预警报告会”现场。

2012年10月26日，科技部海峡两岸科学技术交流中心与广东省知识产权局在广州市联合举行“海峡两岸知识产权合作研讨会”。

2012年11月8日，广东省工商行政管理局召开“广东省著名商标评审委员会会议”。

2012年11月13日至15日，“2012设计·产业（顺德）年会”在广东工业设计城举办。

2012年11月23日，广东省食品药品监管局和广东省科技厅在广州市联合举办“广东省生物医药产业自主创新大会”。

2012年12月4日，“广东省知识产权质押融资与价值评估管理宣讲会”在广州市举行。

2012年12月5日，国家专利产业化（广州数字家庭）试点基地揭牌仪式在广东科学中心学术交流中心举行。国家知识产权局专利管理司司长马维野（左三），广东省知识产权局党组书记、副局长马宪民（右三）出席揭牌仪式。

2012年12月21日，由广东省人民政府主办，广东省金融办、广东省科技厅、广东省知识产权局、广东金融高新技术服务区发展促进局和佛山市人民政府承办的“2012中国（广东）金融·科技·产业融合创新洽谈会”在佛山市举行。广东省人民政府副省长陈云贤出席会议并讲话。

2012年4月24日，广东省“扫黄打非”领导小组在广州市组织集中销毁侵权音像制品活动。

2012年4月24日，广东知识产权保护协会和广州中级人民法院在广州市联合举办“2012年广州知识产权司法保护论坛——地方自主知识产权司法保护”活动。

2012年4月25日，广东省政府知识产权办公会议办公室在广州市召开“广东省2012年十个知识产权典型案件发布会”。

2012年4月25日，海关总署广东分署在广州市召开"'国门之盾'行动新闻发布会"。会上通报广东省内海关开展"国门之盾"行动情况及2011年海关开展知识产权保护工作情况。

2012年6月1日，广东省工商行政管理局党组书记、局长卢炳辉（右一）率队到广州市白云区现场打假。

2012年6月6日，广东省知识产权局局长陶凯元（左二）组织全省18个地市知识产权局查处"护康胶囊"假冒专利案。

2012年7月27日，“2012年广东地区知识产权经典案例报告会”在广州市举行。

2012年11月29日，珠三角地区九市知识产权局代表出席在广州市首次召开的“专利行政执法联席会议”，并签署《珠江三角洲地区专利行政执法合作协议》。

2012年12月7日，广东省“三打”领导小组办公室第四检查考核组组长林瑶卿（左四）一行在广东省知识产权局局长陶凯元（左三）的陪同下，到广东省知识产权局进行检查。

2012年12月11日，广东省知识产权局和重庆市知识产权局在广州市召开“粤渝两省市专利行政执法协作第三次会议”。

2012年12月19日，由广东省食品药品监管局、广东省公安厅、南方医药经济研究所、东莞市政府联合主办的“第七届石龙食品药品打假协作会议（石龙论坛）暨全国食品药品打假形势分析和经验交流会”在东莞市举行。

2012年2月27日，广东省知识产权局召开“泛珠三角区域内地九省（区）专利信息运用座谈会”。

2012年4月6日，广东知识产权保护协会在广州市举办“2012年企业知识产权实务研讨会”。

2012年4月27日，为深入贯彻国家知识产权局《关于规范专利申请行为的若干规定》精神，广东省知识产权局组织召开“规范代理机构专利申请座谈会”。

2012年5月11日，“广东商标协会商标代理分会成立大会”在广州市召开，国家工商总局商标局副局长吕志华出席会议并讲话。

2012年6月8日，“广东省专利代理协会2012年年会暨专利代理行业发展研讨会”在广州市举行。

2012年6月至7月，广东省知识产权局分别在珠三角、粤东、粤西、粤北召开“专利电子申请推广暨‘三打两建’工作会议”。图为粤北会议现场。

2012年9月4日，广东省知识产权局召开“知识产权软科学研究工作座谈会”。

2012年9月6日，“粤东地区专利申请及资助工作会议”在梅州市召开。

2012年11月3日至4日，由国家知识产权局组织的“2012年全国专利代理人资格考试”在包括广州在内的全国20个城市举行。广东省知识产权局党组书记、副局长马宪民视察广州考场。

2012年11月8日，由广东省知识产权局主办的“肇庆市百所千企知识产权服务对接活动”在肇庆市举行。广东省知识产权局纪检组长、监察专员严小宜出席会议。

2012年11月22日，保护知识产权志愿服务队在华南理工大学成立。

2012年11月27日至30日，广东省知识产权局纪检组长、监察专员严小宜（右二）率领第七检查组赴汕头、汕尾、揭阳开展市场中介组织防治腐败工作检查。

2012年12月28日，“广东省知识产权研究会第四届会员代表大会”在广州市召开。

2012年2月23日，阿根廷中国（广东）科技与知识产权系列合作活动在穗举行，阿根廷代表团访问广东省知识产权研究与发展中心。

2012年4月27日，广东省知识产权局与东莞市人民政府在“2012年东莞市知识产权工作会议暨专利奖励大会”上举行合作会商制度议定书签署仪式。广东省知识产权局副局长朱万昌（左）和东莞市人民政府副市长成洪波（右）在双方合作会商制度议定书上签字。

2012年5月10日，《粤澳知识产权合作备忘录》签署仪式暨知识产权工作小组第一次会议在广州举行。广东省知识产权局局长陶凯元（右）和澳门经济发展局副局长戴建志（左）分别代表粤澳双方签署《粤澳知识产权合作备忘录》。

2012年5月10日，海关总署广东分署副主任陈建文（右二）会见香港海关版权及商标调查科一行。

2012年5月15日，山东省知识产权局调研组到广东省知识产权局开展调研交流活动。

2012年7月19日，“粤港保护知识产权合作专责小组第十一次会议新闻发布会暨粤港知识产权合作十周年庆典酒会”在香港举行。

2012年7月26日，香港政府驻粤经贸办与香港表厂商会到访海关总署广东分署。

2012年8月9日，广东省知识产权局局长陶凯元（右六）率领广东省知识产权代表团访问日本特许厅。

2012年8月13日，广东省知识产权局局长陶凯元（左六）率团访问韩国特许厅，与韩国特许厅厅长金昊源（右五）进行工作会谈。

2012年11月6日至9日，美国专利制度巡回演讲在粤举行，广东省知识产权局副局长朱万昌（左三）与美国飞翰律师事务所律师柯思鹰（左四）先生会谈。

2012年11月22日，广东省知识产权局副局长朱万昌（前排左三）率领广东省知识产权局代表团访问南非公司与知识产权注册局。

2012年11月27日，广东省知识产权局副局长朱万昌率领广东省知识产权局代表团访问新加坡知识产权局、新加坡知识产权学院。

2012年12月7日，广东省知识产权局副局长袁有楼（前排右三）率领广东省知识产权局代表团赴日本参加知识产权研修班学习。

2012年12月25日，广东省知识产权局纪检组长、监察专员严小宜（前排左三）率领广东省知识产权局代表团访问台湾工研院。

2012年2月28日，由广东省知识产权研究与发展中心主办的“企业内部知识产权管理实务培训班”在广州市举办。

2012年3月28日，由中共广东省委组织部和广东省知识产权局联合主办的“广东省市（区）领导干部知识产权战略专题高级研究班”在北京市举办，广东省人民政府副省长陈云贤（主席台左二）、国家知识产权局副局长贺化（主席台右二）出席并讲话。

2012年3月22日，广东省知识产权局在广州市举办“知识产权强省政策宣讲师资培训班”。

2012年4月6日，由广东省知识产权研究与发展中心主办的“专利信息检索分析培训班”在广州市举办。

2012年4月10日，“2012年全省‘4·26知识产权宣传周’活动方案发布仪式”在广州市举行。

2012年4月27日，由广东省知识产权局与广东省食品药品监督管理局联合主办的“全省医药行业知识产权实务培训班”在广州市举办。

2012年5月17日，由广东省知识产权研究与发展中心主办的“外观设计专利实务培训班”在广州市举办。

2012年5月17日至21日，“专利代理人实务技能培训班”分别在在广州市和深圳市举办。图为在广州市办班现场。

2012年5月31日至6月1日，由国家知识产权局与广东省知识产权局联合主办的“国家知识产权局（广东）专利信息传播利用基地服务能力提升培训班”在广州市举办。国家知识产权局专利局文献部副部长王强出席培训班并讲话。

2012年6月25日至30日，广东省知识产权局高级培训班在中国延安干部学院举办。广东省知识产权局有关领导、干部及部分地市知识产权局领导约40人参加培训。

2012年7月6日，由国家知识产权局主办的“2012年全国专利代理管理业务培训班”在广州市举办。

2012年7月25日，由广东省知识产权研究与发展中心主办的“企业海外维权与海关知识产权保护培训班”在广州市举办。

2012年8月31日，由广东省知识产权研究与发展中心主办的“专利评估及专利价值分析实务培训班”在广州市举办。

2012年9月1日，由广东省知识产权研究与发展中心主办的“2012年全国专利代理人资格考试广州考点考前冲刺班”在广州市举办。国家知识产权局专利局初审及流程管理部副部长何越峰出席培训班并授课。

2012年9月3日至4日，由国家知识产权局主办的“中国专利文献知识与应用——发展中国家培训班（二期）”在广州市开班。

2012年9月5日，广东省知识产权局党组书记、副局长马宪民在肇庆市党政干部知识产权培训基地做“肇庆市贯彻知识产权强省政策专题讲座”主讲。

2012年9月28日，广东省知识产权局在广州市举办“专利审查高速路（PPH）实务培训班”。国家知识产权局专利局初审及流程管理部副部长何越峰出席培训班。

2012年10月25日，由国家知识产权局和广东省知识产权局联合主办的“广东省专利电子申请系统使用培训班”在广州市举办。

2012年10月26日，由广东省知识产权研究与发展中心主办的“专利复审与无效实务培训班”在广州市举办。

2012年11月6日，由美国飞翰律师事务所和广东省知识产权研究与发展中心联合主办的“2012年美国知识产权制度巡回（广州）研讨会”在广州市举行。

2012年11月12日，由国家知识产权局、世界知识产权组织（WIPO）联合主办的“WIPO外观设计保护和国际注册体系地区研讨会”在佛山市举行。

2012年12月4日至5日，由广东省知识产权局和台湾高地科技有限公司联合主办，广东省知识产权研究与发展中心、惠州市知识产权局共同承办的“全省上市公司知识产权总裁培训班”在惠州市举办。

2012年12月28日，“全省中小学知识产权教育示范学校经验交流会”在广州市第四中学举行。

2012年6月21日，广东省知识产权局党组书记、副局长马宪民（右三）一行赴广州奥凯信息咨询有限公司调研专利信息资源开发利用工作。

2012年10月25至27日，广东省知识产权局党组书记、副局长马宪民赴汕头开展调研工作。

2012年9月6日，广东省知识产权局副局长唐毅（前排左三）一行在梅州市知识产权局局长梁质寿（前排左二）陪同下到梅州市博敏电子股份有限公司调研。

2012年9月7日，广东省知识产权局副局长唐毅（右四）一行到揭阳市广东海兴塑胶有限公司调研。

2012年3月5至9日，广东省知识产权局副局长朱万昌（右二）率国家知识产权局专利局广州代办处一行赴江苏省、上海市、浙江省开展专利代办业务专题调研。

2012年3月6日至9日，广东省知识产权局纪检组长、监察专员严小宜（右二），广东省法制办副主任陈春生联合带队赴广西调研。

2012年5月9日，广东省知识产权局纪检组长、监察专员严小宜（左四）带队赴广州粤高专利商标代理有限公司、广州新诺专利商标事务所有限公司进行调研。

2012年2月29日，广东省科技厅副厅长张明（右二）在广东省知识产权局党组书记、副局长马宪民（左二）陪同下到广东省知识产权研究与发展中心调研指导工作。

2012年6月19日，国家知识产权局专利管理司副司长雷筱云一行来粤调研专利联盟工作。

2012年8月27至29日，国家知识产权局保护协调司副司长武晓明（左一）率领由工信部、文化部、工商总局、版权局等部门组成的调研组在广东省佛山市开展调研工作。

2012年6月29日，国家知识产权局专利局审查业务管理部副部长蒋彤一行来粤调研专利审查业务工作。

2012年2月9日，国家工商总局商标局局长许瑞表（中）在粤调研商标工作。

2012年2月8日，国家知识产权局局长田力普（右二）广东省知识产权局局长陶凯元（右一）出席“深圳市知识产权局挂牌仪式”，深圳市知识产权局挂牌在国内率先实现大知识产权统一管理格局。

2012年4月17日，广州市知识产权局在广州市举办“知识产权强省政策广州宣讲会”。

2012年4月19日，湛江市知识产权局、湛江经济开发区经济贸易和科技局联合在湛江市举办“湛江市知识产权维权培训班”。

2012年4月20日，佛山市知识产权局主办、禅城区知识产权局承办的“企业海外知识产权纠纷应对及竞争策略专题讲座”在佛山市举办。

2012年4月20日，广东省知识产权局和阳江市人民政府联合在阳江市举行“2012年‘4·26’世界知识产权日宣传活动暨省市联合执法启动仪式”。

2012年4月22日，江门市举办“4·26世界知识产权日”大型户外宣传咨询活动。

2012年4月23日，惠州市举办“惠州市2012年4·26知识产权宣传周系列活动——知识产权强省政策宣讲会”。

2012年4月24日，汕头市人民政府召开“‘4·26’保护知识产权宣传周主题活动暨2011年知识产权保护状况通报会”。

2012年4月25日，深圳获授“国家知识产权示范城市”称号，国家知识产权局局长田力普（前排右）和深圳市委书记王荣（前排左）共同为“国家知识产权示范城市”揭牌。

2012年4月25日，汕尾市知识产权局组织开展“4·26”联合执法专项行动。

2012年4月26日，广州市获授“国家知识产权示范城市”称号，国家知识产权局局长田力普（右二）向广州市市长陈建华（右一）授予“国家知识产权示范城市”牌匾。

2012年4月26日，潮州市知识产权局、工商局、文广新局等7个部门在人民广场开展“4·26”知识产权宣传周活动。

2012年4月26日，佛山市知识产权局与市工商局、市版权局举办以“尊重知识产权，崇尚自主创新”为主题的宣传活动。

2012年4月26日，惠州市举行“惠州市‘4·26’世界知识产权宣传周系列活动——非法出版物集中销毁仪式”。

2012年4月26日，揭阳市知识产权局联合揭阳海关、市工商局、文广新局、质监局及榕城区科技局等部门在揭阳市区东方文化广场举办知识产权宣传活动。

2012年4月26日，茂名市开展“4·26”知识产权宣传周活动。

2012年4月26日，云浮市委宣传部、市知识产权局、市版权局和市工商行政管理局在市文化馆广场联合开展“4·26”知识产权宣传周活动。

2012年5月15日，珠海市举办“贯彻知识产权强省政策宣讲会”。

2012年5月24日，广州市知识产权局执法人员联合荔湾区知识产权局、属地街道办等相关单位20余人在某医疗器械城集中查处假冒专利案件。

2012年5月30日，肇庆市知识产权局在广东风华高新科技股份有限公司举办“肇庆市专利检索与采集研修班”。

2012年6月7日，江门市知识产权局开展查处假冒专利专项行动。

2012年6月19日，茂名市开展“搞好‘三打两建’宣传知识产权保护”活动。

2012年6月29日，云浮市、县、镇执法人员联合开展知识产权宣传执法检查。

2012年7月7日，湛江市知识产权局召开“湛江市激励专利申请工作颁奖会”。

2012年7月16日，珠海市知识产权局与工商局开展联合执法检查行动。

2012年7月24日，国家知识产权局在中山市召开“中山知识产权快速维权工作现场会”。

2012年7月30日，阳江市开展知识产权联合执法行动。

2012年8月9日，肇庆市知识产权局在肇庆市召开“肇庆市知识产权工作会议”。

2012年8月31日，清远市召开“科技创新暨知识产权工作会议”。

2012年9月3日，由广州市知识产权局和广州市国资委联合举办的“广州市属国有企业知识产权工作会议”在广州市召开。

2012年9月19日，清远市知识产权局召开“2012年清远市中小学知识产权教育试点学校评定会”。

2012年9月19日，汕头市打击侵犯知识产权和制售假冒伪劣商品工作领导小组办公室召开领导小组联络员工作会议。

2012年11月6日，佛山市顺德区经济和科技促进局在社区举行“‘三打两建’宣传咨询日”活动。

2012年11月6日，江门市知识产权局与招商银行签署专利质押融资合作协议。

2012年12月25日，“国家知识产权示范城市创建市（东莞）验收评审会”在东莞市举行。

目　录

特　辑

综　述

知识产权创造

知识产权运用

知识产权保护

知识产权管理与服务

知识产权交流与合作

宣传　教育培训

地市知识产权工作

表彰奖励

工作交流

附　录

主题索引

照片目录

Contents of Photos

Contents

General Review

Intellectual Property Creation

Intellectual Property Utilization

Intellectual Property Protection

Intellectual Property Exchange and Cooperation

Publicity, Education and Training

Intellectual Property Regional Operations

Commendation and Awards

Work Experience Exchange

Appendix

Theme Index

TE JI

特辑

- 打击侵犯知识产权和制售假冒伪劣商品工作
- 『三打两建』专项行动
- 实施知识产权战略
- 省部知识产权高层次战略合作
- 贯彻实施《珠江三角洲地区改革发展规划纲要（2008——2020年）》
- 《关于加快建设知识产权强省的决定》颁布实施
- 国家专利审查协作广东中心
- 领导讲话

打击侵犯知识产权和制售假冒伪劣商品工作

打击侵犯知识产权和制售假冒伪劣商品工作

【概况】 2011年底，国务院下发《关于进一步做好打击侵犯知识产权和制售假冒伪劣商品工作的意见》（国发〔2011〕37号），打击侵犯知识产权和制售假冒伪劣商品由专项行动转为常态化工作。2012年以来，广东省全面按照全国打击侵犯知识产权和制售假冒伪劣商品工作（以下简称“打击侵权假冒工作”）领导小组的要求和部署，紧密结合广东省内开展的“三打两建”（打击制假售假、打击欺行霸市、打击商业贿赂，建设市场监管体系、建设社会信用体系）专项行动，积极推进制度建设，加大生产源头治理，加强市场监督管理，强化行政和刑事司法打击，努力推进诚信体系建设，建立健全长效治理机制，打击侵权假冒工作取得显著成效。据不完全统计，2012年全省经信、农业、文化、卫生、工商、质监、知识产权、食药监和海关、出入境等主要行政执法部门共立案查处侵权假冒案件112108件，捣毁窝点17732个，移送公安机关案件累计达3162宗。

广东省打击侵权假冒工作的突出成绩得到了党和国家领导人以及省部级领导的充分肯定和高度评价。其中，广东出入境检验检疫局查处埃塞俄比亚输华恰特草案件得到时任中央政治局常委周永康同志的批示；现任中央政治局委员、中央政法委书记，时任公安部部长孟建柱签发嘉奖令对广东省公安机关通令嘉奖；省人民政府省长朱小丹对打击假冒工作批示：“行动迅速、措施有力度，成效值得肯定”；省人民政府副省长，省打击侵权假冒工作领导小组组长陈云贤对打击侵权假冒工作专门作出批示：“此项工作组织到位，措施有力，成效明显”；商务部副部长、全国打击侵权假冒工作领导小组办公室主任姜增伟同志也专门对广东省酒类打假专项作出批示：“广东高度重视酒类产品市场打假专项行动的做法值得总结推广”。

【打击侵权假冒工作措施及成效】 加强领导，全面落实国务院和全国领导小组的要求和部署。广东省委省政府高度重视打击侵权假冒工作。时任省委书记的汪洋同志在2012年初“三打两建”动员部署大会上强调，打击侵权假冒是降低市场交易成本，帮助企业应对困难、健康发展的现实需要；是维护人民群众切身利益，建设幸福广东的迫切要求；是优化市场环境，规范市场秩序，完善社会主义市场经济体制的重要途径。省长朱小丹同志亲自进行专题部署，明确工作重点，指明工作方向。经朱小丹省长批准，省政府成立由陈云贤副省长任组长，31个核心部门组成的省打击侵权假冒工作领导小组。领导小组及其办公室注重长效机制基础性工作建设，制定了领导小组工作规则、领导小组办公室工作制度，并制定印发《关于进一步做好打击侵犯知识产权和制售假冒伪劣商品工作的任务分工》和《2012年全省打击侵犯知识产权和制售假冒伪劣商品重点工作分工方案》，省政府召开全省打击侵权假冒工作电视电话会议，由陈云贤副省长亲自部署，落实任务分工。各地市也根据省政府统一部署，迅速明确当地打击侵权假冒工作协调机构，出台工作方案，形成“统一领导、政府负责、部门监管、各方联动”的工作格局，确保工作有序开展。

建章立制，强化制度保障。广东省紧紧围绕健全打击侵权假冒工作机制和制度体系的工作部署，从优化市场环境，维护市场经济秩序，完善社会主义市场经济体制等方面出发，优化立法流程，提高办文效率，修订并经人大审议通过了《广东省查处生产销售假冒伪劣商品违法行为条例》（修订草案）；组织力量起草了省政府规章《广东省展会专利保护办法》，经省政府常务会议审议后以粤府令第173号颁布施行；为确保依法、合理行政，切实维护公民、法人和其他组织的合法权益，规范和监督广东省打击侵权假冒工作中正确行使行政处罚自由裁量权，省政府颁布了《广东省规范行政处罚自由裁量权规定》（广东省人民政府令第164号）并于2012年1月1日起施行。各地结合本地实际，不断制定并完善地方性法规政策，纷纷出台了《广州市展会知识产权保护办法》、《深圳经济特区加强知识产权保护工作若干规定》、《汕头市专利保护和促进条例》等，积极营造良好的地方知识产权保护法制环境。

统筹协调，推进行政执法与刑事司法有效衔接。广东省打击侵权假冒工作领导小组切实发挥作用，加强统筹协调，有效推进全省打击侵权假冒领域两法衔接工作。广东省建立了行政执法和刑事司法衔接工作联席会议制度，先后有东莞、中山、珠海、深圳、河源、惠州等六市和梅江、梅县、丰顺、高州等四县（区）建立了“两法衔接”信息共享平台；省委政法委、省检察院、省公安厅、监察厅、法制办等联合出台了《关于加强行政执法和刑事司法衔接工作的实施办法》，并制定《省行政执法与刑事司法衔接工作联席会议制度》、《省行政执法与刑事司法衔接信息共享平台工作办法》等配套文件；目前，广东省委省政府已将“两法衔接”信息平台建设作为重要工作来抓，明确要求省级信息共享平台于2013年6月底前完成建设，市、县（区）级信息共享平台于2013年9月底前完成建设，确保在2013年年底前实现全省行政执法机关、公安机关、监察机关、检察机关之间相关执法司法信息共享，全面实现网上移送、网上受理和网上监督。

狠抓落实，分步推进政府机关软件正版化。2012年，广东省加大了各级政府机关使用正版软件工作的推进力度，成立了省推进使用正版软件工作联席会议，省府办公厅在粤府办〔2011〕3号文件中，对各级政府机关使用正版软件工作提出了明确的目标和要求。2012年6月上旬，按照朱小丹省长的要求，省推进使用正版软件工作联席会议派出14个督查组（共56人），由成员单位的14名厅级领导带队，通过检查计算机办公设备软件管理制度、查阅相关登记台账、核对软件授权文书、实地随机抽检等方式，逐一对省级政府机关单位进行全面督查。从检查情况看，省级103个单位共26694台计算机的操作系统、办公软件和杀毒软件全部使用正版软件，广东省省级政府机关按照国务院的要求如期在6月30日前全面完成使用正版软件检查整改任务。2012年11月，省推进使用正版软件联席会议办公室协调派出7个督查组对全省21个地级以上市及顺德区进行督查，督查情况表明，全省地级以上市政府机关（包括党委、政府、人大、政协和检察院、法院、民主党派、人民团体等）已全部实现软件正版化。目前，全省已全面启动推进县级政府机关使用正版软件工作，预计将在2013年6月全面完成。

依法监管，切实加大打击侵权假冒行政执法力度。广东省紧紧围绕重点商品和突出问题，明确工作目标，重点开展专项整治，持续保持打击侵权假冒的高压态势。据不完全统计，全省经信系统共出动327171人次，检查单位或个人147281家，核查案件线索9077起；司法系统以保全证据和公证等手段，积极参与打击侵权假冒工作，共办理涉及侵权假冒行为的证据保全和公证7100件；工商系统制定食品、皮具、烟草、汽配以及商标侵权等5个省一级专项行动方案，共出动126万人次，检查经营主体105万户次，检查各类批发、零售、集贸市场4.2万个次，检查整治重点区域5735处；质监系统围绕食品、药品和日化用品等关系民生的领域，深入组织开展十大打假专项行动；农业部门累计出动执法人员43.75万人次，检查农资生产、销售、仓储等单位20.26万家，摸查案源线索9525条，各级农产品质检机构检测蔬菜和畜禽产品样品达222.38万份；文化市场综合执法部门出动执法人员约68.8万人次，检查各类文化市场经营场所和单位约29.5万家次，其中检查出版物市场3万家次；卫生系统累计出动执法人员297万多人次，出动执法车辆54525车次，检查单位995566家，检查医疗机构57000家次，捣毁“黑诊所”7456个；知识产权系统出动执法人员51985人次，检查生产经营场所22442家，检查商品63万余件；广电系统出动执法人员9000余人次，出动执法车辆1500余架次，拆除或查扣非法卫星地面接收设施1500余套，查处非法销售卫星地面接收设备的店铺188家；食品药品监督管理部门共出动执法人员153万人次，清查企业单位69万家次，立案26943宗，捣毁窝点7961个；人民银行广州分行积极开展反假货币工作；省内海关共查获侵权嫌疑货物5269批次，涉案货物数量达370万件；广东出入境检验检疫局共出动执法人员27549人次，检查企业12886家次，查获非法进口冻肉1937吨，监督销毁非法入境冻品343.6吨。

公正司法，强化刑事司法打击。2012年，广东省公安机关全面掀起打击侵权假冒违法犯罪行为的高潮，立案、破案、移送审查起诉、侦破大要案、集群战役等工作均创历史新高，2012年全省公安机关共立制假售假犯罪案件6150宗（比2012年同期增长221.3%），破案4927宗（比2012年同期增长204.1%），执行逮捕7223人（比2012年同期增长174.2%），移送审查起诉4364人（比2012年同期增长155.2%），公安部孟建柱部长签发嘉奖令对广东省通令嘉奖，刘金国副部长先后20多次批示肯定，公安部先后15次发来贺电；全省检察机关受理审查逮捕侵犯知识产权犯罪案件1943件3721人，批捕3015人，不捕690人，同比（人数）分别上升236.2%、214.7%、248.5%；受理审查逮捕生产销售伪劣商品案件972件1902人，批捕1482人，不捕423人，同比（人数）分别上升194.4%、208.1%和215.7%；受理移送起诉侵犯知识产权犯罪案件2138件3904人，起诉2997人，不起诉42人，同比（人数）分别上升222.4%、258.5%、100%；受理移送起诉制售假冒伪劣商品案件1126件2385人，起诉1691人，不起诉36人，同比（人数）分别上升291.6%、375%和500%；2012年，全省法院共新收生产、销售假冒伪劣商品犯罪一审案件971件，审结946件；新收侵犯知识产权犯罪一审案件2136件，审结2112件，审限内结案率为100%，有力地打击并遏制了侵权假冒现象蔓延的态势。

密切合作，建立跨地区跨部门执法协作机制。公安部门以与烟草、药监、知识产权等单位的联合执法办公室为依托，在线索移送、联合行动、联合督导等方面深化协作，建立了涉假黑名单库，共享情报信息3万多条；知识产权系统举全省之力，与工商、质监、卫生、公安等部门通力协作，组织地市和县（区）局开展查处“护康”胶囊、“UFT”卫生巾、“秀禾”酸辣粉、“匹奥”保健鞋垫等假冒专利大案的大型联合执法行动；食品药品监管局在打击食品药品假冒专项行动中，与公安、教育、环保、工商、质监等11个部门建立齐抓共管的工作机制，省市两级与公安部门建立的“打击制售假劣食品药品违法犯罪联合执法办公室”已上升到10个；海关系统深化粤港、粤澳海关保护知识产权合作，设立粤港、粤澳海关保护知识产权合作专制联络员，并与香港海关开展“海港”专项联合行动，与澳门海关开展旅检渠道水客携带侵权物品进出境专项治理工作；珠海、汕头、佛山、惠州等市成立打假联合执法队伍，统一开展巡查执法；深圳市通过部门打假联席会议、深莞惠三市跨地区打假联席会议、粤港澳三地跨区域打假合作调研等建立了线索通报、案件协办、联合执法、定期会商等制度；部分地市食品药品监管、工商、质监、烟草等部门与当地公安部门成立联合执法机构，茂名市实行公安机关、行政部门、检测机构“三位一体”执法模式。

重点突破，查处大案要案成绩斐然。广东省集中优势兵力，主动出击，查处了一大批侵权假冒情节突出、国内外影响力大的大案要案。省公安厅在公安部经侦局的统一指挥下，联合福建、安徽等地公安机关实施打击制售假冒国际名牌的“蓝色计划”集群战役，三省共捣毁37个制售假窝点，抓获73名犯罪嫌疑人（其中2名约旦人），查获涉及假冒“LV”、“Gucci”等国际名牌的皮包13380个，制假工具一批；省工商局、广州市工商局联手广州市公安局查获了产、运、销名牌皮具案件，现场查获假冒“Gucci”等多个国际名牌皮具17233个，以及一大批原材料和制假售假工具，公安部门带走25名涉案人员进行调查；省食品药品监管局在广州一举捣毁假冒瑞士诺华公司的FreshlookColorblends（美瞳）隐形眼镜片制售窝点7个，并与新成立的广州食品药品犯罪侦查支队合作，破获跨省生产销售假“伟哥”的案件，受到国家食品药品监管局和省政府的肯定；广东出入境检验检疫局查处埃塞俄比亚输华的可致人狂妄、产生错觉，长久嚼食会染僻成瘾的恰特草案件，国家质检总局接到广东局报告后专门发布风险预警，周永康等中央领导对该事件进行了批示；东莞查获泰特手袋厂生产假冒“Coach”品牌手袋案件，共计生产假冒“Coach”手袋32678个，假冒“Gucci”手袋2207个；河源组织相关职能部门查处了肖某、胡某假冒爱马仕品牌皮具案，捣毁涉嫌假冒爱马仕注册商标窝点两个，抓获犯罪嫌疑人27人，扣押假冒爱马仕皮包成品、半成品一批，制假机器数十台；茂名成功从查处一个假保健品储存仓库揪出一个制售假保健品网络，查获假冒“安利”纽崔莱、中山“完美”等品牌保健品成品、原材料及包装物一大批，国家公安部经侦局专门为此案发来贺电，安利（中国）日用品有限公司也送来牌匾致谢。

着眼长远，加快诚信体系建设。广东省将打击侵权假冒工作作为社会诚信体系建设的突破口和重要抓手，努力构建打击侵权假冒长效机制，营造诚实、自律、守信、互信的社会信用环境。工商系统以工商所作为一线监管主力，对辖区市场主体的经营行为实施网格化监管，通过落实责任制，提高了监管效能；深圳、佛山、东莞等地试点建立了商标监测预警机制，提供了公共服务平台，为社会公共资源名称和驰名、著名商标企业提供监测和保护预警服务，协助企业解决商标异议、争议和被抢注问题；广州市督促专业市场与属地工商所签订《不经销假冒伪劣和侵犯注册商标专用权商品责任书》，指导市场开办方与场内业户签订《不经销假冒伪劣和侵犯注册商标专用权商品承诺书》，要求场内经营业户张贴或悬挂承诺“不销售假冒伪劣商品”牌或标志，并在广州红盾网设立企业诚信经营“红黑榜”；深圳市建成华南最大的企业诚信数据库，征集了全市62家行政司法机关、行业协会、公用企事业单位提供的174万多家（含注、吊销企业）各类市场主体的登记、市场监管、资质认证、表彰与处罚、纳税、信贷、诉讼立结案和执行等共1.7亿条信用信息，并将今后企业信用信息系统信息报送纳入市政府绩效考核。

营造氛围，加大宣传教育力度。广东省各级行政司法机关广泛利用3·15“消费者权益日”、4·26“知识产权宣传周”等时机，在全省广泛开展内容丰富、形式新颖的打击侵权假冒系列宣传活动，通过组织现场活动、刊登宣传专版、召开保护状况及典型案例发布会、播放公益广告等多种方式，大力普及知识产权意识，取得很好的效果。全省共有81715位公职人员参与344次法制课程，176282人参加法律知识考试21次，45.72万个企业经营管理人员参加学法考试43次，法制课138次，司法系统还专门组织各种适合外来务工人员、青少年和居民的法制宣传教育活动；省打击假冒小组公布了30条举报热线，设置了最高30万元举报重奖，各地、各部门也分别制定了举报奖励办法，鼓励群众积极举报，全省共收到举报20567条，对828人次举报有功群众奖励228.8万元；省食品药品监管局牵头联合文化、卫生、新闻出版等部门在广州白云区集中销毁60多吨假劣产品并广泛宣传，强烈震慑了制假售假分子；东莞市举办集中销毁非法音像制品和出版物现场会，现场集中销毁非法音像制品和盗版书报刊约15万张（册）；阳江市通过联系当地新闻媒体全过程拍摄记录执法行动，加大执法透明度，强化宣传和监督，使工作更有成效；深圳市根据市民建议在全市公交车、出租车、大型LED显示屏、地铁滚动显示屏发布打击侵权假冒宣传海报和自首公告（已自首14人），提高了群众对打击侵权假冒工作的知晓率、认同感和参与度，激发了群众投诉举报的热情和动力。

加强预警，防范和化解风险。广东省根据实际情况，在打击侵权假冒领域建立质量安全风险监测和分析评估制度，突出抓好食品、特种设备安全监管、重点工业品侵权假冒的及时预警工作，防范制售假风险。全年共完成《婴幼儿及儿童服装产品质量安全分析报告》等专题风险分析报告5份；筛选81名质量专家组建省产品质量安全风险评估专家库；建成国家食品安全风险评估与质量监督检验中心、产品质量安全风险监测和预警中心等风险监测机构，探索建立长效监管机制；建立舆情监控制度，编发《舆情快报》65期；突出重点产品、重点区域和重点企业监督抽查，加大对区域性质量问题的整治；开展食品重点整顿“十百千万工程”部署，扎实开展食品、食品添加剂、食品相关产品和化妆品“三查三整两建”工作。2012年，全省系统现场检查企业53784家（次），排查发现问题9636个，下达《责令改正通知书》6913份，对排查发现的问题及时督促企业进行了整改；就排查发现的问题回访辖区政府2448次；抽查食品58951批次，发现不合格4072批次，并及时组织了整改，注销吊销了食品生产许可证2082张，全年未发生侵权假冒案件引起的群体性事件，有效防范和化解了系统区域性风险。

积极创新，创造性地开展工作。全省各地各部门在打击侵权假冒工作中积极发挥主观能动性，努力创新方式方法，创造性地开展打击侵权假冒工作，取得了显著成效。各地各部门落实领导包案制度，紧抓大案要案，部署重点突破，对重大案件进行“集体会审”，对督办案件进行“限时办理”，成效明显；工商系统以工商所作为一线监管主力，对辖区市场主体的经营行为实施网格化监管；省食品药品监管局组织发动全省系统和社会各界人士开展食品药品制假售假成因分析有奖征文活动，共征集到稿件121篇，为食品药品领域打假行动提供了一定的理论支持；公安厅推动运用信息化手段开展网上作战，利用SIS系统、I2分析软件等信息化手段，通过“积分预警、分类监控”、“四步研判处控法”等技战法全面实施网上作战，成功侦破一批大案要案；广州市开展出租屋专项整治行动，落实出租屋发案责任追究制度，对出现侵权假冒案件的出租屋进行跟踪处理，并协助落实对屋主的处罚；深圳、佛山、东莞等地试点建立了商标监测预警机制，为社会提供监测和保护预警服务，建立防范预警与打击惩处为一体的监管执法体系。

（供稿人：王　强）

"三打两建"专项行动

广东省知识产权局系统"三打"专项行动

【概述】 2012年2月至2013年1月，为落实省委、省政府关于开展"三打"工作的重要部署，广东省知识产权局根据省"三打"领导小组《关于开展"三打"专项行动的方案》、《全省打击制假售假专项行动方案》等文件的精神和要求，结合国家知识产权局开展的2012年知识产权执法维权"护航"专项行动，及时部署、大力推进，在确保完成省打假专项办分配的箱包皮具打假任务的基础上，以展会知识产权保护等为重点，严厉打击专利侵权和假冒专利违法行为，强力突破涉及民生的大要案件，着力推动知识产权保护长效机制建设，取得了显著成效。

【"三打"行动的成效】 专利行政保护成效显著。广东省知识产权局全力推动"三打"专项行动，不断加大专利行政执法的力度，全省查处专利案件数量大幅提升，有效遏制了专利违法行为。截至2012年12月中旬，全省知识产权局系统在"三打"行动中共出动执法人员52417人次，检查生产经营场所22617家，检查商品66.6万件；共受理专利案件2030件，其中专利侵权案件563件，结案381件，展会专利侵权纠纷944件，全部结案，假冒专利案件523件，结案459件，受理案件总数位列全国知识产权局系统第一；共进驻30余个大型知名展会进行知识产权保护工作，处理展会专利侵权纠纷944件，其中重复侵权、群体侵权、涉外等重点案件550余件，总案件数占全国知识产权局系统的90%以上。美国驻穗领事馆、法国赛博集团、英国戴森有限公司等机构致函或送牌匾、锦旗，对广东省知识产权局系统知识产权保护工作给予高度评价。

联合执法机制进一步完善。在"三打"中，广东省知识产权局举全省各级知识产权局之力，与工商、质监、卫生、公安等部门通力协作，组织地市和县（区）局开展查处"护康"胶囊、"UFT"卫生巾、"秀禾"酸辣粉、"匹奥"保健鞋垫等假冒专利大案的大型联合执法行动，共查处售假店铺100余家，查获假冒专利产品70余万件（个），捣毁大型制售窝点4个。通过系列联合执法行动，锻炼执法队伍，提升执法水平，提高执法效果，既完善了与各地市局进行纵向联合执法的机制，又加强了与各执法部门的横向联合和配合，形成了打击声势，知识产权的"纵横结合"的执法联动机制进一步得到完善。为进一步加强省际的执法协作，10月25日，与北京、上海、天津、重庆、山东、江苏、河北、四川等省市签订了《九省市专利行政执法协作协议》；为有效推动珠三角地区的专利行政执法工作，11月29日，广东省珠三角九个地市局签订了《珠江三角洲地区专利行政执法合作协议》并建立了专利行政执法联席会议制度。

"两建"工作初结成果。广东省知识产权局坚持打建结合，大力推进知识产权保护长效机制建设，并取得初步成果。在广东省知识产权局的大力推动下，省委省政府出台了《关于加快建设知识产权强省的决定》；凝聚广东省展会专利保护经验的《广东省展会专利保护办法》由省政府常务会议审议通过，并于10月15日施行，这是全国首个省级的展会专利保护办法，引起国内外关注；中山市建立的全国首家单一产业（灯饰）知识产权快速维权中心，集知识产权快速授权、确权、维权于一体的“一站式”快速维权模式成效明显，获得国家知识产权局和世界知识产权组织的高度肯定，并在全国推广。

各级领导给予充分肯定。广东省知识产权局的“三打”工作获得了省领导及国家知识产权局领导的充分肯定。9月16日，在东莞举行的首届中国加工贸易产品博览会上，汪洋书记在商务部长陈德铭、国家知识产权局副局长甘绍宁陪同下视察了广东省知识产权局设立的专利投诉站，对广东省知识产权局参与展会知识产权保护工作和取得的成效给予高度评价；省委副书记朱明国在“8·16”全省“三打两建”工作会议上对广东省知识产权局在专利保护方面的成效给予充分肯定；招玉芳、陈云贤副省长分别对广东省知识产权局第111届广交会知识产权保护工作报告进行批示并给予充分肯定；国家知识产权局局长田力普在中山市召开现场会要求在全国总结和推广中山知识产权快速维权工作的经验；陈云贤副省长专程到第112届广交会调研知识产权保护工作，还对广东省知识产权局“三打”工作报告进行批示并给予充分肯定。

【“三打”行动的主要措施】 强化组织领导。广东省知识产权局领导班子高度重视“三打”工作，成立了以陶凯元局长为组长，其他所有班子成员为副组长的局“三打”工作领导小组；在每周的局办公例会上，局领导均专题听取“三打”工作汇报；局领导在赴各地市检查调研时，均对地市的“三打”工作给予及时的指导和督查。陶凯元局长亲自包案，组织全省12个地市查处“护康胶囊”假冒专利案，副局长唐毅包案查处“卫生巾系列产品”假冒专利案及“制罐焊缝补涂机粉臂连接件”专利侵权案，极大地推动全省知识产权局系统重点案件的查处工作。

注重部署推进。为部署和推进“三打”工作，广东省知识产权局分别于2月28日、7月25日、9月18日召开了三次全省知识产权局系统“三打”工作会议，每次会议局领导班子成员均全部出席，各地市局局长及业务科处室负责人均参加会议。此外，广东省知识产权局还在汕头、中山、惠州、阳江等地分片召开系列“三打”工作推进会，在重点地市召开系列推进会，确保全省知识产权局系统“三打”工作贯彻落实到位。为增强专项行动的紧迫性和时效性，广东省知识产权局建立了“三打”案件周报和简报制度，及时通报全省系统开展“三打”的信息和情况，共编发简报51期，被省“三打”办采编13次。广东省知识产权局撰写的第111届及112届广交会知识产权保护工作情况的报告连续被《国家知识产权局信息》采编，并由中央办公厅和国务院办公厅提供给国家领导及各部委领导参阅。

加强汇报交流。为加强“三打”工作与国务院组织的“双打”工作的协调配合，在“三打”行动之初，陶凯元局长带领设在广东省知识产权局的省“双打”办工作人员到省“三打”办交流工作。为进一步加强和推进广东省知识产权局“三打”工作，7月11日，陶凯元局长带队到省“三打”办汇报工作，8月3日，马宪民党组书记带队到省打假专项办汇报工作，9月24日，局领导班子集体向省“三打”办领导再次汇报工作。各地市局也积极到当地“三打”领导部门汇报工作，并针对存在问题认真进行查漏补缺，工作力度明显加强。

狠抓任务结合。广东省知识产权局将“三打”行动同国务院组织的打击侵犯知识产权和制售假冒伪劣商品工作及国家知识产权局组织的2012年知识产权执法维权“护航”专项行动紧密结合，充分利用和发挥省“双打”工作领导小组办公室的职能，积极做好全省“双打”的统筹协调和参谋助手工作，大力开展打击专利侵权和假冒专利专项行动，并配合做好省里的重点工作，积极向全国“双打”办汇报广东省“三打”中打击制假售假工作成效。广东省知识产权局将各项任务紧密结合，使之相互促进，形成了工作合力。

不断升温加压。广东省知识产权局采取系

列举措不断给“三打”行动升温加压。广东省知识产权局在2月28日召开“三打”工作会议后就及时组织相关地市局召开了系列工作推进会。6月份，广东省知识产权局又在粤东、粤西、粤北地区分片召开“三打”工作会议。7月23日，广东省知识产权局印发了《关于进一步加强全省知识产权局系统“三打两建”工作的若干意见》，提出了进一步加强“三打”工作的十项措施。为推动全省专利行政执法协同工作，广东省知识产权局建立全省知识产权局系统案件信息共享机制，定期收集整理各地市的专利违法线索并提供给各地市。为总结相关经验，11月30日，广东省知识产权局召开执法业务研讨会，就执法工作发现的有关问题进行专门研讨。广东省知识产权局通过系列措施不断升温加压，形成倒逼机制，掀起了全省知识产权局系统“三打”工作的高潮。

加强联合执法。广东省知识产权局结合实际，采取有力措施，强力突破大案要案，集中全省各地市的力量，策划多次大型联合执法行动，由局领导亲自挂帅，对于涉及药品、食品以及群众生活密切相关的大要案件在全省组织开展统一查处。通过全省联合行动，推动全省执法工作开展，推动重点案件的查处，带动重点领域的整治，不断推动“三打”向纵深发展。

狠抓督导落实。为加强“三打”行动的督导工作，广东省知识产权局由纪检监察室牵头制定督查方案并成立督导组分赴相关地市进行督查，局领导班子成员对于“三打”督导更是高度重视，均将“三打”列为赴地市检查工作的必备内容，多次赴各地市进行检查。为确保督查工作深入开展，广东省知识产权局在粤东、粤西、粤北等地区分片召开工作会议进行督促和推进，6月19日至8月3日，广东省知识产权局派出四个督导组分赴粤东、粤西、粤北和珠三角等地区进行现场督导。系列督查活动的开展帮助各地市局及早发现问题，及时进行整改，有力地推动各地市局工作的开展。

加强宣传教育。为营造“三打”行动的强大声势，广东省知识产权局充分利用各种媒体和手段，为“三打”专项行动宣传造势，并充分利用“4·26”知识产权日、中国专利周等重要时间节点开展了声势浩大的知识产权宣传教育及执法活动。省内各知识产权维权援助中心依托“12330”举报投诉平台，大力开展知识产权维权援助工作。广东省知识产权局在《中国知识产权报》、《南方日报》、《广东科技报》等媒体刊登专版，大力宣传广东省知识产权局知识产权保护工作。4月10日，广东省知识产权局举行《2012年全省“4·26知识产权宣传周”活动方案》发布仪式，并公布2011年度广东知识产权保护重大事件和有影响人物。4月19日，广东省知识产权局召开“广东省知识产权保护状况新闻发布会”，发布《2011年广东知识产权保护状况》。4月20日，广东省知识产权局与阳江市政府联合举行“4·26”知识产权日宣传纪念活动和现场集中销毁现场会。4月25日，广东省知识产权局召开“广东省2012年十个知识产权典型案件发布会”，发布全省十个侵犯知识产权典型案件。截至目前，全省知识产权局系统在“三打”行动中共派发各类宣传资料17余万份，开展大型知识产权专题讲座论坛培训及宣传活动70余场，发送公益短信353万条，在公共交通工具上播放公益广告11万余次，全国各类媒体对广东省知识产权局“三打”工作的报道有300余条。系列宣传教育活动的开展，为广东省知识产权局“三打”行动营造了良好的氛围，也为知识产权长效机制建设工作打下了良好的群众基础。（供稿人：毕　赓）

广东省知识产权局系统“两建”工作

【概况】 2012年2月以来，按照广东省委、省政府的统一部署，广东省全面开展“三打两建”工作。其中，知识产权保护综合监管体系作为市场监管体系的分体系之一，由广东省知识产权局牵头负责建设。省知识产权局高度重视，迅速成立局“两建”工作领导小组，一方面切实加大分体系建设，积极组织开展试点工作，指导各试点地区建立和完善知识产权保护“打、控、防、管”的综合监管体系，另一方面及时组织开展全省知识产权局系统“两建”工作，采取多种措施，加快建立统一规范、有效运行的知识产权市场监管体系，不断推动知识产权保护综合监管向长效化、规范化、专业化、智能化发展。

【“两建”工作主要措施及成效】 高度重视，及时部署全省知识产权局系统市场监管工作。为深入贯彻落实“8·16”全省“三打两建”工作精神，及时部署“两建”工作任务，省知识产权局于9月18日在广州召开全省知识产权局系统“三打两建”工作会议，对2012年以来开展打击欺行霸市、打击制假售假、打击商业贿赂的“三打”行动进行阶段性总结，对建设社会信用体系、建设市场监管体系的“两建”工作进行全面部署。并在会上印发了《全省知识产权局系统社会信用体系建设实施方案》和《全省专利行政保护监管体系建设实施方案》。

夯实基础，完善知识产权监管体系政策法规建设。为进一步完善知识产权保护政策法规体系，规范展会专利保护工作，省知识产权局大力推动《广东省展会专利保护办法》的制定工作并积极承担起草任务。2012年9月10日，省政府第十一届103次常务会议审议通过《广东省展会专利保护办法》，自2012年10月15日起施行。这是我国第一部由省政府颁布的展会专利保护政府规章。该办法共设七章四十七条，主要内容包括四个方面：一是明确《办法》的适用范围、部门职责与启动机制，并明确了展会专利保护应当遵循展会主办方负责、政府监管、社会公众监督的原则。二是规定展会专利保护的行为规范。三是建立展会专利侵权纠纷的调解机制，完善了专利行政部门对展会专利侵权纠纷的行政处理机制。四是设定展会专利诚信档案制度，并设定相关的法律责任。该办法总结和固化了近年来广东省在展会专利保护方面的好经验、好做法，为广东省展会知识产权保护长效机制建设工作提供了重要的法律保障。

精心部署，加大展会知识产权保护力度。广东省是展会大省，展会企业达2000多家，并已形成广交会、高交会、美博会等一批具有国际影响力的知名品牌展会。2012年10月15日至11月4日，第112届中国进出口商品交易会在广州举行。为做好广交会专利保护工作，省知识产权局积极组织全省各地市知识产权局相关工作人员，组成50多人的专利联合执法队伍进驻展会，现场处理专利投诉案件，并邀请国家知识产权局专利复审委员会专家驻会指导。展会期间，共受理专利投诉案件366宗，占知识产权总投诉数的76.5%，被投诉企业417家，认定侵权企业218家。驻会人员在积极维护专利权人合法权益的同时，还为企业现场提供专利咨询、文献检索等方面的服务。10月17日，陈云贤副省长专程赴广交会对知识产权保护工作开展专题调研，对广交会知识产权保护工作给予充分肯定和高度赞扬。陈云贤副省长指出，广交会知识产权保护工作做得很好，充分保障了参展商和采购商的合法权益，向国内外树立了广东乃至中国重视知识产权的良好形象。这是广东省分管知识产权工作的副省长首次专程、专项到广交会调研展会知识产权保护工作。

重点督导，有序推进知识产权保护综合监管分体系试点工作。为切实抓好知识产权保护综合监管分体系建设试点工作，2012年10月18日至19日，广东省知识产权局朱万昌副局长率领省工商局、省版权局、省公安厅专题调研组一行6人，专程赴珠海市和顺德区开展试点调研督导工作。10月24日下午，省知识产权局组织惠州市和湛江市知识产权局主要负责人，召开知识产权保护综合监管分体系建设试点工作座谈会，了解试点工作开展情况，推动试点工作进程。在推进知识产权保护综合监管分体系建设过程中，四个试点地区在结合本地区市场竞争秩序监管体系建设的同时，主要围绕深入实施知识产权战略纲要、改革完善知识产权行政监管执法体系、改革创新行政执法和刑事司法相衔接工作机制、建立知识产权保护信息披露机制、创新重点地区和特定领域的知识产权监管、规范知识产权服务和管理工作、加大知识产权人才培养力度等七个大方面有计划有步骤开展工作，并取得了显著成效。

多方联动，构建知识产权快速反应保护机制。在国家知识产权局的支持和指导下，省知识产权局与中山市委市政府、古镇党委政府紧密合作，上下联动，先行先试，针对原有灯饰产品生命周期短、更新换代快与知识产权授权、维权、确权慢的矛盾，大胆突破原有审批程序和服务方式，成立中国中山（灯饰）知识产权快速维权中心，紧贴企业知识产权服务需求，探索出一套“快速授权、快速维权、快速确权”的知识产权服务新机制，有力地推动了知识产权市场监管工作。2012年，中山中心共调处专利纠纷案件261宗，结案169宗，成功调解126宗，移交法院处理12宗，其立案量和结案量均超过全省其余各中心同期总和。2012年7月24日，国家知识产权局在中山市专门召开“中山知识产权快速维权工作现场会”，向全国推广中山经验。世界知识产权组织副总干事对中心的成效给予高度评价，并提出争取将中山作为世界知识产权组织的试点。11月13日，在世界知识产权组织（WIPO）与国家知识产权局联合主办的“亚太地区外观设计研讨会”上，中山（灯饰）知识产权快速维权中心作为国家经验分享环节中方代表，作了主题演讲，和与会各国代表分享了知识产权快速维权的经验和做法。

深入研究，着力提升专业市场知识产权保护能力。近两年来，广东省的专业市场建设突飞猛进，各类专业市场已达数千家。为进一步分析广东省专业市场保护状况的实际需求，按照国家知识产权局的总体部署和要求，广东省知识产权局开展了“广东省专业市场知识产权保护能力提升工作”专题研究，通过深入调研广东专业市场的知识产权保护现状，探索加强专业市场知识产权保护工作的新路子，建立专业市场知识产权保护工作新机制，全面推进广东省专业市场走上品牌化、诚信化的经营轨道，力求使专业市场知识产权保护工作实现新突破。

加强合作，建立区域知识产权市场监管协作机制。为加强珠三角地区专利行政执法协作，提高区域知识产权保护水平，2012年11月29日，广东省知识产权局组织召开《珠江三角洲地区专利行政执法合作协议》签字仪式暨珠江三角洲地区专利行政执法联席会议第一次会议，广州、深圳、珠海、佛山、惠州、东莞、中山、江门、肇庆九个地市知识产权局的代表参加会议并签订合作协议。珠三角地区专利申请量占全省近90%，专利侵权案件发生率远高于省内其他地区，专利行政执法合作机制的建立，对降低专利权人维权成本，提升专利行政执法能力和水平，加大区域知识产权保护力度，促进区域经济共同发展具有重要积极意义。

加强宣传，营造知识产权市场监管工作良好社会氛围。为进一步贯彻落实省委、省政府《关于加快建设知识产权强省的决定》，推进知识产权市场监管工作开展，2012年9—10月，广东省知识产权局党组书记、副局长马宪民分别赴肇庆、汕头进行知识产权强省政策宣讲，并督导检查两地市知识产权局“两建”工作情况。按照省两建办《关于印发〈广东省“两建”宣传工作方案〉的通知》（粤两建电［2012］4号）文件精神，省知识产权局加紧制定《广东省知识产权局系统“两建”宣传工作方案》，务求紧扣知识产权局系统“两建”工作的主要内容和工作要求，根据不同阶段工作要求有针对性地开展宣传，并结合知识产权市场监管重点领域和关键环节展开重点宣传。同时，省知识产权局还在门户网站上开设了“广东省知识产权局系统‘两建’工作专栏”，根据知识产权“两建”工作规律和特点，紧扣省委、省政府关于“两建”工作的重大部署和会议精神，主要包括高层声音、总体部署、最新动态、领导机构、地市动态等栏目，全面反映知识产权局系统开展“两建”工作的做法、进度和成效，广泛发动群众共同关心、支持、参与知识产权市场监管工作。

（供稿人：郭亚青）

实施知识产权战略

实施知识产权战略

【概述】 2012年，全省深入推进知识产权战略的实施，落实《2012年国家知识产权战略实施推进计划》，做好国家知识产权战略各项任务的实施工作。7月，广东省政府办公厅印发了《2012年广东省实施知识产权战略纲要工作方案》，根据《方案》的要求，全面开展推进知识产权强省建设、增强知识产权创造活力、推进知识产权价值实现、加大知识产权保护力度、提升知识产权管理能力、搭建知识产权服务平台、强化知识产权人才工作、加快知识产权文化建设和深化知识产权交流合作等9个方面的工作，切实发挥了知识产权工作对科学发展的促进作用。

【知识产权战略实施体系全面完善】 2012年，省级各职能部门大力落实国家和省知识产权战略纲要及年度工作方案，积极制定实施部门战略规划，全面推进各项战略实施任务。2月，省政府第十一届八十九次常务会议审议通过由省工商局牵头制定的《关于实施商标品牌战略的指导意见》，这是广东省政府第一次将商标与品牌上升为全省性发展战略，并从政府层面对商标工作与品牌建设进行统筹规划和政策指导，有力地推动广东由商标大省向品牌强省转变。广东省知识产权局研究制定《广东省知识产权战略纲要实施评估指标体系》，开展省知识产权战略实施评估工作，并建立《广东推进知识产权战略实施简报》制度和通讯员队伍，全年编发简报24期。省知识产权局大力推进国家知识产权城市试点示范及强县工程建设工作，广州、深圳成为首批国家知识产权示范城市。各市人民政府积极落实战略纲要，制定并实施年度战略推进计划，加大知识产权专项经费投入，调整实施机构设置，扩充人员储备，全省形成统筹协调，上下联动，整体推进的良好局面。

【知识产权政策体系不断完善】 2012年1月20日，广东省委、省政府印发《关于加快建设知识产权强省的决定》，对广东省未来五年知识产权事业发展做出全面部署，这是广东省首份以省委、省政府名义颁布的涵盖各类知识产权的政策性文件。3月6日，省政府印发《广东省战略性新兴产业发展“十二五”规划》，合计共有148个新兴产业项目将建成，总投资达3885.88亿元。9月10日，省政府第十一届103次常务会议审议通过《广东省展会专利保护办法》，自2012年10月15日起施行，这是我国第一部由省政府颁布的展会专利保护规章。12月，省知识产权局、省发改委等八个部门联合印发《关于加快推进广东省知识产权质押融资工作的若干意见》。此外，《广东省重大经济和科技活动知识产权审议与评议暂行办法》、《广东专利奖励办法》等政策文件的制定工作正在紧张进行中。

【知识产权创造能力有效提高】 2012年，广东省各有关部门不断建立健全激励机制，努力创造条件，大力推动创新成果快速向知识产权转化。省发展改革委不断强化在战略性新兴产业和高技术产业领域的知识产权工作规划和部署，加强创新平台建设，增强企业科技创新能力。省经济和信息化委编制重点领域项目指南，着眼电子信息高端领域自主创新和产业升级战略需求，设立重大技术突破及产业化市场化专题、产业联盟专题和产业基地专题，开展专项扶持。省科技厅着力完善自主创新政策法规体系，推进实施创新型企业院线提升计划，组织开展战略性新兴产业核心技术攻关，加快创新型产业集群发展。省工商局积极争取在广东设立商标注册分支机构，并获得国家工商总局的支持。省版权局进一步规范作品著作权自愿登记工作，切实提高版权相关企业的创新实力和作品产业化能力。省农业厅、林业厅不断加强植物新品种培育工作，全省植物新品种创造能力明显提升。

【知识产权运用能力全面加强】 2012年，广东省各有关部门紧密结合产业发展需求，努力提升知识产权运用能力。省发展改革委联合省财政厅、经济和信息化委、卫生厅、农业厅等部门，组织实施稀土新材料、生物育种、卫星应用等多项国家高技术产业发展（战略性新兴产业发展）专项工作。省知识产权局和省人力资源和社会保障厅继续开展广东专利奖评选表彰工作，2012年授予金奖15项、优秀奖55项，获奖项目经济和社会效益突出。省知识产权局积极推动知识产权质押融资工作内容纳入省委、省政府《关于全面推进金融强省建设若干问题的决定》等重大政策文件，知识产权质押融资试点工作成果显著，截至2012年12月，国家知识产权投融资（南海）综合试验区和广州、东莞、佛山市顺德区四个试点区域已完成知识产权质押融资项目近500个，贷款金额超8亿元。省质监局大力加强技术标准体系建设，截至2012年底，全省累计22072种产品采用国际标准和国外先进标准组织生产，主要工业产品采标覆盖率达85%。

【知识产权保护水平不断提升】 2012年，全省各级知识产权职能部门将专项行动与日常执法紧密结合，有力提升知识产权保护水平。按照广东省委、省政府的统一部署，全省深入开展“三打两建”专项行动，各级政府各部门成立“三打两建”专项行动领导小组，出台工作方案，狠抓工作落实。省知识产权局作为知识产权保护综合监管分体系建设的牵头单位，积极制定《广东省知识产权局系统“三打两建”专项行动实施方案》、《全省知识产权局系统市场监管体系建设实施方案》、《知识产权保护综合监管分体系建设五年规划》等一系列指导性文件，先后三次召开全省知识产权局系统“三打两建”工作会议，专题部署和推进工作任务。2012年，打击侵犯知识产权和制售假冒伪劣商品工作转入常态化运作，广东省打击侵权假冒工作领导小组紧密结合“三打两建”工作，持续推进重点商品、重点领域、重点环节和重点市场的整治，不断加大知识产权行政执法和刑事司法打击力度，取得了显著成效。据不完全统计，2012年全省经信、农业、文化、卫生、工商、质监、知识产权、食药监和海关、出入境等主要行政执法部门共立案查处侵权假冒案112108件，捣毁窝点17732个。打击侵权假冒工作成效得到广东省政府和全国打击侵权假冒办公室的高度评价。全省政府机关软件正版化工作顺利推进，至2012年10月底，全省地级以上市（区）政府各部门全部提前完成了使用正版软件整改工作。全省各级知识产权相关职能部门各司其职、依法监管、加强协作，切实保护权利人的合法权益，进一步优化广东的创新投资环境。

【知识产权服务能力大力加强】 2012年，全省各部门不断提高知识产权服务水平。知识产权服务业示范省创建工作进展顺利，省知识产权研究与发展中心、中彩联等5家机构被评为首批“全国知识产权服务品牌机构培育单位”。知识产权信息公共服务建设不断完善，2012年1月，广东省知识产权公共信息综合服务平台上线试运行，4月，国家知识产权局区域专利信息服务中心（广州中心）正式挂牌运行。全省专利电子申请推广率稳步上升，2012年，广东省专利电子申请率平均为81.21%，专利代理机构电子申请率平均达99.3%，按时高效地完成了年度达标任务。各相关职能部门切实加大对知识产权中介服务机构的监管力度，有效提升行业服务的水平。

【知识产权文化建设和人才工作稳步推进】 2012年，全省各级知识产权职能部门切实加强知识产权宣传力度，紧紧围绕“三打两建”专项行动、打击侵权假冒工作、“4·26”世界知识产权日等重大活动展开宣传，努力营造浓厚的知识产权文化氛围。省广电局积极组织播出机构开辟新闻栏目，通过形式多样的广播电视节目，大力宣传知识产权重要意义，《广州早晨》、《今日报道》等主要新闻栏目播出有关知识产权保护的新闻报道共计163条。省知识产权局在门户网站上开设了“广东省知识产权局系统‘两建’工作专栏”，广泛发动群众共同关心、参与知识产权监管工作。省打击侵权假冒领导办公室全年编印22期打击侵权假冒工作简报，及时宣传工作做法和成效。同时，全省各级知识产权职能部门切实加强人才工作，大力落实国家《知识产权人才“十二五”规划》，稳步推进各级各类人才队伍建设，努力提升全省知识产权人才工作层次。省知识产权局着力强化国家知识产权培训基地建设，经过努力争取，广东省新增国家级基地1个，累计拥有国家级基地2个，拥有数量与江苏并列全国之最。

【知识产权国际和区域交流合作不断深化】 2012年，全省知识产权职能部门深入推进互利共赢的开放战略，不断深化知识产权国际合作和对外交流工作，努力提升国际交流合作层次。粤港澳台知识产权合作不断深化，粤港顺利召开保护知识产权合作专责小组第十一次会议暨合作十周年纪念活动。粤澳双方签署《粤澳知识产权合作备忘录》，确定在四个领域开展18个项目的合作。粤台广泛开展形式多样的培训和研讨活动。粤港海关积极开展代号为“海港”的专项联合行动，粤澳海关携手开展旅检渠道水客携带侵权物品进出境的专项治理工作，进一步遏制了粤港、粤澳两地进出口侵权活动。省知识产权局积极开展泛珠三角区域知识产权合作项目，不断深化泛珠三角区域专利行政执法协作，大力建设泛珠三角区域知识产权专家库，全力推进国家知识产权局区域专利信息服务中心（广州）建设工作。

【地方知识产权战略实施工作扎实推进】 2012年，全省各地级以上市人民政府和知识产权职能部门积极行动，合力推进知识产权战略的深入实施。广州市积极制定示范城市工作方案，印发《2012年广州市知识产权工作推进计划》，统筹全市各部门知识产权战略实施，成功申报国家专利事业发展重点专项。深圳进一步完善知识产权工作体制，在深圳市市场监督管理局加挂市知识产权局牌子。惠州、潮州市人民政府分别出台关于贯彻落实加快建设知识产权强省决定的意见。汕头市人民政府第13届九次会议审议通过新修订的《汕头市专利奖励办法》，并相应出台了新的实施细则。东莞市与省知识产权局共同签署了《广东省知识产权局　东莞市人民政府关于建立知识产权合作会商制度的议定书》，建立了市局会商制度。战略实施工作在全省范围内全面铺开并有力推进。

（供稿人：陈　燕）

省部知识产权高层次战略合作

省部知识产权高层次战略合作

【概述】 2008年，省政府与国家知识产权局建立了知识产权高层次战略合作关系，共同推动广东省实现从知识产权大省到知识产权强省的跨越。五年来，双方共安排合作项目37个，涉及知识产权的创造、运用、保护和管理各方面。

2012年3月，国家知识产权局和广东省人民政府在北京召开知识产权高层次战略合作工作委员会第四次会议，联合印发了《2012年度知识产权高层次战略合作工作安排》，提出推动知识产权强省决定的贯彻实施和推进知识产权战略实施考核评估等十项工作。取得共同创建知识产权服务业示范省和推动在深圳设立国家知识产权局国际专利申请受理和审查分支机构两项成果。

【年度工作情况】 *知识产权强省决定的贯彻实施工作*。在国家知识产权局的支持下，中共广东省委、广东省人民政府《关于加快建设知识产权强省的决定》（以下简称《决定》）于2012年1月20日颁布。广东省知识产权局制定了宣传贯彻工作方案，通过在省内外主要报刊媒体刊登专家评论文章、举办宣讲师资培训班、局领导带队分赴各地级以上市宣讲等方式广泛宣传。同时，组织各地市开展形式多样的宣传活动。10月，广东省政府办公厅印发了《贯彻落实〈关于加快建设知识产权强省的决定〉重点任务分工方案》，明确了主要任务措施的牵头单位和配合单位，推进《决定》的贯彻实施。

知识产权战略实施考核评估工作。在国家知识产权局的指导下，广东省知识产权局研究制定了《广东省知识产权战略纲要实施评估指标体系》，开展省知识产权战略纲要实施评估工作。根据《2012年国家知识产权战略实施推进计划》和国家各部委关于实施知识产权战略的工作部署和要求，广东省政府办公厅出台《2012年广东省实施知识产权战略纲要工作方案》。广东省建立了《广东推进知识产权战略实施简报》制度和通讯员队伍，全年编发简报24期。

专利审查协作广东中心建设工作。在国家知识产权局的指导下，广东省进一步规范审协广东中心共建工作机制和日常工作机制。召开“审协广东中心共建领导小组第一次会议”，确定共建领导小组职责分工；印发《共建国家知识产权局专利局专利审查协作广东中心领导小组及其办公室工作细则》、《共建国家知识产权局专利局专利审查协作广东中心领导小组及其办公室会议制度》、《国家知识产权局专利局专利审查协作广东中心项目建设资金管理办法》。定期召开共建领导小组办公室会议，对审协广东中心相关建设问题进行总体协调，对领导小组会议决议进行具体落实。积极推动项目立项，完成项目建议书、节能评估报告等立项报批材料的编制并向发展改革部门报送。落实了资金和用地，当年广东省财政拨付财政资金1.17亿元，用于支付土地购置费及项目前期各项费用，广州市财政拨付建设资金1亿元，广州开发区财政局正在合并办理2012—2013年的资金拨付手续。按期落实项目用地，完成项目建设用地“招拍挂”及《国有建设用地使用权土地出让合同》的签订工作。

知识产权转移运用工作。2012年，广东省

继续支持广州、深圳、佛山、东莞4个国家专利技术展示交易中心建设。截至2012年，4个中心专利技术与产品展示数量共13762件，交易额52745万元，发明专利交易量2478件，参与组织举办中国专利周地方活动、研讨会、论坛、培训等各类活动，服务企业10075家，人数达115024人次。推动南海国家知识产权投融资综合试验区建设，形成推动知识产权质押融资和投融资“评估+评估险+交易+担保”、“评估+评估险+交易”、“交易+评估险”等三种市场化运作模式，并推广到珠海、中山、肇庆等地。广东省知识产权局等九部门联合印发省内首个关于质押融资的指导性意见《关于加快推进广东省知识产权质押融资工作的若干意见》（粤知〔2012〕207号），提出了推进知识产权质押融资的具体措施。在国家知识产权局的支持下，广州专利代办处开展了专利权质押登记受理试点工作。

知识产权海外维权和快速维权机制共建工作。在国家知识产权局的支持下，广东省积极推进中国中山（灯饰）知识产权快速维权中心加快创建快速授权、快速确权和快速维权三大通道，全面实现了专利审查效率、知识产权执法维权效率和企业知识产权意识的三大提升，有效地提升了地区创新能力和产业竞争实力。7月，协助国家知识产权局召开“中山知识产权快速维权工作现场会”，向全国推广中山经验，世界知识产权组织副总干事对中心的成效给予了高度评价，新华社、省委政研室赴中山调研并形成《知识产权快速维权助推专业镇转型升级》的调研报告，呈送各级领导审阅。广东省启动了知识产权保护（涉外应对）重点联系单位的认定工作，通过选择部分产业集群、专利联盟、商会、服务机构、企事业单位作为省知识产权保护（涉外应对）重点联系单位，探索建立一种长效的知识产权纠纷预警及应急机制。首批认定广东国际经贸发展咨询协会等6家单位。

提升专利信息服务能力工作。在国家知识产权局的支持和指导下，广东进一步完善区域专利信息服务建设，4月10日，省政府与国家知识产权局共同为国家知识产权局区域专利信息服务（广州）中心举行了盛大的揭牌仪式。深入推进战略性新兴产业专利信息资源开发利用，开展太阳能光伏、生物医药两个产业专利分析及预警研究并公开发布成果，编撰《广东省战略性新兴产业知识产权工作动态》6期、《广东省战略性新兴产业专利统计简报》2期，建成新一代通信、物联网、数字家庭、生物医药四个产业专利信息专题数据库，建设战略性新兴产业专利信息实时统计系统及资源开发利用成果发布系统，为政府部门、产业界、科技界、学术界、服务机构，提供了优质和专业的战略性新兴产业专利信息及行业动态。继续加强专利信息传播与利用基地建设，不断提升专利信息服务能力和水平，举办了“国家知识产权局（广东）专利信息传播利用基地首场服务能力提升培训班”和“专利信息传播利用基地企业专利信息利用培训班”2期基地服务能力提升培训班。

知识产权人才工作。广东省大力落实国家《知识产权人才“十二五”规划》，认真贯彻执行《2012年全国知识产权人才工作要点》和《2012年全国知识产权人才培训计划》，统筹推进各级各类人才队伍建设，努力提升全省知识产权人才工作层次。加强国家知识产权培训基地建设，新增国家级基地1个，支持国家知识产权培训基地不断完善机构和管理机制建设，加大优秀师资引进力度，着力打造精品培训项目，努力提升培训基地发展能力和发展特色。研究制定并向各市下发《2012年广东省知识产权局培训计划》，切实加强对知识产权培训工作的指导力度。委托暨南大学、广东省知识产权研究与发展中心组织各类培训班30期，加大知识产权人才的培训力度。构建知识产权人才工作体系。广东省知识产权局联合省教育厅在全省范围内认定了首批省级知识产权培训基地6家，并从资金、项目等方面给予支持，为地方打造知识产权人才培养新平台。

专利复审和专利代办业务工作。国家知识

产权局专利复审委员会大力支持广东省工作，派出专家参与第111和112届广交会驻会工作，每届派出6名专家分三批到会指导，提高了案件处理能力和水平。还选派了通信处的李佳到广东省知识产权局挂职执法处副处长，交流经验、共同促进。在国家知识产权局的支持下，《广东省展会专利保护办法》顺利出台并于2012年10月15日起施行，进一步提高了广东省展会知识产权保护水平。广东省加大改革创新力度，强化协调沟通机制，研究草拟了《国家知识产权局专利复审委员会广东省知识产权局关于建立战略合作关系的协议书》。下一步将继续推进协议的签署和实施。广州、深圳代办处积极开展审查业务和流程服务试点工作，涉外申请、分案申请、优先权申请等新申请文件受理工作全面启动，专利网银缴费、远程票据递送及管理等试点工作有效推进。

*知识产权文化建设和对外交流工作。*在国家知识产权局的指导下，广东不断完善知识产权文化宣传工作体系，开展形式多样、内容丰富的宣传工作，知识产权文化建设力度不断加大。积极开展知识产权国际交流合作，举办阿根廷中国（广东）科技与知识产权系列合作活动，与日本贸易振兴机构联合举办中日企业知识产权交流合作会议，与欧盟商会举办知识产权工作会议，承办国家知识产权局亚太地区外观设计研讨会等。增进国际对广东省知识产权工作的了解和认识，营造良好的国际舆论环境。继续深化粤港知识产权合作，积极推进落实粤港保护知识产权合作专责小组第十次会议确定的12个年度合作项目；认真组织开展广东合作项目，与佛山市政府、香港特别行政区政府知识产权署和香港贸发局在佛山联合主办“粤港知识产权与中小企业发展（佛山）研讨会”。全面启动粤澳知识产权合作，召开《粤澳知识产权合作备忘录》签署仪式暨粤澳知识产权工作小组第一次会议，签署《粤澳知识产权合作备忘录》。不断拓宽对台知识产权合作，与台方在知识产权教育培训、公共服务平台建设、企业知识产权管理标准等领域开展合作。与科技部海峡两岸科学技术交流中心共同举办海峡两岸知识产权合作研讨会。

（供稿人：刘延君）

贯彻实施《珠江三角洲地区改革发展规划纲要（2008—2020年）》

贯彻实施《珠江三角洲地区改革发展规划纲要（2008—2020年）》

【概况】 2012年，广东省知识产权局认真推动珠三角地区知识产权工作，圆满完成广东省委省政府《关于实施〈规划纲要〉实现“四年大发展”工作方案》的各项任务和指标，各项工作取得了较好效果。

【百万人口发明专利申请量指标超额完成】 据国家知识产权局发布的统计数据，2008年至2012年珠三角地区发明专利申请量分别为2.72万件、3.12万件、3.91万件、4.91万件、5.71万件；2008—2012年百万人口发明专利申请量分别为530件、581件、697件、810件、1004件，2009—2012年分别超过了当年预定目标值4件、9件、110件、64件，提前超额完成了《“四年大发展”工作方案》设定的760件目标，珠三角九市连续四年全面超额完成百万人口发明专利申请量预定目标。

【“四年大发展”工作全面落实】 预警机制建设方面，实施“广东省战略性新兴产业专利信息资源开发利用计划”，下达项目11个，投入资金2000万元；举行“广东省战略性新兴产业专利分析及预警系列报告会”，创办《广东省战略性新兴产业知识产权工作动态》专题刊物，打造专利分析及预警系列报告平台及品牌；全省建立知识产权战略联盟22个，其中珠三角地区17个。重大专利技术实施方面，2010年到2012年，从全省173项中，选出30个战略性新兴产业的龙头项目予以重点扶持，其中珠三角地区的项目为21项。2012年4月10日，国家首个区域专利信息服务中心——国家知识产权局区域专利信息服务（广州）中心正式挂牌运行。

【各项专利指标从数量增长向质量提升转变】 2008—2012年，珠三角地区专利申请、授权量在全省占据绝对优势，发明创造能力持续增强，2012年全地区专利申请量为203408件，比2008年增长了110271件，占全省专利申请量的88.6%，其中，发明专利申请量为57122件，比2008年增长了29916件，占全省发明专利申请量的94.5%。PCT国际专利申请量在全省申请量中一直占90%以上。

【中国专利奖获奖总数再创新高】 第十四届中国专利奖获金奖2项，优秀奖53项，获奖总数创新高。其中，珠三角地区九市共获金奖1项，占全省获金奖总数的50%，获优秀奖46项，占全省获优秀奖总数的86.8%。

【省部知识产权高层次战略合作取得丰硕成果】 实现了五个“第一”的重大突破：首个京外的国家专利审查协作中心落户广州、首个国家知识产权局专利信息服务（广州）中心挂牌运行、首个单一行业知识产权快速维权中心落户中山、首家专利信息传播利用基地在广州授牌、首个知识产权投融资综合试验区落户南海。珠三角九市全部出台知识产权战略纲要或实施方案。 （供稿人：阳屹琴）

《关于加快建设知识产权强省的决定》颁布实施

《关于加快建设知识产权强省的决定》颁布实施

【概况】 2012年1月20日，广东省委、省政府颁布了《关于加快建设知识产权强省的决定》（粤发〔2012〕4号，以下简称《决定》）。这是新年伊始省委、省政府进一步推进知识产权事业改革和发展的纲领性文件，是广东省知识产权事业发展进程中的一件具有里程碑意义的大事，对于充分发挥知识产权对经济社会发展的助推器作用，推进创新型广东省建设，促进产业转型升级具有十分重要的意义。

《决定》具有较强的前瞻性、针对性和可操作性，是广东首个以省委、省政府名义颁布的涵盖各类知识产权的政策性文件，也是一个立足实践、着眼发展、突出广东特色的重要文件。《决定》共七个方面28条举措，在内容上，《决定》有三个突出的亮点：第一是突出知识产权对促进产业转型升级的重要作用。当中提出要发展重点产业自主知识产权、实施战略性新兴产业知识产权专项工程、实施重点产业（集群）专利联盟推进计划、推行重大经济和创新活动知识产权审查评估等，这些措施都充分体现了知识产权在促进结构调整和对产业发展的重要支撑作用。第二是突出企业知识产权主体地位的重要作用。《决定》提出了支持企业建立知识产权制度、支持企业大力开展发明创造、重奖重大知识产权发明创造者等，凸显了企业科技创新和知识产权工作的主体地位。第三是突出建设知识产权强省对营造广东省良好投资环境和法治环境的重要作用。《决定》提出了要加强知识产权保护，增强知识产权服务和管理能力等共九条措施，这对进一步推进创新型广东建设，提高社会公众对知识产权的保护意识，营造良好投资环境和法治环境将发挥积极作用。

为贯彻落实《决定》精神，切实将决定的具体内容落到实处，广东省知识产权局牵头起草了《贯彻落实〈关于加快建设知识产权强省的决定〉重点任务分工方案》。该方案明确了《决定》分工的基本原则，以及主要任务措施的牵头单位和配合单位。9月，广东省知识产权局在征求汇总了省直各单位意见后，报请省政府审议。10月31日，省府办公厅印发《广东省加快建设知识产权强省重点任务分工方案的通知》，明确51条重点任务的具体分工。

（供稿人：刘　嵘）

国家专利审查协作广东中心

国家专利审查协作广东中心

【概述】 2012年，国家专利审查协作广东中心（以下简称广东中心）按照《合作框架协议书》及《分工协议书》相关要求，全面开展基础建设、人员招聘、业务审理等多项工作，实现了平稳过渡。截至2012年12月，顺利实施过渡期办公场所的三次装修和搬迁，目前已能满足1200人办公和600人/年培训的需求；新招录审查员606名，签约451名，其中大部分为硕士研究生及以上学历，并已着手开展2013年审查员招聘工作；广东中心共计完成结案1721自然件（折合1749标准件）、第一次审查意见通知书6350自然件（折合6272标准件）。

【共建情况】 广东中心共建工作得以有效推进。在广东省人民政府、国家知识产权局的共同努力下，共建广东中心领导小组于2012年7月20日正式成立。2012年，共召开领导小组会议一次，领导小组办公室会议两次，逐步形成了共建领导小组通报和部署工作、明确责任分工、作出会议决议，共建领导小组办公室负责具体落实、综合协调和重大问题上报的共建工作机制。印发《共建国家知识产权局专利局专利审查协作广东中心工作领导小组及其办公室工作细则》、《共建国家知识产权局专利局专利审查协作广东中心工作领导小组及其办公室会议制度》及《国家知识产权局专利局专利审查协作广东中心项目建设资金管理办法》，成为开展共建工作的行为指南，对共建工作进行指导和规范。

在共建领导小组成员单位的共同努力和省知识产权局的积极协调下，2012年度省、市、区三级共建资金全部到位，在此基础上，广东中心顺利完成基础建设项目立项核准、国有土地出让、业务用房规划方案设计、落实代建单位等项目建设前期工作，目前正按照基础建设程序继续推进下一步建设工作。

（供稿人：余洋）

广东省知识产权服务业集聚中心

【概况】 广东省知识产权局编制了《广东省知识产权服务业集聚中心规划》和《广东省知识产权服务业集聚中心建设方案》。目前，各项筹建工作正全面推进，经与开发区沟通，集聚中心用地面积由10亩调整至20亩，《项目建议书》于2012年9月通过省发展改革委组织的专家评审，为开展下一步建设工作奠定了良好基础。 （供稿人：余　洋）

领导讲话

国家知识产权局局长田力普在全省知识产权工作会议暨广东省专利奖励大会上的讲话

（2012年7月24日）

尊敬的陈云贤副省长，同志们：

大家好。今天，我非常高兴能出席广东省知识产权工作会议暨广东省专利奖励大会。首先，我代表国家知识产权局对广东省获得第十三届中国专利奖的单位和发明人表示热烈的祝贺！也借此机会，向广东在知识产权战线上辛勤工作的同志们致以亲切的问候！同时，也对广东各市县区、各部门多年来对知识产权工作的大力支持表示衷心的感谢！今天的会议内容很丰富，议题很重要。我不是第一次参加这样的会。记得在2002年1月，当时广东的机构改革刚刚完成，知识产权局有了新的职能，召开了第一次全省知识产权工作会，当时分管工作的李鸿忠副省长作了重要讲话，给我留下了深刻印象。2008年省里又召开这样的会，当时黄华华省长亲自出席会议并做了重要讲话。刚才分管工作的云贤副省长代表省政府对前一段全省知识产权工作给予了充分肯定，对今后的工作提出了明确要求，我完全赞同。这也体现出广东省委、省政府多年来对知识产权工作的高度重视和大力支持。在这里，我代表国家知识产权局向广东省委、省政府表示衷心的感谢！

下面，我讲三点意见：

一、勇立潮头，广东知识产权大省地位得到进一步的确立和巩固

凯元同志的报告以及几个部门的发言稿我都看了，给我印象很深，深受鼓舞。我们在知识产权战线工作了很多年，每看到一个省、一个地区知识产权工作有了进展和成效，我们都是非常兴奋的。两年来，在广东省委、省政府的正确带领下，广东知识产权战线的同志们积极推动国家知识产权战略在广东大力实施，成效显著。广东一直以来是我国改革开放的先锋。在知识产权工作中也不例外，很多工作都是先试先行，创造积累了很多很好的经验。像京外专利审查协作中心、国家级区域专利信息服务中心、国家专利信息传播和利用基地、全国第一个单一行业知识产权快速维权机构、国家知识产权投融资试验园区等多家“国字号”的机构先后落户广东。法规和工作体系建设也取得很好的成效。2010年颁布《广东省专利条例》；2011年颁布广东首个集专利、商标、版权、植物新品种和技术秘密等为一体的综合性的《广东省知识产权事业发展十二五规划》，将“每百万人口发明专利申请量”列为省“十二五”经济社会发展主要指标，体现出广东省确实把知识产权工作摆在了突出的重要的位置。刚才云贤副省长也讲到广东省知识产权工作成效显著。截至2011年，广东全省累计专利授权量、有效专利量均位居全国第一；PCT专利申请连续十一年保持全国首位，总量占全国50%以上；全省注册商标总量、地理标志产品数量均居全国第一。知识产权质量也在不断提升。发明专利申请占专利申请总量的比例不断提高，近六届中国专利金奖和优秀奖数均居全国前列，中国驰名商标拥有量位居全国首位。我们经常讲广东在知识产权工作方面是全国的一面旗帜，也包括知识产权保护和执法。广东历年知识产权案件立案和结案数量位居全国前列，开创了很多很好的经验，像行政执法重心下移、省市及市间案件移送、统一执法标准、开展广交会会展保护等等。在今年5月，国家知识产权局发展研究中心首度发布的2011年全国地区专利综合实力排名中，广东居全国首位。今天上午我们在中山古镇召开了一个现场会，主要是推广广东中山的知识产权快速维权机制，效果非常好。我们还特意从世界知识产权组织请来了副总干事来穗进行调研。应该说广东经验也引起了国际社会的高度关注。

二、任重道远，当前国际国内形势对知识产权工作提出了更高要求

当前，我国经济社会面临着较为复杂严峻的国内外环境。从国际上看，世界经济增长放缓，国际贸易增速回落，国际金融市场剧烈动荡，各类风险明显增加。世界经济复苏的不稳定性和不确定性上升。从国内来看，经济转型升级和产业结构调整的过渡期还要持续相当长的时间，我国经济发展中长期存在的不平衡、不协调、不可持续的矛盾和问题仍很突出，经济增长下行压力和物价上涨压力并存。为更好地应对国际金融危机等带来的困难和挑战，世界各主要国家纷纷选择以科技创新作为经济发展的内生动力。在复杂形势面前，党中央、国务院审时度势，明确指出我们必须牢牢把握新的科技革命和产业变革的机遇、世界科技创新格局调整的机遇、经济发展水平不断提高和市场不断扩大的机遇，坚定立足自主创新，大幅提高国家创新能力，这是我们国家破解难题、化危为机的必由之路。而知识产权作为激励创新的重要制度，作为衡量一个国家创新能力和水平的重要指标，日益得到广泛关注。因此，我们说知识产权工作也是同样面临着历史性的机遇与挑战。

实际上从全球来看，知识产权优势已经成为国家实力优势的直接体现，围绕知识产权的竞争已经成为国际竞争重要焦点，实施知识产权战略、强化知识产权保护已经成为各国增强自身竞争力的战略选择。尤其是发达国家，他们实际上是采用了两手的战略。对国内强调加强知识产权创造和运用，采取综合、有力的措施促进知识产权的创造，同时将其迅速市场化，市场化的收益再投入创新，实现创新驱动的良性互动。发达国家的发展之路，就是整个国家、整个社会都建立了创新驱动发展的模式。他们的竞争优势、未来发展、经济增长和来源都是依靠创新，依靠知识产权保护。所以，他们希望将科技创新的制高点、知识产权的制高点牢牢把握在自己手中，始终站在全球产业链的高端。另外一手就是对外强调加强知识产权保护和执法，特别是向一些发展中国家、制造业比较集中的国家施压，要求其强化知识产权执法。对中国更是两头施压。如果你想模仿，他们就用知识产权保护进行打压；如果你想创新，他们则对中国的国家创新战略进行否定。在我国领导人的访问和外事谈判中，他们明确表示中国不要去搞国家创新，这是社会和企业的事，国家不要管。中国想成为创新型国家，他们很难以接受。他们的政策就是，第一不许模仿、跟踪，第二不许创新。留给我们中国的一条路就是永远站在全球产业链的低端，从事组装、加工、代购，利用我们的劳动力资源、环境资源成本为发达国家提供廉价产品。但是，我们在转变发展方式的关键时期，主题就是科学发展，主线就是转变发展方式。这是中央坚定不移提出的要求，同时也是对我国知识产权工作提出的明确的更高的要求。2011年11月12日，胡锦涛总书记出席亚太经合组织工商领导人峰会时强调：“中国将以知识产权保护为基础，以自主创新、重点跨越为核心，大力提高科技创新能力，加快建立以企业为主体的技术创新体系。”首次将知识产权保护工作提升到国家创新体系基础的重要地位，非常明确地提出了我们要坚定不移地走自主创新的发展道路。中央经济工作会议上也提出“要坚持创新驱动，强化知识产权保护”。前不久在北京召开的全国科技创新大会上，胡锦涛总书记强调，“要加强知识产权创造、运用、保护、管理，在全社会进一步形成讲科学、爱科学、学科学、用科学的浓厚氛围和良好风尚”。温家宝总理也在讲话中强调，“要加强知识产权保护，建设规范的知识产权市场”，特别强调要加强企业技术创新。所以应该说无论是党和国家领导人，还是中央各部门都对知识产权工作提出了新的更高的要求。围绕转变经济发展方式这条主线全面推进知识产权工作，这是推动我国在未来尽快走上创新驱动、内生增长道路的必然选择，也是我们破解当前经济困局、掌握发展主动权的必然选择。

同时，我们要清醒的认识到，我国是制造业大国，但不是制造业强国，更不是设计大国、创造大国。温总理在全国科技创新大会上特别强调现在我们是中国制造，但是在中国设计、中国创造方面，我们还很欠缺，我们国家的未来科技体制改革、科技创新的重心要放在企业上。温总理讲话的全部内容都是围绕企业技术创新展开的。我们面临的形势还很严峻。今天来会的有很多企业、大学院所、获奖单位，这些企业无疑是专利工作、知识产权工作的模范和领先者。但是大家也要看到另一面，这样的企业数量还是太少。大家想想广东有多少家企业，拥有专利的、商标的、著作权的企业有多少家，这个数量是很少的。今天上午我们在中山古镇开会，古镇只有十几万人口，但是企业有2万家。当然我们搞试点有一年多了，每年申请的专利也有1000多件。但是比一比，真正申请专利、注册商标、登记著作权的企业与2万家相比还是很少的数量。这就是我们国家的现实。那么面对这个现实，从国家层面，到地方政府，再到整个社会，大家都开始认识到创新的重要性。作为市场主体的企业，更要利用好当前的机遇，通过实施企业知识产权战略，尽快实现转型升级，以创新带动企业自身、地区，乃至全省、我们国家的新一轮增长。

三、开拓创新，推动广东由知识产权大省向知识产权强省跨越

在新的形势下，广东省委、省政府审时度势，高瞻远瞩，今年颁布了广东推进知识产权事业改革和发展的纲领性文件——《关于加快建设知识产权强省的决定》，对广东省未来5年的知识产权事业发展进行了全方位的部署。据我们所知，这是全国首个以省委、省政府名义共同对知识产权强省进行规划和部署的文件，这个文件不仅要引领和支撑广东经济社会发展，而且也对全国知识产权事业发展起到重要的引领示范作用。我相信，在广东省委、省政府的高度重视和大力支持下，在广东知识产权工作者的共同努力下，广东知识产权强省的目标一定能够实现。

在此，我对广东知识产权工作提四点希望。

第一，求实效，全力服务地方经济社会又好又快发展。

围绕中心，服务大局，推动发展方式转变，维护社会和谐稳定，这是我们知识产权工作的一个职责所在。要充分发挥知识产权制度对于创新型国家和企业技术创新的引领推动作用，切实提升知识产权创造、运用、保护和管理能力，自觉将各项工作融入到广东经济社会发展大局中去。要不断在工作中总结新经验、研究新办法、出台新举措，形成以战略统领发展、以战略促进发展、以战略保障发展的知识产权事业发展新格局。

第二，促落实，确保知识产权“十二五”规划深入实施。

“十二五”时期是我国实现全面建设小康

社会奋斗目标承上启下的关键时期，也是广东产业结构快速转型、经济增长方式快速转变的关键时期。我们要按照中央的要求统筹协调，调动各方积极因素，抓好各项工作，特别是抓好我们知识产权系统的六大体系建设，包括法规政策体系、执法维权体系、运用体系、审查体系、服务体系和人才体系。这六大体系建设，广东都有抓手，要切实做好。同时要加强知识产权保护和执法这一核心职责，推动广东省知识产权“十二五”规划的贯彻实施。

第三，抓重点，大力加强知识产权工作体系和队伍建设。

我们觉得广东知识产权工作之所以走在全国前列，有很多好的经验和做法，但是关键是我们有好的工作体系和好的队伍。希望广东能以更大的力度、更新的理念、更实的举措，进一步完善知识产权体制机制，加强对知识产权工作的领导。刚才，云贤副省长已经对这方面做了明确要求，要努力从机构设置、人员编制、经费和基本建设投入等各方面投入保障，建设一支思想解放、政治坚定、业务精通、勇于创新、作风优良的一流的知识产权工作队伍。

第四，善谋划，继续当好全国知识产权工作的排头兵。

广东作为改革开放的先行区，知识产权工作一直走在全国前列。我记得10年前跟李鸿忠同志说，广东不应该与国内其他的省来比较，而是应该把眼光放到世界，与发达国家相比，这样就能看出差距。我们现在回过头看，确实自己和自己比有了巨大的变化和发展，在全国仍然是前列。但是这时候我们仍然要把眼界放广阔一些，视野更宽阔一些，看看发达国家和地区，他们有哪些好的经验，他们在知识产权创造、运用、保护和管理方面有哪些需要我们借鉴，把他们作为追赶的目标。我觉着这应该是我们未来应该发展的思路。我相信，知识产权系统的全体同志一定能够把思想统一到党和国家的决策部署上来，统一到省委全会精神上来，始终保持清醒和冷静，继续以奋发有为的精神当好全国知识产权工作的排头兵。

最后，祝愿广东知识产权事业为广东经济社会发展的腾飞再立新功！

谢谢！

广东省人民政府副省长陈云贤在全省知识产权局局长会议上的讲话

（2012年2月28日）

同志们：

今天，我们在这里召开全省知识产权局局长会议，主要是贯彻落实省委十届十一次全会、省“两会”及全国知识产权局局长会议精神，总结回顾2011年全省知识产权工作情况，并对今年工作进行部署。刚才，凯元同志传达了全国知识产权局局长会议精神，总结了我省2011年知识产权工作情况，并对2012年工作进行了部署，讲得很好。希望大家认真贯彻落实中央和省的部署，开拓创新，扎实工作，努力推动我省知识产权工作再上新台阶。下面，我讲三点意见。

一、过去一年我省知识产权工作成绩显著，为全省经济社会保持平稳较快发展作出了重要贡献

2011年是“十二五”规划的开局之年，是我省转型升级与改善民生互促互进、推动科学发展取得新成绩的一年，也是知识产权事业快速发展、成效显著的一年。全省各级知识产权部门深入贯彻落实科学发展观，认真贯彻党中央、国务院和省委、省政府关于加强知识产权工作的各项决策部署，紧紧围绕加快转型升级、建设幸福广东的核心任务，结合我省知识产权工作实际，开拓创新，锐意进取，推动我省知识产权事业快速发展。2011年，全省发明专利授权量18240件，继续位居全国第一；PCT国际专利申请受理量为8941件，占全国总量的55.57%，连续十年位居全国第一；专利密度（百万人口有效发明专利量）为562.3，是全国专利密度的2.37倍；获第十三届中国专利奖金奖6项，居全国首位，知识产权的创造、运用、保护和管理能力明显提升。突出表现在四个方面：

（一）知识产权省部会商合作取得重大进展。去年初，国家知识产权局和省政府在北京召开知识产权高层次战略合作第三次会议，联合印发了《2011年度知识产权高层次战略合作工作安排》。去年9月，国家知识产权局与我省签署协议共建“国家知识产权局专利局专利审查广东中心”，这是国家局在北京地区外设立的第一个专利审查协作中心，也是第一个省部共建专利审查协作中心。预计至“十二五”期末，将形成2000名左右的专利审查员队伍，年审查能力达到11万件，有力推动我省知识产权事业发展。

（二）知识产权服务产业转型升级迈上新台阶。全省知识产权部门始终把服务全省经济发展和引导产业转型升级作为知识产权工作的出发点和落脚点。你们通过实施战略性新兴产业知识产权工程，围绕新一代通信、物联网、数字家庭、新能源汽车、LED、OLED、生物医药等重点产业深度开发专利信息，初步形成了我省战略性新兴产业专利分析及预警系列报告平台及品牌；通过强化企事业单位试点示范工作，有力引导了企事业单位提升知识产权制度运用能力；通过实施省专利技术实施计划，推动开展知识产权交易活动，促进知识产权投融资及资产评估工作，有力推动了知识产权产业化、商品化及资本化进程。

（三）知识产权执法保护取得新成效。根据国务院统一部署，我省认真开展打击侵犯知识产权和制售假冒伪劣商品专项行动，查处了大量侵犯知识产权和制假售假案件，在国内外树立了保护创新主体合法权益、维护公平竞争市场的良好声誉，得到了全国“双打”办的充分肯定。与此同时，大力推进展会知识产权保护，积极维护广交会知识产权保护的“金字招牌”。省市联动在全省各市组织开展了多场《广东省专利条例》宣讲会，大力普及《条例》内容，推动形成全社会重视和保护知识产权的良好氛围。

（四）知识产权服务体系不断完善。你们着眼于推进知识产权信息公共服务建设，加速推进专利信息与经济的融合。建立专利信息传播利用基地，完善并不断拓展广东省知识产权公共信息综合服务平台等项目，逐步铺开“百所千企对接工程”，加强了专利代理和中介组织管理，稳步提高专利代办工作质量和效率。在中新知识城建设广东知识产权服务业园区，带动全省高技术服务业蓬勃发展。

总之，过去一年，全省知识产权工作有亮点、有力度、有创新、有成效，为我省经济社会保持平稳较快发展作出了积极贡献。这些成绩的取得，是在省委、省政府的正确领导下，各级党委、政府高度重视，有关部门通力合作，知识产权系统全体干部职工扎实工作、奋勇拼搏的结果。在此，我代表省政府向在座各位，并通过你们向全省知识产权系统的广大干部职工表示衷心的感谢和诚挚的问候！

二、认清形势，突出重点，努力开创我省知识产权工作新局面

当前，随着产业结构的新一轮大调整，全球进入创新与新兴产业发展的加速成长期。知识产权日益成为一个国家或地区经济社会发展的战略性资源和国家竞争力的核心要素，成为创新发展的重要支撑和掌握发展主动权的关键。经过改革开放30多年的发展，我省正由规模扩张主导的经济高速增长期转入结构调整和质量效益主导的经济平稳增长期。按照国际工业化理论，这个阶段是工业化后期向后工业化初期转变的一个阶段，最容易出现“中等收入陷阱”问题。知识产权作为破解经济发展难题、加快转变经济发展方式、建设现代产业体系的着力点和切入点，其作用和地位日益突出。要看到当前知识产权服务业孕育着广阔的发展前景，知识产权质押融资、知识产权证券化、托管拍卖、并购入股等多种新兴运营模式悄然兴起。全省创新活动日趋活跃，更多的优质知识产权资源正待转化为现实生产力。与此同时，我们也要清醒看到，我省知识产权强省建设仍然任务艰巨，与经济社会发展的需求相比，仍存在知识产权战略推进不平衡、知识产权管理服务体系还不完善、市场主体运用知识产权水平不高、知识产权人才普遍紧缺等诸多问题。全省各地、各有关部门要切实增强做好知识产权工作的责任感和紧迫感，创新发展理念，找准工作定位，把知识产权各项工作抓紧抓好。

今年是实施“十二五”规划承上启下的关键一年，是加快转型升级、建设幸福广东的重要一年。全省各级知识产权部门要牢牢把握主题主线和加快转型升级、建设幸福广东的核心任务，全面贯彻落实省委、省政府《关于加快建设知识产权强省的决定》，实施知识产权战略，坚持“激励创造、有效运用、依法保护、科学管理”的方针，以提高自主创新能力为目的，以增强知识产权运用能力为重点，以完善知识产权保护和服务体系为保障，全面提高我省知识产权创造、运用、保护和管理水平，加快建设知识产权强省，为建设创新型广东、促进全省经济社会平稳较快发展提供有力支撑。关于今年的工作，刚才凯元同志已经作了具体部署。这里，我再强调几个方面工作：

（一）全面激励知识产权创造。一是支持企业大力开展发明创造。要强化企业自主创新主体意识，突出企业知识产权主体地位。引导企业增加创新投入，鼓励企业获取知识产权，加快消除“零专利”、无商标企业。大力培育

知识产权优势企业、驰名商标和著名商标企业以及版权兴业企业，形成一批拥有自主知识产权核心技术和国际竞争力的龙头企业。二是提升高校与科研机构创造能力。引导高校、科研机构建立健全知识产权工作机构和管理制度，推动其将知识产权量化指标纳入科研开发工作的评价、考核体系。三是完善发明创造激励机制。要加大对国内外发明专利申请、知名品牌创建、版权作品创作、专利技术与标准融合等的扶持力度，引导知识产权从注重数量向提高质量转变。建立健全专利奖励和专利申请资助的相关办法，落实对发明人、设计人的奖励和报酬政策。

（二）加强知识产权保护力度。保护是知识产权制度的核心，只有保护有力，才能充分发挥知识产权制度的作用，达到激励和保障创新的目的。在强化知识产权保护方面要着重做好以下几方面：一是结合“三打两建”行动，加大知识产权执法力度。省委、省政府已在全省部署开展“三打两建”专项行动，这是省委、省政府在新形势下维护市场经济秩序、保障人民群众切身利益、促进社会和谐稳定作出的一项重大举措。全省各级知识产权部门要认真抓好“三打两建”特别是打击制假售假专项行动的落实，进一步细化行动方案，尽快组织开展执法大检查和执法行动。要加大知识产权行政执法力度，严厉查处知识产权侵权纠纷案件特别是重复侵权、系列侵权案件，严厉打击假冒专利、假冒商标、假冒伪劣商品、种子和盗版音像制品等侵犯知识产权的违法犯罪活动，加强知名品牌的知识产权保护。要加强知识产权管理部门与司法部门之间的沟通协作，强化部门间大案要案会商、通报制度，落实行政执法和刑事司法衔接机制，提高知识产权保护整体效能。二是深入开展行业协会和会展知识产权保护工作，建立健全行业协会和会展自律保护机制。要加强对各类会展知识产权保护工作的指导、监督和管理，引导行业、企业建立知识产权联盟，协调解决行业内部发生的知识产权纠纷，增强应对国际知识产权纠纷与诉讼的整体联防能力。三是探索建立维权援助和海外应对机制，搭建支持我省企业涉及知识产权保护海外维权和应对的法律、政策、资金、人才、信息等支撑平台。强化技术性贸易壁垒的预警、应对和防控，指导行业、企业应对和解决涉外知识产权纷争。

（三）提升知识产权服务水平。建立健全社会化、网络化的知识产权服务体系，对推进知识产权事业发展意义重大。一是提高知识产权综合信息服务能力。要加快中新知识城广东知识产权服务业园区建设，积极推进信息资源的整合，加快建设知识产权公共信息综合服务平台，充分发挥专利信息在提高创新起点、优化创新路线方面的重要作用。二是推动中介机构与创新主体对接。大力实施“百所千企知识产权服务对接工程”，组织专利代理、商标代理、版权服务等中介服务机构为创新型中小企业及培育期的高新技术企业提供点对点知识产权专业服务，不断提升知识产权代办和代理服务水平。三是完善知识产权投融资机制。鼓励金融机构加大信贷支持力度，对拥有知识产权的企业提供授信额度和多样化金融服务。探索建立知识产权质押融资企业信用及风险控制体系和风险补偿机制。支持广州、东莞开展全国知识产权质押融资试点，加快推进佛山南海国家知识产权投融资综合试验区建设。

（四）引进培养知识产权专业人才。人才是事业发展的根本所在。知识产权制度是一种融科技、经济、法律于一体的制度，做好知识产权工作需要有懂科技、明法律、通经济、熟英语的复合型专门人才。要加快建设知识产权人才培养基地，拓展与境外著名知识产权研究、服务机构和大学的合作，不断完善培训体系和培训方式。要将知识产权专业人才列入我省创业创新人才引进计划，重点引进一批熟悉知识产权国际规则、适应国际竞争需要的知识产权专业人才。

三、加强领导，落实责任，为建设知识产权强省提供有力保障

加快建设知识产权强省，是一项专业性、综合性都很强的系统工程，当前目标任务和总体思路都已明确，关键是要加强领导，抓好落实。

（一）加强领导，明确职责。各级党委、政府及各有关部门要高度重视知识产权工作，切实把它摆上重要议事日程。要落实知识产权工作责任制，明确工作责任，建立知识产权考核机制，加强监督检查，层层抓好落实。各项工作要落实到人，要从制度上保证知识产权各项工作的顺利进行。要进一步完善知识产权工作的政策法律体系，特别是要抓紧出台《关于加快建设知识产权强省的决定》的配套政策和实施细则，不断提升知识产权服务经济社会发展的能力。

（二）密切配合，形成合力。知识产权事业与全省经济社会发展紧密相连，知识产权工作贯穿于创造、运用、保护和管理的各个环节，涉及众多的部门。各级知识产权部门要加强与各级党委、政府的沟通汇报，在制定、调整经济政策和产业政策时，争取提高知识产权的政策参与度。同时要以办公会议或联席会议为平台，建立完善多层级、多部门的知识产权工作机制，合力解决知识产权发展中出现的各种问题和困难。

（三）内强素质，外树形象。知识产权自身队伍的建设非常重要。当前，我国知识产权事业正处在历史上最好的发展时期，全省知识产权管理战线上的同志要充分认识到责任的重大，善于把握机遇，积极主动开展工作。要紧跟党中央、国务院和省委、省政府的重大决策部署，及时掌握国内外知识产权发展动态，准确掌握知识产权法律法规，在工作实践中不断提升综合素质和业务能力。同时要加强与国内外同行的交流，学习他人的先进经验，努力适应不断发展的形势需要，切实维护广大知识产权权益人的合法利益，推动我省知识产权事业纵深发展。

（四）加强宣传，营造氛围。要开展多种多样的宣传教育活动，加强党政机关及企业多个层次的知识产权知识培训，充分利用各种新闻媒体宣传报道当前的政策法规和典型案例，在全社会形成尊重劳动创造、尊重知识产权、自觉保护知识产权的良好社会氛围，为推动知识产权工作，加快建设知识产权强省奠定良好的群众基础和社会舆论基础。

同志们，做好知识产权工作是提升自主创新能力和产业竞争力的客观需要，是完善社会主义市场经济体制、建设诚信社会的重要基础。让我们在省委、省政府的正确领导下，深入贯彻落实科学发展观，继续解放思想，锐意进取，扎实工作，为建设知识产权强省，为加快转型升级、建设幸福广东作出新贡献。

谢谢大家。

广东省人民政府副省长陈云贤在全省打击侵犯知识产权和制售假冒伪劣商品工作电视电话会议上的讲话

（2012年7月9日）

同志们：

今天，我们在这里召开全省打击侵犯知识产权和制售假冒伪劣商品工作电视电话会议，主要目的是认真贯彻落实省第十一次党代会精神，按照全国打击侵权和假冒伪劣工作领导小组工作要求，总结回顾前一阶段我省工作情况，并对下一阶段工作任务进行部署。刚才，陶凯元同志传达了全国打击侵权和假冒伪劣工作领导小组的工作要求，总结了上半年我省打击侵权和假冒伪劣工作情况，并提出了下一步工作安排，讲得很好，我都赞成。希望大家认真落实好这次会议精神，齐心协力，真抓实干，努力推动我省打击侵权和假冒伪劣工作再上新台阶。下面，我讲两点意见：

一、今年以来我省打击侵权和假冒伪劣工作成效显著，为全省经济社会平稳较快发展作出积极贡献

打击侵权和假冒伪劣工作事关人民群众生命财产安全，事关经济社会发展大局。省委、省政府对此高度重视，把它作为整顿和规范市场经济秩序、促进经济发展及维护社会和谐稳定的一项重要工作来抓。今年以来，全省各地区、各有关部门按照省委、省政府的要求，紧密结合“三打两建”专项行动，加大生产源头治理力度，强化市场监督管理，加大刑事司法打击力度，建立健全长效治理机制，打击侵权和假冒伪劣工作取得显著成效。具体体现在四个方面：一是建立了打击侵权和假冒伪劣工作常态化机制。经朱小丹省长批准，省政府成立了由我任组长，31个核心部门组成的省打击侵权和假冒伪劣工作领导小组，制定了领导小组工作规则、领导小组办公室工作制度和任务分工。不少地市根据省政府统一要求，确定了当地打击侵权和假冒伪劣工作协调机构，部分地市还出台了工作方案，确保工作有序开展。二是打假专项行动扎实推进。各地、各部门加强沟通合作，紧紧围绕食品、药品和日化用品、酒类、食盐、烟草、建材、箱包皮具、通信产品、汽车配件、证照等与民生密切相关的领域，深入开展十大打假专项行动，吊销一批违法生产经营单位资质，严惩一批制假售假违法犯罪分子，有效改善了市场环境，维护了群众利益。三是农村市场重点商品整治成效突出。我省将农村市场重点商品整治工作作为一季度重点，组织开展农药、肥料、兽药、生鲜乳、作物种子、水产品等多项专项整治，有效地改善了农村市场环境，维护了农民群众的合法权益。四是刑事司法保护力度不断加大。各级公检法部门分工负责，密切配合，始终保持打击侵权和假冒伪劣高压态势。公安机关认真开展打击假冒伪劣犯罪“破案会战”；检察机关认真履行批捕、起诉、诉讼监督和查办职务犯罪职责，依法及时批捕侵权和假冒伪劣犯罪；法院充分发挥知识产权审判职能，依法从严惩处一批犯罪分子，有力打击了侵犯知识产权和制售假冒伪劣商品犯罪行为。

总之，全省各级、各有关部门深入开展打击侵权和假冒伪劣工作，取得了显著成效，为维护我省市场经济秩序、保障人民群众健康安全、促进经济发展方式转变提供了重要支撑。这些成绩的取得，是在省委、省政府的正确领导下，全省上下共同奋斗的结果，也凝聚着全省打击侵权和假冒伪劣各职能部门干部职工的辛勤劳动和汗水。在此，我代表省政府向奋战在全省打击侵权和假冒伪劣工作一线的同志们表示衷心的感谢和亲切的问候!

但我们也要清醒地看到，我省打击侵权和假冒伪劣工作还存在不少问题，与经济社会发展的需求和人民群众的期望相比还有较大差距。如侵权和假冒伪劣行为时有发生，甚至在一些地区仍处于高发状态；一些地区对打击侵权和假冒伪劣工作重视程度不够，措施手段不力；纵横结合、畅通无阻的工作机制有待进一步完善等等。对此，我们必须高度重视，采取有力措施认真加以解决。

打击侵权和假冒伪劣工作是当前“三打两建”活动的重要内容，是构建社会信用体系、规范市场经济秩序的客观需要。当前，我省正处于加快转型升级、建设幸福广东的关键时期。经过改革开放30多年的发展，我省正由规模扩张主导的经济高速增长期转入结构调整和质量效益主导的经济平稳增长期。这一时期既是工业化后期向后工业化初期转变的一个阶段，也是最容易出现“中等收入陷阱”的关键时期。切实维护市场经济秩序，无论是对于提升经济发展质量、加快转型升级、跨越“中等收入陷阱”，还是对于保障和改善民生、建设幸福广东都至关重要。省第十一次党代会强调，要认真整顿和规范市场经济秩序，坚决打击欺行霸市、制假售假、商业贿赂，加快建设社会信用体系和市场监管体系。同时指出要创造公平公正、活力有序的社会环境，让守规矩的人不吃亏。这对打击侵权和假冒伪劣工作进一步指明了工作方向。全省各地区、各有关部门要切实把思想和行动统一到国家和省的部署上来，进一步增强打击侵权和假冒伪劣的责任感和紧迫感，从维护经济社会发展的大局出发，各负其责、狠抓落实，把打击侵权和假冒伪劣工作抓紧抓好抓出成效。

二、突出重点，真抓实干，努力推动我省打击侵权和假冒伪劣工作再上新台阶

今年是实施“十二五”规划承上启下的重要一年，也是加快转型升级、建设幸福广东的关键一年，下半年我们还将迎来党的十八大胜利召开，做好今年的打击侵权和假冒伪劣工作具有特殊重要的意义。下一阶段我省打击侵权和假冒伪劣工作的总体要求是，深入贯彻落实科学发展观，按照全国打击侵权和假冒伪劣工作领导小组的要求部署，紧紧围绕加快转型升级、建设幸福广东的核心任务，坚持严打击、抓整治、重规范、促发展的工作思路，不断创新工作方法，完善体制机制，全面整顿和规范市场秩序，深入开展食品、药品、农资等专项整治，着力解决群众关注的热点、难点和市场反映的突出问题，推动打击侵权和假冒伪劣工作再上新水平。关于下一步工作，刚才凯元同志已经作了具体部署。这里，我再强调几个方面工作：

*（一）加强领导，严格落实监督考核制度。*各地、各有关部门要高度重视打击侵权和假冒伪劣工作，切实把它摆上重要议事日程，与当地经济社会发展工作同步研究、同步部署、同步落实、同步考核。主要领导要亲自抓，分管领导要具体抓，建立健全打击侵权和假冒伪劣工作协调机制。各地、各有关部门要结合实际，认真制定本地区、本部门的工作计划或实施方案，采取有力措施迅速打开工作局面。要认真抓好督查督办，严格落实监督考核制度。省打击侵权和假冒伪劣工作领导小组要适时成立督查组，到各地开展督查，督促落实工作，帮助解决问题。各地打击侵权和假冒伪劣工作领导小组要切实负起责任，加强对本地工作的督促检查，尤其是检查对重点区域、重点市场的整治情况以及对大案要案的查办情

况。各地要将打击侵权和假冒伪劣工作纳入政府绩效考核体系，并推动纳入社会治安综合治理考评范围，逐级开展督促检查。对因履职不力导致区域性、系统性侵权和假冒伪劣问题发生的，要严肃追究当地政府负责人和相关监管部门的责任。

（二）精心组织，深入推进打击侵权和假冒伪劣专项整治。今年我省《打击侵犯知识产权和制售假冒伪劣商品重点工作安排》，提出了要开展商标权、版权、专利权、网络商品交易网站、进出口环节、药品化妆品、农资、汽车配件、地理标志、有机产品认证标志、农村市场重点商品、林木种苗、软件正版化等13个领域的专项整治，并相应提出了13个专项整治的具体要求。省打击侵权和假冒伪劣工作领导小组及其办公室要做好组织协调工作。各牵头部门要结合实际认真制订实施方案，确定好各专项整治的目标、任务和重点，精心组织好每项行动。各相关部门要积极配合，协同作战，加大力度，有计划有步骤地开展各项专项整治行动。一要查，对专项整治各领域进行拉网式检查，摸清底数。二要治，对违法行为要处罚，不符合规定的要限期整改，问题严重的要坚决取缔。三要管，严格实施国家和省各项强制性标准，严格准入许可和各环节的全过程监管。四要扶，帮助守法经营的企业做强做大，促进产品质量水平的提高。

（三）突出重点，提高打击侵权和假冒伪劣的针对性和有效性。各地、各部门要将日常执法与专项整治相结合，切实加强线索挖掘和摸查，尽快确定本地区、本部门侵权和假冒伪劣重点商品、重点市场和重点领域，力求在重点、难点上取得突破，提高打击侵权和假冒伪劣的针对性和有效性。一是抓重点商品，要把涉及人民群众生命财产安全、社会反映强烈的农资、食品、药品等作为重点查处对象。二是抓重点市场，要对本地的大型集贸市场、大型商场和消费者反映较多的商品批发、零售场所大力开展治理整顿。三是抓重点领域，要重点抓好食品药品、农资、网络商品交易、进出口环节等领域的打击侵权和假冒伪劣工作。四是抓大案要案，要开展打击假冒伪劣“破案会战”，全链条、全覆盖摧毁制假售假犯罪网络和窝点。对那些影响较大、严重侵犯国内外知名品牌的违法犯罪活动，要坚决予以打击，始终保持刑事司法打击高压态势。

（四）标本兼治，建立健全打击侵权和假冒伪劣长效机制。打击侵权和假冒伪劣工作是一个长期性、系统性的工程，不可能一蹴而就，必须不断完善监管措施，建立健全长效机制。一是加快打击侵权和假冒伪劣法制化进程。要善于总结多年来形成的好经验、好做法，又要利用现有的政府管理和专家学者资源，从法律制度层面进行配套衔接，使打击工作有法可依，相关部门严格依法行政。二是强化行政执法与刑事司法衔接机制。要加快建设打击侵权和假冒伪劣行政执法与刑事司法衔接工作信息共享平台，完善线索通报、联合办案、提供专业支持等机制制度，加强对案件移送办理的监督和监察。三是完善跨地区跨部门行政执法协作机制。建立健全各地区、各有关部门案件协办、联合执法、定期会商等制度，完善立案协助、调查取证、协助执行及应急联动工作机制，形成打击合力，增强打击效果。四是促进行业自律。充分发挥行业协会的作用，引导企业加强自律，调动企业参与打击侵权和假冒伪劣的积极性，抵制少数企业制假售假的违法行为，促进全社会各行业的规范和发展。

（五）强化宣传，营造打击侵权和假冒伪劣的良好社会氛围。打击侵权和假冒伪劣工作涉及面广、影响大，是全社会关注的热点问题。各级、各有关部门要高度重视舆论宣传工作，加强与新闻媒体的沟通合作。一方面要充分发挥新闻媒体的舆论导向作用。大力宣传打击侵权和假冒伪劣的政策措施、工作进展和成效，及时报道典型案件和问题严重的地区、市场，大力宣传守法经营、质量过硬的优质产品、优良品牌、优秀企业，弘扬正气，引导消费，提高全民知识产权法制意识和道德观念，形成打击侵权和假冒伪劣的良好氛围。另一方面要加强对新闻媒体的引导。各地、各部门要及时主动发布侵权和假冒伪劣信息，尤其是及时发布主动查处问题、改进工作的信息。对个别恶意炒作、制造和传播虚假信息的要及时澄清，消除不良影响。此外，各地区、各有关部门要进一步完善举报投诉制度，公布举报电话，方便群众举报，兑现举报奖励，动员全社会力量参与打击侵权和假冒伪劣工作。

同志们，打击侵权和假冒伪劣工作责任重大，使命光荣。让我们在省委、省政府的正确领导下，深入贯彻落实科学发展观，坚定信心，开拓创新，真抓实干，全力以赴推动打击侵权和假冒伪劣工作再上新台阶，以实际行动让党和政府放心，让人民群众满意，为加快转型升级、建设幸福广东作出新贡献！

谢谢大家。

广东省人民政府副省长陈云贤在全省知识产权工作会议暨广东省专利奖励大会上的讲话

（2012年7月24日）

尊敬的田力普局长，同志们：

在全省上下深入贯彻落实省第十一次党代会精神，加快转型升级、建设幸福广东的关键时刻，我们在这里召开全省知识产权工作会议暨广东省专利奖励大会，十分及时，非常重要。会议主要任务是总结回顾近两年来我省知识产权工作情况，并对今后一段时期知识产权工作进行部署。国家知识产权局局长田力普在百忙中专程莅临大会并将作重要讲话，充分体现了国家知识产权局对广东的支持与厚爱。刚才，凯元同志以及省工商局、省版权局、省公安厅和广州市代表分别作了工作汇报，我认为都讲得很好，我也非常赞成。会议还隆重表彰了我省获得第十三届中国专利奖的单位和个人。在此，受小丹省长的委托，我谨代表广东省人民政府向获奖单位和个人表示热烈祝贺！对田力普局长和国家知识产权局一直以来对广东工作的关心支持表示衷心感谢！希望各级、各有关部门认真贯彻落实这次会议精神特别是田力普局长的重要讲话精神，努力推动我省由知识产权大省向知识产权强省转变。下面，我讲三点意见。

一、我省知识产权工作成绩显著，为全省经济社会保持平稳较快发展作出了重要的贡献

省委、省政府历来高度重视知识产权工作。2010年出台了《广东省专利条例》，2011年编制印发了《广东省知识产权事业发展“十二五”规划》，今年1月又出台了省委、省政府《关于加快建设知识产权强省的决定》，大力推进我省知识产权事业发展。全省各级知识产权职能部门深入贯彻落实科学发展观，认真贯彻落实党中央、国务院和省委、省政府关于知识产权工作的各项决策部署，紧紧围绕加快转型升级、建设幸福广东的核心任务，认真履行职责，加强统筹协调，创新工作机制，推动我省知识产权水平不断提升、影响不断扩大、作用不断凸显，知识产权工作取得显著成绩，为全省经济社会平稳较快发展作出了积极贡献。主要体现在以下几方面：

（一）知识产权创造能力、创造活力不断增强。近年来，我省积极引导和激励知识产权创造，推动各项知识产权指标从数量增长向质量提升转变，促进自主创新能力不断提升。截至2011年底，全省有效发明专利量逾5.8万件，继续居全国首位；专利密度达每百万人口562.3件，为全国平均水平的2.37倍；PCT国际专利申请受理量连续10年位居全国第一；我省获第十三届中国专利奖金奖6项，居全国第一位。全省有效注册商标总量连续17年居全国首位；中国驰名商标总量连续6年位居全国第一位，首次实现全省21个地级以上市全部拥有中国驰名商标。知识产权事业的快速发展有效提升了我省自主创新能力，2011年，我省技术自给率达到66.8%，区域创新能力稳居全国第一梯队。

（二）知识产权运用成效显著。我省知识产权工作坚持以企业为主战场，通过以试点促普及推广、以优势带动提升发展、以示范促进深化的运行模式，促进企业提高运用自主创新的能力，推动产业转型升级。全省共建25个知识产权（专利）联盟，涵盖数字家庭、LED、新能源等战略性新兴产业和陶瓷、家具等传统优势产业，有效集成了知识产权资源、催化了知识产权应用。大力推进"版权兴业"工程，累计认定省版权兴业示范基地55个。"百所千企知识产权服务对接工程"全面铺开，63家代理机构与700余家企业实现对接，新增专利申请近万件。大力推进专利技术实施计划，强化企业知识产权试点示范工作，促进了关键领域和发展前沿自主知识产权的涌现。

（三）知识产权执法力度不断加大。各级知识产权职能部门认真探索建立行政保护、司法保护、行业自律的全方位多层次保护体系，着力维护市场秩序。在国务院的统一部署下，认真开展打击侵犯知识产权和制售假冒伪劣商品专项行动，查处了大量侵犯知识产权和制假售假案件，在国内外树立了保护创新主体合法权益、维护公平竞争市场的良好声誉，同时认真贯彻落实省委、省政府"三打两建"工作部署，集中力量严打制假售假，查办大案要案。大力推进展会知识产权保护，积极维护广交会知识产权保护的"金字招牌"，充分展示了我省高度重视知识产权保护的良好形象。

（四）知识产权服务能力稳步提升。继去年国家专利审查协作中心、国家区域性专利信息服务中心落户广州后，今年3月，国家知识产权局与省政府决定共同创建知识产权服务业示范省，大力推动我省知识产权服务业集聚发展。国家知识产权局区域专利信息服务（广州）中心和国家知识产权局（广东）专利信息传播利用基地先后建立，省知识产权公共信息综合服务平台正式运行。大力推进知识产权质押融资，全省共有国家知识产权质押融资试点单位2个、投融资综合试验区1个、投融资服务试点1个。与此同时，知识产权维权援助工作深入开展，目前已成立省知识产权维权援助中心以及深圳、汕头、佛山、东莞、中山6家知识产权维权援助中心。中山古镇成立中国中山（灯饰）知识产权快速维权中心，成为全国第一个单一行业知识产权快速维权机构。

总之，近年来全省知识产权工作取得了显著成绩。这些成绩的取得，是在国家知识产权局的亲切关怀和指导支持下，在省委、省政府的正确领导下，全省知识产权管理系统广大干部职工努力工作、奋勇拼搏的结果。在此，我代表省政府，向长期以来关心支持广东工作的国家知识产权局表示衷心的感谢！向全省知识产权管理系统的广大干部职工致以亲切的慰问和崇高的敬意！

知识产权作为国际贸易的通行准则，日益成为一个国家或区域经济社会发展的战略性资源和国家竞争力的核心要素，成为创新发展的重要支撑和掌握发展主动权的关键。党中央、国务院和省委省政府高度重视知识产权的工作，经过改革开放30多年的发展，我省正由规模扩张主导的经济高速增长期转入结构调整和质量效益主导的经济平稳增长期。按照国际工业化理论，这个阶段是工业化后期向后工业化初期转变的阶段，最容易出现"中等收入陷阱"问题，一方面是原来靠自身劳动力、土地等资源成本发展的优势不复存在，另一方面真正的高端技术又还主要掌握在西方发达国家手中。知识产权制度对于激励自主创新、保护科技成果、支撑产业转型发展、跨越"中等收入陷阱"至关重要。还要看到当前知识产权服务业方兴未艾，知识产权质押融资、知识产权证券化、托管拍卖、并购入股等多种新兴运营模式悄然兴起。全省创新活动日趋活跃，更多的优质知识产权资源正待转化为现实生产力，知识产权与金融、与产业融合发展的空间巨大，前景广阔。但是我们应该看到，与经济社会发展的需求相比，仍存在知识产权战略推进不够平衡、知识产权管理服务体系还不够完善、市场主体运用知识产权水平还不够高、知识产权人才普遍紧缺等诸多问题，知识产权强省建设仍然任务艰巨，同时知识产权侵权事件在一些地方仍不同程度的存在，严重影响了自主创新的积极性，扰乱了市场的经济秩序。为此，全省各地、各有关部门要认清形势，进一步增强知识产权工作的责任感和紧迫感，切实把思想和行动统一到国家和省的决策部署上来，创新理念、真抓实干，加大知识产权创造、运用、保护和管理的力度，把知识产权各项工作抓紧抓好抓出成效。

二、明确目标、突出重点，努力推动我省知识产权工作再上新的台阶

当前和今后一段时期，全省各地、各级知识产权部门要紧紧围绕加快转型升级、建设幸福广东的核心任务，全面贯彻落实省委、省政府《关于加快建设知识产权强省的决定》，认真实施知识产权战略，坚持“激励创造、有效运用、依法保护、科学管理”的方针，全面提高我省知识产权创造、运用、保护和管理水平，加快建设知识产权强省，为建设创新型广东、促进全省经济社会平稳较快发展提供强有力的支撑。为此，要“明确一个目标”：实现从知识产权大省向知识产权强省跨越。要“围绕两个提升”：有效提升全省知识产权的总量和质量，有效提升企业知识产权创造和运用能力。要“实现三个突破”：一是在强化知识产权对产业竞争力的支撑上实现新的突破，二是在加大知识产权保护力度上实现新的突破，三是在加强知识产权公共服务上实现新的突破。关于下一步的工作，刚才凯元局长已经做了具体的部署，我都非常赞成，我在这里再强调几个方面的重点工作：

（一）要激励自主创新，突出企业知识产权主体地位。企业是区域创新体系建设最深厚的基础，也是技术创新和运用知识产权资源的主体，要推动建立以企业为主体、市场为导向、产学研用相结合的知识产权创造运用体系。一是要支持企业建立知识产权制度。通过推行企业知识产权管理规范和试点示范等工作，培植一批国家级和省级知识产权试点、示范骨干企业和商标战略实施示范企业。二是要支持企业大力开展发明创造。引导企业增加创新投入，鼓励企业获取知识产权，加快消除“零专利”、无商标企业。大力培育知识产权优势企业、驰名商标和著名商标企业以及版权兴业企业，形成一批拥有自主知识产权核心技术和国际竞争力的龙头企业。三是要完善发明创造激励机制。建立健全专利奖励和专利申请资助的相关办法，鼓励企业建立激励发明创造的奖励和分配制度，采取知识产权入股、员工持股、期权等多种分配形式激励发明创造。落实对职务发明人、设计人的奖励和报酬政策。

（二）要强化支撑作用，发展重点产业自主知识产权。知识产权是抢占未来市场发展的战略制高点、培育新的经济增长点的重要武器，要充分发挥知识产权在促进产业转型升级、建设现代产业体系中的重要作用。一是实施战略性新兴产业知识产权专项工程。围绕战略性新兴产业发展规划，组织有针对性的专利态势分析和预警研究，加强重点产业创新与知识产权的协同互动，着力推动产业结构优化升级，增强产业发展和创新活动的前瞻性。二是实施重点产业（集群）专利联盟推进计划。推进重点产业和产业集群构筑和运营专利池，发挥我省产业自主创新合力。支持联盟以知识产权共享和共同维权为纽带，实施有效的利益协调机制和发展策略。三是推进重大经济和创新活动知识产权审查评估。探索建立多个部门协同合作的战略性新兴产业重大经济活动知识产权评议机制，防范重大经济活动或项目中的知识产权风险，为经济活动成功实施提供知识产权保障。

（三）要推进成果转化，努力实现知识产权市场价值。建设创新型广东，要充分发挥知识产权服务经济社会的作用，需要有更多的知识产权得到实际运用，成为转型升级的动力来源。为此，一要加快推进知识产权转化和运用。大力推进重大专利技术实施计划，支持广州、深圳、佛山、东莞四市国家专利技术展示交易中心和中新（广州）知识城国际知识产权交易所建设，积极推动拥有自主知识产权的创新成果商品化、产业化，使企业自主创新和知识产权优势转化为市场竞争优势。二要建立健全知识产权评估体系、质押融资体系和市场交易体系。鼓励、引导和支持金融和风险投资加大对知识产权实施和产业化的投资力度，对拥有自主知识产权的企业提供授信额度和多样化金融服务。探索建立知识产权质押融资企业信用及风险控制体系和风险补偿机制，支持广州、东莞开展全国知识产权质押融资试点，加快推进佛山南海国家知识产权投融资综合试验区建设。三要完善知识产权孵化实施机制。搭建推动知识产权交易的有效平台，定期发布广东知识产权需求目录和高等学校、科研机构知识产权转化目录，对实施列入目录的项目予以重点支持。引导上市辅导期企业建立知识产权评估制度，促进拥有自主知识产权的企业加快上市。

（四）加大保护力度，营造公平有序的市场竞争环境。加强知识产权保护不仅是优化投资环境、扩大开放的需要，也是激发创新活力、建设创新型广东的要求。一是要加大知识产权行政执法力度。认真抓好“三打两建”、“双打”，特别是打击制假售假专项行动的落实，进一步细化行动方案，组织开展执法大检查和执法行动，严厉查处知识产权侵权纠纷案件特别是重复侵权、系列侵权案件。二是要完善省、市、县三级知识产权行政执法体系。充实知识产权审判和行政执法力量，逐步建立行政执法部门之间的信息共享和协作机制，形成部门联动、快速反应和运转高效的执法机制。三是要强化会展和行业协会知识产权保护。加强对各类会展知识产权保护工作的指导、监督和管理，引导行业、企业建立知识产权联盟，协调解决行业内部发生的知识产权纠纷，增强应对国际知识产权纠纷与诉讼的整体联防能力。四是要探索建立维权援助和海外应对机制。加强国际知识产权发展动态和涉外应对的研究，搭建支持我省企业涉及知识产权保护海外维权和应对的法律、政策、资金、人才、信息等支撑平台。

（五）健全服务体系，有效提升知识产权服务能力。建立健全社会化、网络化的知识产权服务体系，对促进知识产权事业发展，推动解决科技和经济“两张皮”的问题意义重大。一是培育和发展知识产权服务业。扶持一批在全国具有较大影响的大型知识产权代理机构，引导优秀服务机构向专业化、规模化和国际化方向发展。在专业镇建设知识产权服务平台，引入知识产权咨询、代理、评估等中介机构，为专业镇中小微企业提供专利信息检索、分析、预警、政策法规信息库、知识产权维权援助等服务。深入实施“百所千企知识产权服务对接工程”，推进我省知识产权代理机构与中小企业紧密对接。二是提高知识产权综合信息服务能力。加快中新知识城广东知识产权服务业园区建设，积极推进信息资源的整合。加快建设知识产权公共信息综合服务平台，全面推进知识产权信息传播与利用，充分发挥专利信息在提高创新起点、优化创新路线方面的重要作用。三是建立和完善知识产权研究机制和工作平台。加快成立省知识产权专家咨询委员会，组织开展知识产权重大问题研究，为我省知识产权发展提供决策咨询。探索推行“知识产权特派员”制度，在大型企业、创新团队和高新技术企业派驻知识产权专业人才，建设知识产权服务专业队伍。

三、加强领导、狠抓落实，为加快建设知识产权强省营造良好环境

建设知识产权强省是一项系统工程，专业性、综合性都很强。全省各级、各有关部门要切实加强领导，密切配合，狠抓落实，确保各项工作有力有序有效推进，努力为加快建设知识产权强省营造良好环境。

（一）要加强组织领导。各级党委、政府及各有关部门要高度重视知识产权工作，切实把它摆上重要议事日程。要落实知识产权工作责任制，建立知识产权考核机制，主要领导负总责、亲自抓，分管领导具体抓，明确工作责

任，加强监督检查，层层抓好落实，为知识产权各项工作的顺利进行提供有力的组织保障。同时，要以办公会议或联席会议为平台，建立完善多层级、多部门的知识产权工作机制，合力解决知识产权发展中出现的各种问题和各种困难。

（二）要完善配套政策。省委、省政府《关于加快建设知识产权强省的决定》已经出台，各地、各部门要结合实际，尽快出台本地区、本部门的配套政策和实施细则，不断提升知识产权服务经济社会发展的能力。各市、县（市、区）要着力整合资源，加大对知识产权信息资源开发利用、专利申请资助、重大专项等的投入力度，深入推进知识产权融资质押，鼓励引导金融机构、社会力量共同发展知识产权事业。与此同时，要研究制定培养和引进知识产权专业人才的激励性政策措施，完善知识产权专业技术资格评价体系，逐步在全省铺开知识产权专业技术资格评审工作。

（三）加大宣传力度。各地、各有关部门要开展多种形式的宣传教育活动，加强党政机关及企业多个层次的知识产权知识培训，扩大“4·26”知识产权宣传周、专利周等活动的社会影响。要充分利用各种新闻媒体宣传报道当前知识产权的政策法规和典型案例，在全社会形成尊重劳动创造、尊重知识产权、自觉保护知识产权的良好社会氛围，为我省深入开展知识产权工作、建设知识产权强省营造良好的舆论氛围。

同志们，加快建设知识产权强省，使命光荣、任务艰巨、责任重大。让我们在党中央、国务院和省委、省政府的正确领导下，深入贯彻落实科学发展观，坚定信心、开拓进取、真抓实干，推动全省知识产权工作再上新台阶，为加快转型升级、建设幸福广东作出新的贡献，以优异成绩迎接党的十八大胜利召开！

谢谢大家。

广东省知识产权局局长陶凯元在全省知识产权局局长会议上的讲话

（2012年2月28日）

同志们：

这次全省知识产权局局长会议的主要任务是：贯彻党的十七届六中全会和省委十届十一次全会精神，传达全国知识产权局局长会议精神，总结2011年知识产权工作情况，部署今年主要工作任务。

一、全国知识产权局局长会议的主要精神

（一）全国知识产权局局长会议基本情况。

2012年1月5日至6日，全国知识产权局局长会议在北京召开。国家知识产权局党组书记、局长田力普传达了中央政治局委员、国务院副总理王岐山的重要指示，并作了题为“深入实施知识产权战略，有力支撑创新型国家建设”的工作报告。党组成员、副局长贺化主持会议并作总结讲话。副局长李玉光、杨铁军，纪检组长肖兴威，副局长鲍红、甘绍宁出席会议。会议表彰了全国专利系统先进集体和先进工作者。辽宁、上海、湖北、广东、广西五省（市、区）代表在会上作交流发言。

（二）王岐山副总理对知识产权工作的重要指示。

王岐山副总理指出，2011年，各级知识产权局都取得了很好的成绩，要认真总结工作成效，讲透成绩，振奋精神，提升信心。他要求，2012年，要紧紧围绕党中央关于“稳中求进，平稳增长”的工作部署，精心谋划新一年的工作任务。他强调，我国正处于快速工业化和城镇化的重大转型期，为创新和知识产权的实践提供了很好的现实基础，各级知识产权局要用足机遇期，努力为知识产权事业的全面发展作出更大的贡献。

（三）田力普局长工作报告的主要内容及精神。

田力普局长所作的工作报告分为三个部分。

第一部分从九大方面全面总结了2011年全国知识产权工作，主要包括：知识产权战略实施取得新成果，知识产权工作服务经济社会发展迈上新台阶，知识产权执法保护取得新成效，创造和运用能力再上新水平，管理效能得到新提升，工作支撑和服务体系建设呈现新面貌，人才队伍建设实现新进展，文化环境得到新改善，涉外交流和港澳台工作取得新进展。报告中共有23处对广东知识产权工作成效给予了充分肯定。

第二部分深刻分析了国内外发展形势，明确指出目前我国正处在加快转变经济发展方式、建设创新型国家、全面建设小康社会的关键时期，知识产权事业发展迎来了难得的历史机遇。面对新形势，要在更新理念、明晰路径、深化内容、完善机制、强化重点、优化环境等方面务必做到“六个更加注重”，深入推进知识产权事业科学发展。

第三部分提出了2012年工作的总体思路，并从10个方面进行了全面部署。一是全力推进战略和规划的贯彻落实；二是着力推动产业与企业知识产权工作；三是积极完善知识产权法规政策体系；四是全面加强执法维权体系建

设；五是有效构建知识产权运用体系；六是切实强化专利审查体系建设；七是全面优化知识产权服务体系；八是继续夯实知识产权人才体系建设；九是切实强化知识产权区域管理工作；十是深入开展知识产权文化建设。最后，报告强调，全国知识产权局系统要化挑战为机遇，变压力为动力，乘势而上，奋发有为，全力把知识产权事业推向前进，以优异成绩迎接党的十八大召开！

二、2011年全省知识产权工作基本情况

2011年，在国家知识产权局的大力支持下，在省委、省政府的正确领导下，全省知识产权系统坚持以科学发展观为统领，认真贯彻落实省委十届八次、九次全会精神，结合我省经济社会和知识产权事业发展实际，拼搏进取，开拓创新，实现了“十二五”时期知识产权事业发展的良好开局。全年，全省专利申请受理量196275件，同比增长28.36%，其中发明专利申请受理量52012件，同比增长27.27%；专利授权量128415件，同比增长7.60%，其中发明专利授权量18242件，同比增长33.23%，继续四年位居全国首位。PCT国际专利申请量8941件，同比增长33.9%，占全国总量的55.57%，连续十年位居全国首位。全省有效发明专利量累计58648件，同比增长40%，占全国总量的18.4%，位居全国首位。专利密度（百万人口有效发明专利量）为562.3（件/百万人），是全国的2.37倍。在第十三届中国专利奖评选中，我省获得金奖6项、优秀奖34项，金奖数量居全国首位。

（一）围绕全省核心任务，知识产权重点工作实现突破。

一是知识产权战略实施工作全面推进。各地、各部门扎实推进战略实施各项工作，至2011年9月底，全省21个地级以上市全部出台战略纲要或实施方案，部分县（市、区）也颁布战略实施方案。广州在全国首创“广州市保护知识产权市长奖”，重奖知识产权保护工作先进单位；深圳成功开展大运会知识产权保护专项行动，制定《深圳市知识产权与标准化战略纲要（2011-2015年）》；深圳、东莞、清远召开全市知识产权工作会议；汕头对战略实施情况进行总结评价并及时制定下阶段实施意见；佛山市划拨214万元重点支持16个“知识产权战略推进”项目。

二是省部高层次战略合作深入推进，首个省部共建专利审查协作中心落户广东。国家知识产权局和省政府联合确定《2011年度知识产权高层次战略合作工作安排》，共同推进“十二五”规划实施等十大任务。在汪洋书记和黄华华省长的高度重视下，经全力争取，国家知识产权局和省政府于9月22日签署协议，共同投资12亿元在广州中新知识城合作共建“国家知识产权局专利局专利审查广东中心”。该中心是第一个在北京地区外设立的专利审查协作中心，也是省部共建的首个专利审查协作中心。至“十二五”期末，中心将形成2000名左右的专利审查员队伍，年发明专利审查能力达11万件。

三是“双打”专项行动成效斐然。根据国务院统一部署，从2010年10月至2011年6月，我省全面推进打击侵犯知识产权和制售假冒伪劣商品专项行动，取得了显著成效，获得国务院督查组和全国“双打”办的高度评价，称赞广东“认识有高度、工作有力度、整治有广度、打击有深度，成效显著，多项工作走在全国前列”。特别值得一提的是，省知识产权局和20个地级以上市知识产权局分别承担了省市“双打”领导小组办公室职能，极大地锻炼了队伍、凝聚了力量、积累了经验、树立了威信，使知识产权局系统统筹协调和组织推进重大知识产权工作的能力得到了空前的展示和提升。

四是首部知识产权事业“十二五”规划颁布实施。2011年8月17日，省政府印发《广东省知识产权事业发展“十二五”规划》，这是我省首部集专利、商标、版权、商业秘密、植物新品种和地理标识等于一体的五年发展规划。各地纷纷将知识产权发展目标和工作举措

纳入本地区经济社会发展规划，汕头研究制定了全市专利工作“十二五”规划。

五是《珠三角规划纲要》任务超额完成。全省大力推进规划纲要的贯彻实施，圆满实现《规划纲要》设定目标，2010年珠三角地区百万人口发明专利申请量达697件，超过目标设定值9件，珠三角九市完成度均超过200%。省评估考核组对此给予了“扎实、有效、多亮点，体现我省在全国知识产权工作中的主力军和排头兵作用”的评价。

（二）强化政策体系建设，知识产权政策环境不断优化。

省知识产权局联合省委政策研究室深入开展政策研究，经过一年多的不懈努力，今年1月20日，省委、省政府颁布《关于加快建设知识产权强省的决定》。《决定》是全省首个以省委、省政府名义颁布的全面推进知识产权事业改革和发展的重要纲领性文件。我省还在《广东省自主创新条例》中充分突出知识产权导向。惠州以市政府一号文件颁布实施《关于推进惠州市专利工作的实施意见》；河源市政府下发《关于大力推进知识产权工作的实施意见》；深圳提请市政府审议《深圳市促进知识产权运用办法》。

（三）加大资助奖励力度，知识产权创造热情持续高涨。

一是专利奖励激励作用显著。2011年，省政府投入奖励经费2400万元，重奖我省第十二届中国专利奖获奖单位。广东专利奖评奖活动共评出省专利金奖13项，优秀奖55项。广州启动首届专利奖评选活动，奖金总额高达420万元；深圳首次将专利奖纳入市科技奖范畴；惠州修订《惠州市科学技术奖励办法》，增设专利类奖项；清远市政府设立专利奖项并对获得国家和省专利奖的获奖单位给予配套奖励；肇庆首次出台专利奖励政策。

二是专利申请促进措施得力。全省高度重视专利申请工作，省级专利申请资助经费新增2000万元。各地采取有效措施，充分调动各类主体专利创造积极性，广州开展“灭零行动”和“倍增计划”，市资助经费达2900万元；深圳将“专利申请量增长率”指标纳入各区绩效评估指标体系；珠海实施《促进专利申请十项工作措施》；汕头实施灭零倍增四大计划；韶关、阳江、潮州提出县区专利申请建议指标；东莞、阳江推进专利提升工程；韶关、梅州修订专利申请资助办法；湛江实施年度激励措施；肇庆培育发明专利申请大户群；潮州市政府通报表彰发明专利权利人。

三是专利申请相关工作有序开展。广州、深圳代办处不断提高专利代办质量和效率，受理数量和质量继续位居全国前列。广州代办处拓展性开展专利申请数据返还、专利申请文件本地化扫描试点工作，年度收费金额首次突破2亿元。全省大力推动专利电子申请工作，专利电子申请率超过70%，专利代理机构电子申请率高达96%，提前实现国家知识产权局“双达标”任务。我省采取积极措施监控遏制非正常专利申请，初步确认非正常专利申请量5194件，列全国第四位，非正常专利申请率5.97‰，列全国第十五位；最终确认非正常专利申请3222件，位居全国第五位。

（四）发挥制度引领作用，产业核心竞争力大幅提升。

一是战略性新兴产业知识产权工程成效明显。我省实施战略性新兴产业专利信息资源开发利用计划，安排专项资金2000万元，围绕七大重点产业深度开发专利信息。积极开展专利态势分析，发布三大产业专利分析及预警报告。推进重大经济活动知识产权审议制度及知识产权预警机制建设，制定“十二五”期间评议制度建设及试点工作方案。

二是企事业单位运用能力有效增强。强化企事业单位试点示范工作，遴选省知识产权示范企业20家、优势企业50家。截至目前，累计认定省知识产权示范企业80家、优势企业403家。积极推动国家知识产权局广东专利巡回审查厅建设，大力推广《创新知识企业知识产权管理通用规范》。深圳安排专项资金2.3亿元，培育优势企业120家，建设知识产权应急及预警公共平台项目40个；汕头支持企业开展知识产权战略研究，落实重点企业跟踪联系制度；惠州、东莞、江门、茂名、清远等市继续开展市级优势企业认定及培育工作。

三是知识产权产业化工作持续开展。继续实施省专利技术实施计划，选择扶持10个重点项目和21个一般项目。组织开展第五届“中国专利周”系列活动，首次在广东工业设计城举办第四届中国（顺德）国际工业设计创意博览会。落实国家专利技术展示交易中心引导扶持建设项目，四个展示交易中心实际交易额达1.97亿元。建设国家专利产业化（广州数字家庭）试点基地，实现年产值56亿元。珠海安排410万元推进专利技术实施工作；广州、汕头、中山、清远、肇庆等市继续推进市级专利实施计划；广州完成“省市专利发展成果展示馆”的建设与开馆工作。

四是产业联盟建设稳步发展。全省建立22个知识产权（专利）联盟，涵盖数字家庭、LED、新能源等战略性新兴产业和陶瓷、红木家具、电压力锅等传统产业。各专利联盟通过知识产权信息沟通、许可交易及保护调解，对内自律、对外维权，有效地起到了集成知识产权资源、催化知识产权应用的作用。其中，顺德电压力锅专利联盟提出的电压力锅国际标准修订提案，在第83届国际电工委员会会议上获得审议通过，首次实现由中国家电企业提出国际标准修订提案并被采纳。

（五）服务社会创新发展，专利行政执法力度持续加大。

一是打造综合性知识产权保护新平台。全国首个综合性的行业知识产权维权中心——中国中山（灯饰）知识产权快速维权中心落户广东。省知识产权局和中山市指导中心积极整合各方资源，初步构建了集灯饰专利快速授权、维权援助、信息运用、调解执法、司法诉讼于一体的一站式综合平台。田力普局长亲赴中山考察指导，对中心各项工作给予充分肯定并要求我省将中心建设成为全国知识产权保护示范单位。

二是专利行政执法力度切实加强。全省积极贯彻实施《广东省专利条例》，进一步加大专利保护力度。2011年，全省共立案受理各类专利纠纷案件220件，结案147件，分别同比增长52%和37%，查处假冒专利案件立案41件，同比增长14%，结案23件，同比减少26%，涉案金额820万元；各类会展和行业协会解决专利纠纷1216宗，同比增长12%。继续开展广交会等大型展会知识产权保护工作。不断加强泛珠三角区域、中南五省、粤闽沿海、粤渝等专利行政执法协作机制。顺德积极创新专利纠纷解决模式，与佛山市中院搭建专利纠纷诉调对接机制。

三是知识产权维权援助稳步推进。全省5个维权援助中心积极开展知识产权举报投诉、维权援助、咨询服务和宣传推广工作，有效提升社会认知度。省维权援助中心启用语音系统，优化工作效率。深圳在重点行业、领域及企业设立维权援助工作站，编辑发布《知识产权参考》；汕头制定出台《重大项目和高层次人才知识产权维权援助服务工作方案》，在区和街道设立维权援助联络站，及时发布预警通报；佛山开展知识产权维权知识库编撰、论证及培训工作。

（六）健全工作体制机制，知识产权宏观管理能力全面加强。

一是知识产权管理体系不断优化。我省不断加强知识产权行政管理体系建设，全省20个市建立了知识产权协调机制。深圳市在市场监督管理局加挂市知识产权局牌子，全面实现集专利、商标、版权于一体的大知识产权管理格局。全省市级专职人员超过150人，其中广州、深圳、汕头、惠州、东莞五个市超过10人。县级机构不断加强，112个县（市、区）挂牌成立知识产权局，比例达92.6%，15个市实现100%挂牌。梅州兴宁市局增加3名事业编制，并设立2名副局长职数。

二是知识产权工作投入持续增长。科学发展观考核工作引导作用持续显现，地方党委和政府对知识产权工作领导力度不断加大，时任梅州市委书记拜访省知识产权局。各地注重发挥财政资金的杠杆引导作用，努力增加财政对知识产权的投入，市级专项资金总额超过3亿元。其中，深圳过亿，东莞6000万，广州超3000万，惠州1000万元，珠海、江门、肇庆等均实现新突破。

三是区域知识产权事业协调发展。继续推进国家知识产权城市试点示范及强县工程建设，实施《广东省区域知识产权发展计划》，落实《关于加强县级知识产权工作的意见》，稳步推进高新区及专业镇知识产权工作，新认定省试点区域20个、试点镇街10个。各地加大对县区的支持指导力度，梅州、惠州、清远、潮州向县区下拨工作经费，韶关、湛江奖励工作突出县区。

（七）构建公共服务平台，知识产权服务水平全面提升。

一是知识产权服务体系不断完善。省政府投资2亿元在中新知识城建设广东知识产权服务业园区，带动我省高技术服务业蓬勃发展。继续推进国家区域专利信息服务中心和国家知识产权局（广东）专利信息传播利用基地建设，加快建设知识产权公共信息综合服务平台。汕头围绕八大支柱产业建成10个专利数据库，围绕战略性新兴产业发展方向建立LED专利数据库；广东石化产业知识产权公共信息平台在茂名正式启用。

二是“百所千企对接工程”全面铺开。“百所千企知识产权服务对接工程”列入省委常委会2011年工作要点和省政府2011年重点工作，迄今共有63家代理机构与700余家企业实现对接，新增专利申请9310件。

三是知识产权投融资工作取得新进展。我省完善知识产权质押融资政策体系，推动质押融资纳入省政府重大政策文件。稳步推进南海建设国家知识产权投融资综合试验区，19家企业获得2.04亿元的知识产权质押贷款。广州投入250万元重点支持企业利用质押融资实现产业化，银行业知识产权放贷总额达2.5亿元；顺德开展投融资服务试点工作，3家企业获得3000万元质押贷款；佛山禅城首创专利保险合作社，97家企业为1000项专利购买侵权保险。

四是专利代理行业健康发展。我省加大对专利代理机构的监管与扶持，截至2011年底，专利代理机构107家，分支机构102家，执业专利代理人753人，专利代理机构数量和执业专利代理人数量均继续居全国第二位。深圳起草《专利代理机构管理规范》；东莞联合市工商部门严肃查处非法代理机构，净化专利代理市场。

（八）加强文化建设和人才工作，知识产权发展基础有效夯实。

一是知识产权舆论宣传声势浩大。全省深入贯彻落实汪洋书记关于加强宣传工作的指示精神，紧密结合省委省政府中心工作，充分利用各类媒体，围绕“双打”专项行动、“4·26”世界知识产权日、专利周等重大活动和热点工作开展深入宣传，全面展示广东“双打”成效，营造强大舆论宣传声势，掀起了前所未有的宣传高潮。惠州市政府主办“运用知识产权设计惠州未来”、“4·26”宣传活动；深圳开通“深圳知识产权”微博；东莞举办“尊重知识产权，建设文明东莞”知识产权文艺晚会；深圳、湛江、清远、潮州、云浮等市发布手机宣传信息；清远在《清远日报》开设5期宣传专栏，云浮、阳江、茂名、潮州、揭阳、梅州、湛江等地联合多部门开展综合性宣传活动。

二是知识产权教育活动深入普及。全省不断加大对各级领导干部的知识产权教育力度，汕头大力发挥市级培训基地作用，在市委党校科级班和中青班等主体班次开设知识产权培训课程；肇庆在市委党校挂牌成立党政干部知识产权培训基地。各地因地制宜推动中小学知识产权教育工作向纵深延伸，新增省级示范学校10所；汕头、佛山、河源、清远等市积极开展市级中小学教育试点示范工作；汕尾联合共青团、科协举办全市首届青少年科技创新创意展览。

三是知识产权人才工作全面深化。大力推

进百千万知识产权人才培育工程，积极落实百名高层次和千名人才培养工作，首次引进台湾师资队伍，有效提升人才培养层次。省知识产权局组织省市县三级行政管理人员赴美国和台湾进行专题培训，并安排市局负责同志赴井冈山干部学院研修。据统计，全省共举办各类培训班149期，参加培训人数17937人次。东莞选送优秀人才赴清华大学系统学习，连续举办企业专利工作者培训班和大学毕业生知识产权就业培训班；佛山高新区举办“一区六园”巡回培训活动；惠州、中山制定人才发展规划；深圳开展专业技术资格评审试点，3年共有124人通过评审；东莞获批开展知识产权专业中、初级资格评审试点工作。

（九）深化国际和区域交流合作，知识产权发展空间不断拓展。

一是知识产权国际交流合作成效显著。省知识产权局充分发挥涉外知识产权统筹协调职能，积极推动协调国外相关机构与我省开展交流合作，配合完成汪洋书记会见日本国际知识产权保护联盟代表团、外国领事团及新任美国驻华大使，宋海副省长会见美国贸易代表团等重要活动，组织赴西班牙、葡萄牙、巴西、阿根廷等国家进行专题考察，并与美国、日本、欧盟等国家和地区建立了长期友好的合作关系，有效拓展知识产权事业发展平台。

二是粤港澳台和泛珠区域合作进展顺利。推动省政府将粤港知识产权合作内容纳入粤港政府间2011年重点工作，签署《2011年至2012年粤港知识产权合作协议》，圆满完成粤港保护知识产权合作专责小组确定的合作项目。将知识产权内容纳入粤澳政府间合作框架协议，探索建立粤澳知识产权合作机制；积极推动泛珠三角区域知识产权合作；与台湾在知识产权教育与培训方面开展多项合作，形成了合作共赢的良好局面。

同志们，在过去的一年中，我省知识产权工作成效显著、亮点突出、特色鲜明。这些成绩的取得与省委、省政府的正确领导密不可分，与各市县党委政府、各部门的大力支持密不可分，与全省知识产权局系统广大干部职工开拓创新、扎实工作密不可分。在此，我代表省知识产权局向长期以来对我省知识产权工作给予关心支持的各级领导致以崇高敬意！向辛勤工作在知识产权战线上的广大干部职工表示衷心的感谢！在取得成绩的同时，我们也清醒地认识到，与经济社会发展和建设幸福广东的要求相比，我省还存在许多薄弱环节，如知识产权参与宏观决策的程度不高，知识产权创造运用能力仍然薄弱，知识产权管理体系有待进一步完善，知识产权区域发展不均衡问题依然突出，知识产权服务业水平亟须提高，知识产权人才队伍亟需加强等，有待在今后的工作中逐步加以解决。

三、抢抓机遇、突出重点，加快建设知识产权强省

2012年，全省知识产权工作的指导思想和总体要求是：认真学习贯彻党的十七届六中全会、省委十届十一次全会、全国知识产权局局长会议精神和省委、省政府重大决策部署，深入贯彻落实科学发展观，紧紧围绕“加快转型升级，建设幸福广东”的核心任务和建设知识产权强省的总目标，努力解放思想、开拓创新，扎实推进知识产权战略实施，深化省部知识产权高层次战略合作，激励知识产权创造，促进知识产权运用，加强知识产权保护，完善知识产权服务和管理体系，充分发挥知识产权在推动全省科技创新、经济发展和社会进步中的作用，重点抓好以下十二个方面的工作：

（一）贯彻实施《关于加快建设知识产权强省的决定》。《决定》的颁布实施，是我省知识产权事业发展进程中的一件具有里程碑意义的大事。省知识产权局将组织开展全省宣讲、媒体宣传等系列活动。各地要进一步增强紧迫感、责任感和使命感，认真做好学习领会和贯彻实施工作，采取得力措施，确保扎实有效推进强省建设各项任务。

（二）推进知识产权战略实施和考核评估工作。省知识产权局将通过制定年度战略纲

要实施方案、开展战略实施五周年专题纪念活动、考核评估战略实施成效等多种方式，大力推进战略纲要的贯彻实施。各地要分阶段制定实施或推进计划，进一步明确战略实施方向，强化实施体系，完善实施机制，充分发挥统筹协调指导战略实施的重要作用，推进战略实施各项任务落到实处、取得实效。

（三）切实做好“双打”和“三打两建”专项工作。目前，省政府已正式发文明确省“双打”领导小组办公室设在省知识产权局，各地要积极推动建立市级“双打”工作协调机制并争取承担办公室职能，牵头开展统筹协调和组织推进工作，保质保量按期完成各项任务。要认真落实省委省政府“三打两建”工作部署，严厉查处专利侵权、群体侵权、重复侵权和假冒专利等违法行为，充分保护权利人的合法权益。要继续推进中国中山（灯饰）知识产权快速维权中心建设，力争早日将其打造为全国知识产权保护示范单位。

（四）健全知识产权政策法规体系。省知识产权局将不断加强知识产权政策体系建设，研究制定《广东省展会专利保护办法》、《广东省专利奖励办法》和《广东省专利申请资助办法》等重要政策文件。各地要加强对重大知识产权问题的调查研究工作，积极制定配套的政策措施，形成与新形势、新要求相适应的制度规范和执行机制，为当地知识产权工作的全面推进提供坚实保障。

（五）推进“十二五”规划和《珠三角规划纲要》实施。大力抓好“十二五”规划和省部高层次战略合作各项任务的贯彻落实。做好《珠三角规划纲要》2011年实施自查总结工作。监控珠三角地区百万人口发明专利申请量达标情况及完成度。珠三角地区各市要加强研究，科学合理制定发明专利申请年度目标，确保按期完成年度任务。

（六）有效激励知识产权创造活力。大力促进专利申请，努力提高专利申请质量。监督和指导各地完成科学发展观专利产出指标，建立各市工作考核评价体系。继续重奖中国专利奖获奖单位，开展广东专利奖评选活动。认真做好专利统计分析工作，监控非正常专利申请行为。不断提高专利代办质量，深入推广专利电子申请。

（七）着力搭建知识产权运用体系。大力实施“战略性新兴产业专利信息资源开发利用计划”，建立战略性新兴产业专利信息数据库，开展重点产业专利态势分析及预警。加快推进重大经济活动知识产权评议及预警机制建设。深化企事业单位知识产权优势示范工作，实施专利技术实施计划。加强国家专利技术展示交易平台和国家专利产业化（广州数字家庭）试点基地建设。

（八）全面提升专利行政执法能力。加强专利行政执法力度，研究探索专利行政执法新模式和新路子，推广案前调解制度。继续做好展会知识产权保护工作，建立专利行政执法监管信息系统和展会案件信息通报制度。完善区域专利保护协作机制。建立知识产权维权援助工作体系。开展涉外应对试点和海外展会维权指引工作。

（九）大力发展知识产权服务业。启动国家专利审查协作广东中心和广东省知识产权服务业园区的建设工作，加快建设国家区域专利信息服务中心，充分发挥国家知识产权局专利信息传播利用基地作用。深入推进“百所千企知识产权服务对接工程”，开展“专利代理行业发展促进工程”。推进国家知识产权投融资综合试验区及试点建设，制定质押融资工作指导意见。

（十）推进区域知识产权事业协调发展。实施国家知识产权城市试点示范及强县工程，推动更多市县加入试点示范行列。推进区域知识产权发展计划和知识产权区域试点工作。切实加大对欠发达地区知识产权工作的扶持力度。珠三角九市要切实发挥知识产权制度在地区经济结构战略性调整中的关键作用，粤东要全力推进知识产权工作与建立现代产业体系的有机融合，粤西要突出知识产权服务地方特色工业发展的功能作用，粤北要利用知识产权构建绿色现代产业体系，推进知识产权与经济社会发展的紧密结合。

（十一）加强知识产权文化和人才工作。贯彻落实汪洋书记关于加强知识产权宣传工作的指示精神，制定并落实《关于进一步加强知识产权宣传工作的意见》。大力开展《强省》政策、“4·26”宣传周、“战略实施五周年”、“双打”和“三打两建”系列专题宣传活动。继续深化青少年知识产权教育及创新活动。制定全省知识产权人才发展规划，推进从业人员职称评定体系试点工作，实施人才培育专项工程。加强知识产权学历教育，支持知识产权培训基地和知识产权学院建设，建设中国知识产权远程教育广东分平台。

（十二）深入开展知识产权交流与合作。继续实施“走出去”、“请进来”战略，创新知识产权对外合作形式，拓宽合作领域，提升合作层次。继续深化粤港澳台知识产权合作，建立粤澳合作机制。继续推进泛珠三角区域和粤喀知识产权合作，探索与江苏、重庆、广西等省市区开展全面合作，实现合作共赢良好局面。

同志们，二十年前的春天，世纪伟人邓小平同志发表了著名的南方讲话，提出了“发展才是硬道理”的著名论断。这一重要论断对指导我省当今的知识产权工作具有十分重要的现实意义。知识产权事业要取得进步、要实现突破，就必须勇于变革、勇于创新、永不僵化、永不停滞！让我们再次从春天出发，乘势而上、奋发有为，共同携手加快建设知识产权强省，奔向美好未来！为我省切实当好推动科学发展、促进社会和谐的排头兵而努力奋斗！以优异成绩迎接党的十八大和省第十一次党代会的胜利召开！

广东省打击侵犯知识产权和制售假冒伪劣商品工作领导小组副组长、办公室主任，广东省知识产权局局长陶凯元在全省打击侵犯知识产权和制售假冒伪劣商品工作电视电话会议上的讲话

（2012年7月9日）

尊敬的陈云贤副省长，李捍东副秘书长，同志们：

根据会议安排，下面我代表省打击侵权和假冒伪劣工作领导小组办公室，传达全国打击侵权和假冒伪劣工作的部署和要求，报告前一阶段我省相关工作开展的情况，并对下一阶段工作做出安排。

一、全国打击侵权假冒工作的部署和要求

2010年10月至2011年6月，国务院在全国范围内组织开展了打击侵权和假冒伪劣商品专项行动，取得了显著成效。专项行动结束后，国务院召开常务会议对建立打击侵权和假冒伪劣工作长效机制进行专门研究和部署，于2011年11月出台《关于进一步做好打击侵犯知识产权和制售假冒伪劣商品工作的意见》（国发[2011]37号），并成立了由中央政治局委员、国务院副总理王岐山任组长的全国打击侵权和假冒伪劣工作领导小组（以下简称“领导小组”），统一组织领导全国打击侵权和假冒伪劣工作。领导小组办公室设在商务部，姜增伟副部长任办公室主任。

2011年11月15日，领导小组召开第一次全体会议。王岐山副总理指出，当前我国所处的发展阶段决定了打击侵权假冒是一项长期、艰巨、复杂的任务，打击侵权假冒伪劣专项行动有结束之日，保护知识产权绝无收兵之时。他强调，各地区、各有关部门要认真贯彻国务院常务会议和国发[2011]37号文件精神，立即行动起来，做好打击侵权假冒工作，切实维护人民群众的切身利益，并提出以下工作要求：一是各地区、各有关部门要尽快明确打击侵权假冒工作负责人和机构，明确近期工作任务，落实责任到人；二是要把专项行动有效做法常态化，有针对性地制定整治方案，明确阶段性工作重点，务求取得持续有效遏制侵权假冒行为蔓延势头的实效；三是要加快修订和完善相关法律、法规和规章；四是要增强消费者的维权意识，发挥社会监督作用，形成强大打击声势，震慑犯罪分子；五是要加强督促检查，落实软件经费保障、资产管理和审计等制度规定，确保按时完成政府机关软件正版化检查整改任务。

为全面推进工作，今年5月15日，国务院办公厅下发《2012年全国打击侵犯知识产权和制售假冒伪劣商品工作要点》，提出围绕侵权假冒突出问题，大力开展商标、版权、专利、网络商品交易网站、进出口环节侵权假冒、药

品化妆品打假、农资打假、汽车配件打假、地理标志保护、有机产品认证标志、农村市场重点商品专项整治，以及保持刑事司法打击高压态势、建立完善长效机制和努力夯实工作基础四大任务，并要求坚持标本兼治，突出重点，确保实效。

二、我省打击侵权假冒工作开展情况

国发[2011]37号文颁发以来，我省各地区、各有关部门认真按照国务院的部署和省委、省政府的要求，紧密结合“三打两建”专项行动，切实加大工作力度，打击侵权假冒工作不断取得新的成效。

（一）加强领导，打击侵权假冒常态化机构逐步健全。

我省根据国务院部署，加快打击侵权假冒工作长效机构建设。省政府及时转发国发[2011]37号文件，要求从提高思想认识、加强组织领导、制定落实方案、强化监督管理等方面认真贯彻落实。经朱小丹省长批准，省政府成立了由陈云贤副省长任组长，31个核心部门组成的省打击侵权假冒工作领导小组，制定了领导小组工作规则、领导小组办公室工作制度和任务分工。不少地市根据省政府统一要求，明确了当地打击侵权假冒工作协调机构，部分地市还出台了工作方案，确保工作有序开展。

（二）狠抓落实，政府机关软件正版化工作按期完成。

我省采取有力措施推进政府机关软件正版化工作。省财厅安排专项经费300万元，一揽子解决省级机关、人民团体和全额拨款事业单位办公软件正版化问题；省推进使用正版软件联席会议领导小组办公室加强督促检查，目前，省直103个单位26694台计算机的操作系统、办公软件和杀毒软件均已全面完成正版化任务，各地市、企业软件正版化工作正按计划逐步推进中。

（三）精心组织，“十大打假专项行动”迅猛推进。

各有关单位紧紧围绕食品、药品和日化用品、酒类、食盐、烟草、建材、箱包皮具、通信产品、汽车配件、证照等十大领域，深入开展专项行动，通过打、防、治、扶、建多措并举，严厉查处一批制假售假生产经营单位，吊销一批违法生产经营单位资质，严惩一批制假售假违法犯罪分子。截至6月25日，全省共立案查处制售假案件61070宗，捣毁窝点9723个，查获涉案商品货值近68亿元，其中移送公安机关案件1668宗，抓获犯罪嫌疑人7133人，执行逮捕2140人。

（四）突出实效，农村市场重点商品专项整治成效显现。

按照全国的统一部署，我省将农村市场重点商品专项整治作为今年上半年重点工作。农业系统全力组织开展农药、肥料、饲料、兽药、生鲜乳、作物种子、水产品和“三品一标一名牌”等多项专项整治，出动执法人员10.49万人次，检查生产、销售、仓储等单位73912个，立案查处1060宗，捣毁窝点10个，涉案商品货值1731.18万元，有效改善了农村市场环境，维护了农民群众的合法权益。

（五）关注民生，食品药品制假售假打击有力。

我省严厉打击食品药品行业假冒伪劣现象，省食品药品监管系统出动执法人员29万人次，清查企业单位20多万家，打击非法窝点703个，立案4015宗，涉及总货值2.1亿元；省打假专项办联合央视社会新闻部，查清备受社会关注的佛山市高明区威极调味食品有限公司涉嫌使用井矿卤盐水加工酱油案；全省知识产权系统查获一批涉嫌假冒专利保健品；广州、珠海、佛山、汕头、揭阳等市捣毁多个假药生产窝点；深圳连续侦破多起网络制售假药大案。

（六）重拳出击，大案要案查处成绩突出。

我省集中优势兵力，主动出击，查处了一大批侵权假冒情节突出、国内外影响力大的大案要案。全省工商系统查办多宗商标侵权大案，有的案件案值过亿；深圳市连破假冒伪劣手机大要案，查获大批涉嫌假冒名牌手机成品及半成品；佛山市连破“2·23”假红酒案和“3·11”特大跨市制售假洗发水案；5月18日，经最高人民法院核准，制造2.86亿假币的方×凤、吴×玲被依法执行死刑，其余13名罪犯被判处有期徒刑以上刑罚。

（七）加强合作，联合执法优势明显。

我省加强省内外沟通协作，力求形成打击合力。粤港海关开展打击海运渠道进出口侵权违法行为“海港”行动，粤澳海关开展旅检渠道水客携带侵权物品进出境专项治理；粤闽皖公安机关联合实施“蓝色计划”集群战役，查获涉嫌假冒货物涉案金额约1.07亿元；深港有关部门召开中英街管理工作座谈会，确定建立联席会议等长效机制，共同维护中英街良好的经商环境和品牌形象。

（八）保持高压，刑事司法保护力度不断加大。

各级公安机关认真开展打击假冒伪劣犯罪“破案会战”，共立制假售假案件2080宗，破案1681宗，刑事拘留2180人，执行逮捕1126人，移送审查起诉730人；各级检察机关认真履行批捕、起诉、诉讼监督和查办职务犯罪职责，依法及时批捕侵权假冒犯罪案件417件829人，起诉287件464人；全省法院充分发挥知识产权审判职能作用，依法从严惩处一批犯罪分子，形成打击侵权假冒高压态势。

（九）完善制度，法规体系逐步健全。

我省加大法规制度建设力度，组织修订《广东省查处生产销售假冒伪劣商品违法行为条例》、《广东省商品市场管理条例》、《广东查处无照经营行为条例》、《广东省实施〈中华人民共和国消费者权益保护法〉办法》，研究制定《广东省展会专利保护办法》，努力构建保护知识产权的良好法制环境。各地也纷纷结合本地实际，不断完善地方性法规政策，《深圳经济特区加强知识产权保护工作若干规定》、《汕头市专利保护和促进条例》等均在强化保知打假手段方面取得了突破。

（十）深入宣传，打击侵权假冒的社会氛围日渐形成。

全省充分利用各类传统和新兴媒体，广泛开展内容丰富、形式新颖的宣传活动，通过组织现场活动、刊登宣传专版、召开典型案例发布会等多种方式，大力普及保知打假知识，并在3·15“消费者权益保护日”、4·26“知识产权宣传周”期间掀起宣传热潮。不少单位积极创新宣传载体，部分单位负责同志与网友展开网上讨论，取得了良好的社会效果。

同志们，虽然我省打击侵权假冒工作开局良好并取得一定成效，但还存在着不少亟待解决的问题。一是侵权假冒现象依然存在，甚至在有些地区还比较严重；二是侵权假冒手段越来越隐蔽，打击难度越来越大；三是一些地区和部门重视程度不够，工作推进的力度和深度与国务院的要求尚存在不少差距，到目前为止，只有深圳、清远、肇庆3个市上报了地市领导小组成立的正式文件，部分地市至今未确定重点区域、重点领域、重点市场和重点产品；四是信息报送效率不高、时效性不强。全国领导小组要求各省每月报送《月报表》，至今，我省个别地市和成员单位连续几个月无数据上报；五是打击侵权假冒工作舆论氛围不够浓厚，宣传的深度和广度亟待加强。这些问题，必须引起我们的高度重视，并在今后的工作中采取有力措施加以解决。

三、下一阶段我省打击侵权假冒工作安排

我省制定了《2012年广东省打击侵犯知识产权和制售假冒伪劣商品重点工作安排》，即将由省政府办公厅下发。各地、各有关部门要根据安排，认真抓好贯彻落实。下面，就今年打击侵权假冒工作，我再强调以下四个方面。

（一）依法严厉打击，着力解决人民群众反映强烈的热点难点问题。

一是以专项行动为抓手，加大行政执法力度。各地、各部门要进一步增强大局意识，把思想和行动切实统一到中央和我省的重大决策部署上来，明确牵头部门、工作重点和工作责任，大力开展商标权、版权、专利权、网络

商品交易网站、进出口环节、药品、化妆品等十三个领域的专项整治，对发现的侵权假冒线索追根溯源，深挖生产源头和销售网络，依法取缔无证照生产经营的“黑窝点”、“黑作坊”。

二是以大案查处为重点，强化震慑警示作用。各地、各部门要根据实际，确定一批重点整治地区、重点整治领域、重点整治市场和重点查处产品，有针对性地推进工作，确保各项任务落到实处；要通过梳理已有案件、联系执法部门、鼓励社会举报、强化网上信息监控等手段，不断拓展大案要案案源，明确案件的来源去向、查办和督办的责任主体、重点挂牌督办等，切实做好大案要案的查处工作，真正起到震慑和警示作用。

三是以制度建设为保障，完善长效机制建设。要探索建立打击侵权假冒工作考核方法，加大督查考核力度，督促各地将打击侵权假冒工作纳入政府绩效考核体系，并推动纳入社会治安综合治理考评范围；要完善跨地区跨部门行政执法协作机制，建立线索通报、案件协办、联合执法、定期会商等制度，完善立案协助、调查取证、证据互认、协助执行及应急联动工作机制，增强打击效果。

（二）保持高压态势，加大对侵权假冒犯罪案件的刑事司法打击。

一是开展打击假冒伪劣“破案会战”。要以打击制售假冒伪劣食品、药品、农资、酒类、消防器材以及网上售假等关系群众切身利益的突出犯罪为重点，每季度发起一次对各类假冒伪劣犯罪的专案集群战役行动，全链条、全覆盖摧毁制假售假犯罪网络和窝点。

二是强化刑事司法打击。要加大涉嫌犯罪案件移送及受理工作力度，依法及时批捕、起诉涉嫌侵权假冒犯罪案件。加强对行政执法机关移送涉嫌犯罪案件、公安机关刑事立案和侦查活动的监督。要依法从快审理侵权假冒案件，妥善处理新型、疑难复杂、社会影响大的案件。

三是强化行政执法与刑事司法衔接机制。要进一步落实行政执法和刑事司法相衔接的工作机制，强化部门间的定期沟通和重大案件会商、通报制度，形成打击侵权假冒工作联合执法协调机制和案件快速解决机制；要加快建设打击侵权假冒领域行政执法和刑事司法衔接工作信息共享平台，实现信息互联互通。

（三）不断夯实基础，建立健全打击侵权假冒工作的保障措施。

一是加强执法能力建设。要坚持执法的严肃性、行动的有效性和工作的连续性，切实做到依法行政和文明执法，不断改进执法作风；要加强执法队伍业务和作风建设，严格执法人员持证上岗和资格管理制度，做到严格执法、规范执法、公正执法、文明执法。

二是加快诚信体系建设。要完善企业和个体经营者诚信评价制度及标准，建立并完善企业和个体经营者诚信档案，推进信用信息系统互联互通，实现信息共享；要建立侵权假冒行为“黑名单”制度，完善违规失信惩戒机制，利用市场机制和法律手段惩处质量失信行为，鼓励金融机构将企业诚信状况与银行授信挂钩。

三是加强国际交流合作。要充分发挥企业知识产权海外维权援助中心作用，做好海外重点展会知识产权工作，开展企业培训和重点热点问题研究，更新完善国际知识产权制度和动态信息资料库，不断建立健全海外预警、维权和争端解决机制，提升企业知识产权创造、保护、运用和管理能力。

（四）强化宣传引导，动员社会力量参与打击侵权假冒工作。

一是深化宣传报道。要进一步加强对打击侵权假冒工作的宣传报道，统筹安排宣传重点，在加强宣传广度和深度上下足功夫，形成高强度、持续性、系列化的宣传报道热潮，迅速形成打击侵权假冒、保障民生安全、促进创新发展的舆论氛围。

二是加强信息报送和简报编辑。要切实加强信息报送工作，各行政执法和刑事司法部门及各地领导小组办公室务必及时准确报送《月报表》，坚决避免虚报、错报、迟报和不报现象，以确保我省及时汇总上报全国领导小组；要进一步加强简报编辑和报送工作，没有建立简报编发制度的地区和部门要尽快开展简报编制工作。

三是引导公众积极参与。要通过建设我省打击侵权假冒工作网、完善打击侵权假冒工作有奖举报等制度，鼓励社会公众参与打击侵权假冒行为的积极性；要加强举报投诉平台和举报处置指挥信息化平台建设，充分发挥“12330”、“12312”、“12315”、“12390”、“12365”、“12318”、“12360”、“12358”等举报投诉电话作用，畅通权利人举报投诉和维权渠道。

同志们，做好打击侵犯知识产权和制售假冒伪劣商品工作任务艰巨、责任重大，让我们不断增强政治意识、大局意识和责任意识，坚定信心、真抓实干、开拓创新、再接再厉，努力开创打击侵权假冒工作新局面，以优异的成绩迎接党的十八大的胜利召开！

广东省人民政府知识产权办公会议副主持人、办公室主任，广东省知识产权局局长陶凯元在全省知识产权工作会议暨广东省专利奖励大会上的讲话

（2012年7月24日）

同志们：

受省政府知识产权办公会议主持人陈云贤副省长委托，下面，我代表省政府知识产权办公会议向大会报告近两年来我省知识产权工作的基本情况，并就下一阶段建设知识产权强省的主要任务作出安排。

一、近两年来我省知识产权工作的基本情况

2010年和2011年，我省坚持以科学发展观为指导，认真贯彻落实国家和省委、省政府各项决策部署，紧紧围绕加快转型升级、建设幸福广东的核心任务，开拓创新、攻坚克难，扎实推进知识产权创造、运用、保护和管理等各项工作，全省知识产权事业呈现出“目标明确、措施有力、发展迅速、成效显著”的特点，为我省经济社会发展做出了积极贡献，突出表现在八个方面：

*（一）强化知识产权政策体系建设，强省建设迈出新步伐。*省委、省政府高度重视知识产权政策体系建设，2010年7月，省委书记汪洋同志在考察广东知识产权服务中心时作出了“尽快以省委、省政府的名义出台《关于加快知识产权强省建设的决定》（以下简称《决定》）等有关政策文件，推动广东知识产权强省的建设”重要指示。此后，省委政研室与省知识产权局加紧研究起草工作，2011年11月，《决定》经省政府常务会议审议通过，2012年1月20日由省委、省政府正式颁布实施。《决定》是进一步推进我省知识产权事业改革和发展的重要纲领性文件，《决定》的颁布实施是我省知识产权事业发展进程中具有里程碑意义的大事。同期，我省多项重大知识产权政策法规相继出台，《广东省专利条例》、《广东省自主创新促进条例》先后颁布实施。省政府印发首部集专利、商标、版权、商业秘密、植物新品种和地理标识等于一体的《广东省知识产权事业发展“十二五”规划》，为未来五年知识产权事业描绘了广阔的发展蓝图。

*（二）大力实施知识产权战略纲要，服务经济社会发展大局。*根据国家和省委、省政府的统一部署，全省大力实施知识产权战略纲要。2010年，省政府办公厅出台《2010—2011年实施广东省知识产权战略纲要（2007—2020年）工作方案》，确定了105项任务措施及承担单位；2010年和2011年，省政府与国家知识产权局全面深化高层次战略合作关系，共推进20项年度工作安排扎实落实；2012年，国家工商总局出台《关于支持广东加快转型升级、建设幸福广东的意见》，省政府办公厅印发《关于实施商标品牌战略的指导意见》。全省21个地级以上市全部出台知识产权战略纲要或实施

方案。广州将实施知识产权战略列为市政府重点督办事项，市知识产权工作领导小组升格为市长亲自担任组长，并在全国首创“保护知识产权市长奖”；深圳、东莞、清远召开全市知识产权工作会议；广州、东莞、惠州大幅增加知识产权专项经费投入；汕头对战略实施情况进行总结评价并及时制定下阶段实施意见；广州、深圳成为首批国家知识产权示范城市，广州、深圳、佛山成为首批国家商标战略实施示范城市，广州成为“全国版权示范创建市”。

（三）激励知识产权创造，提升产业核心竞争能力。我省不断健全和完善知识产权激励机制，将每百万人口发明专利申请量纳入省“十二五”经济社会发展规划，将每百万人口发明专利授权量纳入省年度国民经济和社会发展计划；省发改、经信、科技、教育等部门积极推进知识产权创造；省经信、工商、质监部门推进名牌带动战略，实施千百亿名牌培育工程；省财政新增省级专利申请资助经费2000万元；省农业和林业部门加强植物新品种培育。两年来，全省知识产权数量持续增长、结构明显优化、质量显著提升，有效发明专利申请量、PCT国际专利申请量、注册商标申请量和拥有量、中国驰名商标拥有量、中国专利奖金奖数量等重要指标继续位居全国首位。

（四）提高知识产权运用水平，促进产业转型升级。省政府连续多年对获得中国专利奖、“中国世界名牌产品”、“中国名牌产品”和“中国驰名商标”的单位和个人给予重奖，并在全国率先设立“省政府质量奖”。各地、各部门积极发挥知识产权助推产业发展的重要作用，支持知识产权重大项目转化。省知识产权局和省人社厅继续开展广东专利奖评选，近半数地市出台地方专利奖励办法；省工商局强化驰名及著名商标管理，首次实现全省各地市全部拥有中国驰名商标；省版权局实施“版权兴业工程”，累计认定“版权兴业示范基地”62个和最具价值版权产品21个；省文化厅推动文化产业发展；省质监、工商、出入境检验检疫部门注重发挥地理标志保护作用；广州数字家庭产业基地被批准为行业内唯一的专利产业化试点基地；深圳出台全国首个知识产权与标准化战略纲要；省知识产权局支持全省建设25个知识产权（专利）联盟，顺德电压力锅专利联盟首次实现由中国家电企业提出国际标准修订提案并被采纳，汪洋书记专门作出推广顺德经验的重要批示。2011年9月，省政府在顺德召开“全省建设专利联盟促进产业转型升级经验推广会”，总结推广专利联盟建设的成功做法和实践经验。

（五）加大知识产权保护力度，营造创新发展良好环境。2010年10月至2011年6月，根据国务院的统一部署，全省深入开展“双打”专项行动，紧紧围绕侵权假冒突出问题，加强行政执法、强化刑事打击、狠抓大案要案，有效形成打击侵权假冒高压态势，得到国务院督查组和全国“双打”办的高度评价。为建立长效工作机制，今年，省政府成立了常态化的打击侵权假冒工作领导小组。全省软件正版化工作取得突破性进展，省政府建立推进使用正版软件工作联席会议制度，103个省直单位计算机正版率达到100%。全省各级专利、商标、版权、文化、质监等部门不断加大行政执法力度，知识产权系统开展“护航”行动，公安机关深入开展“亮剑”行动，司法系统充分发挥审判职能，检察系统加快建设“两法衔接”机制，海关系统强化边境保护措施，知识产权保护力度持续加强。全省跨地区、跨部门、跨领域执法协作顺利推进，省食品药品监管局在全国率先成立公安食品药品联合执法办公室；省工商局与海关广东分署联手加强商标保护；省检察院与外资企业品保委签署保护知识产权备忘录。各地纷纷强化保护措施，广州在全省首创“知识产权仲裁院”；佛山市中级人民法院建立知识产权诉调对接机制；亚运会、大运会及世博会知识产权保护工作圆满完成。展会和行业协会知识产权保护进展迅速，广交会被认定为唯一一个省级“会展知识产权保护示范单位”和“全国会展版权保护示范基地”。

（六）加快构建知识产权服务体系，培育

知识产权服务产业发展新优势。2011年9月，省政府与国家知识产权局签署《关于共建国家知识产权局专利审查协作广东中心合作框架协议》，决定共同投资12亿元在广州知识城建设“国家知识产权局专利局专利审查协作广东中心”，2012年3月，双方决定共同创建知识产权服务业示范省；省财政决定拨款2亿元建设省知识产权服务业集聚中心。各地、各部门积极搭建知识产权服务平台，省发改委制定高技术服务业发展方案；省科技厅扶持科技服务业百强企业（机构）发展；省知识产权局推进全国首个综合性行业知识产权维权中心——中国中山（灯饰）知识产权快速维权中心落户中山古镇；省工商局制定《商标管理工作指南》，商标保护预警服务系统在深圳、佛山、东莞等地不断铺开；省版权局建设版权基层工作站，批准17个作品登记代办机构。知识产权信息服务全面加强，首个国家知识产权局区域专利信息服务中心和专利信息传播利用基地先后落户广州，省知识产权公共信息综合服务平台正式运行。“国家专利技术展示交易中心”、“百所千企知识产权服务对接工程”、知识产权维权援助和举报投诉等工作深入推进。全省知识产权质押融资成效显现，近150家企业通过约280项知识产权获得逾5.65亿元的质押贷款。各职能部门加强对服务机构的监督和管理，促进行业自律和规范发展。

（七）稳步推进知识产权文化建设和人才工作，夯实知识产权事业发展基石。各地、各部门紧紧围绕“双打”专项行动、“3·15”消费者权益保护日、“4·26”知识产权宣传周等重大活动，充分利用传统和新兴媒介手段，通过召开新闻发布会、发布典型案例、刊登专栏专版、建立“双打”网站、联合组织现场执法和销毁活动、发布微博信息等各种形式，加强宣传力度，大力营造知识产权文化氛围。知识产权人才工作不断加强，国家知识产权培训（广东）基地落户华南理工大学；省人力资源社会保障厅指导深圳开展知识产权专业技术资格评审省级试点，启动东莞中、初级资格评审试点工作；省教育厅组织开展知识产权法律法规培训活动；工商、版权、广电、海关系统提高执法人员业务水平；法院、检察院、公安、农业、外经贸系统等举办专题培训班。暨南大学、华南理工大学、中山大学、深圳大学知识产权学院大力加强学历教育；华南师范大学挂牌成立知识产权研究所；中小学知识产权教育工作不断深入，省级示范学校达20家，试点学校191家。

（八）积极开展知识产权对外交流合作，巩固深化交流合作成果。一是对外交流合作十分活跃。汪洋书记亲自会见日本国际知识产权保护联盟代表团；省知识产权局、工商局举办国际研讨会；省法院派员参加“国际访问者计划”；公安机关加强境外案件协查；省外经贸厅指导企业开展海外知识产权维权工作。二是粤港澳台合作全面铺开。粤港和粤澳知识产权合作先后纳入《粤港合作框架协议》和《粤澳合作框架协议》；粤港双方每年推进十多个合作项目；粤澳知识产权工作小组正式成立并签署《粤澳知识产权合作备忘录》；粤港澳海关首次联手开展打击侵权货物跨境运输“海龙行动”；省知识产权局加强对台知识产权交流。三是区域合作不断发展。泛珠三角区域专利、商标行政执法协作有序推进，区域知识产权专家库完成建设；省版权局积极推进签署《泛珠三角区域版权合作协议》；公安、质监、海关等部门不断加强区域知识产权执法协作。

同志们，两年来，我省知识产权工作的上述成绩，是在国家各有关部委的精心指导和大力支持下，在省委、省政府的英明部署和正确领导下，在各地、各部门的密切配合和不懈努力下所取得的。借此机会，请允许我代表省政府知识产权办公会议，表示崇高的敬意和衷心的感谢！

我省知识产权工作虽然取得了可喜成绩，但仍面临着一些亟待解决的问题，突出表现在：知识产权制度功能作用的发挥与建设创新型广东、加快转型升级的要求还存在一定差距；知识产权融入经济增长、服务产业发展的举措和方式需要进一步探索；知识产权创造、运用主体有待进一步扩大；知识产权管理体系亟待全面完善；区域发展不均衡问题依然突出；知识产权服务业和人才工作亟须提高等等。这些问题要引起我们的高度重视，并采取有效措施加以解决。

二、扎实工作，狠抓落实，全面推进知识产权强省建设

面对机遇与挑战并存的新形势，各地、各部门必须牢牢把握科学发展的主题和加快转变经济发展方式的主线，紧紧围绕“加快转型升级、建设幸福广东”这一核心，深入贯彻省委、省政府“三打两建”工作部署，按照知识产权强省建设的总目标，扎实推进实施战略纲要工作方案确定的各项任务，重点抓好以下十个方面的工作：

（一）贯彻落实《强省决定》，扎实推进战略实施。各地、各部门要进一步增强紧迫感、责任感和使命感，把实施战略纲要与建设强省目标有机结合起来，认真做好《强省决定》的学习领会和贯彻实施工作，努力完善强省建设的政策体系和工作措施。今年11月6日，我省将迎来战略纲要实施五周年纪念日，我们将在全省开展战略实施考核评估工作。各地、各部门要找准知识产权工作与经济社会发展的结合点，及时制定下一阶段战略实施推进计划，落实各项工作任务。

（二）增强知识产权创造活力。加快发展战略性新兴产业，推进核心技术攻关；大力实施自主创新条例，加快创新型产业集群试点工作，建设重大自主创新平台，构建区域创新体系；发挥行业主管部门作用，提升行业知识产权创造活力；制定专利申请资助经费管理办法，做好中国驰名商标保护及省著名商标评审工作；加强文化强省建设，推进“版权兴业”工程；落实国家税收优惠政策；实施软件和集成电路重大项目专项扶持政策；加强地理标志和农林业植物新品种培育；完善非物质文化遗产资源和传统知识保护。

（三）推进知识产权价值实现。抓好高新区、高技术产业基地建设，打造重大产业集聚区实施高技术产业化专项计划，推进知识产权产业化；组织开展中国专利奖推荐工作，制定《广东省专利奖励办法》；推动实施《“创新知识”企业知识产权管理通用规范》，加强国有企业知识产权工作，开展优势、示范企业培育工作，实施专利技术实施计划，支持知识产权联盟发展；加快建设知识产权交易平台和专利产业化试点基地，开展“中国专利周”广东活动。

（四）加大知识产权保护力度。全力做好“三打两建”专项行动和“打击侵权假冒”工作；大力推进软件正版化；加强专利、商标、版权行政执法，推进“十大打假”专项行动；开展文化市场专项整治，深化农林业专项执法保护，加强医疗、药品行业监管；开展打击侵权假冒“破案会战”和“国门之盾”行动；及时批捕、审查起诉知识产权犯罪分子；依法高效审理知识产权案件；建设知识产权“两法衔接”机制；做好展会和行业协会保护工作，出台《广东省展会专利保护办法》；继续推进知识产权举报投诉和维权援助工作。

（五）提升知识产权管理能力。贯彻落实各项知识产权政策法规、规章和发展规划，在省级重大决策中进一步突出知识产权政策导向；深化省政府与国家相关部委合作协议，落实年度工作安排；推进国家城市试点示范工作，落实“广东区域知识产权发展计划”，开展省知识产权区域试点工作；加快重大经济活动知识产权评议及知识产权预警机制建设；开展《广东省版权条例（草案）》前期立法调研；大力实施质量强省、技术标准和名牌带动战略，创建产业集群示范区品牌；加强医药卫生领域、农林业领域的知识产权管理工作。

（六）搭建知识产权服务平台。加快建设国家知识产权服务业示范省，构建知识产权现代服务业体系；继续实施“战略性新兴产业专利信息资源开发利用计划”，促进重点产业高端突破；建设商标综合服务平台和版权登记平台；完善知识产权质押融资体系机制，加快建立知识产权评估管理体系；建设知识产权预警机制，推进百所千企知识产权服务对接工程，大力推广专利电子申请；加强对知识产权服务机构的执业监管。

（七）强化知识产权人才工作。制定实施全省知识产权人才发展规划，实施百千万人才培育工程；推进知识产权从业人员职称评定体系试点工作，启动版权经理人资格认证试点工作；加强知识产权学历教育和培训基地建设；实施企事业单位知识产权人才开发计划和专业技术人才知识更新工程、大专院校知识产权教育普及计划、国际知识产权制度巡回讲座计划、知识产权律师人才队伍建设规划；建设中国知识产权远程教育广东分平台。

（八）加快知识产权文化建设。深入宣传省委、省政府知识产权重大决策和工作部署，大力宣传"三打两建"专项行动和"打击侵权假冒"工作成效；推进知识产权法制宣传教育活动，开展"3·15"消费者权益保护日、"4·26"世界知识产权日和战略实施五周年专题宣传活动；加强对各级党政领导干部的培训力度；深入开展中小学教育试点示范工作，推进职业技术学校知识产权教育；引导各级广播电视播出机构开展知识产权法制宣传教育主题活动。

（九）深化知识产权交流合作。拓宽知识产权国际合作领域，提高合作层次，提升合作水平；深化粤港澳台知识产权合作交流，落实知识产权合作项目；推进区域知识产权合作，促进优势互补和互利共赢；加强知识产权海外维权工作，支持企业拓展海外市场。

（十）促进区域知识产权事业协调发展。珠江三角洲地区要当好知识产权事业科学发展的试验区和深化改革的先行区，大胆探索、先行先试，着力解决前沿和难点问题，率先建设知识产权"强区"；粤东地区要将知识产权工作与打造新的经济增长极有机结合；粤西地区要充分发挥知识产权制度在新型工业化进程中的重要支撑作用；粤北地区要将知识产权工作融入构建绿色现代产业体系中，推进全省区域知识产权事业协调发展。

同志们，我们幸逢知识产权事业发展的盛世，肩负知识产权强省建设的重任，广大知识产权工作者要以等不起的紧迫感、坐不住的责任感、慢不得的危机感，抢抓机遇、真抓实干、团结奋进、锐意创新，全力以赴推进强省建设，努力开创知识产权事业发展新局面，为加快转型升级、建设幸福广东做出新的更大的贡献！

谢谢大家！

广东省知识产权局局长陶凯元在全省知识产权局系统“三打两建”工作会议上的讲话

（2012年9月18日）

同志们：

自今年1月6日省委十届十一次全会部署在全省开展“三打两建”专项行动以来，全省知识产权局系统积极投身到“三打两建”工作之中，取得了阶段性的成效，省知识产权局“三打”工作成绩在第二季度被评定为优秀，得到了省委、省政府的充分肯定。这些成绩的取得，与全省各级知识产权战线的同志们特别是在座各位领导同志忘我工作、攻坚克难是密不可分的。在此，我代表省知识产权局领导班子，向各位并通过你们向全省各级知识产权战线的同志们表示衷心的感谢！

8月16日全省“三打两建”工作电视电话会议后，省知识产权局认真贯彻落实省委、省政府会议精神，对全省知识产权局系统前一阶段“三打”工作进行了总结，并制定了“两建”工作方案。刚才，唐毅、万昌副局长和小宜组长分别总结了全省知识产权局系统前一阶段开展“三打”专项行动的情况，介绍了全省市场竞争秩序知识产权保护综合监管分体系建设实施方案，部署了“两建”工作任务和下一阶段全省“双打”工作任务，讲得都很好，我都赞同。希望大家认真学习，切实贯彻落实。

下面，我传达全省“三打两建”工作电视电话会议的主要精神，并对全省知识产权局系统下一阶段如何认真贯彻落实会议精神谈几点意见。

一、全省“三打两建”工作电视电话会议的主要精神

（一）会议基本情况。

8月16日上午，全省“三打两建”工作电视电话会议在省委隆重召开，会议对今年以来打击欺行霸市、制假售假、商业贿赂的“三打”工作进行了阶段性总结，并对建设社会信用体系、建设市场监管体系的“两建”工作进行了全面部署。省委书记汪洋主持会议并作重要讲话，省“三打”领导小组组长、省委副书记朱明国对今年以来“三打”工作进行了阶段性总结，省“两建”工作领导小组组长、省长朱小丹对“两建”工作进行动员部署，省政府秘书长唐豪、省工商局局长卢炳辉分别对《广东省社会信用体系建设工作方案》、《广东省市场监管体系建设工作方案》作了说明。国家工商总局副局长滕佳材、国家发展改革委财政金融司司长徐林出席会议并分别讲话。省委常委，省人大常委会主任、省政协主席，省政府领导同志，省“三打”工作领导小组成员，省“两建”工作领导小组成员，省委有关部委、省直有关单位、省有关人民团体、中直驻粤有关单位的主要负责同志在省主会场参加了会议，会议还设立了省分会场，各地级以上市、各县（市、区）分别设立分会场。

（二）省“三打”领导小组组长、省委副书记朱明国同志关于“三打”工作总结讲话的主要精神。

“三打”专项行动的主要成效表现在五个

方面：规范了市场经济秩序，优化了法制化国际化营商环境；维护了群众利益，改善了民生环境；夯实了基层基础，提升了党和政府的形象；提振了群众信心，舆论反映积极正面；规范了工作机制，探索了打建结合路子。

"三打"的成功经验和做法表现在五个方面：领导高度重视、整体谋划推进是根本保证；加强部门联动、落实领导包案是有效举措；依靠群众、专群结合是动力源泉；加强督导考核、落实责任倒逼是有力抓手；严格依法办案、严明办案纪律是重要保障。

"三打"面临的形势和下一步工作的总体思路有五个方面：坚持思想不松，不断深化各级党政领导认识；坚持力度不减，集中力量解决重点问题；坚持温度不降，不断深化宣传发动；坚持常抓不懈，探索"三打"工作常态化机制；坚持打建结合，推进"三打"和"两建"的无缝对接。

明国书记在总结中特别肯定了全省知识产权系统的"三打"成果。他指出："三打"专项行动保护了知识产权。"三打"期间，全省知识产权系统共解决专利纠纷700余件，732个企业品牌得到保护，"三打"行动中，捣毁了一大批制假售假窝点，重创了制假售假行为，诚信守法企业的产品销售额和市场占有率迅速上升，企业利润增加，自信心增强，深圳市开展专项行动后，金龙鱼、怡宝、益力等一批知名品牌销量大幅攀升，专利申报数同比增长26%。截至7月31日，美国、英国、意大利等3个驻穗领事馆，近20个国家和地区的129家企业或协会发来感谢信，送来锦旗。广州市越秀区公安分局打掉一个特大制售假冒英国知名品牌喷码机的犯罪网络后，英国相关企业两次送来锦旗，英驻穗副领事专程登门致谢。这充分体现了全省知识产权局系统的"三打"成效，充分体现了知识产权工作在全省规范市经济秩序、优化法治化国际化营商环境中的重要作用，也充分体现了知识产权在省委、省政府中心工作中的地位和作用。

（三）省"两建"工作领导小组组长、省长朱小丹同志关于"两建"工作动员部署讲话的主要精神。

小丹省长讲了三点意见：

一要深刻认识加快社会信用体系和市场监管体系建设的重要性和紧迫性。第一，这是我省加快构筑法治化国际营商环境、完善社会主义市场经济体制的迫切需要；第二，这是我省加强制度环境"软转型"、促进经济社会发展转型升级的重要举措；第三，这是解决社会民生突出问题、建设幸福广东的现实要求；第四，这是我省加快政府职能转变、推进社会管理创新的重要抓手。

二要突出重点、开拓创新，稳步推进社会信用体系和市场监管体系建设。与"三打"行动相比，做好"两建"工作要更加注重系统性、基础性、稳定性、长期性，更加强调从总体设计的高度统筹规划，更加突出从制度建设的层面完善机制，更加注重从体系创新的角度打开局面。尤其要抓好六方面的工作：第一，是加强系统设计，抓好"两建"规划制定和法制建设；第二，是坚持自律与他律结合，构建全社会的信用管理体系；第三，是加快转变监管方式，构筑多元治理的市场监管体系；第四，是突出信息互通共享，扎实推进"两建"重要平台建设；第五，是注重解决实际问题，抓好重点领域"两建"工作；第六，是积极开展抓点示范，扎实做好"两建"试点工作。

三要统筹安排、精心组织，确保"两建"工作取得实效。"两建"工作点多、线长、面广，是一项复杂艰巨的系统工程。各地、各部门务必高度重视、精心组织、真抓实干，确保各项决策部署落到实处、取得实效。第一，要加强组织领导；第二，要加强协调联动；第三，要加强宣传引导；第四，要加强督促考核。

（四）汪洋书记重要讲话精神。

汪洋书记在总结讲话中强调：

一是要推进"三打"工作向纵深发展，进一步夯实"两建"的基础。当前"三打两建"工作的重点从前段时间实施集中的"三打"逐步转到建设社会信用体系和市场监管体系这

"两建"上来，但这并不意味着"三打"结束。"三打"、"两建"是一个有机整体，是一项系统工程，两者密不可分、互相促进。半年来的"三打"虽然取得了一定成效，但从查处案件的情况看，欺行霸市、制假售假、商业贿赂的情况远比估计的要严峻得多，问题和困难远比想象的要严重得多，"三打"局面依然复杂，"三打"形势依然严峻，"三打"任务依然艰巨，"三打"工作任重道远。下一步，"三打"工作要贯彻"以打促建、以建带打、打建交叉、贯穿全年"的原则，做到思想不松、力度不减、热度不退。各地、各部门要从实际出发，进一步明确打击重点、缩小打击范围、强化打击深度，集中力量查办大要案件，推进"三打"工作向纵深发展。要认真研究打击中发现的问题，深刻剖析存在的原因，以打促建；对在"两建"过程中发现的问题，要有针对性地开展打击整治，以建带打。同时，要认真总结"三打"的成功经验做法，建立"三打"常态化机制，通过制度规范防止问题反弹。

二是要坚持抓重点环节，推动"两建"工作全面突破。在社会信用体系建设工作中，要以信用信息的记录、整合和应用为重点，推进信用信息的互通共享，构建全方位、多层次的激励与惩戒机制，使守信者受益、失信者处处受制。在市场监管体系建设工作中，要突出转变政府职能，减少和规范行政审批事项，降低市场准入门槛；理顺部门职能，推进行政执法体制改革，防止多头执法、执法扰民；发动各方参与，着力打造政府负责、部门协作、行业规范、公众参与相结合的市场监管新格局。

三是要加强组织领导，促进各项工作落实。当前我省的"三打两建"工作正处于由阶段性专项行动向长期制度建设转换的关键时期，要在"三打"工作形成的良好基础上，切实加强组织领导，以更坚定的信心、更务实的作风、更有力的措施，不断开创"两建"工作新局面。各地、各部门要有长期作战的思想准备，增强大局意识和责任意识，积极主动地谋划"两建"工作。要按照《广东省社会信用体系建设工作方案》、《广东省市场监管体系建设工作方案》的要求，建立健全"两建"工作领导和办事机构，主要领导亲自抓，分管领导具体负责，配备精兵强将，划拨专项资金，为"两建"提供充足的人财物保障。要用改革的思路、创新的手段，打破不符合科学发展的利益格局、行业操作惯例，大胆探索有效途径和方法，特别是要注意建立法律秩序的问题，这是市场秩序的根本保证，目前尤其要注意借鉴香港等发达地区的营商法律制度为我所用。要注意调查研究，实现"两建"工作决策的科学化，增强工作的针对性。要充分发挥各方面的作用，努力实现部门联动机制化，形成"两建"的持久合力。要强化纪检监察监督、人大法律监督、政协民主监督、媒体舆论监督、公众社会监督，防止"两建"工作走过场或执行偏差，尤其要坚决防止"一刀切"、定任务、下指标等容易导致简单化和扩大化的做法，促进"两建"工作持续健康发展。

二、关于贯彻落实全省"三打两建"工作电视电话会议精神的几点意见

（一）认清形势，提高认识，进一步增强做好"三打两建"工作的使命感和责任感。

通过半年多时间的"三打"专项行动，目前全省已处于持续深化"三打"、全面启动"两建"的关键阶段。在这个阶段，首先要在思想认识上解决好两个方面的突出问题。

首先，要正确认识和处理好"三打"与"两建"的关系。"三打"和"两建"不是相互割裂的两件事，而是一个有机的、密不可分的整体，两者的目标是共同的，都是为了建设规范有序的社会主义市场经济体系；二者的区别在于侧重点的不同，"三打"是立足当前解决突出问题的重要举措，"两建"是面向长远建立长效机制的治本之策，"三打"是手段，"两建"是目标，两者相辅相成，有机统一。因此，开展"三打"专项行动阶段性总结绝不意味着"三打"工作的结束，谋划"两建"也决不能抛开"三打"的经验。省委、省政府确立了“打是手段、建是目的、以打促建、以建带打、打建交叉”的整体思路，需要我们进一步领会其精神实质，要把在“三打”中获得的经验教训通过“两建”法规化、制度化、长期化，进而建立起行之有效的社会信用体系和市场监管体系。

其次，要正确认识和处理好“三打两建”与实施知识产权战略、建设知识产权强省的关系。“三打两建”的目的在于构建良好的市场运行规则和巩固改革开放取得的经济发展成果，从而优化市场环境，规范市场秩序，完善社会主义市场经济，保障经济社会快速增长和发展。这也是我们实施知识产权战略、建设知识产权强省的根本目的。省委、省政府在广东进入改革发展的攻坚阶段和“加快转型升级，建设幸福广东”的关键时期，下决心摘除当前人民群众深恶痛绝、影响经济发展和社会稳定的“毒瘤”，是对全省各行各业工作的有力促进，知识产权工作也概莫能外。第一，“三打两建”是对加快建设知识产权强省的有力促进。今年年初，中共广东省委、广东省人民政府在《关于加快建设知识产权强省的决定》中明确提出“建设知识产权强省要以满足经济发展方式转变的重大需求为主线，以提高企业知识产权创造和运用能力为重点，以加强知识产权公共服务为突破口，以营造知识产权法制和社会环境为基础，努力形成现代产业知识产权竞争优势，培育壮大具有自主知识产权的技术、产品和企业，实现从知识产权大省到知识产权强省的跨越”。要实现建设知识产权强省这一伟大目标，就必须着力营造良好的知识产权法制环境和社会环境，“三打两建”为我们提供了机会、营造了氛围、创造了条件。第二，“三打两建”是对知识产权服务经济社会的有力促进。围绕中心，服务大局，推动经济可持续发展，维护社会和谐稳定，这是我们知识产权工作的职责所在。“三打两建”对于充分发挥知识产权制度对技术创新与经济社会发展的推动作用，发挥知识产权对经济社会发展的导向和促进作用，切实提升知识产权创造、运用、保护和管理能力起着进一步的推动作用。全面推进国家和我省知识产权战略纲要的贯彻实施，需要“三打”来护航；在服务广东经济又好又快发展上不断总结新经验、研究新办法、建立新制度，需要“两建”来指导。因此，我们要以“三打两建”为机遇和抓手，积极提升知识产权服务创新社会的能力，充分发挥知识产权在加强社会建设中的积极作用。第三，“三打两建”是对知识产权规范企业健康发展、增强国际竞争力的有力促进。规范企业健康发展，就必须营造公平、开放、规范、有序的市场环境。“三打”专项行动的落脚点是维护良好的市场经济秩序，促进企业依法经营，保持经济平稳健康可持续发展；“两建”工作的目标在于优化市场环境，规范市场秩序。我们要借“三打两建”的东风，完善规范企业健康发展的各项工作措施和规章制度，提升维护企业权益必须具备的专利行政执法能力，推动全省专利行政执法工作的常态化、制度化和规范化，为企业健康发展保好驾、护好航。同时，要在“打”中帮“建”，帮扶企业整改工作漏洞、建立健全相关管理体系，推动企业成为知识产权创造和运用的主体，促进自主创新成果的知识产权化、商品化、产业化，增强企业的核心竞争力。

（二）思想不松，力度不减，进一步巩固扩大“三打”专项行动的成果。

“三打”专项行动轰轰烈烈开展了半年多的时间，用明国同志的话来讲，是一次“火力侦察”，同时让我们看到“三类问题”十分严重、复杂，凡是有利可图的行业和领域，都不同程度地存在“三类问题”。因此，汪书记指出，“三打”局面依然复杂，“三打”形势依然严峻，“三打”任务依然艰巨，“三打”工作任重道远。全省知识产权局系统的“三打”工作要认真贯彻落实全省“三打两建”工作电视电话会议精神，集中力量，突出重点，推动“三打”工作向纵深发展。

一是深化认识，确保“三打”不松懈。“三打”是省委、省政府部署的一次大规模发动、大兵团作战的专项行动，省委、省政府领导高度重视，全省各级知识产权局领导要清醒地认识到“三打”工作的尖锐性、长期性，进一步深刻认识“三打”对坚持社会主义市场经济的改革方向、规范市场秩序，优化法治化国际化营商环境的重大意义，进一步深刻认识“三打”对推动加快转型升级、建设幸福广东的重要作用，进一步深刻认识“三打”对实施知识产权战略、建设知识产权强省的促进作用，坚决克服松懈厌战和急于收兵的思想，大家要下最大的决心，尽最大的努力，切实打出规范健康的市场经济秩序。

二是抓住重点，集中精力办大案要案。当前，全省的“三打”专项行动正处于突破大案要案的关键时期，各级知识产权管理部门要牢牢把握打击重点，保持打击力度，充分发挥专利行政执法主动、快捷、高效的优势，集中精力处理一批权利人反映强烈、社会关注度高的专利侵权和重复侵权、群体侵权大案要案，维护权利人的合法权益。要公开审理一批专利侵权典型案件，扩大社会影响，增强专利行政执法的效果，继续保持打击侵犯专利行为的高压态势。要严厉打击假冒专利违法行为，肃清假冒伪劣商品，引导和督促经营者建立责任制和专利产品备案、审查制度，大力宣传专利标识的使用，敦促和教育专利权人规范使用专利标识，维护市场经济秩序。要做好广交会、高交会等重要展会的专利保护工作，以展会为窗口，向外界展示和传递我省打击假冒伪劣商品的决心和力度。

三是拓宽思路，扩大宣传效果。要进一步扩大“三打”宣传的广度，加强“三打”宣传的深度，围绕“三打”宣传主题不断创新宣传形式，丰富宣传内容，充分利用电视、广播、互联网、报纸等媒体，开展形式多样的宣传活动，形成高强度、持续性、系列化的宣传热潮。要集中宣传一批典型案例，适时曝光一批违法企业，营造“三打”工作强大声势。要集中宣传相关法律法规，强化群众、企业的自律意识和责任意识。要充分发挥“12330”知识产权维权援助与举报投诉电话的作用，接受公众和权利人的知识产权举报投诉，调动社会力量参与监督，充分发挥广大人民群众的主体作用。同时，要重点宣传“三打”的重大意义，揭露制假售假的严重危害，使这次专项工作做到家喻户晓、人人皆知，形成全民动员、全民参与、全民支持的工作局面。

四是建立机制，推动“三打”工作常态化。“三打”工作具有长期性、持续性的特点，绝非一朝一夕之功，也不可能靠一次两次的专项打击行动就可以一劳永逸，所以必须实现“三打”工作常态化，持之以恒地打击整治。各级知识产权管理部门要加强总结和调研，通过分析当前工作形势和“三打”的成败得失，研究和谋划下一步的主要工作；通过固化常态化做法和“三打”的成功经验，建立长效工作机制；通过行政执法和刑事司法相衔接机制，加大对侵权假冒重点市场、重点产品、重点案件的查处和打击力度。

（三）创新思路，统筹规划，稳步推进“两建”工作。

当前“三打两建”工作的重点从前段时间实施集中的“三打”逐步转到建设社会信用体系和市场监管体系“两建”上来。与“三打”行动相比，做好“两建”工作要更加注重系统性、基础性、稳定性、长期性，更加强调从总体设计的高度统筹规划，更加突出从制度建设层面完善机制，更加注重从体系创新角度打开局面。因此，推进“两建”工作，要和“三打”工作的常态化结合起来，要和完善行政执法体系建设结合起来，要和重点难点工作结合起来。

一要加强落实，做到“三打”“两建”无缝对接。目前“两建”工作已经开局。各级知识产权局要及时做好打建对接工作，做到边打边建，边建边打，打建交叉，无缝对接。一方面要通过“打”来发现、梳理和总结知识产权保护体系建设中存在的法律法规缺失、机制体制滞后、日常监管不力等问题，从源头查找问题原因，有针对性地提出“建”的意见和建议；另一方面在“两建”工作中要敏锐发现“建”的障碍和阻力，确保打击准确、有的放矢。下一阶段的工作目标已经明确，各级知识产权局要不等不靠，在标本兼治、重在治本的同时，积极开展重点问题整治工作，真正做到“三打”“两建”无缝对接。

二要加强规划，抓好法制机制建设。知识产权局系统的“两建”工作，要与实施国家和省知识产权战略、贯彻落实《关于加快建设知识产权强省的决定》紧密结合起来，建立健全知识产权制度机制，完善知识产权法规体系建设。目前，《关于加快建设知识产权强省的决定》的相关配套法规制度正在紧锣密鼓地制定和审议过程中。9月10日，《广东省展会专利保护办法》获省政府常务会议审议通过，并将于10月15起正式实施；《关于加快推进广东省知识产权质押融资工作的若干意见》正在会签和报批之中；《广东省专利奖励办法》和《广东省重大经济和科技活动知识产权审查与评议暂行办法》已完成起草工作，正在征求意见阶段。这一批规章和规范性文件的出台，为我省知识产权局系统的“两建”工作打下了坚实的基础，也必将为全省知识产权事业发展和广东经济社会发展提供有力的政策支撑。同时，我们还要通过“两建”工作，进一步研究加快企业转型升级、推动政府职能转变、做好民生实事的好办法、好制度，加快构建以人为本、法治为基、诚信为魂、效率为先、公平为重的社会主义市场经济体系，推动全省知识产权事业发展的法制和机制建设。

三要加强统筹，快速推进重点领域“两建”工作。要加强统筹规划，开拓创新，丰富手段，加快推进全省知识产权局系统重点工作领域的社会信用体系和市场监管体系建设。通过完善省、市、县三级知识产权行政执法体系，畅通行政执法与公安、司法等部门相衔接，推进省际、区域专利执法协作，建立部门联动、快速反应的执法机制；通过加强对国际知识产权规则和国外知识产权制度的研究，建立涉外知识产权的维权援助机制；通过加强对专利代理机构的培育和扶持，建立专利代理市场的科学监管机制；通过深入开展重点产业专利态势分析研究，建立重大经济活动知识产权评议及知识产权预警机制；通过大力推进知识产权质押融资与资产评估工作，建立知识产权投融资机制和交易机制等等。加快知识产权重点领域、重点环节的“两建”工作，目的在于着力完善体系框架，构建长效机制，全面提升全省知识产权局系统的社会诚信和市场监管效能。

四要加强考核，务求“两建”取得实效。全省各级知识产权局要在巩固前期“三打”工作成果的基础上，对照省委、省政府的考核要求，结合实际研究制定本地区本部门考核方案。通过认真梳理存在问题，找准工作差距，采取有力措施，扎实做好查漏补缺工作，要加快推进执法办案任务目标责任制工作，科学评价全省知识产权局系统各地区、各部门和各级干部在“三打两建”工作中的表现，把考核结果作为领导干部选拔任用、培养教育、管理监督、激励约束的重要依据，通过考核识别干部、监督干部、检验干部，切实发挥干部考核的指挥棒作用，激发全系统干部在“三打两建”关键时期创造性开展工作的积极性。

同志们，开展“三打两建”工作事关全省科学发展大局，事关人民群众切身利益，任务艰巨，使命光荣。承担重大工作任务，既是挑战，更是机遇。面对问题和困难，我们要善于把握机遇，乘势而为，在内强能力素质努力工作的同时，还要积极争取本地区党政主要领导同志对知识产权工作的重视和支持，力争使知识产权工作的“瓶颈”问题在每一次重大活动中都能有所突破，推动全省知识产权事业在“战斗”中成长、发展和壮大，加快推进知识产权强省建设的步伐。让我们把思想和行动统一到省委、省政府的决策部署上来，以坚定的信心、务实的作风、有力的举措，大力推进“三打两建”工作，不折不扣地完成省委、省政府交给我们的任务，以实际行动和优异成绩迎接党的十八大胜利召开！

谢谢大家！

广东省工商局党组书记、局长卢炳辉在第八届泛珠三角区域工商行政管理部门高层联席会议上的讲话

（2012年12月6日）

尊敬的各位领导，女士们、先生们：

正当全国上下聚精会神学习十八大精神、全神贯注落实科学发展观的时候，我们在海口这个热情洋溢、充满活力的城市，探讨工商服务科学发展的论题，意义重大，使命光荣。各兄弟同行的精彩演讲，深化了我们对商标工作的认识，丰富了我们服务科学发展的思路。感谢海南省工商局提供了一个很好的交流学习平台，借此机会，我也向各位领导、兄弟同行汇报广东开展商标战略工作的一些体会和心得。

我们所处的时代是一个知识经济的时代，现代经济竞争主要是知识产权的竞争。人们言转变经济发展方式必称创新，言转型升级必称品牌。其实，知识产权制度的基本功能就是保护创新、鼓励创造，其中，商标作为企业产品走向市场的通行证，是创新成果转化为商品走向市场最不可或缺的载体。其实，商标作为商标企业日常经营活动的必备元素，既是品牌的核心载体，也是品牌建设必须贯穿始终的主线。当前阶段，全球金融危机蔓延，世界各国大力重振实体经济，突出加剧了围绕商标知识产权的竞争强度。在既有的国际知识产权保护体系外，美国和欧盟各成员国主导加快了肇始于2006年的《反假冒贸易协定》推广进程，已吸引全球近40个发达经济体参加，其目的就是主要针对以中国为代表的发展中国家。这对于亟需加快转变经济发展方式的中国形成了更大的压力，对承担中国商标行政管理的工商部门提出了新的课题，对我们外向型经济突出的广东工商更是一个严峻的挑战。

今年正值我国《商标法》颁布施行30周年。30年来，我们围绕《商标法》这一新中国第一部知识产权专门法律的实施，建立了具有中国特色的现代商标法律体系，实行了具有中国特色的注册商标专用权行政执法保护和司法保护双轨制，形成了具有中国特色的日常监管与专项行动相结合的行政执法保护机制。30年来，我们广东工商在省委、省政府的领导下，充分发挥工商网络健全、行政程序简便的优势，持续加大商标行政执法力度，推动广东社会的商标意识明显增强。广东市民在“认牌”选购商品时普遍更加注重商标，商标问题和商标事件通常迅速成为广东舆论热点；广东企业注册商标意识明显增强，截至2012年9月底，全省有效注册商标95万件，约占全国总量17.79%，连续17年在全国居第一位，相当于日本、意大利的70%，美国的三分之一，已成为名副其实的商标大省；争创驰、著名商标意识增强，全省现有驰名商标397件，继续领先于全国其他省份；通过商标法制保护自身权益的意识明显增强，一些企业通过注册商标和驰名商标认定在海外成功赢得了诉讼。

但是，我们广东这个商标大省却难称品牌大省、商标强省，与科学发展观的要求、与兄弟省市工商的工作成绩相比都有差距。从量上看，全省平均近6.5户市场主体才有1件注册

商标，在国外注册商标的企业更少；著名商标企业每户平均商标注册量仅30件，而世界级的跨国公司的商标注册量通常都超过1万件。从质上看，既缺少像传播美国文化的“可口可乐”，体现民族精神的韩国“三星”这样享誉世界的商标，也缺少有较大影响力和市场占有率的商标。更突出的是，大部分企业只知道通过商标注册形成专用权、通过个案认定争取驰名商标认定，还不知道商标形象的经常性维护和战略性经营，不知道围绕商标打造企业核心竞争力和影响力。这就与国家大力推行商标战略的宗旨、与科学发展的要求相去甚远。

回顾近年来我省实施商标战略工作实践，我有几点体会与大家交流。

深入实施商标战略，必须进一步理清思路。近年来，广东省工商局以服务广东加快转型升级为导向，围绕省委、省政府建设“品牌强省、商标强省”发展目标，深入研究商标战略，推动广东省政府出台《关于实施商标品牌战略的指导意见》，确立全省商标发展战略“一个中心，两轮驱动，三大推手”的思路。一是以逐步形成自主创新、自主品牌为核心竞争力的经济发展模式为中心，创建一批具有国际市场竞争力和影响力的品牌；二是以营造良好的市场、法治、社会环境，激发市场主体的内生动力为两个驱动轮，着力构建“政府推动、部门联动、企业主体、社会参与”的商标战略运行机制；三是以商标的保护、管理与战略性运用为推手，全面提升企业支撑品牌发展的综合要素。

深入商标战略实施，必须进一步拓展视野。现代市场竞争是全球的竞争、世界性的竞争。我们把总局实施商标战略的要求进一步上升为实施商标品牌国际化战略，大胆提出创建一批具有国际市场竞争力和影响力的品牌的目标，大胆提出帮助企业收购有一定影响力的国际商标、品牌的设想，大胆提出建设自主国际知名品牌培育示范区的规划。为此，一是深入开展创建区域国际品牌试点工作。作为试点之一的汕头市澄海区发挥玩具区域国际品牌的作用，助推我省玩具业逆市上扬，从2008年起连续3年助推地区生产总值分别增13.1%、12.4%和10.9%。温家宝总理2009年在上报信息《自主品牌成为澄海玩具礼品业抵御国际金融危机的防火墙》上，也对此作出了肯定批示。二是多管齐下帮助企业注册国际商标。以支持企业实施“走出去”战略为目标，大力倡导建立海外商标注册资助基金，积极组织商标国际注册培训，近3年共举办针对性的培训班、讲座3期，培训企业60多家，大大提升企业商标国际化意识和注册国际商标的认知和能力。三是加强国际交流合作，拓宽国际视野。近年来先后与美国、英国、芬兰、韩国、日本、香港、澳门等近70个国家和地区有关组织和企业开展合作交流，深入宣传我国知识产权保护政策、全面展示开展知识产权保护和商标保护的明显成效，同时大力推介我省知名品牌，扩大民族自主品牌的辐射力和影响力。

深入推进商标战略，必须进一步强化行政保护。实行商标行政保护则是中国特色商标制度的主要内容。然而，商标不是抽象的权利，而是来自于市场活动的权利。因此，市场竞争秩序有多复杂，商标执法实践就有多复杂。为此，我们始终坚持创新探索商标行政保护新体系。一是探索联动协作监管新机制。积极倡导成立政府层面的领导机构和部门协作推进商标战略的联动机制，大力推动成立省一级知识产权保护部门联席会议制度；创造性地提出国家工商总局在广州设立商标注册派出机构的建议。先后与香港、澳门知识产权保护部门建立了商标案件协作处理机制，与海关广东分署联合出台了商标行政保护合作意见。同时，不断加强与质监、烟草、食药等行政执法机关和公安、检察院等司法机关执法交流合作，着力提高商标监管执法的效率。二是探索监管执法新模式。在深化“一个窗口许可，一支队伍办案”执法体制改革的基础上，以网格化监管为抓手，不断完善商标监管“横线上归口管理、纵线上上下联动”的执法体系；以规范化建设为突破，全面推进商标监管执法队伍专业化建设。今年1—10月，共查办商标侵权案件12087宗，案值110302万元。三是探索商标服务新方式。按照加快政府职能转变深化行政审批制度改革要求，把著名商标的评审权转移给社会组织；指导各地商标协会成立商标代理分会，进一步规范商标代理市场秩序；牵头搭建商标代理组织与省内行业协会的合作关系，提升行业协会的协调维权能力；充分发挥各级商标协会贴近企业、了解企业、反映诉求的作用，积极提供商标咨询，切实做好引导性服务。

我省推进实施商标发展战略工作，得到国家工商总局商标局和全国兄弟同行的无私帮助和大力支持，在此，我谨代表广东省工商系统向在座的各位表示衷心的感谢。

谢谢大家！

综述

ZONG SHU

- 协调机制
- 职能部门工作概述

协调机制

广东省人民政府知识产权办公会议

【概况】 广东省人民政府知识产权办公会议制度是根据《国务院关于进一步加强知识产权保护工作的决定》（国发〔1994〕38号）和《广东省人民政府转发国务院关于进一步加强知识产权保护工作的决定和国务院办公厅关于建立国务院知识产权办公会议制度及有关部门职责分工问题的通知》粤府〔1994〕103号成立的议事机构，主要目的是加强知识产权的宏观管理和统筹协调。2000年，办公会议办公室职能划入广东省知识产权局。经2002年、2006年和2010年三次调整，目前，办公会议由省发展改革委等26家组成单位以及省委宣传部等6家特邀单位组成。

【主要职责】

1．组织、协调、指导全省知识产权工作。

2．贯彻执行国家有关知识产权的法律法规和方针政策；研究制定广东省有关知识产权的法规、重大政策、措施和规划，并组织实施。

3．协调解决广东省经济、科技和文化发展中有关知识产权的重大问题，并提出政策性意见和建议。

4．组织知识产权联合执法行动。

5．组织大型知识产权宣传活动，普及和提高社会各界知识产权意识。

6．建立各组成单位信息交换、情况通报制度，定期发布广东省知识产权保护状况。

【组织架构】

2012年，广东省人民政府知识产权办公会议领导和组成人员名单如下：

主持人：

广东省人民政府副省长　陈云贤

副主持人：

广东省政府副秘书长　李捍东

广东省知识产权局局长　陶凯元

办公室主任：

广东省知识产权局局长　陶凯元

办公室副主任：

广东省知识产权局副局长　朱万昌

组成单位及人员：

广东省发展和改革委员会副主任（正厅级）　张　军

广东省经济贸易委员会副主任　蔡　勇

广东省教育厅巡视员　罗远芳

广东省科学技术厅副巡视员　廖兆龙

广东省公安厅副厅长　何广平

广东省司法厅副厅长　刘　芳

广东省财政厅副巡视员　曾毓昌

广东省人力资源和社会保障厅党组成员、副厅长　李长峰

广东省环境保护厅总工程师　陈铣成

广东省农业厅副厅长　程　萍

广东省林业厅总工程师　谭天泳

广东省对外贸易经济合作厅巡视员　黄永智

广东省文化厅党组成员、执法局局长　胡振国

广东省卫生厅副厅长　耿庆山

广东省人民政府外事办公室副主任　李　坚

广东省人民政府国有资产监督管理委员会副主任　肖　学

广东省广播电影电视局副巡视员　高　林

广东省统计局副局长　刘智华

广东省工商行政管理局副局长　姜海平
广东省新闻出版局（省版权局）副局长　钱永红
广东省质量技术监督局副局长　邱庄胜
广东省知识产权局副局长　朱万昌
广东省人民政府法制办公室党组书记、副主任　梁树声
广东省人民政府港澳事务办公室副主任　卢兴洲
广东省食品药品监管局副局长　陈鲁峰
广东省人民政府发展研究中心副主任　李惠武

特邀单位及人员：

中共广东省委政策研究室副主任　莫　震
中共广东省委宣传部副部长、广东省文明办主任　顾作义
广东省人大教科文卫委员会副主任委员　麦伟棠
海关总署广东分署副主任、缉私局局长　陈建文
广东省高级人民法院副院长　徐春建
广东省检察院副厅级检委会委员　黄其粤

（供稿人：王一）

粤港保护知识产权合作专责小组

【概况】　2003年12月，“粤港保护知识产权合作专责小组”成立后，在香港召开第一次会议。粤港双方确定定期会议制度，每年定期在两地轮流召开专责小组会，确定项目合作模式。第一次会议后，粤港知识产权合作全面展开并不断推进。2012年是粤港保护知识产权合作十周年，截至2012年底，专责小组共召开11次会议，部署开展逾百项知识产权合作项目。

【粤港知识产权合作项目】　在专责小组推动下，粤港知识产权合作体系逐步健全，内容日渐丰富。截至2012年底，在粤港保护知识产权合作框架下，开展逾百个合作项目。

粤港跨境知识产权案件协作处理机制。粤港两地知识产权执法部门共同努力，在知识产权案件协作机制建设方面取得了新的进展和突破。海关总署广东分署与香港海关设置粤港海关保护知识产权专职联络员，持续加大情况通报和信息交流力度，2011年8月至2012年5月，广东海关查获涉及香港的侵权嫌疑案件444宗，涉及知识产权权利人162家，查扣侵权嫌疑货物270万件，涉案金额2038万元。香港海关继续就涉及内地案件向广东省公安厅经济犯罪侦查局寻求协助，广东省公安厅经济犯罪侦查局积极响应；自2011年7月以来，广东省公安厅协助香港海关调查案件共7起。

粤港企业知识产权保护与创新促进机制。粤港知识产权部门从2003年开始联合举办“粤港知识产权与中小企业发展研讨会”。截至2012年底，研讨会已在广东省内各个不同的地市（深圳、东莞、韶关、顺德、惠州、江门、湛江、珠海、汕头、中山、广州、肇庆、佛山）巡回举办13次。每次有两地企业与知识产权管理部门300—500人参加，累计1000多家企业参加。2012年，广东省新闻出版局（版权局）率广东交流团赴港开展主题为“版权管理与知识产权贸易”的版权产业交流活动。港方加强与广东省工商部门的联系，持续加大政策宣传力度，大力引导有产品内销的在粤港资企业申请认定广东省著名商标。

全面推广“正版正货”承诺活动。2012年，全省“正版正货”承诺活动持续在全省开展，多个地市举行现场承诺活动，广东“正版正货”承诺活动牵头单位与上海“真牌真品”承诺活动办公室代表团开展交流活动，分享经验。

持续维护“粤港澳知识产权资料库”与“粤港知识产权合作专栏”。粤港双方及时更新和丰富粤港澳三地知识产权执法的信息，增加了有关三地知识产权执法信息的英文版和知识产权贸易信息的超链接，对帮助粤港澳三地企业和公众适时掌握三地知识产权制度的最新发展发挥了积极的作用。

协助香港居民参加全国专利代理人资格考试。根据国家知识产权局的安排，港澳考生统一在广东考点参加考试。广东省知识产权局与香港知识产权署合作，并协同澳门特区政府经济局知识产权厅，共同做好有关考试的咨询、报名、培训和考点准备等相关工作，完成2012年全国专利代理人资格考试工作。截至2012年底，共有325人次在广州考点参加考试，其中28人获得代理人资格，12人现在代理机构执业。（供稿人：郭亚青）

泛珠三角区域知识产权合作机制

【概况】 为贯彻落实中共中央政治局委员、国务院副总理、广东省委原书记张德江关于开展泛珠三角区域知识产权合作的指示精神，2004年，首届泛珠三角区域知识产权合作联席会议在广州召开，全国第一个集专利、商标、版权为一体的区域合作体系形成。2005年，香港、澳门特别行政区加入泛珠合作，“9+2”区域知识产权合作平台正式建立。为确保泛珠三角区域知识产权合作工作的有效开展，各方建立以下三个合作机制。

【泛珠三角区域知识产权合作联席会议制度】 联席会议成员由泛珠三角各省（区）及特区知识产权协调机构及相关专利、商标、版权管理部门负责人组成。会议每年举行一次，研究决定合作重大事宜，必要时可召开临时联席会议。会议由协议各方轮流召集和主持，每届会议确定下届会议的主办方、时间和地点。会议设会议主席，由当年主持会议的省（区）及特区知识产权负责人担任。

【泛珠三角区域知识产权合作联络员制度】 泛珠三角各省（区）及特区确定一名联络员，负责联络、沟通和协调工作。联络员应加强跟踪、落实和情况反馈，畅通各成员单位信息交流渠道，提高工作效率，确保各项合作项目的顺利完成。

【泛珠三角区域知识产权合作专题工作小组制度】 根据每年联席会议确定的合作项目，成立相应的专题工作小组，开展具体的专项合作工作。专题工作小组成员由协议各方指定，对具体合作项目及相关事宜制订合作计划，提出工作措施，落实合作事项，并定期向联席会议报告合作项目落实情况。（供稿人：郭亚青）

广东省打击侵犯知识产权和制售假冒伪劣商品工作领导小组

【概况】 广东省打击侵犯知识产权和制售假冒伪劣商品工作领导小组是广东省政府根据《国务院关于进一步做好打击侵犯知识产权和制售假冒伪劣商品工作的意见》（国发〔2011〕37号）及《关于成立省打击侵犯知识产权和制售假冒伪劣商品工作领导小组的通知》（粤办函〔2012〕251号）成立的议事协调机构，旨在加强对打击侵犯知识产权和制售假冒伪劣商品工作的组织领导。领导小组办公室设在广东省知识产权局，承担领导小组日常工作。其中，打击侵权工作由广东省知识产权局牵头负责，打击假冒伪劣工作由广东省质监局（省打假办）牵头负责，相关部门配合。目前，广东省打击侵犯知识产权和制售假冒伪劣商品工作领导小组由省委宣传部等31家单位组成。

【主要职责】

1.统一组织领导全省打击侵犯知识产权和制售假冒伪劣商品工作，研究拟定有关政策措施。

2.督促检查各地区、各有关部门工作落实情况。

3.督办侵犯知识产权和制售假冒伪劣商品

重大案件。

4.承办省政府交办的其他事项。

【组织架构】

2012年，广东省打击侵犯知识产权和制售假冒伪劣商品工作领导小组组成人员如下：

组　长：广东省人民政府副省长　陈云贤

副组长：广东省人民政协副主席、广东省知识产权局局长　陶凯元

广东省人民政府副秘书长　李捍东

广东省质监局局长　任小铁

成　员：广东省委宣传部副巡视员　路子平

广东省综治办专职副主任　蔡辉

广东省高院审委会副厅级专职委员　赵军

广东省检察院党组成员、副检察长　欧名宇

广东省发展改革委副主任　张军

广东省经济和信息化委党组副书记、巡视员　戚真理

广东省公安厅经侦局局长　黄守应

广东省监察厅副厅长　张渝

广东省司法厅党委委员、副厅长　余继军

广东省财政厅副巡视员　曾毓昌

广东省人力资源社会保障厅党组成员、副厅长　李长峰

广东省环境保护厅党组副书记、巡视员　王子葵

广东省农业厅副厅长　程萍

广东省林业厅党组成员、总工程师　谭天泳

广东省外经贸厅副厅长　马桦

广东省文化厅党组成员、省文化市场综合执法局局长　胡振国

广东省卫生厅副厅长　耿庆山

广东省国资委副主任　周兴挺

广东省地税局稽查局局长（副厅级）　于振荣

广东省广电局副巡视员　高林

广东省物价局副局长　钟明

广东省工商局副局长　姜海平

广东省新闻出版局（版权局）副局长　钱永红

广东省质量技术监督局副局长　邱庄胜

广东省食品药品监管局党组成员、稽查分局局长　方洪添

广东省知识产权局副局长　朱万昌

广东省法制办副主任　王光辉

广东省海关广东分署副主任　赵民

广东省国税局总会计师　朱江涛

广东出入境检验检疫局副局长　张崇刚

广东省人民银行广州分行副行长　丘　斌

（供稿人：王　强）

粤澳知识产权工作小组

【概况】　2012年5月10日，《粤澳知识产权合作备忘录》签署仪式暨知识产权工作小组第一次会议在广州成功举行。粤澳知识产权工作小组正式成立。该小组由粤澳双方知识产权保护及管理部门组成。粤方成员包括广东省知识产权局（牵头单位）、广东省工商行政管理局、广东省版权局、广东省公安厅以及海关总署广东分署；澳方成员包括澳门经济局（牵头单位）、澳门知识产权厅以及澳门海关。会议审议通过《粤澳知识产权工作小组工作机制》、确立粤澳知识产权工作小组会议制度，并建立粤澳知识产权合作项目制度。

【组织架构】

组　长：广东省知识产权局局长　陶凯元

成　员：广东省知识产权局副局长　朱万昌
广东省公安厅党委副书记、副厅长　何广平
广东省工商行政管理局副局长　姜海平
广东省版权局副局长　钱永红
海关总署广东分署副主任兼缉私局局长　陈建文
联络员：广东省知识产权局协调与合作处处长　谢红
广东省公安厅经济犯罪侦查局副局长　吴义来
广东省工商局商标管理处处长　吴励超
广东省版权局版权管理处处长　张同英
海关总署广东分署法规处处长　梁润超

【小组工作机制】

1. 组建知识产权工作小组，建立粤澳知识产权协调机制。

2. 建立粤澳知识产权工作小组会议制度，原则上每两年召开一次会议，总结上一阶段粤澳知识产权合作计划落实情况，商讨确定下一阶段合作计划。工作会议由广东省知识产权局和澳门经济局轮流主持召开。

3. 建立粤澳知识产权项目合作制度，由各成员单位提出粤澳知识产权合作项目及牵头落实单位建议，经粤澳知识产权工作小组会议审议确定后，由牵头单位负责组织落实。

4. 建立粤澳知识产权合作情况通报制度，各单位联络员负责粤澳知识产权合作的联络沟通工作，及时将本单位合作项目进展情况通报各方牵头单位。

【合作备忘录】

1. 建立粤澳知识产权联络协调机制，组建知识产权工作小组；

2. 建立信息交换机制，相互通报粤澳两地知识产权法律法规政策最新进展情况；

3. 探索开展知识产权联合保护执法行动，建立完善粤澳跨境知识产权协作处理机制；

4. 探索将粤港中小企业发展与知识产权研讨会扩大为“粤港澳中小企业发展与知识产权研讨会”的可行性，邀请来自粤港澳三地的知识产权专家与企业共同参加研讨；

5. 继续推进粤澳知识产权部门公务员培训交流机制，协同开展知识产权培训交流活动；

6. 持续建设粤港澳三地知识产权信息平台，不断充实与更新粤港澳三地知识产权资料库；

7. 鼓励粤澳两地高校及科研机构开展知识产权交流合作，支持双方高校及科研机构举办学习交流活动；

8. 举办粤澳创意产业与知识产权交流活动，组织两地创意产业专业人才开展交流互访，开展粤澳两地知识（创意）产业发展现状调查研究；

9. 加强两地知识产权中介服务业的交流，推进两地知识产权代理行业的交流合作与协同发展。　（供稿人：郭亚青）

职能部门工作概述

广东省人民政府知识产权办公会议成员单位

广东省发展和改革委员会

【制订产业规划政策】 在战略性新兴产业、高技术产业有关政策制订、规划编制中，切实加强对知识产权工作的引导和支持。在省政府办公厅印发出台的《广东省战略性新兴产业发展“十二五”规划》中，省发展改革委明确提出要强化知识产权和技术标准工作。在省发展改革委牵头编制完成的《广东省“十二五”新能源汽车产业发展规划》和《广东省生物医药产业发展“十二五”规划》中，均对相关领域知识产权工作做了前瞻性规划和部署，充分发挥知识产权工作在推进战略性新兴产业和高技术产业发展中的重要作用。省发展改革委牵头编制完成并经省政府审定的《广东省高技术产业发展“十二五”规划》中明确提出，要加强知识产权保护，建立健全知识产权中介服务、专利管理、法律保护等公共服务体系，加强知识产权创造、运用、保护和管理工作；并将包括科技与知识产权服务业在内的高技术服务业作为今后高技术产业的发展重点。

【组织实施产业发展专项】 根据国家发展改革委、财政部、工业和信息化部等国家部委的工作部署，省发展改革委联合省财政厅、经济和信息化委、卫生厅、农业厅等部门，组织实施稀土新材料、蛋白类生物药和通用名化学药、生物育种、卫星应用、智能制造、下一代互联网和信息安全等国家高技术产业发展（战略性新兴产业发展）专项，积极推荐广东省相关领域拥有关键技术和专利的重点项目争取国家资金支持。2012年，省发展改革委共争取51个项目列入国家相关专项项目计划，获得国家资金支持4.3亿元，项目总投资达33亿元。同时，省发展改革委充分发挥新能源汽车专项发展资金的带动作用，在新能源汽车专项项目评审指标体系设计中，将知识产权拥有情况作为重要审查指标，积极推动新能源汽车领域具有自主知识产权关键技术研发和产业化。2012年，第三批省战略性新兴产业发展专项资金已确定支持16个具有自主知识产权或关键技术的新能源汽车项目。

【组建工程实验室等创新平台】 在省工程实验室受理、初审过程中，省发展改革委将拥有专利情况作为重要审查指标，要求建设方案明确提出知识产权管理办法、管理制度和发展思路，并建有知识产权管理部门或有专人负责知识产权相关工作；同时，积极推动已组建国家和省级工程实验室、工程研究中心加强具有自主知识产权关键共性技术的研发以及创新成果的产业化应用。按此思路，2012年，省发展改革委围绕OLED新型显示、生物技术（服务）、高端装备制造等三个领域的7个重点方向，以打造先进的工程化技术研发和试验平台为目标，批复组建广州金域医学检验中心有限公司第三方医学检测技术服务等10家省级工程实验室；并在此基础上争取国家批准建设物联网芯片与系统应用技术等5家国家地方联合工程实验室（工程研究中心）。

【制订高技术服务业实施意见】 为贯彻落实《国务院办公厅关于加快发展高技术服务业的指导意见》（国办发〔2011〕58号）精神，做大做强广东省高技术服务业，2012年，省发展改革委牵头研究制定《广东省加快发展高技术服务业实施意见》，并以省政府办公厅名义印发实施。《实施意见》将重点指导和推进包括知识产权服务在内的九大高技术服务业领域加快发展，为产业发展做好政策和目标规划。根据国家发展改革委的工作部署，组织实施高技术服务业技术研发和产业化专项，推荐“知识产权生命周期管理一体化信息系统研发及产业化项目”等4个项目上报国家发展改革委，通过支持重点项目建设，推动知识产权服务业加快发展。

【推动政府机关使用正版软件】 2012年，为进一步做好广东省软件正版化工作，推动自主创新，促进广东省软件产业发展，省发展改革委会同有关部门牵头起草《关于通过推广使用正版软件促进我省软件产业发展有关工作的通知》，并以省政府办公厅名义印发实施。《通知》中提出，要支持鼓励政府机关使用国产正版软件，建立正版软件政府采购长效机制，健全完善软件使用监督管理制度，研究制订政府软件和信息技术服务外包服务安全审查制度，引导鼓励企事业单位使用国产正版软件，并完善打击盗版软件工作协调机制，促进我省软件产业健康发展。（供稿人：徐玉芳）

广东省经济和信息化委员会

【组建新兴产业联盟，构建知识产权结合体】 省经济和信息化委在牵头推进的四大战略性新兴产业领域，重点选择北斗卫星导航、DRA（数字音频）、TFT-LCD、云计算和物联网等方向，以龙头企业为核心，推动组建一批战略性新兴产业联盟，鼓励联盟成员在上下游关键技术联合攻关、行业标准制订、知识产权创造运用、产业链配套合作、产品示范应用、市场开拓等环节紧密合作，推动产业优化资源配置，协同发展。专门设立2012年产业联盟扶持专项，重点支持北斗卫星导航联盟、DRA（数字音频）产业联盟、TFT-LCD联盟、云计算联盟和物联网联盟等产业联盟项目群建设，有效整合了产业链，提升了产业配套能力。

【推动DRA数字音频技术加快产业化】 为推动自主知识产权的DRA音频技术加快产业化，广东省成立以刘志庚副省长任组长，13个部门领导任成员的广东省DRA数字音频技术产业化推进专责小组，统筹推进全省DRA数字音频技术产业化发展。成立广东省DRA数字音频技术产业联盟，协同解决DRA数字音频技术产业化过程中遇到的瓶颈和困难。目前，DRA技术已在全国400多个城市移动多媒体广播得到应用，并由国家广电总局于2012年9月正式批准同意在广东珠三角开展“AVS++DRA”音视频双国标地面数字电视试验网建设。2012年11月底，省广电局同意将DRA数字音频技术作为必选音频标准列入广东省有线电视未通达地区广播电视“户户通”工程专用接收机和广东省有线广播电视网络高清互动业务专用机顶盒设备采购招标技术标准。

【专项扶持】 2012年，省经济和信息化委在前两批省战略性新兴产业专项组织实施的基础上，总结经验，提早部署2012年第三批专项组织工作。及早编制重点领域项目指南，着眼于电子信息高端领域自主创新和产业升级战略需求，设立重大技术突破及产业化市场化专题、产业联盟专题和产业基地专题，组织实施第三批战略性新兴产业高端新型电子信息专项，合计安排财政资金4.2亿元。专项的组织实施带动了全省社会投入32.8亿元，近150家高校科研机构与企业单位参与联合攻关，取得发明专利50项，推动广东省战略性新兴产业集聚度和产业竞争力不断提升，促进部分关键领域核心技术实现阶段性突破。如深圳光启研究院所研发的新型电子材料及组件，以平均每周申请25项发明专利的速度加快形成原创性知识产权全覆盖；中山新诺研发出国内首台可用于FPD平板显示行业的大面积高速激光动态无掩膜光刻设备，填补国内在大屏面板生产领域光刻设备激光直接成像设备的空白；封装高速双界面RFIDCPU卡芯片和超高频芯片研发取得重要进展；TD-LTE技术形成较为完整的产业技术体系，具备规模商用能力；数字音视频编解码技术达到国际先进水平；液晶电视集成制造产品"南海机型"成功研制，液晶电视制造成本降低20%以上。

【加强建设，完善平台】 着力完善以国家认定企业技术中心为龙头、省级企业技术中心为骨干、市级企业技术中心为基础的企业技术创新体系建设。2012年广东省新增国家认定企业技术中心8家，目前广东省国家级企业技术中心数量上升至67家，比2011年增长13.6%，总数位居全国第二。另外，在拓宽广东省国家级技术中心行业领域方面，广东省长大公路工程有限公司获得国家认定企业技术中心称号，广东省在建筑领域国家级技术中心实现零的突破。加强企业技术中心创新能力建设，认真组织2010年省级企业技术中心专项资金项目申报评审，安排3000万元财政资金支持30个省级企业技术中心针对技术创新的薄弱环节，通过产学研结合等有效形式，建设与企业发展相适应、代表行业先进水平的技术创新平台，催生自主知识产权。

【企业资质申报】 出台《关于印发广东省软件企业认定机构和软件产品登记机构工作规则（试行）的通知》，结合广东实际情况，进一步规范广东省软件企业认定机构和软件产品登记机构的管理，规范工作制度和流程，鼓励企业注重软件产品知识产权保护。截至2012年底，全省（除深圳外）共认定软件企业176家，登记软件产品2149个，完成2012年度1304家企业年审工作。

【软件著作权登记】 2012年上半年，广东省软件著作权登记数量为8408件，占全国登记总量的14.4%。2012年全国软件著作权登记总量达139228件，广东省居北京市之后排名第二。云计算、物联网等新兴技术相关的软件登记量增速突出，企业对加大版权保护、运用和管理，以及以版权作为核心资产进行融资等方面的需求日益强烈。

【软件正版化】 省经济和信息化委与省发展改革委联合制定《关于通过推广使用正版软件促进广东省软件产业发展有关工作的通知》，要求全省各地各部门抓紧落实推广使用正版软件工作，并强调要建立正版软件政府采购长效机制。此外，省经济和信息化委作为省推进正版软件工作联席会议成员，积极参与对省直部门和各地级以上市政府机关使用正版软件情况的督查工作。

【酒类产品打假专项行动】 2012年，根据省委、省政府"三打两建"的决策部署，省经济和信息化委牵头"十大打假专项行动"之一的酒类产品打假专项行动，与全省各级经济和信息化主管部门上下联动，与各成员单位部门联动，联合执法，依法打击制售假冒伪劣酒类产品违法犯罪行为。注重总结酒类产品打假专项行动工作经验，结合日常管理情况，研究建立健全打击制售假冒伪劣酒类产品的长效机制：一是部门联动，形成合力。通过专项行动，进一步加强与公安、工商、质监等部门合作，加强与各酒类企业的联系，形成打假合力，建好打假网络。二是及时掌握、分析、总结制售假冒伪劣酒类产品违法犯罪分子的活动规律，重点打击仓储点和物流网络，打掉利益链，进一步提升实战效果。三是加强队伍建设。加强培训，不断提高执法人员专业技能和执法水平。

（供稿人：黄海丹）

广东省教育厅

【概况】 2012年，广东省教育厅继续紧扣《广东省知识产权战略纲要（2007—2020年）》和《国家知识产权战略纲要》，同时紧密结合教育厅的工作特点，大力推进知识产权管理工作。

【知识产权宣传】 各部门各单位各环节深入学习领会《广东省知识产权战略纲要（2007—2020年）》和《国家知识产权战略纲要》等文件及规划的精神实质，深刻认识知识产权战略实施对构建创新型广东，建设经济强省、文化大省、法治社会、和谐广东的重要性，深刻认识教育系统在知识产权战略实施过程中的定位与作用，研究贯彻落实教育厅知识产权战略实施工作的开展，推进教育系统知识产权战略实施工作的发展。同时充分利用2012年“知识产权宣传周”等活动大力营造知识产权宣传氛围，增强知识产权有关知识的辐射范围和深度。

【高校知识产权工作机构及制度建设】 健全的工作机构及完善的制度是知识产权工作开展的重要保障。教育厅要求有关高校要切实从知识产权工作开展的实际情况出发，建立相关工作机构，并配备专人负责，同时结合国家、省有关精神及本校实际情况建立相关制度，构建高校知识产权工作的基本运行架构。为保证该项工作落实到位，有效提升高校知识产权工作机构的工作效率，教育厅借助广东高校知识产权研究会这个非官方的交流平台，把高校知识产权工作机构凝聚起来，在良性互动中获得彼此的进步。高校知识产权工作制度进一步完善，尤其对知识产权的激励性制度更加合理，人员进一步充实，工作效率进一步提升；在专利申请量、授权量及获奖方面，2012年高校申请情况、授权情况及获奖情况比2011年有较大增长，如在2012年底公布的第十四届中国专利奖获奖名单中，华南理工大学的“用于锡膏印刷的L型双镜头图像采集装置”和“基于LLC串联谐振的低电压应力单级AC-DC变换器”两项专利均获中国专利优秀奖。

【高校知识产权教育】 教育厅督促高校要从本校科研学术发展的实际情况出发，加大知识产权教育与宣传的力度，创新教育与宣传的形式，强化广大高校科研人员对知识产权的认识，让他们都能够娴熟地运用知识产权有关方法手段保护自己的研究成果并实现其价值的最大化。

教育厅引导有关高校开展知识产权有关人才培养和培训。条件成熟的高校，可以开设知识产权相关专业，开展本科生及研究生教育；其他高校也应积极开设知识产权公选课，把普及和强化学生的知识产权观念作为一项重要工作。同时，结合本区域相关知识产权工作机构及企事业单位的需求，积极探索并开展有关知识产权业务培训。培养力度进一步增强，如中山大学知识产权学院集教学与科研为一体，以培养知识产权方向的高级专门人才和提高知识产权的研究水平为主要目的，目前培养的知识产权领域高层次人才包括博士、硕士以及本科阶段的双学位学生；在知识产权信息化建设方面，高校知识产权信息化水平进一步提升。

【高校知识产权信息化建设】 2012年教育厅引导有关高校合理布局，结合自身优势及社会需求，有针对性地加强知识产权信息化建设，提高知识产权服务能力。

【高校知识产权成果转化】 教育厅高度重视高校知识产权成果转化，要求高校科研要更注重社会导向，切实增强服务社会意识，从政策上、条件上为高校科研及科研成果转化创造良好环境，提供有力支撑，有效提升高校科研服务社会能力。

广东省科学技术厅

【概况】 2012年，广东省科学技术厅紧紧围绕“加快转型升级、建设幸福广东”核心任务，按照“大科技、大开放、大合作”的发展思路，加快集聚国内外创新资源，深化科技体制改革，深入推进协同创新，加快推动传统产业转型升级，大力发展高新技术产业和战略性新兴产业，不断完善自主创新政策法规体系，促进知识产权创造和产业化，收获一大批科技成果，全省自主创新能力不断增强，扎实推进广东知识产权战略实施。

【自主创新政策法规体系建设工作】 完善自主创新政策法规体系，为知识产权创造及运用提供政策法规支持。2012年，省科技厅进一步将推动知识产权工作纳入增强自主创新能力的重要内容，注重把知识产权与广东自主创新工作紧密结合，以自主创新政策法规体系的建设与完善促进知识产权的创造、运用与产业化。一是推进《广东省自主创新促进条例》及其配套政策的制定出台，为促进知识产权工作提供法规保障。历时近4年，牵头起草并推动中国首部自主创新地方性法规——《广东省自主创新促进条例》出台并自2012年3月1日起施行，第一次在立法层面明确了自主创新的定义及其与知识产权的关系，在研究开发与创造成果、成果转化与产业化、激励与保障等方面，对知识产权的实施转化和权益分享做出了一系列规定；《条例》出台后，立即启动配套政策制定工作，牵头或配合有关部门将引进消化吸收再创新、促进高校科研机构职务创新成果转化、促进科学技术中介服务机构发展、建立重大自主创新项目知识产权评议制度、鼓励设立技术标准等知识产权相关政策的起草制定纳入《条例》配套政策的9项任务加以推进，为广东省知识产权的创造、应用与保护提供法规保障。二是持续开展重要创新政策的制定及落实工作，为促进知识产权工作不断提供政策支持。在牵头起草并推动以省委、省政府名义出台《广东省人民政府办公厅关于推广“三资”融合建设模式促进我省民营科技园发展的意见》（粤府办〔2012〕100号）、《广东省改善创新环境五年行动计划》（粤办发〔2012〕37号）、《广东省企业研发机构“十二五”发展规划》（粤府〔2012〕131号）、《广东省人民政府办公厅关于促进科技服务业发展的若干意见》（粤府办〔2012〕120号）等多个重要政策文件过程中，加强自主创新政策与知识产权政策的衔接，以自主创新政策体系的建设与完善促进知识产权的创造、应用、保护与产业化。此外，继续推进落实企业研发费税前扣除政策、高新技术企业认定税收优惠政策，开展企业研究开发费用财税优惠政策巡回宣讲活动，激发企业开展自主创新活动的积极性，推动自主知识产权的创造、运用和产业化，为科技引领战略性新兴产业发展，促进知识产权创造及运用赢得创新政策支持。

【知识产权创造与产业化战略工作】 推进实施创新型企业院线提升计划，为激励知识产权创造与产业化提供创新战略支持。2012年，省科技厅进一步牵头建设从省级创新型（试点）企业到国家级创新型（试点）企业的金字塔形创新型企业梯队，同时推进实施创新型企业院线提升计划，引导企业组建研究开发院和制定实施创新路线图，推进企业创新软实力建设，从创新战略上支持企业提升自主知识产权创造能力。一是联合省发展改革委、省经济和信息化委、省国资委、省知识产权局和省总工会等部门开展广东省创新型企业试点及评价工作，并组织省级创新型（试点）企业积极参与国家级创新型企业评价，引导企业强化自主创新，重视知识产权管理与应用，实施知识产权战略，激励自主知识产权创造。截至2012年12月，全省已认定39家国家级创新型试点企业、23家国家级创新型企业，省级以上创新型（试点）企业累计达391家，逐步形成一支最具技术创新、知识产权创造和产业贡献活力的广东创新型企业标杆梯队。二是积极推进创新型企业院线提升计划，引导省级创新型企业从能力、队伍、平台、机制、文化五大方面组建企业研究开发院，从思想、技术、产品、市场、组织五条路线制定实施企业创新路线图，全面提升企业自主创新能力与创新软实力。2010—2012年度已遴选出35家创新型企业开展三批“院线提升计划”试点项目，同时组织开展创新路线图制定的理论方法研究，已组织编写出版全国第一本引导创新型企业实施创新发展战略的工具书《创新型企业创新路线图制定的理论与实践》，组织首期广东省创新型企业院线提升计划宣讲培训会，帮助企业加速发展壮大为拥有自主知识产权核心技术、具有较强国际竞争力的龙头创新型企业，示范和带动全省更多科技型企业发展成长为创新型企业，为激励知识产权创造与产业化提供创新战略支持。

组织开展战略性新兴产业核心技术攻关，为抢占知识产权制高点提供创新技术支持。2012年，省科技厅在继续组织实施“低碳技术创新与示范”、“战略性新兴产业关键技术攻关”和“重大新药创制”等3个重大科技专项，突破节能减排、新药创制、电子信息、轻工装备、家电等行业一系列关键性技术的同时，组织实施了第二批省战略性新兴产业核心技术专项攻关工作，面向八大战略性新兴产业领域，优先支持70多个创新能力强、经济效益好、示范带动强的项目，加快突破制约战略性新兴产业发展的技术瓶颈，并继续做好第一批项目的组织实施工作，两批攻关项目有望取得一批拥有自主知识产权的核心技术和装备，形成拉动新兴产业发展的新增长点，为抢占知识产权制高点提供创新技术支持。

加快创新型产业集群发展，为知识产权创造与产业化提供创新载体支持。一是推动高新区创新发展。省科技厅将加快高新区发展作为实施“双提升”战略与知识产权战略的重要抓手。2012年，支持深圳、广州高新区创建国家自主创新示范区并取得积极进展；积极推进创业孵化加速载体建设，广州、深圳、东莞3个国家级高新区纳入国家科技服务体系建设试点；大力推进创新型产业集群建设，深圳移动互联网、惠州云计算智能终端、中山健康科技等3个产业集群纳入国家创新型产业集群建设试点，并启动广州北斗卫星导航等11个省级创新型产业集群建设试点工作；全省21个高新区营业总收入预计达2万亿元，同比增长约20%，实现工业增加值5000亿元，同比增长21%，增速比全省规模以上工业高出10个百分点，占全省工业比重达20%。高新区创新集群的蓬勃发展为广东高新技术产业、战略性新兴产业的知识产权创造与产业化提供了良好的创新载体。二是推进专业镇技术创新和转型升级。2012年，省科技厅提请省委、省政府研究制定《关于依靠科技创新推进专业镇转型升级的决定》、《关于加快专业镇中小微企业服务平台建设的意见》两个重要政策文件，为专业镇转型升级提供政策保障。新增5亿元财政专项建设专业镇中小微企业九大公共服务平台，将有力提升专业镇技术创新和公共服务水平。深入实施“一镇一策”行动计划，继续推进“一校（院所）一镇”产学研合作，加快推动全省传统产业优化升级。截至2012年底，全省专业镇数量达342个，GDP约1.8万亿元，同比增长12.5%，成为全省经济和产业发展的重要支撑和载体。专业镇转型升级步伐的加快为广东传统优势产业、支柱产业领域的知识产权创造与产业化提供了良好的创新载体。

【知识产权学研合作及国际和区域合作工作】着力深化省部院产学研合作及国际和区域科技合作，为知识产权的创造和运用提供创新路径支持。2012年，广东省科技厅进一步完善省部院产学研合作机制，深入推进省部会商、省院会商，加快集聚国家创新资源，取得积极成效。坚持围绕产业链部署创新链，省市联动、突出重点，组织实施一批产学研重大项目；在高端装备制造、新材料、电子信息等领域取得重要突破，加快家电、建材、食品加工等产业优化升级步伐；新增企业科技特派员909名，累计达到6200名；组建产学研创新联盟69家，总数达到103家；新建产学研创新平台53家、院士工作站27家、企业科技特派员工作站18家、企业重点实验室10家；积极实施"走出去"战略，组织广东企业赴全国多个省市开展校企对接活动，加快国家重点建设高校科研成果来粤转移转化。省部产学研合作全年实现产值2300多亿元，利税230多亿元；累计实现产值突破1.2万亿元，利税1700亿元，获得专利2.8万多件，为企业培养技术和管理人才9.1万人。此外，省科技厅还积极推进国际和区域科技合作，中乌巴顿焊接研究院建设列入中乌战略合作重点项目，获科技部重点支持；积极开展国家级国际创新园建设工作，东莞松山湖高新技术开发区、广州大学城分别获批为"东莞环保水处理国际创新园"和"广州现代服务国际创新园"；推进与德国弗劳恩霍夫协会的合作，佛山"中德工业服务示范区"建设取得阶段性成果，成功推动广州、东莞、佛山等一批企业、研究机构与协会开展合作；完善粤港科技合作机制，积极推进"粤港创新走廊"建设，加速形成粤港创新网络；支持一批企业在香港科学园建立研发中心。省部院产学研合作及国际和区域科技合作的稳步推进，为集聚国内外高端创新资源、提升广东产业核心竞争力、创造和运用知识产权提供了有效的创新路径。

【知识产权创新工作】 大力推广应用创新方法，为加速知识产权创造提供创新方法支持。2012年，省科技厅稳步推进创新方法试点省工作，进一步优化创新方法工作管理机制，以企业应用为重点开展创新方法试点示范工作，取得明显成效。累计组织开展创新方法培训28期，为企业创造经济效益超过3.5亿元，企业整体研发效率提高50%以上。创新方法的推广应用日益成为广东企业知识产权创造的助推器。

加快探索科技金融结合新模式，为知识产权创造与成果转化提供创新资金支持。为加快推进科技金融结合工作，2012年，省科技厅大力推广番禺节能科技园土地资本、金融资本、产业资本"三资融合"模式，推动省政府出台《广东省人民政府办公厅关于推广"三资"融合建设模式促进我省民营科技园发展的意见》（粤府办〔2012〕100号），为促进民科园建设迈出重要一步；稳步推进"广佛莞"科技金融结合试点工作，并推动形成具有广东特色的"红土"基金系列；积极推进高新区"新三板"试点工作，试点地区"新三板"挂牌企业梯队已初步形成。一系列科技金融结合新模式的加快探索建立，有利于提高全社会科技投入水平，将在创新资金层面为广东知识产权的创造与成果转化提供有益支持。

强化原始创新能力建设，为知识产权的创造和运用提供创新能力支持。近年来，省科技厅积极组织争取国家科技资源，集聚全国科技人才服务广东省基础研究，进一步加大科技成果奖励，激励广东省自主创新活动，加强原始创新能力建设，辐射带动广东省自主知识产权的创造和运用，产生了积极的效果。2012年，广东争取国家科技资源迈上新台阶，在"973"计划、国家自然科学基金、社会发展等领域获得23亿元国家财政科技资金的支持；截至2012年11月，广东获得国家自然科学基金经费达14.53亿元，比上年增长35%。广东基础研究继续呈现出厚积薄发的可喜态势，原创性能力建设跃上新高度，新增国家"973"计划首席科学家项目7项；新增国家自然科学杰出青年基金获得者15名，创历史新高；新增国家自然科学基金重点项目32项，为历年最好成绩，其中，中山大学获得一项重大项目资助，实现"零的突破"。全省共有34个项目获2011年度国家科技奖，其中5项获国家自然科学奖。一大批代表广东自主创新新成就的科技成果的产生，具有显著的经济社会效益，营造了尊重人才、激励创新的良好氛围，见证了广东原始创新能力建设的重大突破，为广东知识产权的创造和运用提供强大的能力储备。

（供稿人：王富贵）

广东省公安厅

【概况】 2012年，广东省公安机关落实公安部关于严厉打击经济犯罪“破案会战”专项行动的决策部署，与省委、省政府部署的“三打”打假工作有机结合、相互促进，充分发扬“亮剑”精神，进一步加强领导、强化措施、全力推进，全面掀起打击侵犯知识产权犯罪高潮，立案、破案、移送审查起诉、侦破大要案、集群战役等工作均创历史新高。截至10月31日，全省公安机关共立制假售假犯罪案件5224宗（比上年同期1608宗增长224.88%），破案4507宗（比上年同期1341宗增长236.09%），执行逮捕5227人（比上年同期2179人增长139.88%），移送审查起诉2967人（比上年同期1412人增长110.13%）。全省公安机关打假工作各项破案数据指标增幅均为历年之最，打假工作得到公安部充分肯定，公安部部长孟建柱签发嘉奖令对广东省通令嘉奖，副部长刘金国先后20多次批示肯定，公安部先后15次发来贺电。

【“三打”专项行动】 乘省委、省政府部署开展“三打”打假专项行动之势，省公安厅迅速做出了将打击侵犯知识产权犯罪作为“破案会战”工作突破口的决定，并成立由省政府党组副书记、公安厅厅长梁伟发任组长，厅党委副书记、副厅长何广平任副组长，经侦、治安、技侦、网警等厅直单位主要负责人为成员的领导小组。专项行动开始后，梁伟发、何广平多次召集会议做出批示，研究落实打假工作措施。各市也迅速成立领导机构，制定了实施方案，广州、珠海、佛山、东莞、清远、潮州等市公安局“一把手”担任领导小组组长。3月1日，省公安厅在深圳召集全省各市公安局主管局长开会，动员部署打假工作。4月1日、6月27日，省公安厅分别召开全省打击制假售假专项行动电视电话“推进会”和“决战会”，对深入推进全省打击侵犯知识产权犯罪工作进行再动员再部署。省公安厅经侦局黄守应局长等局领导分赴全省各地进行包片督导，落实包案措施。

【破案攻坚】 一是主动搜集情报线索。省公安厅下发《关于加紧办理有关涉假犯罪线索的通知》，积极与各地公安经侦部门，本厅治安局、网警总队、技侦总队，以及省质监、工商、烟草、海关等行政执法部门进行纵向和横向沟通，拓展情报线索来源。同时，在情报平台按照“由人到案”和“由案到人”的模式开展线索分析，利用银行卡、物流、邮政、快递、互联网信息进行线索排查，主动发现犯罪线索1669条（占线索总数的38%），破案1209宗。二是主动发起跨省集群战役。积极利用公安部组织的“跨省联合破案”作战模式，构建全国打假一盘棋格局，截至会战结束，广东省在假表、假皮具、假食品等领域共发起57次跨省联合行动，其中，单独发起27次，联合发起近30次，协助外省开展321次集群战役。为此公安部14次发来贺电表示祝贺。三是主动抓考核奖惩促推动。省公安厅合理下达破案任务，落实破案责任制，将打假工作纳入年度考核重要指标，与立功受奖挂钩，每天通报全省各地打假工作数据。同时，要求未按期完成任务的市公安局分管局长向厅领导说明情况。

【保障民生】 充分运用信息化手段，突出重点地区、重点领域，全面掀起打假破案新高潮。一是抓重点地区打假。广州以假皮具、假化妆品、假汽配，深圳以假电子产品，潮汕地区以假烟、假药为打击重点，取得重大战果。广州连续发起“羊城”系列打假行动27次，侦破假冒国际知名品牌的皮具、化妆品、手表等案件110多宗，缴获的假劣商品按正品市场价计算达20多亿元。二是抓民生领域打假。行动中，全省公安机关成功侦破假食品、假药品犯罪案件共731宗，刑拘993人。在公安部组织开展的“7·25”打击假药犯罪跨省联合行动中，广东省公安机关共破案14宗，抓获犯罪嫌疑人95名，捣毁假药窝点70个，缴获假冒“万艾可”、“阿莫西林”等品牌药品约700万片（粒）及假冒“安利”、“完美”等品牌保健品15000多罐，涉案价值2.3亿元。三是抓重点案件侦办。采取领导包案、包片督导、挂牌督办、督察部门现场督察等方式，狠抓领导包案和督办案件的快侦快破。已经侦破省领导包案2宗，厅级领导包案4宗，公安部督办案件20宗。5月29日，省公安厅提请公安部组织广东、福建、安徽等地公安机关开展代号为“蓝色计划”的跨省联合破案行动，在广州捣毁制售假名牌皮具窝点37个，刑拘30人，涉案金额约1亿元，成功侦破了由许瑞生副省长包办的涉及美国、沙特、约旦等国家的重大跨国制假售假案件。四是突出打击“利益链”和“保护伞”。注重深度经营案件，对犯罪利益链的生产、仓储、销售、出口等环节进行全面打击，深挖幕后老板和保护伞。今年4月，烟草部门查处汕头澄海“4·07”假烟案件后，查处现场所有嫌疑人均已逃匿，后经公安机关两个月的扩线侦查又打掉制假窝点1个，将在逃幕后老板张某等9人缉捕归案，成功侦破朱明国副书记的包案，并循线挖出该案的“保护伞”澄海区烟草局稽查大队原大队长肖某、原中队长蔡某。

【打假合力】 一是加强部门之间配合。以全省打假联席会议制度、知识产权保护联席会议制度、“双打”领导小组、粤港知识产权保护专责小组等协作机制为基础，以公安与烟草、药监、知识产权等单位的联合执法办公室为依托，在线索移送、联合行动、联合督导等方面深化协作，建立涉假黑名单库，共享情报信息3万多条，行政执法部门向公安机关移送线索1743条，立案1635宗，移送线索立案率达94%。二是密切警种、区域协作。实行经侦、治安、技侦、网警多警种捆绑合成作战和异地用警机制，整体作战水平大大提升。6月21日，公安厅组织广州、深圳、汕头等8市公安局开展打击制售假冒喷码机统一收网行动，抓获犯罪嫌疑人48名（包括广州9家涉案公司老板15名），捣毁窝点13个，查获假冒机器116台，价值近8000万元。三是主动加强与权利人合作。加强与重点联系企业及知识产权代理公司的沟通和联系，获取线索350多条，破案310多起。

【强化宣传】 在《人民公安报》、《南方法治报》、《南粤警视》等媒体开辟打假宣传专门阵地，及时宣传全省公安机关打假工作动态，公开报道典型案件，以达到震慑犯罪、教育群众的效果。同时，还创新宣传途径，通过警企邮箱、新浪微博、腾讯QQ等载体，向网民、企业特别是知识产权重点保护联系企业发送涉假预警宣传信息，解答网民咨询，接受举报投诉。据统计，广东省公安机关在省级以上媒体开展宣传报道60多次。

（供稿人：黄汉生）

广东省司法厅

【概况】 2012年，广东省司法厅贯彻落实省政府办公厅《印发2012年实施广东省知识产权战略纲要工作方案的通知》（粤办函〔2012〕440号），提高全省公民的知识产权意识和知识产权管理、保护的法治化水平，进一步加强知识产权法制宣传教育，推进知识产权“法律六进”（进机关、进乡村、进社区、进学校、进企业、进单位），取得新成效。

【知识产权法制宣传教育】 2012年8月30日，广东省司法厅、省知识产权局、省普法办发出《关于加强知识产权法制宣传教育工作的通知》（粤普办〔2012〕24号），明确指出，深入开展知识产权法制宣传教育，是提高各级领导干部和广大公民知识产权意识的有效手段。按照“六五”普法规划要求，把知识产权法制宣传教育纳入本地本部门的普法计划，做到有计划、有方案、有措施、有人管、有人抓。通过知识产权法制宣传，达到知法、懂法、守法，自觉维护知识产权法的目的。

运用多种方式开展知识产权法制宣传教育。各地、各部门以知识产权法律、法规、规章和规范性文件，尤其是日常生活中涉及的有关知识产权法律知识为重点，运用广播、报刊、电视栏目等新闻媒体，通过举办专题讲座，组织知识竞赛、演讲等形式，结合地区、行业特点和“4·26世界知识产权日”、“12·4法制宣传日”等大型活动，面向公众进行广泛宣传。结合工作实际，积极组织各级、各部门领导干部和宣传骨干开展知识产权法律知识培训，带头积极学习。此外，各地、各部门将知识产权法制宣传教育融入到法治城市、法治县区创建活动中，融入到民主法治示范村、示范社区创建活动中，增强公民尊重知识、崇尚科学和保护知识产权的意识，营造鼓励知识创新和保护知识产权的法律环境。

【促进知识产权战略实施】 广东省律师协会响应和落实广东省知识产权战略纲要提出的要求，主要从加强律师业务理论研究与总结、开展形式多样的研讨活动、组织疑难业务和新业务培训，参与全国及国际活动以提高广东律师的行业地位、参与国家和地方立法修法等方面开展多样式工作，全面提升律师知识产权服务质量。2012年4月28日，由广东省律协、中山市律协和中山市红木家具产业知识产权联盟联合主办的“家具行业知识产权保护论坛”在中山举行。有律师、家具企业代表及其他相关人士100多人参加。此次论坛有助于全省律师家具产业知识产权理论水平和实务能力的提高。2012年7月27日，广东省律协知识产权法专委会与广东知识产权保护协会、广东省高新技术企业协会等单位联合举办“2012年广东地区知识产权经典案例报告会”，来自广州、深圳、佛山等地的100多名律师及企业相关人员参加，法院、海关和律师界的嘉宾分别就典型案例进行讲解与分析。2012年9月15日，由广东省律协、华南理工大学法学院、知识产权学院主办，省律师协会知识产权专业委员会承办的《著作权法》研讨会在广州举行，来自广州、佛山等地共20余名律师、高校教师、企业人员参加。此次会议有助于推动《著作权法》的修改与完善。2012年10月20日，首次举办以“确认不侵害商标权纠纷的受理条件及审理”为主题的月谈活动，50多名来自法院、高校、律师界、企业的知识产权人士展开讨论。

【知识产权实务培训】 全面提高律师业务素质，开拓律师知识产权服务领域。2012年9月3日，广东省律协知识产权法专业委员会和深圳市律协知识产权法专业委员会在深圳市联合举办“广东省律师从事商标代理和诉讼实务培训班”，来自深圳及周边城市的200多名律师参加了培训。2012年11月19日，由中华全国律师协会、中国审判理论研究会、中国知识产权研究会主办的“2011年中国知识产权实务论坛”发布《文化产业知识产权保护长沙宣言》，这是中国知识产权律师行业第一个宣言。由广东省律师协会知识产权法律专业委员会和湖南省律师协会知识产权专业委员会联合发起，旨在发动中国知识产权实务界共同推动和加强文化产业知识产权保护，来自全国29个省市自治区的律师代表现场签署响应。此外，省律协知识产权专业委员会多次组织律师对《著作权法》修改稿进行讨论，同时组织专题研讨会，并将意见通过全国律协提交给有关修法部门。

（供稿人：骆文经　朱征宇）

广东省农业厅

【概况】 2012年，广东省农业厅通过加快推进农业科技创新和推广，不断强化农产品和农资产品的质量管理、品牌认证和行政执法监管，稳步推进农业知识产权工作，为促进全省农业农村经济平稳较快发展提供了有力支撑。截至2012年底，全省累计通过省级审定的农作物品种1250个，共申请植物新品种权220个，获得授权63个，申请量和授权量分别居全国第15位和第18位；有效期内无公害农产品产地1910个、产品1926个；绿色食品生产企业303家、产品620个，有机食品生产企业20家、产品128个；农业类名牌产品676个。

【发展环境不断优化】 一是政策环境不断优化。省委、省政府先后出台《中共广东省委、广东省人民政府关于加快推进农业科技创新全面提升现代农业发展水平的实施意见》（粤发〔2012〕12号）和《广东省人民政府关于加快推进现代农作物种业发展的实施意见》（粤府〔2012〕12号），以及《中共广东省委办公厅、广东省人民政府办公厅关于印发〈加快推进农业科技创新全面提升现代农业发展水平七大工程建设项目汇总表〉的通知》（粤委办发电〔2012〕137号）系列指导文件，进一步丰富了广东省农业知识产权工作手段。二是保护环境不断优化。坚决贯彻落实省委、省政府“三打两建”决策部署，以“打击侵权和制售假冒伪劣商品专项行动”、“种子执法年行动”、“农产品及农资产品打假专项行动”等为契机，着力打击侵权假冒违法行为，着力规范农资产品生产经营秩序，着力提高农产品质量安全水平，取得明显成效。全年全省各级农业部门联合公安、工商、质监等职能部门，累计出动执法人员51.93万人次，检查农资生产、销售、仓储等单位24.12万家，对种子、化肥、农药、兽药、饲料及饲料添加剂等农资生产经营企业开展拉网式排查，清理取缔非法生产经营单位，严厉打击制售假冒伪劣农资行为。三是宣传环境不断优化。近年来，利用省知识产权宣传周、“三打两建”专项行动、省市县农资打假联合行动、“科技促进年”、科技下乡、送放心农资下乡进村等活动，大力开展农业知识产权的宣传培训工作；全省农业部门累计培训各类执法人员12000多人，共发放各类宣传资料162.49万份、建立宣传栏2385个、发送手机短信89.80万条、宣传标语3.03万条、公益广告31个，集中宣传报道125场，现场宣传活动1862次。遴选推介和发布广东农业主导品种71个和主推技术28项；通过多种形式面向群众开展宣传，拓宽群众参与知识产权工作渠道，在农业农村经济活动中营造良好尊重知识、保护创新的发展环境。

【战略实施不断推进】 一是积极发挥广东省生物资源的特色优势，结合推进无公害、绿色和有机农产品的生产，以及基地建设，立足“特色和质量”，大力实施特色优质农产品和畜禽产品的地理标志保护制度，打造一批上规模、竞争力较强的农产品品牌，推进农业产业化经营和生态畜牧业的发展。2012年全省无公害农产品产地认定和产品认证工作得到较快发展，新认定产地218个（种植业为132个，畜产品为86个），复查换证产地302个，共认证无公害农产品509个（种植业424个、畜产品85个），完成了319个产品复查换证工作。农产品地理标志登记工作取得突破性进展，饶平单枞茶、高堂菜脯、饶平狮头鹅已获得农产品地理标志证书。新增绿色食品企业25家，产品30个，综合上报认证产品30多个。二是引导和支持农产品加工龙头企业加强商标注册和培育，力争尽快培育出一批驰名和著名商标。鼓励引进国内外优强企业的知名品牌。提高品牌知识产权的经营意识，鼓励引进国内外资金和技术，促进品牌的使用。以果蔬制品、畜禽产品、调味品、保健食品和精制茶等为重点，省农业名牌评价工作得到省名推委会各成员单位、各专业委员会、各专家的大力支持，共评出农业名牌产品245个，其中初评106个，复评139个。三是引导和支持科研教学单位、农业龙头企业实施自主创造、联合创造和引进技术知识产权并举，加快推进特色农业、畜牧业、农业机械装备业和食品加工业的发展。以水稻、玉米、大豆、薯类、花生等主要农作物和具有地方特色的果树、蔬菜、花卉等园艺作物为重点，推进高产优质高效品种选育，创造一批植物新品种权。全年通过省级审定的农作物品种达98个，共申请植物新品种权32个，获得授权7个。以加强畜禽品种保护、改良和推广应用工作，大力推动特色畜牧业发展，提升核心竞争力，优化产业结构。目前全省有畜禽新品种配套系24个、国家生猪核心育种场7家，位居全国前列。以温室大棚、畜牧养殖机械、节水灌溉和农产品加工等领域为重点，推进现代种养业设施设备自主研发，全年共申请专利6件，授权专利12件，其中发明专利3件，通过鉴定验收的成果12项。以强化农药、化肥等农资产品登记管理为重点，推进涉农知识产权领域的创造与运用。全年共受理和上报农药登记初审资料285份，续展登记183份；完成省级肥料登记751宗，共有12批219家（次）肥料企业541个肥料产品获得登记，其中正式登记325个，临时登记216个；59家（次）肥料企业140个产品获续展登记，128家（次）外省肥料企业607个产品获备案登记。

【自主创新手段不断丰富】 2012年，省委、省政府出台文件加强农业科技创新与推广工作，省财政新增2.2亿元用于现代农业产业科技提升。广东省农业厅充分利用、整合现有资源，以政策为导向，以项目为牵引，在科技立项、验收、评审、奖励以及创新平台建设中加强专利保护。设立动植物良种培育、引进和重大技术研究、超级杂交稻高产示范工程等科技推广专项，重点扶持涉农院校和科研机构从事农业新品种、新技术研发与转化应用；设立现代农业科技提升专项，重点推进广东省农业科研、开发和推广密切衔接，完善农业科技创新与提升体系，积极推进先进适用技术的开发、集成和应用；设立农业物质技术装备提升专项，加快农业技术装备科技创新与应用。突出机械化资源优势，促进优势特色农产品机械化设施灌溉示范片建设，发展温室大棚设施，加强农业基础设施建设，推进广东省农业物资技术装备提升进程的持续快速发展；设立种子发展与区域试验专项，加快推进广东省现代农作物种业的发展，加强种业科技创新能力、企业竞争能力、供种保障能力和市场监管能力的建设，加快建立健全广东省现代种业体系，满足农业生产的品种需要，使更多的先进科技成果尽快转化为现实生产力，有效提升广东省农业科技创新，促进产业转型升级，建设现代农业强省。 （供稿人：刘晚治）

广东省林业厅

【加强林业植物新品种保护】 2012年，继续实施林业科技创新专项，加快林业植物新品种创造、运用和转化，有3项林木花卉新品种申请植物新品种权，14个林木花卉新品种获得国家林业局植物新品种授权，授权量超过了广东省往年林业植物新品种授权数量之和；另有3个授权品种成功进行了转让，进一步加快了知识产权的转化应用。同时，还配合国家林业局科技发展中心开展了植物新品种领域职务发明制度调研，通过召开座谈会、发放调查问卷，听取新品种培育、应用人员及科研单位、企业的意见，为完善植物新品种权保护相关激励制度提供决策参考。

【林业知识产权试点成效明显】 2012年，第一批全国林业企事业单位知识产权试点单位——广东省林业科学研究院、深圳市燕加隆实业发展有限公司通过了由国家林业局科技发展中心组织的验收。广东省林科院经过两年多的试点，建立了比较完善的知识产权制度，知识产权申请与授权数量明显增加，其中：植物新品种权、计算机软件著作权试点期间各取得2项；专利申请量由试点前的共7项增加到试点期间的24项，专利授权量也由2项增加到6项，并且80%为发明专利。

【开展知识产权宣传培训活动】 在知识产权

宣传周期间，围绕“培育知识产权文化，促进林业创新发展”的主题，结合科技进步活动月等活动，采取多种形式，宣传林业知识产权相关法律法规和基本知识，普及林业植物新品种、林产品地理标志、生物遗传资源及林业专利等相关专业知识，激励林业自主创新，促进林业发展方式转变，营造“尊重知识，崇尚创新，诚信守法”的良好氛围，增强全行业知识产权意识。11月，广东省林业厅举办全省林业科技管理培训班，开展了林业知识产权保护专题培训，全省市县林业科技管理和专业技术人员140多人参加了培训。

【推进名牌产品培育】 2012年，继续实施名牌带动战略，经省名牌产品农业类和工业类推进委员会评审，有30个林产品被评为广东省名牌产品，是近年来林产品获得广东省名牌产品最多的一年。

【开展打击侵犯植物新品种权行为】 按照国家和省的统一部署，继续开展打击制售假劣林木种苗和保护植物新品种权专项督查。按照国家林业局开展打击侵犯植物新品种权行为的活动要求，成立林业植物新品种权执法专项行动领导小组，负责打击侵犯植物新品种权执法专项行动的组织领导、统筹协调和督促检查；并制定《广东省林业厅打击侵犯植物新品种权执法专项行动实施方案》，部署推进保护植物新品种权执法工作。在全省组织对已授权林业植物新品种的单位和个人进行全面摸底调查；通过摸底，未发现侵犯林业植物新品种的行为。同时，还配合国家林业局科技发展中心调查组在粤开展打击侵犯植物新品种权行为抽查，通过召开专题座谈会、深入企业和科研单位实地调查、发放调查问卷等形式，全面了解广东侵犯林业植物新品种权的情况，以及《国家林业局办公室关于严厉打击侵犯植物新品种权行为的通知》的落实情况等；调查组对广东省打击侵犯林业植物新品种权工作给予了充分肯定。

（供稿人：张心结）

广东省对外经济贸易合作厅

【涉外展会知识产权保护】 2012年广东省外经贸厅组团赴欧盟开展涉外展会知识产权保护交流工作，做好海外维权工作。为便于广东省企业到欧盟参展前熟悉参展国家知识产权法律规定，强化出国参展环节的知识产权保护，指引企业发生知识产权纠纷时寻找正确的解决途径，省外经贸厅于11月份印发《出口企业参加欧盟展会知识产权维权指引》（广东外经贸法制建设涉外知识产权工作系列之一）。同时，省外经贸厅争取继续将“外博会”列入广东省展会知识产权保护试点单位，同时申报广东国际经贸发展咨询协会作为“涉外知识产权应对试点单位”，积极开展试点工作。省外经贸厅参加第111、112届广交会保护开展知识产权工作，对广东交易团涉嫌侵犯知识产权的企业进行通报并扣减摊位。

【知识产权战略实施工作】 省外经贸厅先后对《2012年广东省实施知识产权战略纲要工作方案及保护知识产权行动计划》（征求意见稿）、《贯彻落实〈中共广东省委、广东省人民政府关于加快建设知识产权强省的决定〉重点任务分工方案（征求意见稿）》，研究提出意见，明确省外经贸厅工作定位和安排，认真开展工作。外经贸厅对实施知识产权战略工作进行总结，向省政府知识产权办公会议办公室报送知识产权战略实施总结材料和知识产权战略纲要实施评估数据采集表。

【海外知识产权维权工作】 2012年12月，省外经贸厅联合联合万慧达知识产权公司，在广州举办全省涉外知识产权管理、知识产权滥用与反垄断应对会议，运用外部知识产权资源，组织全省70多家海外知识产权维权重点联系企业，进行知识产权反垄断培训和研讨，全省110多人参加会议。

【粤港知识产权合作】 省外经贸厅作为粤港知识产权保护合作专责小组成员，参加粤港合作保护知识产权第十一次专责小组会议，提出进一步开展合作的建议，落实“中小企业知识产权”合作项目。

【“科技兴贸”和“品牌带动”战略】 2012年外经贸厅围绕“稳出口、扩进口、创品牌”主线，健全国际知名品牌培育、促进和推广机制，加大专项资金对重点品牌企业的扶持力度，发挥政策聚集作用，助推企业品牌国际化进程。一方面创新自主国际知名品牌和国际区域品牌的培育模式，通过企业品牌与区域品牌“双轮驱动”，整体推进广东省国际知名品牌建设工作。另一方面实施“科技兴贸”，运用“两新”产品专项资金，重点支持企业对产品的研发创新。引导外经贸企业加强自主创新，提高出口产品的科技含量和附加值，促进高新技术产品出口。科技兴贸创新基地取得新突破，广州从化市（新材料）、惠州市仲恺区TCL液晶产业基地（新型显示）成功申报国家级科技兴贸创新基地。同时组织企业开拓多元化国际市场，扩大高新技术产品和自主品牌产品出口，优化出口商品结构，全年多次组织高新技术和自主品牌企业参加境内外展会活动。

广东省文化厅

【概况】 2012年，广东省文化厅在全省范围内组织开展文化市场“三打”专项行动等一系列文化市场专项整治工作，不断加大对文化市场的监管力度，有效打击文化市场违法违规经营行为，保持全省文化市场的总体健康、平稳、安全。据不完全统计，2012年全省文化市场行政执法部门共出动行政执法力量约80.9万人次，检查各类文化市场经营场所约34.8万家次；受理举报2346宗，立案调查各类违法违规案件5768宗，依法移交公安、工商等相关职能部门的案件220宗，办结案件4929宗；行政处罚违法违规文化经营单位4015家次，其中责令停业整顿440家次、吊销经营许可证40家，罚没人民币约1728.3万元。

（供稿人：林旭东）

广东省卫生厅

【概况】 2012年，全省卫生系统共鉴定成果526项，其中有406项成果获各级科技奖励，占77.2%。出版专著646本，发表SCI收录论文3394篇，较2011年分别增长29.7%和14.6%。

【人类遗传资源保护】 广东省卫生厅对涉及人类遗传资源的人体物质出境，尤其是我国境内重要遗传家系和特定地区遗传资源及其数据、资料、样本等，严格审核相关申报材料，并将审核结果及时报送中国人类遗传资源管理办公室，充分、有效地保护人类遗传资源。2012年，共审核人类遗传资源国际合作项目6项，审核人类遗传资源出境20批次，同意上报的均为以加强人类基因的研究与开发、促进平等互利的国家合作和交流为目的的合作项目。

【打击侵犯知识产权和制售假冒伪劣商品专项行动】 2012年，广东省卫生厅把“双打”和“三打两建”有机结合，纳入年度工作重点，根据“重点行业、重点环节”原则，针对人民群众在医疗卫生行业反映突出的问题，重点开展打击非法行医和医疗欺诈、打击非法消毒和涉水产品、打击食品安全领域不法行动等工作，取得了丰硕成果。一是联合物价部门印发了《深入开展打击非法行医和医疗欺诈专项整治行动工作方案》，成立专项行动领导小组，建立打“非”和打“欺”工作常态化机制。及时查处了一批黑诊所。二是针对媒体披露的消毒和涉水产品不合格、集中餐饮具消毒单位卫生状况差等问题，在全省组织开展了查处餐饮具消毒环节违法行为、打击非法消毒和涉水产品的专项行动，共检查餐饮具集中消毒单位和涉水及消毒产品经营企业16941间次，处罚1812间次，捣毁制假售假窝点8个。全省消毒产品检查及抽检合格率与2011年相比，提升了20%—30%。三是围绕“双打”的重点工作，立案查处了一批食品安全犯罪案件，严惩了一批危害食品安全违法犯罪分子，保障了人民群众的食品安全。据不完全统计，2012年全省共出动执法人员297万多人次，检查单位995566家，立案查处各类食品安全案件14758宗，其中大案要案1311宗，涉案金额近3.6亿元，一批危害食品安全违法犯罪分子得到严惩。

【机关软件正版化工作】 广东省卫生厅对厅机关、省中医药局以及直属单位计算机软件使用情况进行普查，明确要求抵制使用盗版软件，新增或更新计算机时杜绝安装盗版软件现象，同时对现有的计算机全部统一采购安装正版软件，将正版软件纳入固定资产管理。2012年6月6日，省政府组织督查组对广东省卫生厅软件正版化工作进行督导检查，对省卫生厅的软件正版化工作给予充分肯定。

（供稿人：钟　芸）

广东省统计局

【组织工业企业专利情况统计调查】 2012年，广东省统计局在组织开展全省规模以上工业企业科技活动情况统计调查时，将17个专利主要指标纳入企业科技活动和科技创新成果统计调查制度。共组织工业企业3.77万余家进行数据报送，采集专利有关数据信息64余万条。

【开展工业企业专利情况统计分析】 2012年，广东省统计局根据广东省人民政府积极推动知识产权保护，促进企业自主创新发展的战略部署，继续开展对广东工业企业专利情况的总量分布和行业专利申请、拥有、专利所有权转让及收入等情况的统计分析，及时向省委和政府部门提供相关统计分析报告。

【组织编辑统计资料】 2012年，广东省统计局为向政府和社会提供优质的统计服务，组织科技统计专业人员，对年度全省工业企业专利统计资料进行整理，并将其编入年度广东科技统计简报、广东科技统计年鉴和广东统计年鉴，及时为省委省政府领导和机关，以及社会提供了相关专利统计服务。

【协助开展专利产出指数核算】 2012年，广东省统计局根据省委科学发展考核工作要求，将专利产出指数纳入地市领导科学发展考核，并协助有关部门开展了对专利产出指数的核算工作，为省委组织的考评工作提供了相关专利统计数据。

【参加知识产权保护宣传工作】 继续认真履行成员单位工作职责，积极参与省知识产权保护办公会议办公室组织的政策论证、新闻发布和知识产权保护宣传等相关活动。

（供稿人：谭乐明）

广东省工商行政管理局

【概况】 2012年，广东省工商行政管理局狠抓商标监管执法，全力开展国务院部署的“双打”行动和广东省开展的“三打两建”工作，服务商标品牌创建，为促进全省经济发展方式转型升级做出了积极贡献。

2012年，广东省商标注册申请272505件，经国家工商总局商标局核准注册商标162766件，累计有效注册商标总量达992334件，三项指标均为全国平均量的6倍多，连续18年居全国首位，为广东企业商标品牌建设奠定了基础；广东省“马德里商标国际注册”取得新进展。广东2012年马德里商标国际注册申请量达531件，居全国首位，比第二位的省份高出109件，这一成绩刷新了广东2009—2011年连续3年位居马德里商标国际注册申请量排行全国第二的纪录，实现了全省商标国际注册的新突破；广东集体商标、证明商标注册情况喜人，汕头市“澄海玩具”集体商标获准马德里国际注册，实现区域国际品牌试点创建工作新突破。地理标志商标培育、注册与运用稳步推进，茂名市“水东芥菜”等5件地理标志证明商标申请已被国家工商总局商标局受理，“合水粉葛”、“黑皮冬瓜”、“德庆贡柑”、“德庆沙糖桔”、“凤凰单丛”商标作为广东省地理标志证明商标的代表参加了首届中国地理标志产品博览会，推广了广东农产品品牌；国家工商总局2012年公布的新认定中国驰名商标中，广东省共有102件，累计总数达到445件，继续位居全国首位。2012年度，省工商局新认定广东省著名商标351件，有效广东省著名商标总量达2919件。驰名、著名商标的认定，增强了企业的知识产权保护意识，树立了创建自主品牌的信心，造就了广东品牌新形象。

【商标行政执法】 全省各级工商行政管理部门开展“双打”和“三打”专项行动，集中力量严打制假售假，查办大案要案。立足于打的同时，也着眼于建立保护知识产权长效机制，逐步营造法治化国际化营商环境。2012年共立案查处各类商标案件11076件，其中一般违法案件459件，侵权假冒案件10617件；案值36613.55万元，罚款10236.11万元；没收、销毁侵权商品912.22万件，没收、销毁侵权商标标识546.01万件；移送司法机关涉嫌商标犯罪案件369件、商标犯罪涉嫌人332人。

【商标代理管理】 为规范和提升全省代理机构的服务水平，2012年5月11日，省工商局指导广东商标协会成立商标代理分会，吸纳全省约60多家商标代理机构为会员，为推进全省商标代理行业建立自律机制、提高服务水平做出了有益探索。为扶持商标代理分会的发展，省工商局请示国家工商总局，建议将商标代理机构备案工作转移给广东商标协会，得到国家工商总局的支持。广东商标协会已成为全国首家具有备案职能的社团组织。

【国际及与港澳台合作交流】 一是积极推进粤港保护知识产权合作，初步建立粤澳商标合作机制。二是依法加大对港澳台地区商标的行政保护力度。落实《粤港合作框架协议》、《粤澳合作框架协议》，严厉打击侵犯港、澳、台商标注册人权益的案件。2012年，共查处侵犯香港商标注册人商标权案件86件，同比增长40.98%，侵犯台湾商标注册人商标权案件21件，同比增长90.9%。三是国际交流与合作。省工商局继续加强商标领域国际交流合作，不断拓宽国际视野。2012年共查处侵犯外国商标注册人权益案件4817件，案值30246.2万元，移送司法机关涉嫌商标犯罪案件280件、商标犯罪涉嫌人200人。先后与美国、韩国、英国、比利时政府部门、驻广州总领事馆开展合作交流，一方面宣传中国知识产权保护政策，全面展示广东开展“双打”、“三打”行政执法的成效；另一方面注重学习国外商标法规及跨国企业商标保护的做法、经验，了解广东企业在境外面临的商标风险，积极研究应对措施。 （供稿人：陈小冰）

广东省版权局

【概况】 2012年，广东省版权局深入实施省知识产权战略纲要，按照建设创新型广东和建设文化强省的要求，强化版权行政管理，维护版权产品市场秩序，认真履行监督指导政检查职责，协调全省各级版权行管理部门有关机构有计划、有组织地开展各类保护版权的宣传活动和知识产权（版权）专项行动。

【政府机关及企业软件正版化工作】 根据国务院办公厅《关于进一步做好政府机关使用正版软件工作的通知》（国办发〔2010〕47号）、《关于进一步做好政府机关软件正版化检查整改工作的通知》（国办函〔2011〕130号）要求，确保完成广东省政府机关软件正版化工作目标，印发《2012年度全省推进企业使用正版软件工作督办名录》。2012年，广东省版权局会同省财厅、省经信委、省工商局组成“广东省推进政府机关使用正版软件工作督查组”，先后实地对103个省直单位和21个地级以上市及佛山市顺德区的132个市、区、县的政府机关单位使用正版软件的情况进行重点督查。

【“版权兴业”工程】 为了发展独具地方特色的版权产业，促进文学、艺术和科学作品的创作、制作和传播，特授予深圳第七大道科技有限公司、广宁县广绿玉步行街、广东色色婚纱摄影有限公司、珠海三木科技有限公司、东莞动漫城、广东小白龙动漫玩具实业有限公司、惠州报业传媒集团全媒体产业基地、揭东巴黎万株纱华纺织有限公司、广宁宝锭山实业发展有限公司“广东省版权兴业示范基地”称号，并颁发“广东省版权兴业示范基地”证书和牌匾。目前，全省已授予71家企业“广东省版权兴业示范基地”称号。

【最具价值版权产品认定工作】 为了构建创新型广东，建设文化强省，支持具有鲜明民族特色、时代特点的优秀作品的创作，根据《国家知识产权战略纲要》和《广东省知识产权战略纲要（2007—2020年）》以及广东省版权局制定的《广东省最具价值版权产品认定资助暂行办法》（粤权〔2010〕86号），经相关市版权行政管理部门推荐和省版权局研究决定，特认定珠海金山办公软件有限公司软件作品“金山WPS office 2012专业版办公软件V8”、东莞市溢源动漫城投资有限公司美术作品“卡卡虎”、肇庆市砚语堂艺术品有限公司美术作品“智圆行方砚”为广东省最具价值版权产品。目前，全省已认定了24个作品为最具价值版权产品。

【全省“保护著作权宣传周”系列活动】 制定了“宣传周”的活动计划，组织全省版权管理部门开展形式多样的版权法律知识宣传和打击侵权盗版专项行动；在广东省版权局的政务信息网上设立了“版权保护在广东”专栏，刊发专稿10篇，公布了广东省版权管理部门查处侵权盗版部分重大案件情况，进一步加大了著作权法的宣传培训力度。

【作品著作权自愿登记工作】 批准了中山市灯饰知识产权维权中心为作品登记代办机构。目前共批准了17个单位为广东省作品登记代办机构，广东省作品登记工作与保护版权、服务版权产业、促进创新发展有机结合，进一步提高了广东省版权相关企业的创新实力和作品产业化能力。

【粤港版权合作交流】 2012年5月9—10日，广东省版权局、香港特别行政区知识产权署围绕“版权管理与知识产权贸易”的主题开展交流，为进一步提升版权管理的实际应用水平，促进粤港两地版权贸易合作，打下良好基础。2012年5月17—18日，一批粤中学生交流团赴港开展版权知识和版权保护交流活动进一步加深对版权保护的认识，更好地掌握版权的基本法律知识，将在日常生活中自觉养成尊重知识、保护版权的良好习惯。

（供稿人：沈　欣）

广东省质量技术监督局

【概况】 2012年，广东省质量技术监督局以组织开展“以质取胜，创先争优”活动为重点，大力实施以质取胜战略和名牌带动战略，积极探索建立以消费者认可和市场竞争力为基础的名牌评价新体系和“评”“管”分开的评价新机制，努力提高名牌评价和名牌产品的社会公信力，推动广东省经济发展方式转变。全省共有508个企业的工业类产品被评为广东省名牌产品。

【名牌评价目录确定工作】 积极发挥名牌带动作用，科学制定名牌评价目录，鼓励和引导符合国家产业政策的产品优先发展，促进产业结构调整。2012年各地市质监局和行业协会要求新增目录345个，经名推委主任会议研究确定，2012年新增名牌产品目录62个，90%以上都是国家和广东省鼓励发展的新产品目录。

【名牌评价体系建设】 积极贯彻省名推委主任会议意见，认真修改完善评价体系，已不再评选“质量管理先进企业”，增加“政府质量奖”和“广东省标准创新奖”要素。研究制定《广东省名牌产品（工业类）专家管理办法》、《广东省名牌产品（工业类）现场评价工作程序》、《广东省名牌产品（工业类）现场评价监审组工作职责》等三份工作文件，进一步规范广东省名牌评价工作。2012年7月，邀请行业专家根据行业发展水平研究制定名牌产品的申报条件和主要质量性能指标。11月，针对每一类产品的不同特点，请各专业权威机构分类制定名牌产品评价细则，确保评价规则更加科学具体、更具针对性和操作性。

【名牌产品申报工作】 积极开发运用名牌产品网上申报系统，提高工作效率，促进廉洁办事。共同把好名牌产品申报关。各地市质监局对申报企业严格审核把关，并广泛征求当地进出口检验检疫、工商、国税、地税、统计等部门意见，有些还以召开质量工作联席会议的形式对申报企业进行审查。各地市实际推荐申报产品共673个。评价中心为确保申报资料真实有效、准确可靠，严格审查申报材料，并对通过初步审查的666个产品（复评281个，新申报385个）数据进行公示，广泛接受社会监督，积极处理举报投诉问题。

【用户满意度调查工作】 积极改进用户满意度调查方法，制定《广东省名牌产品评价用户满意度电话调查实施办法》和《广东省名牌产品（工业类）用户满意度评价细则》，实现用户满意度调查的制度化、规范化和科学化。广泛开展网络调查、电话调查工作。据统计，2012年共有60286用户参与了网络调查，共实施51996宗电话调查。同时，发文征求工商12315、质监12365、质量监督处、稽查局等单位意见，全面掌握申报产品用户满意度情况，确保评价出来的名牌具有较高的知名度和满意度。

【专家评审工作】 2012年11月9日，在省纪委驻省质监局监察室、质管处、质监处和稽查局的监督下，去掉2011年评审专家，从专家库中随机抽取了72名专家，组成12个评审专业委员会。11月13—16日，在省局监察室、质管处、质监处和稽查局的共同监督下，在河源国家通信终端产品质检中心，封闭组织专家对申报的666份资料进行评审。同时，改进专家评审工作程序。各专业组分别分成3个小组（一审、二审和汇审），先由一审和二审对每一份材料进行独立打分，然后汇审组进行比较，对出现分差较大的项目提交中心和专家组组长审核裁定，对分值相近的则取其平均值，较好地保证公平公正。

【名牌评价质量把关工作】 2012年12月初，召开省名牌产品推进委员会全体会议，对省名牌评价中心提交的评价结果进行认真讨论。首先，大家坚持宁缺毋滥、保证质量，确保被推荐的企业是行业龙头。其次，对近三年来在监督抽查、稽查打假和举报投诉中存在突出问题的17个产品实行一票否决，积极维护广东省名牌产品的声誉。最后，省名推委综合考虑各相关部门意见、申报产品得分、产品质量监督抽查等因素，决定2012年广东省名牌产品（工业类）初选名单共508个，其中复评239个，新申报269个，总的推荐率为76.28%。

【地理标志产品申报及保护工作】 2003年底，“河源米粉”成为广东省第一个获得地理标志保护的产品，实现了“零”的突破，此后2004年广东省有5个产品获得国家地理标志产品保护；2006年有8个产品获得保护；2007年有9个产品获得保护；2008年有10个产品获得保护，累计数量位居全国第一，实现了全国质监系统排头兵的目标；截止到2012年底已有84个产品获得保护，位居全国前列。

2012年广东省质监局对全省获保护产品开展的初步统计数据显示，广东省获保护的地理标志产品年总产值已达150.4亿元，受惠农户754613户、养殖户4804户、生产企业896家，农民年平均收入获保护后达7582元，高出全国农民年平均收入水平1620元。如马坝油粘米实施保护后销售价格较保护前增长85%；如端砚自2004年实施保护后，加工企业数从保护前的400家增至如今的500多家，企业总产值也由保护前的9000万元增至2.5亿元。迄今，广东省质监系统开展的地理标志产品保护工作已惠及全省农户、养殖户达80万人，获保护产品的经济和社会效益得到显著提高，有力地促进县域经济的发展和农民的增收。

截至2012年底，在广东省获批的地理标志产品中已经制定省地方标准（农业类）50项，已建立国家级农业标准化示范区22个，省级农业标准化示范区52个。大多数地理标志产品均实现标准化种植与生产，“地理标志产品+龙头企业+农户”的经营模式不断推广，有利于推动广东省农业标准化的发展。

广东省自实施地理标志产品保护工作以来，一直注重推动广东省地理标志产品生产企业和种植、养殖者不断提升产品质量，提升产品信誉和品牌影响力。截至2012年底，广东省质监系统84个国家地理标志产品共有34个地理标志权益人和72个企业使用专用标志，一定程度上提高了产品和保护制度的知名度和影响力。此外，在规范地理标志产品保护后续监管方面也取得显著成绩，各地共制定地理标志产品保护管理办法28件，如郁南县政府出台的《郁南黄皮产品保护办法》，英德市政府出台的《英石资源管理暂行办法》，对地理标志产品保护工作提出具体的措施；肇庆市设立“端砚村”，集中端砚生产加工企业，规范端砚开采、生产、加工、销售全过程；阳春市质监局对春砂仁生产加工企业实行档案管理，实时掌握企业的生产经营情况，统筹与合理规划产业发展。地理标志产品为广东省推动以质取胜和名牌带动战略、打造区域品牌、提高相关企业产品质量和信誉、促进县域经济发展、推动广东省城乡与区域协调发展发挥积极作用。

【知识产权违法行为】 2012年以来，广东省质监系统积极响应省委、省政府作出“三打两建”的重大工作部署，整合资源，利用垂管优势，健全知识产权违法案件快速反应和联动执法机制，针对重点产品、重点行业和重点区域，牵头各有关部门开展各类打假治劣专项行动，与刑事司法建立刑事案件快速移送“绿色通道”，严厉查处、打击侵犯知识产权的违法案件。2012年，全省质监系统共出动执法人员19435人次，立案查处知识产权类案件1363宗，捣毁窝点387个，涉案产品货值3.58亿元，移送公安机关案件188宗。在“双打”专项行动期间，广东省质监局围绕群众关注的聚焦点，突出与群众健康安全密切相关的产品，针对集中交易市场、农村、城乡结合部、城中村、工地、中小学校园及周边等重点场所，开展隐患排查治理，严厉打击违规冒用乱用品牌标识等问题，共查处伪造、冒用他人厂名、厂址案件205宗，查处伪造、冒用地理标志等案件54宗。与此同时，加大知识产权案件的查处密度和曝光力度，通过典型案例，造成轰动和热点效应，努力扩大宣传覆盖面和执法影响力，普及市民的知识产权法律意识，形成良好的保护知识产权的法治环境和宣传氛围。

（供稿人：李 铮）

广东省知识产权局

【概况】 2012年，全省专利申请量229514件，同比增长16.93%，其中，发明专利申请量60448件，同比增长16.22%。专利授权量153598件，其中，发明专利授权量22153件，同比增长21.4%，连续五年位居全国第一。PCT国际专利申请量9211件，占全国PCT国际专利申请总量的50.76%，自2002年以来连续十一年保持全国首位。有效发明专利量为78902件，继续位居全国第一。每万人口发明专利拥有量（专利密度）7.51件，是全国平均水平的2.33倍。第十四届中国专利奖获奖项目数再创历史新高。广东省共有55个项目获奖，其中金奖2项，优秀奖53项。

【知识产权强省建设】 2012年1月20日，省委、省政府印发《关于加快建设知识产权强省的决定》（以下简称《决定》），对未来广东省五年知识产权事业发展做出全面部署，是广东进一步推进知识产权事业改革和发展的纲领性文件，也是广东首个以省委、省政府名义颁布的涵盖各类知识产权的政策性文件。《决定》出台后，广东省知识产权局及时制定宣传贯彻方案，组织开展政策宣讲培训班和全省巡回宣讲活动，通过《南方日报》等主要报刊对《决定》进行广泛宣传，提升全省对知识产权强省建设的认知度。

2012年7月，广东省知识产权局与省财厅联合制定下发《广东省专利申请资助专项经费管理办法》。10月，推动出台《广东省展会专利保护办法》，这是我国第一部由省政府颁布的展会专利保护规章。12月，广东省知识产权局牵头联合省发改委等八部门联合制定下发《关于加快推进广东省知识产权质押融资工作的若干意见》。此外，《广东省重大经济和科技活动知识产权审查与评议暂行办法》、《广东专利奖励办法》的制定工作正在紧锣密鼓地进行中。

2012年3月2日，国家知识产权局和广东省人民政府在北京召开知识产权高层次战略合作工作委员会第四次会议，联合印发《2012年度知识产权高层次战略合作工作安排》，提出推动知识产权强省决定的贯彻实施和推进知识产权战略实施考核评估等十项工作。取得共同创建知识产权服务业示范省和推动在深圳设立国家知识产权局国际专利申请受理和审查分支机构两项成果。

【知识产权战略工作】 落实《2012年国家知识产权战略实施推进计划》，做好国家知识产权战略各项任务的实施工作。制定《2012年广东省实施知识产权战略纲要工作方案》，全面完成《2012年全国专利事业发展战略推进计划》任务。因地制宜地开展市、县（市、区）知识产权战略实施和地方战略研究工作，加大知识产权战略实施力度。推进国家知识产权城市试点示范及强县工程建设工作，广州和深圳两市成为首批国家知识产权示范城市。启动市局知识产权合作会商工作，与东莞市人民政府签订共同促进东莞知识产权强市建设合作会商协议。组织开展全省知识产权战略实施五周年宣传纪念活动，对全省战略五周年取得的十大进展进行广泛宣传和深入报道。

“四年大发展”任务顺利完成。广东省知识产权局监控的百万人口发明专利申请量指标均超额完成预定目标。5月28日，省评估考核组对广东省知识产权局实施《珠三角规划纲要》和推动“四年大发展”情况考核验收时，认为广东省知识产权局“工作力度大、功夫足、亮点多、成绩好、意义大，对广东省企业、社会和经济发展做出了很大贡献”。“六项行动计划”工作开展顺利。广东省知识产权局参与的“建设法治化国际化营商环境行动计划”和“改善创新环境行动计划”工作，目前已按计划完成“改善创新环境行动计划”子报告初稿。

深入实施战略性新兴产业专利信息资源开发利用计划，围绕新一代通信、物联网、数字家庭、新能源汽车、LED、OLED、生物医药7个重点产业启动实施专利信息资源开发工程，选取11个项目进行重点扶持开发。加大战略性新兴产业专利态势分析力度，全年共组织召开9场专利态势分析和预警报告会，为企业创新发展提供了及时可靠的决策依据。

坚持以“联盟”促竞争的指导思想，指导全省建立知识产权（专利）联盟24个，涵盖数字家庭、LED、新能源等战略性新兴产业和陶瓷、红木家具、电压力锅等传统产业。

6月，在德国柏林召开的国际电工委员会（IEC）TC61委员会第85次会议上，通过了顺德电压力锅IEC标准修订的全部提案，中国电压力锅行业首次争得国际标准话语权。

【知识产权运用】 继续认定和培育省知识产权优势示范企业。遴选出新一批省知识产权优势企业50家、省知识产权示范企业20家。目前，全省知识产权优势企业453家、示范企业100家，形成了一批知识产权工作明星企业群。稳步推进全国企事业单位知识产权试点和总结验收。经考核，广东省46家企业均达到验收标准。通过试点示范，增强企事业单位知识产权工作抓手。

积极提升企事业单位运用知识产权的能力。开展《创新知识企业知识产权管理通用规范》推广应用，帮助企业建立科学化、系统化、可操作的知识产权管理准则体系。开展专业镇知识产权专项行动，系统规范和评估专业镇的知识产权管理状况。

企事业单位知识产权工作成效显著。1—10月份，全省共有13078家企业申请专利，专利申请量96773件，占全省专利申请总量的55.74%；5419家企业申请发明专利35009件，占全省发明专利申请量的75.85%。企事业单位专利申请数量和质量不断提升，培育了一批拥有自主知识产权、善用知识产权制度的企业。广州市动景计算机科技有限公司2004年发布的居首创地位的手机云计算技术架构UC浏览器，目前已经成为全球用户量第一的手机浏览器。

2012年，重点扶持新材料、生物医药、高端新型电子信息等10个战略性新兴产业项目，普及推进21个一般项目，促进广东省专利技术的产业化。自2003年专利技术实施计划以来，累计投入3400万元，扶持457个项目实施，带动了政府和社会对专利技术实施的更大投入，广东省专利技术实施率稳居全国前列。

推动知识产权质押融资工作内容纳入省委、省政府《关于全面推进金融强省建设若干问题的决定》等重大政策文件。组织企业参加国家知识产权局等单位举办的各类展会，支持广州、深圳、佛山、东莞4个国家专利技术展示交易中心开展知识产权展示交易工作。国家知识产权投融资（南海）综合试验区和广州、东莞、佛山市顺德区三个全国知识产权质押融资试点工作成果显著，截至2012年12月，四个试点区域已完成知识产权质押融资项目近500个，贷款金额超8亿元。2012年12月5日，广州、东莞两市顺利通过全国知识产权质押融资试点工作验收。

【知识产权服务工作】 创建知识产权服务业示范省工作进展顺利。《知识产权服务业示范省建设规划纲要（2013—2020年）》初稿已完成。省知识产权研究与发展中心、中彩联等5家机构被评为首批“全国知识产权服务品牌机构培育单位”。

专利代理管理工作进一步规范。扎实开展专利代理行业防治腐败、百千对接等工作，广东省专利代理行业自身管理能力和服务能力不断提升。

知识产权信息公共服务建设不断完善。1月，广东省知识产权公共信息综合服务平台上线试运行。4月，国家知识产权局区域专利信息服务中心（广州中心）正式挂牌运行。

专利电子申请推广率稳步上升。2012年，广东省专利电子申请率平均为81.21%，专利代理机构电子申请率平均达99.3%，按时高效地完成了年度达标任务。

国家知识产权局专利局专利审查协作广东中心建设进展顺利。印发《共建国家知识产权局专利局专利审查协作广东中心领导小组及其办公室工作细则》等文件，进一步明确共建各方职责和义务。

加快广东省筹建服务业集聚中心建设。通过调研探索服务业集聚中心功能定位及发展方向，及时向省委、省政府申请增加建设用地数量并获得批准，全方位定位和筹划省服务业集聚中心建设的规划方案。目前，各项工作进展顺利。

【知识产权保护】 精心谋划“三打两建”专项行动。强化组织领导和部署推进。成立由陶凯元局长任组长的专项行动领导小组，制定《广东省知识产权局系统“三打两建”专项行动实施方案》、《全省知识产权局系统市场监管体系建设实施方案》、《知识产权保护综合监管分体系建设五年规划》等一系列指导性文件。三次召开全省知识产权局系统“三打两建”工作会议，专题部署和推进工作任务；分片召开工作推进会，重点督导地市工作。加强联合执法。根据广东的特点，将展会保护作为“三打”行动的主要阵地，共进驻30余个大型知名展会，处理展会专利纠纷1112件。美国、法国、英国等政府机构和跨国公司纷纷致函或送牌匾、锦旗，对广东省知识产权局系统知识产权保护工作给予了高度赞扬。强力突破大案要案。6月6日，由陶凯元局长亲自包案，组织全省18个地市局对“护康”胶囊假冒专利案进行统一查处，共查处108个涉案药店，捣毁了销售窝点，查获涉案物品77万元。此外，局领导包案查处“卫生巾系列产品”假冒专利案、“制罐焊缝补涂机粉臂连接件”专利侵权案等大案要案，广州市局积极开展针对数码产品、医疗器械等专业市场开展集中执法，汕头市局组织各区县对皮革皮具产品开展专项检查整治等专项行动。

推动“双打”工作长效化。建立“双打”工作的长效工作机制。2012年，省政府成立由陈云贤副省长任组长、31个核心部门组成的省打击侵权假冒工作领导小组。广东省知识产权局负责办公室日常统筹协调工作，制定《广东省打击侵犯知识产权和制售假冒伪劣商品工作领导小组工作规则》等指导性文件，指导各地市成立打击侵权假冒工作协调机构、制订工作方案。加大对侵权假冒线索的跟踪查处力度。先后开展农村市场、药品和医疗器械、网络售假、虚假广告、专利权、商标权和著作权等重点领域的专项整治，开展对汕头市日化用品及音像制品、佛山市南海区汽配产品、揭阳市普宁流沙镇药品等特色地区的联合执法行动，工作成效获得全国“双打”办的高度评价。

2012年，全省各级知识产权局共立案受理各类专利纠纷案件489件，同比增长122%；查处假冒专利案件614件，同比增长1397%。查处专利案件总量是2011年同期的4倍，居全国前列。

【知识产权宣传培训和人才队伍建设】 认真落实国家《知识产权人才“十二五”规划》，统筹推动各级各类知识产权人才队伍建设。充分发挥国家级培训基地作用，大力培训知识产权专业人才。认真组织开展知识产权宣传周活动，及时发布2011年度广东知识产权保护重大事件及有影响人物和《2011年广东知识产权保护状况》。继续推进中小学知识产权教育，认定10所学校为省中小学知识产权教育示范学校。

【知识产权交流与区域合作】 积极推进知识产权国际交流合作。5月18日，中共中央政治局委员、省委书记汪洋会见日本贸易振兴机构新任理事长石毛博行率领的知识产权访问团；4月14日，朱小丹省长会见外国驻穗领事代表团。广东省知识产权局全年共接待美、英等6

个国家19批知识产权交流访问团，达到了增进了解、加强沟通、相互信任的目的。

深入推进粤港知识产权合作。顺利完成粤港保护知识产权合作专责小组第十次会议确定的12个合作项目。

全面启动粤澳知识产权合作。签署《粤澳知识产权合作备忘录》，双方确定在四个领域开展18个项目的合作。

推动泛珠三角区域知识产权合作项目的开展。

对台知识产权合作不断深入。与台湾相关知识产权机构广泛开展形式多样的培训和研讨活动，共有200余人参加了培训和交流。

粤喀知识产权合作顺利。

（供稿人：王艳辉）

广东省食品药品监督管理局

【概况】 2012年，广东省食品药品监管系统积极部署开展“三打两建”工作，积极探索监管机制创新，全力推进实施“十二五”规划，落实知识产权保护措施，知识产权保护工作取得明显成效。

【“三打”工作】 “三打”行动以来，全省食品药品监管系统将开展食品药品“三打”行动，作为全省系统2012年工作的重中之重加以推进，实现了在食品药品领域“率先开打”的目标，并且有计划、有步骤、创造性地把“三打”工作推向深入，做到领导干部带头、宣传发动深入、组织措施有力，开展线索排查、重点清查、分片督导、领导包案、重点突破，建立了一批打假防假机制、解决了一批制假售假突出问题、取缔了一批制假售假地下窝点、查缴了一批假劣食品药品。食品药品“三打”工作打出了声威、打出了实效。据统计，“三打”行动以来，全省系统共出动执法人员153万人次，清查企业单位69万家次，立案26943宗，捣毁窝点7961个；其中大案要案2221宗，移送公安机关案件642宗，抓获犯罪嫌疑人1990人，打掉保护伞案件28宗，斩断利益链294条。2012年，反映全省药品市场质量状况总体水平的评价性抽验合格率为99%，其中基本药物生产领域抽验合格率为100%；保健食品、化妆品、医疗器械抽验合格率分别为95.8%、96.7%、90.0%，显示广东省食品药品市场秩序稳中有升、总体向好。

【监管机制改革】 充分发挥广东作为改革开放前沿阵地作用，积极向国家食品药品监管局争取食品药品监管机制改革在广东省先行先试。成功签署了《广东省人民政府国家食品药品监管局共同建设广东食品药品安全监管先行区合作备忘录》，双方将在共建工作机制和研究扶持政策、加强食品药品监管技术支撑体系建设、加强食品药品监管能力建设、推动食品医药产业转型升级和健康发展等方面开展合作。主动争取国家局授权广东省实施药品审评、审批机制改革先行先试，国家局批复同意与广东共建药品审评机构，授权省局对广东行政区域内的新药技术转让、药品生产技术转让和部分跨省药品委托生产业务进行技术审评和行政审批，大力加快广东省食品药品监管机制改革和监管先行区建设的步伐。积极推动社会组织管理创新，支持广东省医疗器械管理学会、卫生经济学会医疗器械专业委员会、食品药品审评认证技术协会和中国医药健康产品反假冒协会（筹备）等社会组织成立和开展工作，规范行业发展。

【日常监管机制】 积极推进药品标准体系建设，配方颗粒标准体系建设取得突破进展，医疗机构制剂标准和破壁饮片质量标准体系建设顺利推进。严格药品生产准入体系，完善动态监管体系。积极推进新修订GMP实施工作，认证企业数居全国前列，其中无菌药品生产企业获得证书数居全国第一。主动完善GSP认证检查条款，突出重点品种和重点环节认证监管，强化跟踪检查，共撤销GSP证书45家。集中开展了贴敷类产品、装饰性平光隐形眼镜以及一次性无菌导尿管生产企业专项检查工作，医疗器械生产经营秩序进一步规范。省食品药品监管局以及江门、揭阳等10市局与公安等司法部门成立了打击食品药品违法犯罪联合办公室，合作打假机制进一步深化。

【监管体系建设】 认真做好《广东省药品和餐饮食品安全“十二五”规划》发布和落实相关工作；11月23日，由省食品药品监管局、省技科厅联合主办的广东省生物医药产业自主创新大会在广州召开，以“加快推进生物医药产业转型升级”为目标，大力实施品牌战略，稳步推进全省生物医药产业自主创新工作。技术支撑体系建设不断深入，药品检验业务大幅增长，完成检品3万批（件），同比增长26%，法定提速41%。全年共完成各类医疗器械监督检验6792批（次），业务量同比增长49%，检验收入同比增长35%；承检能力增加214项，扩大16%；制修订标准31项，转化国际标准20项，各项指标继续领跑全国；新增了湛江、中山检验室，形成了布局科学合理的全省医疗器械监督检验体系。以规范管理为重点，多措并举优化技术审评服务，新增和修订40项制度和127项标准，完成171家药品GMP和142家GSP认证审评，审评认证工作质量不断提升。以提高监测能力为重点，切实加强药品不良反应监测，特别是基本药物重点监测，全年共收到药品不良反应病例报告42599份；惠州、梅州等地挂牌成立了市级药品不良反应监测中心，监测体系进一步完善。完成与广东省网上办事大厅对接，行政审批事项全部实现网上办理，积极推进保健食品、化妆品监管信息系统建设，信息化建设水平上新台阶。全年共办理执业药师注册3278人次、同比增长18%，完成药学技术人员备案1.6万人次，全省执业药师队伍进一步壮大。（供稿人：缪志斌）

广东省人民政府知识产权办公会议特邀单位

海关总署广东分署

【概况】 2012年，广东省内海关按照海关总署全面开展“三打两建”工作、打击侵犯知识产权和制售假冒伪劣商品专项行动以及“国门之盾”专项行动，取得明显成效。据统计，全年广东省内海关共查获侵权嫌疑货物6090批次，涉案货物数量达4045万件，案值约1.51亿元。

【全面开展知识产权保护工作】 为进一步规范市场经济秩序，打击侵犯知识产权和制售假冒伪劣商品行为，2012年以来，海关总署、广东省委省政府先后部署开展了“国门之盾”专项行动，“三打两建”工作和“双打”工作。广东省内海关高度重视，认真学习和传达海关总署和省委省政府关于专项工作的一系列指示精神和要求，紧密围绕本关区工作特点，制定年度工作方案，认真部署实施，加强组织领导和督促指导，在做好日常知识产权保护工作的同时，有计划地开展重点领域、重点环节和重点商品的专项执法行动，重拳打击了进出境侵权活动，广东关区进出口环境得到进一步优化。

【加大风险分析力度，提高案件查办成效】 广东省内海关高度重视利用风险分析手段开展查缉工作，认真总结分析近年来关区查获侵权案件特点，加大对出口到发生侵权风险较高的美国、欧盟、俄罗斯、日本、澳大利亚、香港和澳门等国家或地区的货物，以及侵权高发领域的商品，如药品、食品、汽车配件、手机、平板电脑和家用电器等的监控力度，将申报为无品牌的出口消费品和异地报关企业的进出口货物列入监管重点，明确审单岗位验核样品和要求补充申报的职责，做到有的放矢，确保监管到位。据统计，广东省内海关2012年通过风险分析手段查获侵权嫌疑货物242批次，涉及侵权嫌疑货物3770万件，占全年查获侵权货物总数的62%。例如，2012年5月，广州海关隶属南沙海关通过风险分析方式查获重庆某公司申报出口至阿联酋的侵犯万宝路商标权的香烟105万支；该关在2012年3月，利用风险分析方式查获深圳某公司申报出口至马来西亚的侵犯阿迪达斯商标权的服装4.7万件。2012年4月，深圳海关隶属蛇口海关利用风险分析手段查获深圳某公司申报出口至俄罗斯的假冒“HITACHI”和“Makita”商标的电池1.7万粒；该关还在2012年7月，通过风险分析手段查获吴川某公司申报出口至老挝侵犯耐克商标权的运动鞋1.8万双。

【开展系列专项整治行动】 针对关区进出口特点，广东省内海关采取“分阶段、有重点、逐步推进”的方式，自2012年第一季度起开展了针对侵权食品、药品以及汽车配件的专项整治行动。行动期间，省内海关加强了对上述重点进出口货物的监管，加大风险分析的力度，在重点口岸部署了专项查缉行动。据统计，全年广东省内海关共查获侵权药品26901件、查获侵权汽车和摩托车零配件74990件。如深圳海关驻邮局办事处在2012年2月就查获一起邮寄至美国的侵犯德国拜耳股份有限公司“艾力达”商标专用权的假药案，涉及假药数量达到20016片；广州海关也连续在邮递渠道查获邮寄至美国的侵犯辉瑞产品有限公司“VIAGRA”（即“伟哥”）商标专用权的假药5138粒。

广东省内海关在第二和第三季度相继开展了打击出口侵权手机和平板电脑等电子产品、打击侵权假冒酒类和打击邮递渠道侵权活动等专项执法行动。在行动期间，海关加大了对上述重点商品的监管和查缉力度；充分利用检查设备，对夹藏侵权货物、物品风险较高的集装箱、行李、快件做到百分百过机检查；有针对性地进行风险布控，提前发布相关风险预警，有针对性地提高查验比例；根据邮递渠道业务特点，重点查缉手机及其配件、药品、服装等邮递多发性侵权物品，对小体积大批量包装、寄往敏感地区的邮件加强查验；开展针对性的调查研究活动，摸清手机、平板电脑等电子产品以及葡萄酒等侵权的重点地区、重点领域、重点出口口岸、重点航线、主要贸易国、发展趋势等情况，为海关系统及其他相关执法部门下一步开展工作提供决策依据。据统计，全年广东省内海关共查获侵权手机及其零配件3186批次，涉案货物20万件；查获机电产品51批次，涉案货物24万余件；在邮寄渠道查获侵权货物4372批次，涉及侵权嫌疑货物11万件。

【严打水客行为】 水客携带侵权物品进出境是广东关区侵权活动的常见形态。为了有效遏制这一情况，广东省内海关结合海关总署部署开展的打击水客走私专项治理工作，针对水客走私以及携带侵权物品进出境行为采取更加严厉的管理措施，如拱北海关在行动期间抽调大批人员在闸口和横琴等人员来往密切的口岸加大监管力度，提高查验比例。特别是2012年4月，海关与边检部门联合出台关于设置当天多次往返旅客通道措施，在深圳和珠海地区口岸设置当天多次往返旅客的专用通道，对该类旅客实施特别监管。上述措施对于利用当天多次往返携带违法物品进出境的水客形成了强大的震慑力，利用水客携带侵权物品进出境的情况明显减少，机制成效十分显著。

【加强与其他执法部门的合作】 广东省内海关认真学习贯彻国务院发布的《关于做好打击侵犯知识产权和制售假冒伪劣商品工作中行政执法与刑事司法衔接的意见》，根据海关总署与公安部联合下发的《关于加强知识产权执法协作的暂行规定》，开展进出口侵权涉罪案件线索的通报和移送工作。与此同时，积极落实海关总署广东分署与广东省工商局联合签署的关于加强知识产权保护合作的协议，与广东省工商行政管理部门在专业咨询、教育培训、专门问题研究等方面的合作。此外，广东省内海关也在积极研究建立与专利、版权、法院等知识产权行政、司法部门合作长效机制的工作。

【深化粤港、粤澳海关合作】 2012年，海关总署广东分署继续牵头广东省内海关积极开展与香港和澳门的知识产权保护合作，进一步遏制粤港、粤澳两地进出口侵权活动。其中，为加强粤港、粤澳海关知识产权的联络工作，经粤港、粤澳海关商议，广东分署、香港海关与澳门海关设立了粤港、粤澳海关保护知识产权合作专职联络员，负责知识产权保护合作的各项联络事宜，提高联络效率、推动联络工作的专业化。针对粤港两地海运渠道进出口侵权违法行为高发的情况，广东分署对粤港两地海关查获的侵权案件进行了详细分析，查找进出口侵权规律和特征，及时召集省内有关海关进行研究，并与香港海关商议开展代号为“海港”的专项联合行动。该行动自2011年12月底启动，为期一年。行动期间，粤港海关通过开展联合执法行动、加强重点口岸的情报交流、试点开展对进出口侵权活动的控制下交付等多种措施，遏制粤港两地重点口岸海运渠道进出口侵权行为。与此同时，针对邮递渠道侵权案件多发的情况，海关总署广东分署还与香港海关开展密切合作，打击通过深圳邮政系统邮递侵权物品经香港去往其他国家或地区的违法活动。此外，海关总署广东分署还根据粤澳两地侵权货物主要通过旅检渠道进出境的特点，与澳门海关共同商议开展旅检渠道水客携带侵权物品进出境的专项治理工作。据统计，全年广东省内海关共查获涉及香港、澳门的侵权货物549批次，涉案货物405万件。

【认真开展知识产权宣传活动】 广东省内海关继续推动知识产权的宣传活动，通过新闻报道、公开销毁侵权货物、举行座谈会、发放宣传品等形式，向社会各界广泛宣传海关知识产权执法工作，普及守法意识。特别是在“4·26”知识产权宣传周、“8·8法制宣传日”以及“12·4”宪法宣传日期间，广东省内海关集中开展了针对进出口企业、进出境旅客的宣传活动以及侵权货物的销毁活动，推动了社会各界对海关知识产权工作的认知，提高了守法的自觉性。此外，广东省内海关还依托“12360”海关统一服务热线，完善知识产权社会举报受理处置机制，鼓励社会各界人士举报进出口侵权违法行为，同时宣传海关知识产权保护规定和执法政策，解答社会各界对海关知识产权保护工作的关切。

【优化知识产权服务意识】 广东省内海关在知识产权保护工作中特别重视提高服务意识，切实解决企业在生产经营过程中遇到的进出口知识产权保护的问题，促进企业健康发展。一方面，加强对拥有自主知识产权的企业的帮扶，继续为企业提供知识产权备案服务、开展海关知识产权法律政策咨询、促进自主知识产权维权组织的建立等；另一方面，借助知识产权海关保护热线、网上业务咨询平台等途径，积极为关区企业提供知识产权预审核、预确认服务，帮助企业在加工贸易合同备案、生产接单和货物实际进出口前确认货物授权的有效性，着力减少和避免因盲目接单生产、进出口导致的侵权风险。 （供稿人：林已凡）

广东省高级人民法院

【概况】 2012年，广东高院知识产权庭荣获“国家知识产权战略实施工作先进集体”、“全国法院先进集体”、“全省法院先进集体嘉奖”等称号。2012年，全省新收知识产权民事一、二审案件23672件和3433件，同比上升47.09%和59.3%，审结22461件和3254件，同比增长49.62%和52.84%，结案率为85.45%和90.26%。广东高院新收知识产权民事案件678

件，审结673件，结案率达98.39%。全省新收知识产权刑事一审案件2136件3712人，审结2112件3699人，对2143人作出有罪判决。全省新收知识产权行政一审案件71件，审结69件。

【积极履行审判职能】 紧抓司法办案第一要务，加大办案力度。在收案数同比增长20.21%的情况下，结案数同比增长20.39%，结收比同比上升0.15个百分点，保持收结案良性循环。新收案件审限内结案率达99.55%，同比上升5.81个百分点，督办案件100%妥善审结，无一超期积压案件。仅存案件13件，存案数低位运行。发改案件23件，发改率为3.42%，同比下降4.11个百分点。调撤知识产权案件208件，比去年同期增长21%，调撤率达到30.91%，比2011年有所提高。

公正高效审结一批新类型、复杂疑难和重大涉外案件。例如以调解结案方式审结备受国际国内社会瞩目的苹果公司与唯冠公司IPAD商标权属纠纷，实现了合同双方当事人利益及社会公众利益的多赢，广受国内社会各界好评，该案入选“2012年度全国法院十大典型案件”，被评为全省政法工作十大亮点。审结目前国内标的最大的反垄断纠纷——奇虎360起诉腾讯滥用市场支配地位案，创新性地确立了即时通信产品能否构成相关市场的界定标准，受到专家学者、媒体等社会各界的高度肯定。审结深圳市星宝通电子科技有限公司与广东欧珀移动通信有限公司侵害商标专用权纠纷，综合全案证据在50万元之上酌情确定赔偿权利人的实际损失，加大对高新技术企业的保护力度。审结许世昌与索尼（中国）有限公司等侵害发明专利权纠纷，为侵害发明专利纠纷的审理创造出一条新的法律适用原则。审结赛百诺公司诉彭朝晖等专利权属纠纷，案件争议的基因发明专利技术是生产“今又生”抗癌注射液的核心技术，专利权属的确定有利于该项生物技术的开发利用，造福人类健康。审结孔雀廊公司与苏树强演艺合同纠纷，规范和促进文化服务市场的健康发展。

【完善审判体制机制建设】 科学统筹部署“三合一”试点工作的推进，试点工作取得突破性进展。2012年已开展试点的5家中院、21家基层法院共受理知识产权刑事案件1036件，同比增长169.09%，审结1032件，同比增长224.53%；受理知识产权行政案件58件，同比增长222.22%，审结57件，同比增长280%。广东高院将“加快推进知识产权‘三合一’改革”列为“关于当好科学发展排头兵，深化改革创新工作三年规划（2012-2014年）”的重要举措，并确定为院党组重点调研课题。经过充分调研，科学论证在全省三级法院全面推行“三审合一”试点工作的可行性，形成了《关于在我省全面开展知识产权审判庭集中审理知识产权民事、行政、刑事案件试点工作的研究报告及实施方案》并经最高法院批准，广东三级法院将全面推行“三合一”试点工作，形成高级、中级、基层三级法院协调联动的新格局。

合理统筹全省知识产权案件管辖布局。广州市荔湾区、花都区、汕头市金平区等8家法院经最高法院批准开始管辖一般知识产权民事案件，广东省具有一般知识产权民事案件管辖权的基层法院达30家，主要布局在案件相对集中的珠三角地区，数量居全国首位。佛山中院获批成为全国第3家具有涉驰名商标案件管辖特别授权的法院。中山市第一、二人民法院经最高法院批准，在审判中适用简易程序审理一般知识产权民事案件，切合了当前简化诉讼程序、方便当事人诉讼、节约审判资源的民事诉讼制度改革趋势。

【强化监督指导工作】 建立监督指导工作长效机制。每季度进行全省知识产权审判工作情况及案件运行态势分析，并通报全省法院，提早谋划和应对问题。定期汇总分析重大改判案件，深入研究具有普遍性的法律适用疑难问题及解决原则。及时召开重点地区加快办案进度督促会，组织审判骨干和技术专家到重点法院巡回辅导和开展专项调研，促进整体审判工作质效和知识产权审判水平的提升。出台规范性文件，统一裁判标准和司法尺度。广东高院制定了《关于贯彻落实〈最高人民法院关于充分发挥审判职能作用为深化科技体制改革和加快国家创新体系建设提供司法保障的意见〉的意见》，指导全省法院深刻领会全国科技创新会议精神和最高法院司法政策；制定了《关于审理侵害影视和音乐作品著作权纠纷案件若干问题的办案指引》，集中明确著作权审判中存在的法律适用的疑难问题及损害赔偿数额的确定。

【深化司法公开】 通过司法公开的推进，促进审判工作的公正廉洁。定期在“中国知识产权裁判文书网”、“广东知识产权司法保护网”和“广东法院网”司法公开栏依法全面公开生效裁判文书。依托广东法院网平台，建立社会公众申请旁听知识产权案件审理的自动审查系统，规范和方便社会公众参与旁听庭审。针对重大典型案件组织“阳光庭审”示范活动，以微博直播或电视直播的方式向全社会公开庭审活动，邀请人大代表、政协委员观摩旁听奇虎诉腾讯反垄断案等大要案审理全过程，扩大案件公开透明度。在“4·26”宣传周期间开展形式多样的宣传活动，召开新闻发布会，发布知识产权司法保护状况白皮书和公布十大案件。

【加强司法建议工作】 围绕如何加强知识产权保护推动文化强省建设问题，向省委、省政府提交了《关于建议进一步加强知识产权保护推动文化强省建设的报告》。该司法建议书从知识产权侵权纠纷乱象中，分析侵权高发与社会管理薄弱、市场监管不规范之间的关系，并对此提出有针对性建议，得到了当时省委书记汪洋等省领导的高度重视，也受到有关媒体的高度关注。就如何提高商品质量，建立企业诚信体系问题，向省工商局提出《关于提高商品质量建立企业诚信体系的司法建议》，得到了相关部门的积极响应。

【坚持理论和制度创新】 围绕正确适用民事诉讼法修改决定，以进一步加大知识产权司法保护力度为主线和目标，大力推进诉讼制度、证据制度等各项制度改革。积极探索以证据披露、证据妨碍和优势证据规则查明知识产权侵权损害的实际损失，破解长期困扰知识产权审判的赔偿难问题。探索开展专家咨询、专家陪审、专家辅助人出庭的可行性和有效途径。在奇虎公司诉腾讯公司滥用市场支配地位一案中首次实施专家辅助人制度，经济学家、互联网技术专家出庭辅助法庭查明互联网相关技术、经营模式和经营格局，为本案相关市场界定的司法标准的确定起到了重要作用。加强对“商业秘密司法保护问题”、“技术合同热点难点问题”、“商标案件审理概况及改判案件分析”等疑难问题的调研并形成成果。

【积极开展国内外交流与合作】 加强与行政执法机关的交流，联合省知识产权局共同开展建立行政执法机关参与专利纠纷案件调解工作机制的调研，与省工商局举办相关商标侵权纠纷行政执法与司法如何衔接的座谈会。加强与行业协会交流合作，与中国互联网调解中心合作举办互联网环境下的滥用市场支配地位研讨会，联合中国外商投资企业协会优质品牌保护委员会召开技术合同难点热点问题研讨会，探讨进一步运用好司法保护手段保障技术交易的活跃和安全，推动科技创新。开展知识产权国际交流与合作，与美、英、韩多国政府的知识产权保护机构开展交流研讨活动，以相互学习借鉴知识产权保护先进经验，彰显广东法院公正权威司法形象。

【加强队伍建设】 依托司法文化建设，注重法律和廉洁文化的传承和创新，营造公正廉洁司法的文化环境，进一步坚定知识产权法官的法治信仰，培育深厚的人文修养、司法职业操守和荣誉感。依托审判管理流程系统，将党廉工作以制度管人的要求，落实到审判管理流程各个环节和审判工作各个方面。坚持廉政监督卡制度，实现一案一卡，逐件登记，及时处理反馈。依法支持廉政监察员履行监督审判行为和司法作风的职责。

积极开展学习型审判庭建设，坚持集中培训制度和外派学习制度，举办业务培训班，派出业务骨干赴国家知识产权局专利复审委交流、参加各种国内外高端研讨会，鼓励法官继续接受高层次学历教育，不断更新知识结构，提高对法官专业水平和全球思维、国际视野的培养。重视司法实践操作技能培训，不断提升驾驭庭审能力、推理判断能力、化解纠纷能力、裁判文书写作能力和调研能力。

（供稿人：肖少杨）

知识产权创造

ZHI SHI CHAN QUAN CHUANG

- 专利
- 商标
- 地理标志
- 植物新品种
- 重大知识产权获奖成果

专　利

专利申请及授权

【概况】 2012年，广东省专利申请受理总量、外观设计专利申请受理量居全国第三，发明专利申请受理量居全国第二，实用新型专利申请受理量居全国第三、PCT国际专利申请受理量居全国第一。1—12月份，广东省发明专利授权量继续保持全国第一。截至2012年12月，广东省有效发明专利量居全国第一，专利密度居全国第四。

【专利申请】 2012年，广东省专利申请受理量为229514件，同比增长16.93%。其中，发明专利申请受理量为60448件，同比增长16.22%；实用新型专利申请受理量78731件，同比增长16.92%；外观设计专利申请受理量90335件，同比增长17.43%。发明、实用新型和外观设计三种专利申请占总量的比例为26.34：34.30：39.36。

广东省专利申请中的职务申请数量为135745件，同比增长15.68%，非职务申请数量为93769件，同比增长18.80%，专利申请中职务与非职务比例为59.14：40.86，职务发明专利比例比2011年下降0.65个百分点。

【专利授权】 2012年，广东省专利授权量为153598件，同比增长19.53%。其中，发明专利授权量为22153件，同比增长21.4%；实用新型专利授权量为65946件，同比增长28.30%；外观设计专利授权量为65499件，同比增长11.45%。发明、实用新型和外观设计三类授权专利占总量的比例为14.40：42.93：42.64，发明和实用新型专利授权比例与2011年相比大幅提高。其中，职务授权数量为92371件，非职务授权数量为61227件，职务与非职务的比例为60.14：39.86。

【有效专利及专利密度】 截止到2012年12月，广东省有效发明专利量为78902件，同比增长34.5%，占全国有效发明专利总量的18.13%。国家知识产权局把每百万人口所拥有的有效发明专利量定义为专利密度，根据国家知识产权局公布的数据，广东省的专利密度为751.1（件/百万人），是全国专利密度323.0（件/百万人）的2.33倍。

【专利申请及授权主要特点】 全省发明专利受理量保持平稳增长但增幅回落。2012年，广东省发明专利申请受理量为60448件，较2011年同比增长16.2%，增速较2011年的27.3%下降11.1个百分点，比28.7%的全国平均增长率低14.1个百分点，增速放缓。发明专利申请受理量占国内发明专利受理量的11.29%，位居全国第二。

全省发明专利授权量连续五年保持全国第一。全年发明专利授权量为22153件，较2011年同比增长21.4%，连续五年位居全国首位，占国内发明专利授权量的15.40%。全年的发明授权增长量占广东省累计发明授权量的25.95%，实现了发明授权量的快速增长。

有效发明专利量连续三年领跑全国。2012年，广东省有效发明专利总量达78902件，较2011年同比增长34.5%，比36.8%的全国平均增长率低2.3个百分点，连续三年居全国第一。每万人口发明专利拥有量比去年同期增加了1.9件，增幅超过三成。

近四年非职务专利申请增幅首次高于职务专利申请。2012年，专利申请中非职务和职务的比例仍处于四六分成的局面。但职务专利申请的增幅仅为15.68%，比2011年增长率大幅下降22.85%，非职务专利申请增幅为18.80%，比2011年增长率上升3.06%。近四年非职务专利申请增幅首次高于职务专利申请。

企业专利申请占全省专利申请半壁江山。全省共15444家企业申请专利125503件，较2011年同比增长16.42%，占全省专利申请总量的54.68%，；6523家企业申请发明专利45774件，同比增长21.19%，占全省发明专利申请总量的72.72%，占企业专利申请总量的36.47%。其中，深圳市5636家企业53956件、东莞市2526家企业17158件、广州市2569家企业15286件成为企业专利申请受理排名前三名，企业作为创新主体的地位得到显现。

知识产权示范企业运用专利能力显著提高。2012年全省共有84家知识产权示范企业提交12987件发明专利申请，占全省企业发明专利申请受理量的21.48%，比2011年同期知识产权示范企业提交11805件发明专利申请增长10.01%。在发明专利申请排名前十的企业中，有5家是广东省知识产权示范企业，广东省推进知识产权示范企业培育工作成效显著。

知识产权试点示范区域推动专利申请效果明显。1—12月，全省51个省级知识产权试点示范县（市、区）专利申请受理88984件，占全省专利申请受理量的38.77%。其中珠江三角洲地区23个知识产权试点示范县（市、区）专利申请受理76407件，占珠江三角洲区域专利申请受理总量的37.56%。

全省大部分地市专利申请保持平稳增长态势。2012年，广东省18个地级以上市所在区域专利申请均保持正增长，其中广州、珠海、韶关、惠州、汕尾、东莞、中山、茂名、揭阳、云浮等10个市增幅高于全省平均增长率16.93%，比2011年减少5个市。全省17个地级以上市的发明专利申请保持正增长，有13个市的增幅高于全省平均增长率16.2%，广州、佛山、东莞等3市增幅超过20%，深圳市增幅仅为7.79%。

全省专利申请区域不均衡情况依然突出。2012年，珠江三角洲区域的专利申请量占了全省专利申请量的88.62%，其中发明专利申请量占全省发明专利申请量的94.50%。深圳、东莞、广州、佛山等市的专利申请量均超过2万件，发明专利申请均超过3000件。而粤东、粤西、粤北地区的专利申请合计总量仅25995件，发明专利申请3313件，分别占全省11.32%、5.01%。（供稿人：郑秋莎）

PCT国际专利申请

【概况】 2012年，广东省专利申请人通过《专利合作条约》（以下简称PCT）向国家知识产权局共提出PCT国际专利申请9211件，同比增长3.02%；申请量约占国内PCT国际专利申请总量（18145件）的50.76%。全省PCT国际专利申请连续十一年保持全国首位。2009年，广东省累计PCT国际专利申请量首次突破1万件，截至2012年，全省累计PCT国际专利申请量已达到38688件，翻了三番多。

2012年，在广东省PCT国际专利申请中，514家企业申请8193件，占全省总量的88.95%，12家高校申请57件，占总量的0.62%，11家科研单位申请57件，占总量0.62%，6家机关团体申请6件，占总量0.07%，418个人申请896件，占总量9.73%。五类申请人中，企业申请优势明显。

2012年，广东省共有18个地级以上市提出PCT国际专利申请，与2011年相比减少2个城市。2012年，深圳市PCT国际专利申请量仍居各市之首，达到8021件，比2011年增加87件，占全省PCT国际专利申请总量的87.08%，比2011年同期下降1.66个百分点；其次为广州市323件，占全省3.51%，东莞市236件，占全省2.56%，珠海市151件，占全省1.64%，惠州市134件，占全省1.45%，佛山市120件，占全省1.30%，其余地级市申请量的比例均低于1%。

【PCT国际专利申请主要特点】 2012年，广东省PCT国际专利申请的主要特点为：PCT国际专利年申请量接近万件大关，连续十一年保持全国首位；申请整体继续保持增长但增幅回落；区域发展不均衡现象依然突出；申请人专利实力两极分化较为明显；通信行业一家独大的优势继续保持；广东省专利代理机构PCT国际专利申请代理率偏低；大专院校和科研单位的申请量均出现不同程度的下降；电气工程领域成为自主创新的领头羊；化工及仪器领域发展相对缓慢。

广东省PCT国际专利年申请量连续十一年保持全国首位。2012年，广东省PCT国际专利申请达9211件，接近万件大关，连续十一年保持全国首位。占国内PCT国际专利申请总量的50.76%，连续五年占国内PCT国际专利申请总量的半壁江山。比排名第二的北京多6506件，比排名第三的上海多8187件。经过11年努力，广东省PCT国际专利申请量从2002年仅占全国总量的21.03%，提高到2012年占全国总量的50.76%。广东成为国内PCT国际专利申请的主要来源。

PCT国际专利申请整体继续保持增长但增幅回落。2012年，广东省PCT国际专利申请的增长率仅为3.02%，比全国平均增长率12.78%低9.76%，与前三年相比，增幅明显回落，2012年比2011年增幅下降17.26个百分点。广东省PCT国际专利申请量约占国内PCT国际专利申请总量的50.76%，所占比重较2011年的55.58%下降了近5个百分点。初步分析，原因大致有二：一是经历多年的高速增长，广东省的PCT国际申请量的基数已经大大增加；二是当前的国际金融形势和经济环境迫使部分企业申请速度放缓。如：2011年排名全省PCT国际专利申请量第九、十位的深圳市融创天下科技股份有限公司、深圳市同洲电子股份有限公司，2012年PCT国际专利申请量均为零。

全省PCT国际专利申请区域发展不均衡现象依然突出。2012年，珠江三角洲区域的PCT国际专利申请量占全省申请量的98.85%，比2011年略为下降0.47%。其中，深圳市的PCT专利申请量占全省PCT专利申请总量的87.08%；广州、东莞、珠海、中山、佛山、惠州等6个地级以上市的PCT国际专利申请量占全省PCT国际专利申请总量的11.38%；汕尾、梅州、河源等三个地级市PCT国际专利申请为零，差距进一步拉大。其中，汕尾市连续三年PCT国际专利申请为零。

PCT企业申请人专利实力两极分化较为明显。2012年，广东省提交PCT国际专利申请的企业数量为514家，较2011年的473家增长了8.67%。其中，申请量在10件以上的企业有31家共7244件，占总量的78.65%，比2011年增加4家；申请量在2—9件的201家667件，占总量7.24%，比2011年增加11家；申请量为1件的共282家，比2011年增加26家，专利实力两极分化仍然明显。但统计显示，2012年，广东省企业PCT国际专利不同数量分组的申请量大部分均较2011年同期有所增长，这表明越来越多企业注重利用PCT途径寻求专利的国际保护，提升参与国际市场竞争能力。通信行业一家独大的优势继续保持。与以往几年的情况类似，广东省PCT国际专利申请大部分集中在深圳的华为技术有限公司和中兴通信股份有限公司，以上两个公司PCT国际专利申请约占全省申请量五成。在国家知识产权局作为PCT国际申请受理局受理的专利申请中，华为技术有限公司成为PCT国际专利申请量最多的企业，数量达2791件，占全省PCT国际专利申请的30.3%；中兴通信股份有限公司以2215件位居第二。值得关注的是深圳市华星光电技术有限公司以69.39%的年增速抛离其他企业，以1035件继续稳居全省排名榜第三。根据世界知识产权组织（WIPO）3月19日发布的《Strong Growth in Demand for Intellectual Property Rights in 2012》，中兴通信有限公司以3906件PCT国际申请公布量连续三年位列全球第一，超过松下电器公司、夏普株式会社。华为技术有限公司以1801件位列全球第四。尽管广东省的通信企业在国际专利申请公布量排名靠前，但在其他领域，与国外企业的差距十分明显。广东省乃至全国在PCT全球百强的申请人中仅占2家，比2011年减少1家。美国有14家，而日本有20家，松下、夏普、丰田、NEC、三菱、富士和日立等七家不同行业企业排名PCT国际申请公布量前15名内，优势十分明显。

广东省专利代理机构PCT国际专利申请代理率偏低。2012年，通过专利代理机构代理PCT国际专利申请共计7363件，占全省PCT国际专利申请的79.94%。其中，委托本省专利代理机构代理的PCT国际专利申请为3044件，比例仅为33.05%。广东省专利代理机构代理PCT国际专利申请排名前三分别为：深圳市威世博知识产权代理事务所（普通合伙）339件、深圳翼盛智成知识产权事务所（普通合伙）272件、深圳市百瑞专利商标事务所（普通合伙）249件。而委托北京市专利代理机构代理的PCT国际专利申请高达4237件，比例为46%。专利代理行业是专利事业的重要支撑，广东省专利代理机构代理PCT国际专利的数量低于北京市的代理机构，反映广东省专利代理机构还须进一步提升业务水平和服务质量，拓宽服务领域，才能满足专利申请人的需求。

大专院校和科研单位的申请量均出现不同程度的下降。2012年，广东省12所大专院校和11家科研单位的申请人共提交了114件PCT国际专利申请，仅占全省PCT国际专利申请量的1.24%，比2011年减少了101件。在世界知识产权组织（WIPO）公布的大学或科研机构申请人前50位的排名中，广东省没有一所大学或科研机构进入前50强，中国也仅有两所大学入围。这显示作为广东省自主创新主体重要组成部分的大专院校和科研单位，对知识产权的重视亟须加强。

电气工程领域成为自主创新的领头羊。世界知识产权组织根据专利的分类号，将所有专利分解到5大类35个不同技术领域。对比2012年WIPO公布的全球PCT国际专利公布量和广东省已有分类号的4858件PCT国际专利申请量的技术领域分布，广东省的PCT国际专利中，电气工程领域占广东省PCT国际专利近八成，其中，电信和数字通信类是我国PCT国际专利占比最大、发展最快的领域。在全球公布的PCT国际专利申请中，电信和数字通信两个领域合计占34.32%，我国的通信产业和技术在全球占有重要地位。在PCT全球百强申请人中，日本的企业专利内容涉及电子、汽车、机械制造、化工等多个领域，而广东省PCT国际专利申请以通信技术领域为主，该特点与企业分布特点相同，显示出集群创新优势，但结构过于单一。

化工、仪器和机械工程领域发展相对缓慢。化工、仪器和机械工程是最重要的专利领域之一，广东省在这三个领域的PCT国际专利申请量分别为176、375和254件，仅占已有分类号的国际专利申请量的3.62%、7.72%和5.23%，而在全球公布的PCT国际专利申请中，化工、仪器和机械工程领域分别占其公布量的23.85%、15.70%和19.44%，差距十分明显。化工、仪器和机械工程等领域发展相对缓慢，对广东省经济持续健康发展和产业转型升级带来一定程度的制约。（供稿人：郑秋莎）

商　标

中国驰名商标

【概况】 2012年，国家工商行政管理总局商标局和商标评审委员会在商标案件管理、商标异议、商标评审中共认定驰名商标1298件，广东省被认定102件，占当年认定总数的7.86%。其中，通过商标局商标管理案件程序认定的41件（占4.55%），通过商标异议程序认定的9件（占13.64%），通过商标评审委员会商标异议复审和争议程序认定的52件（占15.76%）。

【地区、行业分布】 新增102件驰名商标分布在广州、深圳、珠海、汕头、佛山、惠州、东莞、中山、江门、湛江、揭阳和清远12个市。新增驰名商标涉及28个类别，覆盖的行业有化工、日化、电子、建材、家具、服装、机械、珠宝、食品、医药，以及房地产、物流运输、餐饮服务等。深圳、佛山、广州分别拥有驰名商标103件、95件、70件，排名在全省前3名。目前，广东省驰名商标总数达到445件，仍居全国首位。

【与相关省份比对】 2012年国家工商总局认定驰名商标排名前6位的省份是：江苏137件，山东130件，广东、浙江、湖南各102件，福建93件；驰名商标总数排名前6位的省份是广东445件，山东431件，江苏421件，浙江369件，福建300件，湖南267件。广东省驰名商标总数与全省的商标注册总量、经济发展水平，以及保护的客观需求相比，仍有较大的发展空间，其数量优势与排名第二、三名的山东、江苏的差距正在逐步缩小。广东省工商局将不断改进工作，继续把驰名商标认定工作作为实施商标品牌战略的一项抓手，使驰名商标真正发挥在市场中的效应。　（供稿人：陈小冰）

有效注册商标

【概况】 2012年，国家工商行政管理总局商标局共受理广东省商标注册申请272505件，同比增长17.77%；核准注册162766件，同比下降2.54%。全省累计有效注册商标总量达992334件，同比增长17%，约占全国（含港澳台）商标注册总量的17.77%，连续18年居全国首位。

【类别分布】 从申请商标指定使用的商品或服务类别看，申请量较大的类别依次为商标注册用商品和服务国际分类第25类、第9类、第35类、第11类和第3类，申请量分别为19894件、14243件、9530件、8676件和5898件。主要涉及行业分别为“服装、鞋、帽”、“电子计算机及其外部设备、通信导航设备、音像设备、电子元件”、“广告、商业经营、商业管理、办公事务”、“照明、加热、烹饪、冷藏、干燥、供水及卫生用装置”、“清洁制剂和化妆品”。第25、11和3类商品均属于广东传统优势产业和支柱产业，第9类商品包含了新型显示、新一代通信和LED等战略性新兴产业，第35类服务包含了生产性服务等现代服务业。这些商品类别的商标注册情况与广东传统优势产业改造提升步伐加快，战略性新兴产业迅猛发展相适应，说明广东现代服务业和先进制造业“双轮驱动”的现代产业体系建设取得进展。2012年全省申请量最少的类别分别是第13类、第23类、第34类、第22类和第15类，主要涉及行业分别为“火器、军火及弹药、爆炸物”、“纺织用纱和线”、“烟草、烟具、火柴”、“缆绳及帆篷制品、衬垫和填充材料、纺织用纤维原料”、“乐器”。

【地区分布】 从地区分布来看，全省申请量排名前五位的地级以上市依次为广州、深圳、佛山、东莞和汕头市，申请量分别为73110件、67888件、23146件、22153件和20255件，这五个市的申请量之和占全省总申请量的75.80%。申请量超过1万件的还有中山市和揭阳市，分别为12660件、12261件。广州、深圳、佛山、东莞、中山市商标申请量在全省的比重反映了珠三角一体化进程加快，该区域经过“四年大发展”整体实力增强。汕头和揭阳市商标申请量居全省前列，反映出粤东地区跨越发展，全省区域发展协调性增强。

【马德里商标国际注册】 2012年，广东省马德里商标国际注册取得新进展，申请量达531件，同比增长16.45%，跃居全国首位，比排名第二位的浙江省高出109件。

【地理标志、涉农类商标注册】 随着广东农业产业化经营快速发展，以及省级以上农业龙头企业、农民专业合作社数量大幅增加，申请注册商标、以商标参与市场竞争的意识不断增强。2012年，广东省经国家工商总局核准注册的地理标志1件，全省已注册的地理标志商标总量达到28件。全省地理标志数量排名前三位的地级以上市依次是肇庆、佛山、清远，获准注册及初步审定的地理标志商标数量分别为8件、5件、3件。截至2012年底，全省累计注册涉农类商标123621件。 （供稿人：陈小冰）

地理标志

地理标志产品

【概况】　2012年广东省获得国家地理标志产品保护的9个产品中，都具有鲜明的地方特色，源自特定的自然环境和人文环境，传递着浓厚的岭南文化气息。

【新兴排米粉】　产于云浮市新兴县。早在唐朝时期，新兴人就以稻米为原料，选用优质山泉水，经清洗、浸泡、磨浆、脱水、碎浆、蒸粉、挤条、榨丝、冷却、松丝、切割、复蒸、洗粉、成型、干燥等一系列工序制造出的大米制品。因这种传统工艺生产的米粉非常讲究火候和经验，其特点突出，主要有：粉丝润而透明，外观粗细均匀，呈条状并排列方形，具有浓郁的稻米香味，可煮、可蒸、可炒、可炸，柔韧可口，且“炒而不烂，煮而不糊”，也可配以不同的汤料或其他佐料，调出适合众人不同口味的食品，百食不厌，有入口柔韧、软滑清爽、口齿留香、回味无穷的感觉，是米粉制品之极品。在广东省内以及港澳等地小有名气，深受欢迎，成为理想的绿色食品、馈赠亲友之佳品。近年来，当地政府高度重视地方传统特色产品的打造和推广，鼓励和引导企业通过加大投入，改进工艺，提高新兴排米粉的质量和产量，取得了良好成效：产品畅销香港、澳门、美国、加拿大和东南亚等地，在香港被誉为排米粉的“五大皇牌”之一。

【麦溪鲤】　产于肇庆高要市大湾镇。从外观上看，麦溪鲤头细嘴小，肩高膊隆，腹圆身肥，浑身柔软而有光泽，鳞片银白色，鱼身两侧金星点点，发光发亮；浑身柔软而有光泽，鱼身两侧有3条光闪闪的金线由鳃部一直延伸到尾部。从口感上看，麦溪鲤“鲜甜如蜜、嫩滑如玉、肥而不腻”。麦溪鲤的养殖业一直是当地政府扶持的产业，也是出口创汇的传统产业。经过多年的发展，麦溪鲤已声名远播。2006年获得无公害农产品产地认定证书，2007年获得无公害农产品证书。随着品质的提高，麦溪鲤的销售价格也在不断攀升。价格可达到市面同类鱼价格3—4倍，使农民的养殖积极性也大大提高。2010年，麦溪鲤的产量约80多万斤、产值约0.8亿元人民币。由麦溪鲤直接拉动的餐饮服务第三产业的产值年均0.6亿元人民币。产品主要销往珠三角以及港澳地区，成为当地农产品中一个非常重要的品牌，也成为高要市的城市名片之一。

【麦溪鲩】　产于肇庆高要市大湾镇。从外观上看，麦溪鲩又肥又大，全身呈粉白色，刚出水时银鳞闪闪，人们称之为“仙子出水”。从口感上看，麦溪鲩“甘香可口无腥味”。麦溪鲩的养殖业一直是当地政府扶持的产业，也是出口创汇的传统产业。2006年获得无公害农产品产地认定证书，2007年获得无公害农产品证书。随着品质的提高，麦溪鲩的销售价格也在不断攀升。2010年，麦溪鲩的价格是80元公斤，可达到市面上其他产地鲩鱼价格的5—6倍，使农民的养殖积极性也大大提高。麦溪鲩的产量约160多万公斤、产值约1.3亿元人民币。由麦溪鲩直接拉动的餐饮服务第三产业的产值年均0.6亿元人民币。产品主要销往珠三角以及港澳地区，成为当地农产品中一个非常重要的品牌，也成为高要市的城市名片之一。

【托洞腐竹】　产于云浮市云安县。托洞腐竹深受欢迎的最主要原因是其传统的制作工艺，产品绝对绿色环保。托洞腐竹整个制作过程都不添加任何其他材料，所有变化都是基于物理反应所致。托洞腐竹以其“天然健康、绿色环保、营养富足”的特点而得到消费者的高度认可。托洞腐竹经过长期的历史检验，因其质量一流、风味独特而深受广大消费者喜爱，也取得了不少的荣誉：1999年荣获广东省首届青年“三高”农业博览会铜奖，并参加北京举行的中国国际农业博览会展出；2001年被评为云浮市首批农业名牌产品，获得中国国际农业博览会广东省推荐名优产品证书；2006年9月，被推荐参加广东省山区信息化粤西农产品产销洽谈会；2010、2011年连续两年被推荐参加在澳门举行的粤港名优商品展销会。2010年，托洞全镇有腐竹加工户650多户，从事托洞腐竹加工和经营的人员有2000多人，年加工大豆400吨，产值达2000多万元，产生了良好的经济效益和社会效益。

【肇庆裹蒸】 产于肇庆市。肇庆裹蒸是肇庆市当地传统的食品和特产，质优味美，是用糯米、绿豆、猪肉，再加入适量的精盐、曲酒、花生油、白芝麻、五香粉等配料精工制作而成，以其甘香软滑以及独特的文化内涵，享誉中外。肇庆裹蒸具有肥而不腻，食时清香扑鼻，入口甘香爽滑，吃后齿颊留香等优点，其中一大特色就是用冬叶作包裹，不仅令裹蒸清香，还能保鲜。裹蒸不但是一种美食，而且具有补中益气，止夜尿和增加热能的作用。肇庆裹蒸以其甘香软滑以及独特的文化内涵，享誉中外。肇庆西江两岸城乡居民自汉代已有包肇庆裹蒸的习俗，并在民间一直流传。肇庆裹蒸加工已成为当地经济发展的特色产业，并成为当地农产品的著名品牌，被列入广东省第三批省级非物质文化遗产名录。2009年10月，“肇庆裹蒸制作技艺”被列入广东省第三批省级非物质文化遗产名录。在2011年的端午节期间，作为传统特色食品，肇庆裹蒸被世界城市合作组织、美食委员会授予“万粽之王”的美称。目前，在当地政府的大力扶持下，肇庆裹蒸制作产业集群已基本形成。据不完全统计，肇庆裹蒸行业的从业人员有3000多人，肇庆裹蒸生产企业35家，年产量约1200万公斤，年产值1.5亿元。产品除在国内销售之外，还远销港澳台及海外市场。

【庙南粉葛】 产于广州市南沙区横沥镇。横沥镇拥有独特的地理气候条件，出产的庙南粉葛具有浓厚的地方特色，营养价值高，风味独特，鲜品夏季上市，在海内外享有较高的知名度。庙南粉葛个头适中，纤维少，多汁，葛味浓，烹熟后带黏性，味道清香甘甜醇正，脆嫩，口感细腻，入口松化，带黏性，别有风味。在当地政府及相关部门的组织引导下，庙南粉葛的种植实现了优质高产，种植面积逐步扩大，带动了当地农村经济的发展，为农民增收、农业增效做出了贡献，庙南粉葛将迎来更好的发展前景。目前庙南粉葛在横沥镇的庙南、义沙、新兴、太阳升、冯马二等15个行政村和农场广泛种植，产品广受欢迎。

【增城荔枝】 产于广州增城市。增城被誉为“荔枝之乡”。增城荔枝栽培历史悠久，在增城境内的荔枝山、荔枝园、荔枝岭、荔枝墩、荔枝坑、荔枝排等以荔枝冠名的自然村落就有十几个。增城的市政府驻地荔城；增城的杂志有《丹荔》、《荔乡情》；至于企业、商品以红荔、丹荔、挂绿等与荔枝有关的字眼而命名的更是数不胜数；那些以荔枝为题材的文学作品更是万千繁花。1999年，增城荔枝（糯米糍）被评为第二届中国国际农业博览会名牌产品。同年，增城荔枝（桂味）被评为第二届中国国际农业博览会名牌产品；兰溪百年老桂味曾作为国礼赠送给重温海上丝绸之路哥德堡号访华的瑞典国王、皇后品尝。近年来，增城荔枝生产有很大发展，目前增城全市荔枝种植面积达17.3万亩，荔枝品种60多个，连片种植100亩以上的荔枝基地有200多个。增城市政府积极做好全市水果的发展规划、管理和指导，加大农业标准化和无公害农产品认证的推广力度，规范优质农业生产体系，使增城荔枝的生产、销售都有标可依，产品更加优质，更加安全。

【增城挂绿】 产于广州增城市。增城被誉为“荔枝之乡”。增城挂绿是荔枝中的珍稀果品，历史悠久，驰名中外。自古许多文人墨客都写诗作词颂赞挂绿。2000年，增城挂绿被评为“广州市名优农产品”。目前，增城全市挂绿古树的后代约有4000株，常年产量约为4000公斤。增城挂绿作为珍贵的送礼佳品，近年市场销售价格每盒（每盒2颗）30—100元，是当之无愧价格最高的荔枝，产品供不应求。增城市委、市政府对增城挂绿品牌十分珍惜和高度重视，将城市商业中心命名为挂绿路、挂绿广场，近年又在新行政中心南边规划建设了总面积7000亩的“挂绿湖”。

【萝岗甜橙】 产于广州市萝岗区。萝岗盛产水果，素有“水果之乡”的美称，其中以萝岗甜橙最为著称。由于萝岗具有独特的自然生态环境和栽培技术，因此萝岗甜橙具有外形美观、色泽鲜艳、果味芳香、糖分高、味道清甜等特色，自古都是朝廷的贡品，也是全国十大橙类品牌之一，其以清甜、桂花香味、丰产稳产、品质优良、耐贮藏等特点而闻名，是广州知名的传统水果品牌，深受消费者的喜爱。萝岗栽培甜橙的历史非常悠久，早在汉代就已有柑橘栽培，至今有500多年的栽培历史。在1974年至1977年，萝岗甜橙在参加广州市郊评比中连续三年荣获第一名。而在当时萝岗甜橙出口批发价已卖到每百斤63元，是最贵价的橙，其产品垄断了整个珠江三角洲销售市场，并且远销港澳地区和东南亚等国。近年来，当地政府采用一系列有力措施保护了萝岗甜橙地理标志品牌。 （供稿人：李　铮）

植物新品种

林业植物新品种

【概况】 加强林木花卉种质资源创新利用，推进林业植物新品种创造，桉属的尾边桉TH06001、尾柳桉TH06002、尾邓桉TH06008共3项林木新品种申请植物新品种权；罗汉松属的真趣松2号、真趣松3号，木兰属的绿星、红金星、红玉、清心，桉属的华桉1号、华桉2号、普桉1号、普桉2号，山茶属的黄埔之浪、红吉星、烈焰、郁金共14个林木花卉新品种获得国家林业局植物新品种授权，授权量超过广东省往年林业植物新品种授权数量之和。

（供稿人：张心结）

重大知识产权获奖成果

广东专利奖

【概况】 广东专利奖从2003年至2012年，共完成五届评选工作，累计评选出获奖项目268项，其中，金奖项目53项、优秀奖项目215项。2012年10月8日，2013年广东专利奖评奖工作启动，通过专家组评审，对获得广东专利奖的单位予以公开表彰和奖励，颁发奖金和证书。

【广东专利奖】 2012年10月，广东省知识产权局与广东省人力资源和社会保障厅联合在全省开展2013年广东专利奖评选表彰活动。本届广东专利评奖申报、推荐、初审、专家评审等工作均在“广东专利奖申报与评审系统”上进行，该系统纳入省政府网上办事大厅监控。截至2012年底，项目申报、推荐、初审工作顺利完成，进入专家评审阶段。

（供稿人：刘延君）

中国专利奖

【中国专利奖励工作】 中国专利奖省政府配套奖，由省政府对广东省获得中国专利奖的单位或个人给予奖励。到2012年，广东省财政拨付的奖金总额达9150万元，已对25项金奖、133项优秀奖项目进行表彰和奖励。2012年，广东开展的中国专利奖励工作有两项：一是广东省第十三届中国专利奖获奖项目单位及个人的表彰和奖励；一是第十四届中国专利奖广东省项目的组织和推荐。

第十三届中国专利奖表彰和奖励。在第十三届中国专利奖评选中，广东省共有40项专利获奖，其中金奖项目6项、优秀奖项目34项，分别占金奖、优秀奖总数的30%和16%，金奖项目数再次高居全国首位。根据《广东省专利条例》，奖励对象由获奖项目单位扩大到个人。广东省第十三届中国专利奖的4位个人获奖者，成为首批受到政府表彰的个人。2012年7月24日，省政府隆重召开表彰大会，对广东省获奖项目单位及个人给予表彰和奖励，并在《南方日报》等主流媒体进行广泛宣传报道，扩大获奖项目的影响力。

第十四届中国专利奖组织和推荐。按照国家知识产权局《关于评选第十四届中国专利奖的通知》要求，广东省知识产权局在全省范围内遴选优秀项目。按照中国专利奖评选的标准和要求，参照广东专利奖评选工作的程序和做法，组织各地级以上市知识产权局和省直有关单位向广东省知识产权局推荐项目，通过专家评审方式遴选优秀项目。广东省知识产权局共推荐项目33项，其中，发明专利16项、实用新型专利2项、外观设计专利15项。此外，广东省知识产权局还积极鼓励、引导申报单位通过国务院部委、行业协会、科学院院士和工程院院士等多种推荐渠道，争取更多广东省优秀专利项目参加评选。2012年11月，第十四届中国专利奖评选结果揭晓。广东获得2项金奖，53项优秀奖获，获奖项目总数创历史新高。

（供稿人：刘延君）

广东省名牌产品（工业类）

【概况】 2012年，广东省质监局贯彻省委、省政府实施名牌带动战略的重要部署和要求，紧紧抓住名牌的培育、评价、带动、发展和保护五个中心环节，大力实施名牌带动战略，取得显著成绩。508个企业的工业类产品被评为广东省名牌产品，截至2012年底，全省共有在有效期内的广东省名牌产品（工业类）1447个。508个广东省名牌产品（工业类）主要分布的地区有：广州71个、深圳35个、珠海19个、汕头30个、佛山46个、韶关7个、河源2个、梅州7个、惠州20个、汕尾0个、东莞62个、中山63个、江门18个、阳江19个、湛江4个、茂名2个、肇庆14个、清远5个、潮州18个、揭阳17个、云浮2个、顺德47个。主要辐射的行业有：电子信息、电器机械及专用设备、汽车及摩托车产业等九大支柱产业，其中合资企业、股份制企业和民营企业的名牌产品已占据半壁河山，有效促进了产品结构和企业组织结构的优化升级。广东省所获中国世界名牌和中国名牌产品中，九大支柱产业生产企业分别占100%和77.59%。以“HUAWEI华为”、“ZTE中兴”、“震雄CH”、“兴发”等品牌为代表的名牌优势企业吸纳生产要素的能力不断增强，有效促进了产业结构和企业组织结构的优化升级。以名牌企业为龙头，逐步形成了深圳珠宝、佛山陶瓷、顺德家电、南海铝材、虎门服装、狮岭皮具等100多个产业集群和区域品牌。名牌产品已成为带动广东省经济发展的有生力量，不仅成为广东省经济新的增长点，还提升了广东省的产业竞争力，带来了核心技术、产业集群、经济质量的提高，优化了广东省的经济结构。（联系人：李　铮）

ZHI SHI CHAN QUAN YUN YONG

知识产权运用

- 战略性新兴产业专利信息资源开发利用计划
- 专利技术实施计划
- 信息运用
- 转化
- 经验介绍

战略性新兴产业专利信息资源开发利用计划

战略性新兴产业知识产权工作

【概况】 2012年，为促进广东省战略性新兴产业发展，发挥知识产权对产业发展的促进作用，广东省知识产权局积极、深入开展广东省战略性新兴产业专利信息资源深度开发工作。

【主要做法】 深入实施“广东省战略性新兴产业专利信息资源开发利用计划”。2012年，广东省知识产权局会同广东省财政厅继续深入实施“广东省战略性新兴产业专利信息资源开发利用计划”。该计划围绕新一代通信、物联网、数字家庭、新能源汽车、LED、OLED、生物医药7个重点产业，组织广东省内专利信息资源开发机构和有关企事业单位申报项目24项，经专家评审后下达项目11项，立项金额2000万元，这是广东省内第一笔规模化支持产业专利信息开发的财政专项资金。目前，各立项项目进展良好，处于深入推进实施的阶段。

大力建设“广东省产业发展专利信息综合应用服务平台”。2012年，该平台开始向广东省范围内用户免费开放。广东省知识产权局将不断完善平台系统功能，并且通过举办推广学习班、专题培训班、成果宣传展览、开展技术咨询、技术指导、技术服务等多种形式进行推广应用，提高政府机关、企事业单位、大专院校等专利信息应用的能力和水平，更好地促进广东省战略性新兴产业专利信息资源深度挖掘和利用，实现产业结构优化升级。

举行“广东省战略性新兴产业专利分析及预警系列报告会”。2012年，广东省知识产权局先后组织举办LED、生物医药、太阳能光伏、数字家庭、新一代通信等产业专利分析及预警报告会六场，面向全省逾1300家企事业单位发布专利分析及预警研究成果，明晰产业发展的方向、创新路径与突破口，不断深化战略性新兴产业专利分析及预警系列报告平台及品牌建设，加速形成利用专利信息促进战略性新兴产业发展的有效机制，支撑和促进重点产业的科学发展。

创办《广东省战略性新兴产业知识产权工作动态》专题刊物。创办、编辑并广泛印发该刊物，发布广东省促进战略性新兴产业发展过程中知识产权重要工作和发展动态以及知识产权促进产业发展计划的实施进展及相关研究成果。目前，已编辑出版12期，内容涉及LED、生物医药、物联网、平板显示等产业的知识产权前沿信息等，并向广东省委、省政府主要领导、战略性新兴产业发展领导小组成员、省直机关相关部门以及广东省知识产权试点、示范、优势企业等过千家单位和个人赠阅，发放累计近万份，为广东省战略性新兴产业领导决策机构、政府推进部门、产业界、科技界、知识产权服务界，提供了优质的专业信息和有价值的行业动态。

建设战略性新兴产业知识产权人才队伍。通过举办培训班、工作交流会和到各项目组听取工作进展情况汇报等方式，及时了解和解决工作中存在的问题。同时，培养大量广受企业欢迎的专利信息利用人才。目前，不少参与课题研究的人员已分布在企业、知识产权服务机构、知识产权管理部门，为广东省知识产权服务业向高端发展提供了人才储备。

试点开展战略性新兴产业重大项目知识产权评议工作。2012年，经广东省知识产权局申报，国家知识产权局批准立项“重大经济活动知识产权审议试点项目”。在该项工作中，广东省知识产权局在广东省重点培育发展的战略性新兴产业领域选择2个重大研发和产业化项目，试点开展知识产权评议：一是广东省发展改革委新能源汽车重大专项“锂离子动力电池研发及产业化项目”；二是DiiVA“数字高清互动传输接口技术”标准推广项目。这两个项目对广东省新能源汽车、高端新兴电子信息产业的发展举足轻重。针对这两个项目，广东省知识产权局组织开展知识产权评议试点工作，形成了两个项目知识产权评议报告，为两个项目的实施提供了有力的知识产权保障。

（供稿人：成　思）

专利技术实施计划

专利技术实施计划

【项目申报推荐及初审】 2012年度“广东省专利技术实施计划”自启动申报以来，各地市知识产权局及有关省直单位共向广东省知识产权局推荐申请65项。经对推荐申请进行初步审查，筛除5项，通过60项。通过初审的60个项目，按技术领域分类提交专家评审。项目分类为：高端新型电子信息（22项）、新材料及化工（14项）、生物医药（11项）、机械（13项）共四个领域。

【项目专家评审】 产业政策审查。邀请广东省发展改革委、省经济和信息化委员会、省环境科学研究院等3位专家，对所有项目从是否属于国家非禁止产业、是否符合技术改造方向、是否环保等方面进行产业政策审查。产业政策专家评审不计分，但对项目给出是否通过政策审查的评审意见。经政策审查，60项申请全部通过。

技术和经济评审。根据项目技术领域分类，邀请相关专业技术专家，对项目的技术水平评审打分；邀请管理与经济专家，对单位实施条件、项目市场前景评审打分。所有专家评分后，形成两类专家的评分汇总。

【项目立项建议】

（一）立项原则

集中扶持与普及推进相结合。根据广东省产业发展需要，择优立项一批“重大项目”，给予较多经费支持；同时，择优立项一批“重点项目”，扩大在全省的支持范围。

专家评分与区域、技术领域平衡相结合。立项以专家评分结果为主要依据，同时考虑全省区域平衡，以及技术领域平衡。立项名额分配以所属技术领域为纲，突出对省重点培育发展、专利技术相对密集的高端新型电子信息、新材料及化工、生物医药等战略性新兴产业的扶持，在名额分配上给予倾斜。同时按照各领域的评审项目数比例，确定各领域拟立项重大项目数和重点项目数如下：

（1）“重大项目”的立项：以专家评分为依据，分别对四个产业的前四名、前三名、前两名、第一名，立“重大项目”。（2）“重点项目”立项：以专家评分为依据，同时兼顾地区平衡，保证通过初审的各地市（区）及科研院所，至少有一个项目纳入计划。（3）同等总分下项目的选取：优先立项经济分较高的项目，以突出专利对经济的促进作用；优先考虑以往未获本局专利技术实施计划扶持的单位。

（二）立项项目数量和经费

重大项目：重点择优扶持10个项目，每个

产业技术领域	评审项目数	重大项目数	重点项目数	立项总数
高端新型电子信息	22	4	7	11
新材料及化工	14	3	7	10
生物医药	11	2	3	5
机械	13	1	4	5
合计	60	10	21	31

资助经费20万元，小计扶持经费200万元。

重点项目：扶持21个项目，每个资助经费5万元，小计扶持经费105万元。

重大项目和重点项目合计31个，共计扶持经费305万元。

（三）相关说明

1.立项项目，已由申报单位出具专利登记簿副本，核实了法律状态及专利权人。

2.区域分布上，31个项目中，广州4项，深圳3项，佛山、云浮、河源各2项，其他地市和省科学院各1项。

3.汕尾市的2个项目专利申请日均在2007年之前，均未通过初审，考虑到地区平衡，在尊重汕尾市局意见基础上，保留汕尾展辉实业有限公司的专利项目，并纳入扶持计划（机械类重点项目）。（供稿人：吴　瑛）

信息运用

知识产权信息与服务

【概况】 2012年，广东省知识产权局向国家局推荐广东省知识产权研究与发展中心等10家知识产权服务机构申报“全国知识产权服务品牌机构培育单位”，其中，广东省知识产权研究与发展中心、深圳市中彩联科技有限公司等5家机构被评为首批“全国知识产权服务品牌机构培育单位”。同时，配合国家知识产权局开展知识产权服务业统计调查。

（供稿人：阳屹琴）

专利信息化建设及推广

【国家知识产权局区域专利信息服务（广州）中心】 2012年，国家知识产权局区域专利信息服务（广州）中心（以下简称“区域中心”）正式挂牌成立。区域中心网络及软硬件基础设施建设已全部完成并且顺利通过专家组验收，为区域中心数据系统和应用系统建设提供必要的软硬件综合平台支撑；同时，区域中心系统已经完成对国家局配备的首批专利数据的全面加工加载，在持续开展过档数据加工的同时，顺利完成系统的验收工作，为推动专利信息传播和服务向深层次发展、拓展区域知识产权服务领域、提升知识产权服务能力打下了坚实的基础。

【知识产权信息平台建设】 2012年，“广东省知识产权公共信息综合服务平台”上线试运行。广东省知识产权局继续围绕平台开展全方位建设工作，启动并完成“广东省战略性新兴产业专利信息实时统计系统”、“广东省战略性新兴产业专利信息资源发布系统”和“广东省知识产权技术信息展示与交易应用系统”的建设工作，同时，完成对“广东省家具行业外观设计专利图像检索服务平台”的项目验收工作。至此，“广东省知识产权公共信息综合服务平台”已经建设成为整合专利、科技文献、商标、版权、标准等各类知识产权信息、服务、人才等资源以及集知识产权信息查询、知识产权展示交易、知识产权宣传培训、知识产权维权援助等功能于一体的“一站式”知识产权综合服务平台，为提高企业自主创新能力和水平，强化知识产权保护，促进知识产权运用发展提供强有力的信息支撑和服务保障。

【产业/行业专题数据库建设】 围绕广东省产业、区域特点、重点产业及战略性新兴产业发展的方向，广东省知识产权局继续建设并完善省级重点产业/行业、战略性新兴产业专利数据库。2012年，完成广东省高分子材料专业专利数据库、广东省铝产业专利数据库、电力行业数据库的建设工作，同时，积极开展战略性新兴产业专利信息资源开发工作，建设完成生物医药数据库并整合到“广东省知识产权公共信息综合服务平台”；此外，针对平板显示、数字电视、装备制造通信电子设备等专题数据库的检索表达式进行升级优化。缩短了用户对专利信息获取的时效，可简捷、方便、实时地掌握产业技术的研发、引进、吸收、专利申请等情况，对于推动产业的技术创新能力和水平建设起到了积极作用。

【专利信息化建设推广应用】 为贯彻实施广东省知识产权战略，提高全省专利信息运用水平，推动广东省知识产权事业发展，提高企事业单位运用专利信息的能力，提升专利挖掘水平及专利撰写质量，促进行业的技术创新和经济发展，举办了“广东省产业发展专利信息综合应用培训班”、“国家知识产权局（广东）专利信息传播利用基地企业专利信息利用培训班”和“东莞企业专利工作者培训班”，对广东省知识产权公共信息综合服务平台的功能特点与使用技巧进行了详细的介绍，同时内容还涉及重点产业专利态势分析及对策、专利信息在线预警分析等。此外，针对企业实务需求，我们邀请台湾专家讲授了专利回避与布局、专利撰写技巧等内容，课程受到了众多参会企业的一致肯定。同时，在综合平台推广应用的过程中进行了用户使用问卷调查，用户根据自身企业发展及使用过程中遇到的问题，向我们提出了宝贵的意见，这是我们综合平台未来改进的重要参考依据，也是我们未来开展服务的指导方向。

【专利信息应用服务】 2012年，成立专利信息服务小组，并吸收了一批具有扎实专利实务功底的新员工，为对外开展各类检索分析工作打下了良好的基础，开展了面向广东省内优势及示范企业的专利信息服务需求问卷调查工作，并根据反馈意见拓宽了服务内容并改进服务流程，持续为企业及代理所提供优质的专利检索，并开展检索质量满意度调查工作，工作质量与效率受到用户的一致好评。同时，组织金发科技、美的电器、比克电池等三家企业分别就聚丙烯高分子组合物、炊具不黏涂层、硅材料技术的发展情况制定“企业专利技术路线图”，帮助企业技术人员和专利人员能更加深刻地了解到专利信息分析，尤其是技术路线图分析在企业研发中的作用，通过对市场需求、产业目标、关键技术、研发需求各自的独立分析和相互之间关系的研究，在把握相关产品发展脉络的同时，通过产品市场和研发关系的建立，为该产品未来的发展趋势提供指导，最终提升企业的核心技术创新能力。

（供稿人：李润聪）

转　　化

知识产权交易

【概况】 2012年，广东省知识产权局通过各种途径，搭建平台，努力推动知识产权的转移和转化。

【推动专利技术展示交易】 2012年，广州、深圳、佛山、东莞4个国家专利技术展示交易中心，实际交易额近2000万元。

按国家知识产权局的统一部署，围绕“实施专利战略，推动创新发展”主题，广东省知识产权局于2012年11月在全省组织开展了“2012第六届中国专利周”广东省活动。一是广东省知识产权局开展了系列活动，主要活动包括：举行“广东省战略性新兴产业专利分析及预警报告会”；组织开展“创新知识企业知识产权管理通用规范”培训活动；组织开展专利技术与产品展示交易活动；举行“知识产权质押融资与价值评估管理政策宣讲活动”；组织专利项目参加第十四届深圳高交会；开展广交会专利执法活动等。二是重点组织国家专利技术（广州、佛山、东莞、深圳）展示交易中心实施年度专利周区域重点活动项目。广州市选取重“点”行业、企业，开展“一对一”专题系列培训，推进“三打两建”，贯彻会展执法，加大专利行政执法力度，组织开展广州市第二届“保护知识产权市长奖”评选系列活动。佛山市专利周活动选择了走进专业镇，把会场设在里水镇“企业·家家·南海”企业服务中心，更好地面对企业服务和专利技术的展示推广。除了展示多年来专利技术展示交易中心合作成功的精品外，还专门展示推广里水镇企业的专利产品，以及佛山各区的优秀企业专利。东莞市通过图文展板、实物及多媒体形式展示了包括电子信息、新材料、机械等行业在内的可交易专利技术3000多项，展示可交易商标1000多件，开展工业设计优秀作品展，举办设计创新高峰论坛等。深圳市举办“知识产权进园区”活动，邀请业内专家和权威学者，分别走进深圳市南山数字文化产业基地、云谷、智恒战略性新兴产业园等中小企业创新型园区，进行知识产权政策宣讲及解读。同时举办知识产权质押融资对接会，筛选符合条件的10余家企业向金融和资产评估机构推荐。三是发动全省各地市同步开展专利周活动。各地在专利宣传、保护、资本化、培训、服务等各领域，开展了形式多样的本地专利周活动，如珠海市举办美国新专利法解析及涉外专利申请策略培训讲座，顺德区举办亚太地区外观设计研讨会，惠州市开展“中小学知识产权教育试点学校”培训工作，江门、梅州、河源等市纷纷举办面向企事业单位的知识产权宣传、培训活动，开展专利执法行动等。

【促进专利技术转移推广】 举办和参加技术会展是促进专利技术转移推广的有效措施。2012年，广东省知识产权局积极搭建平台，促进专利技术转移推广。广东省知识产权局在佛山组织召开“专利技术展示交易研讨会”，这是广东省知识产权局首次召集4个展示交易中心开展研讨。二是支持国家知识产权局举办的2012年中国国际专利技术与产品交易会、第十四届高交会、中国发明协会举办的第七届国际发明展览会等各类展会，积极组织企业到会参展。其中组织深圳迈瑞公司参加第十四届高交会广东省展团，获推荐至中心展区展示（共6家企业），会展期间，多家外商对公司产品表现出兴趣，其参展项目获得优秀产品奖（共

5家企业获奖）。这些会展活动，对促进专利技术转化为现实生产力，推动自主知识产权产品的形成与发展，产生了积极的效果。

（供稿人：成　思、吴　瑛）

专利实施许可合同备案

【概况】 2012年，共受理涉及广东省的专利实施许可合同备案1392件，包含专利2604项。专利许可使用费人民币34015.07万元，美元2860.84万元。

专利独占许可继续领跑其他许可类型。专利实施许可分为独占许可、排他许可、普通许可、交叉许可和分许可五种类型。2012年，在已办理专利许可备案合同备量中，独占许可类1236件，占总数的88.79%，居第一位；其次是普通许可129件，占总量的9.27%；第三位是排他许可22件，占总量的1.58%。2012年首次出现了交叉许可和分许可，其中交叉许可1件，分许可4件。

专利许可使用费以有偿许可为主。专利许可合同的使用费分有偿许可和无偿许可两种。2012年，办理有偿许可合同备案741件，占总量的53.23%。

实用新型专利许可实施率最高。从专利类型来看，发明、实用新型、外观设计、PCT专利的转让分别为579、1611、368和46项，分别占总量的22.24%、61.86%、14.13%和1.77%，在发明、实用新型、外观设计三种专利中，以实用新型的专利实施率最高。

电学专利技术居榜首。国家知识产权局采用国际专利分类对发明专利申请和实用新型专利申请的技术主题进行分类，并分别用字母A—H表示。从专利技术主题来看，最多的H部（电学）专利量达到521件，其次是B部（作业、运输）及F部（机械工程、照明、加热、武器、爆破）有大幅增长，分别有359件及435件，最少仍为D部（纺织、造纸），只有26件。

专利权人以自然人的专利许可量居多。专利权人（许可方）类型分为自然人、工矿企业、科研单位、大专院校、事业单位。2012年备案中，自然人的专利许可量居首位，达781件，占总量的56.11%；其次是工矿企业441件，占总量的31.67%；第三位是大专院校、科研、事业单位113件，占总量的8.12%。此外，国外企业48件，占总量的3.45%，国外自然人9件，占总量的0.65%。

企业始终是专利的实施主体。2012年专利实施许可合同备案量中，工矿企业达1372件，占总量的98.56%，表明专利的实施是以企业为主；其次个人19件，占总量的1.36%，国外企业1件。

专利许可方主要集中在珠江三角洲地区。广东省专利许可主要集中在珠江三角洲地区，排在第一位的是深圳市，涉及专利747项，占总量的28.69%；第二位佛山市485项，占18.63%；第三位广州市254项，占9.75%。在排名前三位的城市中，深圳市的发明专利许可量最多，达到156项，占全省发明专利许可总量的39.39%，实用新型专利许可量呈增长态势，共有1293项，较2011年增长42.56%。佛山市仍以实用新型专利许可为主，计322项，占全市许可总量的66.39%。

（供稿人：丁　洪）

经验介绍

知识产权运用工作

【概况】 2012年，广东省知识产权局以促进企业创新发展为目标，围绕产业发展中的核心技术、融资支持、推广应用三个关键环节，着力构建企业培育、专利运用、产业助推三大发展体系，推动企业知识产权工作取得了一定成效，形成了国家、省、市及县（区）上下联动、政府与企业协同推进的工作格局，企业知识产权创造、运用、管理和保护水平稳步提升，为广东省发展方式转变、产业转型升级和知识产权强省建设奠定了坚实基础。

【推动知识产权运用工作的主要做法】

（一）夯实基础，构建培育体系，提高能力水平。

一是政策引导，拓展企业知识产权发展空间。广东省政府继续实施重奖中国专利奖政策。2012年7月，广东省政府对获得第十三届中国专利奖金奖6项、优秀奖34项的单位分别给予100万元和50万元的奖励。迄今省政府共安排重奖中国专利奖专项资金9150万元。

二是试点示范，强化企业知识产权工作抓手。继续认定和培育省知识产权优势示范企业。2012年遴选出广州市动景计算机科技有限公司等新一批省知识产权示范企业20家，广东龙的集团有限公司等新一批省知识产权优势企业50家。截至目前，共培育认定省知识产权优势企业453家、示范企业100家。

三是综合服务，提高企业知识产权能力水平。继续组织开展“百所千企知识产权服务对接工程”。“百千对接工程”是政府部门搭建平台，充分发掘和统筹利用广东专利代理机构的人才资源，与企业的实际需求实现对接，提升企业运用知识产权的能力和水平的一项有效举措。截至2012年12月，广东省共有近百家专利代理机构与近千家专业镇和企业成功对接，支撑产业实现“倍增效应”初现成效。

四是政策激发活力，举措迸发动力，联动释放能力，企业知识产权工作成效凸显。企业专利申请数量和质量不断提升。2012年，广东省企业申请量为125503件，占全省专利申请总量的54.7%，同比增长16.4%；企业发明专利申请量为45774件，占全省发明专利申请总量的72.7%，同比增长21.2%。一批拥有高质量自主知识产权、善用知识产权制度获取市场优势提升核心竞争力的企业纷纷涌现。

（二）丰富手段，构建运用体系，实现市场价值。

一是专利技术实施和产业化工作深入推进。“广东省专利技术实施计划”继续开展，至今已投入资金3400万元选择了457个优秀专利项目扶持其实施和产业化，全省专利实施率高达86%。

二是专利技术交易与转化打开新局面。广东省4家全国专利技术展示交易平台和各地知识产权应用服务平台积极发挥作用；广州、深圳、佛山、东莞4个中心2012年实际交易额近2000万元；深圳高交会、广东设计·产业顺德年会等会展成功举办；第六届中国专利周广东分会场活动成功举行。

三是知识产权投融资工作有效开展。一是广东省知识产权局等九部门于2012年12月联合印发《关于加快推进广东省知识产权质押融资工作的若干意见》（粤知〔2012〕207号），从建立协同推进机制、完善综合服务体系、构建风险控制和管理机制、加强保障体系建设等方面提出推进知识产权质押融资的具体措施。

佛山市南海区稳步建设国家知识产权投融资综合试验区，正积极构建政府引导、市场化运行、社会广泛参与的知识产权投融资机制；现已形成推动知识产权质押融资和投融资“评估+评估险+交易+担保”、“评估+评估险+交易”、“交易+评估险”等三种市场化运作模式，并通过商业推广逐渐运用到珠海、中山、肇庆等地。二是建立起覆盖全区逐级推进的工作体系和机制，知识产权投融资对接项目产生实质效果，2012年成功举办知识产权投融资项目对接大会，5个项目与创投公司签订9份合作协议，涉及金额1.8亿元。三是联合有关单位申报广东省“专利价值分析体系运用规范”、“质押融资知识产权评估规范”等2项地方标准。四是广州市和东莞市顺利通过全国知识产权质押融资试点验收。顺德区制订工作方案和业务操作管理办法，探索组建服务联盟，稳步推进国家知识产权投融资服务试点。深圳市政府于2012年4月出台《促进知识产权质押融资若干措施》（深府办〔2012〕35号），在全国第一个创造了利用信用再担保方式推进知识产权质押融资的工作模式，分别从机制、平台、评估、放贷、担保、交易、配套服务、推进保障等八个方面对知识产权质押融资工作提出25条意见。截至2012年底，全省各地已有近200家企业通过逾520项知识产权获得逾9.85亿元的知识产权质押贷款。

（三）整合资源，构建助推体系，支撑产业发展。

在培育发展战略性新兴产业方面，推进专利信息开发利用。继续深入实施“广东省战略性新兴产业专利信息资源开发利用计划”。2012年，举行“广东省战略性新兴产业专利分析及预警系列报告会”，先后举办LED、生物医药、太阳能光伏、数字家庭、新一代通信等产业专利分析及预警报告会九场，面向全省逾1300家企事业单位发布专利分析及预警研究成果，明晰产业发展的方向、创新路径与突破口，不断深化战略性新兴产业专利分析及预警系列报告平台及品牌建设。促进重点专利项目实施。2012年，择优选取了新材料、生命健康、高端新型电子信息等领域的11个项目，给予重点扶持，促进新兴产业发展及其核心技术的实施和保护。

在建设现代产业体系方面，大力培育和发展知识产权服务业。一是逐步形成政府引导与市场协调推进的知识产权服务体系。截至目前，全省共有11家知识产权服务机构跻身“广东省科技服务业百强企业（机构）”行列。二是以战略性新兴产业专利信息资源开发利用项目为载体，培养知识产权服务业高端人才，构筑强大的发展软实力。三是着力推动知识产权信息服务。紧紧抓住国家知识产权局在全国建设5个区域专利信息服务中心（以下简称“区域中心”）的重大机遇，全面铺开“区域中心”的建设工作，已圆满完成机房及配套设施建设，成功部署网络及软硬件基础设施，升级完善服务场地；依托国家知识产权局提供的各种专利信息资源和区域内各省（区）提供的信息资源及应用系统，有条不紊地开展基于互联网模式，集专利信息检索、专利信息应用与管理等功能于一体化的区域“一站式”专利信息综合服务应用平台的开发工作，平台已成功挂牌，并顺利完成验收工作。稳步建设省知识产权公共信息综合服务平台。2012年，主要对基础信息库和公共服务平台进行功能扩展和升级优化，包括建成三个产业行业专利数据库（高分子材料专业、铝专业、电力行业）和一个应用平台——广东省知识产权技术信息展示与交易应用系统，此外，对已建成的平板显示、数字电视、装备制造通信电子设备等专题数据库进行升级优化。截至2012年12月，已经完成了“综合平台”各项子系统的建设任务，整合了专利基础信息库、22个重点产业/行业专题专利数据库、相关法律法规数据库等，开发了维权援助、司法鉴定、宣传培训等多个应用系统。初步形成了全省各知识产权管理部门、各类知识产权服务机构共同参与的系统化服务体系。四是积极发挥高校、科研院所和中介机构的生力军作用。以华南理工大学、深圳先进技术研究院为代表的高校和科研院所已成为广东省产业发展的重要技术源泉，以华进联合专利商标代理有限公司为代表的113家专利代理机构已成为促进产业创新成果知识产权化的中坚力量。

在推动产业竞争合作方面，知识产权联盟建设稳步推进。深圳、佛山、中山等地已建立LED、精密制造、照明灯饰等知识产权战略联盟25个，建立实施有效的利益协调机制和发展策略，不断完善开放式知识产权创造及运用体系，并通过集成知识产权资源，催化知识产权应用。（供稿人：成　思）

专利联盟建设工作

【概况】 广东省已建立知识产权（专利）联盟25个，分布在广州、深圳、汕头、佛山、中山等地区，涵盖数字家庭、LED、新能源等战略性新兴产业和陶瓷、红木家具、电压力锅等传统产业。专利联盟的产生，来自企业竞争发展的需求，因应产业共赢发展的呼声。

专利联盟是专利向标准转化中最重要的一环，可以将企业的技术研发转化为现实的竞争力，助推企业腾飞。顺德电压力锅专利联盟发起人起草制定的顺德地方《电压力锅联盟标准》于2009年3月上升为广东省地方行业标准。联盟成员单位全部加入国家电压力锅标准化工作组。2010年10月，在美国西雅图召开的第74届国际电工委员会（IEC）大会上，联盟代表中国标准化委员会提出了修订电压力锅国际标准的提案申请。2011年6月，在印尼巴厘岛召开的第83届IEC-TC61会议上，电压力锅国际标准修订提案审查获得通过。2012年6月，在德国柏林召开的第85届IEC-TC61会议上，电压力锅IEC标准修订的全部提案获得通过。由中国家电企业提出国际标准修订提案并获通过尚属首次。这标志着中国电压力锅争夺国际标准话语权取得了圆满成功，也标志着顺德以专利联盟为纽带、以产业联盟形式抱团参与国际标准化活动取得了圆满成功。该标准经必要的非技术程序，已于2012年11月于瑞士日内瓦正式发布实施。（供稿人：成　思）

知识产权保护

ZHI SHI CHAN QUAN BAO HU

- 概述
- 行政保护
- 司法保护
- 市场监管
- 执法协作
- 维权援助与涉外应对
- 委局合作
- 实例

概 述

知识产权保护

【概况】 2012年，是大力实施知识产权战略、全面推进知识产权强省建设的重要之年。广东省各级知识产权行政执法和刑事司法部门以科学发展为主题，以加快转变经济发展方式为主线，深入开展“打击侵权假冒”工作和“三打两建”专项行动，大力推进知识产权保护工作，为加快转型升级和建设幸福广东做出积极贡献。

【知识产权强省建设和知识产权战略实施】 2012年，是广东省知识产权事业发展进程中具有里程碑意义的一年。1月20日，广东省委、省政府颁布实施《关于加快建设知识产权强省的决定》。《决定》是广东首个以省委、省政府名义颁布并涵盖各类知识产权的政策性文件，也是广东省推进知识产权事业改革和发展的重要纲领性文件。《决定》确定28条政策措施，对未来五年广东省知识产权事业发展做出了全面部署。10月31日，广东省府办公厅印发《广东省加快建设知识产权强省重点任务分工方案》，对强省实施工作进行具体安排。截至年底，惠州、潮州、云浮市委市政府出台贯彻落实《决定》的实施意见。

2012年，知识产权战略实施扎实推进。广东省级职能部门大力落实战略纲要，广东省人大修订《广东省查处生产销售假冒伪劣商品违法行为条例》；广东省政府颁布《广东省展会专利保护办法》；广东省政府办公厅印发《2012年实施广东省知识产权战略纲要工作方案》，出台《关于实施商标品牌战略的指导意见》；广东省政府知识产权办公会议组织开展战略实施五周年宣传活动。广东省各市积极落实地方战略任务，广州、深圳成为全国首批国家知识产权示范城市；广州、深圳、佛山全面落实商标战略实施示范工作，汕头、清远、中山、阳江制定商标品牌战略实施意见或规划。

省部战略合作机制高效运作。3月，国家知识产权局和广东省政府召开知识产权高层次战略合作工作委员会第四次会议，确定《2012年度知识产权高层次战略合作工作安排》，并取得建立第二轮会商机制的重大突破，双方携手大力建设审查协作广东中心和省知识产权服务业集聚中心；同期，国家工商总局出台《关于支持广东加快转型升级、建设幸福广东的意见》，明确提出“支持实施商标战略提升区域经济发展水平”；广东省食品药品监管局推动广东省政府和国家食品药品监管局签署建设广东食品药品安全监管先行区合作备忘录，共同开展食品药品监管机制改革工作。

【打击侵犯知识产权和制售假冒伪劣商品工作】 2012年，广东省贯彻落实国务院和全国打击侵犯知识产权和制售假冒伪劣商品工作（以下简称“打击侵权假冒工作”）领导小组要求，紧密结合省内“三打两建”（打击制假售假、打击欺行霸市、打击商业贿赂，建设市场监管体系、建设社会信用体系）专项行动，在政府推动、社会参与、重拳出击、统筹推进、标本兼治、综合治理的原则指导下，积极推进制度建设，加大生产源头治理，加强市场监督管理，强化行政和刑事司法打击，努力建立健全长效治理机制，成效显著。广东省政府成立由陈云贤副省长任组长，31个部门组成的省打击侵权假冒工作领导小组，出台领导小组工作规则和办公室工作制度，印发任务分工和年度重点工作分工方案，召开广东省打击侵权假冒工作电视电话会议进行整体部署和工作推进。广东省各市和顺德区均成立了打击侵权假冒工作领导小组，各项工作扎实有序推进。

据不完全统计，广东省经信、农业、文化、卫生、工商、质监、知识产权、食药监和海关、出入境等行政执法部门共出动执法检查队伍约385万人次，检查经营主体220万余家次，立案查处侵权假冒案件112108件，案值近53.5亿元，捣毁窝点17732个，罚款2.6亿元，移送公安机关案件累计3162宗，工作成效得到美国、英国、德国、日本等国家商会和企业的高度评价。

【专利管理与保护工作】 截至2012年底，广东省累计专利申请量和授权量分别为1336065件和856427件，其中，累计发明专利申请量和授权量分别为302678件和85573件；有效发明专利量78902件，同比增长34.5%，占全国总量的18.13%，继续位居全国首位，专利密度为751.1件/百万人，是全国平均值（323件/百万人）的2.33倍，位居全国第三位。

2012年，广东省专利申请量和授权量分别为229514件和153598件，同比增长16.9%和19.5%；其中，发明专利申请量和授权量分别为60448件和22153件，同比增长16.2%和21.4%，发明专利授权量连续五年位居全国首位；广东省PCT国际专利申请受理量9211件，占全国总量50.76%，连续11年位居全国首位。在第十四届中国专利奖评选中，获金奖2项，优秀奖53项。

2012年，广东省共15444家企业申请专利125503件，6523家企业申请发明专利45774件，企业专利申请量和发明专利申请量分别同比增长16.42%和21.19%，分别占广东省专利申请总量和发明专利申请总量的54.68%和72.72%，中兴通信有限公司和华为技术有限公司的PCT国际专利申请公布量分别位居全球企业第一位和第四位，企业创新主体地位进一步加强。

2012年，广东省各级知识产权局共立案受理各类专利纠纷案件489件，同比增长122%；查处假冒专利案件614件；查处专利案件总量是2011年同期的4倍，居全国前列。知识产权与标准结合成效显著，顺德电压力锅专利联盟提出的国际标准修订提案在国际电工委员会（IEC）TC61委员会第85届会议上获得通过并正式发布。

【商标管理与保护工作】 2012年，广东省商标申请量272505件，同比增长17.77%；累计有效注册商标总量992334件，同比增长17%，约占全国（含港澳台）商标注册总量的17.77%，连续18年居全国首位；年度马德里商标国际注册申请量531件，跃居全国首位；新认定广东省著名商标351件，延续630件，总数2919件；新增中国驰名商标102件，总数445件，连续7年位居全国首位。

2012年，广东省工商行政管理部门积极开展商标行政执法工作，共立案查处各类商标违法案件11076件，案值36613.55万元，罚款10236.11万元。积极探索建立商标长效监管机制，深圳、佛山、东莞完善商标预警系统，三市共发预警通知7294份。

2012年，广东省区域国际品牌建设工作稳步推进，4个国家级知名品牌创建示范区获准筹建；集体商标、证明商标注册情况喜人，汕头市“澄海玩具”集体商标获准马德里国际注册。地理标志商标培育、注册和运用稳步推进，“合水粉葛”、“黑皮冬瓜”、“德庆贡柑”、“德庆沙糖桔”、“凤凰单丛”商标作为广东省地理标志证明商标参加首届中国地理标志产品博览会；广东商标协会商标代理分会成立，商标代理行业自律体系逐步健全。

【版权管理与保护工作】 2012年，广东省政府建立推进使用正版软件工作联席会议制度，明确成员单位职责分工，大力推进政府机关软件正版化工作。至6月底，广东省级机关103个单位，共26694台计算机的操作系统、办公软件和杀毒软件全部实现正版化；至10月底，广东省各地级以上市（区）政府和部分县区政府部门完成软件正版化工作。《2012年广东省推进企业使用正版软件工作计划》有序推进，16家新闻出版行业企业实现软件正版化。广东省软件正版化工作获得国务院督查组高度评价。

2012年，广东省继续推进“版权兴业”工程，努力发展特色版权产业，打造区域版权产业集群，新认定“广东省版权兴业示范基地”7家，累计认定62家；新认定“最具价值版权产品”8件，累计认定21个作品；加强“版权基层工作站”建设，累计建立基层工作站14个；进一步规范作品著作权自愿登记工作，累计批准17个作品登记代办机构，广东省新增作品著作权登记8237件。广东省版权局认真查处著作权侵权案件，向各市版权局转交涉嫌侵权线索30宗。

2012年，广东省软件产品认定制度不断完善。截至年底，登记软件产品5679个，广州、深圳获“中国软件名城”称号，云计算、物联网等新兴技术相关软件产业增速迅猛。

2012年，广东省各级文化行政部门和文化市场综合执法机构严厉打击文化市场领域侵权盗版等非法经营活动，出动行政执法力量75.3万余人次，检查各类文化市场经营场所约32.1万多家次；受理举报2254件，立案调查各类违法违规案件7202件，依法移送公安、工商等相关职能部门案件264件，办结案件7155宗，未办结47宗，案件办结率达99.3%；行政处罚违法违规文化经营单位3673家次，其中责令停业整顿429家次、吊销经营许可证36家，罚没人民币约1622.6余万元；公开销毁非法出版物近1000多万张（盒）。省广电局开展卫星地面接收设备制假售假的专项治理行动，出动执法人员9000余人次、执法车辆1500余架次，拆除或查扣非法卫星地面接收设施1500余套，查处非法销售卫星地面接收设备的店铺188家，立案查处44宗。

【名特优产品保护与打假工作】 2012年，广东省继续实施品牌战略，大力推进“质量强省”。截至年底，13家企业获省政府质量奖，广东省名牌产品（工业类）1447个、广东省名牌产品（农业类）676个；新增地理标志保护产品84个，总量位居全国第二位。技术标准体系建设工作全面加强，2009年以来制定实施企业（联盟）标准21824项；截至年底，累计22072种产品采用国际标准和国外先进标准组织生产，主要工业产品采标覆盖率达85%；20家企业成为省先进制造业和现代服务业先进标准体系建设试点。广东省外经贸厅积极创新自主国际知名品牌和国际区域品牌培育模式，推进国际知名品牌建设。

广东省质监系统牵头组织开展全省打假专项行动，大力开展食品、农资、通信等各类打假专项行动和“质检利剑”行动，全年共出动执法人员90万人次，立案查处案件30418宗，捣毁窝点7523个，涉案货值19.6亿元，移送公安案件1144宗。

2012年，广东省农业植物新品种申请量和授权量分别为32件和7件，累计申请220件，授权63件；林业植物新品种申请量和授权量分别为3件和14件，累计申请35件，授权23件。广东省农业和林业行政管理部门不断加强对侵犯品种权等各类违法行为的查处力度，广东省农业部门出动执法人员51.93万人次，检查农资单位24.12万家，广东省林业部门成立林业植物新品种权执法专项行动领导小组，规范林业产品生产经营秩序。

广东省卫生厅加大人类遗传资源保护力度，2012年，审核人类遗传资源国际合作项目6项，审核人类遗传资源出境20批次。广东省林业厅启动油茶遗传资源调查编目工作，加强野生动植物遗传资源保护。广东省食品药品监管系统建立打假防假机制、取缔制假售假窝点、查缴假冒伪劣食品药品，全年出动执法人员153万人次，清查企业单位69万家次，立案26943宗，捣毁窝点7961个，移送公安机关案件642宗，抓获犯罪嫌疑人1990人。

【海关知识产权保护工作】 2012年，广东省内海关大力推进“国门之盾”专项行动，查获侵犯知识产权嫌疑货物6090批次，涉案货物数量达4045万件。

广东省内海关开展打击侵权食品、药品、汽车配件、电子产品、酒类等产品和邮递渠道侵权活动的专项整治行动，2012年，查获侵权药品26901件；侵权汽车和摩托车零配件74990件；侵权手机及其零配件3186批次，涉案货物20万件；查获机电产品51批次，涉案货物24万余件；在邮递渠道查获侵权货物4372批次，涉及侵权嫌疑货物11万件。

广东省内海关重视风险分析手段，提高案件查办效率，对来自重点国家和地区、重点企业和重点商品进行专门布控查验，极大提高查获侵权货物的准确性。2012年，广东省通过风险分析手段查获侵权嫌疑货物242批次，涉及侵权嫌疑货物3770万件，占全年查获侵权货物总数的62%。

广东省内海关开展打击水客走私专项治理工作，针对水客走私以及携带侵权物品进出境行为采取严厉监管措施。4月，广东省内海关和边检部门共同设置当天多次往返旅客通道并对该类旅客进行特别监管，对携带违法物品进出境的水客形成了强大的震慑力，利用水客携带侵权物品进出境的情况明显减少。

【打击侵犯知识产权犯罪工作】　2012年，广东省公安机关将打击侵犯知识产权犯罪作为“破案会战”突破口，强化措施、全力推进，掀起打击侵犯知识产权犯罪高潮，立案、破案、移送审查起诉、侦破大要案、集群战役等工作均创历史新高。全年共立侵犯知识产权和制假售假犯罪案件6150宗，破案4927宗，执行逮捕7223人，移送审查起诉4364人，工作成效获得公安部部长的通令嘉奖，公安部先后发来15次贺电。

2012年，广东省各级公安机关积极拓展情报线索来源，主动发现犯罪线索1669条，破案1209宗；主动组织开展跨省打假集群战役，在假表、假皮具、假食品等领域发起跨省联合行动57次，协助外省开展集群战役321次，为省外公安机关提供线索1000余条，协助抓获犯罪嫌疑人370多名；密切警种和区域协调，实行多警种捆绑合作和异地用警机制，有效提升整体办案水平。

2012年，广东省各级公安机关重点地区打假工作成效显著，如广州连续发起“羊城”系列打假行动27次，侦破侵权假冒案件110多宗，缴获假劣商品按正品市场价计算达20多亿元；同时，民生领域打假力度持续加大，成功侦破假食品、假药品犯罪案件731宗，刑事拘留993人。广东省侵犯知识产权犯罪重点案件查办有力，在“7・25”打击假药犯罪跨省联合行动中，广东省公安机关破案14宗，抓获犯罪嫌疑人95名，捣毁假药窝点70个，缴获假冒药品约700万片（粒），假冒品牌保健品1.5万多罐，涉案价值2.3亿元，在公安部组织广东、福建、安徽等地共同开展“蓝色计划”跨省联合破案行动中，在广州捣毁制售假窝点37个，刑拘30人，涉案金额约1亿元，成功侦破涉及多个国家的重大跨国制假售假案件。

【知识产权司法保护工作】　广东省检察机关充分发挥检察职能，严厉打击侵权假冒犯罪行为，2012年，共受理移送审查逮捕侵犯知识产权犯罪案件2213件4199人，批准逮捕1917件3391人，分别同比增长215.8%、209%；受理移送审查逮捕生产销售伪劣商品案件1061件2036人，批准批捕822件1597人，分别同比增长234.1%、141.2%；受理移送审查起诉侵犯知识产权犯罪案件2542件4581人，起诉2122件3689人，分别同比增长264.6%、230.3%；受理移送审查起诉生产销售伪劣商品案件1327件2656人，起诉980件2015人，分别同比增长341.4%、278%。

广东省法院系统高效审理知识产权民事案件，2012年，新收知识产权民事一审案件23672件，同比增长47.1%；新收二审案件3433件，同比增长59.3%；审结一审案件22461件，同比增长49.62%，结案率为85.45%；审结二审案件3254件，同比增长52.84%，结案率为

90.26%。省法院妥善处理IPAD商标权属纠纷案、奇虎公司诉腾讯公司反垄断案、许世昌诉索尼公司侵害发明专利案和赛百诺公司与彭朝晖、张晓志专利权属纠纷案等一批新类型、复杂疑难案件和重大涉外民事案件，知识产权民事审判质量和效率显著提高。广东省法院系统有力促进司法和谐，全年调撤知识产权民事一审案件14140件，调撤率为62.95%；二审调撤1339件，调撤率为41.15%；省法院调撤二审民事案件208件，调撤率为30.91%。

知识产权刑法保护力度全面增强，有效惩治、震慑侵犯知识产权犯罪行为。2012年，广东省法院系统新收各类知识产权刑事一审案件2136件3712人，审结2112件3699人，其中生效案件1329件，对2143人做出有罪判决，法定审限内结案率为100%。

知识产权行政审判工作有力推进，2012年，广东省法院系统新收一审知识产权行政案件71件，审结69件，同比分别增长153.57%和155.56%。

广东省法院系统深化改革创新。省法院积极部署和推行知识产权审判“三合一”试点工作，广州、深圳、佛山、中山、珠海5个中级法院和21个基层法院纳入试点。2012年，各试点法院共受理一审知识产权行政、刑事案件57件和949件，审结知识产权行政、刑事案件56件和948件。广东省管辖部分知识产权案件的基层法院布局合理扩大，新增具有管辖权的基层法院8个，总量达30个，居全国首位；佛山中院获批成为全国第3家具有驰名商标案件管辖特别授权的法院。

【会展及行业协会知识产权保护工作】 2012年，广东省各级知识产权行政执法部门不断强化展会知识产权保护工作，先后在中国进出口商品交易会（广交会）、中国加工贸易产品博览会、中国国际中小企业博览会、中国国际高新技术成果交易会、中国国际影视动漫版权保护和贸易博览会、广州国际美容美发化妆用品进出口博览会、中国（广东）国际旅游产业博览会等大型展会上开展查处侵犯知识产权行为和法律咨询工作。

第111届和112届广交会受理涉嫌侵犯知识产权投诉1030宗，同比下降18.83%，被投诉企业1403家，同比下降15.48%，认定涉嫌侵权企业734家，同比下降22.49%。广东省版权局在第四届“中国国际影视动漫版权保护和贸易博览会”上设置“版权服务工作站”，连续四届实现著作权纠纷零投诉。广东省外经贸厅开展涉外展会知识产权保护交流工作，编写《出口企业参加欧盟展会知识产权维权指引》。

会展和行业协会大力发挥保护知识产权的重要作用。省法院与中国互联网调解中心、中国外商投资企业协会优质品牌保护委员会合作举办各类研讨活动。广东省文化厅发挥各文化产业行业协会作用，积极加强行业自律。全年，广东省知识产权局系统通过指导各类会展和行业协会协调解决专利纠纷1144宗。

【知识产权保护协作工作】 2012年，广东省各级知识产权行政和司法部门密切配合、通力协作，全面提升知识产权保护整体合力。广东省积极完善“两法衔接”工作机制，建立省“两法衔接”工作联席会议制度，全力建设“两法衔接”信息共享平台，深圳、河源、惠州、韶关四市和梅县、新会、高州等建成信息平台。广东省检察机关依法监督行政执法机关移送涉嫌犯罪案件，同时对公安机关进行立案监督和侦查活动监督。

广东省法院联合广东省知识产权局探索建立行政执法机关参与专利纠纷案件调解的工作机制，与广东省工商局举办商标侵权纠纷两法衔接机制座谈会；广东省检察机关发出针对性检察建议，预防职务犯罪发生；公安机关与行政执法机关深化线索移送、联合行动、联合督导等工作，建立涉假黑名单库，共享情报信息3万余条，接收行政执法部门移送线索1743条，立案1635宗，从重点企业和相关机构获取线索510多条，破案460多起；广东省内海关加强进出口侵权涉罪案件线索的通报和移送工作，并与相关行政和司法部门建立长效合作机制；广东省知识产权局与国家知识产权局专利复审委员会深化合作共建，全面推进省际、区域间、部门间专利执法协作；广东省外经贸厅举办涉外知识产权管理和知识产权滥用与反垄断应对会议；广东省6个知识产权维权援助中心积极开展维权援助工作，中国中山（灯饰）知识产权快速维权中心高效运作，全面打造知识产权快速维权、授权和确权三大机制，获得世界知识产权组织的高度评价。

【对外及区域知识产权合作与交流】 2012年，广东省知识产权国际交流和区域合作深入发展，合作层次有效提升，知识产权工作的影响力逐步扩大。广东省知识产权局继续加强涉外知识产权统筹协调职能，组织相关单位参与知识产权交流合作，组织举办国际研讨和巡回演讲活动，深化与世界知识产权组织和各国知识产权机构的合作关系。广东省法院、工商局等加强与美国、英国、韩国的知识产权保护合作；广东省公安机关认真开展与境外知识产权执法机关的案件协查工作，协助美国、日本等多个国家调查案件10余起。

粤港澳台知识产权合作持续深化。粤港保护知识产权合作专责小组召开第十一次会议，并举行粤港知识产权合作十周年庆祝活动，联合开展粤港知识产权与中小企业发展（佛山）研讨会等合作项目；广东省工商局支持在粤港资企业申请认定省著名商标，完善粤港商标案件协作处理机制；广东省版权局组织文化企业代表和粤中学生交流团赴港开展版权交流活动。知识产权成为《粤澳合作框架协议》重要内容，粤澳知识产权工作小组正式成立并签订合作协议；广东省知识产权局与澳门知识产权厅联合举办首届粤澳知识产权中介服务机构交流活动；省版权局制定粤澳版权合作项目；广东省司法厅积极推进粤港澳知识产权法律服务业交流合作；广东省知识产权局加强与台湾的知识产权合作。

粤港澳边境知识产权保护力度不断加强，三地海关设立保护知识产权合作专职联络员，提升联络工作专业化水平。广东省内海关与香港海关联合开展“海港”专项行动，有效遏制重点口岸海运渠道进出口侵权行为。同时，两地海关联手打击通过深圳邮政系统邮递侵权物品经香港去往其他国家或地区的违法活动。广东省内海关与澳门海关共同开展旅检渠道水客携带侵权物品进出境的专项治理工作。全年，省内海关共查获涉及香港、澳门的侵权货物549批次，涉案货物405万件。广东省公安机关与香港海关建立定期互访机制，协助香港海关调查知识产权案件。

泛珠三角区域知识产权合作不断推进。广东省知识产权局积极建设国家知识产权局区域专利信息服务中心（广州），签署泛珠三角区域内地九省（区）专利信息运用合作协议，深化泛珠三角区域专利行政执法协作，建设区域知识产权专家库。

【知识产权文化环境】 广东省各级知识产权职能部门积极组织开展知识产权文化宣传活动，大力推进知识产权文化建设。2012年，按照全国的统一部署，广东省各级知识产权职能部门围绕“培育知识产权文化，促进社会创新发展”主题，积极开展“知识产权宣传周”系列宣传活动。广东省政府知识产权办公会议办公室举行广东省宣传周活动方案发布仪式，评选并发布2011年度广东知识产权保护重大事件及有影响人物；广东省知识产权局开展省市联合执法活动，在《南方日报》等刊登宣传专版；广东省工商局通过组织商标联合执法行动、播放公益广告、刊登专版、召开新闻发布会、举办集中销毁和现场咨询活动等方式，强化商标宣传力度；广东省版权局制定并落实“保护著作权宣传周”活动计划；广东省法院和广州、深圳、珠海、东莞等中院发布知识产权司法保护状况白皮书和十大案例，广东省法院首次采用网络投票方式评选十大案件，以微博直播方式公开大要案庭审活动；广东省检察院和广东省公安厅及时宣传报道打击侵权假冒典型案例；广东省质监系统构建群防群治工作格局，通过媒体发布消息20万余条，举办发布活动上千场，公布举报电话热线数十条；广东省内海关面向进出口企业和进出境旅客开展宣传活动和集中销毁行动，不断完善社会举报受理处置机制；广东省司法厅、广东省知识产权局和广东省普法办出台加强知识产权法制宣传教育工作意见；广东省广电局组织播出机构开辟新闻栏目，大力宣传知识产权专业知识和重要意义。

社会知识产权教育活动深入普及。广东省知识产权局联合省委组织部举办知识产权专题学习活动，同时推动中小学知识产权教育向纵深延伸，新增省级示范学校10所，累计认定示范学校30所，受教育学生数十万人次。

知识产权人才工作全面加强。2012年，广东省新增国家知识产权培训基地1家，累计2家；11名优秀人才获得全国知识产权领军人才荣誉称号。广东省知识产权局和广东省教育厅共同建设6家省级知识产权培训基地；广东省知识产权局积极推进高层次人才培养工作，选派业务骨干赴日本、美国、韩国、意大利、新加坡等地交流学习，同时加强实用型人才培养力度，全年组织高层次专业培训班30期，参加人数近4000人次；广东省工商局举办多期商标管理业务培训班；广东省法院建设学习型审判庭；广东省公安系统加强情报分析和技术运用培训；广东文化行政管理部门加强文化市场营业业主的教育培训；广东省人力资源社会保障厅实施知识产权专业技术人才知识更新工程；广东省教育厅加大对高校知识产权人才培养工作的引导力度。（供稿人：毕　赓）

《广东省展会专利保护办法》颁布实施

【概况】 依据《广东省专利条例》第三十八条第三款“展会期间专利侵权纠纷处理的具体办法，由省人民政府在本条例实施之日起一年内制定。”针对专利纠纷的复杂性和展会的流动性、短暂性特点，《广东省展会专利保护办法》（以下简称《办法》），通过平衡展会主办方和参展方的利益，既强化展会期间专利保护，又注意不干扰展会的正常交易秩序，不断推动广东省展会业的健康发展。2011年，《办法》被列入广东省政府2011年规章立法计划。2011年6月，广东省知识产权局把《办法》送审稿报请广东省政府审议。2012年9月10日《办法》经广东省人民政府第十一届103次常务会议通过，并自2012年10月15日起实施。

【《办法》调研】 2012年3月，为进一步修改完善《办法》，广东省知识产权局和广东省法制办相关人员赴广西开展专题调研，进一步学习借鉴兄弟省、市在展会知识产权保护方面的经验和做法，为修改完善《办法》提供实践参考依据。

【《办法》修改】 2012年5月，根据广东省法制办办务会议对《办法》讨论的意见，广东省知识产权局及时组织相关人员开展展会专利诚信档案建设等相关问题的研究和讨论，在广东省法制办的指导下，进一步对《办法》及注释稿进行了调整，为广东省法制办办务会议再次讨论做好充分准备。7月17日，《办法》经广东省法制办办务会议讨论通过。

【《办法》颁布实施】 广东省知识产权局积极配合省法制办对《办法》的出台背景、《办法》注释稿等相关文件进行梳理和完善，为提请省政府常务会议审议做准备。2012年9月10日，《办法》经广东省人民政府第十一届103次常务会议通过，并于10月15日开始施行。

（供稿人：赵　飞）

行政保护

专利行政执法

【概况】 2012年，广东省知识产权局以“深入部署和实施三打专项行动”为重点，进一步发挥专利行政保护工作在构建和谐社会和建设创新型广东中的积极作用，为营造广东省保护知识产权的法治环境、促进经济发展的投资环境和公平竞争的市场环境提供了良好保障。

据统计，2012年全年广东省各级知识产权局共立案受理各类专利纠纷案件489件，结案406件；查处假冒专利案件共614件，查处专利案件总量是2011年同期的4倍，位居全国前列；出动执法人员3.3万人次，检查商业场所7296次，检查商品66.9万件。广东省各级知识产权局通过指导各类展会和行业协会解决专利纠纷共1144宗。其中，指导展会解决的专利纠纷1112宗，指导行业协会调解的纠纷32宗。

（供稿人：毕　赓）

商标行政执法

【概况】 2012年，广东省工商行政管理系统共立案查处各类商标违法侵权案件11076件，案值36513.55万元，罚款10236.11万元，其中查处侵犯港澳台和外国商标注册人权益案4924件，案值30310.38万元，罚款6122.44万元。移送司法机关涉嫌商标犯罪案件369件、商标犯罪涉嫌人332人。

广东省查处各类商标违法侵权案件数量居前5位的地级以上市，依次为广州、东莞、汕头、深圳、中山，分别立案查处商标侵权违法案件2404件、1676件、1020件、903件、711件；查处各类商标违法侵权案件案值居广东省前5位的地级以上市，依次为深圳、珠海、广州、东莞、肇庆，案值分别为17587.84万元、10062.11万元、2762.94万元、1201.78万元、775.89万元；罚款数额居广东省前5位的地级以上市，依次是广州、东莞、中山、佛山、深圳，罚款数额分别为3977.46万元、1046.7万元、832.32万元、573.29万元、491.56万元。

【专项执法行动】 “双打”和“三打”专项行动成效显著。2012年以来，在“双打”行动取得阶段性成果的基础上，广东省工商系统全员动员，认真落实广东省委省政府“三打两建”工作部署，集中力量严打制假售假，查办大案要案，有效遏制了商标侵权的势头，取得了较好的整治效果。广东省工商局立足于打，着眼于建，以打促建，打建结合，探索知识产权监管长效机制建设。广东省工商局提出了“建立知识产权保护联席会议制度机制”等建议，完成了《流通领域商标监管（2012-2016年）建设规划》及质量监管子体系建设项目表，于2012年10月参加了知识产权保护综合监管分体系建设试点地区调研工作。

展会商标保护力度不断加强。在第111届、112届中国进出口商品交易会期间，广州市工商行政管理局组织人员进驻展馆驻场执法，维护了商标注册人的权益，受到了中国进出口商品交易会主办单位和与会客商的一致好评。此外，工商部门还派人参加了第九届中国国际中小企业博览会，现场提供商标保护法律咨询服务。

【执法协作】 2012年，广东省工商行政管理局积极推进构建信息共享、协调有力的商标行政执法协作机制。广东省工商局与海关广东分署落实双方签署了《关于加强知识产权保护合作的协议》，相互通报协查监管信息，相互交流商标执法热点难点问题，推进商标境内保护与进出境保护的衔接，探索行政执法协作机制建设。广东省工商局在执法协作方面的探索，成为了全国的典范，促进了海关总署与国家工商行政管理总局签署了合作协议。广东各地工商部门加强与质监、烟草、食药等行政执法机关和公安、检察院等司法机关的交流和合作，探索了有效的合作形式，在打击商标侵权犯罪执法行动中发挥了重要作用。同时，广东省工商局继续贯彻落实《内地与香港关于建立更紧密经贸关系的安排》（CEPA）与粤港、粤澳合作框架协议，加强与港澳知识产权组织的交流与合作。（供稿人：陈小冰）

版权行政执法

【加大工作推进力度】 贯彻落实广东省推进使用正版软件工作联席会议办公室印发的《2012年广东省推进企业使用正版软件工作计划》（粤权〔2012〕22号）中要求的各地级以上市和顺德区确定2012年企业软件正版化推进目标，按照广州、深圳市各完成15家以上，珠海、佛山、惠州、东莞、中山、江门、肇庆市和佛山市顺德区各完成8家以上，其他地级市各完成5家以上的数量确定本市（区）2012年企业软件正版化推进目标及其督办企业名录。广东省推进使用正版软件工作联席会议办公室编制了《2012年度全省推进企业使用正版软件工作督办名录》（共160家企业）。凡列入督办名录的企业将作为省推进使用正版软件工作联席会议及其办公室2012年重点督办的企业要求在2012年12月10日前完成计算机办公软件和操作系统、杀毒软件等通用软件的正版化工作。

同时，向各地级以上市版权局、深圳市市场监督管理局、佛山市顺德区文体旅游局及相关单位转发《关于推荐2011年度查处侵权盗版案件有功单位及个人的通知》等20多份文件。

【推进政府使用正版软件】 贯彻落实国务院办公厅《关于进一步做好政府机关使用正版软件工作的通知》（国办发〔2010〕47号）、《关于进一步做好政府机关软件正版化检查整改工作的通知》（国办函〔2011〕130号）精神和广东省政府的要求，总结广东省政府机关软件正版化督查工作，分析广东省政府机关软件正版化工作进展情况及存在问题，总结交流该项工作取得的阶段性成果，加快完成广东省政府机关软件正版化工作的目标任务。

根据《关于开展对已完成软件正版化工作的单位进行检查验收的函》（粤权函〔2012〕13号），由广东省经信委、省工商局、省财政厅、省版权局牵头并组成省推进政府机关使用正版软件工作检查验收组，分三个小组于3月27日至28日对广东省人民政府办公厅、省政府打私办、省财政厅、省公安厅、省知识产权局、中国人民银行广州分行、省水利厅、省港澳办、省法制办、省总工会、省科学院、团省委、省教育厅、省环保厅、省保密局、省经信委、省新闻出版局（版权局）等18家已完成使用正版软件的广东省直单位进行了现场检查验收，情况如下：

检查验收工作采用现场座谈以及实地随机抽查计算机的方式进行。所有单位均在工作现场抽查了10台计算机，共抽查了180台计算机（含笔记本电脑），被查计算机安装了正版操作系统的共131台，占总数的72.78%；安装正版办公软件的为159台，占总数的88.33%；杀毒软件正版化率为100%。

5月底至6月初，广东省推进使用正版软件工作联席会议办公室协调组织了14个督查组，由联席会议成员单位领导带队，于5月30日至6月8日，对省直单位进行全面督查，对督查中发现的问题，要求限期整改，对进展不理想的单位发送督办函，要求其主要领导高度重视，并要求其主要领导亲自布置、督促，积极配合督查组开展工作，确保不留死角。经过省推进使用正版软件工作联席会议及其成员单位的严格检查督促和各有关地市、单位的努力下，省直单位按期完成了任务。地市方面，广州市、深圳市、东莞市、珠海市、肇庆市、佛山市、汕头市、惠州市、中山市、江门市、梅州市、揭阳市、潮州市、韶关市、清远市、汕尾市均于2012年6月30日前完成了软件正版化工作任务。

【新闻出版行业企业使用正版软件督查工作】 迎接国家版权局办公厅对新闻出版行业企业使用正版软件工作进行督促检查，协助国家版权局办公厅对新闻出版行业企业使用正版软件工作进行督促检查。广东省版权局于2012年8月20日至31日对省内各有关新闻出版行业企业（集团）使用正版软件工作进行督查，已有16家新闻出版行业企业（集团）全面完成软件正版化任务。

“4·26”广东省知识产权联合执法及宣传活动

【概况】 2012年是第十二个“4·26世界知识产权日”，广东省各级知识产权局将“三打”专项行动作为本次知识产权日的重点内容，精心组织开展了系列联合执法及宣传活动，加强知识产权保护，促进自主创新，取得良好成效，营造了全社会尊重和保护知识产权的氛围。

【广东省2012年十个知识产权典型案件发布会】 2012年4月25日下午，广东省政府知识产权办公会议办公室举行广东省2012年十个知识产权典型案件发布会。广东省知识产权局副局长唐毅代表广东省政府知识产权办公会议办公室，向新闻界公布了2012年评选的十个知识产权典型案件。

这十个知识产权典型案件分别是：假冒“万艾可”等注册商标药品案；侵犯“躺椅和脚凳”外观设计专利权案；假冒“创维”注册商标手机案；侵犯“故障断路器”实用新型专利权案；假冒“DURACELL”（金霸王）等注册商标电池、手表案；非法传播音乐作品侵犯著作案；利用互联网销售假冒“红双喜”等注册商标香烟案；侵犯美国微软公司软件著作权案；侵犯“吸顶灯”外观设计专利权案；侵犯“米其林”注册商标专用权案。

作为广东省“4·26”知识产权宣传周重要内容，结合当时广东省正在轰轰烈烈开展的“三打”专项行动、国家知识产权局开展的知识产权执法维权“护航”专项行动，十个知识产权典型案件的发布，为专项行动的宣传造势，营造广东省保护知识产权的良好氛围，起到了很好的宣传作用。

公布的十个典型案件，是从广东省专利、商标、版权等知识产权行政管理部门和广东省公安厅、广东省高级人民法院以及海关总署广东分署提供的21个知识产权案件中挑选出来的。这些案件涵盖了家用电器、手机、手表、电池、药品、香烟、家具、软件、网络音乐等多个方面。与往年相比，2012年公布的十个典型案件，呈现出如下几个特点：一是案件代表性强，基本上反映了各知识产权执法和司法部门的工作特点，体现了现有知识产权保护机制的优势和特点；二是涉外案件多，十个案件中有七个涉外案件，其中既有国内当事人涉嫌侵权，也有外籍当事人涉嫌侵权，反映出社会公众的知识产权意识正在逐步提高；三是涉及类型广，涵盖了专利、商标、著作权和不正当竞争等多种类型的知识产权；四是警示意义强，案件反映的多是日常生活中常见的侵犯知识产权行为，具有很强的教育警示作用。这些案件充分体现了知识产权保护的发展趋势，其中不少案例中的侵权手法揭示了侵权行为发展的新特点，案件的处理过程及结果则反映了知识产权保护的新动向。

【省市知识产权联合执法及宣传活动】 2012年4月20日上午，广东省阳江市“4·26”知识产权日宣传纪念活动和现场集中销毁现场会在阳江市体育馆举行，之后相关执法部门还在阳江市区开展了一场声势浩大的“省、市、县（区）”三级知识产权联合执法行动。该次活动由阳江市人民政府与广东省知识产权局联合主办，阳江市委宣传部和市知识产权局等单位承办。

广东省知识产权局副局长唐毅、阳江市政府李日芳副市长参加了现场会，并分别作了重要讲话。现场会由阳江市政府副秘书长梁所毅主持。来自阳江市各知识产权职能部门及社会各界近300余人参加。现场会上，阳江市知识产权局还给阳江市各区县知识产权局颁发了专利行政执法设备。

会后，省市知识产权局执法人员对阳江市区的某大型商场开展了一次现场联合执法检查活动，重点对涉及食品、箱包皮具等商品进行了清查，现场发现某企业的两种型号商品涉嫌假冒专利，并立案调查。来自广东省各地级市的知识产权行政执法人员共20多人参与了这次专项行动。

该次“4·26”知识产权日宣传纪念活动和现场集中销毁现场会是广东省知识产权局和阳江市局落实“三打”专项行动的重头戏，不但锻炼了知识产权执法队伍，创新了联合执法协作机制，而且进行了一次广泛深入的知识产权保护宣传，提高了全社会的知识产权保护意识。 （供稿人：毕　赓）

司法保护

法院知识产权司法保护

【概况】 2012年广东法院知识产权司法保护领域呈现以下新特点。

案件数量保持高位运行的态势，国内外关注度越来越高。2009—2012年，广东省法院一审民事案件收案6144件、10029件、16094件和23672件，同比增长38.78%、63.23%、60.47%和47.09%。案件数量的快速增长凸显了知识产权司法保护在知识产权保护体系中的分量之重和作用之大，值得注意的是，知识产权保护的全球化趋势明显，部分重大案件涉及企业对国内、国际市场份额的激烈竞争，一些案件的司法裁决的结果，将深刻影响企业自身乃至行业的生存和发展，广受国内外各界关注。

网络环境下的知识产权侵权纠纷从著作权领域向商标权、反不正当竞争领域发展，互联网成为知识产权司法保护的重要“战场”。随着网络技术的高速发展和服务模式的不断创新，侵权诉讼从视频分享网站、搜索链接和点对点（P2P）服务提供者侵犯信息网络传播权，向电子商务、搜索引擎以及安全软件服务者侵犯商标权及不正当竞争蔓延。如捷顺科技公司诉百度公司通过搜索引擎关键词广告和竞价排名服务侵害商标权纠纷、美国威斯康星州花旗参农业总会诉淘宝公司通过网络交易平台侵害商标权纠纷、完美公司诉阿里巴巴公司擅自使用他人企业名称进行不正当竞争纠纷等。

侵害商标权行为与不正当竞争行为往往交织在一起，使商标侵权行为的界定变得更加复杂。侵权人通过抢注他人在先使用的知名商业标识，或将他人作品注册为自己的商标，或将他人商标注册为自己的企业名称等手段，来达到侵害他人注册商标以及进行不正当竞争的目的。如蔡某某诉科学技术文献出版社侵害商标权纠纷、路易威登马利蒂（Louis Vuitton Malletier）诉旭泽公司侵害商标权及不正当竞争纠纷、杭州骐瑞公司诉珠海皇马公司侵害著作财产权纠纷等。这些案件需要司法最大限度地划清商业标志之间的边界，坚决制止假冒商标、恶意抢注、搭便车模仿等商业标识侵权行为，为知名品牌的培育和成长提供良好的法律环境。

反垄断民事纠纷开始增多，反垄断法从“纸面”走向“实施”。在奇虎公司诉腾讯公司滥用市场支配地位垄断纠纷、惠尔讯公司诉深圳市有害生物防治协会横向垄断纠纷等案件中，法院对垄断侵权行为的司法认定过程进行了详细的解读，对于如何界定相关市场、采取何种独特方式以及怎样评判垄断行为等给出了明确的标准，对反垄断法的实施和不断完善起到了推动作用。

不正当竞争行为类型多样化，并且从传统领域向电子商务领域蔓延，不正当竞争纠纷数量持续增加。除侵犯商业秘密、假冒知名品牌注册商标或企业字号、抢注他人知名商标等传统的不正当竞争行为之外，在互联网经济和电子商务不断兴盛的背景下，通过关键词广告搜索、竞价排名和深层链接等网络服务行为进行不正当竞争、利用网络打分进行商业诋毁或虚假宣传等新类型的不正当竞争行为层出不穷。这些纠纷的解决需要裁判者深刻领会法律精神、熟悉网络专业知识和经营格局，准确界定商业模式创新与不正当竞争行为之间的界限，在促使竞争公平、有序、诚信开展的同时，加强保护消费者利益。

随着国家知识产权战略纲要的实施和法院“三合一”审判方式改革的深化，知识产权刑事审判在打击侵犯知识产权行为中的威慑力进一步发挥。杨某、米某等销售假冒“苹果”、“诺基亚”注册商标的商品罪案，燕某非法下载、私自架设、运营网络游戏私服侵害“弹弹堂游戏软件”著作权罪案等一批重要案件的成功审结，使知识产权保护的观念深入人心。

权利人针对规模侵权、重复侵权提起的大批量维权诉讼持续增加，出现侵权人抱团“阻击”批量诉讼的现象。由于相当数量的销售商为获取不法利益，在大型批发、零售市场销售侵权产品，权利人提起了大规模维权诉讼。被告多为法律水平低、交易不规范、举证能力差、赔偿能力弱的个体经营者，他们不仅无法理解和接受权利人的维权行为，对法院的依法公正审理和判决结果也存在明显的不满情绪。正确处理该类群体性纠纷，防止和妥善解决当事人或案外人干扰审判秩序，树立和彰显人民法院的司法权威，在有效化解矛盾的同时避免损害和弱化知识产权保护水平，是广东法院知识产权审判工作面临的新任务。

【履行审判职能　有效回应经济社会司法需求】 2012年，广东法院围绕“让人民群众在每一个司法案件中都感受到公平正义”的目标，坚持司法办案第一要务，认真履行审判职能，全面提升公正司法水平，为广东经济转型和建设国际化、法治化的营商环境提供公正高效权威的司法保障。

充分发挥民事审判在知识产权司法保护中的主渠道作用。2012年，广东省新收知识产权民事一审案件23672件，同比上升47.09%，占全国的27.08%；新收二审案件3433件，同比上升59.3%。全年共审结知识产权民事一审案件22461件，同比增长49.62%，结案率为85.45%，服判息诉率为84.72%；审结知识产权民事二审案件3254件，同比增长52.84%，结案率为90.26%；二审发改案件101件，发改率为3.1%，同比下降1.31个百分点。广东高院新收知识产权民事案件678件，审结673件，结案率达98.39%，审理周期为47.51天。广东省全年共审理诉前临时禁令申请案件2件，诉前证据保全案件37件，诉前财产保全案件16件。

刑事审判在打击侵犯知识产权犯罪中的作用进一步加强。针对侵犯知识产权的犯罪不断上升的趋势，广东省法院不断加强对知识产权的刑法保护力度。2012年，广东省新收知识产权刑事一审案件2136件，同比上升141.63%，占广东省新收一审刑事案件总数的2.06%；广东省审结知识产权刑事一审案件2112件，同比上升154.85%，占广东省审结一审刑事案件总数的2.06%。其中，假冒注册商标罪910件1848人；销售假冒注册商标的商品罪402件789人；非法制造、销售非法制造的注册商标标识罪260件490人；侵犯著作权罪528件550人，侵犯商业秘密罪12件22人。广东省法院通过有力打击各类侵犯知识产权犯罪行为和犯罪分子，切实维护权利人合法权益和市场秩序。

依法履行知识产权行政审判对行政执法行为的审查监督职责。2012年，广东省新收知识产权行政一审案件71件，审结69件，分别比2011年增长153.57%和155.56%；新收知识产权行政二审案件6件，审结6件。既有力支持又依法监督知识产权行政执法机关的行政行为，促进行政执法机关充分发挥职能作用，强化知识产权行政保护，监督行政机关依法行政。

加强诉讼调解，纠纷解决渠道多元化。不断创新知识产权案件诉讼调解的机制和方式，根据个案特点合理设计调解方案，推行“以和促合”调解模式，在化解矛盾纠纷的同时，为当事人创造合作机会，实现知识产权智力成果的市场化。2012年，广东省法院共调撤知识产权一审案件14140件，调撤率达到62.95%，调撤二审案件1339件，调撤率达41.15%。深圳中院共调撤案件1274件，调撤案件数量居广东省第一，调撤率达52.95%。江门中院、东莞中院的二审案件调撤率分别高达74.74%和64.22%，分别居广东省第一、第二。

审结一批新类型、复杂疑难和重大涉外案件。例如广东高院以调解结案方式审结备受国际国内社会瞩目的苹果公司与唯冠公司IPAD商标权属纠纷，实现了合同双方当事人利益及社会公众利益的多赢，广受国内社会各界好评，该案入选“2012年度全国法院十大典型案件”，被评为广东省政法工作十大亮点。审结目前国内标的最大的反垄断纠纷——奇虎360起诉腾讯滥用市场支配地位案，创新性地确立了即时通信产品能否构成相关市场的界定标准：既考虑假定垄断者通过降低产品质量或者非暂时性的小幅提高隐含价格而获取利润，更考虑到一旦假定垄断者小幅度持续一段时间收费，能否产生大量的需求替代。受到专家学者、媒体等社会各界的高度肯定。审结深圳市星宝通电子科技有限公司与广东欧珀移动通信有限公司侵害商标专用权纠纷，综合全案证据在50万元之上酌情确定赔偿权利人的实际损失，加大对高新技术企业的保护力度。审结许世昌与索尼（中国）有限公司等侵害发明专利权纠纷，为侵害发明方法专利纠纷的审理创造出一条新的法律适用原则。审结赛百诺公司诉彭朝晖等专利权属纠纷，案件争议的基因发明专利技术是生产“今又生”抗癌注射液的核心技术，专利权权属的确定有利于该项生物技术的开发利用，造福人类健康。审结孔雀廊公司与苏某演艺合同纠纷，规范和促进文化服务市场的健康发展。

【坚持体制创新，服务经济社会转型升级】

2012年，广东省法院围绕服务增强广东省创新驱动发展新动力，大胆创新，稳妥改革，充分发挥知识产权司法保护的整体效能，妥善应对新形势下的审判工作新问题。

“三合一”改革试点工作取得突破性进展。知识产权“三合一”审判体制改革沿着科学、合理的轨道有序推进。2012年已开展试点的5家中院、21家基层法院共受理知识产权刑事案件1036件，同比增长169.09%，审结1032件，同比增长224.53%；受理知识产权行政案件58件，同比增长222.22%，审结57件，同比增长280%。试点法院的实践为探索知识产权民事、刑事、行政案件一、二审程序和三类案件之间的顺利对接，以及统一各类案件的裁判标准积累了经验。广东高院将“加快推进知识产权‘三合一’改革”列为“关于当好科学发展排头兵，深化改革创新工作三年规划（2012—2014年）”的重要举措，并确定为院党组重点调研课题。经过充分调研，科学论证在广东省三级法院全面推行“三合一”试点工作的可行性，形成了《关于在我省全面开展知识产权审判庭集中审理知识产权民事、行政、刑事案件试点工作的研究报告及实施方案》。经报最高法院批准，广东三级法院从2013年开始全面推行“三合一”试点工作，形成高级、中级、基层三级法院协调联动的新格局。

坚持理论和制度创新，解决制约司法保护力度提高的瓶颈问题。广东法院充分发挥知识产权案件数量多、类型复杂、新情况新问题不断涌现的实践优势，以进一步加大知识产权司法保护力度为主线和目标，大力推进诉讼制度、证据制度等各项制度改革。广东高院积极探索以证据披露、证据妨碍和优势证据规则查明知识产权侵权损害的实际损失，破解长期困扰知识产权审判的赔偿难问题。探索开展专家咨询、专家陪审、专家辅助人出庭的可行性和有效途径。在奇虎公司诉腾讯公司滥用市场支配地位一案中首次实施专家辅助人制度，经济学家、互联网技术专家出庭辅助法庭查明互联网相关技术、经营模式和经营格局，为本案相关市场界定的司法标准的确定起到了重要作用。结合广东省区域经济特点及案件分布、审判力量等实际情况，广东高院科学论证、合理统筹广东省知识产权案件管辖布局。2012年6月广州市荔湾区、花都区、汕头市金平区等8家法院经最高法院批准开始管辖一般知识产权民事案件，使广东省具有一般知识产权民事案件管辖权的基层法院达30家，主要布局在案件相对集中的珠三角地区，数量居全国首位。2012年7月，佛山中院获批成为全国第3家具有涉驰名商标案件管辖特别授权的法院。中山市第一、二人民法院经最高法院批准，在审判中适用简易程序审理一般知识产权民事案件，切合了当前简化诉讼程序、方便当事人诉讼、节约审判资源的民事诉讼制度改革趋势。

深入推进司法公开，构建司法与民意的良性互动。结合“强化司法公开推进年”活动部署，广东省法院深入探索“让广泛群众参与到司法公开中来”的有效措施。在“中国知识产权裁判文书网”、“广东知识产权司法保护网”和“广东法院网”依法全面公开生效裁判文书超过8000份。深入推进庭审公开，二审案件公开开庭率近80%。注重扩大重大新颖案件公开透明度，在广东高院审理的奇虎诉腾讯案庭审中，人大代表、政协委员、新闻媒体及社会公众共计200多人参与旁听，并进行公开宣判。创新司法公开方式，广东高院开通了社会公众申请旁听知识产权案件审理自动审查系统；广东高院、佛山中院以微博直播的方式公开IPAD商标权属案、佛山海天公司诉佛山威极公司侵害商标权及不正当竞争案的庭审过程。广东省法院在“4·26”宣传周期间开展形式多样的宣传活动，广东高院及广州、深圳、珠海、东莞等中院发布知识产权司法保护状况白皮书和公布十大案件；广州、佛山、东莞中院开展了庭审进高校、企业活动；深圳中院在《深圳商报》开辟了100期的“知识产权司法保护在行动”案例评析专栏，培育社会创新文化。

运用司法建议，参与社会管理创新。广东省法院运用司法智慧，把脉行政执法、市场监管等领域存在的问题，分别向党委、政府等有关单位和部门提出一批司法建议。广东高院关于加强知识产权保护推进文化强省建设的司法建议，得到广东省委、省政府主要领导重要批示，有效推进了相关工作落实；向广东省工商局提出关于提高商品质量建立企业诚信体系的司法建议，成为相关职能部门完善市场监管措施的重要参考。广州、深圳、珠海、汕头、佛山、韶关、东莞、中山、阳江、茂名、肇庆、清远、潮州、揭阳等地区法院分别向相关单位提出有典型意义的司法建议。广东高院关于加强知识产权保护推动文化强省建设的司法建议和广州市越秀区法院关于加强知识产权保护、完善网络证据保全公证程序的司法建议分别获评广东省优秀司法建议二、三等奖。

拓展业务交流渠道，凝聚知识产权保护合力。2012年广东省法院注重与行政管理部门、高等院校、行业协会和国外知识产权保护机构之间的沟通交流，介绍广东知识产权审判经验，共同促进知识产权保护水平的提高。积极开展知识产权国际交流与合作，与美国、英国、韩国等国政府的相关机构座谈研讨，相互借鉴知识产权司法保护的国际先进经验，不断拓宽知识产权保护视野。加强与行政执法机关的交流，广东高院联合省知识产权局共同开展建立行政执法机关参与专利纠纷案件调解工作机制的调研，与省工商局举办相关商标侵权纠纷行政执法与司法如何衔接的座谈会。佛山中院与佛山市公安、检察机关召开联席会议，形成会议纪要，统一知识产权刑事案件司法尺度。东莞中院先后与东莞市知识产权局、工商局等合作举办两期东莞市博士论坛。继续加强与行业协会交流合作，广东高院与中国互联网协会合作举办互联网环境下的滥用市场支配地位研讨会。联合中国外商投资企业协会优质品牌保护委员会召开技术合同难点热点问题研讨会，对进一步运用好司法保护手段保障技术交易的活跃和安全，推动科技创新进行了实践经验总结和理论探讨。广州中院与广东知识产权保护协会共同举办“2012年广州知识产权司法保护论坛”。

【强化监督指导工作，统一司法保护标准】
2012年，广东省法院紧紧围绕统一裁判尺度、提高知识产权司法能力这一工作重点，在坚持并深化审判情况分析通报、分类指导和沟通协调等多项工作机制的基础上，不断拓宽审判业务指导途径，进一步加强广东省法院知识产权审判的监督指导力度。

建立监督指导工作长效机制。广东高院每季度进行广东省知识产权审判工作情况及案件运行态势分析，并通报广东省法院，提早谋划和应对问题。定期汇总分析重大改判案件，深入研究具有普遍性的法律适用疑难问题及解决原则。广东高院及时召开重点地区加快办案进度督促会，组织审判骨干和技术专家到重点法院巡回辅导和开展专项调研。佛山、东莞等中院重点指导新增知识产权民事案件管辖权基层法院。通过抓住重点法院和重点工作，指导工作针对性有效加强。加强对关联性案件以及整体工作、专项工作的及时沟通协调。广东省法院知识产权审判工作机制有序高效，应对新情况新问题的能力有效增强，裁判标准和尺度进一步统一，办案质量和工作效率不断提高。

*发布规范性文件，统一裁判尺度和司法标准。*根据广东经济发展阶段性特征和广东省知识产权审判的实际情况，广东高院制定《关于贯彻落实〈最高人民法院关于充分发挥审判职能作用为深化科技体制改革和加快国家创新体系建设提供司法保障的意见〉的意见》，指导广东省法院深刻领会全国科技创新会议精神和最高法院司法政策，进一步增强服务大局的积极性和主动性，为科技创新提供更加有力的司法保障。在深入分析广东省法院处理侵害影视和音乐作品等著作权纠纷案件中的若干问题的基础上，广东高院制定了《关于审理侵害影视和音乐作品著作权纠纷案件若干问题的办案指引》，集中明确著作权审判中存在的法律适用的疑难问题及损害赔偿数额的确定，加大对著作权人权益的保护力度，促进文化产业建设，增强广东省文化软实力。佛山中院针对专利侵权案件中法定赔偿的标准统一意见。东莞中院形成《知识产权民事审判实践疑难问题解答意见》作为案件审理的参考。广东省法院在法律适用问题上不断形成共识，司法保护标准进一步统一。

【审判队伍素质全面提升】 2012年，广东省法院坚持以司法能力建设为核心，以职业化建设为方向，以公正廉洁司法为主线，努力打造一支公正廉洁、高效专业的知识产权法官队伍。

*强化廉洁意识，公正司法能力明显提升。*公正廉洁司法是司法工作的生命线，是提高司法公信力，实现社会公平正义的重要保障。广东省法院知识产权审判队伍依托司法文化建设，注重法律和廉洁文化的传承和创新，营造公正廉洁司法的文化环境，发挥文化在潜移默化中引导、规范行为的作用，进一步坚定知识产权法官的法治信仰，培育深厚的人文修养、司法职业操守和荣誉感。依靠制度建设，保证公正廉洁司法效果。依托审判管理流程系统，将党廉工作以制度管人的要求，落实到审判管理流程各个环节和审判工作各个方面。坚持廉政监督卡制度，实现一案一卡，逐件登记，及时处理反馈。依法支持廉政监察员履行监督审判行为和司法作风的职责。

*加强理论素养修炼和实践技能培育，综合司法能力进一步增强。*司法能力是人民法院履行审判职责的必要条件。广东省知识产权法官通过广泛开展学习型审判庭建设，坚持集中培训制度和外派学习制度，举办业务培训班，派出业务骨干赴国家知识产权局专利复审委交流、参加各种国内外高端研讨会，鼓励法官继续接受高层次学历教育，不断更新知识结构，提高对法官专业水平和全球思维、国际视野的培养。重视司法实践操作技能培训，在审判过程中苦练基本功，掌握审判案件的技巧，不断提升驾驭庭审能力、推理判断能力、化解纠纷能力、裁判文书写作能力和调研能力，培育了一批理论水平高、实践经验丰富的优秀法官。其中珠海中院高新技术开发区知识产权庭法官曾艺能被评为“全国法院办案能手”，汕尾中院知识产权庭法官曾广文、东莞中院知识产权庭法官刘捷荣立广东省法院个人二等功。广东省知识产权法官在《知识产权审判指导》、《人民司法》、《科技与法律》等权威专业期刊发表文章数百篇。

*知识产权机构专业化和审判人才储备成果初步显现。*目前广东省19个中级法院设立知识产权审判庭，广州、深圳等8个中院具有专

利案件管辖权，广州市越秀区、深圳市南山区等30个基层法院行使一般知识产权民事管辖权，知识产权审判机构较为健全。截至2012年9月，广东省共有261名素质较高的知识产权法官，均为本科学历以上，其中包括博士研究生学历8人、硕士研究生学历98人，人才结构逐步合理优化。“三合一”改革试点法院通过优先将具有知识产权刑事、民事、行政审判经验的法官配置到相应的审判岗位，逐渐培养起一批熟悉三类知识产权案件审判原理和具体操作规则的专业法官。

【表彰奖励】 2012年广东知识产权审判工作在案件审理、机制创新、调研指导、司法公开和队伍建设等各方面都取得了长足的发展，收获众多荣誉。广东高院知识产权庭荣获“全国法院先进集体”、“广东省法院先进集体嘉奖”等荣誉称号；珠海中院知识产权庭荣获广东省法院集体一等功；广州、深圳、肇庆中院知识产权庭荣获广东省法院集体二等功；深圳中院被最高法院授予“全国打击侵犯知识产权和制售假冒伪劣商品专项行动先进集体”荣誉称号；广州市天河区法院被最高法院确定为“中国知识产权审判基层示范法院”。

（供稿人：肖少杨）

市场监管

展会知识产权保护工作

【《广东省展会专利保护办法》颁布实施】 2012年9月10日，广东省政府第十一届103次常务会议审议通过《广东省展会专利保护办法》，该办法自2012年10月15日起施行。《办法》总结和固化了近年来该省在展会专利保护方面的经验和做法，旨在为展会知识产权保护长效机制建设工作提供重要法律保障。其中规定，展会主办方应当与参展商签订参展合同，约定展会专利保护的相关条款，加强展会专利审查和保护工作。

《办法》共设7章47条，主要内容包括明确《办法》的适用范围、部门职责与启动机制，并明确展会专利保护应当遵循展会主办方负责、政府监管、社会公众监督的原则；规定了展会专利保护的行为规范；建立展会专利侵权纠纷的调解机制，完善专利行政部门对展会专利侵权纠纷的行政处理机制；设定了展会专利诚信档案制度，并设定相关的法律责任。

《办法》规定，展会期间的专利侵权纠纷，专利权人或者利害关系人可以请求展会专利投诉处理机构或者专利行政部门调解，也可以请求展会所在地人民政府专利行政部门处理，或者直接向人民法院起诉。展会主办方应当制定展会专利保护规则，并通过电子邮件、传真等方式及时向展会所在地人民政府专利行政部门进行告知性备案。展会主办方如有不设立展会专利投诉处理机构、拒绝接受专利权人或者利害关系人投诉等违反《办法》规定的行为，且拒不改正的，专利行政部门可以处以最高1万元的罚款。

【广交会知识产权保护】 2012年广东省知识产权局将广交会知识产权保护作为该局“三打”工作的重要任务。第111届和112届广交会，广东省知识产权局组织了50余人的省市专利联合执法队伍驻会开展知识产权保护工作；国家知识产权局专利复审委员会继续给予大力支持，先后派出12名资深专家到会指导。两届广交会共受理专利投诉案件752宗，专利类投诉占了总投诉量的73.2%，涉及被投诉企业921家，认定涉嫌侵权企业451家。经过多年的努力，广交会知识产权保护水平得到了很大的提升，参展商的知识产权意识进一步提高，参展秩序得到进一步规范，维护了我国政府保护知识产权的良好国际形象。两届广交会受理的专利类投诉量、涉及被投诉企业数量及认定涉嫌侵权企业数量分别比2011年减少167宗、261家、143家，减幅分别为18%、22%、24%。

两届广交会的显著成效受到广东省领导和国家知识产权局领导的高度关注。广东省政府副省长招玉芳批示：“知识产权工作有力有效，值得充分肯定，请省外经贸厅加强与知识产权局的联系合作，提升广交会和外经贸企业知识产权保护工作水平。”广东省政府副省长陈云贤批示：“深入现场，服务企业，措施缜密，成效显著。”陈云贤副省长在广东省知识产权局局长陶凯元的陪同下，对第112届广交会知识产权保护工作开展专题调研，这是广东省分管知识产权工作的副省长首次专程、专项到广交会调研大会知识产权保护工作。广东省知识产权局两届广交会知识产权保护工作总结被《国家知识产权局信息》采用，并呈送国务院及各部委领导参阅。 （供稿人：毕　赓）

行业协会知识产权保护工作

【概况】 2012年4月，广东省知识产权局开展了第四批行业协会、会展知识产权保护试点、优势、示范工作，扩大了试点示范的范围，拓展了工作的层面。广东省知识产权局在广东省直有关单位、地市知识产权局推荐和综合考察的基础上，进行了认真审查，认定了中国国际中小企业博览会等3家单位为展会和行业协会知识产权保护示范单位、广东外商投资企业产品（内销）博览会等5家单位为展会和行业协会知识产权保护优势单位、广东省公共安全技术防范协会等10家单位为第三批展会和行业协会知识产权保护试点单位。2012年广东省各级知识产权局通过指导各类展会和行业协会解决的专利纠纷共1144宗。其中，指导展会解决的专利纠纷1112宗，指导行业协会调解的纠纷32宗。 （供稿人：毕 赓）

执法协作

专利行政执法协作

【概况】 2012年广东省知识产权局扎实推进执法协作，不断拓宽专利行政执法协作的范围，与相关部门共同搭建知识产权广阔合作平台。

【区域专利行政执法协作新进展】 一是协助做好新疆喀交会知识产权保护工作。6月28日至7月2日，应新疆喀什地区行政公署的邀请，广东省知识产权局和广州市知识产权局派出执法人员协助喀什市知识产权局和喀交会大会组委会做好知识产权保护工作，对展馆内有专利标识的展品进行检查，其中重点对涉及专利的电器、电子产品等进行排查，杜绝假冒专利行为的出现。二是签署九省市专利行政执法协作协议。2012年10月，为推动建立区域性的执法协作机制，加强执法协作，加大执法力度，广东省知识产权局与北京、天津、河北、上海、江苏、山东、广东、重庆、四川等九个省市知识产权局在北京签订《九省市专利行政执法协作协议》。三是举办第三次粤渝两省市专利行政执法协作会议。粤渝两省市知识产权局分别介绍各自开展专利行政执法专项行动工作总体情况，交流执法热点问题。四是推动建立珠三角地区专利行政执法协作联席会议制度。2012年11月29日，珠三角九市知识产权局在广州签署《珠三角九市专利行政执法协作协议》，推动加强珠三角地区的专利行政执法协作，有效提高区域内知识产权保护水平的提升。

2012年，广东省知识产权局充分发挥区域专利行政执法协作机制的作用，接受四川省知识产权局移送专利案件2件，向浙江、贵州、山东、西藏、天津、上海等省市知识产权局移送案件9件，向广州、深圳、中山、揭阳、潮州、江门等市（区）知识产权局作出指定管辖案件15件，为共同推动省际、区域间专利行政执法协作、搭建广泛的交流与沟通的平台奠定了良好基础。

（供稿人：毕　赓）

打击侵权假冒领域
行政执法与刑事司法衔接工作

【概况】 2012年，广东省政府办公厅转发《国务院办公厅转发全国打击侵犯知识产权和制售假冒伪劣商品工作领导小组办公室等单位关于做好打击侵犯知识产权和制售假冒伪劣商品工作中行政执法与刑事司法衔接意见的通知》（国办发〔2012〕51号），建立行政执法和刑事司法衔接工作联席会议制度，先后有东莞、中山、珠海、深圳、河源、惠州等六市和梅江、梅县、丰顺、高州等四县（区）建立“两法衔接”信息共享平台；广东省委政法委、省检察院、省公安厅、监察厅、法制办等联合出台《关于加强行政执法和刑事司法衔接工作的实施办法》，并制定《省行政执法与刑事司法衔接工作联席会议制度》、《省行政执法与刑事司法衔接信息共享平台工作办法》等配套文件；广东省委、省政府已将“两法衔接”信息平台建设作为重要工作来抓，明确要求省级信息共享平台于2013年6月底前完成建设，市、县（区）级信息共享平台于2013年9月底前完成建设，确保在2013年年底前实现广东省全省行政执法机关、公安机关、监察机关、检察机关之间相关执法司法信息共享，全面实现网上移送、网上受理和网上监督。

（供稿人：王　强）

维权援助与涉外应对

知识产权维权援助

【概况】 截至2012年底，广东省已成立省知识产权维权援助中心以及深圳、汕头、佛山、东莞、中山等6家知识产权维权援助中心。各维权援助中心积极开展知识产权维权援助工作，为权利人维权提供有力支持。中山市建立的全国首家单一产业的中国中山（灯饰）知识产权快速维权中心，集知识产权快速维权、授权、确权机制于一体，实行“一站式”知识产权快速维权，取得显著成效。2012年7月24日，国家知识产权局在中山市召开现场会，国家知识产权局局长田力普出席会议并发表重要讲话。田力普指出，中山知识产权快速维权试点工作开展一年来取得显著成效，他希望利用现场会很好地总结和推广中山开展快速维权工作的经验，探索创新知识产权快速维权工作模式。 （供稿人：毕 赓）

知识产权涉外应对

【概况】 2012年，广东省知识产权局在前几年的涉外应对试点工作基础上，结合形势、大胆创新，启动知识产权保护（涉外应对）重点联系单位的认定工作，通过选择部分产业集群、专利联盟、商会、服务机构、企事业单位作为广东省知识产权保护（涉外应对）重点联系单位，探索建立一种长效的知识产权纠纷预警及应急机制。广东省知识产权局在广东省直有关单位、各地市知识产权局推荐和综合考察的基础上，进行认真审查，最终认定广东国际经贸发展咨询协会、广东省日化商会、广州联炬科技企业孵化器有限公司、深圳市中小企业发展促进会、电压力锅专利联盟、东莞名家具俱乐部6家单位为“2012年广东省知识产权保护涉外应对（重点联系）单位”。

广东省知识产权局和广东省对外贸易经济合作厅联合制定的《出口企业参加欧盟展会知识产权维权指引》也已正式出台。

（供稿人：毕 赓）

委局合作

委局合作共建

【概况】 2012年，广东省知识产权局与国家知识产权局专利复审委员会加大改革创新力度，强化协调沟通机制，将探索推进委局合作共建作为主要工作认真加以落实，主要表现在以下三方面：

深化委局合作内容推动建立战略合作。2008年以来，复审委和广东省知识产权局开展的委局合作共建工作，有效促进了广东省知识产权工作大发展，提升了广东知识产权保护的水平和能力，取得了良好的社会效果。为进一步提升合作层面，2012年，委局加大改革创新力度，探索推进委局战略合作，强化协调沟通机制，认真研究草拟了《国家知识产权局专利复审委员会广东省知识产权局关于建立战略合作关系的协议书》，并将继续推进协议的签署和实施。

复审委深入广交会一线指导工作。第111和112届广交会，国家知识产权局专利复审委员会继续每届派出6名专家分三批到广交会指导专利侵权案件处理工作，极大提升了广东省知识产权局驻会执法队伍的案件处理能力和水平。

复审委服务广东、服务企业作用凸显。2012年，复审委8次来粤，共对56件专利无效案件进行公开巡回审理，既方便了广东当事人，也提高了广东省专利复审案件的审理效率。同时，广东省知识产权局认真做好巡回审理的协助工作，积极组织审查员到企业进行交流和指导，同时还组织企业及社会公众参加审理旁听，起到了很好的宣传效果。

（供稿人：毕　赓）

实 例

2012年广东省十个知识产权典型案件

【案件一：假冒“万艾可”等注册商标药品案】 2010年6月，美国某公司向广东省公安厅举报称：约旦人T涉嫌向境内犯罪分子下定单购买假“万艾可”等药品，并销往中东地区和美洲地区。广东省公安厅立即成立专案组，并派出专门力量赶赴广州、中山、湖北等涉案地展开侦查工作。

截至2011年5月中旬，专案组已基本摸清涉案犯罪团伙的基本情况及犯罪活动规律，抓捕时机基本成熟。2011年5月19日，广东省公安厅组织广州、中山市警力250多名，兵分12路，抓获主要犯罪嫌疑人15名，查获涉嫌假冒美国辉瑞公司“VIAGRA”（万艾可）、美国礼来公司“CIALIS”（西力士）、美国默克公司“PROPECIA”（保法止）、“印度神油”、“蚁力神”、“藏八宝”等注册商标的各类药品690万多粒及原料药一大批，制假机械51台、模具1200个及包装盒（瓶）39万多个。5月21日，武汉警方根据广东省提供的线索打掉15个犯罪窝点，抓获犯罪嫌疑人15名，查获各类假药4600多万粒。

该案涉及外国人在中国定做假冒产品返销国外的违法行为，这些违法行为一旦得逞，将会对我国的国际形象造成很大的负面影响。案件的侦破跨越了不同地区和省市，查获了制假设备，捣毁了制假窝点，是广东警方坚决贯彻公安部“亮剑”专项行动的重大成果。

（广东省公安厅供稿）

【案件二：侵犯“躺椅和脚凳”外观设计专利权案】 挪威籍请求人奥某拥有“躺椅和脚凳”外观设计专利权，专利号为ZL02331257.2。请求人以广州市花都区欧某在网上销售和许诺销售的“躺椅和脚凳”产品侵犯其上述外观设计专利权为由，请求广州市知识产权局立案处理。

该局立案后，迅速组织执法人员到广州市花都区被请求人欧某的经营场所勘验检查，现场虽未发现被控侵权产品，但被请求人承认曾经存在销售和许诺销售侵权产品的行为。经该局组织双方当事人进行调解，被请求人意识到自己的行为已经侵犯他人的专利权，表示尊重专利权人的知识产权，承诺不再生产、销售、许诺销售侵权产品，删除在互联网上发布的任何涉嫌侵权的宣传、广告等信息。双方当事人在该局的主持下达成调解协议。该案从勘验调查到调解结案仅用了七天时间。

根据《专利法》第11条规定，外观设计专利权授予后，任何单位或者个人未经专利权人许可，都不得生产经营目的制造、许诺销售、销售、进口其外观设计专利产品。本案当事人在互联网上发布涉嫌侵权产品的宣传、广告等信息，已经构成许诺销售，属于侵权行为。

（广东省知识产权局供稿）

【案件三：假冒“创维”注册商标手机案】 2011年5月，深圳市A商贸有限公司和深圳市B商贸有限公司向深圳市市场监督管理局投诉深圳市某通信技术有限公司涉嫌生产销售假冒手机。

经立案调查，深圳市某通信技术有限公司通过伪造创维移动公司公章的授权委托书，于2009年12月9日与深圳市B商贸有限公司签订两份《整机销售合同》，合同金额分别为

107万元、428万元，共计人民币535万元，某通信技术有限公司生产了仿冒“创维”商标的S590AA手机2460台和9840台，合计12300台，并将手机全部交付深圳市B商贸有限公司，B公司又将这批手机全部销售给深圳市A商贸有限公司。由于深圳市某通信技术有限公司生产假冒商标手机，违法经营数额巨大，情节严重，已达到刑事追诉标准，深圳市市场监督管理局于2011年6月20日将本案移送深圳市公安局经济犯罪侦查局侦办。目前本案已侦查终结，并移送检察机关审查起诉。

根据《刑法》第213条的规定，本案违法嫌疑人未经注册商标所有人许可，在同一种商品上使用与其注册商标相同的商标，情节严重，已经涉嫌构成假冒注册商标罪，依法应追究刑事责任。（广东省工商行政管理局供稿）

【案件四：侵犯“故障断路器”实用新型专利权案】 原告上海某公司在我国拥有“增强型具有反向接线保护功能的接地故障断路器”实用新型专利权（专利号CN200620117867.6）。被告东莞某制品厂系由被告香港某公司投资设立的来料加工厂。东莞某制品厂生产的接地故障断路器出口美国、法国等国外市场销售，在该产品外包装盒、安装测试说明书上分别标有被告美国帕某公司、法国罗某公司的名称、地址、注册商标等信息。原告认为上述产品侵害了其专利权，请求判令东莞某制品厂、香港某公司、美国帕某公司及法国罗某公司等四个被告立即停止制造、销售侵权产品，并赔偿经济损失以及为制止侵权行为所支付的合理费用。

广东省高级人民法院审理认为，被控产品缺少本案专利权利要求1的两个技术特征，没有落入涉案专利的保护范围，而且被告使用的是被告帕某公司自己拥有的技术，没有侵犯原告专利权，驳回原告的全部诉讼请求。原告不服一审判决向最高人民法院提起上诉，最高人民法院经审理后维持原判。

根据《专利法》第59条规定，发明或者实用新型专利权的保护范围以其权利要求的内容为准，由于本案被控侵权产品并不具备专利独立权利要求中的全部技术特征，因此不构成侵权。本案涉及中、美、法等多国当事人，索赔金额巨大，技术对比复杂，中国法院依法平等保护了中外当事人的权利。

（广东省高级人民法院供稿）

【案件五：假冒“DURACELL”（金霸王）等注册商标电池、手表案】 2011年4月20日，深圳市某贸易有限公司委托深圳市某报关公司，以一般贸易方式向深圳海关隶属大鹏海关申报出口计算器21120台，目的国摩洛哥。海关风险管理部门通过对航线和出口区域的分析，认为风险较高，应重点关注。在货物通关检查时，通过“快检3000”图像扫描发现装载货物种类较多，与报关单申报出口货物为单一商品的情况不一致，存在较大的夹藏伪报嫌疑，因此对该柜下达H2000布控查验指令。

经查验发现，出口货物中包括标有“DURACELL”（金霸王）商标的电池115200个、标有“CASIO”（卡西欧）商标的计算器14360个、标有“SWATCH”（斯沃琪）商标的手表26000个、标有“NIKE”（耐克）商标的手表10000个、标有“FERRARI”（法拉第）商标的手表24000个、标有“ADIDAS”（阿迪达斯）商标的手表4000个、标有“D&G”商标的手表3000个，涉嫌侵犯权利人在海关总署备案的商标专用权，涉案货值巨大。深圳海关随后将案件线索通报给公安机关，该案现在进一步侦查过程中。

根据《知识产权海关保护条例》规定，知识产权权利人可以将其知识产权向海关总署申请备案。海关发现进出口货物有侵犯备案知识产权嫌疑的，可以扣留侵权嫌疑货物并且进行调查。本案海关充分运用风险分析技术，对出口货物实施有效监控，主动依职权对出口侵权货物行为进行查处，保护知识产权权利人的合法权益。（海关总署广东分署供稿）

【案件六：非法传播音乐作品侵犯著作权案】 2011年5月，根据国际唱片协会亚洲区总部的投诉，深圳市市场监督管理局执法人员对位于深圳市福田区华强北路的深圳市某移动数码连锁有限公司华强北赛博销售部进行检查。

执法人员在检查中发现当事人在店面里摆置的3台电脑里储存了大量国际唱片业协会亚洲区总部会员的音乐（主要为港台流行音乐）。当事人现场无法提供版权人授权证明，涉嫌侵犯著作权。随即，执法人员依法进行立案调查。经调查，当事人在其店面里设置3台电脑以便免费帮助购买其手机的客户下载或复制未经授权的音乐。经国际唱片业协会北京代表处鉴定，该3台电脑里共储存了54首国际唱片业协会（IFPI）会员唱片公司持有版权的音乐。由于当事人侵犯了著作权人的复制权、发行权和获得报酬等合法权利，深圳市市场监督管理局依法责令当事人改正违法行为，并对其罚款20000元。

根据《著作权法》第47条规定，未经著作权人许可，复制、通过信息网络向公众传播其作品等侵权行为，根据情况将承担民事责任、行政责任甚至刑事责任。本案当事人虽没有通过复制传播音乐作品直接营利，但将其作为附加服务吸引顾客，招揽生意，损害了著作权人合法利益，也损害了公共利益，因此行政机关对其进行行政处罚。（广东省版权局供稿）

【案件七：利用互联网销售假冒“红双喜”等注册商标香烟案】 2011年年初，根据国家烟草专卖局、公安部、省公安厅交办的案件线索，佛山市公安局成立专案组对一起利用互联网非法销售假烟案组织侦查。

经过细致侦查，到2011年3月29日，破案时机已经成熟。3月30日，在广东省公安厅经侦局的指导下，在佛山市烟草专卖部门的配合下，佛山市、区两级公安经侦、网监以及技侦部门联合行动。3月30日凌晨，随着行动命令的下达，部署在各个地点的民警同时出击，4个正在忙于收货、发货的窝点被一举端掉，主要的犯罪嫌疑人悉数到案。在仓储销售卷烟窝点查扣了大量的卷烟以及销售单据，经清点两个主要仓储仓库查获红双喜（软）、云烟（硬珍）、玉溪（硬专供出口）、万宝路（硬）等百余个品牌的涉案卷烟7686条、876罐，总价值70多万元。该案成功打掉了2个网络非法经营卷烟的团伙，刑拘了郭某等7名犯罪嫌疑人。

本案涉及利用网络售假的新犯罪形式，犯罪嫌疑人通过互联网完成卷烟的进货和销售，通过使用交易暗码、变更商品名称等方法逃避网站监管，企图瞒天过海，公安机关充分发挥协作机制作用，通过细致侦查，成功破获此案，极大地震慑了网络制售假烟行为。

（广东省公安厅供稿）

【案件八：侵犯美国微软公司软件著作权案】 2010年12月15日，微软公司投诉广州某纺织漂染有限公司未经授权复制使用Windows、Office软件。广州市文化市场综合执法总队联合番禺区文化执法部门到被投诉人所在地进行现场检查。

执法人员检查该公司54台办公电脑，发现这些电脑内复制安装了繁体中文版本的Windows、Office系列软件共108套，电脑上并没有微软软件的正版标签，涉嫌安装使用盗版软件。该公司提供其香港总公司于2002年在香港购买的微软产品证明，称其使用的是香港总公司购买的正版软件。经执法人员与微软（中国）有限公司核实，该香港总公司确实曾经购买了一批微软软件，但根据当时的销售协议，这批软件只限于其香港公司使用，广州公司并未获得使用授权。微软公司就此多次派人联系被投诉人，要求被投诉人停止侵权行为，但是一直遭到被投诉人的拒绝。广州文化执法总队确认当事人未经授权非法安装使用微软Windows、Office等系列软件的侵权事实，责令当事人立即停止侵权行为，并处罚款21万元。

根据《计算机软件保护条例》第18条规定，软件使用人应当在软件许可使用合同授权范围内行使权利。本案当事人超出权利人授权范围安装使用软件，侵犯了软件著作权，该案的处理将对非法使用侵权盗版软件的单位和个人起到有力震慑作用，也体现中国政府不断加大软件知识产权保护工作力度的决心，为广东省版权保护工作树立了良好的国际形象。

（广东省版权局供稿）

【案件九：侵犯“吸顶灯”外观设计专利权案】 2011年4月，专利权人何某以广东省中山市某外资公司生产销售灯饰产品涉嫌侵犯其ZL200430042492.8、ZL200430042491.3、ZL200430094783.1号等三项吸顶灯外观设计专利权为由，向中山市知识产权局提出行政处理请求。

中山市知识产权局立案后，迅速组织执法人员对被请求人的生产现场进行勘验调查，在被请求人的展厅发现了三款产品，分别与上述专利权相近似，涉嫌侵犯外观设计专利权。经核实，前两款产品分别生产（销售）150个及120个。同年5月，中山市知识产权局组织双方当事人进行口头审理，在执法人员的主持下，双方当事人达成和解。被请求人表示尊重请求人的上述专利权，对纠纷所造成的不便表示诚恳的歉意，保证立即停止制造、销售、许诺销售涉嫌侵权产品，并自行删除涉嫌侵权灯饰产品的宣传资料及网站上的相关网页；另外，被请求人就涉嫌侵权的行为补偿请求人经济损失，共计人民币1.5万元整。

根据《广东省专利条例》第30条，专利行政部门处理专利侵权纠纷案件时，可以对当事人的生产经营场所实施现场勘验检查，进行抽样取证，登记保存相关证据材料。本案在依法调查固定相关证据后，以调解方式结案，专利权人在1个月内就通过行政处理程序达到要求停止侵权、赔偿损失的目的，充分体现专利行政执法主动、简便、快捷、高效的特点。

（广东省知识产权局供稿）

【案件十：侵犯“米其林”注册商标专用权及不正当竞争案】 法国米其林公司在中国注册了“MICHELIN”、“米其林”、“MICHELIN及轮胎人图形”商标。其中“MICHELIN”商标被收入国家商标局2000年全国重点商标保护名录。2001年，国家商标局认定“米其林”商标具有较高知名度。2005年，国家商标局认定上述三个商标为驰名商标。2008年，天津二中院认定上述三个商标在2004年时已经达到驰名商标的状态。米其林公司认为喻某、何某侵犯了其商标权，遂向法院起诉。

经过审理查明，2004年2月，喻某注册成立黄岐米其林音响器材厂，由喻某生产、何某销售的“米其林”牌汽车喇叭的正面标有由三个篆刻的汉字“米其林”＋“miQolin”构成的组合商标，喻某在其网站上突出使用“米其林”三个汉字。广东省法院认为：米其林公司的三个商标为驰名商标，喻某模仿米其林公司驰名商标在不相同和不相类似的商品上作为商标使用，足以使相关公众混淆误认，构成商标侵权。喻某将与驰名商标相同的文字作为字号登记，容易使相关公众产生误认，构成商标侵权及不正当竞争，判令其停止侵权及使用“米其林”字号，并赔偿经济损失10万元。

根据《商标法》第13条规定，就不相同或者不相类似商品申请注册的商标是复制、模仿或者翻译他人已经在中国注册的驰名商标，误导公众，致使该驰名商标注册人的利益可能受到损害的，不予注册并禁止使用。本案被告恶意将与驰名商标相同或近似的文字等登记为商号或商标进行使用，已构成商标侵权及不正当竞争。本案的处理给“傍名牌”企业敲响警钟，取得良好的反响和效果。

（广东省高级人民法院供稿）

2012年广东法院知识产权司法保护十大案件

【案例一：深圳唯冠公司诉苹果公司IPAD商标权属纠纷案】 被告深圳唯冠公司是唯冠控股的子公司，于2001年6月21日在我国大陆注册涉案IPAD商标。2009年，IP公司与唯冠控股的另一子公司台湾唯冠公司达成协议，约定将包括涉案商标在内的在多国注册的10个IPAD商标以3.5万英镑价格转让给IP公司。IP公司与苹果公司之间签署权利转让协议，将IP公司所有的IPAD商标转让给苹果公司。苹果公司、IP公司据此请求法院确认涉案IPAD商标归苹果公司所有。

深圳市中级人民法院一审认为签订商标转让协议应与商标权人签订，并办理必要的商标转让手续。本案的商标转让合同是台湾唯冠公司与IP公司签订，而非涉案IPAD商标的商标权人深圳唯冠公司，IP公司主张的表见代理不成立，判决驳回苹果公司和IP公司的诉讼请求。二审期间，广东省高级人民法院力促双方以6000万美元达成调解。

点评：该案一方当事人为名冠全球的苹果公司，另一方为濒临破产的深圳唯冠公司，这场“大象”与“蚂蚁”之争很快受到空前的瞩目。该案号称“中国知识产权史上里程碑式”的案件，调解数额之多、关注度和热议度之高创下多个史上之最。广东省高级人民法院兼顾各方当事人的利益，成功以调解方式结案，彻底解决双方在美国、香港以及内地的一系列纷争，向国际社会展现中国日益成熟的知识产权制度和司法保护状况，受到美联社等多家国内外媒体的正面评价，被评选为“2012年度全国十大典型案例”。

【案例二：欧珀公司诉星宝通公司侵害商标专利权纠纷案】 原告欧珀公司是“oppo”注册商标的权利人，核定使用商品包括电话机、手提电话、MP3等，其品牌在行业内均具有较高知名度。欧珀公司在被告郑某经营的百珠数码超市公证购买了被告星宝通公司制造的手机产品。星宝通公司在其手机产品上使用了“ccpo”标识，欧珀公司认为星宝通公司在手机产品上使用的标识与涉案注册商标相近似，请求法院判令两被告停止侵权、赔偿损失。

法院审理认为，被诉侵权产品与涉案注册商标核定使用的商品为相同产品，被诉侵权产品使用的“ccpo”标识与涉案注册商标构成近似，星宝通公司未经许可制造、郑某未经许可销售侵犯涉案注册商标的商品，已侵犯涉案注册商标专用权。因当事人难以证明侵权受损或侵权获利的具体数额，但在证据证明损失数额明显超过法定赔偿最高限额，故综合全案证据情况，酌情确定星宝通公司赔偿欧珀公司经济损失260万元。

点评：随着现代生活水平的提高以及移动通信技术的飞速发展，手机已成为人们不可或缺的通信工具，而手机的“牌子”则是消费者识别、购买的首要参考因素。通过翔实的分析和说理，法院论述了被诉侵权“ccpo”标识与注册商标“oppo”构成相近似，考虑到涉案注册商标具有较高的知名度、欧珀公司投入巨额资金进行宣传广告并获得了较高的知名度、商标在手机类产品销售中起到的重要识别作用和吸引作用、星宝通公司在诉讼中并未提交完整的财务账册资料，存在着侵权的故意以及星宝通公司侵权的持续时间、地域范围、规模大小等因素，判令星宝通公司承担260万元的高额赔偿金。该案一、二审判决认定事实清楚，论述充分，东莞市中级人民法院在执行阶段还促成双方当事人达成执行和解，为本案的审理画上一个圆满的句号。

【案例三：许某诉索尼公司侵害发明专利权纠纷案】 原告许某是“具多层次金属花纹的制造方法”发明专利的权利人，其公证购买了一台索尼公司制造的VPCYB15JC/S笔记本电脑，该笔记本电脑显示屏上标注了索尼公司特有的“VAIO”标识。许某认为索尼公司笔记本电脑上“VAIO”标识的制作方法落入其涉案专利的保护范围，指控索尼公司制造、销售、许诺销售，苏宁电器销售，纬新资通公司制造、销售涉嫌侵犯其专利权的产品，请求法院判令被告停止侵权，赔偿损失。

法院审理认为，依照被控侵权的方法制造的产品具有“在非导电基层即笔记本电脑的表面，黏贴有由表面光滑的金属材料经冲压形成的金属花纹”的特征。而根据专利方法制造的产品，具有“在非导电性基材的表面具有经电镀形成的、具有一定厚度的金属花纹”这一技术特征，由于两个产品的技术特征不相同也不等同，故制造被控侵权产品的方法与许某涉案专利方法的技术特征不相同亦不等同，未落入涉案专利权保护范围，驳回许某的诉讼请求。

点评：本案所涉及的专利为发明方法专利，在专利侵权判定时如何进行比对难度较大。法院在审理过程中，通过对物证进行物理性破坏试验，查明了用专利方法生产的产品与被控侵权产品的技术特征不同，从而得出二者各自的生产方法既不相同亦不等同，不构成侵权的结论，为审理侵害发明方法专利纠纷案创造出一条新的法律适用原则，具有开拓性的意义。

【案例四：李某诉黄某侵害外观设计专利权纠纷案】 原告李某是一种“脚架”的外观设计专利权人，认为被告黄某生产、销售的脚架侵害其专利权，向法院提起诉讼。被告黄某提交了名为“网板折叠圆桌”的对比文件，进行现有设计抗辩。

法院审理认为：黄某提交的对比文件专利申请日在涉案专利申请日之前，可以援引该证据比照现有设计抗辩制度进行不侵权抗辩。将被诉侵权产品与对比文件中外观设计产品相对应的部分相比对，两者不存在实质差异，属于同样的外观设计，被诉侵权产品使用了申请在先的设计方案，黄某无需承担侵权责任。

点评：本案是全国首例以在先申请比照现有设计抗辩制度作不侵权抗辩并予以认定的专利侵权案件，为此后同类型案件的审理理清了思路。本案对我们的启示是：在先申请不属于传统意义上的现有设计，但可以比照现有设计抗辩制度作不侵权抗辩，专利权人应当据此正确评估自身权利的稳定性，不断提高专利质量，以此获得竞争优势。

【案例五：央视公司诉世纪龙公司侵犯信息网络传播权纠纷案】 中央电视台将奥运开幕式、闭幕式、北京2008年奥运会及与奥运相关之所有赛事直播或录播节目等的信息网络传播权授权原告央视公司独占行使，被告世纪龙公司未经许可，在其网站上通过信息网络，实时转播中央电视台CCTV奥运频道正在直播的2008年北京奥运会首场正式比赛，原告央视公司认为世纪龙公司侵犯其作为录音录像制作者的权利和广播组织专有权，遂诉至法院。

法院审理认为：以直播现场体育比赛为主要目的的电视节目，在独创性上尚未达到电影作品和以类似摄制电影的方法创作的作品所要求的高度，应当以有伴音或者无伴音的连续相关形象、图像的录制品给予保护。法律规定广播组织专有权的行使主体限于广播电台、电视台，并且信息网络传播权的主体是著作权人、表演者、录音录像制作者，并未包括广播组织者在内，本案中央视公司不享有广播组织专有权。世纪龙公司作为网络内容提供者的行为侵犯了央视公司作为录像制作者享有的信息网络传播权，据此判决世纪龙公司赔偿央视公司经济损失及合理费用20万元。

点评：对于体育赛事及相关活动节目的电视转播或网络媒体的转播，涉及诸多知识产权问题，本案通过机位的设置、镜头的选择、主持、解说和编导的参与等细节内容对涉案奥运赛事节目的独创性进行分析，认定权利人的邻接权范围，肯定了权利人作为录像制作者享有的信息网络传播权，并且对世纪龙公司以其属于提供点对点技术的网络服务提供者所作的抗辩予以详细分析，逻辑严谨，具有前瞻性，对电视台所拍摄播放的体育比赛节目的知识产权保护具有示范作用。

【案例六：完美公司诉阿里巴巴公司擅自使用他人企业名称纠纷案】 原告完美公司在被告阿里巴巴广告公司的网站上，发现以“完美公司”的企业名称、字号作为关键字在阿里巴巴网站上搜索商家信息，可以看到众多不知名的个人或者企业用户未经完美公司的许可而使用其公司名称作宣传。完美公司向阿里巴巴广告公司寄送有关删除侵权广告信息的律师函，阿里巴巴广告公司在收到通知后作出了一定的制止措施，但在本案判决前还有一部分涉嫌侵害完美公司企业名称权的信息未删除。完美公司由此提起诉讼认为阿里巴巴公司涉嫌侵害其知名企业名称权，要求停止侵权、赔偿损失。

法院认为：阿里巴巴广告公司在诉讼中未提交证据证明使用“完美公司”企业名称的广告信息中得到完美公司的授权，故这些广告信息均构成对完美公司企业名称的擅自使用，侵害了其合法权益。作为网络服务提供商的阿里巴巴广告公司，不仅全面掌握每条广告信息的内容、发布者等情况，且有能力迅速制止侵权行为。阿里巴巴广告公司在接到完美公司通知后的合理期限内没有完全删除侵权信息，理应承担停止侵权（删除上述擅自使用完美公司企业信息的广告信息）、赔礼道歉、赔偿损失的民事责任。法院判决阿里巴巴广告公司停止侵权，赔偿损失。

点评：知识产权共同侵权案件多集中于利用网络侵害著作权的案件，本案正是参照侵害著作权案件中的共同侵权理论认定网络服务提供者应承担的法律责任。完美公司没有起诉发布侵权信息的商品经营者，而是直接起诉了网络服务提供商。法院经审查后，认为完美公司提交了涉案侵权信息是未经完美公司许可发布的证据，且提供证据证明完美公司函告阿里巴巴广告公司发布侵权广告事宜，但阿里巴巴广告公司在合理期限内仍未完全删除侵权信息，故判令其承担侵权责任。判决查明的事实清楚，说理透彻、充分，对规范电子商务经营及相关知识产权保护具有示范作用。

【案例七：蔡某诉科技出版社等侵害商标权纠纷案】 被告科技出版社从1998年开始就在其出版图书的封面和书脊上不间断地使用红色的“”图形作为商标。该社出版的部分书籍曾获得第十一批全国优秀畅销书（科技类）、“三个一百”原创出版工程证书、第一届中国出版政府奖图书奖提名奖等荣誉。原告蔡某于2009年11月28日获准注册“及HIGH TECHNOLOGY LETTERS”图形及文字组合商标，核定使用商品为第16类的印刷出版物等。蔡某于2011年在新华书店购买了由科技出版社出版的书籍，封面及书脊上均印有红色的“”商标，遂向法院提起诉讼。

法院审理认为，“”商标为科技出版社使用在印刷出版物上的未注册商标，且经过科技出版社在先、长期、连续使用，该商标具有一定影响，故没有侵犯蔡某的注册商标专用权。新华书店经销科技出版社出版的图书，也未侵犯蔡某的注册商标专用权。判决驳回了蔡某的诉讼请求。

点评：“”图形商标是科学技术文献出版社在先使用并具有一定影响的商标，蔡某虽获得在同类商品上注册相同的商标，但科学技术文献出版社仍有权继续使用其商标，不构成侵权。此案的意义在于保护他人在先使用并具有一定影响的未注册商标，有利于扼制恶意抢注他人未注册商标的不正当竞争行为。

【案例八：李某诉沃尔玛公司侵害外观设计专利权纠纷案】 原告李某是第ZL03319125.5号“牙刷柄（13）”外观设计专利权人。被告武汉今晨前已因侵犯该专利而被判停止侵权。原告随后又购买到同一侵权产品，遂将武汉今晨和销售者沃尔玛汕头店起诉至汕头市中级人民法院，要求对武汉今晨反复侵权行为加重处罚，判决其赔偿50万元。

法院审理认为，在先生效判决已对武汉今晨制造销售侵权产品的行为进行了处理，李某在生效判决之后购买到侵权产品，只能说明市场上尚有销售，仅此不足以证明武汉今晨实施了新的侵权行为。李某在本案中对武汉今晨的诉讼请求实质上是基于已为人民法院生效判决作出实体处理的同一法律关系和同一法律事实，构成重复诉讼。销售者沃尔玛汕头店在此前李某与武汉今晨纠纷中，曾在知识产权局调处下与李某签订协议承诺不再销售该产品，此后又违反承诺再行销售，应承担侵权责任。法院裁定驳回李某对武汉今晨的起诉，判令沃尔玛汕头店赔偿李某2万元。

点评："一事不再理"是民事诉讼的原则之一，即禁止当事人就同一诉讼标的向人民法院重复起诉。知识产权侵权纠纷案件裁判之后涉案侵权产品往往仍未在市场上完全绝迹，对于明知侵权仍然生产销售者应予以惩罚，但是也有一些权利人举着"打击侵权"的旗帜掩饰"以案敛财"之目的，对此重复诉讼要求超额赔偿者不应支持鼓励。对确实反复侵权者应加重打击力度，维护生效裁判的权威。

【案例九：花旗参农业总会诉吕某侵害注册商标专用权纠纷案】 原告花旗参农业总会认为被告吕某未经授权和许可，在被告淘宝公司运营管理的"淘宝网"上销售由被告粤珠公司总经销的"美国威斯康星花旗参"产品，三被告的行为侵犯了原告的注册商标专用权，请求判令被告停止侵权、书面道歉，并判令粤珠公司、吕某承担赔偿责任、淘宝公司承担连带责任。

法院审理认为，原告的注册商标专用权合法有效，应受法律保护。吕某销售的涉案商品与原告注册商标核定的商品使用范围相同或者类似，且标识与原告的注册商标完全相同。吕某不能提供购买涉案商品的销售合同、销售发票或送货、收货单据，其行为构成侵权。没有证据显示粤珠公司销售涉案商品，淘宝公司与吕某并无共同的侵权故意。淘宝公司在事后无法及时采取必要措施是因花旗参农业总会怠于履行通知义务而致，淘宝公司随后履行了监管义务，不存在主观过错。判决吕某停止侵权，赔偿花旗参农业总会经济损失。

点评：电子商务已逐渐成为消费新宠，涉电子商务知识产权案件也因为涉及新技术、新营销模式成为审理的热点和难点问题。本案明确了网络服务提供者对网络商标侵权行为承担连带责任的条件，即商标权利人"通知"要有具体内容、网络服务提供者与网络销售者要存在共同侵权行为以及网络服务提供者未履行相应审查监管义务，对于同类案件具有示范、引导作用。

【案例十：深圳第七大道公司诉燕某侵犯著作权纠纷案】 "弹弹堂"游戏的著作权人是深圳第七大道科技有限公司。被告人燕某通过修改在网上下载的深圳第七大道科技有限公司的"弹弹堂"游戏源代码，调整了该款游戏的难易程度以及降低游戏道具价格后，以"52弹弹堂"、"霸气弹弹堂"和"11弹弹堂"为游戏名发布在服务器上进行运营。经鉴定，被告人燕某电脑里的"弹弹堂"游戏服务器端中的程序与深圳第七大道科技有限公司提供的相应程序具有同源性，相似率在99%以上。

法院审理认为，被告人燕某无视国家法律，以营利为目的，未经深圳第七大道科技有限公司的许可，复制发行其享有著作权的计算机软件"弹弹堂"游戏，经公诉机关和被告人燕某共同确认，非法经营数额达人民币146401元，其行为已构成侵犯著作权罪，属情节严重。判决被告人燕某犯侵犯著作权罪，判处有期徒刑一年六个月，并处罚金人民币8万元。

点评：随着网络技术的不断进步和发展，以及网络产品的大量应市，建立"私服"所需要的技术障碍越来越容易消除，违法犯罪的成本越来越低。在司法实践中很难对情节严重的私服行为进行确定的刑法评价，导致实际上被追究刑事责任的情况并不多，长此以往将可能扰乱网络游戏市场的正常经营，严重损害游戏开发商和运营商的利益，也极大影响我国网络游戏产业的发展。本案的判决，在司法实践中对通过非法架设、运营网络游戏"私服"牟利的犯罪行为的准确定性提供了有益的参考。

（广东省高级人民法院供稿）

2012年广东海关知识产权保护典型案例

【案例一：广州海关查获出口侵犯自主品牌"PILA"商标权灯泡案】

一、基本案情

2012年5月23日，佛山某公司向广州海关隶属佛山海关驻顺德办事处申报出口至尼日利亚灯泡382950个，企业在申报时提交了尼日利亚客户提供的商标使用授权证明。现场关员结合职能部门发布的风险提示信息，认为该票货物存在以下疑点：一是货物申报出口的目的地为尼日利亚，属于侵犯知识产权案件高风险地区；二是"PILA"商标为自主品牌，但企业提供的授权书却为英文版本。综合分析上述因素，经办关员认为该票货物存在较大的侵权嫌疑，于是予以布控。经对企业提供的授权书审核发现，授权书中的授权人与总署备案的"PILA"商标权利人不一致，存在伪造授权文件的可能。经联系，"PILA"商标权利人认为相关货物侵犯了其商标权并申请海关扣留，广州海关依法对上述货物予以立案调查。经调查，该批货物系当事人按照尼日利亚某公司订单生产，接单时虽要求客户提供相关授权文件，但未对其真实性予以核实。最终，在广州海关对涉嫌侵犯"PILA"商标权的382950个灯泡扣留调查期间，当事人双方经协商达成和解，"PILA"商标权利人撤回对上述货物的扣留申请，根据《中华人民共和国知识产权海关保护条例》第二十四条的规定，广州海关解除对382950个灯泡的扣留。

二、推荐理由

（一）该案是海关总署部署"国门之盾"期间广州海关货运渠道查获的最大宗侵犯自主品牌的案例。在2012年1月"国门之盾"行动开展以来，广州海关加大对侵犯知识产权行为的打击力度，特别强化对查处侵犯自主品牌案件的部署，加强对海关总署备案自主品牌的通关监控。该品牌虽然在海外很多地区饱受赞誉，但在国内并不为一般消费者所熟知，海关在监管过程中本着高度的责任心和使命感，不放过任一疑点，成功查获本案，维护"中国品牌"在非洲等新兴市场的声誉。

（二）该案是海关强化风险分析效能，筛查过滤虚假信息，提高案件查获率的成功典范。本案中，虽然企业提供了授权书，但一线监管现场知识产权保护意识较强，结合职能部门发布的预警信息，对商品特点、抵运地等多个风险点分析识别，案件查办部门对现场上报的材料审核细致、敏感性强，于细微处发现疑点，两级执法单位准确运用风险技术手段，相互协作，成功查获该宗侵权自主品牌商品案件。

（三）该案是海关依法行政，同步增强边境知识产权保护执法效果与社会效果的典型范例。2009年《〈知识产权海关保护条例〉的实施办法》修改后，权利人与收发货人达成协议的，海关可以依法终止调查。该案以当事人和解结案，保护权利人的利益，教育出口企业，同时提高案件办理效率，降低社会财富的损耗，收到良好的效果。

【案例二：深圳海关查获"艾力达"假药案】

一、基本案情

2012年2月5日，深圳海关驻邮局办事处在查验入境EMS邮件时，现场关员通过审查、发现一票寄自美国的邮件申报为"herbal enhancement"（草本强化剂）、申报价值2000美元。列入重点查验对象后，通过X光机进行了检查。图像显示内有大量颗粒状物品，经开拆邮件后，发现邮包内装有标"艾力达"

商标的药品20016粒，涉嫌侵犯权利人拜耳股份有限公司在海关总署备案的相关商标专用权。经联系权利人确认，上述物品侵犯了其商标专用权，价值约10万元人民币。本案已通报公安机关，正在进一步侦查过程中。

二、案件点评

本案是现场关员运用“5W风险要素分析法”分析、捕获侵权货物的典型案例。在对货物实施查验前，现场关员从以下5个方面确定了该批货物的风险较高，分别是：

（一）WHEN（重点时段）。查验时是临近元宵节的周末，该邮件寄出日期为1月23日（大年初一），春节前后是侵权保健品、药品和礼品邮包比较集中的时期。

（二）WHERE（重点地区）。涉案物品寄自美国，从以往案件查处的情况来看，属于假药邮包进出比较多的区域。

（三）WHO（重点主体）。邮单显示寄件人为221enterprisesLLC（221有限责任公司）的Fleming，公司的名称结构不符合一般的常理，虚构的可能性比较大。

（四）WHICH（重点商品）。该邮件模糊申报为“草本强化剂”，此类商品品名在生活中并不多见，且通过X光机显示呈颗粒状，商品属性无法在第一时间予以判断。加上一次性邮递的数量较多，于是现场关员将其列入重点查验对象。

（五）WHAT（重点手法）。通过查验，看到药品包装手法简陋，“艾力达”商标直接标示在药物上。但据该商标权利人透露，此类药物并不标中文字样。至此，现场人员已初步确定了物品具有明显的侵权嫌疑。

三、推荐理由

（一）本案是深圳海关加大对美进出口查验力度后查获的重大案件之一，也是近年来在邮递渠道查获的数量最大的入境侵权药品案件。本案在进口环节查获大量假药，充分说明我国也面临假药引发的危害，在出口和进口两个环节遏制假药流通，拒假药于国门之外是海关的职责。

（二）本案运用的“5W风险要素分析法”是结合邮递案件特点的分析方法。在海量的进出境邮包中评估风险、发现疑点、进行布控、实施查验，体现一线执法关员的职业敏感性和风险分析能力。本案被报刊、网络等新闻媒体报道，引起社会广泛关注。

【案例三：拱北海关查获珠海某公司侵犯“ZELZAL”商标专用权案】

一、基本案情

2012年7月9日，珠海某公司分两票报关单以一般贸易方式向拱北海关隶属高栏海关申报出口摩托车往复式活塞内燃发动机等货物一批，申报目的国也门。海关经查验，发现其中有540套摩托车往复式活塞内燃发动机、540套相关配件带有“ZELZAL”标识，涉嫌侵犯广东银河摩托车集团有限公司在海关总署备案的“ZELZAL及图形”商标专用权，货物价值总计人民币174.5万元。拱北海关审单处关员在审核报关单时发现了两个“风险点”：一是该公司此次申报出口摩托车发动机及配件的品牌并非该司长期出口的自主知识产权品牌“珠江牌”而是“ZELZAL”牌；二是该公司提供的授权委托书格式简陋、授权方的印章不规范。鉴于此，审单关员及时下达了即决式布控指令，要求现场海关验估货物，核对单货是否一致、是否侵犯知识产权。高栏海关接到布控指令后，立即组织人员实施查验。由于上述摩托车发动机及其相关配件与其他正常货物混装于9个集装箱内，为准确查明涉嫌侵权货物的知识产权状况和具体货物数量，现场查验关员经细查细验，最终确认该批货物为摩托车发动机及其相关配件各540套，均带有“ZELZAL”标识，涉嫌侵犯权利人广东银河摩托车集团有限公司在海关总署备案的“ZELZAL”商标专用权。经海关联系权利人广东银河摩托车集团有限公司，该权利人于7月11日向拱北海关提出扣留上述货物的书面申请，并提供担保要求对上述货物采取知识产权保护措施。7月13日，高栏海关依法扣留上述货物，并启动立案调查程序。

在本案调查过程中，权利人广东银河摩托车集团有限公司于8月13日向海关提交其与当事人珠海珠江车业有限公司签订的《和解协议书》，并书面向海关提出撤回知识产权保护申请。根据《知识产权海关保护条例》第二十四条第（五）项的规定，高栏海关对上述在扣的带有“ZELZAL”标识的540套摩托车往复式活塞内燃发动机、540套相关配件予以解除扣留。

二、推荐理由

此案是拱北海关开展“国门之盾”行动和打击假冒药品、食品和汽车配件专项整治工作以来查获的首宗假冒摩托车配件案件，也是2012年拱北海关查获的案值最大的一起侵权案件。同时，该案还是一宗侵犯国内自主知识产权的重大侵权案件，具有很强的代表性和典型意义。

此案查获的涉案侵权货物是通过低风险快速放行报关单证申报出口的。分类通关改革全面推广以后，一些出口侵权货物的不法企业在向海关申报时，有意识地将侵权货物申报为“报价低”、“不退税”的货物，使其具备低风险快速放行报关单的特点，以此达到快速放行，无需海关布控、查验的目的。但是从海关目前查获的侵权案件情况来看，不少侵权货物恰恰是通过低风险报关单证申报出口的。针对这一情况，拱北海关审单部门专门组织人力对有侵权风险的低风险快速放行单证调入人工审核通道进行重点审核监控，并根据风险值的高低，在适时调整审单通道的同时及时下达风险预警布控，有效遏制不法企业借助低风险快速放行单证逃避海关监管、出口侵权货物的动向。在此案的查办过程中，各有关单位各司其职、高效配合，充分展示拱北海关知识产权保护的执法能力和水平，为关区扎实开展打击假冒药品、食品和汽车配件专项整治工作，切实加大进出境侵权行为打击力度，起到良好的示范作用。回顾整个案件的查办过程，审单关员敏锐发现侵权嫌疑线索，及时下达风险布控指令；现场关员切实落实查验指令、准确查获涉嫌侵权货物并及时予以扣留，严格依法办案，确保侵权案件的顺利查处。

【案件四：黄埔海关查获出口涉嫌侵犯“王老吉”商标案】

一、基本案情

2012年6月9日，黄埔海关隶属东莞海关在对广东某饮料食品有限公司申报出口至香港的一批罐装凉茶饮料查验时发现有54240罐凉茶饮料使用“王老吉”商标，由于“王老吉”是广州医药集团有限公司（以下简称“广药集团”）在海关总署备案的商标，故黄埔海关将货物情况通知广药集团，并根据广药集团的扣留申请和提交的担保扣留该批货物。黄埔海关审慎处理本案，并在此后的调查过程中收集大量证据材料。鉴于查获货物上使用的商标与当时海关备案的“王老吉”商标的字样排列方式和花纹外框不完全一致、货物出口时司法机关对当事人之间的争议尚未作出终局裁决等情形，黄埔海关根据《知识产权海关保护条例》的规定于8月10日对本案作出不能认定货物是否侵权的调查结果。此后，黄埔海关配合广州市萝岗区人民法院的协助执行通知，将该批货物交由萝岗区人民法院扣押。

9月10日，黄埔海关隶属老港海关查获广元市某工艺制品有限公司出口28800罐使用“王老吉”商标的凉茶饮料。由于广药集团已在海关总署申请新的商标权备案，货物上的标识已构成对该备案商标的假冒，故黄埔海关在根据广药集团的申请扣留货物后，作出没收侵权货物并处罚款的行政处罚。

二、推荐理由

本系列案是黄埔海关大力开展“打击假冒药品、食品和汽车配件专项整治工作”的重要成果，显示了该关在堵截与人身健康密切相关的侵权食品方面的决心与成效，也是结合广州市委、市政府关于支持广药集团依法保护其商标权的会议精神，大力保护国内自主品牌的体现。

本系列案根据具体案情的差异，有不同的处理结果，充分体现了知识产权海关保护救济私权、准司法性质的特点。

（海关总署广东分署供稿）

广东省专利行政执法案例

【案例一："护康胶囊"假冒专利案】 2012年5月16日，广东省知识产权局执法人员在某知名平面媒体上，发现上海某公司生产的"护康胶囊"外包装上标注的专利号ZL00121388.1涉嫌假冒专利。

经调查，该专利权利人为北京某医药科技有限责任公司，但该专利权已于2005年9月28日因未缴年费被终止；"护康胶囊"的销售网络遍布全省19个地市（区）的107家药店。之后，广东省知识产权局联合广州市知识产权局进行摸查和取证，通过调查暗访，发现位于广州市天河区的大型窝点。6月初，广东省知识产权局联合公安和药监部门，并组织广州、深圳、珠海、汕头和佛山等全省18个地市知识产权局以及顺德区经济和科技促进局同时开展统一执法行动。在查处"护康胶囊"假冒专利的同时，该局与广州市局对窝点现场发现的另外6种其他涉嫌假冒专利的保健品分别进行立案查处，进一步加大本次行动的成效。据统计，本次行动共捣毁大型窝点一个，查获涉嫌假冒专利保健品7种1935盒，总货值接近84万元。其后经查实，"护康胶囊"产品上标注的生产厂家上海某公司早已注销。

根据《专利法实施细则》第84条规定，专利权终止后继续在产品或者其包装上标注专利标识，或者未经许可在产品或者产品包装上标注他人的专利号，或者销售存在上述两种情形产品的，均属于假冒专利行为。本案涉及药品，关系民生，货值较高，当事人在产品上标注失效专利，欺骗消费者，影响范围广，危害性大。本案得到媒体的广泛关注，广州电视台、《南方日报》、《广州日报》和人民网、新浪、网易等主流媒体均有报道。

【案例二：侵犯"餐台（JA1222）"外观设计专利权案】 惠州某智能居家用品科技有限公司拥有"餐台（JA1222）"外观设计专利权，专利号为ZL201130003157.7。权利人以惠州市某家具公司制造、销售以及许诺销售涉嫌侵犯专利权的产品为由，请求惠州市知识产权局处理。

该局受理后，在现场勘验检查中依法暂扣了准备直接装箱出口欧洲的涉案产品"餐台（0778）"成品121件，以及半成品一批。将涉案产品和该外观设计专利的各视图相比，二者完全相同，落入了请求人专利的保护范围。被请求人辩称其于2010年1月1日与请求人签订了《委托加工合作协议》，合作期限为2年，案发时仍在期限内，但经惠州市知识产权局查证，协议内容仅限于被请求人接受请求人的委托，按照请求人的要求和数量生产专利产品，该批涉案产品是被请求人违反《委托加工合作协议》，超出协议内容擅自生产的产品。经调解，双方达成和解协议：被请求人承诺停止涉案产品的生产、销售和许诺销售；被扣押的涉案产品及库存的涉案成品、半成品交给请求人处理；被请求人在《惠州日报》上登报道歉；被请求人赔偿请求人经济损失126900元。

根据《专利法》第11条规定，外观设计专利权被授予后，任何单位或者个人未经专利权人许可，都不得实施其专利，即不得为生产经营目的制造、许诺销售、销售、进口其外观设计专利产品。本案中，被请求人超越《委托加工合作协议》授权范围，擅自生产、销售侵犯专利权的产品，属于专利侵权行为。同时，专利行政机关及时采取封存、暂扣措施，直接有效地制止了涉嫌侵权产品出口到国外。

【案例三：侵犯立体拼图外观设计专利权案】 请求人张某丽拥有"立体拼装玩具（圣母院）"外观设计专利权，专利号为ZL200730318560.2。2011年8月，请求人以汕头市澄海区某玩具礼品厂经营者李某涉嫌侵犯专利权为由，请求汕头市知识产权局处理。

案件经送达文件、勘验、口审等程序，汕头市知识产权局认为，被请求人制造的“巴黎圣母院”产品与涉案专利均涉及立体拼图玩具，产品种类相同，二者的各组成部件均采用了相同的片材嵌合方式，并且各个片材上的组成部件的形状、排布方式、数字序号均相同，插接后二者各组成部件的组装关系、巴黎圣母院建筑模型样式均相同，被控侵权产品落入了请求人ZL200730318560.2专利的保护范围，被请求人的侵权行为成立。该局作出处理决定：责令被请求人李某立即停止制造、许诺销售和销售侵犯ZL200730318560.2外观设计专利权的产品。被请求人不服该处理决定，起诉至中级人民法院。汕头市中级人民法院经审理，驳回原告的全部诉讼请求，维持了汕头市知识产权局的处理决定。

根据《专利法》第59条规定，外观设计专利权的保护范围以表示在图片或者照片中的该产品的外观设计为准，简要说明可以用于解释图片或者照片所表示的该产品的外观设计。本案中被请求人提交了有关现有设计的图片证据，但由于被请求人提交的现有设计图片证据均未公开体现其产品设计内容的各个组成部件的片材状态，因此不足以认定被控侵权产品与现有设计无实质性差异、不构成侵权。

【案例四：卫生巾假冒专利案】 2012年4月25日，深圳市知识产权局接到群众举报，称深圳市某日用品有限公司擅自篡改专利证书，欺骗客户，涉嫌假冒专利违法行为。深圳市知识产权局对此依法立案调查。

根据举报线索和前期摸排情况，深圳市知识产权局对被举报人的办公及仓储场所进行了突击检查，现场查获生产待售的卫生巾产品一批，该批产品的包装上标注了位数不全的专利号，被举报人负责人解释称是印刷错漏。经执法部门进一步深入调查，被举报人标注的专利号应为ZL200610035718.X，发明名称是“远红外线杀菌除臭乳胶材料及制作方法和杀菌除臭鞋垫”，专利权人是“张某杰”，该专利虽经专利权人授权许可被举报人使用，但被举报人在使用过程中擅自篡改该专利证书，将发明名称改为“远红外线杀菌除臭乳胶材料及制作方法和杀菌除臭鞋垫纳米银远红外卫生巾”，将专利权人改为“深圳市某日用品有限公司”，并用以宣传被举报人生产销售的“纳米银远红外卫生巾”产品，使其客户产生误认和混淆，构成假冒专利行为。深圳市知识产权局依法对被举报人做出行政处罚决定，责令改正违法行为并予公告，罚款人民币2万元。

根据《专利法实施细则》第84条规定，使公众混淆，将未被授予专利权的技术或者设计误认为是专利技术或者专利设计的行为的，均属于假冒专利行为。本案的被举报人已初步具备知识产权法律意识，依法向专利权人申请使用许可，并支付相应费用，但其在专利使用过程中“想怎么用就怎么用”的观念导致其具体做法违反法律规定，得到一个深刻的教训。

【案例五：侵犯“记忆卡的讯号转换器”实用新型专利权案】 请求人台湾某电子股份有限公司合法拥有“记忆卡的讯号转换器”实用新型专利权，专利号为ZL01200715.3。2005年，请求人以东莞某电子有限公司涉嫌侵犯其上述外观设计专利权为由，请求广东省知识产权局立案处理。

该局立案后，依法于2005年7月28日到被请求人经营场所勘验检查，发现被控侵权产品多卡连接器4in1和5in1型各1万个。在本案处理期间，被请求人向国家知识产权局复审委员会提出专利无效请求，并向广东省知识产权局请求终止处理程序，该局于2005年10月28日决定中止处理。2005年12月22日，国家知识产权局复审委员会发出无效宣告请求审查决定，维持该专利有效。被请求人不服，先后向北京市第一中级人民法院起诉、向北京市高级人民法院上诉，专利权仍被判决维持有效。2007年7月28日，请求人向广东省知识产权局提出恢复审理请求，该局同意。2009年9月15日，广东省知识产权局作出处理决定，认定被控侵权产品与本案专利相同，侵犯涉案专利权，责令被请求人立即停止制造、销售侵犯涉案专利的多卡连接器产品，销毁有关侵权产品的宣传资料，并从其网页上撤下有关侵权产品的宣传资料。被请求人对上述处理决定不服，向广州市中级人民法院提起行政诉讼，该院作出维持处理决定的判决。被请求人不服一审判决，上诉至广东省高级人民法院，该院于2012年5月23日作出维持原判的终审判决。之后，请求人向东莞市中级人民法院就侵权赔偿问题另行起诉，案件审理过程中，请求人和被请求人于2012年8月17日达成和解协议，被请求人同意支付请求人35万元，请求人则撤回起诉。2012年9月5日，东莞市中级人民法院作出裁定，准许请求人撤回起诉。

根据《专利法》第11条规定，实用新型专利权被授予后，除本法另有规定的以外，任何单位或者个人未经专利权人许可，都不得实施其专利，即不得为生产经营目的制造、使用、许诺销售、销售、进口其专利产品，或者使用其专利方法以及使用、许诺销售、销售、进口依照该专利方法直接获得的产品。本案包括行政处理中止、专利无效宣告、行政处理决定、行政诉讼一审、二审等多个环节，可以说历经了一条完整的专利处理程序。同时，本案的行政处理决定经得起两级司法审查，充分体现专利行政执法的公平与公正，双方当事人和解协议的内容也再次验证这一点。

（广东省知识产权局供稿）

2012年广东省工商行政管理系统知识产权保护典型案例

【案例一：陈某销售侵犯他人注册商标专用权商品案】

案情概况。2012年3月28日，珠海市工商局经检支队对位于珠海市拱北口岸购物广场B1层C1区新苹果购物城C1011—1012号的珠海市拱北百威商行依法进行检查，发现该商行主要经营各式皮具，经营面积约40平方米，在经营场所内发现有一间密闭的约20平方米的暗室，在暗室内查获标有“ ”、“ ”、“GUCCI”、“ ”、“CHANEL”等标识涉嫌侵犯他人注册商标专用权的箱包、皮具共1642个。检查过程中该商行的工作人员无法提供上述商品的合法来源手续及被授权销售上述品牌的许可证明文件。珠海市工商局遂于当日立案调查。

当事人拒不配合调查，从发案到该案移送公安机关处理一直采取逃避的态度，拒绝向办案单位提供相关证据材料，拒绝到案接受调查询问。办案单位经查实：“CHANEL”、“ ”、“HERMÈS”、“ ”、“ ”及“GUCCI”分别被香奈儿股份有限公司CHANEL（法国）、埃尔梅斯国际（HERMES INTERNATIONAL）、路易威登马利蒂公司、古乔古希股份公司在商品和服务分类第18类上核准注册，依法享有商标专用权。2012年3月28日，根据上述商标所有权人（代理机构）出具的鉴定结论，证实上述箱包皮具均系假冒注册商标商品，侵犯了权利人合法的商标专用权。经珠海市价格认证中心鉴定当事人被查获的上述侵犯他人注册商标专用权商品总价值为人民币4493060元。

根据《最高人民检察院公安部关于公安机关管辖的刑事案件立案追诉标准的规定（二）》第七十条的规定，珠海市工商局将该案移交公安机关依法追究当事人刑事责任。2012年7月30日，珠海市香洲区人民法院对陈某判决：被告人陈某犯销售假冒注册商标的商品罪，判处有期徒刑三年，并处罚金人民币40万元。

简要评析。案发地位于珠海拱北口岸地区地处一国两制交汇点，又是游客出入较多的地方，人流量大，影响力强。当事人作案手法比较隐蔽，警惕性非常高，主要针对熟客或者其判断为属此类商品的需求者，售假时间基本集中在中午、晚上及周末等时间以躲避检查。加上当事人一直躲避调查，因此，办案工作难度比较大。办案单位紧紧依靠群众，建立经营案件的意识，勤走访、勤联系，充分取得知情人信任，取得违法行为人违法时间、地点、路线、行为人活动规律、仓库藏匿地及相关隐蔽情况，有针对性地制定具体行动方案；树立重证据、轻笔录的指导思想，加强外围调查取证工作，通过客观证据材料锁定当事人违法行为；行动迅速，严防当事人转移涉案商品；在执法现场采取有效措施控制局面，在做好现场取证的同时，防范突发性事件。同时做好“两法”衔接，按照程序移交司法机关依法追究当事人刑事责任，从根本上挖掉售假根源。

（珠海市工商行政管理局供稿）

【案例二：黄某侵犯他人商业秘密案】

案情概况。2011年4月，惠州某电子有限公司（下称权利人）向东莞市工商局投诉，称当事人黄某（下称当事人）涉嫌侵犯其客户资料等商业秘密用于牟利。经办案单位查实，权利人是一家耳机、电子产品及配件的制造企业，当事人黄某曾在权利人公司担任业务员，从事客户维护、跟单、出货、定仓等工作，并与权利人签订《劳动合同》和《保密协议》，明确规定当事人对公司的客户资料应予保密，不得泄露。2010年10月，权利人公司的原工程技术员李某离职后，成立东莞市桥头某电子厂（下称某电子厂），生产和权利人公司相同的产品。当事人为了牟利，将权利人公司客户Tony的资料信息泄露给李某，并向Tony推荐某电子厂的产品。此后Tony以产品价格高为由中断了与权利人公司的业务，将订单转到某电子厂。当事人通过电邮与李某和Tony进行业务联系，充当双方的购销货代理。截至查处之日止，当事人共收取Tony代理费3万元人民币。

客户资料是经营者在长期经营过程中积累下来的重要经营信息，具有宝贵的商业价值，属于权利人所拥有的商业秘密。当事人违反保密约定将权利人公司的客户资料信息泄露给同行业竞争对手某电子厂，从中获取不正当经济利益，造成权利人订单流失，经济利益受损。当事人的行为违反了《中华人民共和国反不正当竞争法》第十条第一款第（三）项“违反约定或者违反权利人有关保守商业秘密的要求，披露、使用或者允许他人使用其所掌握的商业秘密”的规定，构成侵犯他人商业秘密的违法行为。依据《中华人民共和国反不正当竞争法》第二十五条的规定，2012年1月12日东莞市工商局对当事人作出罚款3万元的行政处罚。

简要评析。本案当事人由于法律意识淡薄，在与权利人签订了《保密协议》的情况下，仍将能为权利人带来经济利益、具有实用性并经权利人采取保密措施的客户信息，泄露给同行业竞争对手，并从中获取个人利益，造成权利人经济利益受到损失，其行为必然要受到法律的惩处。经营者在经营过程中，也应加强防范意识，提高对员工保守商业秘密的教育和宣传力度，最大限度地维护好自己的知识产权。　（东莞市工商行政管理局供稿）

2012年广东省质量技术监督局知识产权保护案例

【案例一：广州市花都狮岭某皮具生产点生产假冒名牌的拉杆箱案】 2012年4月17日，根据举报，执法人员对广州市花都狮岭一地下窝点进行了突击检查。检查发现该场所是一生产加工假冒“Louis Vuitton”、“Burberry”、“Gucci”等世界知名品牌皮具的造假窝点，共有五层楼，每层面积约100平方米。一楼是成品仓库，存放有数十个包装好的大纸箱，箱内装满了标示有“Louis Vuitton”、“Burberry”、“Gucci”等品牌的拉杆箱成品，目测发现上述的“Louis Vuitton”、“Burberry”、“Gucci”等品牌的拉杆箱做工精致、用料讲究，具有很强的欺骗性，属于市场上俗称的"A货"。二楼是工人宿舍。三楼同样堆放着大量皮具成品，在角落还有一台铆钉机，工人正使用该机器对拉杆箱半成品进行加工。四楼是造假的主要场所，有9台衣车，周围堆放了大量拉链、金属铭牌、拉杆箱配件等物品，整个生产车间弥漫着刺鼻的皮革味和胶水味，现场有数十名工人在用衣车等生产加工工具对拉杆箱进行缝边、打钉等操作。五楼则堆放着大量皮料等原料，有工人正在对皮料进行开料、剪裁，地面上散落的皮料屑堆积如山。经执法人员核查，该场所未办理营业执照，所生产的标有"Louis Vuitton"、"Burberry"等品牌的拉杆箱均未获得相关品牌公司的合法授权或委托，涉及的假冒品牌多达6个，其行为涉嫌假冒他人厂名厂址、侵犯商标权。经请示上级领导批准，执法人员根据《中华人民共和国产品质量法》第十八条第一款第（四）项的规定，对涉案的"Louis Vuitton"拉杆箱1020个、"Burberry"拉杆箱567个、"Gucci"拉杆箱420个、"MONT BLANC"拉杆箱431个、"CHANEL"拉杆箱447个、"D&G"拉杆箱127个及生产加工设备铆钉机1台、缝纫机9台进行了扣押。经相关品牌公司代理人现场初步估算，本案货值约1500万元（按正品商品在中国市场的零售价进行估算）。

因本案货值巨大，情节严重，当事人的行为涉嫌构成假冒注册商标罪，按照《行政执法机关移送涉嫌犯罪案件的规定》，执法人员于检查当日将本案移送至广州市公安局花都区分局狮岭派出所追究当事人的刑事责任。广州市公安局花都区分局于检查当天对该案进行立案侦查。2012年4月18日，广州市公安局花都区分局拘留犯罪嫌疑人蒋某。5月25日，经花都区人民检察院批准，对蒋某执行逮捕，并对另一名犯罪嫌疑人李某进行拘留。9月17日，广州市花都区人民法院作出一审判决，认定蒋某侵犯假冒注册商标罪，判处有期徒刑两年，并处罚金2万元。并没收机车10台，假冒皮包3012个。

【案例二：东莞市塘厦某制品厂涉嫌生产冒用他人厂名的润滑剂案】 2012年5月4日，根据群众举报和前期摸查掌握的线索，在广东省和东莞市"三打"办的统一部署和指挥下，广东省打击制假售假专项行动小组副组长亲自带队，东莞市质监局联合市工商、公安、出入境检验检疫和塘厦、大岭山镇政府，兵分两路对塘厦和大岭山的两个涉嫌生产、销售假冒防锈剂企业进行突击执法检查，在塘厦某制品厂查获涉嫌假冒"WD-40"万能防锈润滑剂等品牌的产品34954瓶及用于生产上述产品的空瓶21030个，涉案货值约18万元。据该厂老板童某供述，该厂已生产假冒"WD-40"、"CRC"的防锈润滑剂8000瓶，货值约5万元。该案涉嫌犯罪，东莞市质监局现场将案件移送给公安部门处理。公安机关现场抓获童某等7名涉案人员，并将假冒物品进行扣押。在查处该厂的过程中，执法人员通过检查单据发现东莞市桥头镇某五金制罐厂涉嫌为该厂生产假冒包装物（已另案处理）。另在东莞市大岭山某经营部查获涉嫌假冒"WD-40"的防锈剂240瓶，并通过查阅单据发现该经营部已售出假冒"WD-40"防锈润滑剂一批约6700元（由工商部门另案处理）。

东莞市质监局于2012年5月4日把该案现场移交公安局处理后，东莞市第三人民检察院于6月12日对3名涉案人员（童某、曾某、刘某）批准进行逮捕。8月13日东莞市第三人民法院对童某等人假冒注册商标一案进行公开审理并当庭宣判。该法院以犯假冒注册商标罪，判处被告人童某有期徒刑三年六个月，并处罚金10万元；被告人曾某有期徒刑一年六个月，并处罚金3万元；被告人刘某有期徒刑一年三个月，并处罚金3万元。（供稿人：李　铮）

广东省文化厅知识产权保护主要案例

【案例一：某科技（深圳）有限公司和深圳市某有限公司未经批准擅自从事出版物出版业务案】 2012年4月份，根据全国“扫黄打非”办转来新疆有关部门的情况通报，一外籍人员在深圳以开办电子公司为掩护，大量录写、组装、销售《古兰经》电子点读笔。其非法印刷的配套图书《古兰经》也在深圳印刷。

1. 专案组前期根据有关线索，排查了13家电子科技公司、印刷厂家和网店。

2. 2012年6月14日，专案组收网行动，查获某科技（深圳）有限公司。现场查获未经批准加工制作的《古兰经》点读笔2万多套，点读笔录写设备一批；抓获该公司老板谢某（巴基斯坦籍人）。

3. 同时，查获深圳市某印刷有限公司。现场查获未办理备案等相关手续印刷加工的《古兰经》图书8000多本，相关合同、出货单等证据一批。抓获印刷公司总经理张某。据合同显示和张某交代，深圳市某印刷有限公司自2011年5月份以来，接受某科技（深圳）有限公司委托，未办理备案等相关手续非法印刷加工《古兰经》图书65万本。

【案例二：肇庆市端州某印刷厂盗用他人名义印刷出版物案】 2012年4月20日，肇庆市文广新局接到群众举报，反映该市所有学校初中三年级普遍使用的义务教育课程标准实验教科书配套用书《政治全攻略·思想品德中考总复习》（粤教版）涉嫌盗版，该书由端州某印刷厂印刷，海南出版社有限公司出版。

经文化、公安协作侦办查明，《政治全攻略·思想品德中考总复习》（粤教版）由该市教育系统梁某组织编写，由其妻陈某经营的书店负责发行。梁某利用在肇庆市教育系统工作的影响并通过教育系统的特殊关系，以其妻陈某经营的书店向全市初级中学销售非法出版物《政治全攻略》和《历史全攻略》等书；2008年至2012年期间，端州某印刷厂厂长莫某在未取得海南出版社合法出版手续的情况下，接受陈某委托，盗用书号及冒用海南出版社名义印刷《政治全攻略》等书。

鉴于案情较大，该案被列为省、市“三打”督办案件。广东省文化市场综合执法局派出督查组赴肇庆市召开案情分析会，对该案进行督导。涉案嫌疑人莫某、梁某、陈某等3人已由公安机关实行逮捕。经初步查明，该案涉案非法出版物36万多册，涉案金额码洋900多万元。

【案例三：广州市某印刷厂印刷非法出版物案】 2012年1月6日，广州市文化市场综合行政执法总队执法人员示证到白云区嘉禾街冶金研究所内广州市白云区某印刷厂检查，发现该厂正在印刷《赖昌星免死内幕》等出版物，该厂为有证印刷厂，许可范围是其他印刷品印刷。该厂印刷出版物的行为，涉嫌未经许可，擅自变更印刷经营活动，执法人员依法登记保存现场出版物，经初步清点，《赖昌星免死内幕》为1100册、《从北大走出的高官》为2800册，另出版物封面6600张和出版物内文散页36700张、PS版85张。1月7日，广州市收缴非法出版物烧毁场详细清点该案涉案出版物为2种3900册，出版物封面为6600张、出版物内文散页为98554张、PS版85张。1月9日，经广州市出版物鉴定委员会鉴定：《赖昌星免死内幕》、《从北大走出的高官》共3900册为非法出版物；出版物内文散页44054张共作7045册计算，全部为非法出版物。同日，该印刷厂法定代表人彭某委托朱某（女）到总队接受询问调查，朱某承认该印刷厂从事《赖昌星免死内幕》、《从北大走出的高官》及出版物内文散页印刷经营活动的事实。鉴于该印刷厂从事印刷非法出版物经营活动，情节严重，事实清楚，证据充分，已涉嫌构成非法经营罪。4月

30日，广州市文化市场综合行政执法总队将案件移送广州市公安局查办。

【案例四：广州某文化传播有限公司销售非法音像制品案】 2012年1月6日，广州市文化市场综合行政执法总队对广州某文化传播有限公司的仓库进行检查，现场查获《电音之王》、《摇摆哥DJ劲爆王》等涉嫌非法音像制品27.9712万张。鉴于涉案光盘数量已达刑事立案标准，广州市文化市场综合行政执法总队于4月13日将该案移送广州市公安局审查，目前该案由广州市白云区公安分局立案侦查。

【案例五：广州市“3·15”制作、复制非法音像制品案】 2012年3月15日下午，接到群众举报，广州市荔湾区文化执法队联合区公安分局经侦大队、区公安分局东沙派出所、东沙街道办事处等部门出动执法人员15人在东沙南滘东圣方，查获一盗版光碟刻录加工厂。现场收缴成品光碟约2289张，20台光碟刻录机，光碟封面约139496张，光碟母盘12728张，空白光碟约60080张。广州市荔湾区文化执法队人员当场依法将刻录的光盘及设备进行查扣。

【案例六：广州市总队深夜执法端掉一个非法音像制品仓储窝点】 随着“三打两建”专项行动的深入开展，广州市文化执法部门进一步加大了对仓库、出租屋等场所仓储非法音像制品行为的打击力度。根据群众举报反映“白云区云城东路某仓库内存储大量涉嫌非法的音像制品”的情况，2012年6月28日晚上18时，广州市文化市场综合行政执法总队经过精心部署，一举捣毁了一个大型非法音像制品仓储窝点，现场查获涉嫌非法音像制品约21万张，货值超百万元。

经查，此涉案仓库面积约300平方米，被设置成全封闭状态，平常无专人看守，多数时间大门紧锁，装卸货物一般在晚上7点钟之后进行。外人要经过内外两道铁门和两道铁门之间一段约15米长的通道才能进入存货区，货车一开入仓库装卸货物，外铁门即被关上并被反锁。鉴于该仓库的设置及库内货物的搬运都相当隐秘，执法人员前期对该窝点经过多次踩点、摸查，对群众举报信息及周边环境进行分析、排查，最终锁定该仓库为存放非法光盘的窝点。2012年6月28日晚上，执法人员对该窝点进行突击检查，现场查获大量的未经包装的光盘及光盘封面，并经现场初步鉴定判定全部为涉嫌非法音像制品，品种包括《车手》、《复仇者联盟》、《黑衣人3》、《舌尖上的中国》等国内外电影大片、纪录片等。经现场统计，涉案音像光盘约21万张，光盘封面约30万张，初步估算涉案货物总值超过100万元，这是该总队开展“三打两建”专项行动以来查缴非法音像光盘数量最多、货值金额最大的一次执法行动。执法人员对现场进行抽样取证，拍照封存证据，依法将上述全部非法音像光盘和光盘封面先行登记保存在市非法出版物销毁场，并对涉案光盘进行清点造册、抽样送鉴定，以对该案件作进一步调查。

【案例七：广州市某企业运输非法音像制品案】 2012年2月21日，广州市文化市场综合行政执法总队接白云区食品药品监督管理局通知，联合白云区食药局、白云区公安分局等部门对白云区石井某物流中心进行检查，查获CD《Sweet Africa》、DVD《Paris Love》等非法音像制品共计29.0526万张。执法人员对该货运场仓管员栾某进行调查，查明该场地由某企业公司广州代表处租用，音像制品由一名外籍人士委托其公司运输，但未能出示相关版权证明及进货来源。广州市文化市场综合行政执法总队现场将当事人栾某移交广州市白云区公安分局治安大队，且广州市白云区公安分局治安大队已于案发当日对案件进行立案。

【案例八：广州市某印刷公司印刷非法出版物案】 2012年5月18日，由广州市文管办牵头，广州市文化执法总队联合公安部门根据掌握的线索，到广州市白云区太和镇石湖村广州市某印刷公司检查，该公司领有“印刷经营许可证”，经营范围为其他印刷品印刷，现场正在印刷、装订出版物《巨贪背后的艳妇》。该公司涉嫌未经许可擅自变更印刷经营活动。执法人员现场收缴印刷好的非法出版物成品6个品种16818册，出版物散页53万张。鉴于该公司已涉嫌犯罪，广州市白云区公安分局现场抓捕该公司法人代表谭某。5月19日，经广州市出版物鉴定委员会鉴定，以上出版物成品6个品种16818册，出版物散页53万张全部为非法出版物。目前，该案已移交公安机关办理。

【案例九：深圳市莲塘“7·12”非法出版物窝点案】 2012年7月2日，深圳市罗湖区文化市场行政执法大队接到罗湖区莲塘街道坳下综管站通报，通过出租屋隐患信息排查系统发现莲塘仙湖路一出租屋有涉嫌销售非法出版物的情况。经前期摸排调查，7月12日，深圳市罗湖区公安、文化、莲塘街道坳下综管站三部门27名执法人员组成联合执法队对位于仙湖路某出租屋进行突击检查，查获一涉嫌销售非法书刊和光碟的窝点，现场收缴17.3万多张（内容为弟子规、佛说阿弥陀经等），书籍2.4万多册（内容为细讲弟子规、圣贤教育改变命运等），共计20多万张（本），案值约120万元。

2012年11月2日，深圳市罗湖区法院以非法经营罪判林某某等5名犯罪嫌疑人有期徒刑3年至1年不等，并处罚金。

【案例十：广州市萝岗区“8·14”非法光盘案】 2012年8月14日，广州市萝岗区文化执法队及区公安部门根据群众举报，突击检查广州某发展有限公司和广东某科技发展有限公司的生产场所，查获正在生产非法光盘的5条生产线（另有4条生产线当时停工），5条生产线上模具内的母盘被当场暂扣。执法人员还在现场查获两辆用于送货的面包车，全部扣压了车上已装箱正准备外运发货的非法光盘，其送货单上的收货人名称全部用代号来表示。经统计，现场暂扣《爱情公寓3》、《非凡英雄》等36种共37500张涉嫌非法光盘（无外包装），母盘689种（张）、印制外包装（封面）用的胶片786种共3226张。经萝岗区文化执法队连夜送广州市出版物鉴定委员会鉴定，上述36种共37500张非法光盘被认定为非法出版物。

由于此案涉及犯罪，警方已成立专案组，对此案进行刑事立案侦查，现已查封涉案公司的全部生产线，查扣该公司的电脑和相关资料，查封其银行账号，刑事拘留了涉案人员7名。目前，此案正在进一步侦办中。

（广东省文化厅供稿）

广东省野生动植物保护

开展并完成了珠三角地区广东省第二次陆生野生动物资源调查；加强国家苏铁、兰科植物种质资源保护中心、木兰植物保育基地和华南珍稀野生动物保护中心建设，进一步发挥其在苏铁、兰花、木兰科植物、大熊猫、华南虎、鳄蜥、朱鹮、长臂猿等珍稀濒危野生动植物物种的迁地保护、繁育和回归野外等方面的作用；实施四药门花、丹霞梧桐等极小种群野生植物拯救保护工程。根据国家林业局的统一部署，成立全省油茶遗传资源调查编目工作领导小组，制定《全省油茶遗传资源调查编目工作实施方案》，召开油茶遗传资源调查编目工作启动会暨技术培训会，全面启动广东省油茶遗传资源调查编目工作，各地已设置野外调查标准样地80块，调查标准株及优株935株，收集标本共491份，采集叶片共610份、果实527份、种子271份。（供稿人：张心结）

ZHI SHI CHAN QUAN GUAN LI YU FU WU

知识产权管理与服务

- 区域知识产权发展
- 知识产权试点示范
- 知识产权重大决策研究
- 专利代理管理
- 百所千企知识产权服务对接工程
- 服务与支撑机构

区域知识产权发展

广东区域知识产权发展计划

【概况】 为了促进全省知识产权事业协调发展，加强对区域知识产权工作的分类指导力度，广东省知识产权局于2007年开始启动并实施“区域知识产权发展计划”。该计划有效地促进了全省区域知识产权工作的协调发展。

2012年，广东省知识产权局在总结2011年区域发展计划执行情况的基础上，继续大力推进该项计划。4月，全省启动新年度区域计划的申报工作。各市知识产权局根据要求并结合本地实际情况，拟定了2012年度的工作目标和具体工作任务，如期完成了项目的申报工作。广东省知识产权局根据“注重实际、兼顾绩效；沟通为主、指令为辅；把握原则、注意平衡；全局为重、灵活处理”的原则，确定了各市2012年度区域发展计划的项目内容。根据计划，全年共安排区域发展计划专项经费634万元，支持各市（含顺德区）开展专项工作97项（自2007年至2012年，全省共安排区域发展计划专项经费3536万元）。与往年相比，2012年度的区域发展计划新增了“知识产权服务”专项，其主要目的是大力推进知识产权服务业示范省创建工作。8月，广东省知识产权局下达计划执行通知并与各市签订合同书。全年，各市大力落实区域发展计划的各项工作任务，扎实推进知识产权战略实施，大力促进知识产权创造和运用能力，加强知识产权保护，完善知识产权服务，推动知识产权强省建设，为推动全省自主创新、加快产业转型升级做出积极贡献。

（供稿人：张　璟）

知识产权试点示范

国家知识产权城市试点示范工作

【概况】 2012年，广东省知识产权局大力推进国家知识产权城市试点示范工作，至年底，全省共有国家知识产权示范城市2个（广州、深圳），工作示范城市2个（佛山、汕头）、示范城市创建市1个（东莞）、试点城市3个（中山、惠州、肇庆）。

【国家知识产权示范城市】 2012年，国家知识产权示范城市工作实现新突破。经过广东省知识产权局的积极推荐和努力争取下，4月，国家知识产权局认定首批国家知识产权示范城市23个，广东省广州市和深圳市获此殊荣，国家知识产权局局长田力普亲自来粤为两个城市挂牌；两市积极建立示范工作领导小组，认真制定示范工作方案，全面推进示范工作深入开展；12月，根据国家知识产权局的要求部署，广东省知识产权局制定了《广东省城市知识产权示范工作督导方案》，由副局长朱万昌主持召开示范城市工作督导会议，顺利完成示范城市年度督导考核工作。

【国家知识产权示范城市创建市】 2012年12月，广东省知识产权局制定了《国家知识产权示范创建市（东莞）考核验收工作方案》，成立了由副局长朱万昌任组长的考核验收工作组，并于12月25日到东莞开展国家知识产权示范创建市考核验收工作。工作组考察了生益科技股份有限公司（国家知识产权试点企业）、东莞理工学院（广东省知识产权培训基地）和东莞市冠诚知识产权代理有限公司，并召开“国家知识产权示范城市创建市（东莞）验收评审会”，观看工作成果宣传片、听取示范创建工作汇报、查阅相关材料、对工作进行讨论评议。考核验收工作组一致认为，东莞市经过为期两年的示范创建工作，全面完成示范创建工作方案确定的工作任务，达到既定目标，通过验收。

【国家知识产权试点城市】 2012年12月，肇庆市人民政府向广东省知识产权局报送了申报国家知识产权试点城市的请示。经认真考察和研究，广东省知识产权局决定推荐肇庆市申报国家知识产权试点城市。年底，国家知识产权局发出《关于同意邯郸市等城市为国家知识产权试点城市的通知》，确定广东省肇庆市等8个市为国家知识产权试点城市，并确定肇庆市的试点工作主题为知识产权运用能力提高。试点时限自2013年1月至2015年12月。肇庆市按照国家知识产权局关于城市知识产权试点示范工作的文件精神，成立试点工作领导小组，认真制定并落实试点工作方案，全面推进试点工作取得实效。 （供稿人：张　璟）

广东省知识产权区域试点示范

【概况】 为了进一步提高广东省区域知识产权工作能力和水平，根据《广东省区域知识产权试点示范工作方案（试行）》和《关于加强县级知识产权工作意见》，2012年，广东省知识产权局继续开展省知识产权区域试点工作。在各地级以上市知识产权局和顺德区经济和科技促进局积极推荐的基础上，经省知识产权试点区域评审专家组认真考察和集中评审，研究确定广州市白云区、汕头市潮南区、韶关市浈江区、河源市龙川县、梅州市丰顺县、汕尾市城区、茂名市化州市、清远市英德市8个县（市、区）为广东省知识产权试点县（市、区），汕头市金平区石炮台街道、佛山市高明区荷城街道、惠州市惠城区龙丰街道、东莞市寮步镇、中山市西区、潮州市湘桥区西新街道、揭阳经济开发区凤美街道、顺德区大良街道8个镇街为省知识产权试点镇（街）。广东省知识产权局与各试点区域签订了《广东省区域知识产权试点工作合同书》。各试点区域认真制定并实施试点工作方案，大力推进各项试点工作顺利开展。截至2012年底，全省省级知识产权试点区域已达103个。

（供稿人：张　璟）

广东省知识产权示范企业

【概况】 2012年，为贯彻落实《中共广东省委广东省人民政府关于加快建设知识产权强省的决定》（粤发〔2012〕4号）精神，加快推进产业转型升级，提高企业运用知识产权制度谋求创新发展的能力，增强企业核心竞争力，省知识产权局于2012年继续开展“广东省知识产权示范企业”认定工作。

【申报推荐情况】 除正式发文外，省知识产权局还通过网络、电话、传真等和各地级以上市知识产权局、顺德区经济促进局主动沟通，进行广泛、深入的组织发动工作。各市（区）局对此非常重视，严格按照《广东省知识产权优势示范企业认定办法》规定的条件，积极组织企业申报，并对申报企业进行认真筛选。

截至申报结束日止，“广东省知识产权业务管理系统”显示：共有64家企业申报2012年广东省知识产权示范企业。其中，44家企业经地市局审核后被推荐上来，20家企业未获得地市局的推荐。44家企业来自20个市（区）（湛江、茂名无企业申报），其中：广州8家，深圳、东莞各5家，珠海4家，汕头、佛山各3家，中山、惠州各2家，韶关、河源、梅州、汕尾、江门、阳江、肇庆、清远、潮州、云浮、揭阳、顺德各1家。经地市局审查，44家企业以前均未获得“省知识产权示范企业”的称号。

【认定条件】 根据《广东省知识产权优势示范企业认定办法》（以下简称《认定办法》），省知识产权示范企业的认定条件如下：

1. 知识产权战略运用初见成效。企业把知识产权战略融入企业经营管理总体战略之中，运用知识产权制度和规则谋求自身发展、参与国内外市场竞争的能力较强。

2. 知识产权管理机构健全。知识产权管理机构已成为企业整体管理架构的重要组成部分；知识产权管理人员参与了企业的研发和战略决策。

3 知识产权管理制度完善。建立完善的知识产权制度体系，把知识产权工作纳入技术创新以及生产经营全过程，形成正式规章在企业内部执行。

4. 知识产权信息利用能力强。根据实际情况，以多种方式积极开展知识产权信息化建设。积极建设或拥有专利信息数据库，通过对知识产权信息的利用和分析，掌握当前技术动态和发展趋势，并在相关部门合理利用知识产权信息分析的结果。

5. 知识产权保护意识和应对纠纷能力强。按照知识产权制度和规章来处理知识产权纠纷，近三年无制造和销售假冒产品，无行政和司法程序认定的侵犯知识产权行为。

6. 知识产权量多质高。研发能力强，拥有自主知识产权产品或重要核心专利；近三年专利申请和授权总量、发明专利申请量在省内同行业中领先，专利申请量的年增幅在全省平均增幅以上，积极开展专利电子申请，近三年无恶意非正常专利申请行为；申请了国（境）外专利。商标在市场上有较高信誉和公众认知度，积极创建或拥有驰名商标或广东省著名商标；有在国（境）外申请和注册商标。积极主导或参与国际、国家、行业技术标准的制定。

7. 知识产权经济和社会效益显著。企业销售收入在省内同行业中领先，并且保持连续两年赢利，产品的技术水平、服务质量、市场占有率、出口创汇率、品牌知名度居省内同类产品前列，取得良好的社会和经济效益。

8. 知识产权投入力度大。有明确的知识产权工作经费，有关专利申请、维护、诉讼、信息利用、实施、培训、奖励等知识产权创造、管理、保护和运营方面的经费投入占营业收入的比例，达到以下标准：年营业收入高于2亿元的，其知识产权经费投入要大于营业收入的0.5%；年营业收入低于2亿元的，其知识产权经费投入要大于营业收入的1%。

9. 知识产权工作特色鲜明。重视专利、商标、著作权等的综合运用，知识产权工作形成特色，具有示范带动效应，有推广应用价值。

10. 企业应属省知识产权优势企业或全国知识产权示范创建、试点企业。所处产业须是国家或省重点发展的产业领域。

【认定原则】

1. 尊重专家意见，严格坚持标准。主要考虑在知识产权创造、管理、保护、运用等方面确有示范作用的企业。

2. 实行分层指导，树立区域示范。按“跳一跳够得着”的示范思路，在同层次、同环境的企业中择优选取示范，以此带动欠发达地区企业知识产权工作的开展。

【专家选择及评分方法】

根据《认定办法》规定的认定条件及2011年专家提出的意见，在对申报企业申报资料进行汇总后，省知识产权局设计了《2012省知识产权示范企业申报企业认定评分标准》，从知识产权战略、知识产权机构人员及制度、知识产权数量及质量、知识产权信息利用、知识产权的经济效益和社会效益、知识产权运营情况、知识产权投入等七大方面列出了评价内容、评价要求、评分标准和27个细化评价指标。

在专家选取方面，省知识产权局要求评选专家均应符合以下条件：①在工作分管或研究知识产权；②对企业发展及市场状况有宏观把握能力；③副处级以上职务或副教授及以上职称；④坚持原则，办事公正。

根据上述要求，省知识产权局确定了3名专家人选。评分方法为：每位专家对每家企业打分，最后取平均值。

【政策调整】 省知识产权局自2006年开展省知识产权示范企业认定工作以来，至今已培育示范企业80家，这80家企业主要集中在经济发达地区，其中广州、深圳、佛山（不包括顺德）三市的示范企业数超过总数的一半以上。由于珠三角的经济和社会环境与欠发达地区有较大差距，广东省知识产权局提出用4年时间，在至今仍无省知识产权示范企业的汕尾、梅州、揭阳、茂名4个市认定一家省知识产权示范企业，通过在同等的社会经济发展条件下树立典型，对当地其他企业起到示范带头作用。对于被认定的培育对象，省知识产权局将积极与其沟通，帮助解决其在知识产权工作方面遇到的困难，提高其知识产权管理水平。

【认定结果】 根据以上的认定条件和把握原则，省知识产权局进行了认真审查，认定深圳市海川实业股份有限公司等20家企业为省知识产权示范企业，将向被认定企业发放“广东省知识产权示范企业”铭牌。

【认定企业情况】 地区分布情况：认定的20家企业，分布在10个地市（区），其中：广州4家、深圳4家、珠海2家、佛山3家、东莞1家、中山1家、惠州2家、清远1家、顺德1家、梅州1家。

产业分布情况：认定的20家企业既包括半导体照明、生物医药、新能源等战略性新兴产业，也包括制造、家具等传统行业。

专利、商标数量情况：截至2011年底，44家企业累计申请专利12804件，其中发明专利申请6198件；累计授权专利6067件，其中发明专利授权675件；申请国际专利417件，授权国际专利35件。共有744件专利进入国家标准及行业标准。注册商标2950件。

截至2011年底，认定的20家企业累计申请专利9791件，其中发明专利申请5646件；累计授权专利3835件，其中发明专利授权537件；申请国际专利336件，授权国际专利12件。共有381件专利进入国家标准及行业标准。注册商标1790件。

经济效益情况：2009—2011年，44家企业累计销售收入达736.32亿元，累计利润达86.75亿元。

2009—2011年，拟认定的20家企业累计销售收入达489.64亿元，累计利润达69.77亿元。

（供稿人：吴　瑛）

广东省知识产权优势企业

【概况】 2012年，为贯彻落实《中共广东省委广东省人民政府关于加快建设知识产权强省的决定》（粤发〔2012〕4号）精神，加快推进产业转型升级，增强企业自主创新能力和核心竞争力，根据《广东省知识产权优势示范企业认定办法》（以下简称《认定办法》）（粤知〔2011〕41号），省知识产权局于2012年继续开展“广东省知识产权优势企业”的认定工作。

【申报情况】 除正式发文外，省知识产权局还通过网络、电话等和各地级以上市知识产权局、顺德区经济促进局主动沟通，进行广泛、深入的组织发动工作。各市（区）局对此也很重视，在广泛宣传发动的基础上，积极组织企业申报，并严格按照《认定办法》，对当地申报企业进行认真筛选。

截至申报结束日止，“广东省知识产权业务管理系统”显示：共有133家企业申报2012年广东省知识产权优势企业。其中，113家企业经地市局审核后被推荐上来，27家企业未获得地市局的推荐。113家企业来自21个市（区）（湛江无企业申报），经地市局审查，113家企业以前均未获得“省知识产权优势企业”的称号。

【认定条件】 2012年省知识产权优势企业认定工作，参照《认定办法》进行。具体的认定条件如下：

1. 企业领导高度重视知识产权工作，至少有一名企业领导分管知识产权工作；已设立知识产权管理机构，配备了专职工作人员；能较好地利用中介机构为企业的知识产权工作服务。

2. 企业已建立较为健全的知识产权管理制度和激励机制，执行情况良好。

3. 企业重视专利信息化建设和专利信息利用，已建立行之有效的专利信息利用渠道，研发人员会采集和分析专利信息，在利用专利信息的基础上，根据自身特点，开展专利战略研究。

4. 企业知识产权保护意识较强，近两年无制造和销售假冒产品，无行政和司法程序认定的侵犯知识产权行为。

5. 企业专利申请的数量和质量逐年提高，近两年专利申请量在本地区或省内同行业中领先，专利申请量的年增幅在全省平均增幅以上。积极开展专利电子申请，近两年无恶意非正常专利申请行为。

6. 企业重视专利技术产业化，专利产品销售额占企业总销售额的30%以上。

7. 知识产权投入力度大。有明确的知识产权工作经费，有关专利申请、维护、诉讼、信息利用、实施、培训、奖励等知识产权创造、管理、保护和运营方面的经费投入占营业收入的比例，达到以下标准：年营业收入高于2亿元的，其知识产权经费投入要大于营业收入的0.3%；年营业收入低于2亿元的，其知识产权经费投入要大于营业收入的0.5%。

8. 企业积极开展知识产权宣传培训。企业管理层及研发人员的培训率达到80%以上，员工的培训率达到60%以上。

9. 企业应属市知识产权试点企业或重点培育和扶持的企业或全国知识产权示范创建、试点企业。所处产业须是国家或省重点发展的产业领域。

【认定原则】 2012年的申报采用企业申请→各有关市（区）局审核推荐→省知识产权局认定的方式进行。

1. 坚持标准，严格把关。站在全省的角度，主要考虑在知识产权创造、管理、保护、运用等方面有优势的企业。

2. 尊重专家意见。以专家意见为主，适当考虑企业实际情况。

3. 兼顾地区平衡。对欠发达地区的企业，只要在本地区或者本行业知识产权工作有相对优势，也应作适当考虑。

4. 省市互动。工作中注意听取有关市局的意见。

【专家选择及评分方法】 本次评选专家均应符合以下条件：①熟悉知识产权领域；②对企业发展及市场状况有宏观把握能力；③副教授及以上职称；④坚持原则，办事公正。

根据上述要求，省知识产权局确定了5名专家人选。评分方法为：每位专家对每家企业打分，最后取平均值。

【认定评分表】 根据《认定办法》规定的认定条件及2011年专家提出的意见，在对申报企业申报资料进行汇总后，省知识产权局设计了《2012省知识产权优势企业申报企业认定评分标准》。

【认定结果】 根据以上的认定条件和把握原则，省知识产权局认真进行了审查，认定深圳华大基因科技有限公司等50家企业为省知识产权优势企业，将向被认定企业发放“广东省知识产权优势企业”铭牌。

【认定企业情况】 地区分布情况：认定的50家企业，广州9家，深圳13家，珠海、潮州各2家，东莞、惠州各3家，中山4家，汕头、佛山、韶关、河源、梅州、汕尾、江门、阳江、茂名、肇庆、清远、揭阳、云浮、顺德各1家。除湛江无企业申报外，21个地级市（区）皆有分布。

专利数量情况：截至2011年底，113家企业累计申请专利10415件，其中发明专利申请3392件；累计授权专利6856件，其中发明专利授权1130件。截至2011年底，拟认定的50家企业累计申请专利6552件，其中发明专利申请2674件；累计授权专利4183件，其中发明专利授权923件。

经济效益情况：2011年，113家企业专利产品销售收入达516.83亿元，总销售收入达774.81亿元。拟认定的50家企业专利产品销售收入达336.89亿元，总销售收入达463.49亿元。

（供稿人：吴　瑛）

会展知识产权保护试点

【概况】 为落实《广东省知识产权战略纲要》（2007—2020年）和《广东省建设创新型广东行动纲要》，促进会展运用知识产权制度的能力和水平的提升，经广东省直有关单位、各地市知识产权局推荐和综合评定，2012年8月，广东省知识产权局确定华南国际口腔医疗器材展览会暨技术研讨会1家会展为第四批广东省会展知识产权保护试点单位，试点期限为2年。确定广东外商投资企业产品（内销）博览会等5家单位为第三批广东省会展知识产权保护优势单位；中国国际中小企业博览会等3

家单位为第三批广东省、会展知识产权保护示范单位。其中属于会展业的单位有：

【第四批会展知识产权保护试点单位名单】
华南国际口腔医疗器材展览会暨技术研讨会

【第三批广东省行业协会、会展知识产权保护优势单位名单（会展单位）】

1. 中国加工贸易企业产品博览会（原广东外商投资企业产品（内销）博览会）
2. 中国（广州）国际家具博览会
3. 深圳国际家纺布艺暨家居装饰展览会
4. 中国·古镇国际灯饰博览会
5. 佛山市顺德区伦教木工机械商会

【第三批广东省行业协会、会展知识产权保护示范单位名单（会展单位）】

1. 中国国际中小企业博览会
2. 中国（深圳）国际礼品、工艺品、钟表及家庭用品展览会
3. 广州医药行业协会

（供稿人：毕　赓）

行业协会知识产权试点

【概况】　为落实《广东省知识产权战略纲要》（2007—2020年）和《广东省建设创新型广东行动纲要》，促进广东省行业协会运用知识产权制度的能力和水平的提升，经广东省直有关单位、各地市知识产权局推荐和综合评定，2012年8月，广东省知识产权局确定广东省公共安全技术防范协会等9家行业协会为第四批广东省行业协会知识产权保护试点单位，试点期限为2年。确定广东外商投资企业产品（内销）博览会等5家单位为第三批广东省行业协会、会展知识产权保护优势单位；中国国际中小企业博览会等3家单位为第三批广东省行业协会、会展知识产权保护示范单位。其中属于行业协会的单位有：

【第四批行业协会知识产权保护试点单位名单】

1. 广东省公共安全技术防范协会
2. 广东省南方电子商务创新服务中心
3. 广州市家具协会
4. 深圳市手机行业协会
5. 汕头市金平区食品商会
6. 佛山市汽车配件会员协会
7. 阳江市中小企业协会
8. 潮州市鞋业行业协会
9. 佛山市顺德区工业设计协会

【第三批广东省行业协会、会展知识产权保护优势单位名单（行业协会单位）】
佛山市顺德区伦教木工机械商会

【第三批广东省行业协会、会展知识产权保护示范单位名单（行业协会单位）】
广州医药行业协会

（供稿人：毕　赓）

知识产权重大决策研究

广东省知识产权软科学研究管理

【概况】 2012年广东省知识产权局积极推动全省的知识产权软科学研究发展，进一步发挥软科学研究在促进知识产权事业发展中的作用。

组织开展2012年度广东省知识产权局软科学研究计划项目申报工作。按照《广东省知识产权绝软科学研究计划项目管理办法》，组织全省17个地级以上市54个单位的项目申请84项，经专家评审，批准立项29项，其中重点项目3项、一般项目14项、自选项目12项。

组织申报2012年国家知识产权局软科学研究项目。共组织广东省项目申报13项，其中广东省知识产权局的战略性新兴产业专利联盟的构建及运作模式研究及暨南大学的遗传资源及传统知识保护制度的实施状况评估与制度完善研究两个课题被批准立项。

组织参加2010—2011年度广东省哲学社会科学优秀成果评奖，推荐华南理工大学、暨南大学等3个项目参加评选。

组织召开广东省知识产权软科学研究工作座谈会，邀请了部分地市知识产权局及暨大、华工等十余所高校和科研的负责人及专家进行座谈，总结近年来省知识产权局软科学研究项目，对2011年度软科学研究计划项目的中期执行情况以及存在问题进行分析，并对下一步推进广东省知识产权软科学研究工作进行了研究和讨论。 （供稿人：赵　飞）

专利代理管理

专利代理管理

【概况】 截至2012年底，全省有专利代理机构113家、分支机构109家，共有从业人员3100多人，执业专利代理人848人，代理机构中合伙制66家，公司制39家，律所开办专利代理业务8家。专利代理机构数量和执业专利代理人数量均位居全国第二位，分别占全国总量的12%和10.6%，分支机构设立数量居全国之首。在代理机构中，具有10名以上（含10名）专利代理人的代理机构有28家，代理机构主要分布珠三角地区，其中广州28家、深圳55家、汕头4家、佛山7家、东莞7家、中山4家。

【代理机构的审核、分支机构审批及年检】 广东省知识产权局严格按照《专利代理条例》及《专利代理管理办法》，依法做好专利代理机构、分支机构审核、审批工作。2012年，共审核上报国家知识产权局9份，其中国家局已批准7家；批准分支机构设立24家，变更事项36项。同时，根据国家知识产权局的统一部署，2012年10月，及时组织全省专利代理机构开展年检工作，有效实施对代理机构和代理人的执业监管。

【群众来信来访调处】 广东省知识产权局充分发挥业务主管部门的职能作用，积极开展对专利代理投诉、纠纷的调处工作，积极配合国家知识产权局加大对非正常专利申请处理力度，有效地维护正常的市场环境。2012年，共办结来信来访及转函4件。

【市场中介防治腐败】 2012年，专利代理行业被确定为全省市场中介组织防治腐败工作的重点行业之一。为切实落实好此项工作，3月，广东省知识产权局根据《关于印发〈2012年全省开展市场中介组织防治腐败工作方案〉的通知》精神，制定了《2012年开展专利代理行业防治腐败工作实施方案》，组织全省专利代理机构开展防治腐败工作。此项工作，包括通过专项治理，一是全面理顺市场中介组织监管体制，实现政府与市场中介组织“两个不挂”、“三个分开”的脱钩目标。二是大力推进市场中介组织建章立制工作，防治市场中介组织的腐败现象。三是加大对市场中介组织违法违规行为查处力度，特别是加大对市场中介组织商业贿赂不正当价格行为、不正当竞争等的治理力度，切实维护公平竞争的市场经济秩序。四是引导市场中介建立行业自律机制，强化行业自律。五是建立健全市场中介信用机制，推进市场中介信用体系建设。据统计，2012年，全省共对32家涉嫌“黑中介”机构进行查处，共罚没金额20.8715万元。

【规范代理机构专利申请座谈会】 为深入贯彻国家知识产权局《关于规范专利申请行为的若干规定》精神，2012年4月27日，广东省知识产权局组织召开了“规范代理机构专利申请工作座谈会”。会议通报了广东省专利代理机构涉及非正常专利申请的情况，对如何规范专利代理机构内部管理，避免出现非正常专利申请，以及收到工作组《非正常专利申请初步确认意见通知书》后如何进行有效处理等展开深入研讨。来自广东省内部分专利代理机构的近40多名专利代理人参加会议。会议特邀国家知识产权局非正常专利申请监控和处理工作小组有关负责人莅会指导，对专利代理机构提出的相关问题进行积极解释和回应并作如何规范代理机构专利申请作专题讲座。

【专利代理行业服务】 加强行业管理和监督，提高专利代理行业的服务能力和水平是促进专利代理行业健康发展的有效措施。2012年，广东省知识产权局一是配合国家知识产权局开展专利代理机构实务技能培训工作，在广州、深圳分别举办为期三天半的实务技能培训班，全省共有近200名专利代理人参加培训。二是申报并组织实施“专利代理行业发展促进工程”项目，开展制定专利代理行业服务指导价格的可行性研究及制定专利代理机构规范管理指引。三是申请“全国专利代理人资格考试”广州考点工作，并顺利完成考试各项工作，今年广州考点网上报名1951人，通过查验1850人，其中香港46人、澳门2人、台湾2人，通过考试383人，通过人数占全国总通过人数的12.9%。四是协助国家知识产权局条法司开展专利代理机构税收情况调查。五是组织代理机构及企业积极参与国家社科基金ACTC、专利代理人职业道德等专题调研活动。

（供稿人：张淑芳　刘　嵘）

百所千企知识产权服务对接工程

百所千企知识产权服务对接工程

【概况】 “百所千企知识产权服务对接工程”是提升广东省企业和专利代理机构运用知识产权制度的能力和水平，提高企业核心竞争力的重要抓手。这项工作也是贯彻实施《关于加快建设知识产权强省的决定》中的重点工作之一。2012年，广东省知识产权局高度重视，认真研究和制定推进百千对接的具体措施，积极指导地市局结合本地实际继续探索对接工程的有效模式，并于11月8日和15日，组织代理机构赴肇庆高新区、清远清城区开展两场百千对接活动，为企业实地解决在发展中出现的知识产权问题。

据各地市上报的业务工作统计表数据统计，2012年，全省参加百千对接企业约1000多家，参加对接活动9500人次，取得了良好成效。 （供稿人：张淑芳 刘 嵘）

服务与支撑机构

国家知识产权局专利局广州代办处

【概况】 2012年，国家知识产权局专利局广州代办处（以下简称广州代办处）共受理专利申请71483件，同比增长23.81%，其中纸件受理17393件，电子申请人工受理54090件；收缴各项专利费用368286笔，同比增长12.38%，收费金额2.67亿元，同比增长17.89%；办理专利登记簿副本出证3038件，同比增长51.75%，出具专利法律状态证明文件44批次1409件，同比增长16.15%；办理专利实施许可合同备案683件，涉及专利1085项，合同金额1.1亿多元，受理合同变更20件，合同注销67件；办理专利技术合同认定登记57件，合同金额3.52亿元；自7月启动专利权质押登记试点工作以来，共受理专利权质押登记申请2件，涉及专利50项，合同金额9500万元。

全年受理向外国申请专利保密审查请求2577件，同比增长85.93%，其中暂缓261件，同意2316件；办理专利电子申请用户注册2187户，同比增长236.46%，其中，个人1590件，企业597件；承担各类通知书对外发文及管理162072份，同比增长37.63%，其中，电子申请受理通知书119802份，电子申请审查业务通知书41847份，纸件申请审查业务通知书423份；办理各类请求及相关文件扫描19723件，同比增长26.91%。

自2010年以来，广州代办处积极拓展工作职能，4月1日，按国家知识产权局要求，广州代办处全面启动新申请文件受理工作，至12月底，共受理新申请文件40件；7月2日，全面开展法律手续类文件受理工作，至12月底，共受理法律手续类文件65件；9月3日，受国家知识产权局专利复审委员会委托，广州代办处正式对外接收复审、无效宣告请求文件受理工作，至12月底，共受理复审、无效宣告专利文件4件，并按要求进行信息化处理。

【专利电子审批】 为配合国家知识产权局大力推广专利电子申请工作，广州代办处采取各项有效措施，确保“双达标”工作目标得以顺利实现。一是统合各职能部门工作力量。5月28日，朱万昌副局长组织召开局相关部门负责人参加的专利电子申请推广工作协调会，进一步明确各自工作职责，合力推进，想方设法完成年度达标任务。二是组织召开专利电子申请推广工作片区会议。6—7月，朱万昌副局长率相关部门负责人先后在广州、汕头、阳江、清远等地组织召开了珠三角、粤东、粤西和粤北山区等片区专利电子申请推广工作会议，深入了解各地市专利电子申请推广情况，研究部署今后工作任务，充分发挥地市知识产权局在推广专利电子申请工作中应有的作用。三是进一步强化宣传发动。在网站、报纸、杂志等媒体全方位、多角度宣传推广普及专利电子申请；发挥代办处服务窗口作用，通过远程视频进一步加强业务培训等，及时总结和推广专利电子申请工作的经验；编辑、整理并向省局及各地市发放广东省专利电子申请统计简报6期，扎实推进专利电子申请工作。四是适时举办各种培训班。10月23—26日，广州、深圳两家代办处分别配合国家局举办了两场电子申请培训班；此外，广州代办处根据公众需求，先后为电子申请用户举办小班制电子申请系统运用培训班4场。五是致力提供一站式服务。组织3批15人次上门提供技术服务，并通过设立专线电话、QQ群等方式指导申请人使用电子申请系统，积极及时解答各类问题，真正做到为申请人从前期注册到后期稳定使用提供一站式服务。2012年，广东省平均专利电子申请率为81.21%，专利代理机构平均电子申请率达99.3%，实现国家知识产权局提出的“双达标”要求。

【专利统计分析】 2012年，广州代办处针对广东专利申请授权形势和实际需求，对每月编写发布的《广东省专利统计简报》进行改版升级，并增加企业、专利代理机构、知识产权示范优势企业和试点示范区域专利申请授权等内容，及时、全面反映广东省专利发展新态势。一年来，共编印发布《广东省专利统计简报》12期；完成《2011年广东省PCT国际专利申请情况分析简报》及《广东省专利统计数据》小册子的整理、编辑任务，为省知识产权局、地市知识产权管理部门、省直相关单位和部门提供专利统计信息。此外，围绕省局的重点工作任务，结合广东经济发展形势，开展《2007—2011年广东省专利申请授权情况报告》、《2011年广东省有效发明专利技术领域分布情况》和《广东省2012年上半年企业发明专利申请情况分析》等专题分析，为各级领导作决策提供依据，其中，《2011年广东省有效发明专利技术领域分布情况》被省委、省政府《政务信息》采用；共接收和通报20批次共828件疑似非正常专利申请，编印《广东省非正常专利申请情况分析报告》17期，为有关部门和单位的查处工作提供有力依据。

【业务支持】 第111、112届广交会和第34届美博会期间，广州代办处为广东省知识产权执法工作提供306件的专利确权信息，对投诉专利的法律状态进行核实，为参展企业投诉当事人提供专利信息查询服务，极大地方便了当事人，切实维护权利人和社会公众的合法权益，确保投诉专利的有效性和案件处理的准确性。利用远程会晤系统先后进行会议交流和提供业务培训30余次；组织申请人与专利局审查员进行远程专利会晤3次。

【获奖荣誉】 广州代办处6月被国家知识产权局评为全国“先进代办处”，并连续10年荣获该称号；7月，分别被国家知识产权局直属机关委员会、中共广东省知识产权局直属机关委员会授予“创先争优先进基层党组织”和“创先争优活动先进党支部”荣誉称号。

（供稿人：牛晨蕾）

国家知识产权局深圳专利代办处（知识产权服务中心）

【概况】 2012年，国家知识产权局深圳专利代办处共完成受理专利申请58629件，同比增长17.95%；其中纸件申请18640件，电子申请39989件。办理通知书发文90144件，同比增长66.70%；完成纸件申请电子化转换18640件；收缴各项专利费用26.4万笔，同比增长28.59%，收费金额25894.5万元，同比增长31.81%；完成登记簿副本的办理1287份，同比增长11.82%；完成许可合同备案458件，备案专利1057件，因高新技术企业认定因素，比2011年有所下降；受理计算机软件著作权登记申请1107件，同比增长159.86%，受理专利资助7452份，同比增长47.92%；计算机软件著作权资助4565份，同比增长92.29%。受理数字作品备案申请92件，出具数字作品备案登记证书56件。接听咨询电话2万余个。

【制度管理】 2012年国家知识产权局深圳专利代办处重新规范内部管理制度，细化及起草了《临聘人员工资管理制度》、《考勤办法》、《财务管理办法》、《临聘人员绩效管理办法》、《目标管理办法》、《受理工作规程》、《收费工作规程》、《设备管理办法》、《保密工作规定》及《工作人员仪态、着装、行为规范》等十项规章制度，以制度管理促进质量进步，以制度管理保障组织目标，以制度管理推动团队建设。

在完善的制度保障下，顺利地完成各项工作任务，全年平均受理差错率为0.04%，自2007年4月以来，受理质量月差错率均低于国家专利局规定的3‰的纪录已经保持了66个月，成为全国唯一月差错率低于3‰、保持66个月的代办处，质量稳定性居全国第一。

【专利电子申请】 2012年，国家知识产权局深圳专利代办处制定了电子申请推广工作方案，确立了以“窗口宣传为基础、专题培训为手段、代理机构为重点、大型企业为突破”的工作方针。深圳市的电子申请率达到77.40%，代理机构电子申请率98.74%，全年共办理电子申请用户注册643件。

【计算机软件著作权登记】 2012年中华版权代理中心深圳工作站共受理计算机软件著作权登记申请1107件，同比增长159.86%。根据企业及权利人需求及国家版权保护中心要求，深圳工作站提供5、10、20、35个工作日出证业务，凡5或10个工作日出证的申请均在当天完成审核并提交，20、35个工作日出证的申请1周内完成审核。由深圳工作站审核提交的计算机软件登记通过率为100%，补正率5%—10%，远低于中国版权保护中心30%补正率的要求。

（供稿人：微　嘉）

广东省知识产权研究与发展中心

【概述】 2012年，广东省知识产权研究与发展中心（广东省知识产权维权援助中心牌子）（以下简称“中心”）业务全面展开，围绕创新管理、强化服务、开拓业务、提质提效的目标，全力以赴做好各项工作，完成年度目标任务。

【信息平台建设】

“区域中心”完成初步建设任务。2011年中心通力配合，投入“区域中心”挂牌前的筹备工作与其他建设工作。4月，已完成网络基础设备、网络存储设备、应用服务器集群在内的基础设施建设和区域中心专利信息检索系统与在线应用系统软件的开发工作。4月10日，省政府与国家知识产权局共同举行了盛大的揭牌仪式；7月17日，网络及软硬件基础设施通过专家组验收；11月底，区域中心专利信息检索系统与在线应用系统顺利完成验收工作，第一期数据已于11月初加载完成，剩余的过档数据及2012年的更新正在有条不紊地进行中，预计2013年9月可以全部完成。“区域中心”《服务规划》编制工作基本完成，2011年通过召开座谈会等形式广泛征求各方意见，多次向国家信息中心研究团队、国家知识产权局自动化部、省知识产权局各处室、中心区域中心建设和服务团队等相关单位沟通《规划》初稿的修改和完善问题。

“省综合平台”基本建成并启动对外服务。根据“省综合平台”实施计划，2012年，主要对基础信息库和公共服务分平台进行功能扩展和升级优化，包括建成三个产业行业专利数据库（高分子材料专业、铝产业、电力行业）和一个应用平台——广东省知识产权技术信息展示与交易应用系统，此外，对已建成的平板显示、数字电视、装备制造通信电子设备等专题数据库进行升级优化。同时，注重对外推广“综合平台”，分别在广东省产业发展专利信息综合应用、国家知识产权局（广东）专利信息传播利用基地企业专利信息利用、东莞企业专利工作者等培训班上着重对综合平台的资源、功能特点和使用技巧进行了深入讲解，有效提高“综合平台”的知名度与使用率。此外，为不断完善“综合平台”的功能，该中心还对“综合平台”进行用户使用调查，收集的大量用户意见与建议，为“综合平台”的改进完善提供重要的参考依据。

【专利信息服务】 2012年下半年，中心吸收一批具有扎实专利实务功底的新员工，成立专利信息服务小组，并制定专利信息服务计划，开展专利信息服务工作。一是接受检索委托，对外提供优质的专利信息检索服务。改变以往仅提供对比文件的简单做法，通过逐条比对、细致分析权利要求书中的各项权利要求、给出倾向性意见等途径，持续为企业及代理所提供更加科学、有效的检索服务，出具检索报告。据统计，2012年中心共出具20余篇专业的检索报告。此外，还协助省三打办完成主题检索——《关于国内外餐饮废弃物、餐饮废弃油脂、地沟油等处理技术和设备的专利信息》、为江门市知识产权局提供《江门市专利统计》与《摩托车相关专利检索分析报告》。派员参加第111届和112届广交会，共受理检索申请400起，检索数量1500条以上，出具检索结果报告逾千份，为参展商营造了良好的参展氛围。二是立足企业需求，开展实地帮扶工作。根据不同地区发展水平和特点，锁定广州、珠海、汕头、茂名、江门等地急需帮扶的重点企业，组织国家局相关专家通过个性化培训、技术支持、业务指导等方式开展实地帮扶活动，现场解决企业关于信息资源利用、检索方法、申请布局等方面的问题，对提高企业运用专利信息的能力和水平起到了积极的作用。三是创新形式，开展技术路线图绘制工作。中心组织金发科技、美的电器、比克电池等三家企业分别就聚丙烯高分子组合物、炊具不黏涂层、硅材料技术的发展情况制定“企业专利技术路线图”，为产品的发展趋势提供指导，最终提升这些企业的核心技术创新能力。“综合平台”上的“企业专利技术路线图定制”为该项工作提供了技术支持，该“定制”以全球范围内海量专利信息资源为基础，通过专家参与和系统智能分析等手段，开创性地把专利和技术路线图制定两者紧密结合，可帮助企业定制专利技术路线图，科学、快速地进行专利技术研发方向定位，提高技术创新效能。

【知识产权发展研究】

深入开展战略性新兴产业专利信息资源开发利用项目。根据项目内容要求，开展五个方面的推进工作：一是开展了太阳能光伏、生物医药两个产业专利分析及预警研究，并联合省局举办针对这两个产业的专利分析及预警报告会，在报告会上发布《广东省太阳能光伏产业专利分析及预警报告》及《广东省生物医药产业专利分析及预警报告》、《南方重大疾病专利分析及预警报告》、《特色南药专利分析及预警报告》4个专利分析及预警报告。二是建设战略性新兴产业专利信息实时统计系统。通过组织专家队伍，研究制定广东省战略性新兴产业相关领域专利信息检索方案，获取专利信息统计数据信息，建立产业导航、专利权人导航，有序推进广东省战略性新兴产业专利实时统计系统的建设。三是编撰《广东省战略性新兴产业知识产权工作动态》6期、《广东省战略性新兴产业专利统计简报》2期，内容涉及3G通信产业和生物产业，同时向省委省政府主要领导、战略性新兴产业发展领导小组成员、省直机关相关部门以及广东省企业等800余家单位和个人发放，全年累计发放《工作动态》4800余份，发放《专利统计简报》1200余份，为政府部门、产业界、科技界、学术界、服务机构，提供了优质和专业的战略性新兴产业专利信息及行业动态。四是建设战略性新兴产业专利信息资源开发利用成果发布系统，预计该系统将于2012年年底初步建成。五是建成新一代通信、物联网、数字家庭、生物医药四个产业专利信息专题数据库。

继续推进在研项目和开展新课题申报。2012年，中心开展多项知识产权研究工作，年内开展、验收、申报项目共计26项，其中包括在研项目6项，结题项目9项，申报项目11项。一是对部分项目进行结题或验收。完成2010—2011年省科技厅项目——《如何引导国（境）外知识产权服务机构为广东省技术创新服务研究》、《平板显示知识产权管理与运用》、《专利战略研究服务平台研究》、《广东省知识产权服务业发展对策研究》、《广州开发区知识产权公共服务机构培育》、2011年国知局战略推进工程《广东有源OLED有机材料关键技术专利战略研究》、2010—2011年省知识产权局软科学研究《关于促进知识产权服务业为我省技术创新服务的对策研究》、《泛珠三角地区专利信息服务现状问题与对策研究》等9个项目结题或验收。二是继续推进在研项目。完成《广东专利信息服务规范》起草工作、开展《欧盟及欧洲部分国家知识产权概况及分析》和2011软科学项目《车用聚丙烯材料专利分析及预警》研究工作、初步完成“广东知识产权创新集聚平台”建设框架构想。三是申报多个新课题。根据各有关单位年度立项计划，申报了科技厅的“广东省专利数据加工中心建设项目”、2012年省知识产权局的软科学重点项目《广东省专利信息利用帮扶顾问体系研究》、2013年国家知识产权局的专利战略推进工程项目“广东裸眼3D新型技术专利布局分析及专利战略研究”、2013年广东省质量技术监督局项目《知识产权质押评估技术规范》、《专利价值分析技术服务规范》、2013年科技厅“广东省专业镇中小微企业信息网络服务平台”、国家局传播基地及维权援助项目等11个研究项目。

【培训工作】 为贯彻落实《国家知识产权战略纲要》，国家知识产权局于2009年开始启动“培训基地”建设工作。为充分发挥我中心在长期培训工作中积累的丰富资源优势，弥补高校培训基地开展的培训实用性不足的劣势，2012年8月，在广东省知识产权局领导的大力支持和直接指导下，中心开始向国家知识产权局申报建设“培训基地”。2012年10月，国家知识产权局正式发文批复中心设立全国第一所高校以外的“培训基地”。未来，“培训基地”将以实施知识产权战略、发展知识产权事业为统领，以培养企事业知识产权管理和中介服务专门人才为核心，以提高政府工作人员知识产权意识、行政执法和司法业务能力为重点，以培养涉外知识产权人才为特色，将其建成华南地区高层次知识产权人才培训和研究基地。2012年中心根据省知识产权局年度培训计划，结合我中心实际，共举办、协办30期有针对性的培训班，累计培训学员近3500人次，内容包括围绕知识产权问题的专题培训，提升地市知识产权管理部门和企业专利运用能力的培训，特殊行业产业的知识产权实务培训，针对全国专利代理人考试的考前培训，中小学知识产权师资的培训，涉外知识产权保护的培训和上市企业知识产权总裁的培训等。此外，为更好地发挥“传播利用基地”的引领示范作用，不断提升专利信息服务能力和水平，举办了“国家知识产权局（广东）专利信息传播利用基地首场服务能力提升培训班”和“专利信息传播利用基地企业专利信息利用培训班”2期基地服务能力提升培训班。为加强地市企业保护知识产权能力，先后赴清远、河源、湛江、东莞等地举办了4期知识产权维权援助培训。

【知识产权维权援助】

积极拓展维权援助工作平台。11月22日，中心联合共青团广州市委、华南理工大学在大学城举办保护知识产权志愿服务队启动活动，活动反响热烈，为继续开展志愿服务工作打下了良好基础，首次将知识产权元素注入广东省志愿者服务领域。12月中旬，中心分别与中科院广州能源所、华南理工大学举办建立重大项目和高层次人才开展知识产权维权援助服务工作站合作协议签字仪式，首次在广东省建立维权援助工作站。12月，中心首次参加广州留学人员交流会。2011年，中心积极探索建立知识产权案件诉调机制，联合省高院知识产权庭和省局有关部门，先后赴北京、上海、常州等地进行实地调研，积极学习其他省市维权中心先进经验和做法，为建立调解机制积累了大量经验。

“12330”宣传成效初显。“4·26”期间，通过大批量群发短信、广覆盖粘贴宣传帖、大范围发放宣传册等方式，深化了

"12330"公益形象，扩大了知识产权维权援助影响力，2012年"12330"举报投诉电话量有较大提升。截至12月，我中心共接入举报投诉电话约192个，其中，涉及专利147件、版权16件、商标18件、其他11件；涉及咨询179件、投诉8件、举报4件、调解1件。

进一步完善维权援助工作机制。修订完善《广东省知识产权维权援助中心维权援助办法（试行）》，积极推动《广东省知识产权维权援助中心举报知识产权违法行为奖励办法（试行）》、《鉴定人管理办法》、《知识产权司法鉴定所章程》、《知识产权司法鉴定收费标准》等知识产权维权援助和司法鉴定规章制度，为规范工作提供制度依据。

知识产权司法鉴定案件量稳中有升。中心共受理完成知识产权司法鉴定案件42件，防雷产品专利审核16件。鉴定案件中，技术秘密案件34件，专利案件4件，计算机软件案件3件，集成电路布图设计案件1件。接受公检法等部门委托案件12件，企事业单位委托案件30件。受理案件量较往年有所上升。

【专利代理人资格考试考务】 根据省知识产权局的统一部署，2012年中心继续承担全国专利代理人考试广东考点考务工作。整个考务工作过程中，通过加强沟通、精心组织、培训专人、严控细节，确保各项工作准确无误。据统计，2012年共接受1803名考生报名，发放1567份2011年成绩单，发放192份全国专利代理人资格证书，成功完成今年的考务工作，得到了国知局巡考人员的高度认可。

【全国专利实施调查和知识产权服务业统计调查】 一是根据2012年全省专利实施调查工作安排，吸取往年经验教训、精心设计调查方案、专人跟踪调查进度、及时给予技术指导、反复确认填报内容，顺利完成专利调查工作。在加强重点地市的目标控制后，各地市样本回收率较往年均有较大提升，2012年的调查样本总回收率达到93.6%。二是根据国家知识产权局和省局的统一部署，于11月份开展知识产权服务业统计调查工作，结合调查工作的总体要求，科学制定调查工作方案，对广东省1789家法人单位开展调查，采取多种措施确保及时、准确地发放、回收、核查调查表，截至11月23日，共回收问卷368件，完成率20.57%。

【编撰《广东知识产权年鉴（2012）》】 根据上级领导的指示要求，总结历年编撰经验，密切联系，严格把关，稳中求变，基本实现本版编撰目标。2012年版《年鉴》条目更加清晰，形式更加新颖，内容更加充实。

（供稿人：郭志坤）

广东省知识产权研究会

【概况】 2012年，广东省知识产权研究会（以下简称研究会）充分发挥研究会作为社会组织的作用，推动广东省知识产权事业发展。

【创新竞赛活动】 广东省少年儿童发明奖。6月16日，由研究会联合广东发明协会等单位共同举办的第十届"广东省少年儿童发明奖优秀作品展"在广东科学中心隆重举行。来自省内及港澳14个地区200多所中小学校的780件发明作品参与"发明奖"评选。广东省知识产权局副局长袁有楼出席开幕仪式。本届少年儿童发明奖共评选出一等奖24个，二等奖96个，三等奖186个。获奖的优秀作品被推荐参加"宋庆龄少年儿童发明奖"和"中国国际发明展览会"。

【交流与合作】

广东省战略性新兴产业——新一代通信产业专利分析及预警报告会。12月20日，由广东省知识产权局、广东省经济和信息化委员会联合举办的"广东省战略性新兴产业——新一代通信产业专利分析及预警报告会"在广州召开。广东省知识产权局纪检组长严小宜出席会议。会议发布《广东省新一代通信产业专利信息分析与预警研究报告》。会议期间，研究会组织新一代通信产业专利分析课题组专家与广东省物联网产业企事业单位进行现场交流。来自广东省战略性新兴产业发展领导小组各成员单位、各地市知识产权、经济和信息化主管部门、广东省新一代通信领域企业及有关高校、科研机构、行业协会、知识产权服务机构等约220人参加报告会。

*知识产权软科学研究工作座谈会。*9月4日，研究会承办知识产权软科学研究工作座谈会。广东省知识产权局纪检组长、监察专员严小宜出席会议并作讲话。省内部分高等院校社科处和知识产权学院负责人、部分地市知识产权局软科学研究工作的有关同志，以及近两年来承担广东省知识产权局软科学研究计划项目代表共30多人参加座谈。会议总结近年来省知识产权局软科学研究计划项目的结题情况，交流2011年度软科学研究计划项目的中期执行情况以及存在问题，对进一步推进广东省知识产权软科学研究工作提出意见和建议。

*组织会员赴台湾参加交流活动。*2012年，研究会与台湾企业资源发展协会继续合作举办知识产权培训班，广东省知识产权局纪检组长严小宜率队赴台湾交流。

【内部管理】 12月28日，研究会在广州白云国际会议中心召开会员大会和换届会议。广东省知识产权局局长陶凯元、党组书记马宪民出席会议并讲话，副局长袁有楼主持会议。会员代表130余人参加大会。会议对研究会第三届理事会工作作出总结，对第三届理事会工作报告和财务报告进行表决，对《广东省知识产权研究会章程》作出修改，表决通过第四届研究会章程，选举出研究会第四届理事会组织机构成员。广东省知识产权局党组书记马宪民当选第四届理事会理事长。目前研究会已有会员149多名，其中理事71名，个人会员34名，单位会员44名。 （供稿人：钟永欣）

广东知识产权保护协会

2012年，广东知识产权保护协会积极开展各项工作，努力提供优质的服务，取得了较为突出的成绩。

【宣传培训】 1月6日，广东知识产权保护协会在召开理事会二届三次会议的同时，举办了“知识产权司法保护手段的运用与案例分析专题讲座”，邀请佛山中院知识产权庭原庭长霍彦杰女士做了精彩演讲。

4月6日，广东知识产权保护协会在广州华山宾馆举办了“2012年企业知识产权实务研讨会”，邀请中国科学院李顺德教授，以及比亚迪、创维等企业知识产权经理，进行专题演讲。

4月18日，经协商省高级法院知识产权庭同意，在旁听票一位难求的情况下，广东知识产权保护协会组织会员单位近20人，旁听了北京奇虎科技有限公司诉腾讯科技（深圳）有限公司等滥用市场支配地位纠纷案件，案件标的高达1.5亿元。

4月24日，广东知识产权保护协会和广州市中级人民法院合作，联合在广州悦华大厦举办了“2012广州知识产权司法保护论坛——地方自主知识产权司法保护”活动，促进了司法机关与企事业单位的相互了解。这是广东知识产权保护协会第三次和广州中院联合举办这一活动。

4月25日，广东知识产权保护协会承办了由广东省政府知识产权办公会议办公室主办的新闻发布会，会上发布了广东省2011年十个知识产权典型案件。

7月27日，由广东知识产权保护协会主办，广东省高新技术企业协会、广东省律师协会知识产权专业委员会、商业软件联盟合办的“2012年广东地区知识产权经典案例报告会”在广州浙江大厦召开，报告会就商标、专利、计算机软件保护及反不正当竞争方面的案件进行了剖析，深受与会代表欢迎。

【个性培训】 2012年，应会员单位邀请，广东知识产权保护协会先后为奥飞动漫、美的集团等量身定做个性化培训计划，为相关会员单位提高知识产权保护水平发挥了积极作用。

2012年4月6日，广东知识产权保护协会邀请著名知识产权学者李顺德教授为奥飞动漫作了“我国知识产权制度建设和战略实施专题”演讲；6月16日，广东知识产权保护协会邀请省版权届知名实务专家刘版盛先生为奥飞动漫作了“版权的取得、运用和保护”专题培训；8月11日，广东知识产权保护协会上午邀请广州中级法院庭长黎炽森为奥飞动漫作了“知识产权的民事司法审判专题”演讲，下午又邀请万慧达合伙人王虎作了“企业知识产权制度建设和管理的专题”演讲；10月20日上午，广东知识产权保护协会邀请广州市天河区法院知识产权庭庭长苏国生作了“知识产权的刑事审判及企业商业秘密保护专题”演讲，下午又安排了实务专家陆平先生作了“电子取证技术在知识产权保护中的应用”专题演说。前后共计六场专题培训，效果得到了奥飞动漫公司负责人的充分肯定。

2012年10—12月，应美的集团法务部要求，广东知识产权保护协会为该公司作了“企业知识产权战略与司法保护”系列培训。该培训活动已经举办了3场，包括省高级法院知识产权庭副庭长张学军作的“企业专利保护及专利侵权案例分析”，省高级法院知识产权庭副庭长欧修平作的“企业知识产权战略与知识产权司法保护”和佛山市中级法院知识产权庭庭长刘建红作的“企业商标战略及司法保护”。三场主讲嘉宾都是广东省知识产权司法界难得的学者型法官，培训效果也非常好。

【调查研究】 6月13日，广东知识产权保护协会由会长、秘书长组成调研组，专程到省高级法院知识产权庭进行调研，与省高级法院知识产权庭有关领导进行会谈，双方就加强知识产权保护方面的合作进行了深入的交流，在知识产权培训、宣传、调研、案件调解等方面达成合作共识。

6月14—15日，广东知识产权保护协会与广州中级法院知识产权庭联合举行“广州地区知识产权司法保护效能”专题调研活动，到广东奥飞动漫股份有限公司、北京市金杜（广州）律师事务所、广州立白企业集团等企事业单位进行了调研，这对于提升广东省知识产权司法审判工作水平，帮助具有自主知识产权的本土企业和产业获得更强的市场竞争优势起到了重要的促进作用。

7月10—13日，广东知识产权保护协会组织相关会员单位代表赴北京进行“知识产权服务业”专项调研，先后考察北京知识产权保护协会、北京三聚阳光知识产权代理有限公司等一批高素质知识产权服务机构。此次考察调研使我们看到了广东与北京之间在专业服务和技术水平上的差距，加强了京粤之间的知识产权交流与合作。

12月7日，广东知识产权保护协会组织28家会员单位共43位代表赴比亚迪股份有限公司参观交流，还与比亚迪股份有限公司知识产权管理部门相关负责人进行座谈，增加会员企业之间的彼此了解。

【《广东知识产权》】 2012年，广东知识产权保护协会继续举办《广东知识产权》的编辑出版工作，按质、按量、按时地完成了杂志的编辑出版和发行工作，一年中累计编辑出版刊物6期，发稿200多篇，接近50万字。目前刊物已经建立一个较为稳定的作者队伍和发行网络，逐步走向健康、可持续的发展方向。

与此同时，协会积极加强与《中国知识产权报》、《广东科技报》等相关新闻媒体的合作，扩大了保护协会的知名度和影响力。

【保护合作】 根据二届三次理事会决议精神，广东知识产权保护协会开展首批“广东知识产权保护协会重点维权协作单位”的认定工作，经相关单位申报，协会秘书处筛选推荐，协会会长办公会议审议通过，最终确定广东奥飞动漫文化股份有限公司等6家企事业单位、广州国智知识产权代理服务有限公司等6家法律服务单位，共计12家为首批“重点维权协作单位”。

【内部管理】 2012年，广东知识产权保护协会不断完善和规范自我管理。一年来，协会未出现任何违规违纪行为，在规范管理、健康发展方面取得进步。

2012年，广东知识产权保护协会探索开展协会民主管理，于9月4日在广州首次举办了会长办公会议，确定“重点维权协作单位”名单，报告上半年工作完成情况，讨论了下一阶段工作安排。

2012年以来，广东知识产权保护协会新吸纳北京市金杜（广州）律师事务所、广东振声科技股份有限公司、广州滚石移动网络有限公司、珠海纳思达企业管理有限公司、北京邦信阳专利商标代理有限公司广州分公司等多家企业和中介机构，壮大了协会会员队伍。

（供稿人：顾奇志）

广东专利代理协会

【概况】 2012年广东专利代理协会充分发挥桥梁纽带作用和服务职能，在宣传培训、调研交流方面做了大量工作，取得显著的工作成效和社会效益。

【宣传培训】 广东专利代理协会一直将努力提高全省专利代理行业整体服务和执业水平作为自己的重要使命和任务。2012年，在国家知识产权局和广东省知识产权局的支持下，举办多期内容丰富的专业培训班，包括“百千对接知识产权系列活动”、“知识产权专题讲座”、“专利代理人实务技能培训班”、“EAC及电子申请提高培训班”、“专利代理人能力强化培训班”、“专利电子申请宣讲与使用培训班”、“广东省营业税改增值税培训班”等，共培训近2000人次。

【交流与调研】 广东专利代理协会配合国家知识产权局组织专利代理机构完成“国家知识产权局检查局广东调研座谈”，协助广东省知识产权局召开“非正常专利申请座谈会”、“专利代理职业道德调研座谈会”等的座谈调研会，召开广东专利代理协会2012年年会暨专利代理行业发展研讨会，并进行“专利代理机构管理及收费状况调查问卷”发放和收集工作，举办了“欧洲专利申请与德国展会知识产权讲座”及“粤澳知识产权服务机构交流活动”，配合中华全国专利代理人协会会长、秘书长等一行对广东的专利代理机构进行走访调研，组织专利代理机构与审协（广东）中心进行交流座谈、举办“欧洲专利申请与德国展会知识产权讲座”、“粤澳知识产权服务机构交流活动”，组织赴深圳进行“专利代理同业交流活动”，参加广东省统战部组织召开的关于社会民间团体组织情况座谈会，提交广东专利代理协会的简报，报告介绍广东专利代理行业发展的现状，宣传专利代理行业的风采，提出对促进专利代理行业发展的切实需求，主动地反映行业需求，为有关部门制定相关政策提供参考意见。

（供稿人：陈一忠）

广东发明协会

【概况】 2012年广东发明协会以科学发展观为指导，为营造发明创新氛围、提高群众性发明创新水平、建设创新型广东服务，取得了较好的成效。

【参加第七届国际发明展览会】 第七届国际

发明展览会于2012年11月9日至12日在江苏省昆山市国际会展中心举行。本届国际发明展览会以“创新驱动，开放合作”为主题，以“改善民生，可持续发展”为重点，共有30多个国家和地区的3000多个项目参展，是近年来国内规模最大的一次发明专利成果展示活动。我省在科技厅的重视和大力支持下，成立了以协会副理事长兼秘书长刘庆茂副巡视员为团长的广东展团，组织了14个展位、50多名参展人员、69项发明成果参加展览和大会交流。在参展的69项目中，获奖51项，其中金奖16项、银奖19项、铜奖16项、专项奖3项。获奖总数和获奖率均居各参展团的前列。此次展览会使广东省优秀的专利项目得到了很好的展示和宣传，也极大地促进广东省专利项目的转化实施。广东展团又一次被评为“优秀展团”。这是协会在全国发明展览会上连续十一届获得“优秀展团”的称号。

【组织第十届广东省少年儿童发明奖评选活动】 第十届广东省少年儿童发明奖评选活动，于2012年6月16、17两日在广东科学中心举办“优秀发明作品展示”和颁奖活动。

此届活动共评出特别贡献奖10个，一等奖24个，二等奖96个，三等奖186，组织奖39个，专利申请鼓励奖29个，港澳特别奖10个。其中，特别贡献奖颁给在广东省少年儿童发明奖十载发展历程中一直积极支持和参与该活动，并作出突出贡献的单位以资表彰。广东省少年儿童发明奖的专家评委指出，本届参赛作品780项，作品题材丰富，贴近生活，具有较强的针对性和实用性。最小的参赛选手是小学二年级的学生，这说明广东省少年儿童科技创新深入人心，广东省少年儿童发明奖已在全省形成较大的社会影响，逐渐成为向全省乃至港澳地区广大少年儿童传播科学知识和开展发明创新活动的重要平台。

【参加第八届“宋庆龄少年儿童发明奖”】 “宋庆龄少年儿童发明奖”是经国家科技部批准立项的唯一以国家领导人名字命名的少年儿童科技类国家级奖项。由中国宋庆龄基金会、中国发明协会主办的第八届“宋庆龄少年儿童发明奖”作品展评暨颁奖大会，于8月17日至19日在北京市隆重举行。全国政协副主席张榕明，中国宋庆龄基金会主席胡启立、中国发明协会理事长朱丽兰等出席了颁奖典礼。来自全国各省市的少年儿童入围发明作品255件参加了展示。本届“宋庆龄少年儿童发明奖”依照“新颖性、创造性、实用性”的标准，经过地方筛选、网上初评、现场终评，最终评选出金奖12名、银奖45名、铜奖173名、创意奖11名。广东省24件发明作品入围参加展评，评选结果获金奖3件、银奖3件、铜奖16件、创意奖1件，获奖数居全国前列，充分体现了广东省少年儿童开展发明创造活动所取得的突出成绩。

【举办第六届广东省DI创新思维竞赛】 DI®是英语Destination Imagination的缩写，原意是“目的地想象”，现译为“创新思维竞赛”，是目前全球规模最大的培养青少年创造力的活动。竞赛旨在培养和提高青少年的创新思维能力以及团队协作精神、时间管理、动手实践和解决问题的能力。目前，全世界已经有58个国家和地区，超过200万人参与到DI®各项活动中。

第六届广东省DI创新思维竞赛于2012年12月1—2日在中山市东区朗晴小学隆重举行。本次大赛由广东发明协会、广东教育学会主办，中山市科学技术协会、中山市教育局为支持单位，中山市东区教育事务指导中心承办，中山市东区朗晴小学协办。来自全省各地的51支代表队500多人参加了为期两天的角逐，共评出一等奖23个、二等奖20个、三等奖8个，达芬奇奖3个，文艺复兴奖3个，DI®探索精神奖3个。

本次DI®比赛通过参与过程考查学生的发散思维能力、应变能力、知识遴选能力、时间掌控能力以及团队合作能力，充分体现了动手动脑相结合、科技与艺术相结合、自然科学与社会科学相结合的特点。

通过省赛选拔出22支优秀代表队169名师生参加了在山东省滕州市举行的DI®全国赛，在全国赛中广东取得一等奖2名、二等奖9名、三等奖11名的好成绩。

【网络平台与期刊建设】 广东发明网站系属广东发明协会门户Web网站，秉着“宣传和推动科技发明活动”的宗旨，2011年12月份“广东发明”网站正式运营（域名：http：//gdfm.stlib.cn）。目前，网站共设计7个栏目，分别为“图片新闻”、“协会通告”、“协会领导”、“最新发明创造”、“青少年发明成果展示”、“发明技巧”、“政策法规”等，基本满足广东发明协会日常的网络工作需要，并为日后工作的深入发展留有功能模块拓展空间。2012年完成Web网页更新量193页，数据库更新量555条。通过网页日志分析统计，2012年本网站网络点击量达2.7万余次。

协会与广东科技图书馆、广东省科学研究信息服务中心一起编印了《科技信息快报》，全年出版24期，每月2期。汇编稿件184篇。按栏目类别分，“研究与借鉴”24篇，“第三只眼看广东科技”1篇，“信息与动态”87篇，“要闻分析”48篇，“科学前沿”6篇，“技术观察”18篇；按文章类型分，编译稿件54篇，综述稿件28篇，摘录稿件102篇。24期《科技信息快报》共定稿307461字，其中编译文章为81174字，综述文章为95227字，原创文章字数占总文章字数的57.4%。

（供稿人：邝伯麟）

《中国知识产权报》广东记者站

【概况】 2012年是广东记者站新闻采访工作最繁重的一年。报社不断推出重大选题策划，要求地方记者站予以大力配合。同时，记者站还得高度关注广东知识产权事业的动态发展变化，对全省推出的重要政策、举措和成绩进行及时、全面反映。在报社和地方局的大力支持下，记者站高质量完成了新闻报道任务。2012年度，广东记者站积极开展新闻采访工作，一年来，驻站记者全年共计发稿115篇，其中头版头条2篇，其他版头条17篇，整版3个，图片38幅，计10.6万字。

一年来，广东记者站大力宣传广东推进知识产权战略纲要实施，加快知识产权强省建设过程中采取的新举措，取得的新成就，总结的新经验。《广东吹响号角建设知识产权强省》、《深圳迎来大知识产权管理格局》、《陈云贤指出要加快知识产权强省建设步伐》、《广东战略性新兴产业“十二五”规划突出知识产权作用》、《广东如何培育领导干部的知识产权理念？》、《建设知识产权强省　助推产业转型升级》、《广东探索开展商标权质押贷款》、《广东和澳门正式建立知识产权合作机制》、《我国首例专利保险赔付案件结案》、《粤港保护知识产权合作十年成绩斐然》、《田力普指出要积极探索知识产权快速维权模式》、《广东出台行政规章强化展会专利保护》、《广东知识产权战略纲要实施五周年掠影》等系列重大报道，全面介绍了广东知识产权事业发展进程。

一年来，广东记者站积极关注广东地区的知识产权司法与行政保护，密切关注典型案件和保护长效机制案件。《广东工商行政管理局和海关加强知识产权合作》、《京粤两地共建知识产权合作》、《“洞石”专利维权终获胜》、《“黑牛奶”并非商品通用名称》、《广东省广告公司赢得不侵权诉讼》、《广东佛山专利行政执法受好评》、《广州采乐维护企业名称权旗开得胜》、《广州成功调处一起两宗重大专利侵权案》、《广州：快速查处高效执法赢得赞誉》、《广东对一起涉嫌假冒专利药品进行集中查处》、《“施华洛世奇”致信称赞广州知识产权保护》、《“一女多嫁”引发著作权纠纷——谁的“眼泪”在飞》、《三角公司诉“三角牌”商标侵权一审败诉》、《天河法院：知识产权审判机制改革的先行者》、《广交会知识产权保护工作获肯定》、《广交会知识产权侵权现象减少》等一批新闻报道。

一年来，广东记者站还将采访视野深入基层和企事业单位，深入报道广州、深圳、东莞、佛山等地知识产权事业发展最新动态，关注中兴通讯、美的集团、立白集团等一批自主知识产权优势企业，介绍地方和企业在推进知识产权工作方面的新举措和新成就，完成对广东知识产权事业立体式的描述。

一年来，广东记者站还积极协助广东省知识产权局开展知识产权宣传工作，策划“4·26”知识产权日、第6届中国专利周、粤港知识产权合作十周年、广东省知识产权战略实施五周年等多个大型专题宣传活动，撰写大量的宣传文稿，编印《粤港携手，共创未来》画册等等。同时积极加强通联队伍建设，为广州市知识产权政务信息培训班授课。

一年来，广东记者站还积极开拓工作阵地。2013年，报社将与广东省知识产权局共同创办《中国知识产权报·广东专刊》，作为报纸的有机组成部分，组稿工作由广东记者站承担。

（供稿人：顾奇志）

广东省专利信息中心知识产权司法鉴定所

【概况】 2012年，广东省专利信息中心知识产权司法鉴定所（以下简称“鉴定所”）积极配合“三打两建”活动，为活动中涉及司法鉴定的案件进行了认真细致的工作。

【内部管理】 鉴定所紧扣“抓重点，寻突破”的钻研态度，在顺利推进鉴定工作协调发展的同时，努力摸索更加有利于鉴定的方法来辅助鉴定以求做的更好。针对所内实际情况，加强全面建设力度，强化人员队伍管理，夯实所内建设基础，增强人员思想认识，努力提高工作的积极性和主动性，提升所内人员以及鉴定人的业务能力和工作水平，制定《鉴定人管理办法》、《工作进度表》，完善《知识产权司法鉴定所章程》，并针对收费较低的情况，本所根据广东的实际情况，兼顾委托人、同行以及本所的实际情况进行收费标准的调整，修改《收费标准》等规章制度。

【业务情况】 鉴定所本年度受理各类知识产权鉴定案件共43件，其中专利案件6件、计算机软件案件6件、技术秘密案件30件、集成电路布图设计1件。按委托人类别分，来自公检法和行政管理部门委托案件16件，企事业单位委托案件27件。在鉴定期间，本所遵守司法鉴定法律、法规，以高度负责的精神和实事求是的态度开展每一个案件的鉴定工作，故未出现一件投诉案件。

【拓展业务】 今年6月，鉴定所与广东省气象台防雷办合作，开展协助防雷办进行防雷产品与专利是否相符的审核工作。鉴定所在业务极端繁忙的情况下，高效率地完成了工作方案的制订，一系列工作文件、相关的工作制度、收费标准等的制定，协调中心、防雷办、委托客户、协助单位之间的关系等。本年度，鉴定所受理的防雷产品的审查案件共16件。在此期间，曾遇到不少困难，比如委托客户不理解审查工作的性质，以为审查工作只是走走形式，只要把产品带来审查，随便拿个专利就可以过关，导致出现大部分产品不能通过审查的情况。对此鉴定所意识到，如果这种情况继续发生，将引起委托人的反感，甚至可能使审查业务无法继续下去。因此，鉴定所不仅向每个委托客户详细解释专利的特点，让其了解专利的意义；还对客户的产品进行初步审查。如果产品确实不符合专利的要求，便不纳入审查范围。同时，鉴定所还做好与防雷办的沟通，做到每单案子均得到防雷办以及委托客户的充分认可。

【鉴定公正客观立场】 鉴定所在做好技术工作的同时，始终坚持鉴定人的职业道德规范，拒绝委托人的钱、物，不受外界干扰，坚持客观公正的立场。在受到干预的情况下，鉴定所与各方进行耐心细致的说服、撰写说明材料等工作，既坚持了客观公正，又避免了不良的影响。

【延续执业证】 根据《司法鉴定人登记管理办法》规定，“司法鉴定人执业证”自颁发起5年内有效。鉴定所为即将到期的鉴定人执业证办理了延续手续，拟定《司法鉴定人延续执业证申请》、《司法鉴定人延续执业证证明》、《司法鉴定人历年执业情况汇报》等相关资料，协助鉴定人完成执业证的延续工作，以保障鉴定人顺畅开展鉴定工作。

【积极参加培训】 为了强化鉴定人的政治素质、业务素质和职业道德建设，提高鉴定能力、鉴定水平及管理能力，保证鉴定质量，鉴定所组织鉴定人参加省司法鉴定协会组织的全省司法鉴定协会成员年度继续教育培训。然而本所鉴定人数是全省司法鉴定机构中最多的，且大多数不是本所的专职人员，在组织方面有很大的难度，但是本所通过细致的工作，尽最大力量组织鉴定人参加该培训。

（供稿人：唐硕穗）

广东省律师协会
知识产权法律专业委员会

【概况】 2012年，知识产权法律专业委员会积极筹划和参与一系列学术研讨和业务交流活动，促进广东省知识产权律师在学术、新业务培训与拓展、地方立法修法等方面的交流与合作，加强广东省知识产权律师队伍建设的同时，也取得一定的社会效果。

【举办家具行业知识产权保护论坛】 2012年4月28日，由省律协、中山市律协及中山市红木家具产业知识产权联盟联合主办的“家具行业知识产权保护论坛”在中山举行。本次论坛邀请了省高院知识产权庭副庭长欧修平、中山市中院知识产权庭副庭长练天成、深圳市中院知识产权庭法官于春辉和国家知识产权局专利复审委审查员陈晓亮作为主讲嘉宾。100多位来自广东省的律师、家具企业代表及其他相关人士参加了论坛。与会嘉宾针对家具行业“盗版”成风的知识产权侵权现状，围绕中山市红木家具产业的创新发展以及知识产权保护等主题展开相关讨论。与会的诸多律师和企业代表就家具行业发展中遇到的问题、如何有效地维权及采取法律手段的成本收益问题等与主讲嘉宾进行热烈的讨论。

通过举办此次论坛，不仅增强了广东省律师与政府知识产权部门、司法领域法官及家具产业界人士的交流，而且促进了广东省律师有关家具产业知识产权理论水平和实务能力的提高。论坛得到了中山市知识产权局、中山市大涌人民政府的积极支持和高度评价。

【参加第二届中国律师版权实务论坛】 2012年5月26—27日，省律协组织十余名广东律师参加由全国律协知识产权专业委员会与浙江省律协联合主办的“第二届中国律师版权实务论坛”。论坛以“中国版权产业面临的问题以及解决方案和版权产业的国际交流和贸易促进”为主题，参会人员主要围绕《著作权法》和《最高院关于审理侵犯信息网络传播权民事纠纷案件适用法律若干问题的规定》的修改，电子商务中的知识产权法律实务问题，游戏发展所面临的法律问题以及动漫产业发展的法律及政策环境等问题，从政府管理、司法裁判、企业需求和律师法律服务等多个角度进行深入研讨。省律协知识产权法律专业委员会主任邓尧在“版权侵权案件权利证据的举证以及赔偿金额的司法认定”等相关问题的研讨会中担任嘉宾主持。

此外，邓尧主任组织汇编了本次论坛的论文集《版权律师实务与理论研究》并获得本次论坛的“优秀组织奖”。

【举办2012年广东地区知识产权经典案例报告会】 2012年7月27日，省律协知识产权法专委会与广东知识产权保护协会、广东省高新技术企业协会等单位联合举办了“2012年广东地区知识产权经典案例报告会”。报告会特邀省高院知识产权庭审判长邓燕辉、深圳中院知识产权庭法官骆丽莉、海关总署广东分署政策法规处主任科员刘阳担任主讲嘉宾，广州、深圳、佛山等地的100多名律师及企业相关人员参加了报告会。来自法院、海关的嘉宾分别就典型案例进行讲解与分析，省律师协会知识产权专业委员会委员及律师界嘉宾分别就当前社会知识产权热点案件的法理分析、著作权侵权的赔偿金额、专利侵权的先用抗辩、商标刑事诉讼的证据认定等问题作主题发言。

此次会议，不仅促进了律师与法官及其他知识产权界专家的交流，提高了参会律师办理知识产权案件的实务能力，同时扩大了律师的社会影响力。

【参加香港法律服务论坛】 2012年9月13日，由香港特区政府律政司、香港贸易发展局、香港律师会、香港大律师公会、香港国际仲裁中心和国际商会国际仲裁院亚洲事务办公室合办的“第二届香港法律服务论坛”在广州举行。在省律师协会的组织下，知识产权专业委员会组织了数名委员参加此次论坛。并与香港从事知识产权的律师进行深入的交流与探讨。

【承办《著作权法》修改专题研讨会】 2012年9月15日，由省律协、华南理工大学法学院、知识产权学院主办，省律师协会知识产权专业委员会承办的“《著作权法》修改专题研讨会”在广州举行，来自广州、佛山等地共20余名律师、高校教师、企业人员参加了会议。研讨会特邀省高院知识产权庭副庭长张学军、华南理工大学法学院和知识产权学院教授孟祥娟和谢惠加、广东新健达律师事务所陈建南律师担任主讲嘉宾。会议由华南理工大学法学院副院长徐松林、省律协知识产权法专委会主任邓尧主持。研讨会上，嘉宾分别就版权侵权损害赔偿制度的完善、网络服务提供商版权侵权责任认定两大主题进行分析、讲解和讨论。

此次会议不仅加强了律师与法官、专家学者的学术交流，而且有助于推动《著作权法》的修改与完善。

【举办华南知识产权月谈】 2012年10月20日，省律协知识产权专业委员会与华南理工大学法学院、知识产权学院联合发起举办“华南知识产权月谈”第一期沙龙活动暨启动仪式，活动邀请了广州市中级人民法院知识产权庭副庭长谢平法官作为主讲嘉宾。50多名来自法院、高校、律师界、企业的知识产权人士参与了热烈的讨论。沙龙活动以广州蕉叶抗诉杭州蕉叶确认不侵权纠纷案例背景，嘉宾们围绕“确认不侵害商标权纠纷的受理条件及审理“的专题进行了各自精彩的分析和陈述。沙龙活动气氛自由，反响热烈，打造了一个学生、法官、律师、企业人员互相交流，互相学习的新的平台。

“华南知识产权月谈”活动第一期成功举办后，2012年11月24日，广东省律师协会知识产权法律专业委员会和华南理工大学知识产权学院联合举办了第二期“华南知识产权月谈”沙龙。来自广东省司法界、律师界、企业界、知识产权信息服务机构和高校师生等60余人参与了本次沙龙活动。活动邀请了越秀区人民法院知识产权庭庭长庄晓梅作为主谈嘉宾，对百货公司在价格标签、购物小票因简写使用与他人注册商标相同的文字是否构成侵权进行了讨论。沙龙活动坚持一贯的自由风格，让参与者都能充分表达自己的意见。沙龙活动不仅给参会人员带来了良好的案例和信息资源，同时也架起各方沟通的桥梁。

【参加中国律师知识产权事务论坛】 2012年12月7日至9日，由中华全国律师协会主办，中华全国律师协会知识产权专业委员会、重庆市知识产权局、重庆市律师协会联合承办的“中国律师知识产权实务论坛”在重庆举行。此次论坛以“开拓创新，合作发展”为主题，中华全国律师协会、中华全国专利代理人协会、国家工商总局、重庆市知识产权局、北京市高级人民法院、重庆市高级人民法院、北京市第一中级人民法院、重庆市第一和第五中级人民法院有关负责人、企业界代表及来自全国各地的200多名律师代表参加了研讨。省律协知识产权专业委员会组织委员、律师和其他相关人士共40多人参加了本次论坛，其中多人参与了论坛的主持、主题发言环节，数位委员及律师获得了论坛十佳论文奖和优秀论文奖，再次彰显了广东省知识产权律师的地位和实力。

【参与《著作权法》修改讨论】 2012年，省律协知识产权专业委员会多次组织律师对《著作权法》修改稿进行讨论，同时组织专题研讨会，并将意见通过全国律协提交给有关修法部门。（供稿人：邓　尧）

中山知识产权快速维权援助中心

【概况】 为了有效发挥知识产权制度促进地区产业结构优化升级中的重要作用，2010年7月，国家知识产权局局长田力普在考察中山时要求：积极探索建立适应中山产业发展特点的知识产权快速反应保护维权机制。同年11月，中国中山（灯饰）知识产权快速维权中心正式成立；2011年6月，中山中心正式在“中国灯饰之都”中山市古镇镇挂牌，成为全国唯一一家针对单一行业设置的知识产权快速维权中心。2012年7月24日，国家知识产权局专门在中山召开“中山知识产权快速维权工作现场会”，国家知识产权局局长田力普出席会议并作重要讲话，世界知识产权组织副总干事亲临会议并给予高度评价。8月，省委政研室和新华社专程赴中心进行调研，形成《知识产权快速维权助推专业镇转型升级》并上报各级领导。在中山快速维权模式的带动和示范下，2012年11月，国家知识产权局专门出台《关于开展知识产权快速维权试点工作的通知》，决定在产业聚集区开展知识产权快速维权试点工作。

【三大快速通道】 针对原有知识产权授权、维权、确权慢的问题，中山中心已经建成三大快速通道，即专利申请快速授权通道、专利快速维权通道和专利快速确权通道。一是快速授权，国家知识产权局向中心开放“中国专利电子审批系统”，并研发专利申报的网银缴费系统，选择一批研发实力强的灯饰企业进入快速授权通道，这些企业获得外观设计专利权的时间由原来的1年缩短至15个工作日，甚至1周，最快2天，专利申请审批速度大幅提高，使之与灯饰产品的研发上市周期同步。二是快速维权，中山市采取委托形式，将专利行政执法权限委托中心行使，同时，中山市人民法院还在中心建立了知识产权巡回审判庭，专利行政执法和司法审判实行证据互认和纠纷调解前行，使侵犯专利权案件的结案时间由原来的半年大幅缩短至1个月内。三是快速确权，中心积极建设专利复审、无效案件快速受理和审查机制，并配合国家知识产权局专利复审委员会做好巡回口审工作，缩短确权时间，为畅通快速维权通道奠定坚实基础。

【四个服务窗口】 针对众多灯饰企业知识产权意识不强、运用能力薄弱的问题，中心积极建立四个服务窗口，为企业提供知识产权服务。一是专利信息资源利用服务窗口。中心依托“中国外观设计专利智能检索系统”和世界灯具专利数据库，帮助企业在产品设计时回避侵权、在申请专利时提高质量、在维护权利时提供证据，从产品研发、生产、上市、维权等环节为企业提供极大的便利和有力的支持。二是灯饰照明产业专利技术展示交易窗口。中心通过搭建网络平台，将高质量的专利技术整合孵化，帮助专利权人通过专利技术的实施、转移、质押、融资等方式，实现知识产权价值的最大化。三是展会、专业市场的知识产权保护窗口。中心将工作重心下移，在展会和专业市场设立服务窗口，如在中国（古镇）国际灯饰博览会开展法律咨询、纠纷调解服务，维护展会交易秩序；在百盛灯饰广场等专业市场建设知识产权保护示范基地，逐步推进专业市场知识产权自律及保护机制。四是一站式知识产权举报投诉服务窗口。中心开通了“12330”知识产权维权援助和举报投诉电话，实现除专利之外的其他知识产权侵权案件的快速登记、转办、跟踪服务，有效保护各类知识产权权利人的合法权益。

【五级联动机制】 国家、省、市、镇和企业的五级联动机制，有效支撑中心高效运行。在国家层面，国家知识产权局从制度和环境入手，加强对中心的指导和支持，在内部，建立了联合工作组、制定了方案、优化了审查流程、提高了审查效率；在外部，完善软硬件环境、设置通信专线、部署电子审批和检索系统、开通部分审查系统权限、加强人员培训。在省层面，省知识产权局充分利用国家与广东的高层次知识产权战略合作会商平台，将建设中心纳入年度合作工作安排，争取国家向广东省开放更多资源，同时指导中心明确发展思路、做好发展规划，并积极发挥协调沟通作用，牵头解决或协助解决中心建设中的难点问题。在市和镇层面，中山市委、市政府以及古镇党委、政府对中心的建设在物力、人力给予有力的支持保障，为中心划拨200多万元专项资金和500多平方米的办公场所，为中心配置6个事业编制。在企业层面，古镇的广大灯饰企业积极发挥其在知识产权维权中的主体作用，积极主动地参与到中心的组建进程当中，将他们的所需、所想、所求向各级部门及时反映，各级部门也多次、反复听取企业意见，形成政府与企业之间的良性互动机制。

【主要成效】 中山中心的工作成效主要体现为“三个提升”：一是专利审查效率的大幅提升，增强企业的市场话语权和竞争力。将原来的专利审查时间缩短至十分之一，甚至二十分之一，在进入市场之初即为产品披上了坚实的知识产权“铠甲”，极大地推动创新成果实现价值、获取利益。二是知识产权执法维权效率的大幅提升，专利行政案件处理过程缩短至25个工作日，大大节约专利权人的维权时间，有效地降低企业的维权成本，为企业赢得宝贵的市场发展时间，中心挂牌以来共立专利纠纷案件314宗、结案307宗，为当事人挽回经济损失2000余万元，其立案量和结案量均超过全省其余各市同期总和。三是企业创新能力和知识产权意识的大幅提升，有力地促进产业转型升级和经济增长。中心挂牌至今，古镇专利申请和授权量均呈两位数增长态势，随着古镇知识产权环境的不断优化，企业的创新积极性不断提升、大量技术密集型企业相继入驻，古镇已经成为灯饰产业创新资源的重要聚集区。

（供稿人：张 璟）

知识产权交流与合作

ZHI SHI CHAN QUAN JIAO LIU

- 对外交流与合作
- 区域交流与合作

对外交流与合作

知识产权对外交流与合作

【概况】 2012年，广东省知识产权对外交流工作持续加强，知识产权外事协调、国际研讨、接待来访和境外访问培训等工作有序推进，达到加强沟通、增进了解、增加互信、推进工作的目的。

【协调相关部门共同开展知识产权涉外工作】 2012年，广东省知识产权局继续发挥协调涉外知识产权事宜的机构职能，协调全省各知识产权管理与保护部门共同开展对外知识产权工作。4月份知识产权宣传周期间，广东省知识产权局组织省政府知识产权办公会议26个成员单位及6个特邀单位，编写《2011年广东省知识产权保护状况》白皮书（中英文版），并联合省政府新闻办召开新闻发布会，向各国驻穗领事机构及境内外媒体发布，各知识产权保护部门分别回答各国领馆代表以及媒体记者的提问。发布会连续数年举办，已成为全省对外知识产权宣传工作的品牌性活动。

【亚太地区外观设计保护研讨会】 11月12—13日，广东省知识产权局承办由世界知识产权组织与国家知识产权局联合主办的亚太地区外观设计研讨会。会上，WIPO及中国政府官员、专家、企业分别就中国外观设计保护制度、外观设计的国际保护、海牙体系等议题进行广泛交流和深入研讨。来自亚太地区16个国家知识产权机构的代表、我国各省代表等150人参加会议。

【知识产权国际巡回演讲】 2012年，广东省知识产权局举办了一系列的国际知识产权制度巡回演讲活动。11月1—2日，由省知识产权局支持，英国睿阁律师事务所（Wragge & Co LLP）和Potter Clarkson知识产权代理事务所联合主办的2012年欧盟知识产权讲座在广州、深圳成功举行。来自英国睿阁律师事务所和Potter Clarkson 知识产权代理事务所的专家分别就欧洲专利、欧洲专利局申请程序、中国公司该如何最大限度地利用欧洲专利局的程序，在欧洲何处提出必要的申诉，以及如何解决非诉讼争端等议题进行讲演，并与参会人员进行广泛交流。广东省知识产权行政管理部门，企事业单位知识产权管理人员，知识产权中介服务机构有关人员近50人参加讲座。

11月6日—11月9日，由广东省知识产权局支持，广东省知识产权研究与发展中心和美国飞翰律师事务所（Finnegan，Henderson，Farabow， Garrett & Dunner，LLP）联合主办，广州、深圳、惠州、珠海四个地市知识产权局承办的美国专利制度（电子行业）巡回研讨会在广东省广州、深圳、惠州和珠海等4个地市举行。研讨会主要围绕电子行业的知识产权制度，中美知识产权制度的差异等议题进行研讨。来自广东各地市的近 800名企业、专利代理机构代表参加研讨活动。

【接待外事来访】 2012年，广东省知识产权局继续加强与外国相关部门机构的交流合作，积极推动高层会见，协调国外相关知识产权机构来粤访问会谈事宜。5月陶凯元局长陪同汪洋书记会见日本贸易振兴机构代表，4月朱小丹省长会见外国驻穗领团，陶凯元局长参加座谈。全年共接待来自阿根廷、日本、欧盟、韩国、美国、英国等国家和地区十余个知识产权代表团来访，来访机构包括美国专利商标局、美国驻华大使馆、英国驻华大使馆、英国伯明翰大学、日本经济产业省、日本贸易振兴机构、韩国特许厅、中国欧盟商会等多个国家的政府部门和研究机构。

【访问交流】 省知识产权局先后组织两个知识产权代表团组分别赴日本、韩国以及南非、新加坡进行公务考察，拜访日本经济产业省、日本特许厅、日本贸易振兴机构、日本知识产权协会、韩国特许厅、南非公司与知识产权注册局、新加坡知识产权局、新加坡知识产权学院等政府部门和机构。同时组织全省知识产权行政管理人员一行13人赴日本开展为期14天的培训活动，学习日本知识产权法概要、日本知识产权制度、日本知识产权战略、日本的假冒品对策等重要内容。（供稿人：郭亚青）

版权对外交流与合作

【粤港版权产业交流】 2012年5月9—10日，由广东省版权局、香港特别行政区知识产权署共同组织“版权管理与知识产权贸易”主题交流活动。省版权局版权管理处调研员袁新迪带队，省南方文化产权交易所、珠江电影集团有限公司、北京版银科技有限公司、广州市版权协会、深圳市版权协会、东莞市出版印刷业协会的代表，一行13人赴港交流。

在港期间，香港特别行政区知识产权署组织香港海关版权及商标调查科、香港商业价值评估工会、国际版权保护协会（大中华区）有限公司、香港工业总会、香港贸易发展局、亚洲专利授权业协会、美国电影协会的代表与广东代表进行了充分交流。通过此次活动，在粤的版权相关企业和机构系统地了解了香港特别行政区版权相关政府部门和有关机构在版权管理、版权保护、版权贸易等方面做出的努力和取得的成绩，也获得了知识产权评估、无形资产管理等方面的前沿资讯，为进一步提升版权管理的实际应用水平，促进粤港两地版权贸易合作，打下良好基础。

根据粤港保护知识产权合作专责小组第十次会议商定的粤港知识产权合作计划，2012年5月17—18日，省版权局版权管理处处长张同英率粤中学生交流团赴港开展版权知识和版权保护交流活动。参加这次交流活动的还有省版权局副调研员凌立华、市版权局副处长冯革，荔湾区版权局和教育局有关部门负责人，以及广州市真光中学、第四中学、第一中学、西关外国语学校的师生等25人。

5月17日，交流团抵港后首先参观昂船洲海关船队基地、海关船队、知识产权执法研究中心，随后到香港海关总部参观，香港海关负责人向交流团介绍了打击侵权盗版等相关工作，并引导交流团参观了香港海关博物馆。香港海关版权及商标调查科与交流团进行保护知识产权的交流，粤中学生与香港“青网大使”代表在会上进行互动交流，两地中学生讨论热烈，积极分享各自对版权保护的理解和心得，并表示通过交流活动，进一步加深了对版权保护的认识，更好地掌握了版权的基本法律知识，将在日常生活中自觉养成尊重知识、保护版权的良好习惯，努力争取成为“拒绝盗版、从我做起”的实践者和推动者。

5月18日上午，交流团参观香港数码港后拜访了香港知识产权署。香港知识产权署有关负责人向交流团介绍了知识产权在香港的推广及公民教育工作情况，通过展示教育，同学表示收益良多。

此次交流活动不仅开阔眼界、增长见识，而且有效加强了粤港两地中学生版权保护知识的交流和友谊。

区域交流与合作

2012年粤港知识产权合作

【概况】 自2003年第六次粤港合作联席会议将粤港知识产权合作被列为正式议题后，粤港知识产权合作进入崭新的历史发展时期。2012年，在“粤港保护知识产权合作专责小组”的积极推动下，两地知识产权相关部门顺利推动了多个合作项目的贯彻落实。

【协调合作机制】 粤港保护知识产权合作专责小组制度进一步加强，定期会议制度和项目合作制度得到持续完善，粤港跨境知识产权协作处理机制有效加强，执法力度持续加大；粤港中小企业创新促进机制继续推进，继续在广东省巡回举办“粤港知识产权与中小企业发展”研讨会；继续开展知识产权专业人士培训交流计划；不断更新及充实“粤港澳三地知识产权资料库”；继续深入在两地共同开展“正版正货”承诺活动；继续联合开展粤港知识产权专题研究，持续进行各类型知识产权宣传教育交流与合作等。

【粤港知识产权与中小企业发展研讨会】 2012年6月5日，省知识产权局与佛山市人民政府、香港知识产权署、香港贸易发展局联合主办“粤港知识产权与中小企业发展（佛山）研讨会”。研讨会主题为“知识产权贸易与资本化”，来自粤港两地的知识产权专家、学者、中小企业负责人及中介机构代表在会上介绍内地与香港知识产权制度的最新进展及知识产权贸易等相关内容，并就如何协助企业建立品牌优势，创造价值，开拓商机以及知识产权资本化等问题进行解读和研讨。来自佛山市及珠三角地区的企业、中介机构、协会和研究所共230余人参加会议。

【“正版正货”承诺活动】 2012年，广东全省新增“正版正货承诺”商家及企业近千家，多个地市举行“正版正货承诺”活动颁牌仪式。2012年7月3日，佛山市南海区举办“汽配行业不制假、不售假、不用假承诺书签约活动”，全区4000多家汽配企业签订承诺书，自觉接受监督。2012年3月23日，广东省知识产权局联合省版权局、省工商局等“正版正货承诺”活动牵头单位与上海“真牌真品”承诺活动办公室代表团开展交流活动，分享双方开展活动的经验。

【打击粤港两地海运渠道跨境运输侵权货物联合执法行动】 自2011年12月起，海关总署广东分署与香港海关联手开展代号为“海港”的打击粤港两地海运渠道跨境运输侵权货物联合执法行动，活动开展一年期间，广东省内参与行动的海关共查扣侵权嫌疑货物83批次91万件。

【支持在粤港资企业申请认定广东省著名商标】 粤港双方联合向香港知识产权业界通报宣传在粤港资企业获许申报广东省著名商标的有关信息，并在“知识产权管理与商机——商标与公司注册、系统管理及知识产权交易研讨会”等活动中宣传有关信息，鼓励企业申请“广东省著名商标”。2012年涉及港资企业的新认定申请55件、延续认定申请91件，分别占同年新认定申请（424件）及延续认定申请总数（634件）的12.97%和14.35%。截至2012年底，在粤港资企业分别拥有广东省著名商标402件，约占全省（2568件）的15.65%。

【协助香港考生在粤参加2012年全国专利代理人资格考试】 2012年全国专利代理人资格考试于11月3日至4日在全国18个考点同时举行，港方积极组织香港考生报名参加2012年全国专利代理人资格考试，粤方及时向港方通报全国专利代理人资格考试培训班的相关具体事宜，共同做好2012年香港考生在粤参加全国专利代理人资格考试工作。2012年，共有46名香港考生在粤报名参加全国专利代理人资格考试，5人通过考试。自2004年以来，香港共有28人通过全国专利代理人资格考试。

【开展粤港版权产业企业交流活动】 2012年5月9日至10日，广东省新闻出版局（版权局）率广东交流团赴港开展主题为“版权管理与知识产权贸易”的版权产业交流活动。广东省版权局、广东省南方文化产权交易所股份有限公司、广东珠江电影集团有限公司、北京版银科技有限公司、广州市和深圳版权协会及东莞市出版印刷业协会共13人与香港知识产权署、香港海关、香港商业价值评估公会咨询委员会、国际版权保护协会（大中华区）、香港影业协会、香港电影制作发行协会、香港工业总会、香港贸易发展局及亚洲专利授权业协会代表进行了交流。

【支持香港民间组织参加“广东省少年儿童发明奖”评比活动】 香港知识产权署与广东省知识产权局积极沟通后，推动并资助香港发明协会推荐香港学生参加由广东发明协会、广东科学中心、广东省知识产权研究会、广东教育学会、广东省少先队工作学会等五个单位联合主办的第十届“广东省少年儿童发明奖”，6月16日至17日香港选派出3位代表携14件作品参赛，并参加广东科学中心公开展示，共获得8个特别奖及1个优秀组织奖。

（供稿人：郭亚青）

粤澳知识产权合作

【概况】 2012年，经过粤澳双方努力，粤澳知识产权工作小组成立，粤澳知识产权合作机制确立，粤澳知识产权合作全面启动。

【粤澳协调合作机制】 2012年5月10日，粤澳双方在广州共同召开《粤澳知识产权合作备忘录》签署仪式暨粤澳知识产权工作小组第一次会议，陶凯元局长与澳门经济局副局长戴建业签署《粤澳知识产权合作备忘录》。

【粤澳知识产权合作计划】 2012年5月10日，粤澳双方商定2012—2014年粤澳知识产权合作计划，确定将在信息交流、跨境知识产权执法协作、知识产权宣传培训、交流互访等四个领域开展18项合作项目。

【首届粤澳知识产权中介服务机构交流活动】 2012年12月4日，广东省知识产权局与澳门经济局知识产权厅联合举办了首届粤澳知识产权中介服务机构交流活动，广东省知识产权局纪检组长严小宜，澳门经济局知识产权厅厅长郑晓敏出席活动并致辞。粤澳两地知识产权中介服务机构和管理部门代表共45人参加。交流会上，来自粤澳两地的知识产权中介服务机构代表，围绕粤澳两地知识产权制度及知识产权中介服务机构经营管理模式等主题，进行了热烈探讨与交流。澳门知识产权中介服务机构代表一行参观了几家广东省内知名代理机构，并进行座谈。（供稿人：郭亚青）

粤台知识产权合作

【概况】 2012年，广东省继续拓展与台湾的交流，认真落实2011年访台成果，共同推动两岸知识产权事业的发展。与台湾在知识产权管理和保护、教育培训、公共服务平台建设、企业知识产权管理标准等领域开展交流合作，为广东省加快转型升级、建设幸福广东做出贡献。

【开展赴台湾专题的研修活动】 2012年12月23—30日，广东省知识产权局纪检组长严小宜率广东省、市、县（区）知识产权行政部门管理人员20人赴台湾研修，研修采取广州集中授课与赴台湾相关机构考察交流相结合的模式，拜访了台湾资讯工业促进会、台湾智慧财产法院、台湾工业总会等机构，系统学习了台湾知识产权制度。

【举办与台湾的培训活动】 2012年12月4日至5日，由广东省知识产权局和台湾高地科技顾问公司联合主办，广东省知识产权研究与发展中心、惠州市知识产权局共同承办的上市公司知识产权总裁培训班在惠州举办。培训班邀请台湾和大陆的企业家和专家学者就创新企业知识产权资源策略、产业创新技术能量分析、企业结合知识产权进行市场特事特办时可能面临的问题之探讨、知识产权发展的国际潮流、上市公司知识产权商业化运用、财务准备和经营管理等内容进行培训。省内上市公司或拟上市公司企业总裁、分管知识产权工作副总裁代表约70人参加培训。

【邀请台湾学者出席海峡两岸知识产权合作研讨会】 2012年12月26日，广东省知识产权局和中国科技部海峡两岸交流中心在广州联合举办海峡两岸知识产权合作研讨会。研讨会由创智智权管理顾问股份有限公司、广东省知识产权研究与发展中心、北京市华意律师事务所承办。研讨会围绕“海峡两岸科技创新政策趋势及知识产权政策的调整、海峡两岸知识产权合作与产业创新发展、高新技术企业知识产权战略与企业科技创新发展”等三个主题进行主题演讲及交流。来自海峡两岸的知识产权专家、企业以及知识产权服务机构的代表120余人参加研讨会。参会代表认为，会议内容丰富、务实，紧贴企业的实际需求，研讨会的成功举办获得与会代表的一致好评。

（供稿人：尹怡然）

泛珠三角区域知识产权合作

【概况】 2012年，泛珠三角区域知识产权合作持续推进。专家库建设、公务人员交流、区域专利信息中心建设及共享、内地九省（区）专利行政执法协作等合作项目，均取得较好成效。

【第八届泛珠三角区域知识产权合作联席会议暨第七届合作论坛】 2012年11月29日，第八届泛珠三角区域知识产权合作联席会议暨第七届合作论坛在海口举行。海南省副省长林方略，省政协副主席、省科技厅厅长王路出席会议并作重要讲话。来自泛珠三角区域内地九省区以及香港、澳门特区政府的知识产权部门负责人参加会议。广东省知识产权局、工商行政管理局派代表参加会议。本届论坛的主题是“加强专利信息平台建设，促进区域创新发展”，旨在进一步加强专利信息平台建设，推动专利信息运用，提高区域创新能力，实现区域创新发展。广东省知识产权局代表在会上介绍了广东2011—2012年度泛珠项目的完成情况，并就下一年度的合作提出建议。泛珠三角区域知识产权合作是中国首个跨部门、跨地区的知识产权领域联络、协作、服务的工作平台。自2004年《泛珠三角区域知识产权合作协议》签署以来，泛珠三角区域知识产权合作联席会议已成功举办了七届，各方组织实施了60多个合作项目。

【泛珠三角区域专利行政执法协作】 自2009年签订《泛珠三角区域专利执法协作协议》以

来，广东省知识产权局共接受云南、贵州、黑龙江、四川、湖北、海南等省市移送的专利案件16件，向广西壮族自治区、四川省、福建省、江西省、浙江省、贵州省、山东省、西藏自治区知识产权局移送专利案件9件，向广州、深圳、佛山、汕头、珠海、东莞、惠州、潮州、揭阳、江门、湛江、顺德等市区知识产权局作出指定管辖案件37件。

【国家知识产权局区域专利信息服务中心】 2012年4月10日，全国首个国家级知识产权区域专利信息服务中心——国家知识产权局区域专利信息服务中心（泛珠三角洲中心）落户广东。区域中心主要服务于泛珠三角区域内地九省（区）——福建、江西、湖南、广东、广西、海南、四川、贵州、云南等地的各级政府机构、企事业单位，及社会公众。泛珠九省（区）知识产权局签署了《泛珠三角区域内地九省（区）专利信息运用合作协议》。协议的签署，标志着泛珠三角各省（区）将以国家知识产权局区域专利信息服务（广州）中心为依托，开展区域专利信息实质性合作，提升区域专利信息服务水平，推进专利信息传播和服务向深层次发展。区域专利信息服务中心的落成和投入使用，进一步丰富了泛珠三角区域知识产权合作的内涵，为泛珠三角区域内地各省（区）知识产权局拓展知识产权服务领域、提升知识产权服务能力打下坚实基础。

【知识产权公务人员交流】 2012年3月13日至16日，广东省知识产权局副局长朱万昌率领广东知识产权代表团一行6人赴香港、澳门参加第六届泛珠三角区域知识产权公务人员交流活动。泛珠三角区域知识产权公务人员围绕“知识产权贸易——创新·管理·商机”的主题开展了座谈及参观访问活动，副局长朱万昌代表广东省知识产权局介绍了知识产权商业化开展情况，并回答与会代表的提问。

（供稿人：郭亚青）

粤喀知识产权对口合作

【概况】 2012年，双方认真履行合作项目。在知识产权宣传培训、专利执法、专利管理、咨询服务、企事业单位试点等领域开展合作。

【合作开展情况】 2012年6月广东省知识产权局协助喀什首次在第八届中国新疆喀什·中亚南亚商品交易会上设立专利纠纷投诉站，派出省市两级知识产权局具有展会执法经验的人员到喀什指导展会执法工作，围绕展会专利执法举行座谈会，双方进行了广泛交流。维护了展会期间参展商的知识产权合法权益；帮助喀什知识产权局配备了执法服装，对塑造喀什知识产权行业形象、严肃规范行政执法、激发干部职工的工作热情，起到了积极的推动作用。帮助喀什知识产权局实现办公自动化和改善宣传教育设备。在广东省知识产权局的协助下，喀什知识产权局配置台式计算机、更新和配置办公室和其他科室的打印机、复印机、传真机、文件柜、档案柜、执法和培训宣传专用笔记本电脑、办公桌椅等办公自动化设备、宣传教育设备和网站建设设备，推进了地区知识产权局硬件建设，自身能力建设得到了进一步提升和完善。

2012年7月26日，第二次全国知识产权系统对口援疆工作会议暨国家知识产权局与维吾尔自治区人民政府第三次合作会议会商会议在乌鲁木齐召开。国家知识产权局局长田力普与新疆维吾尔自治区党委常委尔肯江·吐拉洪、新疆维吾尔自治区人民政府副主席靳诺出席会议，国家知识产权局副局长贺化主持会议。会议就建立全国知识产权援疆工作长效机制、加快新疆知识产权事业发展进行了研究部署。广东省知识产权局局长陶凯元率领广东省和深圳市知识产权局代表团出席会议。

7月27日，知识产权对口援喀座谈会在新疆喀什召开。国家知识产权局田力普局长、人事司徐治江司长、专利管理司副司长雷筱及喀什地区地委、行署相关领导和知识产权战略领导小组成员单位代表出席会议。广东省知识产权局局长陶凯元率广东省及深圳市知识产权局代表团参加会议。省知识产权局局长陶凯元向与会各方介绍了广东省知识产权工作概况和粤喀知识产权对口合作情况。自2010年粤喀对口协作开展以来，粤喀双方充分发挥比较优势和互补优势，以开展合作项目为切入点，积极推进知识产权合作交流，并取得明显成效。喀什在知识产权宣传培训、办公自动化建设、执法素质和能力提升及执法设备改善等多个方面都取得了明显进步，专利申请量和授权量持续增长。

（供稿人：郭亚青）

宣传　教育培训

XUAN CHUAN JIAO YU PE

- 宣传
- 教育培训

宣 传

“4·26”知识产权宣传周

【概况】 2012年4月，广东省知识产权局按照国家知识产权局等部委关于开展2012年全国知识产权宣传周活动的总体部署，紧密围绕“培育知识产权文化、建设知识产权强省”主题，结合“打击侵犯知识产权和制售假冒伪劣商品”以及广东“三打两建”专项工作，在全省范围内组织开展了“4·26知识产权宣传周”活动，在全社会营造尊重和保护知识产权的浓厚氛围。

【举办2012年全省“4·26知识产权宣传周”活动方案发布仪式】 4月10日，广东省人民政府知识产权办公会议办公室在萝岗隆重举行2012年全省“4·26知识产权宣传周”活动方案发布仪式。陈云贤副省长代表广东省人民政府对活动的举行表示热烈的祝贺；省人民政府知识产权办公会议副主持人、办公室主任，省知识产权局局长陶凯元发布《2012年全省“4·26知识产权宣传周”活动方案》；省人民政府知识产权办公会议办公室副主任、省知识产权局副局长朱万昌在会上发布2011年度广东知识产权保护重大事件及有影响人物；活动现场为广东省发明专利授权量居前三位的企业、高等院校、科研机构，PCT国际专利申请量居前三位的企业，以及发明专利申请代理量居前三位的代理机构颁发奖牌。省人民政府知识产权办公会议成员单位及相关部门的领导，泛珠三角内地各省（区）知识产权局代表，各地级以上市、顺德区专利行政管理部门代表，企业代表，新闻媒体约150人参加了发布仪式。

【开展2011年度评选活动】 开展2011年度广东知识产权保护重大事件及有影响人物评选活动，共评选出“广东‘打击侵犯知识产权和制售假冒伪劣商品专项行动’成效显著”等十大“2011年度广东知识产权保护重大事件”及“王海波”等5名2011年度广东知识产权保护有影响人物。

【举行“国家知识产权局区域专利信息服务（广州）中心揭牌仪式暨泛珠三角区域内地九省（区）专利信息运用合作协议”签署仪式】 4月10日，广东省人民政府与国家知识产权局合作共建的国家知识产权局区域专利信息服务（广州）中心揭牌暨泛珠三角区域内地九省（区）专利信息运用合作协议签署仪式在广州萝岗会议中心隆重举行。广东省人民政府副省长陈云贤、国家知识产权局副局长杨铁军等领导出席了会议并作重要讲话。来自国家知识产权局相关部门、泛珠三角区域内地九省（区）知识产权局、广东省直有关部门、广州开发区、企业、代理机构和高校的代表约150人出席了活动。

【举办知识产权专题学习】 4月13日，“广东干部培训大讲坛”首次组织题为“助推经济发展方式转变的知识产权”的专题讲座，邀请同济大学知识产权学院教授、博士生导师朱雪忠来粤授课。省委党校副校长陈韩生主持讲座，省委组织部干部培训处、省委党校教务处相关负责人出席讲座。来自省直机关的数百名处以上干部参加学习并与授课老师进行了互动交流。

【举行广东省知识产权保护状况新闻发布会】 4月19日，广东省人民政府新闻办公室、广东省人民政府知识产权办公会议办公室联合召开新闻发布会，省知识产权办公会议办公室副主任、省知识产权局局长陶凯元发布《2011年度广东知识产权保护状况》。

《2011年度广东知识产权保护状况》从知识产权强省建设，专利、商标、版权管理与保护，名特优产品保护与打假，边境知识产权保护，打击侵犯知识产权犯罪，知识产权司法保护，会展及行业协会知识产权保护，知识产权保护协作，对外及区域知识产权合作与保护交流，知识产权文化环境建设等十三个方面，全面介绍2011年广东各知识产权职能部门在知识产权创造、运用、保护和管理方面开展的工作和取得的成绩。

省公安厅、省工商局、省版权局、省法院、省质监局、省知识产权局、海关广东分署等知识产权部门负责人出席发布会并回答提问。省人民政府知识产权办公会议成员单位代表，各国驻广州领事馆代表，中央驻粤和广东各新闻单位代表，境外驻穗新闻媒体代表等共约90人参加新闻发布会。

【召开知识产权十个典型案例发布会】　4月25日下午，广东省人民政府知识产权办公会议办公室举行广东省2012年十个知识产权典型案件发布会。省知识产权局副局长唐毅代表省人民政府知识产权办公会议办公室，向新闻界公布了2012年评选的十个知识产权典型案件。公布的十个典型案件，是从广东省专利、商标、版权等知识产权行政管理部门和省公安厅、省高级人民法院以及海关总署广东分署提供的21个知识产权案件中挑选出来的，涵盖了家用电器、手机、手表、电池、药品、香烟、家具、软件、网络音乐等多个方面。十个案件中有七个涉外案件，涉及专利、商标、著作权和不正当竞争等多种类型的知识产权。

【组织开展联合执法及宣传活动】　4月20日上午，广东省知识产权局与阳江市人民政府联合举办"4·26"知识产权日宣传纪念活动和现场集中销毁现场会，会后开展了声势浩大的"省、市、县（市、区）"三级知识产权联合执法行动。省知识产权局副局长唐毅、阳江市人民政府副市长李日芳参加了现场会，并分别作了重要讲话。现场会由阳江市人民政府副秘书长梁所毅主持。来自阳江市各知识产权职能部门及社会各界近300余人参加。

【举办全省医药行业知识产权实务培训班】

省知识产权局与省食品药品监督管理局于2012年4月27日在广州共同举办医药行业知识产权实务培训班。来自全省医药领域企事业单位、专利代理机构近100人参加了培训。培训班邀请了来自国家知识产权局医药生物发明审查部处长宋江秀女士讲授医药行业国内外知识产权现状、医药行业知识产权保护现状及趋势、如何防范专利被侵权及避免专利侵权、医药行业创新中的专利信息运用等内容。培训期间宋江秀女士和学员就相关知识产权问题进行了深入交流。

【广泛宣传知识产权最新进展】　广东省知识产权局积极在全国专业媒体及本省主流媒体组织知识产权专版，大力宣传广东省知识产权事业取得的最新发展。4月15日，在《中国知识产权报》刊登广东知识产权保护重大事件及有影响人物特刊。4月26日，在《南方日报》开设"实施知识产权战略推动幸福广东建设"专版，刊登了陈云贤副省长世界知识产权日的致辞，专门报道了科学规划知识产权强省政策体系建设等2011年全省知识产权事业的最新进展，发布了2011年度广东专利金奖获奖项目以及广东省发明专利申请量居前十位的企业、大专院校、科研院所，PCT专利申请居前十位的企业，以及发明专利代理量居前十位的代理机构排行榜。此外，广东省知识产权局在《广东科技报》开设知识产权专版，对广东省知识产权保护进展及典型案例进行系列报道。

【开展保护知识产权宣传周活动】　广东省知

识产权局第一时间转发全国知识产权宣传周活动组委会《关于开展2012年全国知识产权宣传周活动的通知》，明确把精心组织开展“保护知识产权宣传周”活动作为全年全省知识产权系统宣传工作的重点，并组织各市认真做好宣传周活动计划。宣传周活动期间，全省各地级以上市知识产权局按计划纷纷开展了内容丰富、形式多样、各具特色的宣传活动。各市充分利用广播、电视、报刊、网络等各类媒体，集中宣传知识产权。整个宣传周前后一个月间，全省各地市开展知识产权联合执法20余次，出动执法人员逾千人，召开专题讲座论坛培训30余场，举办大型宣传咨询活动近30场，参与人数过万，并现场派发相关宣传资料1万多份，营造了浓厚的保护知识产权宣传气氛，起到了良好的宣传效果。（供稿人：吴　勇）

广东省知识产权宣传工作

【概况】　2012年，广东省知识产权宣传工作紧密围绕“建设知识产权强省”的任务，大力宣传知识产权事业的最新进展，努力提升全社会的知识产权意识，为广东加快转型升级，促进经济社会发展营造良好的知识产权氛围。

【加大知识产权日常宣传力度】　借助各类新闻媒体平台，广泛宣传报道广东省主要领导对全省知识产权工作的重视与支持，尤其对汪洋书记会见日本贸易振兴机构、朱小丹副省长会见外国领事团、陈云贤副省长到省知识产权局和广交会调研等重要活动在局网站等媒体开展深入宣传。紧紧围绕省委、省人民政府出台《关于加快建设知识产权强省的决定》，在《南方日报》、《中国知识产权报》等主要媒体开设专版宣传。利用新型媒体广泛宣传广东省知识产权工作成就，如陶凯元局长先后多次接受广东电视台专访，在南方新闻网广东网络问政平台开展“网络拜年”活动等。充分发挥《中国知识产权报》广东记者站作用，在重要版面大量宣传报道广东的知识产权工作进展及成绩。

【组织开展知识产权宣传周活动】　紧密结合省委、省政府核心工作任务，围绕“培育知识产权文化建设知识产权强省”主题，精心制定年度知识产权宣传周活动方案。认真组织开展主题宣传活动，4月，广东省人民政府知识产权办公会议办公室在萝岗隆重举行2012年全省“4·26知识产权宣传周”活动方案发布仪式，发布2011年度广东知识产权保护重大事件及有影响人物，为广东省发明专利授权量居前三位的企业、高等院校、科研机构，PCT国际专利申请量居前三位的企业，发明专利申请代理量居前三位的代理机构颁发奖牌。开展新闻发布活动，联合省府新闻办召开“2011年广东知识产权保护状况”发布会，向社会公众、驻穗领馆及国内外媒体发布知识产权保护情况。首次开展2011年度广东知识产权保护重大事件及有影响人物评选活动，评选十大重大事件及五名有影响人物。联合省委组织部举办“广东干部培训大讲坛”——知识产权与经济发展方式转变专题学习活动。利用各类媒体专版广泛宣传知识产权事业最新发展，4月，在《南方日报》刊登“实施知识产权战略推动幸福广东建设”专版，发表陈云贤副省长世界知识产权日致辞，在《中国知识产权报》刊登“广东知识产权保护重大事件及有影响人物”特刊，在《广东科技报》开设“知识产权”专版，对广东省知识产权保护进展及典型案例进行系列报道。组织推荐参评全国知识产权保护十大重大事件、案件及有影响人物评选活动，广东省2个事件、2个案件、2个人物分别入选。组织各地级以上市开展知识产权宣传周活动，及时转发全国知识产权宣传周活动组委会《关于开展2012年全国知识产权宣传周活动的通知》，明确全年知识产权系统宣传工作重点，并组织各市认真做好宣传周活动计划。

【继续推进中小学知识产权教育工作】 组织开展2012年“广东省中小学知识产权教育示范学校”申报和认定工作，与省教育厅、团省委、少工委联合认定广州市第四中学等10所学校为省中小学知识产权教育示范学校。召开全省中小学知识产权教育试点示范工作经验交流会暨师资培训班，为示范学校授牌并进行师资培训。作为组委会成员单位，参加广东省职业技能大赛及报送第六届“省长杯”工业设计大赛的各项工作，并积极组织和参与工业设计周各项活动。继续支持青少年发明创造活动，在第27届“广东省青少年科技创新大赛”上，对百余项创新性较强、技术水平较高的参赛项目进行专利检索，经过评估最后择优挑选10个项目资助申请专利，有效激励青少年发明创造和申请专利的积极性。 （供稿人：吴　勇）

广东省工商行政管理系统“知识产权宣传周”商标宣传工作

【概况】 按照全国知识产权宣传周活动组委会《关于开展2012年全国知识产权宣传周活动的通知》（知宣组字〔2012〕1号）部署，广东省工商局紧密结合广东省委、省人民政府部署的“三打两建”专项行动，以及国家工商行政管理总局部署的“双打”专项行动，制定了全省商标宣传活动方案，部署全省工商行政管理系统开展以“培育知识产权文化促进广东品牌建设”为主题的宣传周活动。各市局结合当地实际，加强与媒体和相关部门的沟通合作，积极创造条件，围绕宣传重点，采用传统与创新宣传方式相结合，开展了内容丰富的宣传活动，努力营造“尊重知识、崇尚创新、诚信守法”的良好知识产权文化氛围。

【宣传情况】 以电视、电台、报纸等传统新闻媒介为平台，大力宣传实施商标品牌战略、普及宣传商标法律知识。4月26日，广东省工商行政管理局以广东省人民政府《关于实施商标品牌战略的指导意见》和国家工商行政管理总局《关于支持广东加快转型升级　建设幸福广东的意见》的出台为契机，在《南方日报》上制作“实施商标品牌战略　促进广东品牌建设”专题宣传。解读《指导意见》内容，大力宣传广东实施商标品牌战略取得的成效，以及工商行政管理部门通过“三打两建”、“双打”行政执法为广东商标品牌战略实施保驾护航。同时邀请专家学者对商标的品牌战略如何走、品牌文化提升企业竞争力发表见解。各市局充分利用各种媒体资源开展宣传活动，大力宣传商标法律知识以及实施商标品牌战略、开展“三打两建”和“双打”专项行动取得的成效，提高全社会重视和保护知识产权的意识。宣传周期间各级电视、电台、报刊等媒体播报广东省商标宣传报道共420条（次），专题节目92个，发布公益广告44035条（次）。

通过新闻发布会、现场咨询活动、讲座、集中销毁活动等形式，增强宣传力度。宣传周期间，全省工商行政管理系统注重加强与相关部门的合作，通过举办新闻发布会、讲座、集中销毁活动，或者联合举办咨询活动，现场派发宣传资料，积极宣传商标知识和当前“三打两建”、“双打”专项行动。据统计，宣传周期间全省工商行政管理系统共召开新闻发布会9次，举办集中销毁活动10次，现场咨询等其他活动184次，派发各种商标宣传资料近12万份。

充分利用网络平台，拓宽宣传领域。全省工商行政管理系统积极开展法律法规网上宣传，将相关商标知识产权法律法规上传到门户网站等平台，加强普法宣传，提高社会各界的知识产权保护意识。广东省工商行政管理局通过新浪和腾讯微博与网民进行互动交流，并在门户网站开设了“三打两建专项活动专题”和“打击侵犯知识产权和制售假冒伪劣商品专项行动”专栏，加大“三打两建”和“双打”宣传力度。深圳市市场监督管理局在腾讯网科技频道上以“今日要闻”的形式开辟专栏，实时报道宣传周活动情况。“4·26”当天，腾讯QQ即时通信软件登录面板显示“4·26世界知识产权日”宣传字样，同时配发简短宣传口号。继续通过“深圳知识产权”腾讯微博进行互动交流。设置“#知识产权和我有关#”等微博互动话题，同时在“深圳知识产权交流群”等专业交流群中发布关于话题讨论的消息，争取更广泛的参与度。

创新宣传活动形式，增强公众商标意识。深圳市市场监督管理局、佛山市工商行政管理局和佛山市顺德区市场安全监管局联合相关部门和行业协会开展“正版正货承诺”活动，鼓励诚信守法经营。

【商标执法行动】 “4·26知识产权宣传周”期间，广东省工商行政管理局部署全省开展了统一商标执法行动，并通过媒体以案说法的形式，震慑违法分子，号召全社会尊重知识产权，取得了良好的效果。据不完全统计，宣传周期间全省共出动执法人员19835人次，执法车辆5166辆次，检查经营主体72222户，检查专业市场1530个，立案367件，案值1620.21万元，罚款56.94万元，没收销毁侵权标识37.25万件，移送司法机关涉嫌商标犯罪案件11件、商标犯罪涉嫌人24人。

（供稿人：陈小冰）

教育培训

广东省知识产权局人才培训工作

【概况】 2012年，广东省知识产权局积极贯彻国家和广东省知识产权战略纲要，大力实施国家知识产权局《知识产权人才“十二五”规划》和《广东省知识产权事业发展“十二五”规划》，充分调动和发挥各方力量，认真开展知识产权人才培训工作，取得良好成效。

【国家知识产权人才培养任务】 2012年，广东省知识产权局切实加强国家知识产权培训基地建设，全省新增国家级基地1个，累计拥有国家级基地2个，拥有数量与江苏并列全国之最。同时认真组织全省开展2012年全国知识产权领军人才选拔推荐工作，共11人入选全国领军人才，领军人才分为四类：知识产权行政管理与执法人才、企业知识产权人才、知识产权服务业人才和高等学院及科研机构人才。广东省知识产权局认真开展全国专利信息领军人才和专利信息师资人才推选工作，3位领军人才和6位师资人才入选。同时，组织完成2012年全国知识产权人才工作先进集体和先进个人选拔推荐二作，省知识产权研究与发展中心等三个集体和李昌栋等三名个人获得荣誉称号。

【知识产权人才培育专项工程】 2012年，广东省知识产权局全面推进知识产权人才培育专项工程，大力落实高层领军型人才和中层实务型人才的培养任务。年初，广东省知识产权局研究制定并向各市下发了《2012年广东省知识产权局培训计划》，切实加强对知识产权培训工作的指导力度。全年积极推进高层次知识产权人才培养工作，整合和利用国外培训资源，圆满完成知识产权行政管理人员14人赴日本专题培训活动，选派1人参加省委组织部“2012年领导干部出国培训班”赴美国学习，选派3人参加省人力资源社会保障厅赴韩国、意大利和新加坡学习培训活动。全面开展中层实用型人才的培训工作，继续委托暨南大学重点面向县（市、区）知识产权局业务骨干举办政府知识产权行政管理人员研修班，并紧贴学员工作需求，调整研修班课程设置，开设交流讨论环节，改善教学效果；继续委托省知识产权研究与发展中心组织高层次专业培训班29期，参加培训人数达3815人次，内容涉及企业内部知识产权管理、产业专利分析及预警、专利审查高速路、专利信息传播利用、外观设计专利保护实务等，受到广大学员的普遍好评。

【知识产权培训基地建设】 2012年，广东省知识产权局指导华南理工大学和广东省知识产权研究与发展中心切实加强国家知识产权培训（广东）基地建设工作，推进基地迅速走上制度化、规范化和科学化的轨道。广东基地（华南理工大学）邀请来自大型企业和国际律师事务所的专家，面向法律硕士和社会知识产权从业人员，开设法律硕士“企业知识产权经营实务”和“专利分析”等实务课程，并将其作为在职人员未来攻读华南理工大学研究生的课程学分，受到社会知识产权专业人员的普遍欢迎。为了优化知识产权人才培养格局，满足各市加强人才培养的迫切需求，广东省知识产权局联合广东省教育厅认定首批省级知识产权培训基地6家，并从资金、项目等方面给予支持，为地方打造人才培养新平台。

【知识产权人才工作新模式】 2012年，广东省知识产权局不断努力创新知识产权人才培育模式：一是继续推进知识产权专业人才技术职称评价试点工作。深圳市知识产权局与人力资源社会保障局继续开展年度知识产权职称评定工作，东莞市人力资源局联合市知识产权局、工商局、文广新局、市科协制定《东莞市开展知识产权专业技术资格评审试点工作的方案》，启动专业中、初级资格评审试点工作。二是切实加强国（境）外优秀知识产权师资的引进，不断加大与香港、台湾等地区的交流合作力度，积极推进国际知识产权制度巡回演讲计划，不断拓展企事业单位的知识产权国际视野。三是大力提升各级领导干部的知识产权意识。3月28日，由中共广东省委组织部、广东省知识产权局主办，中国知识产权培训中心协办的“广东省市（区）领导干部知识产权战略专题高级研究班”在北京开班。广东省知识产权局有关领导、各地级以上市分管副市长、知识产权局局长、佛山市顺德区分管副区长和顺德区经济促进局长等约50人参加培训。4月13日，省委组织部首次在“广东干部培训大讲坛”开展“知识产权与经济发展方式转变”专题讲座，来自省直机关的数百名处以上领导干部参加了学习并与授课专家进行了互动交流，加深了对知识产权的认识和了解。6月25日至30日，广东省知识产权局高级培训班在中国延安干部学院举办。广东省知识产权局局长陶凯元到延安看望参训学员，广东省知识产权局党组书记、副局长马宪民出席26日的开班仪式并作学习动员讲话。广东省知识产权局有关领导、干部及部分地市知识产权局领导约40人参加培训。

【优化知识产权人才制度环境】 2012年，广东省知识产权局努力优化知识产权人才工作的发展环境，不断加强与省人才工作领导小组的联系与沟通，积极参与省引进创新科研团队和领军人才、制定支持高层次科技创新人才创业政策措施、建设粤港澳人才特别示范区、协调创新中心评审专家推荐等多项重大人才工作，有效地突出了知识产权在全省人才工作中的重要地位。（供稿人：张璟 陈劼）

国家知识产权培训（广东）基地

【培训服务】 2012年，华南理工大学知识产权学院、国家知识产权培训（广东）基地共承办10期培训班，学员达623人，培训时间达33天。

2012年3月26日，由广东省知识产权局主办、华南理工大学知识产权学院和国家知识产权培训（广东）基地协办的广东省专利行政执法培训班在大学城中心酒店开班，来自省内各市、区知识产权局共72名人士参与本期培训班。本期培训班邀请到一批在专利执法领域有着深厚理论功底和丰富实践经验的专家学者来授课，开设了专利侵权判定、突发性事件预防与应对策略、证据采证程序及管理、犯罪心理剖析等课程，对拓宽执法人员的视野、提高行政执法能力具有很强的针对性。

2012年4月9日，由深圳市市场监督管理局主办，华南理工大学知识产权学院承办的深圳市市场监督管理局公平竞争执法监管专题研修班在大学城中心酒店开班，来自深圳市市场监督管理局的41名执法干部参加培训。课程涉及中国社会主义法律体系、行政执法的思维、执法中认定各类不正当竞争行为的要件、查办“傍名牌”、商业贿赂等反不正当竞争执法中的重点难点问题等，具有很强的针对性。

2012年11月26—27日，为配合广东省知识产权局贯彻《创新知识企业知识产权管理通用规范》，全省企业知识产权管理规范培训班在华南理工大学A4-104模拟法庭隆重举行，学员人数达218人。本次培训班为学员讲授了贯标流程、国际知名的创新方法与TRIZ理论及《通用规范》详细解释、案例分析。通过培训，企业对贯标有了更深入的认识，许多企业纷纷申请贯标。（供稿人：谢惠加 俞涛）

华南理工大学知识产权学院

【人才培养体系与师资】 2012年，招收知识产权方向全日制法学硕士研究生9人；招收民商法（知识产权方向）民商法专业在职法学硕士研究生22人。本科三年级开始学习知识产权专业领域课。学院拥有专职教师11人，其中教授3人、副教授6人，讲师2人。具有博士学位的7人（其中毕业于英国阿伯丁大学知识产权专业博士1人）；具有理工科背景的3人，从事知识产权管理研究的3人；依托学院建设的国家知识产权培训（广东）基地配备专职秘书1人。学院聘请国内著名的学者、政府部门和实务界的资深人士为客座教授或兼职教授，如吴汉东教授、李明德教授、刘春田教授、田力普局长、王景川教授、陶凯元局长等。

【知识产权教育】 2012年，华南理工大学知识产权学院正式入选教育部首批卓越法律人才培养基地，确定将培养理工科专业本科背景的知识产权法律硕士人才作为卓越法律人才培养的重点。2012年，我院首届知识产权本科专业学生43人顺利毕业，一次实际就业率达到81.93%。

【科学研究】 华南理工大学知识产权学院谢惠加副教授申报的国家社科基金项目《网络版权终端用户权利保障机制》成功获得立项，实现我院知识产权学科国家社科基金项目零的突破；周诗文副教授申报的《基因信息的法律保护与基因伦理的构建》项目获得教育部立项；2012年，华南理工大学知识产权学院共获得国家课题1项，省部级课题1项，厅局级课题3项，横向课题7项，累计科研经费达814200元。

【学术交流】 华南理工大学知识产权学院积极拓展与实务部门的合作。先后与广东省律协合作共同举办《网络环境下著作权保护》专题研讨会，约60人参加，取得了良好的效果。同时，与广东省律协知识产权专业委员会合作，共同举办了2期“华南知识产权月谈”，如“确认商标不侵权之诉案件的受理条件及审理——广州蕉叶诉杭州蕉叶确认商标不侵权纠纷”、“真假‘骆驼’之争”，吸引了律师群体、企业界代表、兄弟院校的老师约100人参加月谈，在业界产生广泛的影响。目前，华南知识产权月谈已成为广东地区知识产权精英砥砺思想的重要场所。

暨南大学知识产权学院

【概况】 暨南大学法学院/知识产权学院是华南地区首家获得教育部批准招收知识产权本科专业的集教学科研为一体的专业学院，并于2005年招收第一届本科专业学生，知识产权与法治研究中心2010年获批为广东省人文社会科学重点研究基地。2012年被确认为广东省人民政府知识产权培训基地。学院共有专任教师48人，其中，教授12人，副教授25人，讲师11人。知识产权系现有教师11人，其中教授2人、副教授4人、讲师5人。其中，9人具备博士学位。学院教师承担多项国家级、省部级科研项目。其中，徐瑄教授入选首批全国知识产权领军人才，主持并完成广东省第一个国家社科基金法学类重大（特别委托）项目——“贯彻科学发展观实施知识产权战略研究”。同时，学院聘请了来自美国斯坦福大学法学院、香港大学法学院、香港知识产权署、中南财经政法大学、广东省知识产权局等知名教授、领导、律师担任兼职教授。

【招生工作】 2012年，学院招收知识产权本科生22名，博士生2名。

【人才培养】 2012年，学院共有24人获得学士学位，澳门函授班共有23人毕业。其中，2012届级知识产权专业本科生李绮慧考取美国乔治·华盛顿大学（The George Washington

University，GWU）法学院攻读法学硕士学位。

2012年12月10—14日，学院承办了广东省第五期知识产权管理培训工作，广东省知识产权局副局长朱万昌、我校副校长饶敏出席开班仪式，来自全省知识产权行政管理部门的50余名学员参加了研修课程。

【科研工作】 严永和教授的《中国传统文化资源知识产权保护立法研究》获2012年国家社科基金一般项目立项资助。

严永和教授的《遗传资源及传统知识保护制度的实施状况评估与制度完善研究》获批国家知识产权局软科学项目。

沈仲衡副教授的《广东省知识产权服务业发展战略研究》获批广东省知识产权局软科学项目（重点项目）。

彭玉勇讲师的《专利联盟的运作机制构成及其协同》获批广东省知识产权局软科学项目（一般项目）。

在学校第五届本科课程教学竞赛中，2011年新引进的博士生陈胜蓝老师表现突出，以总分第一获得人文社科组一等奖，学院荣获优秀组织奖。

【敦聘国际知名学者为客座教授】 2012年5月29日，学院敦聘荷兰王国马斯特里赫特大学法学院安臣·坎德曼·桑德斯（Anselm Kamperman Sanders）教授为暨南大学客座教授。安臣教授于1994年在伦敦大学玛丽皇后学院商法知识产权法研究中心获得博士学位，并曾在该大学担任玛丽·居里研究员。他于1995年进入马斯特里赫特大学担任教职。现任荷兰马斯特里赫特大学知识产权法教授，博士生导师，马斯特里赫特大学知识产权法和知识管理项目（IPKMLLM/MSc）主任，全球化和国际规则研究所主任。（IGIR）兼任欧洲普通法研究院知识产权项目负责人，澳门欧洲研究学会（IEEM）年度知识产权研讨会、知识产权法学院和知识产权硕士课程联席学术主任，荷兰竞争法学会理事会成员以及竞争法国际联盟荷兰国家发言人。他同时还担任欧洲知识产权和媒体法（Intellectuele Eigendomen Reclamerecht）、《马斯特里赫特欧洲竞争法杂志》（*the Maastricht Journal of European and Comparative Law*）、《知识产权季刊》（*Intellectual Property Quarterly*）等刊物的编委会/智库成员。

2012年5月31日，学院敦聘美国联邦巡回上诉法院首席法官蓝多·瑞德（RandallR. Rader）法官为暨南大学客座教授。瑞德法官于1974年在布里格兰青年大学获得学士学位，1978年在乔治华盛顿大学获得J.D。1990年6月12日，瑞德法官受乔治H.W.布什总统任命至美国联邦巡回上诉法院任职。瑞德法官在任期间，是弗吉尼亚大学法学院、乔治敦大学法学中心、慕尼黑知识产权法中心和乔治华盛顿大学法学院的教授，教授专利法和高端知识产权课程。瑞德法官于2010年接任首席法官一职。

【学术会议和交流】 2012年5月29日，学院举行与荷兰王国马斯特里赫特大学法学院合作备忘录签署仪式暨安臣·坎德曼·桑德斯（Anselm Kamperman Sanders）教授敦聘仪式，暨南大学副校长饶敏教授、学院院长朱义坤教授、学院党委书记谢恬等学院部分领导、师生代表出席了仪式。敦聘及签署仪式过后，安臣·坎德曼·桑德斯教授为法学院/知识产权学院全体师生作了题为“欧盟法中知识产权法的渊源与内容”的精彩讲座。讲座内容包括欧盟知识产权法的基本原则、专利、著作权、外观设计、商标、地理标志、不正当竞争、执法等内容，以及对欧洲专利公约第69条的解读。

2012年5月31日，学院举行“中美法律（知识产权）对话会暨敦请蓝多·瑞德（RandallR.Rader）法官为暨南大学客座教授仪式”。暨南大学党委书记、副校长蒋述卓教授出席聘任仪式并致辞，学院院长朱义坤教授主持聘任仪式。美国联邦巡回上诉法院首席法官蓝多·瑞德法官及其同事杰米·瑞纳（Jimmie V.eyna）法官和雷曼·克里夫凡吉尔

（Raymond C.Clevenger.lll）法官，美国专利商标局知识产权官员王伟柏先生、学院党委书记、副院长谢恬，国际交流合作处副处长李琼、广州中院民三庭庭长黎炽森及中院法官、省市律协的代表，以及学院师生代表120余人参加了本次会议。

2012年6月1日下午，由学院与广东省法学会主办的题为“美国法院体系及在知识产权保护中的作用”的讲座在暨南大学学术报告厅隆重举行。美国联邦巡回上诉法院杰米·瑞纳法官和雷曼·克里夫凡吉尔法官为本场讲座的主讲人，省法学会专职副会长兼秘书长陈瑞光先生、省法学会副秘书长薛晓光先生出席了讲座，讲座由学院副院长徐瑄教授主持，美国专利商标局知识产权官员王伟柏先生，广东省高级人民法院、广州市中级人民法院、广州知名律所律师及学院师生代表等200余人聆听了讲座。

2012年5月17日，香港大学法律系副主任、香港研究知识产权领域的著名专家李亚虹副教授应邀来学院讲学。李亚虹副教授博士毕业于斯坦福大学，师从著名知识产权专家约翰·巴顿教授，曾在麻省理工学院、普林斯顿大学工作，哈佛大学法学院访问学者，2009年12月获聘为暨南大学客座教授。李教授用中英文为到场的师生作了题为“知识产权与创新”的专题讲座。

2012年9月26日至10月3日，为期8天的首届中国媒体全球峰会在英国圆满举办。作为中心议程之一，本次峰会9月28日在英国剑桥大学隆重举办了2012中国媒体全球峰会的开放式论坛，围绕“新传播环境下媒体的转型与发展”这一主题展开了深入的探讨和交流。学院副院长徐瑄教授应《人民日报》新闻战线杂志社邀请参加论坛，并作了“现代媒体的版权运行模式——现代版权法保护的条件下”的主题发言。

2012年10月15—19日，学院廖焕国教授应韩国国家知识产权局邀请赴韩国参加中韩知识产权交流会，就知识产权行政保护和司法保护方面的时间经验等方面进行了交流。廖教授还应邀参观了韩国知识产权局、KOTRA、专利法院等相关机构。（暨南大学供稿）

广东金融学院知识产权研究所

【知识产权人才培养】 2012年4月，组织学生开展“4.26世界知识产权日”宣传周大型活动。2012年5月，对本校法学（知识产权）专业人才培养方案进行了新一轮的修订，使之更符合专业人才培养的需要。2012年6月，第三届法学（知识产权方向）99名本科生顺利毕业。2012年9月，通过高考新招收的110名法学（知识产权方向）本科生如期入校并接受了入学教育和专业教育。2012年9月，法学（知识产权方向）的毕业生中多人顺利通过司法职业资格证考试，获得司法从业资格，并有多人考上硕士研究生。

【知识产权人才培养实践基地建设】 2012年10月，作为知识产权与金融法治人才培养实践基地主体工程之一的模拟法庭通过近一年的建设终于落成并交付使用。2012年10月30日下午，学校举行“中央财政与地方共建项目——知识产权与金融法治人才培养实践基地暨模拟法庭”揭牌仪式。模拟法庭建成后，初步具备了信息化、智能化、集成化、专业化的法庭审判功能，不仅为法学与知识产权教实践提供了逼真的法庭审判环境，也为法学与知识产权学术科研活动和学生素质教育提供了适宜的场所。

【知识产权论著】 2012年5月，向凌的《著作权合理使用制度的人权法反思——基于必要性的考量》一文在《知识产权》2012年第4期发表。向凌的《论国企改制后经营者续用原国有中华老字号的若干法律问题》一文在《湖南大学学报》2012年第1期发表。向凌的《反思与超越：国际法学研究范畴的法理学解读》一文在《长沙大学学报》2012年第4期发表。朱玛的《TRIPS-PLUS标准：ACTA的知识产权边境措施研究》一文在《理论月刊》2012年第10期发表。2012年10月，吴国平、唐珺撰写的《知识产权失信行为的法律规制研究》一文，获广东省“两建”工作理论和实践问题研究征文优秀奖。

【知识产权课题研究】 2012年3月，吴国平主持的国家社科基金规划项目《社会信用体系法律制度建设》获准结项。2012年5月，吴国平主持的广东省知识产权局2010年软科学研究计划重大项目《知识产权制度对促进经济发展方式转变相关重大问题研究》获准结项。2012年6月，唐珺主持的广东知识产权保护协会项目《珠三角企业知识产权保护策略研究》获准立项。2012年6月，唐珺主持的广东知识产权保护协会项目《知识产权在建立现代产业体系中的核心作用及衡量指标体》获准立项。

【知识产权会议】 2012年8月25日，本所与广东金融学院现代信用服务研究所联合举办“高新技术知识产权保护专家座谈会”。与会者围绕广东高新技术的知识产权保护问题这一主题展开深入的研讨。

（广东金融学院知识产权研究所供稿）

中小学知识产权教育

【申报第三批“广东省中小学知识产权教育示范学校”】 2012年，为推进广东省中小学知识产权教育工作，省知识产权局、教育厅、团省委及少工委四部门根据《广东省中小学知识产权教育试点示范工作方案》的要求，继续组织开展“广东省中小学知识产权教育示范学校”申报工作，确定了广州市荔湾区广雅小学等10所学校为2012年广东省中小学知识产权示范学校。

【组织召开“全省中小学知识产权教育示范学校经验交流会”】 12月28日，省知识产权局、省教育厅、团省委和少工委四部门联合在广州市第四中学召开“全省中小学知识产权教育示范学校经验交流会”。会议总结交流了一年来广东省中小学知识产权教育示范工作取得的经验，对如何进一步深化广东省中小学知识产权教育试点示范工作进行统一部署，并为第三批10所示范学校举行了授牌仪式。

【深化知识产权教育工作】 为了进一步营造知识产权的社会氛围，结合青少年的发明创造活动开展知识产权教育，启发和培养青少年的知识产权意识，省知识产权局在第27届“广东省青少年科技创新大赛”上，对百余项创新性较强、技术水平较高的参赛项目进行专利检索，经过评估最后择优挑选10个项目资助申请专利，有效激励青少年发明创造和申请专利的积极性，同时支持举办第十届广东省少年儿童发明奖。

广东省自2006年启动全省中小学知识产权教育试点示范工作以来，已累计认定省级中小学知识产权教育示范学校30所，试点学校191所，累计受教育学生达数十万人次，走出了一条特色鲜明的知识产权教育道路，在全国发挥重要的模范带动作用。（供稿人：周卫丽）

2012年（第三批）广东省中小学知识产权教育示范学校

广州市荔湾区广雅小学
珠海理工职业技术学校
韶关市仁化县实验学校
惠州市南坛小学
汕尾市林伟华中学
东莞市长安镇乌沙小学
江门市紫茶小学
阳春市第一中学
茂名市新世纪学校
肇庆市奥威斯实验小学

地市知识产权工作

DI SHI ZHI SHI CHAN QUAN GONG

● 地市知识产权工作

地市知识产权工作

广 州 市

【知识产权创造】 专利。2012年，全市专利申请33387件，同比增长18.9%，发明专利9815件，同比增长20.1%；全市专利授权21997件，同比增长19.9%，发明专利4027件，同比增长28%。在第十四届国家专利奖中，广州市共有18项专利获奖，数量创历史新高，占全省1/3，获评中国专利奖优秀组织奖。在第七届国际发明展览会上荣获“第七届国际发明展览会优秀展团奖”，收获11金9银7铜共27个奖项。

商标。全市商标注册量增至25.1万件，马德里国际注册商标量居全省首位，达816件。新增农产品注册商标2508件，全市有效农产品注册商标突破2万件。“优派”等14件商标获中国驰名商标，全市驰名商标总数增至79件；“致美斋”等59件商标获广东省著名商标，省著名商标总数增至370件；市著名商标728件。

标准。分批下达56个广州市地方技术规范制订计划项目，涉及旅游服务、林业管理、档案管理、特种设备安全、水务管理等多个领域；发布《古树名木保护技术规范》、《排水管渠维修养护技术规范》、《电梯维保电子监管系统管理规范》等41项广州市地方技术规范；获批立项先进制造业、LED、高端新型电子信息产业和电动汽车产业等领域的61个广东省地方标准。

植物新品种。选育“粤海黄秋葵”等农业优良新品种20多个，其中13个新品种通过广东省农作物品种审定。

【知识产权战略实施】 创建“国家知识产权示范城市”。继2008年成功获评全国首批“工作示范城市”之后，围绕创建国家知识产权示范城市工作，积极助推广州新型城市化建设，以推进知识产权保护和创造运用为重点，全面实施“十二五”知识产权战略规划。经过4年的创建，广州市知识产权创造、运用、保护、管理工作全面均衡发展，在国家知识产权局组织的专家组评审中综合成绩位列参评城市第二，荣膺“国家知识产权示范城市”称号，国家知识产权局局长田力普率队莅临广州，亲手向广州市市长陈建华授牌，高度评价广州市在知识产权方面的各项工作。进一步加强示范城市工作组织领导，由陈建华市长亲自担任市知识产权工作领导小组组长，市政府两位副市长和秘书长作为副组长，12个区县政府和25个市委办局主要负责人均纳入小组成员。升格后的领导小组整合原市知识产权工作领导小组、市打击侵犯知识产权和制售假冒伪劣商品专项行动领导小组、市使用正版软件工作领导小组等，并将国家知识产权示范城市工作列入领导小组职能。

示范年专利推进计划。组织开展“示范年专利推进计划”。针对专利工作的薄弱环节，实施市、区、部门、行业联动，如联合市国资委组织召开“国有企业知识产权工作会议”，举办国企专利培训班；先后组织高校、科研、行业各类培训班、座谈会共计25场次，开展重点企业“一对一”专利指导全年达19家。通过科学安排指标、分解任务、培训引导等一系列措施促进专利创造和发展，促使专利申请量、授权量稳步持续增长。

区域知识产权战略实施。贯彻落实《珠三角规划发展纲要》，发挥中心城市辐射和带动作用，推动珠三角地区九市签署《珠江三角洲专利行政执法合作协议》，推进与东莞、佛山、清远等地实现专利信息共享和业务工作对接。

【知识产权管理和政策体系建设】 制订“1+4”文件。联合市委政研室、市府研究室赴武汉等地调研，起草“1+4”方案和配套措施（即一个主体文件《关于加快我市专利创造发展工作实施方案》及《广州市专利发展专项资金管理办法》、《广州市专利创造申请资助资金管理办法》、《广州地区专利创造监测评估工作方案》、《广州市举报假冒专利行为奖励办法》等四个配套文件），从加大政策资金扶持力度，规范专利创造申请资助和专利产业化资金管理，强化专利发展预测、评估、考核、运行，加大打击假冒专利违法行为等方面而提出一揽子具体工作方案。

政策体系建设。制定出台《广州市举报假冒专利行为奖励办法》、《广州市知识产权局规范专利行政执法自由裁量权规定》、《广州市知识产权局行政处罚听证程序规定》等规章制度，主持修订《广州市展会知识产权保护办法》，推动《广州市专利行政执法办法》列入市政府规章制订计划等，编制《广州市专利行政执法手册》，初步形成较为健全的知识产权保护法律法规体系。出台《关于进一步加强国有企业知识产权工作的意见》。与市外经贸局、市工商局、市文广新局、市质监局联合发布《关于加强广州市服务外包知识产权工作的意见》，填补服务外包知识产权政策的空白。

【知识产权保护】 专项行政执法工作。将“三打两建”工作与“双打”、“护航”专项行动结合，积极落实省市工作部署，牵头组织参与召开各类执法工作会议和现场会，全力开展专利侵权纠纷调处、假冒专利行为查处和专利代理行业治理行动等执法工作；积极与相关执法部门展开联动，先后组织开展查处“护康胶囊”假冒专利案件、“酸辣粉”假冒专利案件等一系列大案要案，查处“黑代理”27家；针对农资、皮具、数码产品、食品、药品等重点产品，对重点地区的重点市场进行检查、整治，共检查生产经营场所4574家，商品13831件，查处一批流通领域的假冒专利案件。据统计，广州市全年专利侵权假冒案件立案240件，同比增长150%，结案242件，同比增长222.7%，结案率为100.8%；其中专利侵权纠纷立案56件，与去年基本持平，结案81件，同比增长211.6%；查处假冒专利案件立案184件，同比增长534.5%，结案161件，同比增长228.6%。所有案件在法定周期内办结。在全国专利行政执法绩效考核中，广州市位列副省级城市第一，广州市知识产权局被评为“全国知识产权系统和公安机关知识产权执法保护先进集体”。在市“三打”领导小组对27个市直部门的月度“三打”绩效考核中，广州市知识产权局9月、10月、11月、12月连续四个月均以满分成绩名列第一。

展会知识产权保护工作。全年进驻广交会、广州国际家具博览会等大型展会15个，为维护专利权人的合法权益提供专利知识咨询、专利侵权应对等方面的服务。在第112届广交会中处理专利侵权纠纷484宗，最终认定涉嫌侵权企业336家。广东省副省长陈云贤在广交会视察时对卓有成效的知识产权保护工作表示肯定，称赞执法工作对外展现了中国保护知识产权的良好形象。美国驻广州总领事馆总领事高来恩、意大利特瑞琪公司、香港皇朝家私公司、瑞士施华洛世奇（上海）公司、意大利百奇公司等先后发来感谢信及牌匾，对高效、公正维护其专利权表示感谢。

长效监管机制探索。在广州市国览医疗器械城开展建立长效监管机制试点工作，与工商、食药监、质监等部门联合召开规范管理研讨会，共同完善商品入场监管机制。该项目被列入国家知识产权局知识产权保护能力提升工作工程项目。

【知识产权运用】 试点示范工作。积极推动各类试点、示范工作，组织参评的9家省知识产权优势企业、4家示范企业、1家示范学校、一个试点区域（白云区），均顺利通过第四批全国企事业单位知识产权试点国家验收。

专利质押融资。深化专利质押融资试点工作。2012年全市参与专利质押融资企业达到15家，参与专利质押融资企业数年增长50%，融资额度达2.03亿元。试点以来，全市共发生专利权质押融资贷款39笔，31家企业成功获得贷款，质押专利达到180件，政府投入贴息资金423万元，撬动银行为企业以专利权质押放贷5.3亿元，顺利通过国家知识产权局“知识产权质押融资试点”验收。

专利产业化及保险。深入推进专利产业化工作，采取“企业申报、区县推荐、专家评审、市局审批”的工作思路和操作模式，支持22个优秀专利技术产业化，资金引导效果明显。积极开展专利保险试点工作，被列入全国首批五个“专利保险试点城市”之一，以优势专利为突破口，联合中国人民财产保险股份有限公司广州分公司开展多场专题宣讲和培训，为下一步推进工作打下良好的基础。

【知识产权宣传】 充分运用第六届中国专利周、“4·26”世界知识产权周等活动平台，结合广州市建设创新型城市决策部署，开展形式多样的宣传活动。“4·26”世界知识产权周以隆重举行国家知识产权示范城市授牌仪式暨专利奖颁奖为重头戏，开展宣传、咨询、培训等活动60场，发放各种宣传资料20万份，社会参与人数近15万人次。通过网络、报纸、电视台、活动等载体多渠道、全方位普及知识产权政策和知识。精心制作“保护知识产权、打击侵权假冒”宣传短片，在全市范围5000辆公交车和13艘游船上循环播放；制作宣传条幅、海报120条（张），派发宣传手册5000多册。

【知识产权对外交流与合作】 首次在境外发布《2011年广州市知识产权发展与保护状况》，介绍广州市知识产权事业年度发展状况和知识产权保护工作成效，鼓励外商投资企业来穗发展。与新加坡知识产权局、知识产权学院及印度商会、企业围绕知识产权战略与实践、企业知识产权创新保护与管理等主题进行交流。应韩国特许厅邀请参加中韩知识产权交流会，介绍中国知识产权保护体系和法制建设情况等。接待香港“广东经济考察交流团”来访，就广州专利创造、保护和产业化政策工作情况进行深入交流，拓展穗港两地交流合作渠道。

【统计资料】

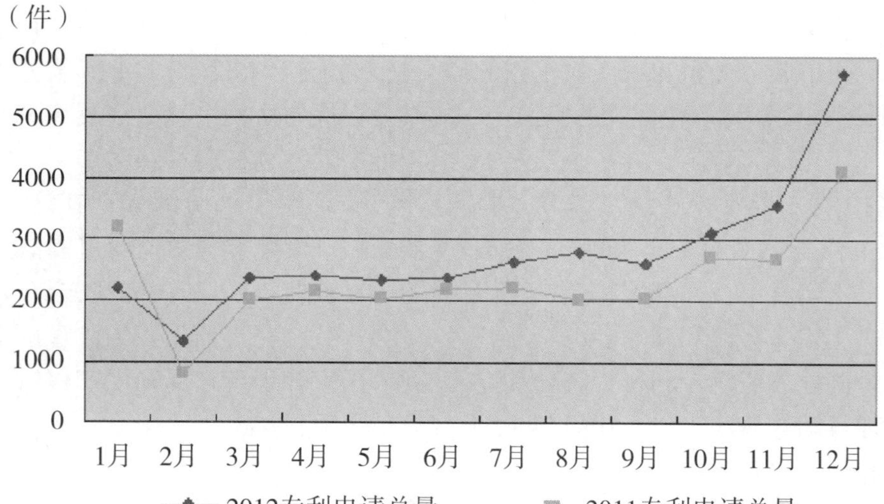

图1 广州市2012年与2011年专利申请趋势图

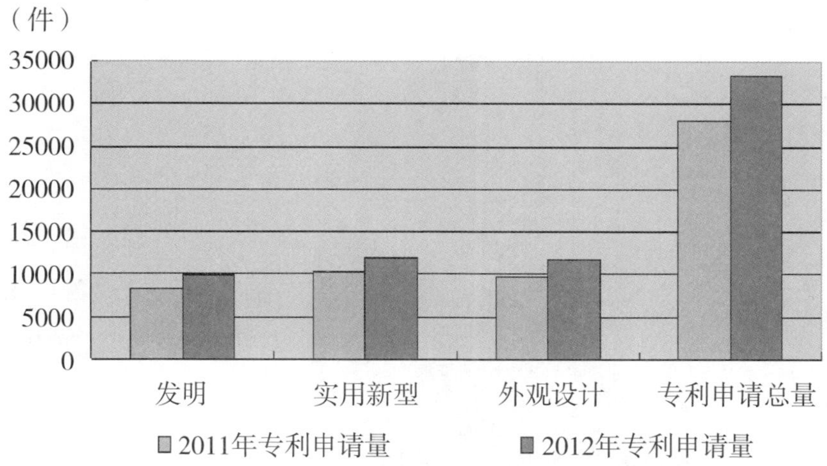

图2 广州市2012年与2011年专利申请对比图

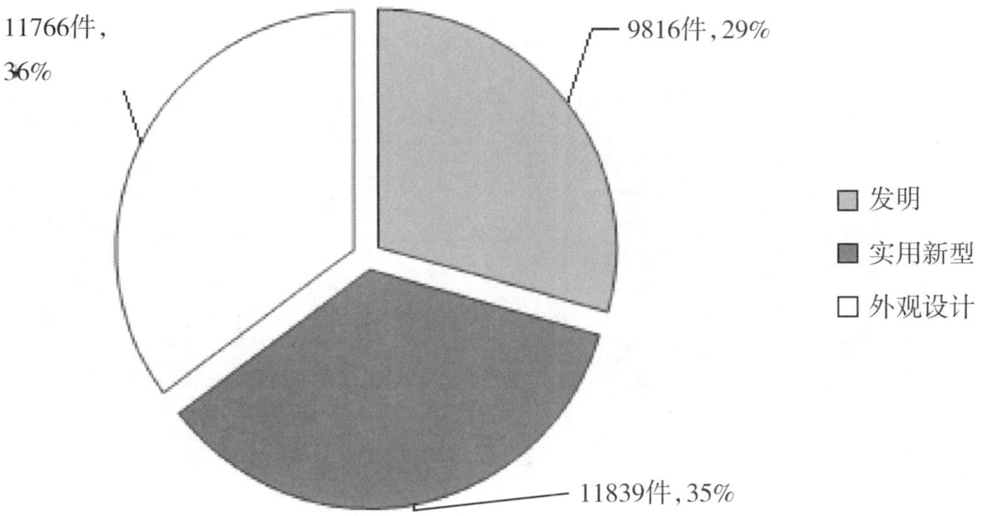

图3 2012年广州市专利申请占比示意图

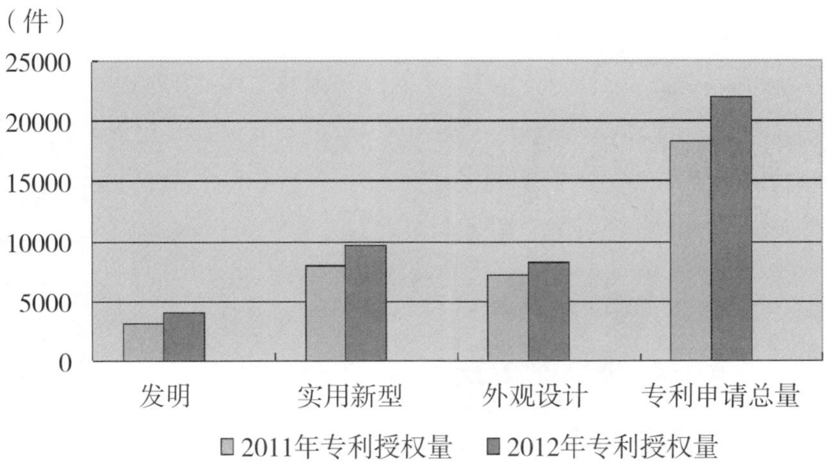

图4 广州市2012年与2011年专利授权对比图

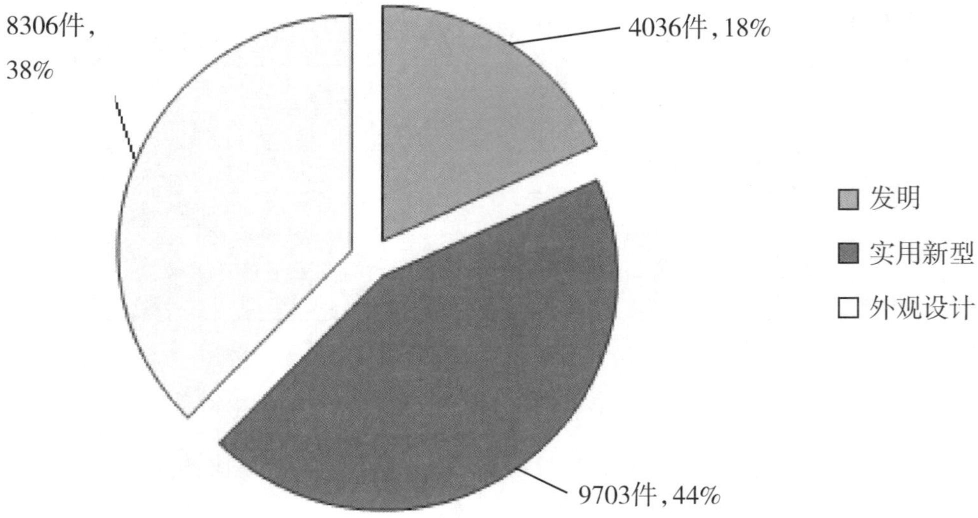

图5 广州市2012年专利授权占比示意图

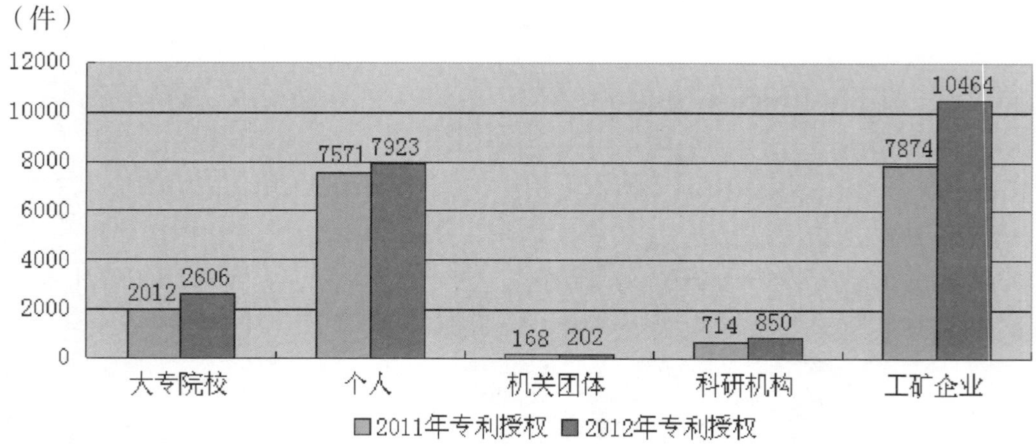

图6 广州市2012年与2011年专利授权量对比图

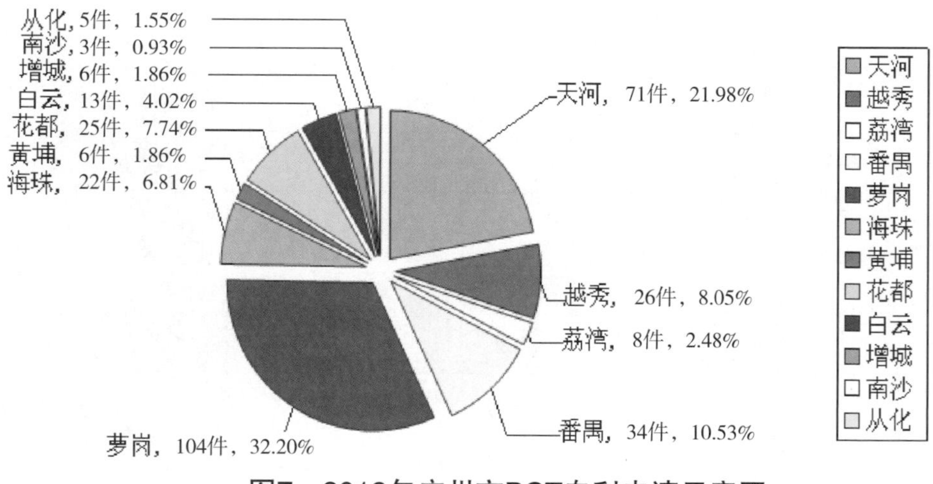

图7 2012年广州市PCT专利申请示意图

（供稿人：陈文浩）

深圳市

【概况】 2012年，深圳市坚持以创新驱动发展，深入实施知识产权强市战略，以完善知识产权管理体制机制为契机，推动知识产权创造、运用、保护和管理再上新台阶。

【实施知识产权强市战略】 国家知识产权示范城市创建工作。深圳市大力实施知识产权强市战略，以战略实施促进国家知识产权示范城市创建，在知识产权创造、运用、保护和管理方面取得显著成效。2012年4月25日，国家知识产权局局长田力普将第一块“国家知识产权示范城市”的牌子授予深圳市政府，广东省委常委、深圳市委书记王荣出席会议，与田力普局长共同为国家知识产权示范城市揭牌。为推进知识产权示范城市建设工作，发布《深圳市建设国家知识产权示范城市工作方案》，对深圳市今后三年的知识产权工作进行细化，明确各部门的分工职责以及深圳未来三年知识产权工作的发展目标，提出将深圳建设成为全国知识产权示范城市、商标战略实施示范城市以及版权示范城市，进一步开创了深圳市实施知识产权战略的新局面。

国家商标战略实施示范城市建设。实施商标战略示范城市创建工作以来，深圳市充分发挥机构改革后专利、商标、版权职能统一的优势，围绕服务地方经济的中心任务，不断加大商标工作投入力度。通过建立科学高效的商标管理工作机制和商标公共服务平台，企业注册、运用、保护和管理商标的综合能力明显提升，商标的社会认知度有较大提高，商标战略实施取得明显成效。2012年，深圳的自主商标注册量高速增长，自主品牌不断壮大，市场影响力不断提升，企业争创驰名、著名商标的积极性越来越高，商标战略水平显著提升。商标已成为深圳转变经济发展方式、实现经济社会又好又快发展的重要因素和可靠动力。

知识产权体制机制。知识产权体制机制不断创新。2012年2月，深圳市场监督管理局加挂知识产权局牌子，进一步强化知识产权对经济社会发展的支撑引领作用，国家知识产权局对深圳体制方面的持续创新高度重视，局长田力普来深出席揭牌仪式。此外，高度重视发挥深圳市知识产权联席会议的平台作用，进一步加强跨部门知识产权协作机制。全年召开2次全体会议，5次重点成员单位联席会议，研究知识产权工作形势，完善行政执法部门与公安机关、司法机关协调配合的工作格局；在中国（深圳）国际文化产业博览交易会（文博会）、中国国际高新技术成果交易会（高交会）等重要展会和打击欺行霸市、打击制假售假、打击商业贿赂（“三打”）专项行动中，通过联合执法，形成知识产权保护合力。

【知识产权创造和运用】 知识产权创造能力继续领跑全国。发明专利申请量和拥有量纳入国家“十二五”规划、珠三角改革发展规划纲要，作为考核各级政府的重要指标。截至2012年底，深圳市国内有效发明专利累计达52768件，专利密度为50件/万人，远远高出国家“十二五”规划2015年每万人3.3件的目标，高居全国榜首；中国驰名商标累计达103件，居全国副省级城市首位，成为全国首个驰名商标突破百件的副省级城市；有效注册商标累计达199863件，平均4.76个市场主体拥有一件注册商标，高于2011年5.03个市场主体拥有一件注册商标的水平。2012年，深圳市每百万人国内发明专利申请量达2946件，超额完成广东省政府下达的2800件考核目标；专利合作条约（PCT）国际专利申请量8024件，连续九年居全国首位，占全国申请总量19926件的40.3%。中兴通讯股份有限公司的PCT国际专利申请量（3906件）继2011年之后再度蝉联全球冠军，领先第二位的松下电器公司(2961件)近千件，华为技术有限公司以1801件位列全球第四；深圳光启高等理工研究院专利申请量占全球超材料领域的85%以上；华为技术有限公司、中兴通讯股份有限公司在LTE技术领域的基本专利占全球的1/5。

知识产权运用能力。2012年，全国发明专利授权量排名前十强企业中，深圳市占5席，其中华为技术有限公司（2734件）、中兴通讯股份有限公司（2727件）、鸿富锦精密工业（深圳）有限公司（1099件）位列前三。一批中小知识产权企业崛起，成为深圳知识产权申请第二梯队。2012年深圳市全社会研发投入占GDP比重提高到3.81%，居全国领先水平，高新技术产品产值1.29万亿元，其中具有自主知识产权的达61%。深圳市企业主导或参与制定国际、国家和行业标准416项，其中国际标准137项。2012年，深圳华为技术有限公司、比亚迪股份有限公司、中兴通讯股份有限公司、腾讯科技（深圳）有限公司等企业获第十四届中国专利奖优秀奖15项，外观设计奖优秀奖4项；深圳广电集团、深圳报业集团获“广东省版权兴业示范基地”称号。

知识产权联盟集群效应。2012年，深圳市进一步优化整合产业联盟成员知识产权和标准化资源，提高运用知识产权和共同抵御风险的能力。深圳市知识产权局印发《深圳市知识产权专项资金管理办法——知识产权产业联盟建设项目资助操作规程》，将产业联盟项目纳入知识产权专项资金的资助范围，推进知识产权联盟形成集群效应，开展协同创新。2012年度资助产业联盟项目2项共计60万元。深圳市知识产权局正式批复同意成立由深圳市中彩联科技有限公司、深圳创维—RGB电子有限公司、TCL集团股份有限公司、腾讯科技（深圳）有限公司等13家企业共同发起的“中国彩电专利联盟”，以发挥联盟在促进中国产业持续健康发展的重要作用。

【知识产权保护】 *集中开展知识产权专项行动*。2012年，深圳市为打击重点领域、重点地区、重点产品知识产权侵权违法行为，市场监督管理局（知识产权局）开展知识产权执法维权“护航”专项行动、动漫产品市场专项整治行动、打击网络侵权盗版“剑网行动”、网络购物领域专项整治行动、手机及电子市场专项整治行动、打击非法印制卷烟商标标识专项行动等专项治理工作，集中捣毁一批重点制假售假窝点，查处一批重点案件，取得良好效果。2012年，深圳市市场监督管理局（知识产权局）共办理专利案件110件，版权案件108件，商标案件903件。深圳市文体旅游局检查出版物经营场所9822家次，办理案件231件，收缴非法出版物7.28万件，货值705万元，移交公安机关刑事案件34件39人。深圳海关共采取知识产权执法措施4800多批次，查获侵权货物3500万件，案值逾9800万元。全市公安机关共立重大制假售假案件1521件，破案1332件，刑拘1396人，逮捕903人，破案率达到87.57%。

加强知识产权司法保护力度。2012年，深圳市检察机关共受理审查逮捕侵犯知识产权犯罪案件752件1222人，批捕647件952人；共受理起诉侵犯知识产权犯罪案件692件993人，起诉651件900人。全市两级法院受理知识产权司法案件10405件，同比增长39.53%。结案9215件，同比增长41.87%。其中，深圳市中级人民法院受理知识产权案件3027件，结案2189件；福田区人民法院受理1559件，结案1467件；罗湖区人民法院受理1083件，结案1045件；南山区人民法院受理1077件，结案1051件；盐田区人民法院受理73件，结案73件；龙岗区人民法院受理1272件，结案1247件；宝安区人民法院受理2314件，结案2143件。

健全完善知识产权保护长效机制。根据深圳市“两建”工作的总体部署，成立由深圳市市场监督管理局（知识产权局）牵头的知识产权保护综合监管分体系建设工作小组，制定《深圳市知识产权保护综合监管分体系建设实施方案（试行）》，从完善知识产权监管行政执法体系、加强重点地区重点行业知识产权监管、建立健全行政执法和刑事司法相衔接工作机制、创新源头监管机制、探索网络环境下知识产权保护方式方法、加快信息平台建设、提高知识产权服务水平、提升企业应对涉外知识

产权纠纷能力、加大知识产权宣传力度等方面对知识产权保护长效机制提出具体要求。2012年深圳市实现市级党政机关、事业单位及部分企业的全面软件正版化，区级机关办公软件正版化。深圳市市场监督管理局（知识产权局）在专业市场试点推行知识产权授权经营制度，逐步实现市场监管关口前移；深圳市公安局不断加强与技侦、网监、警察公共关系处等警种的协同作战，进一步构建一体化侵犯知识产权犯罪防控体系；深圳市人民检察院制定出台《深圳市行政执法与刑事司法衔接工作实施办法》和《深圳市行政执法与刑事司法信息共享平台管理规定》，确立党委领导、政府负责、检察监督、覆盖全市的“两法”衔接格局；深圳市中级人民法院持续深入推进“三审合一”改革，基本确立符合知识产权审判特点和内在规律的审判体制。

【知识产权管理和服务】 *知识产权管理政策体系*。深圳市人民政府出台《深圳市促进知识产权质押融资若干措施》，从机制、平台、评估、放贷、担保、交易、配套服务、推进保障等八个方面提出具体措施，切实解决中小企业融资难的问题，激发企业创新活力。为推动深圳版权产业健康发展，深圳市知识产权局研究制定《深圳市版权兴业示范基地管理指引》，加强版权兴业示范基地管理；制定《深圳市专利代理机构服务规范》并上升为地方标准，进一步规范专利代理机构发展。深圳市经济贸易和信息化委员会出台《关于加快工业设计业发展的若干措施》，加快工业设计品牌化、高端化、国际化发展；修订《深圳技术进步资金品牌培育资助操作规程》，提升深圳市产业品牌形象。深圳市国有资产监督管理委员会出台《对市属企业自主创新奖励扶持暂行办法》，加大自主创新引导扶持力度。

知识产权专项资金。深圳市知识产权局与深圳市财政委员会联合修订发布《深圳市知识产权专项资金管理办法》及包括专利申请资助、境外商标注册资助、计算机软件著作权登记申请资助等在内的9个操作规程，扩充专项资金的资助范围。通过发挥财政资金的杠杆作用，2012年，深圳国内专利申请量73130件，同比增长15.13%，其中发明专利申请量31075件，同比增长7.81%，占申请总量的42.49%；国内专利授权量48662件，同比增长23.62%，其中发明专利授权13068件，同比增长10.50%，占授权总量的26.85%；商标申请量67888件，同比增长26.5%；计算机软件著作权登记12374件，同比增长29.86%，位居全国大中城市第三位，占广东省登记总量22128件的55.92%。培育新增深圳市知识产权优势企业20家；评选深圳市专利奖25项；资助知识产权分析预警及版权备案公共服务项目15项、知识产权联盟建设项目2项、宣传培训项目56项。

知识产权服务。围绕加快转变经济发展方式的主线，充分发挥知识产权支撑作用，继2011年将深圳华大基因研究院和深圳光启高等理工研究院作为“定制式”服务的对象后，深圳市知识产权局于2012年又制定了《为腾讯公司提供知识产权与标准化服务工作方案》，为腾讯科技（深圳）有限公司提供专利风险管控培训等“处方式”知识产权“定制式”服务。

【知识产权宣传、培训、合作交流】 *知识产权宣传工作*。深圳市利用“4·26”世界知识产权日、文化产业博览交易会、高新技术成果交易会、专利周、商标法颁布三十周年等重大活动，开展知识产权宣传工作。深圳市市场监督管理局（知识产权局）开通官方微博，不定期发布全市知识产权重大信息。深圳市人民检察院开展为期8个月的“保护知识产权　促进三打两建”系列活动，通过进企业宣讲、举办培训班、组织企业管理人员到深圳监狱开展警示教育活动等形式，加强知识产权刑事司法保护宣传。各区创新形式推动知识产权宣传，收效显著。福田区在华强北投放“培育知识产权文化、促进社会创新发展”的立柱广告、电子滚动屏；罗湖区在水贝黄金珠宝产业基地文化广场举行知识产权宣传咨询活动的同时，利用电子大屏幕播放知识产权宣传短片；南山区开展区优秀版权企业创新知识产权成果展等。继续通过“深圳知识产权”腾讯微博进行互动交流，引起高度关注，参与互动人数超过50万。持续开展“知识产权名人讲堂”和“知识产权鹏城论坛”品牌培训活动。2012年组织开展对知识产权管理人员、中介代理机构、企业的知识产权宣传培训超过56场次，受训人数超4000人。

*知识产权人才培养。*深圳市知识产权局与人力资源和社会保障局加强联系，开展2012年度知识产权职称评定工作，共有18人获得知识产权系列专业技术资格，其中副高级职称8人，中级职称8人，初级职称2人。与深圳大学合作办好知识产权学院，为深圳知识产权事业的发展提供人才支撑。深圳市有6人入围首批全国知识产权领军人才。

*知识产权对外合作交流。*深圳市促进深港知识产权交流合作，组团到香港海关学习交流合作，共同推动知识产权保护和打击假冒伪劣行为，召开知识产权联席会议，探索建立深港知识产权合作统筹协调机制。接待日本株式会社、日本特许厅厅长一行，英国驻华使馆知识产权专员、美国贸易代表办公室官员等来访；与TORYBURCH（汤丽柏琦）、微软、SAP、华特Disney等知识产权权利人交流；为肯德基、比亚迪、迈瑞、华为、中兴、腾讯等公司知识产权维权提供服务。（供稿人：微　嘉）

珠　海　市

【概况】 2012年，珠海市专利申请量为7097件，同比增长26.91%，其中，发明专利申请量为2287件，同比增长54.11%；专利授权量为4936件，同比增长33.77%，其中发明专利授权量为503件，同比增长55.73%。按2011年常住人口计算，2012年珠海市每百万人均发明专利申请量和每百万人均发明专利授权量分别为1459件、321件，以上两项指标名列全省第二，仅次于深圳。

全市累计注册商标23696件，其中2012年新注册商标4560件，新核准注册商标3925件；新增中国驰名商标2件，新认定省著名商标10件，延续认定17件，目前全市拥有中国驰名商标9件，省著名商标86件。全年有19个工业产品获2012年广东省名牌产品。

【知识产权保护综合监管分体系建设试点工作】 2012年10月，珠海市知识产权局制定《珠海市知识产权局系统社会信用体系建设实施方案》和《珠海市专利行政保护监管体系建设实施方案》，成立体系建设协调小组，由局领导任组长，各区知识产权局负责人任成员，协调小组下设办公室，负责统一组织方案的实施。珠海市知识产权局还制定《珠海市知识产权保护综合监管分体系建设试点工作实施方案》，明确全市的知识产权保护综合监管分体系建设试点工作，由珠海市知识产权局牵头，市公安局、市工商局、市知识产权局、市版权局、市检察院、市中级法院等部门联合共同完成。

2012年11月，珠海市召开知识产权保护综合监管分体系建设工作会议，明确责任主体，将细化的目标任务分解落实到各部门，落实到具体责任人，由各单位负责完成具体的试点工作。为督促、协调、推进相关工作，珠海市知识产权局还制定“知识产权分体系建设试点实施方案分解推进表”，做到事事有目标、有跟进、有落实。

【知识产权保护】 *行政保护。*2012年珠海市知识产权局出台《关于印发〈珠海市知识产权局“三打两建”专项行动实施方案〉的通知》（珠知〔2012〕2号）、《关于印发〈珠海市知识产权局系统社会信用体系建设实施方案〉和〈珠海市专利行政保护监管体系建设实施方案〉的通知》（珠知〔2012〕24号）和《关于印发〈珠海市知识产权保护综合监管分体系建设试点工作实施方案〉的通知》（珠知〔2012〕27号）。在“双打”、“三打两建”专项行动中，联合市工商局、市药监局及区知识产权局，开展多次打击假冒专利执法行动，重点查处市场上假冒专利、假冒商标等违法行为，督促经营者建立责任制，专项行动累计出动执法人员93人次，检查大型商场及药店等经营场所22家，检查箱包皮具、食品、药品和日化用品等商品约1500件；“三打两建”专项行动共立案11件，结案11件，下发专利行政处罚决定书5份、整改通知书1份，没收违法所得13606.7元。

2012年珠海市工商局将“双打”工作与“三打两建”专项行动紧密有机地结合起来，狠抓组织领导、宣传教育、执法检查和案件查办等工作，多举措突出对重点地区、重点产品（商标）的整治，打击力度进一步加大，整治效果更加明显。全年共出动执法人员13458人次，检查经营主体22114户，检查批发零售市场、集贸市场等各类市场1491个次，重点整治区域248处次，立案查处商标侵权等违法案件512宗，案值15727万元，罚没金额393万元，移送公安机关处理23宗。

珠海市版权局分别成立“打欺”和“打假”两个工作小组，制订工作方案，明确工作目标，通过线索摸排和舆论宣传为“三打”行动制造声势，并深入持久地对出版物市场、印刷行业、光盘复制企业和网吧、电子游艺场所开展各项严打惩治活动。到目前为止，市版权局共出动执法人员2800多人次，积极开展各类专项整治行动，检查各类经营场所1500多家次，查处各类行政处罚案件215宗，联合和配合公安部门查办涉嫌犯罪案件5件，抓获犯罪嫌疑人6人，收缴各类非法出版物、侵权盗版音像制品1.2万多册（张）。

拱北海关全年共查处侵权案件240宗（其中货运渠道41宗、行邮渠道199宗），查处侵权货物、物品66.9万余件，案值638.2万元；向珠海市公安局经侦支队移交重大侵权案件2宗。根据国家质检总局、海关总署等部局的统一部署和海关广东分署的工作安排，先后组织开展以打击假冒侵权白酒、葡萄酒为重点的酒类产品打假专项集中行动，打击假冒手机、假冒平板电脑专项行动和2次粤澳海关保护知识产权联合执法行动。

司法保护。珠海市公安局全年立侵犯知识产权犯罪案件48宗，其中销售假冒注册商标的商品案37宗，假冒注册商标8宗，侵犯商业秘密3宗；破案39宗，其中销售假冒注册商标的商品案36宗，假冒注册商标2宗，侵犯商业秘密1宗，涉案价值6100万元，抓获犯罪嫌疑人30人。破获国内首宗侵犯经营类信息商业秘密案件——珠海赛纳打印耗材公司被侵犯商业秘密案，多名犯罪嫌疑人被判处2至6年有期徒刑，判处两家涉案公司3000万元和4500万元罚金。

2012年珠海中院知识产权法庭新收各类知识产权民事案件546件，其中专利案件61件，商标116件，著作权376件，商业秘密9件，技术合同7件，域名纠纷1宗。涉外案件33宗，与上年基本持平。审结案件541件（含旧存），结案率达到94.9%。调撤案件351件，调撤率为65%。积极参与“三打两建”活动，严惩知识产权犯罪行为。受理知识产权刑事二审案件12件，结案率100%。维护了知识产权人的合法权益，有力地打击了知识产权侵权和犯罪活动。

【知识产权运用】 *专利技术实施计划*。2012年，珠海市知识产权局大力推进专利技术实施工作，共有3个项目列入市专利技术实施计划，安排经费210万元。按照《珠海市专利技术实施计划工作方案》要求，珠海市知识产权局在电子信息、光机电一体化、生物工程、新材料、新能源等高新技术领域，以专利项目实施为载体，引导企业加大专利开发与实施的投入，促进专利技术实施，提高企业的核心竞争力，推动产品结构和产业结构优化升级，并引导企业在专利技术实施工作过程中产生的新技术方案及时申请专利。

知识产权优势企业培养。2012年，珠海市

知识产权局组织新认定市知识产权优势企业9家，通过考核7家，每家给予一次性奖励5万元，共奖励80万元，使全市知识产权优势企业数量达到53家。同时，积极推荐市知识产权优势企业申报认定为广东省知识产权优势企业和广东省知识产权示范企业，今年分别有2家企业通过省知识产权局认定，使全市的省级知识产权优势企业、知识产权示范企业总数分别达到25家和9家。通过大力推动企业建立健全知识产权管理制度，制定知识产权专项规划，提高企业自主知识产权创造、运用、保护、管理能力，市知识产权优势企业已成为珠海市专利申请量的主力军。

促进专利申请十项工作措施。根据《珠海市促进专利申请十项工作措施（2011年修订）》（珠知〔2011〕10号），珠海市知识产权局开展对2011年度全市专利申请工作先进单位进行奖励的有关工作。经初步筛选、通知申报、审核确认及上网公示四个环节，对珠海格力电器股份有限公司等11家企业、广州华进联合专利商标代理有限公司珠海分公司等3家专利代理机构进行奖励，奖励资金共120万元。落实十项措施，有效促进了企业的专利申请，提升了全市专利申请数量。

专利申请资助政策。2012年珠海市知识产权局共资助专利申请3182件，包括发明专利1411件，实用新型专利1402件，外观设计专利274件，集成电路布图设计14件，PCT国际申请77件，国外专利4件，资助金额共715万元，随着专利申请数量的大幅增长，专利资助金额也同比增长了67.4%。

技术标准战略。珠海市质量技术监督局深入实施技术标准战略，强化政策引导和技术服务。《珠海市标准创新奖励办法》批准发布，《珠海经济特区城市标准化条例》进入立法报审阶段，为珠海城市标准化搭建整体框架。全国温泉服务标准化分技术委员会、广东省电子电力系统和设备标准化技术委员会正式成立；技术标准战略专项资金600万元资助52家单位127个项目；全市战略性新兴产业企业申报省地方标准64项，节能标准5项；27家企业创建“标准化良好行为企业”；14家企业将科技成果转化为企业标准；先进制造业、现代服务业和行政服务标准化试点工作全面推进，为建设现代产业标准体系积累了经验。

【“4·26”世界知识产权日宣传】　珠海市知识产权局围绕2012年知识产权宣传周“培育知识产权文化，促进社会创新发展”主题，认真制订计划，大力开展知识产权宣传活动，营造保护知识产权的社会氛围。在“4·26”世界知识产权日期间，在《珠海特区报》开设专栏，宣传普及知识产权知识，宣讲有效利用知识产权制度的典型企事业单位和知识产权典型案例，重点对“三打两建”专项行动及知识产权各相关部门在行动所做的工作及取得的成效作了相关报道。

【知识产权培训】　珠海市知识产权局针对产业的特点和要求有计划、分层次、多渠道地举办知识产权专题培训和行业培训，共举办7场知识产权讲座和培训班，参加人数累计达1000人次，发放专利宣传培训资料3000份。其中包括5月份举办的知识产权强省政策宣讲会，珠海市知识产权局组织市委党校干部培训班学员、市知识产权联席会议各成员单位人员、市和区知识产权局工作人员、市知识产权优势企业和专利代理机构代表共200人参加知识产权强省政策宣讲会。宣讲会由省知识产权局党组书记马宪民主讲，宣讲内容对珠海市学习贯彻《决定》以及推进知识产权事业具有很强的指导意义。

【统计资料】

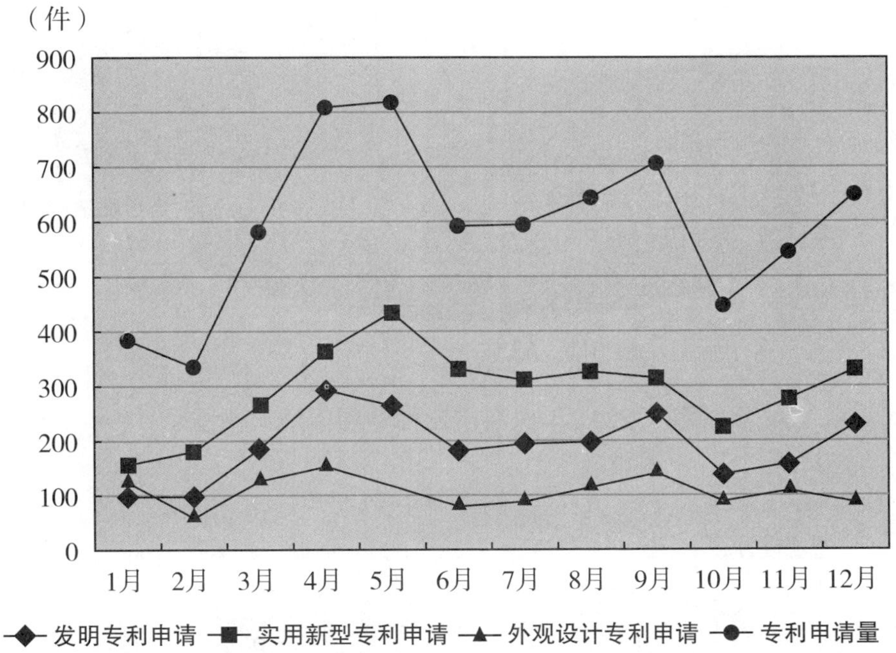

图1　2012年1—12月珠海市专利申请趋势图

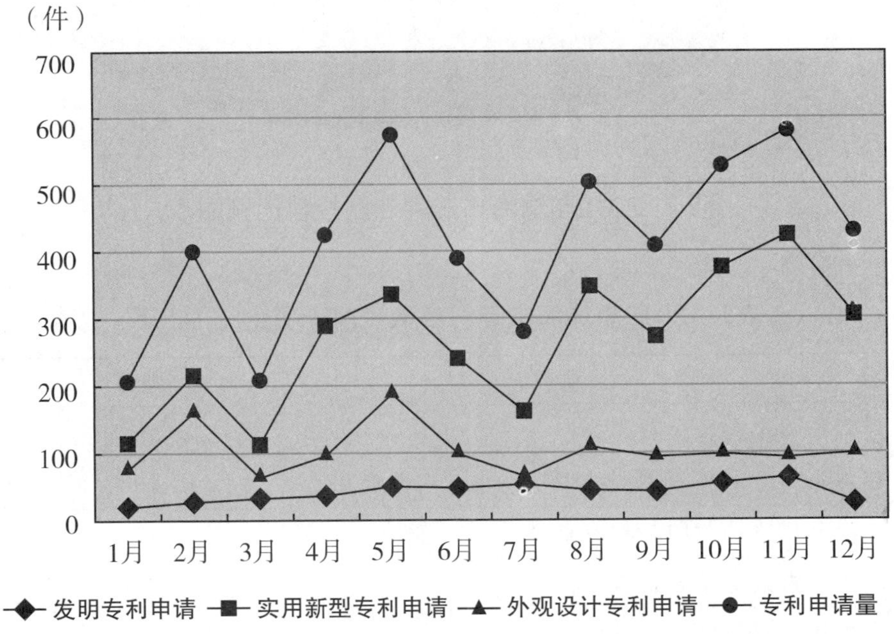

图2　2012年1—12月珠海市专利授权趋势图

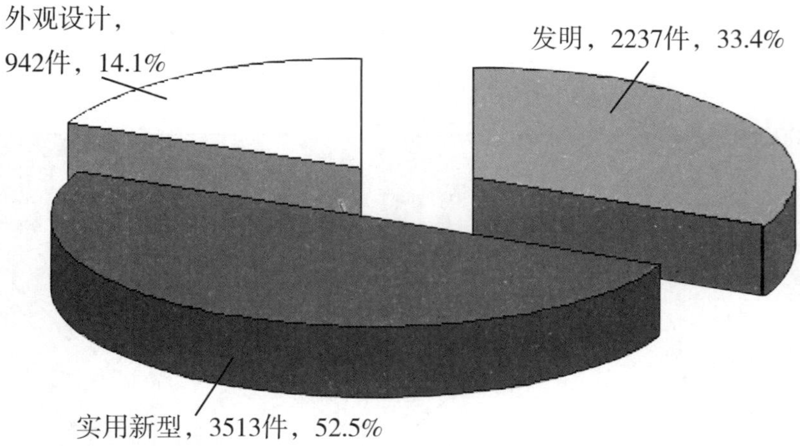

图3　2012年珠海市三种专利申请比例图示

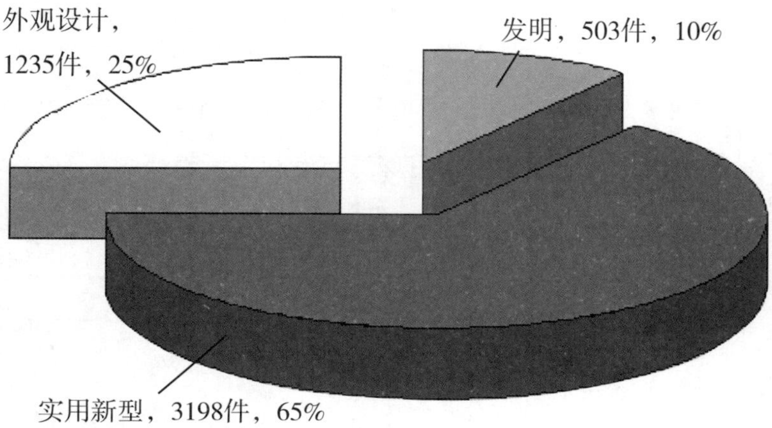

图4　2012年珠海市三种专利授权比例图示

表1　2012年珠海市专利申请量前十名企业汇总表

单位：件

序号	企业名称	数量	发明专利
1	珠海格力电器股份有限公司	2554	973
2	珠海格力节能环保制冷技术研究中心有限公司	158	77
3	珠海天威飞马打印耗材有限公司	105	61
4	珠海市君天电子科技有限公司	74	74
5	东信和平科技股份有限公司	59	30
6	珠海金山办公软件有限公司	53	53
7	广东德豪润达电气股份有限公司	53	14
8	珠海市魅族科技有限公司	52	36

（续上表）

序号	企业名称	数量	发明专利
9	珠海赛纳打印科技股份有限公司	52	26
10	珠海艾派克微电子有限公司	51	21
总　计		3211	1365

表2　2012年珠海市专利授权量前十名企业汇总表

单位：件

序号	企业名称	数量	发明专利
1	珠海格力电器股份有限公司	1648	82
2	珠海天威飞马打印耗材有限公司	143	28
3	珠海格力节能环保制冷技术研究中心有限公司	72	0
4	珠海赛纳打印科技股份有限公司	49	7
5	广东德豪润达电气股份有限公司	49	0
6	珠海天威技术开发有限公司	43	14
7	珠海艾派克微电子有限公司	33	13
8	珠海翌洋航空技术有限公司	28	0
9	东信和平科技股份有限公司	27	6
10	丽珠医药集团股份有限公司	24	14
总　计		2116	164

（供稿人：谭　韬）

汕头市

【概况】　2012年，汕头市新增专利申请10388件、专利授权6583件、有效注册商标12270件、作品版权登记190件；新增市知识产权优势培育企业12家，市专利技术实施计划项目8个，省知识产权优势企业1家，省专利技术实施计划项目1个；新增中国驰名商标2件，有24件商标被认定为广东省著名商标。汕头大学被省知识产权局认定为粤东地区首个省知识产权培训基地；汕头市潮南区、金平区石炮台街道被省知识产权局确定为2012年广东省知识产权试点区域。

2012年，在第十四届中国专利奖评选中，汕头市获中国专利优秀奖3项、中国外观设计优秀奖2项；汕头市政府组织开展第四届汕头市专利奖评选活动，评出市专利金奖4项、优秀奖8项，外观设计金奖1项、优秀奖4项，优秀发明人10名。

【知识产权政策体系建设】　2012年5月4日，汕头市政府颁布新修订的《汕头市专利奖励办法》，将市专利奖评选周期由每两年评选一次改为每年评选一次，增设“汕头市外观设计金奖”和“汕头市外观设计优秀奖”；6月28日，印发《汕头市深入推进商标品牌战略的实施意见》，提出至2015年全市实施商标品牌战略的指导思想、主要目标、重点工作任务和保障措施；12月1日，印发《汕头市关于实施质量发展纲要（2011—2020年）的工作意见》，设立市政府质量奖评审委员会，将标准化体系建设、驰名和著名商标、地理标志产品培育等知识产权工作纳入实施质量发展工作中。

【知识产权创造】 2012年，汕头市专利申请10388件，同比减少18.02%；发明专利申请1638件，同比增长15.11%；专利授权6583件，同比增长50.61%；专利申请总量、发明专利申请量和专利授权总量分别居全省第六、第八和第六位；新增有效注册商标12270件，同比增长5.02%；新增广东紫薇星实业有限公司的“紫薇星及图”、琪雅集团有限公司的“琪雅”2件中国驰名商标；市版权局办理作品版权登记190件，同比增长137.5%。截至年底，汕头市累计专利申请量69311件、专利授权量40876件，有效注册商标89035件，中国驰名商标19件、广东省著名商标233件。

【专利奖获奖成果】 2012年，汕头参加第十四届中国专利奖评选项目——广东正迪网络科技有限公司的“99801139.8结构纹理防伪方法”、西陇化工股份有限公司的“200710027348.X过硫酸钠生产过程中的脱氨方法”、广东金明精机股份有限公司的“201010236841.4石头纸吹膜法生产设备”三个项目获得中国专利优秀奖，广东奥飞动漫文化股份有限公司的“201130036049.X玩具遥控直升机（空翼号）”和汕头市华沙驰家具家饰有限公司的“201030239668.6柜台(BL5101)”项目获中国外观设计优秀奖。截至年底，汕头市累计获得中国专利金奖1项，中国专利优秀奖11项，中国外观设计优秀奖5项。

【知识产权运用】 专利技术实施。2012年，广东拉芳日化有限公司的“200810198254.3N-酰基氨基酸型低刺激沐浴产品”、汕头市夏野电器科技有限公司的“200910160172.4酷联厨电精准控制芯片的研发及其产业化”、广东名臣有限公司的“200910192801.1去头屑洗发组合物”、广东柏亚化妆品有限公司的“201110266597.0氨基酸复合皂及其制作方法”、汕头华兴冶金设备股份有限公司的“200710026292.6叠合式冷却壁”、广东三凌塑料管材有限公司的“200810198398.9新型塑料管道”、汕头市良得电子科技有限公司的“200910039923.7一种桥式整流集成块检测印标机的研制及其延伸生产”、广东金源科技股份有限公司的“201110116507.X新型环保TPE密封条”等8个项目被汕头市知识产权局确定为市专利技术实施孵化项目。汕头华尔怡医疗器械有限公司的“200810096795.1全自动自毁式安全注射器”被广东省知识产权局确定为省专利技术实施计划重大项目。

知识产权优势企业培育。2012年，汕头市知识产权局确定汕头市超声仪器研究所有限公司、广东太格尔电源科技有限公司、广东达诚机械有限公司、广东西电动力科技股份有限公司、广东益德环保科技有限公司、广东澳利坚建筑五金有限公司、汕头市微补植物营养科技有限公司、汕头高新区松田实业有限公司、广东爱华新光电科技有限公司、广东宝克文具有限公司、汕头市荣达新材料有限公司、汕头市立安塑胶制品有限公司等12家为汕头市知识产权优势培育企业。广东邦领塑模实业有限公司被省知识产权局确定为广东省知识产权优势企业。

知识产权标准申报。2012年，汕头市设立省、市级农业标准化示范区6个，企事业单位参与制修订国家标准13项、行业标准8项，省地方标准23项，玩具、化妆品、文具等企业联盟标准22项，制修订省、市农业地方标准34项。《潮汕餐饮标准体系研究》获得国家总局立项，有8项省地方标准给予立项批准；有58家企业140项产品采用国际标准或国外先进标准进行生产；有10家企业被确认为4A、3A级“标准化良好行为企业”。截至2012年底，汕头市获得广东省工业类名牌产品总量76个。汕头市质量技术监督管理局发动组织企业申报省、市技术标准战略资金资助项目62项，19个项目获得省资助资金74.5万元，50个项目获得市资助资金100万元。

【知识产权保护】 行政保护。2012年，汕头市知识产权局立案处理专利侵权纠纷案件35宗，结案34宗，中止1宗；出动执法人员1000多人次，查处假冒专利案件69宗，结案69宗，移送外地处理假冒专利案件3宗。汕头市工商行政管理系统出动执法人员44396人次，查结各类商标违法案件1237宗，罚款金额561.49万元，移送司法机关案件30宗，捣毁制售假窝点161个。汕头市文化市场执法队伍出动17274人次，检查印刷企业、网吧、等文化经营场所3752家，立案查处文化市场各类违法违规案件307宗，查办大要案36宗，向公安机关移交涉嫌犯罪案件7宗，责令改正132家，责令停业整顿67家，拆除非法安装的卫星电视接收设施85套，清理非法出版物地摊185个，收缴盗版音像制品和图书等非法出版物96800张（本）。汕头海关采取知识产权海关保护措施16次，查获侵权案件4宗，案值约55万元；向地方公安机关移送的知识产权犯罪案件2宗。

司法保护。2012年，汕头市检察机关审查起诉侵犯知识产权刑事犯罪案件125件182人，批捕110件169人。汕头市两级法院结合“双打”及“三打两建”活动审结侵犯知识产权刑事案件192件，依法追究296名犯罪分子刑事责任；受理知识产权民事一审案件208件，审结194件，结案率93.27%，调撤率达80.93%。

维权援助服务。2012年5月31日，市政府知识产权办公会议办公室牵头市12家知识产权行政执法和司法部门联合出台文件，构建全市知识产权举报投诉和维权援助协作机制。中国（汕头）知识产权维权援助中心全年共接受举报投诉20宗，核实转办20宗，维权援助57宗，协助异地维权3宗。

打击侵权假冒工作。2012年3月13日，汕头市政府印发《转发关于进一步做好打击侵犯知识产权和制售假冒伪劣商品工作意见的通知》，明确成立汕头市打击侵犯知识产权和制售假冒伪劣商品工作领导小组，领导小组组长由分管副市长担任，领导小组办公室设在汕头市知识产权局。6月27日，印发《关于成立汕头市打击侵犯知识产权和制售假冒伪劣商品工作领导小组的通知》，正式成立由汕头市工商局、文广新局和知识产权局等28个部门组成的市打击侵权假冒工作领导小组，明确打击侵犯知识产权工作由市知识产权局牵头负责，打击制售假冒伪劣商品工作由汕头市质量技术监督管理局（汕头市打假办）牵头负责，打击侵权和假冒伪劣行政执法与刑事司法衔接工作由汕头市检察院和汕头市知识产权局牵头负责。8月18日，汕头市打击侵犯知识产权和制售假冒伪劣商品工作领导小组印发《汕头市打击侵犯知识产权和制售假冒伪劣商品工作任务分工》、《汕头市打击侵犯知识产权和制售假冒伪劣商品工作领导小组工作规则》、《汕头市打击侵犯知识产权和制售假冒伪劣商品工作领导小组办公室工作制度》。

2012年，汕头市各级知识产权职能部门将打击侵权假冒工作与“三打两建”工作紧密衔接，先后开展食品、药品和日化用品、酒类产品、食盐、卷烟、建材、箱包皮具、通信产品、汽车配件、假证照等十大打假专项和“护航”、“剑网”、“国门之盾”等专项行动。汕头市知识产权、工商、文广新（版权）、质监、药监、经信、农业、物价局、汕头海关、汕头出入境检验检疫局等10个主要行政执法部门共立案查处侵权假冒案件2800件，涉案金额1246万元，其中重大案件182件，涉案金额670万元；移送司法机关案件104件，涉案金额621万元，其中重大案件52件，涉案金额600万元；捣毁侵权制假窝点260个；办结案件2342件，涉案金额1077万元，其中重大案件62件，涉案金额374万元。汕头市各级公安经侦部门共立各类侵犯知识产权案件及涉假案件1039宗，其中刑事案件423宗，行政案件616宗；打掉制假售假犯罪团伙111个，共抓获涉假犯罪嫌疑人1356名；捣毁窝点315个、缴获制假机械972台套；先后破获全省“三打”专项行动中涉假物品数量最大、隐蔽最深的“4·7特大制贩假烟”案件和集生产、运输、销售为一体的制售假冒美国匡威运动鞋网络犯罪的全国典型大要案件。

【知识产权宣传】 2012年，汕头市各级各职能部门围绕“三打两建”和打击侵权假冒专项行动、“4·26”世界知识产权日等重大活动和热点工作广泛开展宣传。4月24日，汕头市政府在政府大楼会议厅举办“汕头市4·26保护知识产权宣传周主题活动暨2011年知识产权保护状况通报会”，向汕头市获得第13届中国专利奖和2011年度广东专利奖获奖企业颁发奖金，举行汕头市知识产权教育培训讲师团成立仪式和第四批“正版正货”承诺活动企业授牌等仪式，向社会各界通报2011年全市知识产权保护状况。全年，汕头市知识产权局组织或参与“三打两建”和“打击侵权假冒”专项行动专项宣传活动30场次，编印专项行动简报15期，在汕头电视台黄金时段播放知识产权公益宣传片50次，并在市1路、5路、6路、16路、102路和103路公交车设置车身广告对“12330”全国知识产权维权援助与举报投诉公益服务电话进行宣传。

【知识产权培训与教育】 2012年，汕头市知识产权局举办企业专利申请与维权、广交会知识产权保护与PCT国际专利申请、上市公司涉及的知识产权问题解析与案件分析、专利信息运用技巧讲座、专利行政执法培训等专题培训班18场，培训企业人员1000多人次。汕头市知识产权局、教育局、团市委和市少工委联合推动省、市中小学知识产权教育试点示范学校开展与知识产权教育相关的体验和实践等活动28场次，培训学生12907人。10月26日省知识产权局党组书记、副局长马宪民受金平区委的邀请为区中心组作“知识产权与区域经济发展”的专题辅导。

【统计资料】

（一）2012年汕头市专利奖获奖项目。

表1 第四届汕头市专利奖金奖项目（4项）表

专利号	项目名称	申报单位
200810030233.0	实时三维医学超声图像的重建方法	汕头市超声仪器研究所有限公司
200810096785.1	一种自毁式安全注射器	汕头华尔怡医疗器械有限公司
93100276.1	一种治疗温血动物或人类热损伤的药用组合物及其制法	汕头市美宝制药有限公司
200910037225.3	一种印刷设备用的压印转移工艺	广东金玉兰包装机械有限公司

表2 第四届汕头市外观设计专利金奖项目（1项）表

专利号	项目名称	申报单位
201030183345.8	床头柜	汕头市华莎驰家具家饰有限公司

表3　第四届汕头市专利奖优秀奖项目（8项）表

专利号	项目名称	申报单位
201120173414.6	叠加式多层共挤模头	广东金明精机股份有限公司
200910041741.3	一种耐候多层复合木地板的生产方法	广东省宜华木业股份有限公司
201020555725.4	矿热炉、电弧炉压力环	汕头华兴冶金设备股份有限公司
201120377658.6	一种液位传感器	广东天际电器股份有限公司
201020590727.7	一种车模后驱动机构	广东星辉车模股份有限公司
201020674012.x	一种啤酒灌装阀的卸压装置	广东轻工机械二厂有限公司
201020632915.1	一种风光互补反渗透海水淡化装置	汕头大学
200810219734.3	热成型模具	广东达诚机械有限公司

表4　第四届汕头市外观设计专利优秀奖项目（4项）表

专利号	项目名称	申报单位
201130372466.1	牙刷（橄榄球）	广东三椒日化有限公司
201130280890.3	玩具（趣味方盒）	广东奥飞动漫文化股份有限公司
201030570056.3	吊坠（风影4）	广东潮宏基实业股份有限公司
201130445807.3	玩具公仔（1）	广东邦宝益智玩具股份有限公司

表5　第四届汕头市专利奖优秀发明人奖项目（10人）表

姓　名	申报单位
李德来	汕头市超声仪器研究所有限公司
李金荣	西陇化工股份有限公司
谭　泽	广东光华科技股份有限公司
吴锭辉	广东邦宝益智玩具股份有限公司
黄茂强	汕头市华莎驰家具家饰有限公司
王惠群	广东益德环保科技有限公司
李伟明	广东东通文具有限公司
陈乐伍	广东猛狮电源科技股份有限公司
杨峥雄	汕头市龙华包装机械有限公司
苏伟民	汕头市瑞祥太阳能电子有限公司

（二）2012年汕头市专利技术实施孵化项目。

表6　2012年汕头市专利技术实施孵化项目表

企业名称	项目名称	所属区域
广东拉芳日化有限公司	N–酰基氨基酸型低刺激沐浴产品	潮南区
汕头市夏野电器科技有限公司	酷联厨电精准控制芯片的研发及其产业化	龙湖区
广东名臣有限公司	去头屑洗发组合物	澄海区
广东柏亚化妆品有限公司	氨基酸复合皂及其制作方法	金平区
汕头华兴冶金设备股份有限公司	叠合式冷却壁	金平区
广东三凌塑料管材有限公司	新型塑料管道	潮阳区
汕头市良得电子科技有限公司	一种桥式整流集成块检测印标机的研制及其延伸生产	潮南区
广东金源科技股份有限公司	新型环保TPE密封条	濠江区

（三）2012年度汕头市三种专利申请比例。

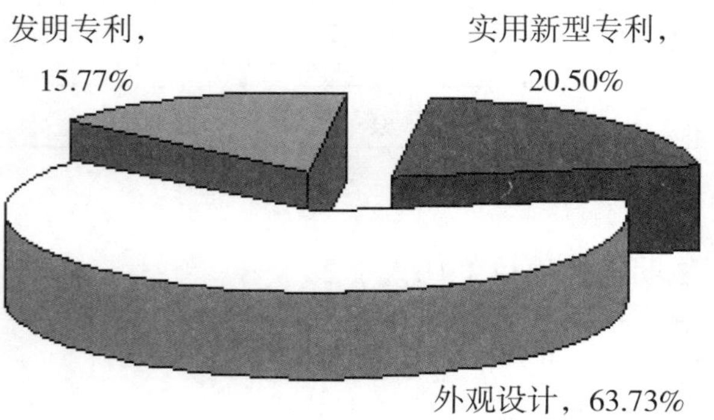

图1　2012年汕头市三种专利申请统计图

（四）2012年度汕头市三种专利授权比例。

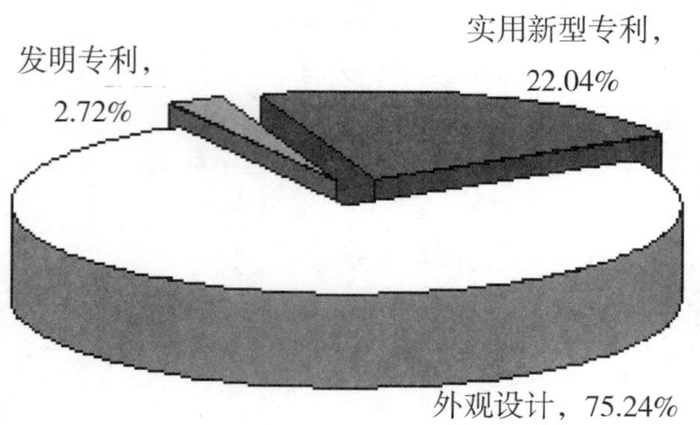

图2　2012年汕头市三种专利授权统计图

（五）2012年度汕头市各区县专利申请统计。

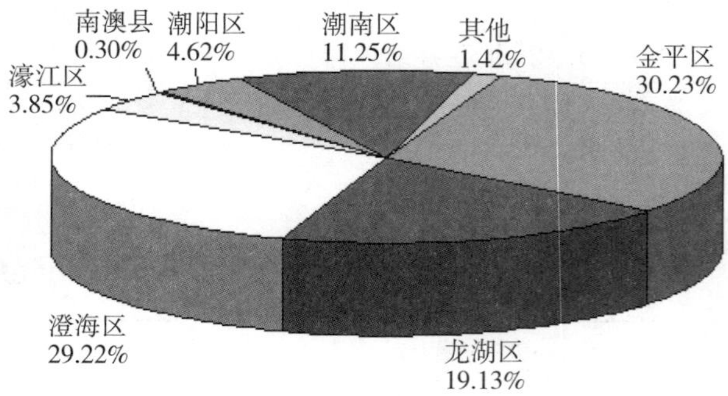

图3　2012年汕头市各区县专利申请统计图

（六）2012年度汕头市各区县专利授权统计。

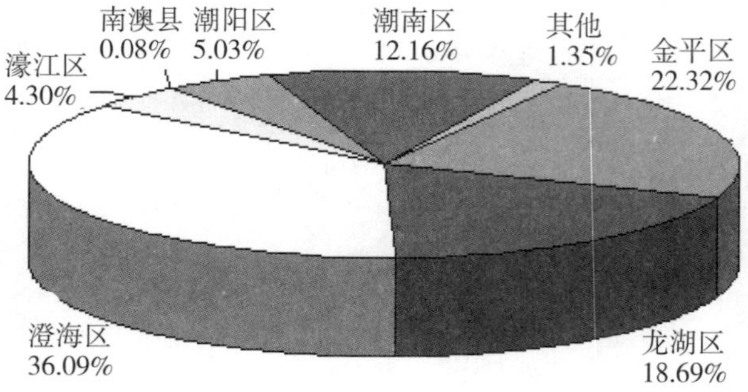

图4　2012年汕头市各区县专利授权统计图

（供稿人：柯　宁）

佛山市

【概况】 2012年，佛山市获得中国外观设计优秀奖4项，广东省知识产权示范企业4家，广东省知识产权优势企业2家，广东省知识产权试点区域2个，广东省专利技术实施计划项目3项。至2012年底，佛山市共有全国企事业知识产权示范创建单位1家，全国知识产权试点单位4家，广东省知识产权示范企业16家，广东省知识产权优势企业65家，广东省知识产权试点事业单位1家，广东省中小学知识产权教育示范学校4所，广东省知识产权试点学校22所。

【知识产权创造】 专利申请与授权。2012年，佛山市专利申请量22603件，增长10.8%。其中，发明专利申请3310件，增长19.4%；实用新型申请9514件，增长13%；外观设计申请9779件，增长6.2%。发明、实用新型、外观设计三种专利申请比例为14.5：42.1：43.4。至2012年底，佛山市累计专利申请量达191110件。

2012年，佛山市专利授权量17839件，同比增长9.1%。其中，发明专利授权1161件，同比增长19.4%；实用新型授权8146件，增长22.4%；外观设计授权8532件，减少2.2%。发明、实用新型、外观设计三种专利授权比例为6.5：45.8：47.7。至2012年底，佛山市累计专利授权量达137892件。

2012年，佛山市PCT国际专利申请121件，增长6.1%。

商标注册。至2012年，全市累计有效注册商标首次突破10万大关。新增中国驰名商标30件、省著名商标46件。目前全市共有驰名商标93件，数量位居全省第二位；广东省著名商标376件，数量连续多年稳居全省第一位。

2012年新增“南海盐步内衣”、“澜石不锈钢”及“佛山市陶瓷行业协会”3件集体商标。目前，全市共有15件集体商标、5件证明商标，数量位居全省第一位。

版权登记。2012年，佛山市版权登记服务中心共受理作品登记申请503件，佛山市软件行业协会共受理计算机软件登记申请201件。

【知识产权保护】 专利保护。2012年，通过市区联动，重点突击，开展大量卓有成效的执法工作，加大对专利侵权与假冒行为的查处和打击力度。全年共组织78次联合执法行动，出动执法人员588人次，共处理专利案件53宗，其中处理专利侵权案件17件，调解专利侵权案件10件，假冒专利案件26件，处理案件量比去年增长了212%。在各级知识产权部门的努力下，各有关部门的支持和配合下，佛山市知识产权“三打两建”工作取得了显著成效。

市、区联动，深入开展“双打”专项行动。根据省、市关于“三打两建”工作会议精神，按照《佛山市知识产权局系统“三打两建”专项行动工作方案的通知》的要求，市知识产权局以打击假冒专利为重点，市、区联动，组织综合执法队伍。2012年6月8日，佛山市知识产权局联合禅城、南海、三水、高明等区知识产权局开展查处汽配假冒专利的统一执法行动。2012年8月17日上午，在市知识产权局副局长盘广华带领下，三水区知识产权局联合区工商局、区卫生人口计生局组成“三打两建”专利执法检查组，对三水区布心社区商贸流通行业进行专利执法行动。2012年10月30日，佛山市知识产权局、高明区知识产权局联动对高明区沧江路大恒仁药店、文华路八千里药店等经营场所进行周密的排查，打击涉嫌销售假冒专利产品的行为。

开展会展知识产权保护工作——进驻佛山陶博会。2012年4月18—22日，进驻第19届中国国际（佛山）陶瓷博览会开展知识产权执法、宣传。2012年10月18—22日，进驻第20届中国国际（佛山）陶瓷博览会开展知识产权执法、宣传。

开展知识产权维权援助工作。2012年4月

26日世界知识产权日，“12330”与“12345”两条热线正式并网运行，有效迅速地解答了佛山市民的咨询，取得较好的成效。

商标保护。加大商标行政保护力度，继续强化“双打”行动。各级工商部门以驰名、著名商标专用权和涉外企业知名商品特有名称、包装、装潢为重点，着力查处商标侵权和“傍名牌”行为。同时，宣传和落实国家工商总局《网络商品交易及有关服务行为管理暂行办法》，利用省局网络市场综合监管平台开展网上经营重点商品行为搜索和巡查工作，查处网上销售假冒伪劣商品及不正当竞争等违法行为。2012年，全市工商系统共立案查处商标侵权案件582宗，案值3918.92万元，移送公安机关16宗。其中，高明区成功查办全市首宗侵犯地理标志证明商标，有效保护了当地商标权益。

版权保护。2012年，在全市范围内组织开展动漫市场、计算机正版化、版权执法专项整治和“4·26知识产权保护宣传周”等一系列行动，对包括城乡结合部农贸市场在内的重点场所进行多次检查，取缔无证经营店铺2家，捣毁地下仓库、窝点11个，查办了南海区霖昕伟业布绒艺品有限公司制作盗版《植物大战僵尸》角色公仔玩具、昆山润福商贸有限公司南海桂城分公司涉嫌销售盗版音像制品等典型案件，捣毁南海区九江和禅城区澜石两个大型盗版出版物销售窝点。

知识产权司法保护。

2012年佛山两级法院受理知识产权案件2687件，审结2495件，较2011年增长33.06%。两级法院全年共审结民事案件达2371件，较2011年增长28.93%；审结刑事案件119件，较2011年增长260.61%；审结行政案件3件。2012年，佛山两级法院共调撤案件1427件，调撤率达60.19%，与去年相比，调撤数增加了283件。

佛山市中级人民法院知识产权庭紧紧围绕审判实践和回应社会对法院司法保护的需求，着力加强司法公开、调研以及审判指导等各项工作。第一，充分利用网络资源，深入推进司法公开。第二，对有影响的案件进行微博庭审直播。第三，加强裁判文书的上网工作。通过文书上网，接受社会监督，提高审判质量，确保司法廉洁。第四，公开举行巡回庭审。中院知识产权庭于4月份分别在佛山科学技术学院、美的公司举办知识产权巡回法庭。通过举行巡回庭审，提高司法透明度，加大知识产权的宣传力度，提高民众的知识产权法律意识。

2012年6月29日，最高法院作出法函〔2012〕50号批复，批准佛山中院审理发生在辖区范围涉及驰名商标认定的民事纠纷案件。佛山中院取得驰名商标管辖权，标志着佛山法院可全面受理所有类型的知识产权纠纷案件，形成全面的知识产权司法保护体系。2012年6月26日，最高法院作出法〔2012〕154号批复，同意指定高明区法院等基层法院审理除专利、植物新品种、集成电路布图设计纠纷案件、涉及驰名商标认定纠纷案件及垄断纠纷案件之外的知识产权案件，这也标志着在佛山各区基层法院均可管辖其辖区内部分知识产权纠纷案件，在地理位置上形成全方位的、立体的知识产权司法保护体系。佛山法院已经形成全面的知识产权司法保护体系，这将极大地促进佛山知识产权的发展和创新型城市的建立。

佛山中院知识产权庭在“4·26世界知识产权日”活动期间向社会发布《佛山法院知识产权司法保护状况（2011年）》白皮书。该白皮书介绍了2011年以来佛山法院知识产权案件的收、结案以及各类型案件的分布情况，重点陈述知识产权案件的调解情况和涉外知识产权案件的审理情况，介绍2011年以来佛山法院提出各项司法建议、开展“知识产权巡回法庭”以及法制宣传活动的情况。并从法院审判工作的角度，分析和透视佛山知识产权发展和保护存在的问题，从法律的视角提出建议和对策，以便为相关部门决策、行业发展和企业经营提供参考。发布该白皮书是民三庭“擦亮知识产权审判品牌”的举措之一，白皮书获得行政机关、行业协会、企业的一致好评，真正体现能动司法的理念，突出司法服务大局的意识。

【知识产权宣传】 举办第六届中国专利周佛山分会场活动。以“专利保护创新，智慧改变生活”为主题的2012年第六届中国专利周佛山分会场专利展示交易活动，于2012年11月29日在南海区里水镇企业服务中心开幕。不同于往届在闹市摆摊展示宣传，今年佛山专利周活动选择走进基层，走进专业镇。活动现场，专场展示推广了里水、佛山各区的优秀企业专利等。此外，还展出了非职务发明人与部分佛山中小学生的发明创造与专利。参展专利产品涉及照明、新材料、五金、小家电等多个行业，佛山海辰科技有限公司的远红外稀土厚膜即热式电热水器、佛山源田床具机械有限公司的数控单针绗缝机的龙门移动装置等具有市场竞争力的专利产品，一亮相就引来了不少参观者的关注。此次专利周活动内容还将在佛山各区巡回展出，并走进校园，进行专利知识普及、专利产品展示和推广。专利周期间，还根据企业需求举办专利、商标等知识产权讲座，提升企业的知识产权创造、运用和管理能力。

正式启用佛山市香港科技大学LED-FPD工程研究开发中心。2012年3月30日上午，佛山市南海区人民政府及香港科技大学于2010年签署协议合作共建发光二极管（LED）与平板显示（FPD）工程技术研究开发中心。该中心是香港科大在珠三角地区设立的第一个LED-FPD方向的工程技术研究开发中心，不仅为佛山及珠三角相关企业提供服务，还将承接香港科大的研究成果并进行产业化。经过两年多的建设，该中心拥有研发人员20多人，建有失效分析、可靠性测试、板级组装中试、芯片封装中试、材料制备与检测及光电热性能检测等6个高端实验室。该中心的建设将有力推动南海新产业的发展。在合作共建工程中心的基础上，未来南海区人民政府与香港科技大学还会在战略性新兴产业构建、人才培养等方面加强合作。

专利管理部门知识产权宣传。2012年1月6日，全市召开建设国家商标战略实施示范城市领导小组会议。会议要求充分发挥商标战略在推动佛山经济转型升级、提升产业核心竞争力和惠及广大企业中的重要作用，会议还通报2011年度全市商标工作和部署2012年工作。

2012年3月22日，全系统商标广告工作会议在三水召开，市局党组书记、局长李学昌强调要围绕政府要求、企业需求提升服务水平，积极推进商标广告工作，市局副局长刘羽主持会议，并对2012年的商标广告工作进行部署。

2012年4月20日，市商标战略办、市工商局联合举办“深化商标战略，助推城市发展”系列宣传活动，集中展示佛山市商标战略推进阶段性重要成果。

2012年9月11—12日，世界知识产权组织、国家商标局到佛山开展马德里商标国际注册培训。

版权管理部门知识产权宣传。2012年4月5日，佛山市政府召开全市推进政府机关使用正版软件工作会议，贯彻落实国家和省关于进一步做好政府机关软件正版化检查整改工作的要求，部署市软件正版化工作，各区和市直单位主要领导共110人参加了会议。

2012年4月26日，广东省珠三角版权保护城际联盟启动，广东省家用纺织品行业协会和佛山市新石湾美术陶瓷厂有限公司加入“版权保护城际联盟”。

佛山市知识产权协会开展宣传活动情况。2012年7月29日，佛山市知识产权协会与君胜知识产权代理事务所共同举办“发明专利申请策略及实审答辩技巧”讲座，特邀国家知识产权局光电审查部医疗处处长、专利审查培训和专利代理人资格考前培训教师邱绛雯来佛山授讲，此次讲座尽管是在周末，但企业反响仍然积极，前来听讲的人数有60多人，会上大家与老师进行了积极交流。

2012年9月13日上午，佛山市知识产权协会与顺德工业设计协会在顺德仙泉酒店共同举办大佛山企业与顺德工业设计对接活动，活动期间有33家企业与9家设计公司实现了对接。

此次活动的目的是为了更广泛实现行业多元化对接，让企业与设计公司零距离交流互动，更深入搭建区域企业合作桥梁，为企业转型升级提供帮助。下午，参会企业一同参观了美的集团展厅及历史馆。

2012年9月21日，佛山市知识产权协会与市软件产业园、广东哲力知识产权事务所组织共同举办软件信息产业技术创新转化知识产权保护专题讲座，由国家知识产权局通信发明审查部副部长李超作为主讲嘉宾。此次讲座的目的在于帮助企业了解计算机软件程序知识产权保护的途径、计算机软件程序专利申请的策略，让企业了解知识产权体系，提高品牌经营和维权意识。

2012年10月26日，佛山市知识产权协会在唐园创新大厦主办关于专利信息利用——提升企业战略的研讨会，邀请广州奥凯信息咨询有限公司的老师作为主讲嘉宾，通过对德温特专利信息检索系统运用范例的讲解，讲述了企业如何利用专利信息寻找制定专利战略、提升技术研发高度、监控前沿技术的发展以及规避技术出口的风险，以解决企业发展过程中的问题。为企业通过专利信息的利用，促进企业创新发展提供智力支持。

【统计资料】

表1 2012年佛山市专利申请情况表

单位：件

各区	发明	实用新型	外观设计	合计	2011年	增长
禅城	597	977	12525	2826	2368	0.8%
南海	767	2758	2509	6034	5416	11.4%
顺德	1526	4675	5543	11744	10939	7.4%
高明	209	652	211	1072	554	93.5%
三水	211	452	264	927	678	36.7%
合计	3310	9514	9779	22603	20391	10.8%
2011年	2773	8421	9197	20391		
增长	19.4%	13.0%	6.2%	10.8%		

表2 2012年佛山市专利授权情况表

单位：件

各区	发明	实用新型	外观设计	合计	2011年	增长
禅城	217	931	1118	2266	2294	−1.2%
南海	244	2485	2141	4870	4002	21.7%
顺德	612	4006	4865	9483	9222	2.8%
高明	50	377	196	623	344	81.1%
三水	38	347	212	597	491	21.6%
合计	1161	8146	8532	17839	16353	9.1%
2011年	972	6655	8726	16353		
增长	19.4%	22.4%	−2.2%	9.1%		

表3　2006—2012年佛山市PCT专利申请情况表

单位：件

各区	2006年	2007年	2008年	2009年	2010年	2011年	2012年
禅城区	10	19	10	6	8	9	27
南海区	8	7	14	12	22	26	14
顺德区	12	17	31	31	59	65	72
高明区	1	4	4	1	4	11	6
三水区	2	0	1	0	1	3	2
合计	33	47	60	50	94	114	121

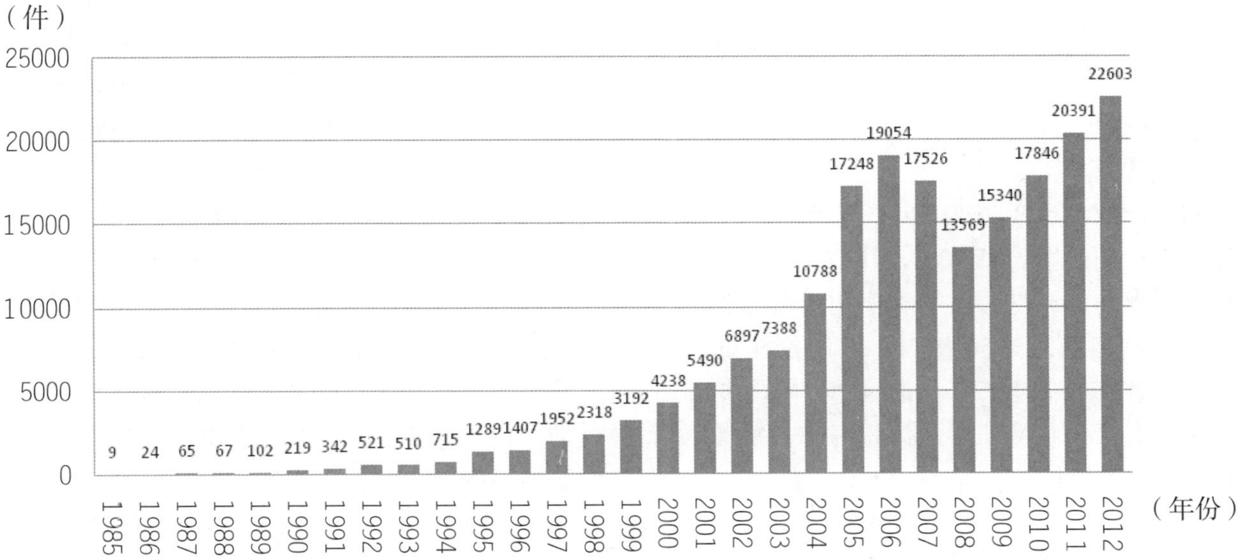

图1　1985—2012年佛山市历年专利申请量图示

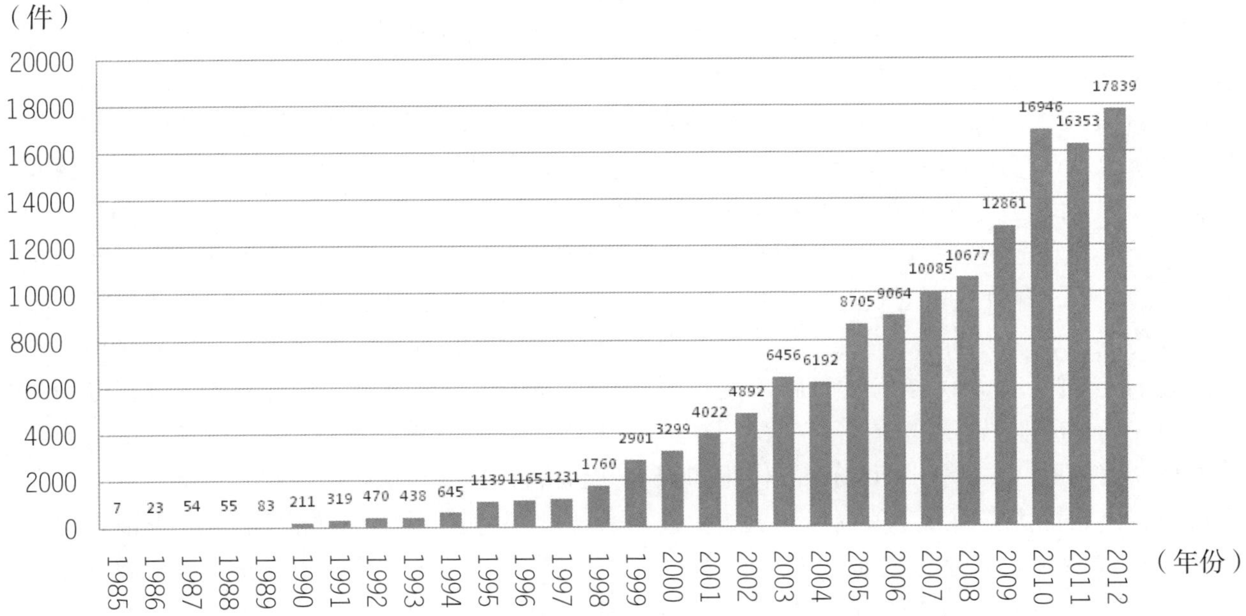

图2　1985—2012年佛山市历年专利授权量图示

（供稿人：李　辉）

韶关市

【概况】 2012年，韶关市知识产权工作以健全知识产权管理机构、完善知识产权制度建设、加快知识产权人才队伍建设三方面为工作突破口，切实抓好知识产权宣传培训、执法保护等方面工作，全社会知识产权意识明显增强，企业专利工作面貌焕然一新，全市专利申请的数量和质量明显提升，结构进一步优化。知识产权工作为自主创新和经济社会发展提供了有力支撑。

【知识产权创造】 2012年，全市专利申请量1814件，同比增长45.70%，其中发明和实用新型专利申请1031件，发明和实用新型专利申请量占专利申请总量56.84%；专利授权量1431件，同比增长114.22%。拥有PCT国际专利申请10件。全市新增注册商标1334件，新增广东省著名商标2件。

【知识产权宣传培训】 2012年共举办4期知识产权管理及实务等内容的培训班，其中市本级1期，县（市、区）3期。培训对象为全市企事业单位代表、各县（市、区）知识产权管理部门等有关人员，培训人数230多人。培训班邀请广州市新诺专利商标事务所有限公司华辉副所长授课，结合生动的案例为大家讲解专利申请、企业专利运用、企业应对知识产权纠纷等方面的知识，深受大家的欢迎。

宣传工作，一方面通过“4·26”世界知识产权日专项行动，联合市工商局、文广新局、公安局、质监局、药监局等有关部门在市区大型商贸场所、主要流通市场开展侵犯知识产权和制售假冒伪劣商品专项宣传和执法检查行动。通过专项行动达到对商家进行专利标识、出版物的鉴定、商标使用的宣传教育的目的，提高商家的知识产权保护意识。编印《知识产权宣传手册》和《知识产权ABC》宣传资料1万册，并免费向企业和公众派发。另一方面，深入企业调研，提高企业管理人员的知识产权意识。局领导亲自带领有关人员，与专利代理机构的专家深入韶钢、凡口矿、大宝山矿等60多家企业进行调研，开展专利保护、专利申请等知识的宣传。

【知识产权保护】 深入开展全市知识产权系统“三打两建”工作。局领导高度重视，按照省、市“三打两建”工作会议的部署，把“双打”工作纳入“三打两建”的工作内容，明确目标，周密部署，全力推进，取得较好的阶段性成果，局党组及时召开会议进行专题研究，并迅速成立市知识产权系统“三打两建”专项行动领导小组及其办公室。领导小组由张才明局长任组长，纪检组长、分管局领导任副组长，成员由各科室负责人担任，办公室设在知识产权管理科。根据广东省知识产权局《关于印发〈广东省知识产权系统“三打两建”专项行动实施方案〉》（粤知执〔2012〕36号）文件精神，制定《韶关市市知识产权系统“三打两建”专项行动实施方案》（韶知〔2012〕4号）、《韶关市知识产权系统社会信用体系建设实施方案》（韶知〔2012〕7号）、《韶关市专利行政保护监管体系建设实施方案》（韶知〔2012〕8号）。

6月6日，市知识产权局联合市公安局组成联合执法组开展查处假冒专利药品“护康胶囊”的执法行动。执法人员在市区某药店发现涉嫌销售假冒专利药品“护康胶囊”。经现场调查、取证，初步查明该药店涉嫌销售假冒专利药品“护康胶囊”的事实，现场扣押库存药品“护康胶囊”4盒，并对该药店进行专利法相关知识的宣传、教育。9月12日，市知识产权局联合县区知识产权局和有关部门，查处涉嫌假冒专利药品、保健品4宗，经查证，属于专利标识不规范，容易引起消费者误解，责令商家下架相关产品，整改后才能上架销售。

【知识产权运用】 知识产权试点示范。2012

年，浈江区被确定为省知识产权试点区域；韶关市利民制药厂被列为广东省知识产权优势企业，仁化县实验学校被确定为省中小学知识产权教育示范学校。目前，全市拥有省级知识产权试点县（区）4个、省级知识产权优势企业9家、省级知识产权试点事业单位2个、省级中小学知识产权教育试点（示范）学校10所，省知识产权战略试点企业1家，广东省知识产权示范企业1家，全国企事业知识产权试点单位1家。

专利技术产业化。深圳市中金岭南有色金属股份有限公司凡口铅锌矿的“无底柱深孔后退式采矿方法”项目获得省专利技术实施计划重点项目。韶关市铁友建设机械有限公司的“导向、螺旋排泥、管道顶进铺设施工方法专利实施”项目、韶关市贝瑞过滤科技有限公司的“S-Zorb专用高渗透金属过滤器滤芯”项目获得市专利技术实施计划重点项目。

（供稿人：冯瑞麟）

河 源 市

【知识产权创造】 专利。2012年，河源市专利申请量为570件，同比增长16.8%，专利授权量为326件，同比减少12.37%。至2012年，河源市共有专利申请3089件，专利授权1801件。2012年有2项专利技术被列入省级专利技术实施计划项目，其中重大项目1项；1家企业被确认为省级知识产权优势企业。

商标。全市新增注册商标567件。至2012年，全市申请注册商标6598件，成功注册商标4303件。在实施名牌带动战略中，有中国驰名商标1件，广东省著名商标23件。

【知识产权战略实施】 开展政府机关软件正版化工作。根据《国务院办公厅关于进一步做好政府机关使用正版软件工作的通知》（国办发〔2010〕47号）和广东省人民政府办公厅《关于贯彻国办发〔2010〕47号文件精神 进一步做好政府机关使用正版软件工作的通知》（粤府办〔2011〕3号）要求，结合当地实际，一是重新建立市推进使用正版软件工作联席会议制度。重新建立了由河源市副市长朱蔚蔚担任总召集人、市府各有关部门主要领导人为成员的河源市推进使用正版软件工作联席会议制度。二是建章立制。要求各有关部门将软件作为资产纳入部门资产管理体系，制定软件资产管理制度，并认真做好软件购买、安装、更换、使用、报废等日常管理工作。教育所属机关工作人员增强知识产权保护意识，按照谁使用、谁负责的原则管好用好自己使用的软件资产，不随意下载、安装、更换软件。三是制定河源市政府机关软件正版化目标责任书。2012年4月召开的全市文化工作会议上，由主管副市长朱蔚蔚分别与各县区主要负责人签订了政府机关软件正版化工作目标责任状，要求各县区务必于2013年6月底前完成本级政府所辖机关软件正版化工作任务。四是对市县两级政府机关软件正版化工作进行督查。根据《河源市推进使用正版软件工作年度检查及报告制度》（河府办明电〔2011〕135号）规定，市政府办公室、文版权局会同市经信局、财政局、审计局、公安局等市推进使用正版软件联席会议成员单位成立了“河源市推进政府机关使用正版软件工作督查组”，于2012年8月、10月分别对各县区以及市直机关使用正版软件工作情况进行督查。五是市直机关软件正版化工作全面完成。2012年11月20日，河源市政府机关软件正版化工作顺利通过了省推进政府机关软件正版化工作联席会议办公室检查组的检查验收。

培育本地商标品牌。根据省政府办公厅《转发国家工商总局关于支持广东加快转型升级、建设幸福广东的意见的通知》，结合市工商局《河源市工商行政管理局支持河源市加快转型升级、促进经济发展的五十二条措施》工作要求，引导企业进行商标注册，积极培育本地的商标品牌。一是在省商标事务所的支持下，在河源市区设立商标代理机构的派出机构。4月27日，广东省商标事务所河源分所正式在河源市工商局挂牌成立，为河源企业、个体户提供商标注册“查询、受理、报送”商标代理注册服务跟踪平台，提升工商部门对企业的服务效能。一年来该所帮助查询商标200余次，申请注册15件商标，续期商标注册2个，变更商标注册4个。二是基层工商所设立商标服务窗口。今年在全市工商行政管理系统58个工商所的注册窗口设立商标服务专门窗口，建立商标注册建议书制度，负责基层商标注册法律咨询、服务工作，通过商标服务窗口发放《商标注册建议书》60多份。

【知识产权保护】 专项执法行动。为切实加大知识产权保护力度，结合“三打”和“双打”两个专项行动，重点打击侵犯涉外商标、驰名商标和广东省著名商标专用权的违法行为，不断加大对注册商标专用权的保护力度，为企业品牌保驾护航。2012年，共立案查处各类商标违法案件105件，总案值1.75亿元，罚没款43.37万元，其中移送公安机关案件3宗。

2012年4月26日，河源市知识产权局联合市工商局、市版权局、市公安局、河源海关等11个单位深入市区丽日购物广场等大型超市开展联合执法巡查行动。河源市和各县区都分别举行了对侵权盗版及其他非法出版物集中销毁活动，据统计，在这次活动中，全市共销毁非法电子出版物912张，盗版电脑软件71张，盗版书报刊6233份（册）。5月25日，捣毁了两个大型假冒“爱马仕”商标皮具窝点，查获正在生产加工和已销售出去的“爱马仕”商标皮具1640件，案件市场标值达1.7亿元，共抓获人员30人，其中27人已被刑事拘留，13人被判刑，首犯被判无期徒刑。源城分局在6月份查处假冒床垫“研康睡宝”、“海马科技”、“如意睡宝”、“丹卡尼丝”等商标品牌的案件，当场扣押各种品牌床垫123张以及各种原材料一批，涉案商品市场货值达380万元，已刑拘4人。6月12日下午，河源市知识产权局执法人员对广东省知识产权局提供的2家药店销售假冒专利产品“护康胶囊”进行了执法，在暗访过程中没有看到“护康胶囊”销售。

开展打击专利申请非法代理机构。河源市兴源知识产权代理公司在闹市区发布广告“代理专利申请”。经河源市知识产权局查实该公司不具备专利代理资质，也没有具有相关资质的代理人，还没有代理过专利相关业务。河源市知识产权局局对该公司下发处理通知，一是对该公司负责人给予有关法律教育；二是鉴于目前全市知识产权事业发展的需要，鼓励引进机构为市企事业单位和群众服务的宗旨，要求该公司在45天内完善相关手续。

【知识产权运用】 对动漫市场、印刷复制领域和农村重点商品市场开展了专项整治行动。根据省新闻出版局《转发新闻出版总署等部门关于在动漫市场、印刷复制领域和农村重点商品市场开展专项整治行动的通知》（粤新出综〔2012〕6号）要求，市知识产权局自2012年3月起在全市范围内开展了动漫市场、印刷复制领域和农村重点商品市场专项整治行动。

在行政许可管理工作中，对120家印刷企业、126家出版物发行企业进行年度审核、登记工作，并对存在问题的经营单位进行严格整顿；完成行政审批事项涉及10类共计163件。2012年，全市市版权市场经营秩序良好，守法经营氛围日渐形成。

【知识产权宣传】 宣传。为了提高社会品牌意识，利用“4·26保护知识产权服务周”和“商标法颁布实施30周年”等活动，以“培育知识产权文化，促进广东品牌建设”为主题，通过现场咨询、悬挂横幅标语等形式多样的方式广泛开展宣传活动。县区工商局在“4·26保护知识产权服务周”期间成立机动执法队伍，对接到的商标假冒侵权投诉快速反应，及时调查处理。全市各级版权行政部门还组织力量分别在市区及各县城繁华地段悬挂“保护版权，促进创新发展”、“拒绝盗版，从我做起”等宣传标语20多幅，在市内各新闻媒体刊播“保护版权，促进创新发展”、“拒绝盗版，从我做起”等公益广告和反盗版举报电话60多条（版）次。活动期间各地共出动执法人员494人次，车辆111台次，悬挂、张贴各类宣传标语70多幅，举办咨询活动6场（次），接受商标法律咨询、真假商品、商标侵权识别3500多人次，检查经营主体1700多家；发放《商标法》、“三打两建”各类宣传材料6000份。通过宣传，使商标所有人能够准确规范使用商标并及时维护合法权益，使更多的企业家及消费者能够知晓并自觉遵守商标法律法规。

培训教育。2012年3月13日，河源市知识产权局联合河源市教育局、团市委、市少工委召开中小学知识产权教育研讨会，并为市级知识产权教育第二批试点示范学校授匾。市县两级知识产权、科技、教育、共青团、少工委单位领导以及省市两级知识产权教育示范试点学校的校长和老师共70多人参加了研讨会。6月份，市知识产权局联合市教育局、团市委、市少工委评定第三批市级知识产权试点学校4家。通过组织、鼓励学校开展形式多样的知识产权教育，部分学校学生与教职员工对知识产权的知晓率大幅上升，教师、学生的创新意识、创新精神和创造能力得到充分发挥和展现。不仅使青少年树立起尊重和保护创造成果的意识，也培养了青少年创新品质、创新思维和自主创新能力。

2012年3月21—23日，市知识产权局与省知识产权维权援助中心、市外经贸局等联合在源城、东源、龙川等县区举办3期知识产权维权培训班。5月29日，组织各县区科技局（知识产权局）相关负责人及省市两级知识产权试点示范学校的负责人举办知识产权强省政策宣讲培训班。8月份，市知识产权局与市法制局联合举办河源市知识产权系统专利行政执法培训班。市知识产权局及五县一区科技局（知识产权局）30多名专利行政执法人员参加了培训。培训班邀请省知识产权局政策法规处、河源市法制局以及市知识产权局的领导分别从专利行政执法实务操作、《专利法》、《行政许可法》、《行政处罚法》、《行政复议法》、《行政诉讼法》、《国家赔偿法》以及《广东省行政执法责任制条例》等方面进行了授课。培训课程结束后，参训人员参加由市法制局组织的行政执法资格统一考试。通过培训，对加强知识产权队伍建设，提高专利行政执法人员的业务素质，强化河源市专利行政执法力度，都将起到极大的促进作用。 （供稿人：陈伟东）

梅州市

【概况】 2012年，梅州市专利申请量1142件（其中发明125件，实用新型400件，外观设计617件），同比增长15.82%；专利授权量909件（其中发明55件，实用新型367件，外观设计487件），同比增长31.36%；梅州市在《商标公告》上被核准公告的商标共541件。至2012年12月底，梅州市累计专利申请量5095件，累计专利授权量3559件；梅州市注册商标累计数7711件（其中中国驰名商标1件，广东省著名商标56件）。2012年全市办理专利资助（补助）195件，资助金额 98875元。

【知识产权宣传】 梅州市坚持“激励创造、有效运用、依法保护、科学管理”的方针，结合“4·26”知识产权宣传周系列活动，利用电视、广播、互联网、报纸等，通过讲座、公益广告等，开展形式多样的宣传。据统计，2012年梅州市共举办知识产权专题讲座6场次，参加人数600多人，张贴宣传标语6条，在广东省知识产权局门户网站、《梅州日报》和《梅州科技简报》刊登短讯、信息40多条。

【知识产权保护】 梅州市积极开展专利行政执法工作，在执法人员严重不足情况下，将“三打两建”、“打击侵犯知识产权和制售假冒伪劣商品专项行动”和“执法维权护航专项行动”与日常执法工作有机结合，切实加大查处假冒专利和专利侵权处理力度，做到有效打击假冒专利和侵权违法行为，民众利益和专利权人合法权益得到进一步保护，营造了创新发展的良好环境。据统计，2012年，全市知识产权系统共出动执法人员156人次，检查生产经营场所161家，检查商品11842件，立案专利案件28宗（其中假冒专利案件26宗，专利侵权纠纷案件2宗），涉案金额200多万元，已结案28宗，结案率达100%。

2012年2月以来，根据省统一部署和要求，梅州市扎实开展“三打两建”专项行动，成立全市知识产权系统“三打两建”工作领导小组，并认真制订实施《梅州市知识产权局系统“三打两建”专项行动实施方案》。在全市范围内开展以打击欺行霸市、制假售假、商业贿赂和建设社会信用体系、建设市场监管体系为主要内容，以优化市场环境为目标的“三打两建”专项行动。

2012年成立梅州市打击侵犯知识产权和制售假冒伪劣商品工作领导小组，市人民政府副市长陈丽霞任组长，市政府分管副秘书长、市科技局（知识产权局）局长、市经信局局长、市质监局局长任副组长，成员由市委宣传部等29个单位组成。领导小组设在市知识产权局办公室负责日常工作。

*出具专利侵权鉴定意见。*2012年4月，广东风华环保设备有限公司投诉该公司工程技术人员毛某涉嫌侵犯风华公司3项专利权。梅州市知识产权局执法人员协同梅江公安分局的执法人员，前往湖北省随州市、山西省霍州市和安徽省进行历时15天的专利侵权勘验取证。梅江公安分局请求梅州市知识产权局对广东风华环保设备有限公司技术人员毛某制造的喷雾设备是否侵犯了该公司的专利权，出具鉴定意见。这是梅州市知识产权局首次应第三者的请求，对是否侵权作出鉴定意见。5月梅州市知识产权局出具了3份咨询意见函给梅江公安分局。9月20日，梅江区人民法院判处毛某犯生产、销售伪劣产品罪，判有期徒刑10年，剥夺政治权利1年，并处罚金人民币50万元。

*商标保护。*密切关注商标侵权行为的新动向，加大对驰名商标、著名商标的保护力度，及时做好商标侵权投诉和上级交办的案件查处工作。2012年，梅州市工商系统共出动执法人员2968人次，检查各类经营主体6318户，检查批发市场和集贸市场108个次，重点整治区域58处，查处商标侵权案224宗，案值100万多元，没收销毁侵权商品1249件，为权利人挽回经济损失10多万元。

加强品牌的培育。协助抓好“嘉应茗茶”（茶叶类商品）商标注册；“平远慈橙”证明商标的申请注册商标；“嘉应”（酒类商品）商标的受让工作；“塔牌”、“汾江”商标申报中国驰名商标；广东顺兴种养股份有限公司等8户企业做好申报省著名商标。“鸿源”等6件商标被省工商局新认定为省著名商标；“汾江”商标申报中国驰名商标通过国家商标局初审；“嘉应茗茶”商标注册通过国家商标局初审；“平远慈橙”地理标志证明商标通过国家商标局初审并在第1137期《商标公告》中公告，是梅州市地理标志证明商标“零”的突破。

*版权保护。*2012年，梅州市委、市政府采取“统谈统签”的方式，采购微软公司桌面办公电脑的微软操作系统和办公软件，全市范围内的党政机关可以在3年内不限数量使用正版微软操作系统与办公软件，一次性解决了梅州市全市党政机关软件正版化的问题。据统计，314个市直党政机关、事业单位计算机总数为11790台，已安装正版操作系统总数为11560套，已安装正版办公软件总数为11467套。

打黄打非。2012年成功打掉1个印制假发票窝点，查封1个音像店；建议当地审批部门吊销1个书店的文化经营许可证。执法现场共查扣大型印刷机器2台，切割机2台，晒版纸6张，胶膜印版50块，成品假发票2351份，半成品假发票1033张及制假原辅材料一批； 查扣低俗淫秽刊物15本（册）， 盗版中小学教辅读物2000余册。

【知识产权运用】 2012年博敏电子股份有限公司被确认为省知识产权示范企业，成为梅州市首家省知识产权示范企业；广东科伦药业有限公司被确认为省知识产权优势企业；丰顺县被列为省知识产权试点区域；广东新大地生物科技股份有限公司承担2012年“山茶籽去屑洗发露”专利技术实施计划项目。嘉应学院承担省知识产权软课题“欠发达地区知识产权发展中的知识产权问题研究”。5项发明专利获梅州市科学技术奖：广东嘉元科技股份有限公司的超薄电解铜箔（8微米双面光）的制造方法发明专利获得2012年度梅州市科学技术奖二等奖；博敏电子股份有限公司的印制线路板选择性镀金的制造方法，广东嘉和微特电机股份有限公司的电机电枢风轮压装置，广东南台药业有限公司的一种破壁灵芝孢子粉抗氧化的生产方法，梅县水果服务中心、梅县农村能源办公室的全自动沼气池发明技术应用及推广等4项发明专利分别获得2012年度梅州市科学技术奖三等奖。

至2012年底，梅州市有广东省知识产权优势企业10家，广东省知识产权示范企业1家，广东省知识产权试点区域4个，获得广东专利优秀奖7个，广东省中小学知识产权教育试点学校9所，广东省中小学知识产权教育示范学校1所。

【重大活动】 粤东地区专利申请及资助工作会议在梅州市召开。9月6日，广东省知识产权局在梅州市召开粤东五市专利申请及资助工作会议。会上，广东省知识产权局规划发展处副处长李强通报上半年广东专利申请情况，并宣讲了专利申请资助政策；汕头市澄海区、梅州市梅县、汕尾市陆丰市、揭阳市榕城区、潮州市潮安县等五个县、区（市）知识产权局的代表交流专利申请工作经验和不足。广东省知识产权副局长唐毅在会上作了讲话，充分肯定粤东地区专利申请工作，并对粤东地区推进专利申请工作提出了新的要求。

省知识产权局督查组到梅州督导“三打两建”工作。8月1日，省知识产权局“三打两建”专项行动第三督查组到梅州市督导知识产权局“三打两建”专项行动，梅州市知识产权局局长梁质寿和市知识产权局全体工作人员参加汇报会，省督查组听取了梅州市知识产权局开展“三打两建”专项行动情况的汇报并充分肯定梅州市知识产权局“三打两建”工作。

（供稿人：饶火东、陈军忠、涂志军）

惠 州 市

【概况】 2012年，惠州市知识产权工作以建设知识产权强市为契机，大力实施国家和广东省知识产权战略纲要，创新思想观念，转变工作方式，夯实基础，不断推动知识产权创造、运用、保护和管理全面发展。全年新认定广东省知识产权示范企业2家，广东省知识产权优势企业3家，惠州市知识产权优势企业7家。至2012年底，全市累计拥有全国企事业知识产权示范单位1家，全国企事业知识产权试点单位2家， 广东省知识产权示范企业5家，广东知识产权优势企业18家，惠州市知识产权优势企业65家。

【政策法规】 2012年9月，中共惠州市委、市政府在全省率先出台《贯彻落实〈关于加快建设知识产权强省的决定〉的实施意见》，明确提出建设知识产权强市的总体要求和发展目标，对加强知识产权创造能力建设、知识产权运用能力建设、知识产权保护能力建设、知识产权管理能力建设、知识产权服务体系建设、知识产权文化建设等工作提出指导性意见。明确规定经费保障，充分发挥市、县（区）两级政府的引导作用。从2012年起，在市财政每年安排市级知识产权专项资金1000万元的基础上，各县（区）每年安排知识产权经费总额达到1000万元，使全市知识产权专项经费达到2000万元。

2012年10月23日，惠州市政府出台《关于深入推进商标战略的实施意见》，进一步明确全市商标工作指导思想、工作目标、工作任务、部门职责和工作措施，将商标工作列入各级党委、政府的重要议事日程，使商标战略工作将部门行为上升到政府行为，推进全市商标保护与发展，形成一批在国内外市场上具有较强竞争力和影响力的自主品牌，使惠州市跨入全省商标发展先进市行列。

【知识产权创造】 2012年，惠州市知识产权局将提高专利申请量作为专利工作的重点，采取各种有效措施，加大专利申请的力度，引导全市科技创新优势向知识产权创造能力倾斜，促进全市自主知识产权数量和质量的提高。全市专利申请实现排名靠前一位的目标，申请量达9894件，全省排名第七，增幅64.11%，连续4年位列珠三角第一；发明专利1676件，专利授权量达4093件，增幅40.32%，PCT专利申请134件；有效发明专利645件。

2012年，全市新增注册商标2681件，累计有效注册商标22146件，4件商标被认定为中国驰名商标，15件商标被认定为广东省著名商标；新增集体商标2件。

【知识产权运用】 *专利奖及专利技术产业化项目。*2012年，惠州市知识产权局大力推进专利技术产业化工作，扶持惠州中京电子科技股份有限公司的专利技术“高精细多层印制电路板制造技术的研发及产业化”等7个项目产业化，共安排扶持资金100万元。

2012年4月，经惠州市科学技术奖评审委员会评审并向社会公示，评选出2011年惠州市科学技术奖共88项。其中，TCL集团工业研究院院长闫晓林获市科学技术奖突出贡献奖，“荔枝害虫生态控制的研究与应用”等9项科学技术成果获市科学技术奖科技进步类一等奖，“一种背光控制方法、装置及平板显示设备”等4项专利技术获市科学技术奖专利类金奖，“一种数字电视机顶盒一户多机的管理装置”等12项专利技术获科学技术奖专利类优秀奖。

*知识产权试点示范单位。*惠州市知识产权局通过开展培育试点示范企业，大力推动企业建立健全知识产权管理制度，制定知识产权专项规划，提高企业自主知识产权创造、运用、保护、管理能力，知识产权优势企业已成为惠州专利申请的主力军。2012年，广东得胜电子有限公司和惠州亿纬锂能股份有限公司被认定为广东省知识产权示范企业，广东巨洋集团有限公司、天宝电子（惠州）有限公司和惠州华阳通用电子有限公司被确认为广东省知识产权优势企业，惠州TCL移动通信有限公司等7家企业被认定为2012年惠州市知识产权优势企业，惠城区龙丰街道办被确定为广东省知识产权试点区域。

【知识产权保护】 2012年2月，广东省委、省政府部署在全省开展以“打击欺行霸市、打击制假售假、打击商业贿赂、建设社会信用体系、建设市场监管体系”为主要内容的，以优化市场环境为目标的“三打两建”专项行动。在省、市“三打两建”工作会议召开后，惠州市知识产权局成立“三打两建”专项行动领导小组，结合国务院和广东省开展的“双打”工作，以国家知识产权局的知识产权执法维权“护航”专项行动为契机，在全市知识产权局系统集中开展打击假冒专利“百日”行动。截至12月底，市知识产权局系统先后出动执法人员350人次，查处生产经营场所和商家700余家，检查商品47000余件，查处各类假冒专利案件52宗，涉及案值10多万元，结案52宗，调处专利侵权纠纷案件17宗，涉及案值60多万元，结案12宗。办案量在全省21个地级市的专利行政执法数据统计中排名第五。惠州市知识产权局被国家知识产权局授予2012年度全国知识产权系统和公安机关知识产权执法保护先进集体，李艺军同志被授予先进个人。惠州市工商行政管理局系统共出动执法检查人员4422人次，检查各类经营主体12721户次，检查批发零售市场、集贸市场等各类市场725个次，整治重点区域171处（次），查处违法商标案件443宗，案值 331.16万元，罚没金额 278.84万元，收缴并销毁违法商标标识4383件，没收销毁侵权商品54853件，移送公安机关案件2宗。惠州市文化广电新闻出版局共出动执法人员9580多人次、执法车辆4230多辆次，检查各类文化经营单位7000多家次，依法处罚60多家次违规经营的文化经营单位，取缔无证照经营出版物的游商、地摊70多个，查缴盗版书刊6万多册，盗版电子音像制品19万多张；查处龙门广弘教育书店有限公司销售非法出版物案、迅强电子有限公司涉嫌使用盗版软件案、陈某某销售盗版幼儿园教材案等几个大案要案，捣毁三个非法音像制品批发窝点。

开展“两建”试点工作。按照广东省的要求，惠州市作为“知识产权保护综合监管分体系建设工作”试点城市之一，惠州市知识产权局牵头开展知识产权保护综合监管分体系建设试点工作，制定了《惠州市知识产权保护综合监管分体系建设工作试点工作方案》，成立由惠州市中级人民法院、惠州市人民检察院、惠州市工商行政管理局等11个单位组成的领导小组，各成员单位积极行动，创新工作思路，结合本单位工作特点和“两建”工作要求，大胆探索，勇于创新，建立一系列工作机制，出台相应的配套措施，稳步推进试点工作。惠州在全省率先出台《贯彻落实〈中共广东省委、广东省人民政府关于加快建设知识产权强省的决定〉的实施意见》；创新知识产权监管手段，率先设立具有惠州特色的打假110投诉举报指挥中心，统一全市打假投诉举报窗口，率先在全省建成市、县（区）两级互联互通、信息共享的“两法衔接”信息系统工作。

粤东地区“三打两建”工作推进会。7月26—27日，粤东地区知识产权系统“三打两建”工作推进会暨第十一届知识产权局长联席会议在惠州市惠东县召开。此次会议的主题是“深入推进知识产权系统‘三打两建’工作，完善区域间专利行政执法协作机制”。广东省知识产权局副局长唐毅出席会议，他要求粤东七市知识产权局在下一阶段要以高度的政治敏锐性，进一步提高思想认识，充分发挥各地优势、建立执法办案目标责任制、加强大案要案的查处力度、加强专利行政执法协作和信息资源共享，加大宣传工作力度和加强长效机制建设，全面深入推进“三打”行动，把各项工作抓实、抓细、抓好，更好地为全省知识产权事业的持续健康发展作出更大的贡献。省知识产权局执法与监督处处长蓝伟宁通报全省开展“三打两建”专项行动基本情况，对当前在“三打两建”专项行动中遇到的问题进行一一解答，并部署下阶段工作。粤东七市知识产权局与会代表就开展“三打”工作和知识产权执法协作、维权援助工作情况进行了交流和探讨。

现场销毁非法出版物。2012年4月26日，惠州市“扫黄打非”工作领导小组在惠州市博物馆举行“惠州市4·26知识产权宣传周系列活动——非法出版物集中销毁仪式”，现场共集中销毁2万多盘（册）非法出版物。惠州市委常委、宣传部长黄雁行，惠州市政府副市长邓庆忠，市政协副主席许玩宏出席销毁仪式。市直有关部门、出版物经营业界、电子音像经营业界和师生代表等200多人参加了现场会。

驰名著名商标申报工作。2012年，惠州市工商行政管理局加大力度，积极推动商标战略实施，积极加强商标行政指导，通过采取定期走访、重点帮助，建立联系点工作制度等形式，开展企业商标品牌建设情况调查，及时帮助企业解决在品牌建设中遇到的实际问题，进一步提升了企业实施商标战略、打造品牌产品的信心，把拥有自主知识产权和高科技、高附加值、高产出的行业龙头企业作为培养重点，将其列入争创驰名、著名商标梯队名单，确保全市实施商标战略的持续推进。2012年底，“怡心居”、“千叶松”、“香恋”和“琪比小美屋”被国家工商行政管理总局商标局认定为中国驰名商标，新增广东省著名商标15件。截至2012年底，全市共有驰名商标12件、著名商标80件、注册商标22146件。

推进软件正版化工作。2012年，惠州市大力推进政府机关使用正版软件工作，4月15日，召开全市推进政府机关使用正版软件工作会议，进一步明确政府机关使用正版软件工作的整改时间、整改范围、整改方式，会议决定将完成今年政府机关使用正版软件工作列为县（区）委书记责任考核的重要指标之一。6月中旬，省推进使用正版软件工作第八督查组对惠州市政府机关使用正版软件推进工作进行了抽查，检查后总体评价是“领导重视、制度保障、工作扎实、推进有序、确保长效”，计算机的操作系统、办公软件合格均100%。2012年，惠州市还确定了广东畅想实业有限公司等8家企业为惠州市2012年推进企业使用正版软件工作单位。

【知识产权宣传与培训】 2012年，惠州市知识产权相关部门借助“3·15”消费者权益保护日、“4·26”世界知识产权日联合组织开展多种形式的宣传活动。在“4·26”知识产权宣传周期间，惠州市知识产权相关部门组织开展现场咨询、知识问答、集中销毁非法出版物、知识产权联合执法等系列活动，通过惠州电视台播放有关宣传短片，并滚动轮播有关公益宣传广告，《惠州日报》等地方报刊媒体在头版跟踪报道宣传周系列活动，广播电台反复播放宣传词，中国移动惠州分公司和联通惠州分公司发送近万条有关保护知识产权的宣传公益短信，惠州市各主要街道、人流密集区都悬挂“扫黄打非”、保护知识产权的宣传标语口号。

惠州市知识产权局和惠州学院共同举办了惠州学院2012年知识产权宣传月系列活动，活动内容包括知识产权专题报告会、常识板报展、问卷调查以及有奖知识竞赛四部分。

知识产权强省政策宣讲会。2012年4月23日，惠州市政府知识产权办公会议办公室举办知识产权强省政策宣讲会，邀请省知识产权局党组书记、副局长马宪民宣讲知识产权强省政策。马宪民书记结合图文并茂的PPT演示，用通俗易懂的语言，就《决定》的起草背景、制定过程以及内容特点等进行讲解，并对如何贯彻实施《决定》提出了具体要求。

培训。惠州市知识产权局通过加强与县区和企业的联系，采取分期、分批、分领域的方式，实施“百千万知识产权人才培育工程”，开展专利申请、知识产权保护、知识产权管理、专利信息运用等不同层次的培训， 培养管理人才和中介服务人才等多层次知识产权人才，先后举办“电子信息领域专利申请培训班”、“提升自主创新能力，保护知识产权培训班”和“知识产权人才培训班”等10多场专题培训班和讲座， 参加人员1300多人。2012年，惠州市知识产权局还承办主题为“知识产权风险管理”的美国知识产权制度巡回研讨会和“全省上市公司知识产权总裁培训班”。

2012年，惠州市文化广电新闻出版局分别举办了3期印刷、电子出版物、音像制品、书报刊守法自律监管员培训班，对全市出版物经营从业人员300多人次进行《著作权法》等法律法规知识的培训，以提高他们守法经营、文明经营的自觉性。

“正版正货承诺”活动。2012年，惠州市知识产权局、惠州市工商行政管理局和惠州市版权局联合开展“正版正货承诺”活动，依照政府引导、行业自律、企业承诺、社会监督的原则稳步扎实进行，选择32家管理规范、知识产权制度较完善、社会信誉好的企业和商家作为“正版正货”承诺单位。目前全市共有62家企业和商家加入该活动的行列。

中小学知识产权教育试点工作。2012年，惠州市知识产权局、市教育局、共青团惠州市委、中国少年先锋队惠州工作委员会和惠州市科学技术协会联合开展中小学知识产权教育试点工作，拟认定7家学校为2012年惠州市中小学知识产权教育试点示范学校。

【统计资料】

表1　2012年惠州市各县区专利申请统计表

单位：件

县区	发明	实用新型	外观设计	合计	2010年合计	同比增长%
惠城区	422	635	1454	2511	2048	22.61%
惠阳区	143	226	944	1313	894	46.87%
博罗县	103	188	920	1211	493	145.64%
惠东县	40	96	686	822	402	104.48%
龙门县	31	94	20	145	38	281.58%
大亚湾区	84	272	81	437	180	142.78%
仲恺高新区	852	1097	1498	3447	1969	75.06%
校正值	1	6	1	8	8	
合计	1676	2614	5604	9894	6032	64.03%

表2　2012年惠州市各县区专利授权统计表

单位：件

县区	发明	实用新型	外观设计	合计	2010年合计	同比增长%
惠城区	129	609	460	1198	818	46.45%
惠阳区	44	233	325	602	454	32.60%
博罗县	34	157	234	425	396	7.32%
惠东县	11	63	77	151	63	139.68%
龙门县	0	10	20	30	27	11.11%
大亚湾区	5	175	75	255	138	84.78%
仲恺高新区	87	979	362	1428	1019	40.24%
校正值	3	1	0	4	2	
合计	313	2227	1553	4093	2917	40.32%

（供稿人：纪智敏）

汕尾市

【概况】　2012年，汕尾市知识产权局贯彻实施国家和省知识产权战略纲要，围绕市委、市政府的工作中心，继续执行知识产权区域发展计划，结合“双打”工作积极开展“三打两建”活动和知识产权执法维权“护航”专项行动，不断加大知识产权保护力度，鼓励创新，强化宣传、培训和服务，大力推行知识产权保护新形式，在技术创新、专利申请和专利保护等方面取得一定成效。

【知识产权创造】 2012年，汕尾市专利申请量760件，比2011年同期增长120%。其中发明专利94件，实用新型164件，外观设计500件；专利授权量484件，比2011年同期增长119%。其中发明专利21件，实用新型121件，外观设计342件。

汕尾市商标注册新增1200件，累计注册商标125000件；累计广东省著名商标16件。

【知识产权保护】 汕尾市知识产权局在原有市级专利执法联络室的基础上，结合“三打两建”进一步开展打假专项行动，加强与工商局、质监局、公安局、文广新局等有关部门的执法协作，组织知识产权有关部门联合执法和知识产权局系统市县联合执法，出动执法车辆40多车次，执法人员220多人次，在城区、海丰县、陆丰市和陆河县等重点领域，开展以皮具、服装、珠宝、食品、药品和家具五金配件为重点产品的“三打”专项行动，抽查相关产品4000多件；同时检查大型商场、超市36家，药店27家，抽查有专利标识的食品472件，药品117件；缴获盗版光盘50多张。对涉嫌假冒专利产品立案30宗，其中发出整改通知书8份，结案30宗。

2012年8月，汕尾市知识产权局谋划建立知识产权市场诚信体系和监管体系的工作。11月21日，组织召开部分销售标注专利商品的商店单位座谈会，选取若干家自愿参与“汕尾市专利诚信单位”建设的商店单位和汕尾市科技局（知识产权局）签订责任书并授予牌匾。

汕尾市工商行政管理局制订落实《汕尾市工商行政管理系统2012年开展打击侵犯知识产权和制售假冒伪劣商品工作方案》，发动组织汕尾市经检部门和各个工商所进行专项行动开展突击检查。出动车辆1700车次，执法检查人员7500人次，检查批发零售市场、集贸市场等各类市场400场次，服装、食品生产加工企业及印刷企业和汽车配件门市、皮革制品门店各类经营主体600户。截至2012年10月，专项行动查处违法案件605宗，罚款128.68万元；其中商标违法案件103宗，案值59.68万元，罚款59.58万元。

汕尾市文化广电新闻出版局开展迎亚运“扫黄打非”、出版物市场集中清查行动，加强对车站、码头、城镇繁华路段、高速公路服务区、学校、夜市和比赛场馆周边文化市场进行高密度检查，1—11月，出动执法人员9596人次，检查各类文化经营场所6624家次，查处违规经营各类文化经营场所231家次，收缴非法音像制品5831张，取缔无证照地摊26个。

3月22日，汕尾市召开推进政府机关使用正版软件工作会议，加强版权保护。汕尾市推进软件正版化工作联席会议制度办公室（设在市文广新局）按照省政府和市政府工作部署，推进政府机关使用正版软件工作，完成汕尾市直各单位、各县（市、区）正版办公系统软件采购安装工作，市直各单位完成正版操作系统软件采购安装工作。

【知识产权管理与服务】 专利管理协调发展。汕尾市知识产权局实施2012年度省级知识产权区域发展计划，加大知识产权管理项目的推荐上报工作力度。完成省知识产权区域发展计划2011年度执行情况总结和2012年度省知识产权区域发展计划申报工作；完成汕尾市承担2008、2009年省专利实施计划项目总结验收工作；发动组织申报2012年省专利实施计划项目2项，获省局立项1项；推荐上报省知识产权示范企业1家，省知识产权优势企业1家，获省局认定1家；发动申报省知识产权区域试点2个，获省局认定1个；推荐上报省知识产权示范学校1所获省认定，发动推荐申报国家专利奖2项、2013年广东专利奖5项。新增认定第二批汕尾市知识产权专家库专家6名，累计专家32名。

汕尾市工商行政管理局推进商标品牌战略，实施品牌提升，制定《汕尾市工商局推进实施商标战略工作方案》，明确推进商标品牌战略的目标、要求和工作措施及责任分工。印发《关于加强著名驰名商标申报及指导工作意见》，具体规划各县（市、区）工商局辖区内著名商标发展目标及工作职责。

汕尾市文化广电新闻出版局组织开展“书香岭南”全民阅读活动。4月，与市委宣传部、文明办等部门联合制定印发《2012年“书香岭南”全民阅读活动工作方案》，于8月17日在市育才书店、新世纪书城举行“书香岭南”全民读书活动启动仪式，在全市范围内深入开展全民阅读活动。

【知识产权交流与合作】 7月26—27日，汕尾市知识产权局代表参加在惠州市惠东县召开的“粤东地区知识产权系统‘三打两建’工作推进会暨第十一届知识产权局长联席会议”。会议的主题是“深入推进知识产权系统‘三打两建’工作，完善区域间专利行政执法协作机制”。广东省知识产权局副局长唐毅出席会议。他对粤东七市知识产权局开展“三打两建”的成效给予充分肯定，并要求粤东七市知识产权局加大宣传工作力度和加强长效机制建设，深入推进“三打”行动，为全省知识产权事业的持续健康发展作出更大贡献。

来自广东省知识产权局执法与监督处和粤东七市知识产权局代表30多人参加了会议。与会代表围绕各地知识产权局开展“三打”工作和知识产权执法协作、维权援助工作情况进行热烈的交流和探讨。

【宣传、教育培训】 汕尾市知识产权局组织开展“‘4·26’保护知识产权宣传活动”宣传活动，采用悬挂标语、发放宣传资料和电视网络媒体多种宣传形式，宣传《专利法》等法律法规。

组织执法人员参加市法制局举办的《中华人民共和国行政强制法》、《行政执法工作手册》培训；学习《专利法》、《专利行政执法规定》、《行政许可法》、《行政处罚法》、《国家赔偿法》、《行政诉讼法》法律法规知识。4月26日，汕尾市知识产权局在局会议室举办“4·26”宣传周知识产权强省政策宣讲会，各县（市、区）知识产权局负责同志和部分企业知识产权工作人员参加。宣讲会由汕尾市知识产权局副局长叶汉余主讲。

汕尾市工商行政管理局“4·26”联合市知识产权局在汕尾市城区通港路设立咨询服务台，向群众派发宣传资料900份，咨询人数700多人次。

汕尾市文化广电新闻出版局组织新华书店和民营书店举办“南国书香节”书展、农家读书节和送书下乡等活动，全面开展全民阅读活动，在全市营造公民崇尚知识、自觉阅读、快乐阅读的良好氛围。（供稿人：袁劭翊）

东莞市

【概况】 2012年东莞市专利申请量29199件，专利授权量达到20900件。全年新增注册商标12335件，其中新增中国驰名商标10件，新增著名商标30件。东莞顺利通过国家知识产权示范城市创建市和全国知识产权质押融资（东莞）试点工作验收。

【实施知识产权战略】 实施专利战略。东莞市知识产权局深入实施推动知识产权创造的有关政策措施，注重发挥财政资金的杠杆作用，引领专利数量持续增长，质量不断提高。东莞市知识产权局联合外经贸局开展企业“专利双提升”专项行动，通过召开动员大会、举办39场专利宣讲会、派发2万份宣传资料、组织镇街科技办和知识产权服务机构深入企业咨询服务和举办专利行政管理人员培训班等一系列措施，取得良好成效，全年“专利破零”企业达到964家；开展专利奖评选工作，拟定市专利金奖5项，市专利优秀奖20项，奖励资金150万元；完成专利申请资助项目14022项。2012年，东莞市发明专利申请量5568件，同比增长32.16%；发明专利授权量1381件，同比增长82.19%。

实施商标（品牌）战略。东莞市工商局组织召开驰名著名商标企业座谈会，听取企业在品牌建设方面的心得体会、遇到的问题和困难以及对政府和有关职能部门的意见及建议，并提出加大对商标战略工作的投入力度等工作建议；与市中级人民法院、市外经贸局等单位联合举办“大力实施商标品牌战略　加快建立创新型经济强市”论坛，提高企业商标（品牌）意识和维权能力。市经信局也组织推荐东莞市12个优势产品列入省名牌产品评价目录，向省名牌评价中心推荐73家企业的75个申报产品。目前，全市累计共有注册商标69559件、驰名商标34件、著名商标226件，驰名、著名商标总数继续位居全省前列。

版权兴业工程。东莞市不断优化版权服务工作，提升版权服务基层工作站能力和水平，打造日常版权服务品牌，助力企业转型升级。2012年，东莞市版权基层工作站受理作品著作权登记事项170余项，同比增长33%，已成功登记并领到登记证书146件，同比增长42%。

【知识产权管理】　召开专题会议。东莞召开全市知识产权工作会议暨专利奖励大会，总结2011年知识产权工作，提出下阶段工作发展规划，举行全国专利系统先进集体和市专利奖颁牌仪式。召开全市名牌带动战略工作暨表彰会议，会议主要总结2011年实施名牌带动战略的工作情况，并对2012年工作进行部署。东莞市知识产权局召开全市专利促进工作座谈会，传达珠三角地区专利申请促进工作会议精神，总结“专利双提升”专项行动，通报东莞市近期专利工作情况，部署下一阶段专利促进工作任务和要求。

建立市局会商制度。东莞与广东省知识产权局共同签署《广东省知识产权局　东莞市人民政府关于建立知识产权合作会商制度的议定书》，双方同意在推进知识产权战略实施、完善知识产权创新机制等八个方面开展深入合作，共同成立“合作会商领导小组”，协调重大合作事项。并签署落实2012年工作安排。

优化政策体系。东莞市知识产权局重新对专利政策进行梳理和优化，修订《东莞市专利促进项目资助办法》；市经信局修订《东莞市创建名牌奖励办法》，鼓励、引导东莞市企业积极创建品牌。市质监局出台《东莞市质量技术监督局名牌产品管理工作制度》，规范名牌产品管理工作。

【知识产权运用】　知识产权交易融资。东莞知识产权局开展第三批和第四批质押融资项目的征集，有11家企业与金融机构签署专利权质押融资意向，7家企业已经完成专利资产价值评估，并获得专利质押贷款额共5253万元。建成“东莞知识产权质押融资项目信息管理平台”，实现知识产权质押融资项目管理的电子化、网络化和规范化，并通过国家专利质押融资试点市验收工作。同时东莞市也被确认为国家第二批专利保险试点城市。

知识产权预警。东莞市知识产权局建成家具行业专利信息平台，并完成家具行业专利预警分析工作。目前，已完成无铅焊料行业、射频识别(RFID)行业、OLED行业、太阳能行业、LED行业、覆铜板行业、电池行业、电线电缆行业、家具行业等9个行业专利预警分析工作。东莞市工商局通过实施商标预警，全面掌握东莞商标变化情况，共监测抢注东莞地区重点企业商标233件，共发出预警通知书328份。

知识产权评议。东莞市知识产权局首次组织对东莞市第二批引进创新创业领军人才项目开展知识产权评议工作，对已申报的12项创业领军人才项目的专利情况和核心技术说明文件进行阅读和分析，检索项目所涉及知识产权的现有状况，分析项目知识产权与项目核心技术关系、项目技术的专利保护状况、未授权发明专利的授权前景以及是否存在产生侵权纠纷风险。

【知识产权保护】　“双打”专项行动。东莞市知识产权各职能部门充分发挥东莞知识产权保护的执法协作、议事会商、情况通报、沟通对话等工作机制的作用，实现执法工作与“双打”专项行动无缝隙衔接。专项活动中，各职能部门出动人员1.6万人次，查处侵犯知识产权行为案件526宗，涉及案值2200万元。东莞市知识产权局、版权局和工商局还联合组织东莞市天虹商场有限公司等37家单位开展“正版正货承诺”活动。

知识产权行政执法。东莞市知识产权局完善专利行政执法机制，创新工作模式。2012年共处理专利行政案件73宗，结案率达100%，处理专利案件量首次位居全省第3位；工商局立案查处商标侵权案件1600多宗，公安机关破获侵犯知识产权和制售假冒伪劣商品犯罪案件338起，版权局查处违规经营书店52间次和违规经营音像店62间次，经信局查获制售假冒伪劣酒的窝点45个，东莞海关查获侵犯知识产权案件23件，质监局立案查处知识产权违法案件83宗，食品药品监管局捣毁涉药窝点265个，农业局立案查处案件267宗。

知识产权刑事司法保护。东莞两级法院创新判后答疑方式，坚持庭审公开，落实“两评查”制度。2012年，依法新收各类知识产权案件2436件，结案2262件，全年结案率92.86%；并成功审结亿元知产大案即希珂尔电气有限公司与东莞长安迅诚电业制品厂、迅诚电业有限公司发明专利侵权纠纷系列案件。

展会保护。东莞市知识产权局进驻第27届、28届国际名家具（东莞）展览会等4个展会开展知识产权保护工作，处理专利案件39宗，接受各类咨询71宗；版权局组织“版权服务工作站”，进驻第四届中国（东莞）国际影视动漫版权保护和贸易博览会，受理参展作品著作权免费登记申请 161宗；经信局指导广东现代会展管理有限公司进行会展业服务标准化的制修订，共完成标准体系文件284项。

【知识产权服务】 搭建服务平台。市知识产权局完善中国（东莞）知识产权维权援助中心建设，启动中国东莞（家具）知识产权快速维权中心建设；市工商局积极建立和推广商标印制电子监管系统，实现对全市商标印制行业的信息化、全方位、综合监管；市经信局依托“12312”电话热线，畅通打击制假售假酒类产品线索反映渠道，受理相关举报投诉86宗；市质监局加强“12365”平台建设，共处理举报投诉信息3625个，受理知识产权类案件17宗。

发展服务机构。市知识产权局新引进4家专利代理机构，全市专利代理机构总数达到32家；对2家非法代理机构进行查处，规范专利代理市场。

利用专利信息。市知识产权局完善广东省专利信息平台东莞分平台建设，共8000多人次运用市专利信息平台；推广Thomson Innovation国际检索平台的应用，并在松山湖建立工作站，为企业加强技术创新和转型升级提供技术支撑。

【知识产权宣传及培训】 知识产权宣传。2012年东莞市各有关部门和各镇街以“4·26世界知识产权日”为重点，以专题报道、举行论坛、播放宣传广告、制作户外广告、创办专栏等形式，广泛开展知识产权宣传活动，全市知识产权氛围日益浓厚；在日常的宣传中，还组织举办“知识产权与创新型经济大家谈”、“知识产权模拟法庭”等知识产权宣传活动，并开展知识产权文化进校园活动；此外，成员单位还以“3·15”国际消费者权益日、“12·4”全国普法宣传日等活动为契机，向企业宣传知识产权，提高企业知识产权保护意识。

知识产权培训。东莞市知识产权局与广东省知识产权研究发展中心联合举办三期专利工作者培训班，在镇街开展39场专利培训，共培训6000多名企业知识产权管理人员；市经信局组织执法人员培训和岗位培训，共培训300多人（次）；市司法局组织开展4场专家讲座，聘请省内外优秀专家和企业的知识产权经理人来莞授课。

【统计资料】

2012年东莞市专利申请及授权情况

表1 2012年东莞市三种专利同比2011年同期增长情况

单位：件

		2011年	2012年	增长率
申请	发明	4214	5568	32.16%
	实用新型	10822	13167	21.74%
	外观设计	9419	10464	11.33%
	合计	24455	29199	19.53%
授权		2011年	2012年	增长率
	发明	758	1381	82.19%
	实用新型	7977	10667	33.68%
	外观设计	10618	8852	−16.70%
	合计	19353	20900	8.00%

表2 2012年东莞市五类申请人专利申请授权情况表

单位：件

		2011年	2012年	增长率
申请	大专院校	41	84	104.88%
	个人	10147	11777	16.06%
	工矿企业	14084	17171	21.92%
	机关团体	51	82	60.78%
	科研单位	132	118	−10.61%
授权		2011年	2012年	增长率
	大专院校	28	49	75.00%
	个人	9826	8799	−10.45%
	工矿企业	9400	11964	27.28%
	机关团体	28	30	7.14%
	科研单位	71	52	−26.76%

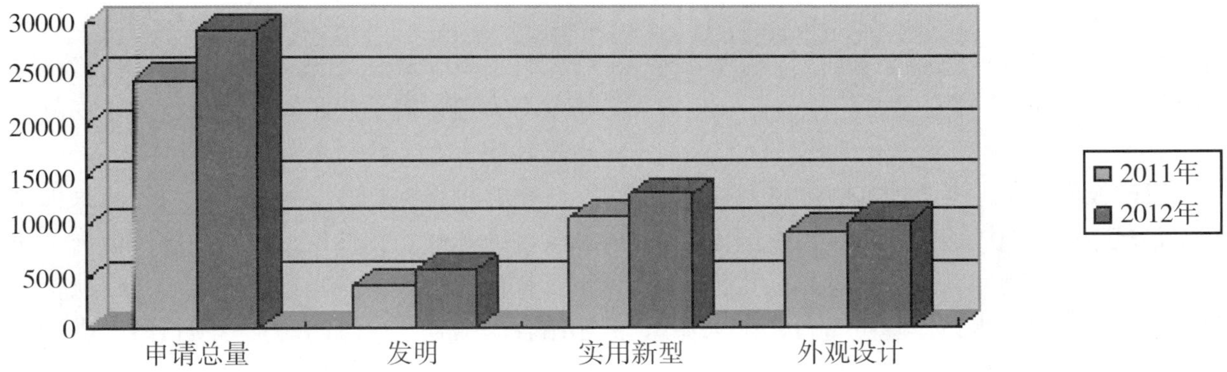

图1　2012年东莞市三种专利申请与2011年申请比较图

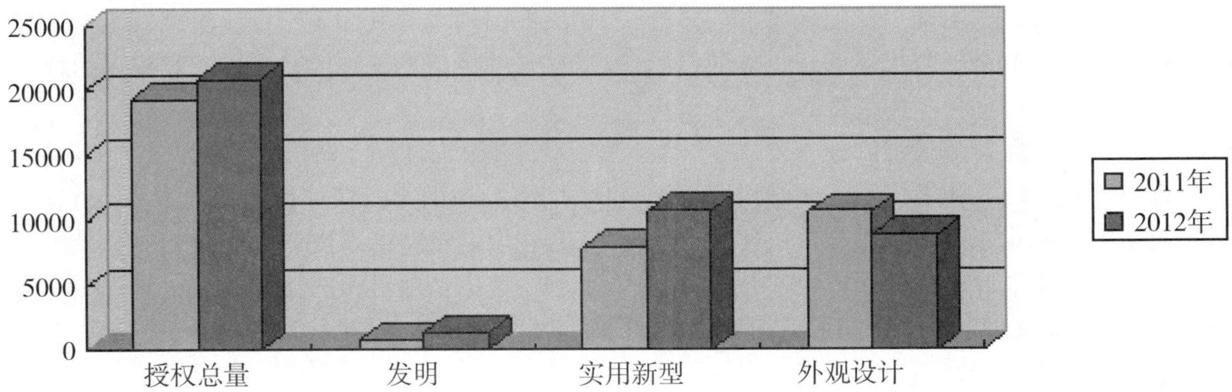

图2　2012年东莞市三种专利授权与2011年授权比较图

（供稿人：盛永明）

中　山　市

【概况】　2012年，中山市贯彻落实国家和省知识产权战略纲要，以知识产权提升自主创新能力和产业核心竞争力为方向，以服务企业、服务产业、服务镇区为工作内容，以打造创新环境为工作突破口，以加快专利服务业发展和人才培养为支撑，继续实施专利重点工程，培育中国驰名商标和广东省著名商标，加快版权基层工作站建设，以“三打两建”专项行动、“双打”工作为契机，全力打击侵犯知识产权行为，全面推进知识产权事业的发展。

2012年，由国家知识产权局主办的中山知识产权快速维权工作现场会在中山市举办。

【知识产权创造】　2012年，中山市专利申请18401件，同比增长30.17%，其中，发明专利申请1816件，同比增长40.88%；专利授权10878件，同比增长8.49%，其中，发明专利授权465件，同比增长30.99%。国家工商总局商标局、商标评审委员会公布了新认定的两批中国驰名商标，中山共有10件，分别是好生活电器“Haotaitai”、达华智能“MANGO”、光阳电器“冠雅GUANYA”、世宇动漫“世宇科技”、顶固集创“顶固”、皇冠胶粘“皇冠GROWN”、嘉豪食品“劲霸jinba”、澳克士照明“澳克士K E S”、丽莎涂料“沙漠绿洲DESEROASIS”以及固莱尔阳光板“固莱尔

GOODLIFE”商标。目前，中山市拥有行政认定的驰名商标45件，位居全省前列，品牌效应强，行业带头作用显著。

【知识产权保护】 召开中山知识产权快速维权工作现场会。2012年7月24日，由国家知识产权局主办的中山知识产权快速维权工作现场会在广东省中山市古镇镇隆重举行。国家知识产权局局长田力普出席会议并发表重要讲话。世界知识产权组织副总干事王彬颖出席会议并致辞。

田力普指出，国家知识产权局各部门要继续加强对中山快速维权与快速确权工作的指导和支持，并在全国选择工作基础好、产业聚集度高、知识产权保护需求强的地方，有序开展快速维权试点工作，积极探索“一站式”知识产权快速维权模式。中山知识产权快速维权试点工作开展一年来取得了显著成效，并希望利用现场会很好地总结和推广中山开展快速维权工作的经验，探索创新知识产权快速维权工作模式，深入贯彻党中央、国务院工作部署，进一步发挥知识产权制度在促进经济社会发展中的重要作用。

在现场会上，田力普和国家知识产权局副局长杨铁军为部分获得快速授权的专利权人颁发专利证书。

“双打”、“三打”、“护航”专项行动紧密结合，成效显著。2012年，中山市查处侵犯知识产权和制售假冒伪劣商品案件2360件，涉案金额4593万元，捣毁制假售假窝点715个，移交司法机关案件194件。其中，专利行政执法共出动执法人员1075人次，检查单位309次，全年专利侵权纠纷案件立案329件，其中结案321件；商标行政执法共出动执法人员90637人次，检查各类经营主体37756户，检查批发零售市场、集贸市场等各类市场6230个次，受理和处理消费者申诉和举报317件，捣毁制假售假窝点807个，立案查处商标侵权、不正当竞争和制售假冒伪劣商品各类案件1799宗，已结案1479宗；版权纠纷调解和执法，共调解涉及未经许可商业使用计算机软件版权纠纷案件共20余宗，通过系列的行政执法行动1宗，有力地打击了侵犯知识产权行为，规范了市场秩序。

中国中山（灯饰）知识产权快速维权中心扎实推进工作。2012年，中国中山（灯饰）知识产权快速维权中心坚持日常执法与专项执法相结合，结合“三打两建”专项行动，进一步加强打击知识产权侵权和假冒行为，同时围绕灯饰配件展、灯饰博览会开展知识产权维权保护工作，设置知识产权工作站，联合组委会等相关部门现场开展知识产权执法维权工作。营造良好的经济发展环境，维护专利权人的合法权益。

在国家知识产权局的指导下，中国中山（灯饰）知识产权快速维权中心分别于6月、10月选取两批共97家次创新能力强的企业进入专利快速申请通道，成功调试和运行“中国外观设计专利智能检索系统”和“中国专利电子审批系统”两大业务系统，实现外观设计专利十个工作日获得授权。至今，已为394件专利申请进行了加快申请，并提供预审、查询、打印相关证书的服务。

中国中山（灯饰）知识产权快速中心坚持把知识产权宣传教育工作摆在重要位置。抓住“4·26”世界知识产权日的契机，围绕“知识产权助推经济转型”这一主题，开展内容丰富、形式多样的活动。通过集中宣传教育，进一步增强全社会的知识产权意识。一是举办古镇知识产权宣传活动月。4月份，通过古镇电视台、《灯都古镇》等镇内主要媒体，在黄金时段连续播放“12330”公益广告，及时报道知识产权保护工作动态；在各专业市场、工业园区、社区学院、学校等地方醒目位置挂知识产权保护横幅；佰盛广场、银泉酒店等高端灯饰商贸区开设知识产权宣传栏；在灯配展举办维权成果图片展；举办“中国外观设计专利智能检索系统”启动仪式。通过形式多样的宣传途径，发放宣传小册子1800多份，受教育面达15000人次，取得良好的宣传效果。二是积极举办培训。为了提高企业专利申请质量，增强企业的知识产权保护意识，2012年中心共组织10场次的专题培训，受教育面达1500人次。三是坚持宣传进商会进卖场。在青年商会、安徽商会、温州商会、宁波商会、四川商会、古镇商会、浙江商会等7个协会组织知识产权工作推广会，积极宣传专利快速申请、知识产权保护法律法规等知识，提高维权中心影响力，全面收集意见及建议，深入调研企业在知识产权方面存在的问题及今后发展方向。四是在7月24日，成功承办中山知识产权快速维权工作现场会，来自国家知识产权局各有关司部、国际知识产权组织、全国各兄弟省区市知识产权局负责人、相关企事业单位等代表共计150多人参加了会议，并现场考察了中心相关工作。

建立健全知识产权保护长效机制。2012年，中山市将专利行政执法权限委托给24个镇区行使，通过委托协议明确市镇职责分工，让镇区执法人员全程参加专利行政执法工作，取得良好的执法效果。同时，依托中山市红木家具知识产权联盟、中山市照明灯饰产业知识产权联盟、中山市半导体照明产业知识产权联盟以及部分商会开展知识产权自律工作，使知识产权保护进入基层。

【知识产权管理与服务】 新闻出版审批工作。2012年，中山市共办理一次性内部资料准印证核发业务86宗，连续性内部资料登记证核发业务5宗，进出口光盘核准业务102宗，出版物经营许可证审批、变更和注销业务52宗，组织审读员审读样本总量达800余万字。3月份对市461家出版物经营单位开展2011年度出版物经营许可证的年检工作。协助省局对我市3家全国统一刊号报刊和50家连续性内部资料出版物及各大报社驻中山记者站办理年检业务。

积极为企业申报各类项目。2012年，中山华帝燃具股份有限公司被认定为广东省知识产权示范企业；广东金点原子制锁有限公司、广东龙的集团有限公司、广东通宇通讯股份有限公司、中山市光阳电器有限公司被认定为广东省知识产权优势企业；广东百佳百特实业有限公司的“一种钞票成色的检测与识别方法”被列入2012年广东省专利实施计划项目。

实施“百所千企知识产权服务对接工程”。选拔一批符合条件的专利中介机构和一批有创新能力的企业，举办各种类型座谈会和对接会10次。通过专利代理机构扎实有效的工作，不但赢得企业信赖，也提高企业专利申请量和质量。

中山市利用Thomson和Orbit知识产权信息平台为市战略新兴产业提供专利信息深度服务，编制16期行业专利简报。同时，依托“中国外观设计专利智能检索系统”和世界灯具专利数据库，为企业提供检索服务，帮助企业提高研发效率、专利申请的质量和维权的有效性，使知识产权服务贯穿于产品的整个生命周期。到目前为止，已为597家企业提供了1546次检索服务。

【知识产权宣传与培训】 开展“4·26”系列宣传活动。2012年，“4·26”世界知识产权保护宣传周期间，中山市在镇区开展一系列宣传培训活动。通过中国外观设计专利智能检索系统开通仪式、电子申请推广培训、LED专利发展态势分析报告会、电子支付系统培训班等活动，把知识产权专业知识送进企业、送进协会、送进专业市场，上门为企业提供专业知识服务。通过各大媒体播放公益广告，公布中山专利申请、授权前十名的企业名单，报道先进企业事迹等，弘扬一批保护知识产权的典型，曝光一批违法违规企业和案件，动员社会力量共同加强知识产权保护，营造尊重知识，保护知识产权的文化氛围。

人才培养。2012年，中山市实施“百千万知识产权人才培育工程”，开展专利申请、知识产权保护、知识产权管理、专利信息运用等培训，为企业培养知识产权实用型人才。围绕着企业一个个专题需求，精心准备，与企业一起解决现实困难。先后开展了产品开发与专利检索、商业秘密与专利申请、产品出口与专利海外布局、专利申请评估与专利机构选择、专利制度建设与专利激励办法、企业形象与专利宣传策划、专利跟踪与研发模式、专利保护与路径选择、著作权与外观设计等一系列专题培训。为提高专利培训的针对性，站在企业的立场思考问题，中山市组织企业知识产权负责人和镇区商会会长谈专利及管理工作的经验，讲述企业如何通过利用专利文献，由技术的追随者成长为技术的领先者的成功经验，为企业知识产权事业的发展提供了很好的借鉴作用。

商标宣传活动。2012年，中山市以“培育知识产权文化，促进中山品牌建设”为主题，开展保护知识产权宣传周活动，取得良好的社会效果。一是在《中山日报》上发表《中山商标品牌战略助推城市经济发展》的宣传报道，重点宣传工商部门大力推进商标品牌战略，在商标注册、创驰名和著名商标、商标维权保护以及建设商标强市等方面积极扶持企业。同时，还大力宣传近期工商部门开展“三打两建”和“双打”行动，以打促建、以商标行政执法为经济发展保驾护航方面的做法和成效。二是利用中山电视台内公共信息频道等媒体作为平台，播放商标宣传片，宣传中山市商标专用权的保护情况以及驰名、著名商标的基本情况，并且充分利用公共宣传资源，在户外悬挂宣传标语，全方位开展丰富多彩的宣传活动。三是深入企业进行宣传。结合著名商标申报工作，深入辖区内的企业开展商标宣传，重点针对企业在商标注册、管理及使用等方面的实际情况进行指导，帮助企业建立健全商标管理制度，制订商标发展计划，充分利用商标等知识产权把企业做大做强。四是开展《商标法》颁布30周年宣传活动，通过相关的宣传活动，提高社会大众的商标意识。（供稿人：蔡日辉）

江门市

【概况】 2012年，江门市知识产权工作把提高全市自主创新能力摆到全部知识产权工作的核心位置，通过全市知识产权工作者的共同努力，圆满完成市委、市政府赋予的工作任务，知识产权宣传、培训、保护、服务和管理等各项工作取得新的发展。

【政策体系建设】 为全面贯彻落实国家和广东省的知识产权战略纲要，切实执行《中共广东省委、广东省人民政府关于加快建设知识产权强省的决定》，江门市根据广东省政府办公厅《印发2012年实施广东省知识产权战略纲要工作方案的通知》（粤办函〔2012〕440号）文件要求，制定出台《2012年江门市实施知识产权战略纲要工作方案》，最大限度地调动全市知识产权职能部门、各市区人民政府的积极性，形成促进知识产权事业发展的整体合力，力求取得新进展、实现新突破。

【知识产权创造与运用】 专利申请与授权。2012年，江门市专利申请总量为8166件，其中，发明专利申请1259件（同比增长53.35%），实用新型专利申请2322件，外观设计专利申请4585件；全市专利授权5270件，其中发明授权362件（同比增长69.95%），实用新型授权1917件，外观设计授权3991件。

驰名著名商标。2012年，江门市有33件商标被广东省著名商标认定委员会认定为广东省著名商标，其中有7件为新认定，26件获得延续认定。目前，江门市共有驰名和著名商标共113件，其中驰名商标15件（行政认定）、广东省著名商标98件。

政府软件正版化。江门市根据“统签统谈、地区授权、尊重事实、长远规划、微软为主、兼顾国产”的原则，积极推行政府软件正版化工作，通过采取本地机关单位、财政核拨事业单位在内的一揽子打包授权方案，在各级财政吃紧的情况下，尽快落实经费，提前完成全市正版化工作任务，提前实现省政府关于2013年完成财政核拨事业单位正版化的工作目标。在做好政府软件正版化工作的同时，江门市还认真做好企业软件正版化工作，2012年共推动8家企业实现软件正版化目标。

知识产权运用。江门市从指导企业开展知识产权制度建设、加大知识产权宣传培训力度、强化知识产权信息服务、落实资助政策、加强知识产权行政执法力度等措施入手，鼓励自主创新，提升竞争力和产业结构优化升级，知识产权创造与运用能力得到进一步提升。至2012年底，全市创建省级知识产权试点区域6个，广东省知识产权战略试点企业1家，广东省知识产权示范企业1家，广东省知识产权优势企业17家，广东省行业协会知识产权保护优势单位1家，广东省会展知识产权保护试点单位1家，广东省中小学知识产权教育示范学校1所，广东省中小学知识产权教育试点学校8所，开平市水口镇参加广东省专业镇知识产权专项行动，培育认定江门市知识产权示范企业93家。

【知识产权保护】 江门市积极贯彻落实“三打两建”工作的部署和要求，以优化市场环境为目标，严厉打击侵犯知识产权等违法行为，充分保护知识产权权利人的合法权益，努力营造公平、开放、规范、有序的市场环境，推动江门市知识产权事业不断向前发展。

江门市知识产权局系统在专项行动中，共出动执法人员156人次，检查商场、批发市场、生产经营场所等68家，检查商品70000余件，立案侵权纠纷案件5宗，已调解3宗，撤诉1宗，1宗在处理当中；立案查处假冒专利案件7宗，其中对4家违法企业进行了处罚。

江门市工商系统在专项行动中，共出动执法人员12383次，检查经营主体15219户，查处各类“双打”案件1051件，其中商标侵权案516件、假冒伪劣商品案535件，案值739.78万元，罚没金额757.3万元，有力地震慑违法经营者，树立工商执法权威，营造以守法经营为荣、违法经营为耻的社会氛围。

江门海关结合关区实际情况，明确工作重点，采取各项有效措施，结合开展“国门之盾”和“三打两建”等活动要求，积极开展打击假冒药品、食品及汽车配件等系列专项活动。全年共采取知识产权保护措施70批次，涉及货物数量659.4万件，货值1594.4万元；对15宗知识产权侵权案件立案调查，涉案金额223万元，涉案货物61176件。

【知识产权管理与服务】 2012年，江门市在注重提升全市知识产权综合能力的同时，把企业知识产权工作作为全市知识产权工作的重点来抓。随着知识产权工作的不断深入，企业的知识产权意识明显提高，运用知识产权制度参与国内外市场竞争的能力不断增强，专利申请量大幅度增加。

一是积极申报省级各类知识产权计划项目。江门市积极引导、鼓励、扶持知识产权意识较强的企业做强、做大，积极组织发动企业申报省的各类知识产权计划项目，多个专利项目获得国家和广东省的奖励和立项。江门市地尔汉宇电器股份有限公司被认定为广东省的知识产权优势企业，嘉宝莉化工集团股份有限公司的“基于柔质手感涂料专利应用产品系列化研究及产业化项目”获得广东省专利技术实施项目立项，江门市普润水处理技术中心有限公司（现名广东普润环保科技有限公司）的项目“含铬电镀废水处理和铬离子回收的新设备”、华南理工大学和李锦记（新会）食品有限公司“全自动翻曲机”荣获中国第十三届专利优秀奖，并获得广东省政府配套奖励。

二是深入开展江门市知识产权示范企业培育认定工作。江门市知识产权局在积极申报省的各类计划项目的同时，认真贯彻落实《江门市知识产权示范企业培育工作实施方案》，2012年，培育认定27家“江门市知识产权示范企业”，大力引导、鼓励、扶持示范企业掌握自主核心技术、拥有自主知识产权，提高企业的自主创新能力，增强企业在国内外市场的竞争力。几年来，全市累计培育认定的市级知识产权企业已达93家。

三是抓住重点行业，推动专利联盟建设。

为加强专利联盟的建设，提升知识产权对行业竞争力的支撑作用，江门市知识产权局深入重点行业调查研究，选定恩平市电声产业为发展对象，多次深入该产业的骨干企业，推动其组建专利联盟，以减少行业内因知识产权运用过程中引发的纠纷，增强行业对知识产权运用和维权的力量。经过多方努力，恩平市电声行业专利联盟已正式成立。

四是先行先试，开展知识产权融资活动。为有效促进科技与金融结合，支持及推动江门市高新技术产业化及应用技术的开发与推广，为科技型中小微企业发展提供助力，鼓励、扶持江门市企事业单位开展知识产权工作，江门市知识产权局积极深入知识产权企业进行调研，选取有发展前景的专利技术向银行推荐。在2012年底，江门市知识产权局与招商银行江门分行签订了专利质押融资合作协议，筛选出首批26家企业作为专利质押融资的试点企业，争取尽快对较为成熟的企业实现专利质押授信融资。

【知识产权宣传与培训】 一是以日常宣传普及工作为基础，以“3·15消费者权益日”、“4·26保护知识产权宣传周”、“六月科技进步活动月”等大型活动为重点，以举办大型的宣传和咨询活动、举行竞赛、制作电视公益广告、编写知识产权基本手册等多种形式为手段，坚持不懈地开展知识产权宣传工作，提高公众知识产权意识，营造尊重和保护知识产权的社会氛围，提高全社会知识产权意识，营造重视知识产权、鼓励技术创新的良好风尚。

二是举办大型户外宣传咨询活动。2012年4月22日，江门市知识产权局在市区东湖广场隆重举行“4·26世界知识产权日”大型户外宣传咨询活动，江门海关、江门市中级人民法院、江门市文化广播电视新闻出版局、江门市工商局、江门市公安局等部门积极参与。围绕“设计未来”的主题，各部门在活动现场设立宣传点，发放宣传资料，现场接受群众咨询，解答群众在生活中遇到的知识产权问题。活动期间还举行知识产权知识有奖问答比赛，江门市40家拥有自主知识产权的企业也在现场进行专利产品展示。

三是举办知识产权知识讲座。2012年，江门市知识产权局系统举办各种宣传、培训活动26场次，设立宣传栏10个，悬挂宣传标语（含电子滚动标语）70余条，印发宣传小册子5000本，领导接受本地媒体采访3次，编印工作简报8期。（供稿人：林耀君）

阳江市

【概况】 2012年，阳江市积极实施知识产权战略，以开展“三打两建”、“双打”和“维权护航”等专项行动为抓手，加强专利、商标、版权工作管理，坚持依法行政，勇于开拓，为促进阳江经济持续快速发展、社会稳定，作出积极的贡献。

【政策体系建设】 2012年，阳江市政府颁发《阳江市实施商标品牌战略三年（2012—2014年）发展规划》，进一步明确商标品牌工作目标，建立和形成以政府为主导，企业为主体，工商、科工信、质监为主力，部门协作，全社会积极参与的工作格局。

【知识产权创造】 专利申请量和授权量。2012年，阳江市专利申请量1257件，其中发明专件47件，实用新型272件，外观设计938件。专利申请量的分布是：阳江市直153件，阳春市138件，阳西县70件，阳东县468件，江城区382件，海陵试验区7件，阳江高新区39件。2012年全市专利授权量855件，同比增长6.67%。

商标注册。2012年，阳江市新增注册商标597件，同比增长10.1%。累计有效注册商标6546件。

【知识产权保护】 专利保护。2012年，阳江市知识产权局受理专利侵权纠纷案件20宗，查处假冒专利案件9宗，涉案金额450万元，专利侵权纠纷案件中有3宗为涉外案件。26宗专利侵权纠纷案和假冒专利案均结案，有3宗专利侵权纠纷案为中止处理。

一是开展联合执法。在“三打两建”和“双打”工作中，积极开展知识产权执法“维权护航”专项行动。全年共开展4次联合执法专项行动，出动215人次，检查19家生产和经营场所，检查商品3300件，查处假冒专利案件9宗。

二是做好展会保护工作。为做好第十一届阳江刀博会展会的知识产权保护工作，阳江市知识产权局与有关部门加强沟通协调，积极开展展会的知识产权保护工作。组织各县（市、区）知识产权局人员参与，全天候为展会服务。在展会现场设立知识产权投诉处，接受参展商和群众的投诉和咨询。展会期间，共向参展商发放《中国（阳江）国际刀剪博览会对涉嫌侵犯知识产权的投诉及处理办法》、《专利法》等宣传资料1000多份，接受咨询100多人次。

三是整顿专利代理机构。阳江市知识产权局制订了《2012年阳江市开展专利代理行业防治腐败工作实施方案》，并组织各县（市、区）和市区的2家专利代理机构开展专利代理行业防治腐败工作。

四是加强执法联络室建设。阳江市知识产权局在日常行政执法和专项行动工作中，加强与市公安局的联系和协调，推动执法联络室工作，特别是大案要案，做到案情及时通报，互通信息，掌握时机，联合执法。

五是加强行业协会知识产权自律。在受理的涉外专利侵权纠纷案件中，涉案者均属市区的五金刀剪企业。阳江市知识产权局根据案情的发展情况及时发出专利预警。市五金刀剪协会、市中小企业协会等十分关注涉案企业的案情，帮助涉案会员单位积极应诉，全方位做好专利自律工作，进一步规范企业行为，提高企业自律能力，严厉打击和遏制侵权造假违法行为。

六是加强专利行政执法队伍建设。派员参加国家、省专利执法培训班学习，提高执法人员的综合素质。在局内部调配8名年轻干部参加专利行政执法培训，充实到专利行政执法队伍中。加强县（市、区）知识产权行政执法体系基础建设。阳江市知识产权局购置手提电脑、照相机等一批专利行政执法设备，配备给县（市、区）知识产权局。

商标保护。一是加强行政执法。2012年，阳江市工商局查处各类商标违法案件151宗，罚款129.65万元，没收侵权商品及标识5576件，以上三者同比分别增加143.5%、91.5%和142.75%。阳江市工商局根据举报，查处一宗商标侵权案，罚没金额4万元；捣毁制假窝点2个。江城分局通过深挖线索，一举挖出一宗服装生产经营商标侵权案，因案情重大已经移送司法机关处理。

二是加强商标印制单位监管。通过加强对商标印制企业的日常监管检查，严格审查商标印制企业主体资格，是否建立健全“五项制度”，提高印制企业的商标法律意识，特别要求印制企业严格按照商标印制管理规章制度印制驰名商标、省著名商标、地理标志（证明商标或集体商标）、涉外商标等重点商标，进一步规范商标印制单位经营行为，严厉查处非法印制商标行为，从源头上有效遏制假冒违法商标进入市场。

三是开展专项执法行动。针对专项行动整治任务重、涉及行业广的特点，阳江市工商局结合“三打两建”工作，迅速成立专项行动领导小组，制订专项行动方案，明确专项行动重点内容、重点地区、重点领域，集中人员，以食品、药品、化妆品、服装、箱包皮具、通讯设备等与人民群众生活息息相关的商品为重点，严厉打击商标侵权行为。严厉打击涉及侵犯驰名、著名商标专用权等傍“名牌”的不法行为。2012年，阳江市工商局开展保护“本田”、“穗宝”、“轩尼诗”等商标专用权行动，有效震慑违法分子的嚣张气焰，切实维护商标权利人的合法权益。

版权保护。封堵政治性非法出版物。为迎接党的十八大召开，营造良好的舆论氛围，阳江市版权局在十八大召开前，部署并开展全市规范出版物市场专项行动，加强对全市印刷企业和出版物市场的管理。

开展打击非法预装计算机软件专项治理行动。为配合推进政府机关和企事业单位使用正版软件工作，开展打击非法预装计算机软件的专项治理行动，取得预期效果。

加强“扫黄打非”工作。按照《阳江市2012年“扫黄打非”工作方案》要求，版权局始终采取有力措施，保持高压态势，切实加强重要时期特别是十八大期间“扫黄打非”工作，重点加强对印刷企业和出版物零售、出租经营单位的检查监督，封堵和查缴政治性非法出版物，清理淫秽色情等有害出版物，打击侵权盗版出版物，查处和取缔非法报刊，查处利用互联网销售非法出版物的活动，查办互联网侵权盗版案件。

据统计，2012年阳江市版权局联合公安、工商等部门共出动执法人员13341人次，检查音像经营单位1997家次、书报刊经营单位1345家次、电子出版物经营单位310家次、印刷企业295家次，收缴涉嫌翻版、盗版书报非法出版物30811多册，音像制品71304套，立案调查182件，办结案件165件，行政罚款198777元，取缔无证照摊档、窝点46家，移交工商部门案件12宗，移送公安查处15宗，现场抓获31人，刑事拘留4人，集中销毁侵权盗版音像制品5000套。

【知识产权运用】 知识产权试点示范工作。经重点培育，阳江市凌霄泵业股份有限公司被认定为“广东省知识产权优势企业”，阳春一中被认定为中小学校知识产权教育示范学校。

企业知识产权工作。阳江市知识产权局组织实施专利技术实施项目。跟踪落实和指导现有19个省级专利技术实施项目，同时，积极组织企业申报专利技术实施项目。2012年申报的“一种错位双面蚀刻的刨片加工方法”已列入省专利技术实施项目。

组织专利奖评选。经阳江市专利奖评审委员会评审，2010—2011年度阳江市专利拟奖项目26项，其中专利金奖1项、专利优秀奖10名、专利工作先进企业奖10名、优秀发明者奖5名。

商标品牌的培育跟踪。阳江市工商局通过邀请省工商局领导以及相关专业人员深入企业调研，指导企业制定完善商标管理制度、广告宣传策略等，引导和发动企业申报著名、驰名商标。同时选择重点对象，开办预申报著名商标企业人员培训班，筛选恒达刀剪等11家企业为重点指导申报对象，经过实地考察、审查材料和征求意见，将6件新申报和17件延续申报材料上报省局，2012年新申报著名商标数量同比增加100%，并已完成认定前公告，可望全部通过认定。在此基础上，积极跟进指导“银鹰”、“羽威”等企业申报驰名商标工作。

地理标志证明商标。认真落实省工商局和阳江市领导对跟进“阳春马水桔”地理标志证明商标注册的工作部署，通过加强与省工商局商标处和国家总局商标局的工作联动，加强与阳春市政府等部门的沟通，并快速准确收集整理、补足相关材料报送国家总局商标局，促使滞留6年的申请获得重新审查，现已初审公告，有望成为阳江市第2件地理标志证明商标。

【知识产权管理】 做好版权年检审批工作。阳江市版权局在2012年初即开展对全市的印刷企业、出版物经营企业、三印企业和音像制品经营单位进行年度检验工作。并对受检企业和单位进行法律法规培训，进一步增强企业的守法经营意识。2012年行政审批共34项，其中印刷企业22家，三印企业6家，书报刊零售企业15家，审核项目60多项。

加强内部资料性出版物的审核、审读出版工作。阳江市全年有出版内部资料性出版物70

多份。为使出版的内部资料性出版物内容健康向上，符合出版要求，阳江市版权局严格把好出版关，认真做好每一份出版物的审读工作，确保每份出版物符合出版条件和要求。

推进使用正版软件工作。阳江市版权局按照省府办《关于贯彻国办发〔2010〕47号文件精神　进一步做好政府机关使用正版软件工作的通知》（粤府办〔2011〕3号）的文件要求，于2011年3月正式开始软件正版化的工作，2012年12月全面完成政府机关使用正版软件工作，从而有效地规范政府机关使用正版软件行为。领导重视，强力推进。市政府高度重视，主要领导亲自部署全市政府机关使用正版软件工作，并落实财政资金，市政府分管领导亲自督办，保障了政府机关使用正版软件工作的顺利推进。加强组织，明确责任。调整充实领导机构，工作领导小组成员在原来7个的基础上增加了市监察局、审计局等单位。落实方案，全面推进。多次研究制定切实可行、符合阳江实际的《全市政府机关使用正版软件工作方案》，并严格按照方案部署，依照时间节点，创造性采取统一采购、统一授权和自愿采购、集中采购相结合的方式，分阶段稳步实施，保证顺利完成任务。建立机制，完善制度。着重从使用和管理两方面入手，建立完善的长效工作机制，确保政府机关使用正版软件的制度化、规范化。

【宣传培训】　开展农民读书和评选活动。积极响应开展农民读书活动，鼓励引导农民群众走进农家书屋。阳江市版权局开展定期送书下乡活动，将“流动书香车”开进每一个村庄。把流动书香车与农村公益电影放映联动起来，这样的书香车既可以作为农村电影放映的交通工具，又可作为流动书屋。活动中还评选出10种农民喜爱的读物和一批读书带头人。

阳江市知识产权局在“4·26世界知识产权日”、“科技活动月”期间开展声势浩大的系列宣传活动，取得良好的效果。充分发挥传媒的宣传作用。在“全国知识产权宣传周”期间，联合阳江电视台制作并播放知识产权专题电视宣传节目，报道全市知识产权工作概况以及近年来知识产权工作所取得的成效。举行“4·26”世界知识产权日宣传纪念活动启动仪式。4月20日上午，省知识产权局和阳江市政府联合在阳江市体育馆隆重举行2012年度“4·26”世界知识产权日宣传活动启动仪式。省知识产权局、阳江市政府分管领导和300多位代表参加了启动仪式。启动仪式还发放专利行政执法设备给各县（市、区）知识产权局，同时，对近年来知识产权部门查获的侵权假冒产品及非法出版物等作销毁处理。

加强知识产权新闻报道工作。积极争取各新闻单位的支持，对全市知识产权工作的新动向、新成绩、新经验进行及时的全方位报道。2012年《阳江日报》刊发专利工作稿件6篇，电视台、电台播发专利新闻、专题报道10多次。向省知识产权局报送政务信息15篇。

加强知识产权培训工作。为进一步加强企业在中国进出口商品交易会（广交会）等相关展会的知识产权保护意识，以及应对国际贸易摩擦，阳江市知识产权局与市商务局于2012年3月13日联合举办展会知识产权保护暨反倾销业务知识培训班。各县（市、区）知识产权局分管领导及业务股室负责人及有关企业代表共100多人参加了培训。

阳江市工商局采取多种形式加强社会宣传。一是利用新闻媒体，在阳江电视台发布6期专项行动标语宣传，在《阳江日报》等报刊开辟5期专项行动宣传专栏。二是依托工商所宣传阵地，充分发挥工商部门“点多、线长、面广”的优势，通过各工商所在市场巡查中有针对性，面对面向经营者、消费者进行宣传，使“三打两建”专项行动的目的和意义深入人心，家喻户晓。2012年全市各工商所已开展专项行动知识宣传2250多次。三是结合主题活动宣传，依托“12·4”法制宣传日、“3·15”消费者权益保护日、“4·26”知识产权宣传周等活动日，举行现场宣传咨询活动，通过出动宣传车、派发宣传专刊、悬挂标语、张贴版画等方式，广泛宣传知识产权保护和识假辨假知识，营造良好的商标法治环境。据不完全统计，2012年共出动宣传车68车次，派发宣传单1140多张，悬挂标语68条次，张贴版画340多幅。

阳江市版权局为活跃文艺创作，繁荣文化市场，积极鼓励扶持出版物。积极提供文艺创作阵地，促进新闻出版业的繁荣发展，丰富人民群众精神文化生活。开展“保护著作权宣传周”活动，联合知识产权局、公安局、工商局等有关部门，开展查处侵权盗版经营行为。

（供稿人：卢家新）

湛江市

【概况】 2012年，湛江市以科学发展观为指导，认真贯彻落实党的“十八大”精神，全面围绕“全力推动五年崛起，加快建设幸福湛江”，“奋力争当粤西地区振兴发展的龙头和广东科学发展后发崛起的排头兵”的总体目标，把实施国家和省知识产权战略纲要作为知识产权工作的重要内容，结合湛江市实际，积极推动知识产权事业发展。2012年全市专利申请量1152件，专利授权量901件，新增注册商标2458件，组织实施省级、市级知识产权专项资金项目共28项，其中省级项目18项，市级项目10项。

【知识产权创造与运用】 专利申请与申请量。2012年全市专利申请量1512件，同比增长9.09%，其中发明专利263件，同比增长16.89%；实用新型专利373件，同比减少12.44%；外观设计专利516件，同比增长24.34%。

全市专利授权量901件，同比增长20.62%，其中发明专利144件，同比增长30.91%；实用新型专利382件，同比增长16.11%；外观设计专利375件，同比增长21.75%。

商标注册量。2012年，全市新增注册商标2458件、著名商标5件、驰名商标2件。目前全市共有注册商标22492件、驰名商标13件、著名商标92件，三项指标均居粤西领先地位。

2012年，广东金岭糖业集团有限公司的“甘岭及图”和广东冠豪高新技术股份有限公司的“冠豪”被认定为中国驰名商标。目前全市共有驰名商标13件。

2012年，广东威多福集团有限公司的“威多福及图”等6件商标被认定为广东省著名商标。

2012年，广东同德药业有限公司的“好得快”等21件商标予以延续认定为广东省著名商标。

知识产权荣誉。2012年，廉江市知识产权局、霞山区知识产权局、广州新诺专利事务所湛江办事处、广州市南锋专利事务所湛江办事处获湛江市专利申请组织工作先进单位称号；廉江市知识产权局刘敬梅同志、霞山区知识产权局冯南同志获湛江市专利申请促进工作先进个人称号。

知识产权试点示范工作。2012年，湛江市知识产权局组织实施中小学知识产权教育试点学校共10家，分别是湛江市第二中学、湛江市第七中学、湛江市第八小学、湛江市第二十四小学、湛江市坡头区龙头泉井学校、湛江市坡头区龙头镇中心小学、湛江市坡头区岑霞小学、湛江市第二技工学校、湛江市卫生学校、湛江市第三职业高级中学；组织实施广东省知识产权优势示范企业5家，广东省专利技术实施计划5项，广东省知识产权试点事业单位2家，广东省知识产权试点区域4个，广东省区域知识产权发展计划1项，广东省知识产权培训基地1个；组织实施市级专利技术转化项目8项。

【知识产权保护】 专利保护。湛江市知识产权局制定《湛江市知识产权保护综合监管分体系建设工作实施方案》和《湛江市知识产权保护综合监管分体系建设工作试点工作方案》，成立“湛江市知识产权保护综合监管分体系建设工作领导小组”和“湛江市知识产权保护综合监管分体系建设工作专责小组”，欧先伟局长任组长，并且成立相关办公室，设在市科技局知识产权管理科。

开展“双打”和“三打两建”专项行动，坚决打击侵犯知识产权和制售伪劣商品行为先后出动联合执法车辆150多台次，出动执法人员200多人次，先后对海田市场、世贸、国贸等各大超市进行联合巡查，对13家涉嫌出售假冒商品的药店进行检查，并立案13宗，结案2宗，撤案11宗；悬挂标语30多条，张贴宣传画120多幅，发送短信3万多条，发放线索征集表等资料5000余份。

商标保护。湛江市工商局组织开展“三打两建”专项行动，结合采取“三查三看一结合”方式对全市商标（包装、装潢）印制企业进行专项检查。共检查商标（包装、装潢）印制企业79家，现场进行行政指导32次，发出《询问通知书》12份，查处违法案件6宗。查处各类商标违法案件140宗，罚款94.44万元。

建立商标投诉接访制度，认真接受群众投诉举报，及时处理涉及商标侵权的举报和投诉。一年来，共受理商标投诉6宗，向上级工商部门汇报商标侵权案件线索6条。

湛江市公安局严打侵犯知识产权犯罪。全市公安机关共立侵犯知识产权犯罪案件15宗，破案5宗，抓获犯罪嫌疑人18名，刑拘8名，逮捕1名，移送起诉1名。2012年4月7日，霞山分局在霞山区组织开展全区打假专项清查行动，共清查重点部位30多处，抓获涉嫌销售盗版光碟犯罪嫌疑人10名，刑拘3名，查获各类盗版光碟33000余张。

湛江海关以“国门之盾”与“三打两建”专项行动为重点，运用风险管理手段，加大风险布控和查验力度，全年查获案件4宗，查扣货物31778件，案值178万元，培训、交流活动，不断拓展知识产权工作的范围和深度。

版权保护。2012年，湛江市文广新局大力推进政府机关软件正版化工作，市政府常务会议审议通过《湛江市党政机关正版软件实施工作方案》，年内全部完成市直87个单位4531台电脑的金山WPS办公软件和微软Windows8操作系统软件培训及安装工作。

2012年8—10月，联合中国电信湛江分公司，开展打击网络侵权盗版专项治理行动。共检查网站37家，关闭侵权网站6家，共处罚款5000元。

【知识产权管理与服务】 专利管理与服务。湛江市知识产权局组织实施《湛江市促进专利申请工作的激励措施》。对2012年度专利申请量增长率在15%以上且完成市下达的年度专利建议指标的廉江市知识产权局、对2012年度专利申请量排名第一名的霞山区知识产权局、对2012年代理本市专利申请量比上年代理申请量增加30件以上且增长率在15%以上的广州新诺专利事务所湛江办事处和广州市南锋专利事务所湛江办事处，各奖励1万元。

组织开展资助和激励专利申请工作。组织实施《湛江市专利申请与奖励暂时办法》和《湛江市2011年促进专利申请工作的激励措施》，2012年全市共资助601件，资助经费55.8万元。

设立专利知识产权科技计划专项资金。2012年安排知识产权专项资金45万元，立项专利技术产业化示范项目3项，每个项目15万元。

组织和指导企事业单位申报广东省知识产权专项资金计划项目、湛江市专利技术转化项目。通过组织发动和指导申报，2012年，获批准立项广东省知识产权培训基地（广东海洋大学知识产权培训基地）1项，广东省专利技术实施计划项目1项，广东省区域知识产权发展计划项目1项，湛江市专利技术产业化示范项目3项。

组织实施“百千对接工程”。按照广东省知识产权局《关于印发开展“百所千企知识产权对接工程”指导意见的通知》（粤知政

〔2010〕163号）的要求，组织专利申请代理服务机构与湛江重点优势企业对接座谈，组织骨干企业与专利申请代理服务机构进行对接座谈。2012年专利申请代理服务机构对接企业共22家。

加强刑事司法监管力度。建立健全行政执法和刑事司法相衔接工作机制，积极与市检察院沟通，在其形成的《两法衔接联席会议纪要》基础上制定了《湛江市知识产权保护综合监管分体系建设“两法衔接”工作制度》，推进专利执法规范化，改进监管手段，规范知识产权服务和管理工作。

在互联网设置知识产权专栏。基于湛江金科网门户网站，专门开设“知识产权”专栏，设置“文件通知”、“保护与运用”、“专利信息”等信息共享平台，以期提高知识产权服务水平和服务能力。

组织召开专利工作会议。2012年7月7日，分别召开湛江市激励专利申请工作颁奖会、湛江市专利机构防治腐败工作会、湛江市百所千企对接工程座谈会。主要内容是总结2011年湛江市专利申请工作，通报表彰2011年度专利申请工作先进单位；对湛江市知识产权系统市场中介组织的防治腐败工作进行部署；总结和交流2011年湛江市开展实施“百所千企对接工程”的做法和经验。湛江市政协副主席、市知识产权局局长欧先伟在会上作了重要讲话。在讲话中对湛江市专利申请工作归纳为三大亮点：一是创新成果知识产权化；二是专利申请量首次突破千项；三是大部分县（市、区）科技局（知识产权局）专利申请量同比增长率高。并提出三点要求：一是知识产权管理部门要结合全市实际，建立和完善市知识产权管理制度和长效激励机制，不断提高知识产权工作能力与水平；二是专利代理服务机构要深入企业，帮助企业建立、完善知识产权管理制度，提升企业的专利发掘能力；三是企业要与专利代理服务机构建立合作关系，主动争取所在县（市、区）知识产权局和专利代理机构的支持，提升本身的自主创新能力。

商标管理与服务。湛江市工商局印发商标品牌战略实施工作方案。经湛江市人民政府同意，印发《湛江市工商局进一步推进商标品牌战略实施工作方案（2012—2016年）》（商广字〔2012〕248号），重点指导成长型企业创立自主品牌、指导传统优势产业打造强势品牌、指导广告旅游文化企业打造特色旅游文化品牌，制定建立“申请商标注册”、“申请认定著名商标”、“申请认定中国驰名商标”不同层次培育梯队，构建商标宣传平台，完善商标维权机制和工作措施，建立和完善“政府推动、部门联动、企业主体、社会参与”的商标品牌战略实施机制，推动商标工作健康发展。

指导企业申请注册商标。积极推动“湛江对虾”地理标志证明商标注册，指导新登记成立企业、农民专业合作社等新型市场主体申请国内商标注册，分类指导外向型企业通过马德里条约途径申请商标国际注册。2012年，全市新增注册商标1760件，累计有效注册商标21979件。

指导企业申请认定著名、驰名商标。指导广东冠豪高新技术股份有限公司、广东广东强力集团有限公司、湛江市欢乐家食品有限公司等8家企业申请认定中国驰名商标，并获审查通过，目前全市共有驰名商标13件。

指导广东威多福集团有限公司等28家企业申请认定和延续申请认定广东省著名商标，并获审查通过，目前全市有著名商标92 件。

版权管理与服务。湛江市文广新局加强网站和图书馆传播管理工作。湛江市版权局采取专项行动和自查自纠相结合的形式加强对网站和图书馆的管理。专项行动重点打击网络音频、视频及文学网站，网络游戏、动漫、软件等领域的侵权盗版行为；要求各网站严格把关，主动自查自纠，对网站的每个栏目内容进行自我审查，坚持“先授权、后传播”的版权传播原则，特别是可以给广大网友上传内容的栏目，如论坛、博客等内容进行自我检查，确保上传内容的合法合规，对于网站链接的内容要进行自我监管，防止链接到其他非法网站。

【知识产权宣传与培训】 “3·15”消费者权益保护日宣传活动。2011年3月15日，联合市工商局、市版权局、市食品药品监督局、旅游局、物价局、农业局等有关部门，在霞山广百广场，利用“3·15”消费者权益日，以发放资料、宣传图片、有奖问答、文艺演出等形式开展宣传活动，发放资料800多份，宣传图片150多份。通过各种形式的宣传活动，增强广大市民保护消费者权益意识和保护知识产权意识。

“4·26”世界知识产权日宣传活动。开展户外宣传活动。“4·26”世界知识产权日，湛江市知识产权局联合湛江市工商局、湛江市版权局、湛江海关、霞山区知识产权局、赤坎区知识产权局等相关部门，分别在霞山区国贸广场、赤坎区嘉世贸广场，开展“4·26’世界知识产权日户外宣传活动。据统计，共出动宣传人员200多人次，派发宣传单、宣传册、专题宣传报纸1.5万多份，悬挂知识产权宣传横幅和标语50多条。4月27日，湛江市版权局在霞山广百广场举行版权知识咨询和宣传活动，派发版权知识宣传活页2000多份，派发版权知识宣传小旗150面。

开展多种形式的媒体宣传活动。利用电视、报刊、互联网等媒体开展宣传活动。在《湛江日报》、《湛江晚报》开辟专版或专栏，刊登各类宣传文章和答记者问；《湛江日报》、《湛江晚报》、湛江人民广播电台、湛江电视台及《图读湛江》等新闻媒体，先后刊登、报道知识产权知识、专利资助、知识产权政策、知识产权相关活动新闻、专题报道等达60多篇次，公益广告宣传580次，印发各类简报52期。

开展手机短信宣传活动。湛江市知识产权局利用短信平台向全市手机用户发送知识产权宣传短信息2万多条。内容是“保护知识产权，促进创新发展；庆祝‘4·26’世界知识产权日”、“创造、保护、发展”等。

开展知识产权知识教育与培训。2012年4月19日，湛江市知识产权局、湛江经济开发区经济贸易和科技局联合在湛江开发区举办“企业知识产权维权培训班”，邀请广东省知识产权研究与发展中心部长张滢授课。市知识产权局、各县（市、区）知识产权局分管领导和业务股长、相关企业共180多人参加。

2012年4月24日，湛江市知识产权局、霞山区知识产权局、霞山区教育局联合组织在湛江市第四中学举办“保护知识产权，激励创新发明”讲座，由市知识产权局知识产权管理科韦少忠主讲，有1200多名师生参加。

2012年4月27日，湛江市知识产权局、湛江师范学院联合组织在湛江师范学院举办“专利申请与保护”专题讲座，邀请广州广信知识产权代理有限公司湛江分公司经理邱振东主讲，参加师生人数70多人。

【知识产权对外交流】 2012年10月21日，在省知识产权局的支持和指导下，组织召开“粤西四市专利合作会议”。会议主题是加强区域专利执法协作，会上总结交流了各市专利工作经验，对跨区域专利行政执法与保护问题进行探讨。同时，根据粤西四市专利工作发展的客观要求，为使跨区域专利执法协作有章可循，便于操作，湛江市知识产权局提出倡议并共同签署了《粤西四市专利侵权案件移送合作备忘录》。

【统计资料】

表1　2012年湛江市专利申请情况表

单位：件

县（市、区）	发明	实用新型	外观设计	合计	2011年同期	同比增长（%）
雷州市	7	21	50	78	81	−3.7
廉江市	15	51	127	193	122	58.20
遂溪县	4	21	25	50	46	8.7
吴川市	7	32	60	99	109	−9.17
赤坎区	30	73	95	198	190	4.21
坡头区	17	21	19	57	40	42.50
开发区	18	20	56	94	113	−16.81
霞山区	95	65	53	213	191	11.52
徐闻县	4	3	11	18	24	−25.00
麻章区	66	66	20	152	140	8.57
合计	263	373	516	1152	1056	9.09
2011年同期	225	426	415	1056		
同比增长（%）	16.89	−12.44	24.34	9.09		

表2　2012年湛江市专利授权情况表

单位：件

县（市、区）	发明	实用新型	外观设计	合计	上年同期	同比增长（%）
雷州市	1	21	34	56	60	−6.7
廉江市	0	51	75	126	87	44.83
遂溪县	4	21	24	49	41	19.51
吴川市	2	31	43	76	91	−16.48
赤坎区	11	61	51	123	124	−0.81
坡头区	2	13	20	35	40	−12.50
开发区	8	15	35	58	76	−23.68
霞山区	70	80	67	217	123	76.42
徐闻县	0	12	0	12	26	−53.85
麻章区	46	77	26	149	79	88.61
合计	144	382	375	901	747	20.62
2011年同期	110	329	308	747		
同比增长（%）	30.91	16.11	21.75	20.62		

（供稿人：韦少忠）

茂 名 市

【概况】 2012年以来，茂名市知识产权局积极实施国家和省知识产权战略纲要，强化知识产权创造、运用、保护和管理工作，充分发挥知识产权作为促进经济社会发展助推器的作用，充分调动区县知识产权工作的主观能动性和创造性，推进产业转型升级、提高产业核心竞争力、加快转变经济发展方式，为茂名经济社会发展作出积极贡献。

【知识产权创造与运用】 茂名市知识产权工作以提高全市自主创新能力，营造激励知识产权创造与运用的社会氛围为目的，努力构建激励机制，促进专利技术、商标和版权转化为现实生产力。

知识产权拥有量。2012年，全市专利申请量达到1596项，同比增长75.77%，增幅名列全省第2位；授权量694项，同比增长75.25%，增幅名列全省第3位。发明专利申请同比增长57.80%，增幅名列全省第一位；发明专利授权同比增长69.57%，增幅名列全省第10位。全市专利申请总量、申请量增长率以及授权量的增长率均列粤西四市第一。仅2011、2012两年全市就申请专利2504项，比“十一五”期间的2156项还要多16.14%，专利年申请量实现了两年翻1.64倍的成绩，各项指标均创历史新高。

全市共有有效注册商标11475件，中国驰名商标1件，广东省著名商标52件，新申请的2件商标已获省工商局著名商标认定公示，地理标志证明商标1件，已申请并获国家商标局受理的地理标志证明商标6件。

激励措施。2012年，市知识产权局共资助专利申请1123件。

开展第四届茂名市专利奖评审工作。市专利奖评审委员会开展市第四届专利奖评审工作，评出金奖项目1项、优秀奖项目15项、优秀发明者奖8人。茂名鲁华化工有限公司的“用于合成橡胶生产的钕催化剂”发明专利技术，获得专利金奖。茂名市专利技术应用实施的经济社会效益日益凸显，专利奖影响力也不断扩大。

知识产权实施运用。全市有8个专利项目列入市科技计划，扶持重大专利转化项目2个，扶持资金达320多万元。目前，全市共实施广东省专利实施计划项目19个，有省级知识产权区域试点5个，省级知识产权优势企业9家。

【知识产权保护】 开展“打击侵犯知识产权和制售假冒伪劣商品专项行动”。根据国务院的统一部署，2012年，在全国范围内继续开展“双打”工作，为此，茂名市迅速成立了“双打”领导小组，领导小组办公室设在市知识产权局，并制订实施方案。据统计，全市公安、工商、版权、质监、食药监、知识产权、农业、林业、经贸、外经贸、烟草、海关系统等部门共出动执法人员29000多人次，检查各类经营场所48000多家，查处各类违法案件3277宗，涉案金额11767万多元，抓获犯罪嫌疑人284人。

做好“三打两建”工作。在“三打两建”工作过程中，市科技（知识产权）系统不断加大执法力度，坚持整体推进、突出重点、打防结合、标本兼治、力求实效的原则，抓住薄弱环节和突出问题，有针对性地开展专项治理，取得了明显的成效。至今，通过市、县（市、区）知识产权联合执法和日常执法，共出动执法人员600多人次、执法车辆100多台次，检查商铺、企业1200多家，检查各类商品1万余件，查处假冒专利案件6宗，涉案金额2万余元。

开展市、县（市、区）知识产权联合执法专项行动。由市知识产权局领导带队，赴各县（市、区）开展市、县（市、区）联合执法专项行动。到目前为止，共联合执法11次，出动执法人员140多人次，检查企业、商铺80多家。通过摸查或接受举报，确定一批影响较大的大型商场、市场作为检查重点，同时根据各县（市、区）的特色产业深入开展联合检查。

开展日常专利执法检查。目前，市局和各县（市、区）局已出动执法人员310多人次，在全市范围内（包括乡镇）开展专利执法检查活动，检查商铺1000余家，检查各类商品1万余件。对于检查中发现标注有专利号的商品，均予以登记、拍照，并进行网上检索查证。经初步汇总，共检查出标注有专利号的商品共65种，其中13种商品标注不规范，5种为涉嫌假冒专利商品（目前已经依法立案查处），查获假冒专利产品2批，案值约2万多元。

领导包案，抓好典型案例。7—8月，市知识产权局局长陈军亲自带队查处一宗假冒专利案件，销毁一批假冒专利商品。茂名市知识产权局和信宜市知识产权局在信宜市开展联合执法检查时发现，一家医药连锁店出售的“小松鼠”牌降温贴（标注“中国专利号：00265282.X”）涉嫌假冒专利。经执法人员检索，“00265282.X”号专利于2010年2月终止。由于涉案医药公司是信宜当地较大的医药销售公司，其旗下有21家连锁店，影响范围较大，局领导高度重视，将该案作为“三打两建”重要案件来抓，迅速召开专案会议，决定成立联合专案组负责案件的调查。

经过周密部署，专案组迅速行动，掌握了该医药销售公司的违法证据，并缴获封存该假冒专利商品——“小松鼠”牌降温贴1176盒，货值约2万多元。根据审理查明的情况和《专利法》、《专利法实施细则》和《广东省专利条例》的有关规定，依法做出行政处罚决定，组织执法人员销毁了上述假冒专利产品。

商标保护。茂名市工商系统紧密结合实际，突出重点，强化监管，扎实开展，全面深入开展“双打”专项行动，全系统共出动执法人员25632人次，检查经营主体51384户次，检查批发零售市场、集贸市场等各类市场2714个次，整治重点区域194处，捣毁制假售假窝点2个，全市立案查处商标侵权、不正当竞争和制售假冒伪劣商品各类案件289宗，案值437万元，已结案189宗，罚没入库133.68万元。

版权保护。全市共出动执法人员36803人次，检查文化经营单位18307家次，收缴非法出版物228289件，其中非法音像制品、电子出版物152549盘，非法图书46743册，非法报刊28997份，受理举报45次，立案查办案件191宗，行政处罚违法违规经营单位108家，罚款362200元，停业整顿1家，移交案件11宗，取缔无证经营店档76个，端掉非法出版物窝点1个，刑事案1件， 判处有期徒刑1人。通过开展各项专项行动，为党的十八大顺利召开和茂名市经济、政治稳定创造了良好的环境。

【知识产权管理和服务】

（一）专利管理和服务。

知识产权管理体系建设。目前，全市6个县（市、区）科技局（科技和经济促进局）均已加挂知识产权局牌子，各县（市、区）知识产权管理工作逐步走向正规化。

专利试点企业。积极实施知识产权战略，推动企业知识产权和技术创新工作，并通过试点企业树立典型，辐射带动全市企业进行自主创新。至今，全市已有19家企业被列为市级专利试点企业。

大力发展高新技术企业和民营科技企业。大力发展高新技术产业和民营科技企业，积极培植新的经济增长点和新兴产业。至今，全市已有国家级高新技术企业18家。

大力培育农产品商标和指导地理标志注册。积极开展地理标志注册的业务指导和跟踪督促各地地理标志注册工作的落实，取得了一定成效。目前，“水东芥菜”、“化州化橘红”、“信宜凼仔鱼”、“高州曹江淮山薯”、“高州香蕉”、“高州储良龙眼”地理标志证明商标申请已取得国家商标局受理通知书。

（二）商标管理和服务。

指导和协助企业建立完善商标维权保护机制。一是深入商标企业，指导企业不断完善商标管理制度、规范使用商标及建立商标维权保护机制，促进商标品牌战略实施工作不断深入。二是做好驰名商标申请案件受理工作。对深圳市精英商标事务所代理的“爱恋”、“宝德”等6件商标要求认定为驰名商标的案件进行立案调查，并向省局报送案件材料。

加强指导，不断提高队伍素质。一方面加强对基层工商所在执法办案的指导，与办案单位积极研究探讨；另一方面进行实案指导，遇到大案、要案、难案时积极派员参与，通过参加案审讨论或跟踪指导的形式参与案件办理，达到相互促进，共同进步的目的。

开展商标使用情况专题调研。为全面提高茂名市商标注册、管理、运用和保护工作水平，充分发挥商标品牌战略对促进经济发展的作用，采取向县（市）、分局收集信息、深入企业、市场走访等方式，对全市商标使用现状、品牌带动战略的实施情况和存在的问题进行专题调研，于10月中旬向市局党组提交了《茂名市实施商标带动战略情况的调研报告》及《关于实施商标品牌战略促进经济发展的意见》。

【知识产权宣传、教育与培训】

（一）专利宣传培训工作。

在“4·26”保护知识产权宣传周期间，开展多形式、多渠道大型宣传活动。一是请茂名市副市长崔爽于4月26日“世界知识产权日”在茂名电视台发表电视讲话、在《茂名日报》刊登纪念文章；二是在电视台播放知识产权公益广告；三是向广大市民、企业和有关学校发放知识产权宣传资料；四是开展现场销毁非法出版物活动，共销毁非法出版的图书音像制品及其他非法印刷品10万余份。

开展联合咨询活动。2012年4月26日下午，茂名市知识产权局联合市文广新局、市工商局、市质监局、市食品药品监管局、市烟草局、市经信局在市中心明湖商场门前开展“4·26”知识产权知识及识别假冒伪劣商品联合咨询活动，宣传专利、商标、版权、地理标志等有关知识产权知识并接受市民咨询假烟、假酒、假药、盗版图书报刊等假冒伪劣商品的鉴别。7个单位共有多30名工作人员参加了活动， 接待市民咨询达500多人次，现场派送宣传资料2000多份。

举行《广东省专利条例》有奖问答活动。为贯彻落实《广东省专利条例》，营造良好的尊重和保护知识产权的社会氛围，茂名市知识产权局加大宣传力度，在《茂名日报》专版刊登《广东省专利条例》，并举行《广东省专利条例》有奖问答活动。市民踊跃参加活动，宣传活动收到了良好效果。

举办企业知识产权座谈会。市知识产权局分别到电白市、茂南、茂港等地举办企业知识产权讲座，来自政府机关的30多名负责人、企业的100多位专利工作者和科技工作者参加了活动。

（二）商标宣传工作。

开展“商标带动战略宣传月”活动，并结合“双打”和“三打两建”行动工作，开展“全国知识产权宣传周”宣传活动。一是利用媒体、户外、网络等形式开展宣传，刊播商标带动战略知识专题及“双打”行动宣传标语155条次、发放宣传资料5000多份、悬挂横幅100多条，在政府信息网和红盾网等内外网页上设置宣传专栏，大力宣传开展“双打”工作情况等，努力营造保护知识产权、自觉抵制侵犯知识产权和假冒伪劣商品的良好社会氛围。二是举办茂名市“创立自主品牌，争创驰（著）名商标”专题座谈会，提高企业商标意识和维权水平。三是开展纪念《商标法》颁布30周年宣传活动。开展设点咨询活动，向群众发放宣传资料等方式，提升全社会的商标意识，为推动商标战略的实施营造声势。

（三）版权宣传工作。

在第十二个世界知识产权宣传日期间，全市各级“扫黄打非”职能部门紧紧围绕“保护版权，促进创新发展”这个主题，开展形式多样的宣传活动。一是印制各种宣传资料18000份；二是各地利用电视台配合“三打两建”工作进行广泛的宣传；三是充分利用市广告公司的闲置广告位、市区的出入口处和各工商所门口、市场周围悬挂100多条横幅进行宣传；四是利用电信管理平台，向茂名地区电信手机用户发布16.37万条关于“加强我市版权保护，促进版权产业发展”为主要内容的手机短信；五是市知识产权局组织宣讲人员，分赴全市各地，举行7个场次、有600多人参与的知识产权强市宣讲活动；六是向群众派“绿书签”和海报进行宣传；七是市教育局组织140多万名学生进行保护著作权教育宣传活动；八是公开销毁了5万件非法出版物和200台侵权盗版电子游戏机。

【知识产权对外交流与合作】 为了规范和维护社会主义市场经济秩序，进一步贯彻实施《中华人民共和国专利法》和《广东省专利保护条例》，有效保护专利权人和社会公众的合法权益，茂名市知识产权局经与云浮市、阳江市、湛江市知识产权局充分协商，就专利信息的交流与沟通、专利培训、专利侵权纠纷案件的查处、假冒专利案件的查处等四个方面加强合作，推动了区域知识产权工作的开展。2012年度粤西专利合作联席会议在阳江市顺利召开，省知识产权局副局长唐毅、省知识产权局执法与监督处处长蓝伟宁和粤西四市知识产权局的20多名干部参加了会议。四市总结近年知识产权工作特别是专利执法工作的情况，并对专利行政执法有关问题进行探讨。

（供稿人：吕崇君）

肇庆市

【概况】 2012年，肇庆市知识产权工作以深入推进知识产权发展战略，指导和促进企业实施专利战略、商标发展战略和企业使用正版软件的工作，引导企业发展自主知识产权，提高企业自主创新能力和市场竞争力。全市专利申请量、授权量，注册商标申请量和著名商标继续稳步增长。全市专利申请量1551件，其中发明专利申请量323件；专利授权量1173件；PCT国际专利申请量14件。全市共登记著作权作品80件。新增注册商标1254件，新增地理标志证明商标1件，新增广东省著名商标11件。目前，全市共有有效注册商标8380件，驰名商标4件，有效省著名商标69件，地理标志证明商标8件，集体商标1件。肇庆高新区被国家知识产权局确定为国家知识产权试点园区，肇庆市被国家知识产权局确定为国家知识产权试点城市。

按照国家、省、市的部署，肇庆市在全市范围内开展打击侵犯知识产权和制售假冒伪劣商品工作和“三打两建”专项行动，积极开展知识产权宣传培训工作，加强对专利、商标、版权的侵权假冒违法行为查处，维护市场经济秩序和知识产权所有者的合法权益，执法工作取得较好效果，进一步推动肇庆市知识产权事业的快速发展。

【知识产权创造】 2012年，肇庆市专利申请量1551件，同比增长5.80%；其中发明专利323件（同比增长21.43%）、实用新型专利824件、外观设计专利404件；专利授权量1173件，同比增长31.95%；其中发明专利98件（同比增长75.00%）、实用新型专利758件、外观设计专利317件；PCT国际专利申请量14件。

【知识产权保护】 2012年，肇庆市积极开展打击侵权假冒、“三打两建”和知识产权维权“护航”等专项行动。市知识产权局成立专项行动领导小组，制订专项行动方案，通过上下联动、部门联合，切实加大专利保护力度，严厉打击侵犯知识产权违法行为，维护市场经济秩序和专利权人的合法权益。全市知识产权局系统共出动执法人员1451人次，检查生产经营场所9607家，检查商品168118件，排查线索29条，正式立案3件，其中专利侵权案件1件，假冒专利案件2件。

市工商局加强对涉外商标、驰名商标和广东省著名商标专用权的保护工作。一是重点打击商标侵权行为，加强大要案件查处力度。二是全面开展打击制售假冒伪劣商品案件查处工作，采取端窝点、查办案中案、连环案等措施，创新执法手段，扩宽案件类型，加强事实认定和调查取证力度。三是开展集中统一行动，加大打击力度。全市工商系统共立案查处“双打”案件760宗，案值717.43万元，其中商标侵权案件163宗，案值320万元。

市版权局加大行政执法力度，打击侵权盗版行为，营造“尊重知识，尊重人才，尊重版权，尊重创造”社会氛围。一是参与版权投诉的调解和相关法律诉讼，成功调解软件侵权案件12宗。二是开展打击网络侵权盗版“剑网”专项行动。在全市400家网站进行严密监控，加强对40家网站的日常监控和引导管理，积极配合开展打击侵权盗版和制售伪劣商品专项行动。2012年共出动版权执法人员3000人次，销毁30多万件侵权盗版出版物。

【知识产权管理与服务】 专利管理与服务。2012年，市知识产权局推进知识产权发展战略，加强对重点企业、新兴产业的引导，加强知识产权优势企业、优势区域和试点园区的培育。一是加强领导，突出重点，落实工作责任。8月9日，市知识产权局召开全市知识产权工作会议，传达省知识产权工作会议的精神，部署下半年知识产权工作任务。二是组织好省、市专利实施计划、专利申请资助及肇庆市专利奖项目的申报工作。全年安排专利技术实施计划项目6个，评出肇庆市专利奖15个，资助专利申请258项；实施市级区域知识产权发展计划3项、知识产权宣传培训教育项目4项。肇庆市奥威斯实验小学被批准为省中小学知识产权教育示范学校，广东风华高新科技股份有限公司承担的“高端信息产业新型片式元器件关键技术应用及产业化”项目被纳入广东省专利技术实施计划重大项目，四会市鸿明贵金属有限公司被认定为广东省知识产权优势企业。三是抓好专利申请促进工作。加强与各县（市、区）知识产权局联系和沟通，狠抓发明专利申请量，将发明专利申请量目标任务分解到各县（市、区），特别对知识产权优势企业、高新技术企业实行一对一指导，重点引导企业发展自主知识产权，设立专项专利资金，给予专利资助、奖励和资金扶持等措施，提高全市专利申请的数量和质量。

商标管理与服务。市工商局系统积极推进全市商标发展战略，创著（驰）名商标。一是广泛开展工作调研，积极探索推进肇庆市实施商标品牌战略工作意见。二是深入企业宣传发动，摸查情况，鼓励企业争创著（驰）名商标；针对部分企业不规范使用商标的情况，研究切实可行的整改措施，指导企业规范使用商标，争创省著名商标。三是举办企业商标知识培训班。4月10日，市工商局举办全市申报著名商标企业培训班，全市28家申报认定省著名商标企业、13家延续著名商标企业的代表和市工商系统各县（市、区）局、分局60多人参加了培训，编写《广东省著名商标申报材料填写提示（2012版）》和《广东省著名商标申报常见问题解答》，并印发给参加培训人员和在培训班上作专题讲解。四是开展著名商标材料审核工作，筛选推荐20家企业的20件商标申请认定省著名商标，12家企业的13件商标申请延续认定省著名商标，并配合省工商局做好企业的现场检查工作。五是积极办理商标管理程序申请驰名商标扩大保护案件。市工商局鼓励和指导有条件的企业创驰名商标，引进有资质的商标代理机构为企业服务。对企业申报驰名商标的证明材料进行审查，按程序进行立案调查，进一步规范商标管理程序申请驰名商标扩大保护工作，加大对肇庆市知名度较高的注册商标的保护力度。

版权管理与服务。一是全面完成政府机关软件正版化工作任务。市版权局与各县（市、区）政府签订责任书，各级机关真抓实干，市、县共投入1500多万元采购正版软件，全面完成了市、县、镇级机关软件正版化工作任务。并要求在以后的计算机采购中安排正版软件采购经费，实行长效管理。二是深入推进企业使用正版软件。全市共重点督导企业30家，企业新采购软件约5000套，投入资金300万元。三是加强版权兴业示范基地和最具版权价值作品的选送工作。加强端砚、玉器版权兴业基地的指导工作，成功申报肇庆全商联盟为省版权兴业示范基地，成功申报登记作品“iBaby智慧宝宝大家族”为全省最具版权价值作品。

【知识产权培训和宣传】 开展专利培训和宣传。市知识产权局以知识产权工作和“三打”专项行动工作为宣传主线，主动组稿宣传、主动举办培训。一是在肇庆金科网设立知识产权局“三打两建”专项行动专栏，宣传知识产权保护和“三打两建”工作。二是积极组织社区活动，为公众提供专利咨询服务。4月26日、5月19日、6月26日，市知识产权局分别组织参与在星湖牌坊广场、百花园社区、时代广场端五社区举行的“侵权盗版及非法出版物集中销毁”、“肇庆市科技进步活动月”启动仪式、“科普法律进社区，共建幸福好家园”等活动，派发各类专利知识宣传资料800余份，现场进行《专利法》知识有奖问答和专利咨询服务。三是举办各类培训讲座，提高企业创造、运用知识产权能力和公众维权护权意识。5—10月，分别在四会市东城街道办事处、广东风华高新科技股份有限公司和市委党校举办四期免费培训班和主题讲座，参加人员近2000人次，邀请省局领导和省内知名专家进行授课，受到广大企业和学员的欢迎，取得良好效果。四是组织专项活动，搭建沟通桥梁。为了促进专利代理机构与企业的双向沟通，搭建有效对接平台，11月8日，市知识产权局与省知识产权局在肇庆高新区联合举办“2012年百所千企知识产权服务对接工程系列活动”，省、市、各县（市、区）局领导、业务人员和来自省内14家专利代理机构的29名资深代理人，肇庆市77家企业共130多人参加了本次活动。活动除组织所企双方座谈交流外，还安排《企业专利实务技巧与策略》和《企业知识产权保护和运用策略》两个专题讲座，使参会企业人员的知识产权意识、专利维权、护权意识得到普遍提高。

推进“商标富农”工作。一是积极鼓励农产品企业争创省著名商标。2012年全市共有肇庆裹香皇食品有限公司的“裹香皇”粽子和德庆无比养生酒业有限公司的“关馥园”果酒等肇庆市特色食品申报省著名商标，“关馥园”果酒获广东省著名商标称号。二是开展地理标志相关知识宣传，提高肇庆市地理标志产品知名度。市工商局深入农村和涉农企业进行农产品商标及地理标志法律法规知识宣传，提高认识，营造重商标、创品牌的良好氛围。5月，商务部、国家工商总局等部委举办了第七届中国中部投资贸易博览会，肇庆市“肇实”商标作为广东省唯一的地理标志证明商标代表参展。11月，德庆贡柑参加“2012中国（上海）国际食品安全博览会、第一届中国国际地理标志产品博览会”，进一步扩大了肇庆市地理标志农产品的知名度。

版权法规宣传和培训。一是开展著作权法规宣传工作。举办“4·26著作权宣传周”活动，在电视和网络宣传版权政策，向群众讲解著作权法规，派发《版权知识笔记本》5000本。二是积极开展机关、企业从业人员法规培训工作。为西江日报社记者举办版权法规讲座；承办省版权局在肇庆市举办的全省推进软件正版化工作培训，邀请国家版权保护中心专家前来授课，收到良好效果；召开政府机构和企业软件培训会议8次，培训政府机关工作人员和企业技术人员500人。

（供稿人：胡淑妍）

清 远 市

【概况】 2012年清远市知识产权局在市委、市政府的领导和省知识产权局的大力支持和指导下，以鼓励科技创新，促进经济发展，保护知识产权为核心，贯彻落实科学发展观，结合清远市的具体实际开展工作，知识产权工作稳步发展，取得了较好的成效，为促进全市经济社会又好又快发展发挥了积极作用。

【健全知识产权政策体系】 为促使清远市知识产权执法保护工作顺利开展，结合清远市实际，制定了《2012年清远市专利执法专项行动实施方案》、《清远市知识产权系统“三打两建”专项行动实施方案》、《清远市知识产权局协同做好广交会专利保护工作方案》、《清远市知识产权执法维权“护航”专项行动实施方案》、《清远市知识产权局系统社会信用体系建设实施方案》和《清远市专利行政保护监管体系建设实施方案》；与市质监局、工商局、知识产权局、清远出入境检验检疫局联合印发《印发开展移动通信及数码电子产品专项打假工作方案的通知》，以上方案的实施使知识产权保护工作有了突破。

根据省知识产权局开展“双打”工作的精神和要求，制定了《清远市打击侵犯知识产权和制售假冒伪劣商品工作领导小组办公室工作制度》、《清远市打击侵犯知识产权和制售假冒伪劣商品工作领导小组工作规则》、《关于进一步做好打击侵犯知识产权和制售假冒伪劣商品工作的任务分工》，使清远市“双打”工作有章可循。

【知识产权创造与运用】

专利申请及授权。

2012年，清远市专利申请量为750件，其中发明专利127件，实用新型290件，外观设计333件，发明专利申请量同比增长10.43%；专利授权量为669件，其中发明专利51件，实用新型290件，外观设计328件，专利授权同比增长68.51%。

商标工作

清远市政府办公室印发了由清远市工商局代拟的《清远市推进商标战略实施意见（2012—2016）》，目前市工商局正在着手制定具体的实施方案，贯彻落实该意见，以推动清远市商标战略的实施。

全面深入推行商标联系人、“四书二卡”、“一所多标”等工作制度，完善企业商标档案。积极帮助一批“名、优、特、新、稀”产品申请商标注册，帮助申请一批附加值高、关联性强、市场潜力大的优势产品商标和服务商标，形成优势产业链条，增加品牌效应。加强服务职能，积极走访辖区内重点骨干企业、农业产业化龙头企业、驰（著）名商标企业以及拟培育驰（著）名商标的企业，从企业的商标注册、使用、管理、保护等方面进行具体的指导帮扶，努力形成“政府引导、企业主动、社会共同参与”的商标工作良好局面。

截至2012年，清远市共有有效注册商标4928件，同比增长918件，增长率为23%。

扎实推进驰（著）名商标培育工作，大力促进地方经济的发展。在“增量、扩面、提质”上下功夫，在深入摸底调研和认真筛选的基础上，建立完善中国驰名商标、广东省著名商标培育库，以形成辖区企业争创驰名、著名商标的多级梯队，分梯次地重点培育中国驰名商标、广东省著名商标。对申报中国驰名商标和广东省著名商标的企业，各县（市）局、市局直属分局按照市局对此项工作的要求，从调研筛选、指导创建，到组织申报、协调联络，开展大量深入细致的工作，特别是进入申报阶段，各单位选派专人到现场进行指导，帮助企业高质量完成申报材料的准备工作，为中国驰名商标和广东省著名商标的成功认定奠定扎实的基础。

2012年，清远市共有2家企业的3件商标被认定为中国驰名商标，有7家企业的7件商标被认定为广东省著名商标、有13家企业被延续认定为广东省著名商标，目前清远市共有中国驰名商标8件，广东省著名商标42件。

组织开展辖区农产品商标和地理标志证明商标具体资源的摸底调查，登记建档。在此基础上，通过商标联系人的全程跟踪服务，积极指导帮助企业、农户、协会申请商品商标、服务商标、集体商标和地理标志证明商标，以提高农产品市场竞争力和附加值，推动地方农业产业结构调整，促进地方特色农业发展。

为了有利于中小企业的联合，促进其集约经营，形成在市场中有竞争力的营销渠道，有利于产品和商标的宣传，促进规模经营，2012年7月，清新县旅游协会正式向国家工商行政管理总局商标局申请注册清远市第1件集体商标。截至2012年，清远市共有地理标志证明商标3件。

在日常管理工作中，市工商局注重加强行政指导，指导、协助清远市企业解决在商标使用中遇到的问题，加强对企业商标的规范使用。

针对清远市的广东省林中宝有限公司“林中宝”商标被侵权问题，市工商局到该企业了解情况，并根据该公司提供的被侵权情况，指导、协助企业进行维权打假工作。

加强对英德坤煌科技开发有限公司商标使用情况的监管工作。针对该公司2009年以来因侵犯他人注册商标专用权行为多次被清远市工商部门处罚的情况，为了规范该公司正确使用商标，市工商局下发《关于加强对英德坤煌科技开发有限公司商标使用情况进行监管的通知》，要求英德市工商局在日常的监管工作中加强对英德坤煌科技开发有限公司商标使用情况的监管，规范其商标使用行为，杜绝类似违法行为的发生。

根据市领导的批示，就《关于粤北行公司凉茶停产事宜情况说明》和清远加多宝草本植物科技有限公司商标使用问题，市工商局对广东粤北行健康食品有限公司和清远加多宝草本植物科技有限公司商标使用情况进行现场了解，掌握情况并及时回复市政府。

2012年，市工商局以“三打两建”为抓手，进一步深入开展打击侵犯知识产权和制售假冒伪劣商品行为专项行动，强化对侵犯注册商标专用权行为的打击力度，大力保护注册商标专用权。

严厉打击商标侵权假冒行为，按照市工商局“双打”领导小组的统一部署和“三打两建”工作的要求，组织开展专营专卖店专项整治行动，开展商场食品、饮料、服装商标使用情况的专项检查，开展农资、兽药商标使用情况专项检查和侵犯商标专用权专项整治行动。加大对地理标志和农产品商标的保护力度，严厉打击侵犯注册商标专用权的违法行为。

严厉打击非法印制和销售侵权假冒商标标识的行为。各级工商部门加强对辖区内的印刷、包装企业在受理登记、查验证照、成品出库、废品销毁等环节的监督管理，并开展对非法印制及购买使用假包装、假标识、假商标违法行为的专项整治。加强对商标代理机构的监管，进一步规范商标代理行为。

版权工作。

政府机关使用正版软件工作在市委、市政府的高度重视与大力支持下，至2012年6月29日，市财政统一安排资金529万元，对67家市直机关（驻清省直单位）安装正版软件(Windows操作系统和金山WPS办公系统软件）6301套；至2012年8月底，清远市8个县（市、区）财政共投入资金1151万元，采购、安装正版软件11811套，提前完成县级政府机关使用正版软件工作。2012年11月，省正版软件工作督查第三组到清远市检查市级政府机关正版软件使用情况，认为清远市委、市政府对推进使用正版软件工作十分重视，作为市政府的重点工作抓落实，在较短时间内完成了市、县两级政府机关使用正版软件工作，走在全省前列。

【知识产权保护】

“双打”专项行动工作成效显著。

调整成员和成立工作领导小组。因市政府领导和部分成员单位人员变动，对清远市政府知识产权办公会议组成人员及联络员进行调整，做好征询相关单位和上报市政府的相关工作，现已由市政府下文调整。

根据省政府《转发国务院关于进一步做好打击侵犯知识产权和制售假冒伪劣商品工作意见的通知》（粤府〔2012〕16号）的精神，

筹备成立清远市打击侵犯知识产权和制售假冒伪劣商品工作领导小组，做好征询相关单位和上报市政府的相关工作，现已由市政府下文成立。

开展专利行政执法保护，维护专利权人合法权益。根据市委、市政府、市“三打两建”专项行动领导小组、省知识产权局的部署和要求，清远市知识产权局结合实际，将打击侵犯知识产权和制售伪劣商品工作与开展以打击欺行霸市、制假售假、商业贿赂和建设社会信用体系、建设市场监管体系为主要内容，以优化市场环境为目标的“三打两建”专项行动相结合，营造健康有序、公平正义的市场经济环境。在开展专利执法专项行动、知识产权系统“三打两建”专项行动、执法维权“护航”专项行动等专项行动中，将日常执法与专项行动相结合，查处案件与扩大宣传相结合，以打击重复、群体、恶意专利侵权和严重的假冒专利行为为重点内容，以皮具、移动通讯产品、数码电子产品及其他涉及人民群众健康安全的重要消费品为重点商品，以权利人反响强烈、情节严重的案件为重点案件，以流通环节的大型商场和商品集散地为重点目标，对清远市的华润超市、益华百货、百和超市、鸿基家电、日美家电、国美电器、荣兴大药房曙光店、爱心大药房新站店以及万信通讯等通讯产品、数码电子产品商品集散地进行执法检查，在检查过程中，宣传专利的有关知识和销售假冒专利产品需承担的责任，要求对销售的专利产品的合法性和有效性进行自查，自觉抵制侵犯知识产权行为。在行动中，清远市知识产权局共出动执法人员98人次，检查涉及专利商品982件，立案查处涉嫌假冒专利案件8件，全部已结案，立案处理专利侵权案件1件。并根据省知识产权局、市有关部门的要求，及时上报“三打两建”专项行动周报、执法维权“护航”专项行动月报等。

知识产权联合执法。

2012年6月6日，根据省知识产权局关于省市联合查处假冒专利“5·16”统一行动工作方案，清远市知识产权局、公安局、工商局的有关执法人员联合到清远市区的爱心大药房新站店、荣兴大药房曙光店销售“护康胶囊”的药店进行执法检查，在执法检查过程中，对假冒专利产品“护康胶囊”取样后，查扣“护康胶囊”两盒、查阅药店营业执照以及与相关负责人进行笔录，责令药店不能再销售“护康胶囊”假冒专利，并立案调查，现已结案。

2012年9月6日，根据省知识产权局关于开展省市联合查处重大假冒专利案件统一行动的通知及其统一行动工作方案，清远市知识产权局联合清远市清城区打击制假售假专项办、知识产权局、公安局、工商局到清远市清城区新盈丰商行、清远市清城区龙塘镇银盏诚惠商店、清远市清城区龙塘镇银盏鸿图百货店等三家商店销售“秀禾牌重庆酸辣粉（标注专利号：201230243685.4）”的商店进行查处。在执法检查过程中，重点检查涉嫌假冒专利产品“秀禾牌重庆酸辣粉（标注专利号：201230243685.4）”，查阅商店营业执照等相关资料，对相关负责人进行调查笔录，初步掌握“秀禾牌重庆酸辣粉（标注专利号：201230243685.4）”销售情况，责令将“秀禾牌重庆酸辣粉（标注专利号：201230243685.4）”商品马上下架，并立案调查，现已结案。

工商执法工作。

2012年，全市工商系统继续深入开展“双打”专项行动。全市工商系统共立案查处商标违法案件376宗，案值209.6万元，没收、销毁侵权商品37341件，收缴和销毁商标标识59605件。

版权执法工作。

“4·26”世界知识产权日期间，组织全市2012年保护著作权宣传周活动，并于2012年4月25日在新城区赢之城组织“清远市2012年保护著作权宣传周活动大会暨销毁侵权盗版非法出版物活动现场会”，市“扫黄打非”领导小组成员和印刷企业、出版物发行业以及学生代表参加了现场会。活动期间销毁非法音像制品出版物15600张，侵权盗版书报刊出版物4350册。

【知识产权管理与服务】

加强与企业的沟通联系，做好省有关计划项目的申报和管理。

根据省知识产权局的要求，组织申报2012年广东省知识产权优势企业4家，2012年广东省知识产权示范企业1家，2012年广东省专利技术实施计划项目2项，2012年广东省知识产权教育示范学校1所，2012年广东省知识产权试点区域1个， 2012年广东区域知识产权发展计划项目1项。

到目前，省知识产权局下达清远市2012年知识产权保护专项项目5项，其中，2012年广东省知识产权优势企业1家，2012年广东省知识产权示范企业1家， 2012年广东省专利技术实施计划项目1项， 2012年广东省知识产权试点区域1个， 2012年广东区域知识产权发展计划项目1项。

根据省知识产权局的要求，组织申报评选第十四届中国专利奖项目2项。

根据省知识产权局《关于做好广东省专利技术实施计划（2008—2009年）项目验收工作的通知》（粤知产〔2012〕76号）的要求，组织对清远市企业承担的项目进行验收，相关的验收材料已上报省知识产权局。根据省知识产权局的要求，做好清远市知识产权局承担的广东区域知识产权发展计划项目2011年计划执行情况总结和上报工作。

根据《关于开展2013年广东专利奖评选表彰活动的通知》（粤人社发〔2012〕210号）的要求，推荐清远市申报2013年广东专利奖评选项目6项。

开展百所千企知识产权服务对接工作。

2012年11月15日，由省知识产权局、清远市知识产权局主办，清远市高新区、清城区、广东专利代理协会协办的百所千企知识产权服务对接工程系列活动在清远市清城区举行。来自省内12家专利代理机构的29名资深专利代理人，清远市88家企业约120多名企业知识产权工作人员，以及清城区各区（镇）知识产权工作负责人参加了此次活动。

此次对接活动，内容丰富，针对性强，专利代理机构和企业反应热烈。

做好清远市知识产权专项资金项目的申报评审工作和绩效评价工作。

组织开展2012年清远市知识产权优势企业认定工作，共有7家企业申报认定，经综合考评，其中5家企业被认定为2012年清远市知识产权优势企业。

组织开展2012年清远市专利技术实施计划工作，共有9家企业的9个项目申报，经组织评审组评审和综合评议，其中4个项目被批准为2012年清远市专利技术实施计划项目。

为了普及知识产权知识、培养学生的实践能力和创新意识，清远市知识产权局、教育局、团市委、市少工委联合组织开展2012年清远市中小学知识产权教育试点工作，共有8所学校申报，经组织评定组评审和综合评议，其中6所学校被批准为2012年清远市中小学知识产权教育试点。

为了加强清远市知识产权培训工作，开展宣传培训项目申报，共有2个专利中介服务机构申报，经研究后，均给予经费支持，要求承担项目的服务机构要按照培训计划，扎实开展宣传培训工作，努力提高清远市专利申请的质量和数量。

根据财政局对清远市超过100万元以上的项目进行绩效评价的通知精神，组织对2011年下达的知识产权专项资金项目进行绩效评价工作，通过对企业及学校等项目承担单位上交的绩效评价材料进行综合后，初步完成对清远市2011年下达的知识产权专项资金项目的绩效评价工作。

做好清远市专利申请费用的资助工作。

根据《清远市专利申请费用资助暂行办法》和省有关专利申请费用资助的有关规定，做好清远市专利申请费用的资助工作。至2012年11月，共资助专利申请360件。

【知识产权宣传、教育与培训】

加大知识产权保护宣传，提高全社会尊重创造意识。

为培育和发展知识产权文化，营造尊重知识、保护知识产权的良好社会氛围，在2012年4月26日世界知识产权日，市知识产权局向清远手机用户发送“4·26”知识产权宣传短信，共计200多万条，通过宣传短信，让清远广大市民了解4月26日是世界知识产权日，营造良好的宣传氛围。

2012年4月23—27日，在《清远日报》设立宣传周专栏，宣传省委、省政府关于加快建设知识产权强省的决定，远市知识产权执法维权“护航’专项行动实施方案，专利标识标注办法，抓住实施“桥头堡”战略机遇，推动知识产权事业发展等内容。

2012年4月20日在《广东省科技报》设立知识产权宣传专版，宣传的主要内容是：在实施“桥头堡”战略中如何发挥知识产权的助推作用；知识产权优势企业典型。通过开展专栏宣传，提高清远市知识产权工作的影响力，推动清远市知识产权工作取得更大的进步。

在“4·26”知识产权日宣传期间，向各县（市、区）及有关企业发放知识产权宣传资料2350份。

加强开展知识产权培训工作，提高知识产权保护意识。

2012年在市区、清城区、连南县等地分别举办知识产权宣传培训班6期，共770多人参加培训，对鼓励发明创造、推动科技创新、营造全社会尊重和保护知识产权的良好氛围起到积极作用。

加大商标宣传引导，发挥环境促动作用。

扎实推进商标宣传培训工作，大力营造良好的社会氛围，为清远市商标发展创造良好环境。

在2012年的“4·26”世界知识产权日以及纪念《商标法》实施30周年活动期间，市工商局以多种形式开展宣传活动，大力宣传商标知识，宣传商标战略，宣传获得中国驰名商标的企业，为实施商标战略、打造品牌经济营造更加浓厚的全社会重视商标品牌、培育和保护商标品牌的意识和舆论氛围。

加大对企业商标培训和指导力度，向企业开展紧贴需求、形式多样的商标业务培训，引导企业牢固树立“营销未启，商标先行”的理念，树立依法确权、超前确权的商标意识。2012年9月3—5日，市工商局首次派出工作人员并组织辖区内的清远市升华建陶有限公司等2家企业参加在云南昆明举办的中国商标年会。通过参加年会的学习，提高了清远市实施商标战略以及商标管理的水平，也提高了企业的商标战略意识，促进企业的发展。

加强对商标管理部门工作人员的业务培训。2012年4月17—20日，按省工商局要求，组织市工商局业务骨干参加全省商标广告业务培训班；2012年6月18—19日，参加省局举办的全省商标管理程序驰名商标申报及商标审查业务培训班，重点学习商标管理程序驰名商标认定申报有关问题、商标近似的审查以及图形商标的审查等相关业务知识。

（供稿人：林成辉）

潮州市

【概况】 2012年，潮州市根据全市知识产权发展前景的实际情况，紧紧围绕知识产权战略纲要和“三打两建”工作的部署，大力开展专利申请促进工作，切实推进知识产权工作再上新台阶。

【创造与运用】 加强促进专利申请工作的政策指引，促进专利申请增长。为提高潮州市的“专利产出指数”，有效落实《市科技局（知识产权局）关于促进我市专利申请工作的意见》，同时根据2012年各县（区）专利申请情况及市委、市政府的有关要求，对各县、区知识产权局（科技局）、专利服务代理机构的科技服务提升计划予以立项扶持，积极促进专利申请及授权量的提高。

同时，贯彻落实授权发明专利的奖励措施，实施专利申请资助。在2012年全市科技奖励大会暨科技工作会议上，对2011年度全市17项授权发明专利，给予发明专利权人表彰和每项5000元奖励。并对2011年度全市发明及实用新型专利申请费、审查费进行资助，共资助发明和实用新型专利510项。

加大扶持培育力度，促进市场主体争创省著名商标。2012年，潮州市工商局把培育驰名、著名商标作为实施商标发展战略的核心内容，加大扶持培育力度，把企业从创建品牌向培育驰名、著名商标上加以引导。2012年，全市共有17家企业申报广东省著名商标认定，已有12家企业通过初步认定并予以公示，另有29件商标通过延续认定。

加强版权公共服务与管理，提高作品登记工作量。潮州市文广新局进一步加强版权公共服务与管理，2012年版权保护作品自愿登记共22份。广东长城集团股份有限公司近年来以“版权兴业”为目标，努力开拓以版权保护为重心的产业可持续发展之路，为潮州市版权产业的大发展大繁荣作出应有的贡献，被省版权局评为“广东省版权兴业示范基地”。

【行政执法保护】 *进一步加强知识产权的保护力度，依托“双打”不断推进“三打两建”工作*。2012年，潮州市知识产权局共受理专利侵权纠纷案件41宗，其中涉及实用新型专利4宗，外观设计专利37宗。上年度尚未审结专利侵权纠纷案件累积结转7宗。共审结42宗，其中处理结案10宗，调解结案或调解后撤案共32宗；尚未审结6宗，其中1宗中止，5宗正在调处中。由于执法工作突出，潮州市知识产权局多次收到感谢信，并获赠锦旗2面。

同时，潮州市知识产权局认真履行 “双打”办公室职责，并积极配合开展“三打两建”专项行动，扎实推进打击侵权和制售假冒伪劣商品行动。以打击重复、群体、恶意知识产权侵权和影响恶劣的假冒专利为重点内容，以陶瓷、不锈钢、食品、印刷包装为重点领域，积极推进专项行动有效开展。专项行动期间，潮州市知识产权局累计出动执法人员277人次，检查企业、单位、经营主体54家（户）次，检查商品612件数，立假冒专利案件24宗，工作效果显著，潮州市知识产权局专利管理科被评为全省打击侵犯知识产权和制售假冒伪劣商品专项行动先进集体。在2012年市“三打办”组织的各季度考评中潮州市知识产权局均名列前茅。

加大商标行政执法力度，促进市场秩序逐步规范。2012年，潮州市工商局结合“三打两建”工作，继续推进“双打”工作，加大打击商标侵权行为，切实保护注册商标权利人的合法权益。一方面加强对商标印制单位的监管，从源头上预防商标侵权行为的发生；另一方面加强对大型市场、大型超市、城乡结合部等重点企业和重点区域的监管，以食品、药品、医疗服务、汽车配件、农资等与人民群众生命财产安全、身体健康密切相关的商品的假冒注册商标行为作为打击的重点。2012年，全市工商系统共出动执法人员3408人次，检查经营主体4665户次，检查各类市场139个次，整治重点区域4处，查处商标违法案件100宗，罚没52.682万元。

开展专项行动，规范文化经营行为。为落实“三打两建”行动，潮州市文广新局制定了市新闻出版市场“三打”专项行动方案并组织学习和动员部署。大力开展摸底排查、打击整治工作，采取联合检查、错时检查、暗访检查、突击检查等方式，以批发零售场所、印刷复制企业、繁华街区、旅游景点、交通枢纽、学校周边、城乡结合部及文化经营场所密集地段等为重点检查区域，提高巡查频率和密度。全方位打击新闻出版市场出现的欺行霸市、制假售假、商业贿赂等丑恶现象，使新闻出版市场经营环境得到有效改善。

潮州市文广新局多措并举，规范文化经营行为。一是加强出版物市场的检查，严查含有淫秽色情、暴力、迷信、赌博等国家禁止内容出版物，查处盗版侵权出版物，防止违禁和非法出版物在市内出现。二是加强对印刷企业巡查，落实印前验证和承印登记等各项制度，规范经营行为，防止非法出版物和假冒标识在印刷企业出现。三是加强对县级执法工作的督查指导，确保各项工作正常开展。

2012年，潮州市文广新局共出动执法人员3007人次，检查经营单位507家次，罚没款126387元，收缴非法书刊1105册，淫秽色情书刊265册，侵权盗版报纸85份，非法博彩类报纸119份，博彩类日历44本，非法音像3908片，淫秽色情音像989册。

【宣传和培训】 2012年，潮州市知识产权部门通过各种形式开展知识产权宣传和培训活动。

做好知识产权宣传和咨询工作，推进专利申请及授权量的增长。4月26日上午，潮州市知识产权局、工商局、文广新局、公安局、法院、质监局、科协和潮州海关等8个部门，在人民广场举办主题为“培育知识产权文化，促进社会创新发展”的知识产权宣传咨询活动，展示知识产权宣传挂图图片，发放各种知识产权宣传资料，并就知识产权保护的相关问题接受咨询。

潮州市知识产权局于“4·26”活动期间，在广东移动潮州分公司短信平台上向移动用户发送“4·26”宣传短信几十万条。通过宣传活动，提高广大市民和企业的知识产权保护意识，营造一个尊重知识产权、崇尚创新、遵纪守法的知识产权良好氛围。

为贯彻实施《广东省专利条例》和进一步开展知识产权工作，有效保护知识产权和提高企业知识产权管理水平，促进专利申请，潮州市知识产权局分别在湘桥区、饶平县和潮安县举办专利知识培训班，对各街道（镇）工业部门负责人、企业管理人员近600人就如何申请专利、如何保护专利以及《广东省专利条例》等内容进行了专题辅导。

利用“3·15消费者权益保护日”、“4·26知识产权保护日”、《商标法》颁布30周年等活动，潮州市工商局通过设立宣传点，悬挂宣传标语，下企业开展宣传等多种形式，开展商标法律宣传，提高广大市场主体对使用商标、注册商标的认识，以及争创驰名、著名商标的积极性。2012年共发放商标、广告法律知识宣传资料约8000份，接受群众投诉咨询300多人次，悬挂宣传标语42条。“4·26”当天，还在《潮州日报》以专版形式对全市实施商标发展战略的做法和成效，以及“双打”行动情况进行报道，对获得省著名商标的市场主体进行宣传。

潮州市文广新局结合“3·15消费者权益日”开展咨询服务活动，现场演示如何区别正版和盗版出版物，提高消费者识别能力，增强消费者遵纪守法的自觉性。在“4·26世界知识产权日”活动期间，发送版权保护笔记本300本，版权保护书签500条，版权保护自愿登记资料350份，接受群众咨询300多人次，提高群众版权保护意识。据统计，2012年版权保护作品自愿登记共22份。（供稿人：陈灿伟）

揭阳市

【概况】 2012年揭阳市知识产权系统积极推动实施国家和省《知识产权战略》，推动自主创新，实施名牌战略。

【知识产权创造】 专利申请与授权。2012年自主创新工作继续强劲增长，全年完成专利申请2529件，同比增长50.27%，其中发明专利142件，实用新型专利344件，外观设计专利2043件；全市专利授权量1913件，同比增长42.76%，其中发明专利59件，实用新型专利317件，外观设计专利1537件，申请PCT专利7件。全市累计专利申请11374件，授权8621件。全市新增注册商标5601件，新认定广东著名商标11件，驰名商标1件，现全市注册商标总量达48491件，驰名商标12件，广东省著名商标106件。共受理作品版权保护登记302件，其中版权作品《天下潮商》获广东省版权兴业示范基地称号，成为揭阳市首个广东省版权兴业示范基地。

商标注册与著名商标认定。加强商标战略宣传，稳步开展著名商标认定工作。省著名商标评审委员会认定揭阳市"阿锐达"等11件商标为广东省著名商标，延续认定"法来雅"等21件商标为广东省著名商标。积极扶持企业认定驰名商标，广东珠密琪内衣有限公司"ZHUMIQI珠密琪"商标被认定为驰名商标，广东信达纸业有限公司"蓓尔丽"商标申请驰名商标的请示已上报省局。着力推进"商标富农"战略，"普宁蕉柑"地理标志证明商标成为当地农民增收、创收的一条重要渠道，"普宁蕉柑"品牌价值呈现上升趋势。加强地理标志证明商标的引导、申报工作，"普宁青梅"地理标志证明商标申请已于12月下旬初审公告。深入推进粤港澳合作，有针对性地引导港资、澳资企业实施商标战略，推荐广东高乐玩具股份有限公司等3家港资、澳资企业延续认定广东省著名商标，截至2012年底，揭阳市企业在香港注册商标共57件。

【知识产权管理与服务】 实施知识产权战略，支撑创新驱动发展。按照省知识产权局的部署和要求组织申报有关计划项目6项。普宁源丰电器有限公司的"室外天线"实用新型专利获得国家专利奖金奖，这是揭阳市有史以来获得有关知识产权的最高殊荣。广东科迪微晶玻璃实业有限公司的"超低膨胀系数高透明度微晶玻璃以及其制品的生产方法"列入省专利技术实施计划项目，普宁市源丰电器有限公司被认定为省知识产权优势企业，新增揭阳市经济开发试验区凤美街道办事处为省知识产权试点区域，广东区域知识产权发展计划及"广东玉器产业的知识产权构建与保护——基于揭阳'阳美玉都'的研究"的软科学研究项目获得省审批认定。确定广东天银化工有限公司为市知识产权示范企业，揭阳市广福电子实业有限公司为市知识产权试点企业，累计全市知识产权试点企业已达7家。

充分利用互动、对接、多赢的平台，引导扶持中小企业提高运用知识产权制度推进企业创新发展。制订出台《加强民营企业知识产权保护实施方案》，不断优化民营企业发展环境。为促进全市专利申请工作，提高专利申请数量和质量，进一步提高自主创新能力，推动专利申请工作持续健康发展，印发了《关于实施专利申请鼓励措施的通知》，并对辖区内企事业单位、机关、团体和个人申请国内外专利资助鼓励。

【知识产权保护】 市知识产权局全年共对16宗专利案件受理立案。其中，侵权纠纷11宗，假冒案4 宗，对中介违规宣传违法行为立案1宗，完成结案13宗，中止2宗。

商标保护工作。揭阳市工商行政管理部门在开展打击侵犯知识产权和制售假冒伪劣商品专项行动中，把"三打两建"、"双打"工作有机结合，突出重点，大力整治，全市各级工商部门共查处商标案件250宗，案值214.69万元，罚款249.43万元。共出动执法人员19492人次，检查经营主体25938户，立案查处侵权和假冒伪劣商品案件281宗，结案279宗，罚没288.72万元，查处大要案3宗，移送司法机关案件5宗。

正版软件推进工作。2012年在市、县两级政府机关使用办公软件率100%的基础上，督促市直机关做好软件操作系统正版化工作，下发《关于进一步做好推进政府机关使用正版软件的通知》，制订并印发《揭阳市推进使用正版软件工作年度检查及报告制度》；调整揭阳市使用正版软件工作领导小组成员单位，召开领导小组工作会议并成立督查组于6月和10月对市直69个机关和50个县直机关单位使用正版软件工作进行督查。

开展"双打"、"三打两建"专项行动。

2012年，市“双打”领导小组各成员单位继续全面开展“双打”、“三打两建”工作。市工商局制订《揭阳市工商系统2012年开展打击侵犯知识产权和制售假冒伪劣商品工作专项行动方案》。市版权局成立揭阳市“扫黄打非”领导小组办公室、打击侵犯知识产权和制售假冒伪劣商品工作领导小组及其办公室，制定并印发《关于深入开展打击侵犯知识权和制售假冒伪劣商品工作及进一步推进使用正版软件工作实施》。市知识产权局制定印发《2012年揭阳市专利执法专项行动实施方案》、《揭阳市知识产权局系统“三打两建”专项行动实施方案》《揭阳市知识产权执法维权“护航”专项行动实施方案》、《揭阳市知识产权局系统社会信用体系建设实施方案》和《揭阳市专利行政保护监管体系建设实施方案》。组织开展了卷烟打假、皮具产品打假、酒类打假、春季打假和肥料打假、农村市场重点商品、汽车配件等专项整治行动，共出动执法人员20533人次，检查生产经营单位23615家次，立案查处各类涉假案件1028件，捣毁各类制假售假和侵犯知识产权窝点178个，取缔无证经营115家，抓获制假犯罪嫌疑人252名，刑事拘留232名，逮捕157名，移送审查起诉判刑266名，缴获假冒伪劣香烟、假酒、假名表、假服装、食品、电器产品等各类假冒伪劣商品一大批，涉案值5亿多元。

【知识产权宣传、教育培训】 在“4·26”宣传周活动期间，揭阳市知识产权局联合揭阳海关、市工商局、文广新局、质监局及榕城区科技局等部门在揭阳市区东方体育文化广场举办“4·26”知识产权宣传活动。向广大群众宣传创新发明、专利申请、商标、版权及海关知识产权保护等相关知识，并接受关于假冒伪劣、盗版侵权产品的维权途径等相关问题的咨询和发放有关宣传资料，大力宣传省委、省政府《关于加快建设知识产权强省的决定》、宣传揭阳市实施知识产权战略纲要的重大成就、宣传“三打两建”和“打击侵权和假冒伪劣”工作成效、典型案例和突出成果。市政府副秘书长林敏、市科技局局长王辉到活动现场指导。揭阳电视台、揭阳日报等媒体连续二十多天对揭阳市知识产权取得的成果进行报道及专题宣传，市知识产权局、工商局、文化广电局、榕城海关等单位积极开展宣传培训活动。市知识产权局全年举办了科学发展观指标讲解学习班、中科院揭阳市企业总裁培训班，以及广东省委、省政府《关于加快建设知识产权强省的决定》学习班和揭阳高新技术开发区孵化器知识产权培训班等4个知识产权学习培训班。市文化广电局举办党政机关使用正版软件工作培训班3期。市工商局组织业务人员参加省工商系统商标广告业统计工作及业务培训班。在《商标法》颁布30周年活动期间召开企业家代表座谈会共商商标名牌战略发展大计。市知识产权局组织市、县（市、区）举办知识产权及管理培训班4期。在“3·15”、“4·26”、“12·4”等活动日举办宣传活动时向公众派发宣传单、宣传资料3600多份，并在市区、城区等主要路道张贴宣传标语120多条。

【统计资料】

2002—2012年揭阳市专利申请、授权情况表

单位：件

年份	申请					授权				
	发明	实用新型	外观设计	合计	同比增长（%）	发明	实用新型	外观设计	合计	同比增长（%）
2002	17	71	234	331	−4	4	45	217	266	5
2003	16	67	421	504	52.26	2	64	322	388	45.86
2004	36	112	391	539	6.94	9	49	366	424	9.27
2005	34	96	393	523	−2.96	6	88	304	398	6.13
2006	32	145	470	647	23.7	15	93	348	456	31.03
2007	49	134	380	563	−13	20	147	328	495	8.55
2008	51	102	495	648	15	17	128	305	450	9.09
2009	86	144	516	746	15.12	27	91	550	668	48.44
2010	109	211	715	1035	38.74	39	153	573	765	14.52
2011	97	330	1256	1683	62.60	43	286	1011	1340	75.16
2012	142	344	2043	2529	50.27	59	314	1540	1913	42.76
合计	669	1756	7323	9748		241	1458	5864	7563	

（供稿人：陈纯佳）

云 浮 市

【概况】 2012年，云浮市认真贯彻落实省委、省政府《关于加快建设知识产权强省的决定》，深入实施省、市知识产权战略纲要，积极开展知识产权各项工作，全市知识产权创造、运用、管理和保护水平不断提高，为促进云浮市社会经济发展提供有力支撑。

【政策体系建设】 出台中共云浮市委、云浮市人民政府关于贯彻落实《中共广东省委、广东省人民政府关于加快建设知识产权强省的决定》的实施意见。2012年，省委、省政府出台《中共广东省委、广东省人民政府关于加快建设知识产权强省的决定》。为做好贯彻落实工作，云浮市委、市政府于2012年11月12日印发《中共云浮市委、云浮市人民政府关于贯彻落实〈广东省委、广东省人民政府关于加快建设知识产权强省的决定〉的实施意见》（云发〔2012〕18号）。《意见》提出云浮市的总体目标和要求：到2015年，全市专利申请累计达到5054件，年均增长35%以上。创建省级知识产权优势企业15家、示范企业5家，组织实施专利技术实施计划项目达到25项，专利技术实施产值达到90亿元。各类作品的著作权登记量年均增速达16%，国内有效注册商标总量达6500件，中国驰名商标达3件以上等目标要求。并从加强组织领导，落实工作责任制、加大投入、加大对重点企业及人才的培育引导、加强宣传教育、加大保护力度、加强服务能力建设等六个方面提出有力的保障措施。

为加强对知识产权强省政策的贯彻落实，2012年6月12日，云浮市政府召开云浮市知识产权工作会议。会议总结近年来全市知识产权

工作情况，部署下一阶段工作并落实工作责任制。会上，云浮市政府与各县（市、区）政府以及佛山（云浮）产业转移工业园管委会签订了知识产权工作目标责任书，确保各项工作任务真正落到实处，取得实效。责任书明确规定：在“十二五”期间，各县（市、区）和佛山（云浮）产业转移工业园专利申请量每年增长35%以上，专利产出指数每年保持正增长。责任书提出要从强化企业知识产权主体地位、加大对重点知识产权企业及人才的培育引导、加强知识产权宣传教育、加强对知识产权的保护和加大政府投入力度、保障知识产权工作经费的投入等五个方面推进实施知识产权工作目标和任务。

重新修订《云浮市知识产权局专利申请资助办法》。2012年6月1日，云浮市知识产权局重新修订《云浮市知识产权局专利申请资助办法》。

知识产权试点示范工作。2012年，云浮市获得广东区域发展计划项目1项，广东省专利技术实施计划重点项目1项、重大项目1项，广东省知识产权优势企业1家。其中，广东大华农动物保健品股份有限公司的专利技术“新型畜禽专用纳米无抗生素保健品研究及应用”获得广东省专利技术实施计划项目重大项目的立项，广东凌丰集团股份有限公司的专利技术“高效节能双层不锈钢压力锅的研究开发”获得广东省专利技术实施计划项目重点项目的立项，广东中兴液力传动有限公司获得2012年省知识产权优势企业的认定。截至2012年，全市共有广东省知识产权优势企业9家、省知识产权示范企业1家、省中小学知识产权教育试点学校10所、省中小学知识产权教育示范学校1所、省区域知识产权发展计划6项、组织实施省专利技术计划项目19项。全市专利技术实施产值90.2亿元。

【知识产权创造与运用】 专利申请及授权。2012年，全市专利申请506件，同比增长44.2%，其中，发明专利申请55件，实用新型专利167件，外观设计专利284件。PCT（国际专利）专利申请1件。专利授权369件，同比增长了57%，其中发明专利19件，实用新型专利125件，外观设计专利225件。至2012年底，全市专利申请共2434件，专利授权1689件。

商标培育。云浮市工商局继续指导全市基层工商所开展“一所一标”活动，各工商所积极协助当地政府、有关部门以及企业申请商标注册，扶持其成为当地特色品牌。2012年，全市新增注册商标476件，省著名商标2件，集体商标1件。其中，云浮市“新兴县不锈钢商会”被认定为集体商标，全市实现集体商标“零”的突破。广东省惠沄钛白有限公司的“白玉莹”商标和云浮市永光兄弟石材有限责任公司“永光”商标成功申报为省著名商标。至2012年底，全市共有注册商标6062件，驰名商标2件，省著名商标26件，地理标志商标2件，集体商标1件。

【知识产权保护】 专利行政执法监督。云浮市知识产权局深入开展打击侵犯知识产权和制售假冒伪劣商品工作、“三打两建”专项行动工作、知识产权执法维权“护航”专项行动工作。据统计，全年共出动执法人员168人次，检查各类超市、皮具店铺、药店等共72家，检查专利商品4200余件，立案查处假冒专利案件3件，调解中国石材会展期间专利纠纷案件1宗。

市场经营行为执法监督。云浮市工商行政管理系统以“三打两建”工作为契机，继续力推“打击侵犯知识产权和制售假冒伪劣商品工作”等各项执法监督工作。全市各级工商部门共出动执法人员10015人次，检查经营主体17361户次，检查批发零售市场、集贸市场等各类市场1131个，重点整治区域1288处，捣毁制售假冒窝点37个，受理和处理消费者申诉和举报65件，立案查处案件430宗，结案335宗，罚没款215.25万元，立案查处侵权商标专用权案件123宗，移交公安机关4宗，案值达278万元。

文化市场执法监督。云浮文化市场执法队伍以打击侵权盗版出版物及网上侵权盗版行为作为全年“扫黄打非”工作重点，加大日常巡查力度，持续清理游商和无证经营，全面收缴各类侵权盗版出版物。据统计，全市共出动文化市场执法人员12099人次，检查网吧2491家次、娱乐场所1917家次、电影放映单位16家次、印刷企业905家次、音像制品销售店1434家次、书报刊经营单位1877家次、营业性演出活动场所13家次、违规销售卫星地面接收设备设施商户（店铺）120户（家）。取缔无证照地摊游商57档次，收缴“六合彩”报等非法出版物4万份，盗版音像制品约3万张，查获非法卫星地面接收设备设施334套、解码器100只、卫星接收高频头65只，删除或屏蔽互联网和手机媒体涉嫌低俗、有害信息1300多条次，罚款21.49万元，扣押的涉案物品折价为17.45万元。受理及处理“12318”举报投诉18宗。

【知识产权宣传】 开展“4·26”知识产权周系列活动。“4·26”知识产权宣传周期间，云浮市委宣传部、市知识产权局、市版权局和市工商行政管理局在市文化馆广场联合组织开展专利、版权、商标等知识的大型现场咨询、游园等咨询活动。向群众宣传知识产权的重要意义，宣传专利、版权、商标的有关法律法规，派发宣传资料，讲授如何申请专利、商标，如何鉴别版权、正版音像制品和出版物等知识，并接受群众的咨询。活动中，共派发宣传资料2000份，前来咨询和参加游园活动的市民2000余人。

开展“3·15”消费者权益保护日系列活动。云浮市工商局在“3·15”消费者权益保护日和“4·26”全国知识产权宣传周活动期间，以“实施商标战略促进转型升级”为主题，加大对培育自主商标品牌的宣传。据统计，全市各级工商部门共开展各种形式的咨询活动18次，接受咨询人员4960多人次，发放宣传资料5680份，开辟商标知识宣传专栏32期，悬挂相关保护商标专用权的宣传横幅75条。

开展纪念《商标法》实施30年系列活动。为纪念《商标法》实施30周年，云浮市工商局开展一系列的宣传活动。一是在云浮电视台的四个频道、五个黄金时段播出图文结合的专题宣传片。二是在9月14日《云浮日报》刊发主题为“实施商标战略，促进地方经济发展——庆祝《商标法》实施30年”专版。三是在全市播放LED电子显示屏达1500多条次，悬挂横幅30多条。

软件正版化工作。2012年，云浮市着力推进政府机关使用正版软件工作，成立云浮市推进政府机关使用正版软件联席会议制度办公室，出台《云浮市政府机关正版软件采购招投标管理制度》、《云浮市市直行政事业单位软件资产管理的实施办法》、《云浮市政府机关正版软件使用管理年度督查及报告制度》等多项管理制度。举办软件正版化整改业务培训班3期，印发《云浮市推进政府机关使用正版软件指导手册》2000份，编印工作简报19期，并通过本地新闻媒体、政府网站、“4·26”知识产权宣传周等加大宣传力度。市文化综合执法部门加大对销售侵权盗版软件等违法违规行为的打击力度，不断规范云浮市计算机软件市场经营秩序。市本级先后投入资金315万元，招标采购金山WPS专业版办公软件和微软Windows 7专业版操作系统软件，完成软件正版化整改工作，并顺利通过了省督查组的考核验收。

【知识产权合作交流】 为加强粤西四市专利执法协作、区域知识产权工作，云浮市知识产权局依照《粤西四市专利合作协定》参加了由湛江市知识产权局主办的第五届粤西四市专利合作会议。会议中四市知识产权局有关负责人总结了近年来的知识产权工作特别是专利执法工作的情况，对专利行政执法有关问题进行探讨，并共同签订《粤西四市专利侵权纠纷案件移送合作备忘录》，标志着四市区域间专利执法协作又上了一个新的台阶。

【统计资料】

表1　2012年云浮市各县(市/区)专利申请情况表

单位：件

地　区	申　请					
	发明	实用新型	外观	合计	去年同期	同比增长（%）
云城区	7	24	20	51	41	24
罗定市	6	25	69	100	71	41
新兴县	37	90	140	267	193	38
郁南县	4	15	40	59	35	69
云安县	1	13	15	29	11	164
合　计	55	167	284	506	351	44.16

表2　2012年云浮市各县(市/区)专利授权情况表

单位：件

地　区	授　权					
	发明	实用新型	外观	合计	去年同期	同比增长（%）
云城区	5	15	13	33	22	50%
罗定市	1	34	24	59	61	−3%
新兴县	8	58	155	221	111	99%
郁南县	5	12	29	46	29	59%
云安县	0	6	4	10	12	−17%
合　计	19	125	225	369	235	57.02%

（供稿人：赖俊宇）

表彰奖励

表彰奖励

BIAO ZHANG JIANG

表彰奖励

广东入选2011年度全国知识产权保护重大事件及有影响人物

【重大事件】 深圳市市场监督局（知识产权局）积极完善知识产权保护政策法规体系，深入开展打击侵犯知识产权活动，为2011年第26届世界大学生夏季运动会在深圳的成功举办提供了重要保障，为树立我国良好知识产权保护形象做出了贡献。

粤港澳三地海关联合开展打击侵权货物跨境运输“海龙行动”，取得了丰硕成果，查获的案件数量和案值同比明显增加，为粤港澳海关知识产权执法合作长效机制的建立起到了积极的推动作用。

【有影响人物】 中兴通讯股份有限公司法务部副部长王海波。王海波现任法务部副部长。通过逾十年的拓展，以知识产权全球化布局为核心，构筑中兴通讯股份有限公司全球化、全业务的知识产权战略体系。中兴通讯的中国专利申请连续10年位居前列，2011年国内发明专利授权量全国第一，PCT专利申请量位居全球前列。2005年、2007年、2009年和2011年度，中兴公司共获得4届中国专利金奖。

深圳市市场监督管理局（知识产权局）局长徐友军。徐友军现任深圳市市场监管局（知识产权局）党组书记、局长。徐友军切实贯彻落实深圳市政府机构大部制改革有关工作要求，先行先试，深化知识产权行政管理体制改革，在全国范围率先实现专利、商标、版权、地理标志、技术秘密等知识产权行政管理的统一，加挂知识产权局牌子以更好适应工作需要，并颁布了全国首个知识产权与标准化战略纲要；努力推动知识产权保护地方政策法规建设，构建统一、集中的知识产权保护工作机制和执法体系，深入规范行政处罚裁量权。以知识产权保护工作促创新、促发展、促转型，有力促进城市核心竞争力的提升，在中国知识产权行政管理体制改革进程中，做出了重要贡献。

（供稿人：郭亚青）

全国知识产权系统知识产权人才工作先进集体和先进个人

【概况】 2012年国家知识产权局在开展全国知识产权系统知识产权人才工作先进集体和先进个人评选活动中，广东省知识产权研究与发展中心、汕头市知识产权局、广州市知识产权局协调合作处三个集体获得全国先进集体荣誉称号，国家知识产权培训（广东）基地关永红、梅州市知识产权局李昌栋、东莞市知识产权局罗梅莹三人获得全国先进个人荣誉称号。

（供稿人：郭亚青）

广东省各地市法院荣获先进荣誉称号

【概况】 2012年，广东高院知识产权庭荣获“全省法院先进集体嘉奖”荣誉称号；珠海中院知识产权庭荣获全省法院集体一等功；广州中院、深圳、肇庆中院知识产权庭荣获全省法院集体二等功；深圳中院被最高法院授予“全国打击侵犯知识产权和制售假冒伪劣商品专项行动先进集体”荣誉称号；广州市天河区法院被最高法院确定为“中国知识产权审判基层示范法院”。（供稿人：肖少杨）

首批全国知识产权领军人才

【概况】 2012年12月，国家知识产权局开展全国知识产权领军人才推荐选拔工作，经推荐和评审共产生首批全国知识产权领军人才81人。广东省共有11人获得该荣誉称号。

【领军人才】

知识产权行政管理与执法人才类（全国共20名，广东省3名）

广东省知识产权局　陶凯元

广东省广州市知识产权局　厉　宁

广东省深圳市知识产权局　徐友军

企业知识产权人才类（全国共20名，广东省5名）

广东威创视讯科技股份有限公司　白宝国

TCL集团工业研究院　罗秋林

中兴通讯股份有限公司　王海波

腾讯科技（深圳）有限公司　王活涛

比亚迪股份有限公司　赵　杰

知识产权服务业人才类（全国共20名，广东省1名）

广东省知识产权研究与发展中心　魏庆华

高等院校及科研机构知识产权人才类（全国共21名，广东省2名）

暨南大学知识产权学院　徐　瑄

深圳大学法学院　朱谢群

（供稿人：张　璟）

工作交流

GONG ZUO JIAO LIU

工作交流

工作交流

第111届广交会知识产权保护

【概况】 第111届广交会于2012年4月15日至5月5日在广州举办。本届广交会的展览总面积116万平方米，展位总数59434个，比上届增加720个；境内外参展企业共24644家，比上届增加413家。本届广交会知识产权投诉呈现的特点是，参展企业尊重知识产权的意识得到进一步强化，运用知识产权维护自身权益的能力得到进一步提高，参展秩序得到进一步规范，投诉总量（包括专利、商标、版权）、被投诉企业、认定涉嫌侵权企业数量均呈现下降趋势。据统计，本届广交会共受理知识产权投诉546宗，被投诉企业732家，认定涉嫌侵权企业398家，与上届相比分别减少107宗、102家和30家，减幅分别为16.4%、12.2%、7.0%。546宗知识产权投诉中，出口展区544宗，进口展区2宗。

（一）专利投诉仍然最多，外观设计投诉占了八成。

专利类投诉占了三类投诉的70.7%，仍然占了大多数，但受理宗数、被投诉企业数、认定涉嫌侵权企业数均比上届有较大降幅。专利类受理投诉386宗，被投诉企业504家，认定涉嫌侵权企业233家，分别比上届减少99宗、114家、44家，减幅分别为20.4%、18.5%、15.9%。按专利类型分，发明专利11宗，实用新型专利60宗，外观设计专利315宗，分别占专利投诉总量的2.9%、15.5%、81.6%。

（二）商标投诉略有增加。

商标类投诉受理宗数比上届略有增加，被投诉企业、最终认定涉嫌侵权企业基本与上届持平。商标类受理投诉123宗，被投诉企业201家，认定涉嫌侵权企业131家，分别比上届增加9宗，减少3家，增加1家，增减幅度分别为7.9%、-1.5%、0.8%。

（三）版权投诉降幅较大。

版权类受理投诉宗数降幅较大，但被认定涉嫌侵权的企业增加。版权类受理投诉35宗，被投诉企业36家，分别比上届减少18宗、减少2家，减幅分别为34.0%、5.3%，认定涉嫌侵权企业34家，比上届增加6家，增幅为21.4%。

（四）出口展区涉外投诉比例上升。

本届广交会出口展区受理知识产权投诉544宗，被投诉企业730家，最终认定涉嫌侵权企业397家。其中，涉外投诉235宗，占投诉总量的43.2%，比上届增加了10.2%；被投诉企业423家，占被投诉企业总数的61.4%；认定涉嫌侵权投诉160宗，占认定涉嫌侵权投诉的45.5%；认定涉嫌侵权企业240家，占涉嫌侵权企业总数的59.0%。从三类知识产权投诉看，涉外率最高的是商标类投诉，88.6%的商标类投诉涉及外国权利人商标，95.4%的涉嫌商标侵权企业是涉嫌侵犯外国权利人的注册商标权；其次是版权类投诉，涉外投诉占了54.3%，63.6%的涉嫌侵权企业是涉嫌侵权外国权利人的版权；专利权类涉外投诉率最低，为27.7%，涉嫌侵权的企业中有38.9%是涉嫌侵权外国权利人的专利权。

（五）沿海发达地区交易团投诉量较大。

本届广交会共有45个交易团有企业被认定涉嫌侵权。其中，宁波团最多，有36家；其次为广东团，有31家；深圳团26家，浙江团23家，上海团、福建团和江苏团各有21家。投诉站已按照《涉嫌侵犯知识产权的投诉和处理办法》和《涉嫌侵犯知识产权的投诉和处理办法实施细则》的有关规定，向相关交易团通报了该团参展企业涉嫌侵权情况，对因涉嫌侵权三个以上权属号和连续两届涉嫌侵权的企业已要求交易团在内部进行通报。

【广东省企业知识产权投诉基本情况】 本届广交会，广东省5个交易团共有80家企业被认定涉嫌侵权，其中广东团最多，有31家；其次为深圳交易团，有26家；广州交易团15家，珠海交易团5家，汕头交易团3家。广东省涉嫌侵犯知识产权的企业有80家，共涉及知识产权投诉103宗，占知识产权总投诉量546宗的18.9%。

（一）广东省参展企业涉及知识产权的投诉情况。

本届广交会参展企业24644家，认定涉嫌侵权企业398家，知识产权涉案率为1.6%；广东省参展企业共4219家，认定涉嫌侵权企业80家，占1.9%，略高于整体水平。其中，广东、广州、深圳、珠海和汕头交易团的参展企业数分别为2028家、585家、1095家、176家和335家，认定涉嫌侵权企业数分别为31家、15家、26家、5家和3家，分别占1.5%、2.6%、2.4%、2.8%和0.9%。

（二）广东省企业侵权类型的分布情况。

广东省企业涉及的103宗知识产权投诉中，专利投诉62宗，占60.2%；商标投诉33宗，占32.0%；版权投诉8宗，占7.8%。62宗专利投诉中，发明3宗，实用新型9宗，外观设计50宗。

（三）广东省涉嫌侵权企业在各地市的分布情况。

全省按照地市来分，涉嫌侵权企业数量如下：深圳26家、广州15家、佛山10家，珠海、揭阳各5家，省直、潮州各4家，汕头、中山各3家，东莞、茂名、阳江、肇庆、江门各1家。

（四）广东省涉嫌侵权展品在行业的分布情况。

广东省被认定涉嫌侵权的展品主要集中在家用电器、家具用品、汽车配件、体育及旅游休闲用品、卫浴设备、摩托车、五金、礼品和赠品及照明产品等展区。其中，涉及家用电器、家具用品、汽车配件和体育及旅游休闲用品的投诉都在10宗左右。

【知识产权投诉的主要特点】

（一）出口传统行业的知识产权投诉较多。

虽然在本届广交会上，除商标类投诉略有增长外，知识产权总投诉量（546宗）、专利投诉（386宗）和版权投诉（35宗）均呈下降趋势，但知识产权投诉仍然集中在我国出口的部分传统产业上，部分产业是广东省的传统优势产业。其中认定涉嫌侵权的专利投诉主要是卫浴设备、餐厨用具、工具和家用电器等；认定涉嫌侵权的商标投诉主要集中在汽车配件、家居用品、礼品及赠品、箱包和鞋等；认定涉嫌侵权的版权投诉主要集中在家居用品、节日用品和园林用品等。

（二）国外权利人高度关注广交会维权平台。

本届广交会，国外权利人非常重视知识产权维权，涉外知识产权投诉占了总投诉量的近一半，呈上升趋势，涉外投诉中被认定涉嫌侵权的企业也占近六成，对我国企业造成一定冲击，有关部门要高度重视，积极采取措施引导企业积极应对。如三丽鸥、东芝、富士、本田等多家国际知名品牌企业将广交会作为维权的重要阵地。不少国外权利人除委托中介机构外，还由公司法务部门带领专业技术人员和调查人员，在展馆内查找涉嫌侵权的线索，对相关企业十余家甚至数十家企业大面积投诉。有些跨国公司还通过在广交会上搜集有关信息，作为制订和调整在中国整体知识产权布局的重要依据。

（三）群体性侵权投诉的现象仍有发生。

本届广交会共受理群体侵权投诉（即同一知识产权权属号投诉10家以上参展企业）8宗，被投诉企业94家，而且这些投诉往往还是与往届相同的投诉者的投诉，需高度重视。被投诉的94家企业，最终有38家企业被认定涉嫌侵权，8家企业被认定不涉嫌侵权，48家企业在投诉人同意后被移交商会处理。

（四）参展企业的知识产权保护意识普遍增强。

一是参展企业专门派出企业法务部人员或者聘请律师入场，在布展时就进行“拉网式”巡查，了解是否摆放涉嫌侵犯自己知识产权的展品，并提早做好投诉准备。二是参展企业对拳头产品做重点保护，就同一产品的整体和不同部件申请多项专利，有的还进行版权登记，保护能力逐步提高。三是参展企业采取进攻与防御相结合的策略，对往届广交会所有展品拍照或录像，固定好证据，防止竞争对手恶意投诉。四是参展企业被投诉处理后，都主动通过交易团或者直接与大会投诉站联系，力求把影响降到最低。

【主要做法】 2012年2月，根据广东省委、省政府的工作部署和要求，广东省在全省范围内启动了以打击欺行霸市、制假售假、商业贿赂和建设社会信用体系、建设市场监管体系为主要内容，以优化市场环境为目标的“三打两建”专项行动。广东省知识产权局将“加强展会知识产权保护工作”作为“三打两建”专项行动的一项重要任务，围绕“三打两建”专项行动的要求，广东省知识产权局专门制订了第111届广交会知识保护工作实施方案，方案明确：一是要现场接受假冒专利举报投诉；二是根据广交会特点，以家电、箱包皮具、食品、药品、日化用品、通讯产品和汽车配件等为重点产品；三是要集中力量，快速反应，加大保护力度，重点查处重复、群体及涉外专利侵权和假冒专利的行为；四是打防结合，与各交易团、商会配合，帮助企业建立创新机制。

（一）领导高度重视。

广交会前，广东省知识产权局召开了第111届广交会知识产权保护工作动员大会，广东省知识产权局副局长唐毅强调，广交会知识产权保护工作是专项行动的重中之重，必须确保完成各项工作任务。2012年4月16日下午，大会副主任、外贸中心副主任王润生到投诉接待站检查工作。2012年4月18日，广东省知识产权局局长陶凯元来到第111届广交会，督导省知识产权局系统“三打两建”专项行动在广交会上的开展，进一步推动大会的知识产权保护工作。2012年4月26日，广东省知识产权局党组书记、副局长马宪民前往第111届广交会知识产权投诉站检查知识产权保护工作，针对本届抗辩申诉较多的情况，要求驻会人员积极维护专利权人合法权益，为企业提供专利知识咨询、专利文献检索以及专利侵权应对等方面的服务。2012年4月27日，广交会副主任、商务部部长助理李荣灿看望了广交会知识产权和贸易纠纷投诉接待站的驻会工作人员。李荣灿指出，广交会需要知识产权保护，知识产权保护也需要广交会这个平台，广交会的知识产权保护工作在展会专业化发展过程中起到了重要作用。

（二）悉心策划筹备。

广东省知识产权局专门成立了以省局副局长唐毅为组长、广州市局副局长邓佑满为副组长的驻会工作小组，同时，广东省知识产权局从各地市挑选了50多名专业知识扎实、办案经验丰富，而且具有良好政治素质的业务骨干参加驻会，并邀请国家知识产权局专利复审委员会6名专家到会予以指导。2012年4月14日，向全体驻会人员传达第111届广交会知识产权保护工作投诉站动员大会的主要精神，介绍广交会专利投诉处理程序，并专门邀请专利复审委员会的专家作外观设计专利侵权判定方面的专题辅导。

（三）与“三打两建”工作结合起来。

广东省知识产权局积极采取措施稳步推进“三打两建”。一是公平公正处理专利侵权投诉。据统计，本届广交会严厉查处了重复、群体及涉外专利侵权重点投诉300余宗。二是组织人员在大会开展假冒专利巡查行动。第三期箱包产品分布四个展区，广东省知识产权局组织人员对箱包展区2240个展位进行全面巡查，检查带专利标识产品超过30种，发现专利标识标注不规范的产品3种，执法人员现场对参展商进行了教育，并责令其改正。三是与中国对外贸易中心联合举办了广交会知识产权“三打两建”工作座谈会。2012年5月5日，在外贸中心的支持配合下，广东省知识产权局组织广东省、广州市、深圳市、珠海市和汕头市五个交易团和部分企业的代表召开座谈会，征求他们对广交会专利保护工作的建议和意见，并探索建立广东省各交易团与当地知识产权局联系机制，共同努力，切实提升广东省参展企业的知识产权维权能力。

（四）有效借助商会和交易团力量。

本届广交会上，各商会、交易团普遍更加重视知识产权工作，如：医保商会召集了国内按摩器具八家龙头企业，就如何共同维护和应对广交会期间产生知识产权纠纷事件进行专题讨论。上海交易团对提交“知识产权保护备案申请表”备案的企业予以特别关注、重点保护和优先服务，开展相关知识产权的专项检查，并制定了交易团内部对涉案企业的惩戒标准和措施；该团还连续多届聘请专职律师随团参展，为该团企业维护自主知识产权、应对知识产权投诉提供服务。广东交易团有专人负责跟进和协助处理涉及广东的知识产权投诉。在处理投诉过程中，充分发挥各商会、交易团的作用：一是对案情较复杂的投诉，邀请所在交易团或商会派出专人予以协助，保证投诉的快速有效处理。二是投诉涉及面比较广的投诉，经投诉人同意后，采取由办案人员指导商会或交易团对涉嫌侵权的展品进行自撤处理的快速处理模式。（供稿人：毕　赓）

第112届广交会知识产权保护

【概况】 第112届广交会于10月15日至11月4日在广州举办。第112届广交会继续保持三期展览格局不变，展览总面积116万平方米，展位总数59509个，比上届增加75个；境内外参展企业24840家，比上届增加196家。

（一）知识产权投诉总量下降。

本届广交会投诉站受理知识产权投诉484宗，与上届同比下降11.4%；被投诉企业671家，同比下降8.3%；最终认定涉嫌侵权企业336家，同比下降15.6%。另外，本届广交会，知识产权投诉全部集中在出口展区，进口展区没有出现知识产权投诉。

（二）专利投诉占投诉总量的比重较大。

知识产权投诉中，专利投诉仍然最多，共受理366宗，占知识产权投诉总数的75.6%，比上届的70.7%增加了4.9个百分点，占知识产权投诉总量的3/4。被投诉企业417家，比上届减少87家，减幅为17.3%；认定涉嫌侵权企业218家，比上届减少15家，减幅为6.4%。专利投诉以外观设计和实用新型专利为主，其中外观设计287宗，占78.4%，实用新型71宗，占19.4%，发明8宗，占2.2%。

（三）商标、版权类投诉均大幅下降，专利类投诉小幅减少。

本届广交会，商标投诉93宗，占19.2%，同比下降了25.0%；版权投诉25宗，占5.2%，同比下降了28.6%；专利类受理投诉366宗，比上届减少20宗，减幅为5.2%。

（四）商标类投诉以涉外投诉为主。

本届广交会，商标类案件绝大部分是国外的权利人投诉参展商，而且基本是近几届都来投诉的跨国公司，如日本的三丽鸥、本田，美国的麦特尔、泰莱白兰德，法国的米其林、赛博等。

（五）各交易团涉嫌侵权投诉情况各异。

本届广交会69个交易团（中央企业分团）共21900家参展企业中，有53个交易团共314家企业涉嫌侵权，平均涉案率约1.4%。涉嫌侵权企业最多的交易团依次是：广东45家、浙江30家、宁波21家、深圳20家和上海19家。本届广交会企业数超过100家的交易团有32个，在这32个较大交易团中，涉案率最高的交易团分别是内蒙古3.8%、珠海2.7%、辽宁2.6%、大连2.5%、重庆2.4%。

【广东省企业知识产权投诉基本情况】 本届广交会，广东省企业涉及知识产权投诉104宗，占知识产权总投诉量484宗的21.5%，比上届的18.9%上升了2.6个百分点。广东省五个交易团共有88家企业被认定涉嫌侵权。

（一）广东省参展企业涉及知识产权投诉情况。

本届广交会共24840家参展企业中，有336家企业涉嫌侵权，平均涉案率为1.4%；广东省参展企业共4201家，认定涉嫌侵权企业88家，占2.1%。其中，广东、广州、深圳、珠海和汕头交易团的参展企业数分别为2118家、595家、962家、187家和339家，认定涉嫌侵权企业数分别为45家、12家、20家、5家和6家，分别占2.1%、2.0%、2.1%、1.7%和1.8%。

（二）广东省企业涉嫌侵权的类型。

广东省企业涉及的104宗知识产权投诉中，专利投诉72宗，占69.2%；商标投诉26宗，占25.0%；版权投诉6宗，占5.8%。72宗专利投诉中，发明13宗，实用新型18宗，外观设计41宗，其中发明专利投诉上届仅3宗，同比上升4倍多。

（三）广东省涉嫌侵权企业在各地市的分布情况。

广东全省按照地市来分，88家涉嫌侵权企业分布如下：深圳20家，广州、佛山各14家，汕头6家，珠海、中山各5家，潮州、揭阳各4家，江门、阳江、湛江各3家，省直、东莞、梅州各2家，肇庆1家。

（四）广东省涉嫌侵权展品在行业的分布情况。

广东省被认定涉嫌侵权的展品主要集中在家用电器、卫浴设备、摩托车、汽车配件、家具用品、体育及旅游休闲用品、五金和照明产品等传统产业的展区。

【知识产权投诉的主要特点】

（一）涉嫌侵权产品相对集中在传统产业。

涉嫌侵权较多的展区与往届大致相同，仍然集中在我国出口的部分传统产业上。其中认定涉嫌侵犯专利权的产品主要集中在家用电器、卫浴设备、餐厨用具、家居用品、玻璃工艺品、礼品及赠品、摩托车和箱包等；认定涉嫌侵犯商标的产品主要集中在汽车配件、摩托车、电子消费品、家用电器、鞋、运动服、玩具和家居用品等；认定涉嫌侵犯版权的产品主要集中在家居用品、家居装饰品和园林用品等。

（二）专利投诉中涉嫌群体性侵权的现象比较严重。

本届广交会的专利投诉中，不管是国内还是国外的权利人，90%以上的投诉人会以一项或多项专利同时投诉3家以上企业涉嫌侵犯其专利权。其中，深圳某企业投诉30家企业的拉杆箱涉嫌侵犯其外观设计专利权。对涉及面比较广的投诉，广东省知识产权局通过指导商会或交易团对涉嫌侵权的展品进行自查自纠处理的快速处理模式，既简便快捷，又起到重点打击的作用。

（三）知识产权成为占领和保护市场份额的利器。

国际方面，世界经济形势持续低迷，不少企业纷纷拿起知识产权武器，保护市场份额。如澳大利亚的布雷维尔公司是国际知名厨房小家电公司，发现市场销售额大量下滑后，本届广交会聘请中介服务机构投诉了9家企业侵权。近几届，英国戴森公司聘请律师团入场，在布展时就进行“拉网式”巡查；法国赛博集团总裁亲临现场督战，全力维护自己的知识产权。国内众多企业则面临着外贸出口疲软和生产成本急剧上涨的双重压力，它们不断加强技术创新和新产品研发，并纷纷组织人员进行维权，抢占市场。广交会成为国内外知识产权权利人维权的重要阵地。

（四）知识产权投诉更加专业化。

为了规范对中介机构的管理，从本届广交会开始，大会专门增设办理投诉用的中介代理证。本届广交会共有26家中介服务机构的49位代理人办理了中介代理证，使知识产权投诉更加专业化和职业化。据统计，中介机构共代理投诉186宗案件，占总数的38.4%；投诉327家企业，占总数的48.8%。被认定涉嫌侵权的企业方面，提出不侵权抗辩申请企业的数量明显增加，而且不少企业能够查阅国内外专利文献进行抗辩，针对性和技巧性都有提高。

【主要做法】 2012年10月17日，广东省人民政府副省长陈云贤在省知识产权局局长陶凯元的陪同下，赴广交会对第112届广交会知识产权保护工作开展专题调研。陈云贤副省长对广东省知识产权局多年以来在广交会知识产权保护中所做的工作给予了充分赞扬。他指出，广交会知识产权保护工作做得很好，充分保障了参展商和采购商的合法权益，向国内外树立了广东乃至中国重视知识产权的良好形象。这是广东省分管知识产权工作的副省长首次专程、专项到广交会调研大会知识产权保护工作。目前，全省正在深入“三打两建”专项行动，广东省知识产权局一直将“加强广交会知识产权保护工作”作为一项重要任务，省领导充分肯定广交会知识产权保护工作，全体驻会人员备受鼓舞。为进一步做好本届广交会的知识产权保护工作，广东省知识产权局积极采取了各种措施，积极维护大会的交易秩序。

（一）加强宣传工作，积极贯彻落实《广东省展会专利保护办法》。

2012年9月10日，广东省政府审议通过了《广东省展会专利保护办法》（以下简称《办法》），自2012年10月15日，即本届广交会首日起施行。《办法》吸收了多年来广交会开展知识产权保护工作的成功经验和做法，是我国第一部由省政府颁布的展会专利保护规章。为了做好《办法》的实施工作，广东省知识产权局会前与中国对外贸易中心进行了协商交流，并达成共识，通过多渠道多形式宣传《办法》，具体做法如下：一是利用广交会开幕新闻发布会、官方网站、展馆内信息屏等对《办法》作广泛宣传；二是在A、B区投诉站都设立《办法》的专题宣传栏，扩大影响；三是现场咨询，美国驻广州总领事馆、国内外权利人和中介服务机构都十分关注《办法》的实施和相关问题，广东省知识产权局都详细进行解释；四是召开宣讲会。2012年11月3日上午，广东省知识产权局邀请大会知识产权投诉站、省内各交易团及部分企业、中介机构和专利权人的代表近20人在广交会展馆宣讲《办法》，并就相关问题进行探讨和交流。

（二）精心部署，夯实驻会工作基础。

在本届广交会会前半个月，广东省知识产权局就开始积极部署，做好各项筹备工作。一是精心制订工作方案。结合本届广交会的实际情况，认真制定第112届广交会知识产权保护工作方案。二是建立健全工作架构。专门成立了以广东省知识产权局副局长唐毅为组长、广州市局副局长邓佑满为副组长的驻会工作领导小组。三是积极组织执法人员驻会。广东省知识产权局从各市抽调专业知识扎实、办案经验丰富，而且具有良好政治素质的业务骨干参加驻会工作。四是配合大会组委会修订《投诉接待站操作规范指引》，进一步统一规范了投诉案件处理和操作程序。在展会期间，国家知识产权局专利复审委员会副主任王霄蕙和广东省知识产权局纪检组长严小宜分别前往第112届广交会知识产权投诉站检查知识产权保护工作。

（三）抓好质量管理，提高投诉处理准确性。

一是做好业务培训。本届广交会前，广东省知识产权局对驻会人员进行了广交会专利投诉处理程序和现有技术抗辩方面的专题培训。二是权威专家指导。国家知识产权局专利复审委员会分3批派出6名专家驻会指导工作，大大提高了侵权投诉处理的准确性。三是成立质量监督小组。对重大和疑难投诉进行合议，对各区的投诉进行抽查和监督，严把质量关。四是做好传帮带。本届广交会广东省知识产权局选派10余名区县执法人员参与驻会工作，广东省知识产权局安排业务骨干以帮带形式对这批人员进行言传身教，促进地市人员执法能力和水平的提升。

【工作成效】

（一）参展企业的知识产权保护意识进一步增强，展会秩序得到进一步规范。

广东省知识产权局注重以处理为手段，以教育为目的，大力鼓励技术创新，切实提高广大参展企业的知识产权保护意识。一是大会除在各个投诉站的门口明确标识知识产权侵权投诉流程、条件等外，还充分利用《中国知识产权报》、《广交会通讯》、《科技报》以及网络等新闻媒体，加大宣传力度，多角度、多渠道地宣传报道大会知识产权保护的相关规定和情况。二是努力借助投诉处理过程开展宣传，不但能起到很好的警示作用，而且能够达到教育一大片的效应。三是从本届广交会起，大会通过参展易捷通系统对有侵权记录的参展商作“敬告提示”，告知参展商在历届广交会中因知识产权侵权或贸易纠纷被处罚的情况，以警示参展商提高保护知识产权和遵守广交会交易秩序的意识，并提前做好预防工作。第108届至第112届广交会，受理知识产权投诉量分别为：703宗、616宗、653宗、546宗和484宗，被投诉企业数分别为：884家、826家、834家、732家和671家，均呈明显下降趋势。本届广交会与第108届广交会相比，知识产权投诉量下降了31.2%，被投诉企业数下降了24.1%。以上数据分析说明参展企业尊重知识产权的意识得到进一步强化，运用知识产权维护自身权益的能力得到进一步提高，广交会的参展秩序得到进一步的规范。

（二）大案要案得到严厉查处，“三打”专项行动得以稳步推进。

广东省知识产权局始终把广交会知识产权保护工作作为“三打两建”专项行动的一项重要任务来抓，在办好一般案件的同时，广东省知识产权局还集中力量，快速反应，严厉查处250余宗重大投诉、涉外投诉、恶意侵权和重大疑难投诉等典型案件。如布雷维尔公司投诉9家企业侵犯其关于榨汁机的发明专利，广东省知识产权局组织骨干力量查处，最终认定8家企业涉嫌侵权。同时，对于重复侵权的企业，广交会切实加大处理力度。本届广交会共对14家因涉嫌侵犯知识产权受两次交易团通报的企业作出大会通报并扣减展位的处理。特别是大连芬尼国际贸易有限公司和厦门嘉联恒进出口有限公司，在第111届广交会受到大会通报并扣减展位的处罚后，本届再次涉嫌侵权，大会对该两家企业再次进行大会通报，并取消其在涉嫌侵权的玻璃工艺品展区六届参展资格的处罚。这些举措，不仅严肃了大会纪律，而且起到了很好的警示作用。可以说，“三打”专项行动在广交会这一平台上得以稳步推进，成效显著。

（三）广交会知识产权保护工作树立良好形象，广受赞誉。

广交会的专利案件数量多，时间紧，要求各有关部门齐心协力、密切配合。为此，广东省知识产权局采取以下措施：一是与外贸中心和商会工作人员建立良好的投诉处理机制。二是加强委局协作。充分发挥国家知识产权局专利复审委专家队伍在技术审查上的专业能力，整合力量保证了广交会的专利投诉处理质量和效率。三是充分发挥商会、交易团的作用。如五矿化工商会总结出三招预防参展企业知识产侵权纠纷的办法：参展企业首先要对展出的新产品进行专利检索；组展单位要严格审查展品；成立知识产权保护工作机构。江苏交易团对发生过知识产权纠纷的敏感企业，在筹展期间进行重点教育，并加强对其预检查。广东交易团有专人负责跟进和协助处理涉及广东的知识产权投诉。在办案过程中，办案人员始终本着大局意识和服务意识，坚持文明办案，向国内外客商全方位展示我国政府高度重视知识产权保护工作的良好形象，受到各方面的广泛赞赏。如法国赛博集团总裁亲自来到大会投诉站，向广东省知识产权局赠送牌匾，称赞办案人员“秉公执法、维权卫士”。英国戴森技术有限公司对广东省知识产权局工作给予了高度评价，赞誉该局“严明执法、维护创新”。

【第108—112届广交会知识产权投诉基本情况一览表】

第108—112届广交会知识产权投诉基本情况一览表

届数	专利			商标			版权			合计	
	投诉数量（宗）	占知识产权投诉总数的比例（%）	涉及摊位（个）	投诉数量（宗）	占知识产权投诉总数的比例（%）	涉及摊位（个）	投诉数量（宗）	占知识产权投诉总数的比例（%）	涉及摊位（个）	投诉数量（宗）	涉及摊位（个）
108届	520	74.0	553	138	19.6	311	45	6.4	44	703	884
109届	433	70.3	563	117	20.0	246	66	7.0	43	616	826
110届	486	74.4	619	114	17.5	204	53	8.1	38	653	834
111届	386	70.7	504	123	22.5	201	35	6.4	36	546	732
112届	366	75.6	417	93	19.2	171	25	5.2	33	484	671

（供稿人：毕　赓）

附录

FU LU

- 政策法规
- 知识产权大事记
- 统计资料

政策法规

关于实施商标品牌战略的指导意见

各地级以上市人民政府，各县（市、区）人民政府，省政府各部门、各直属机构：

为全面提高我省商标注册、管理、运用和保护水平，充分发挥商标品牌战略在促进经济发展方式转变中的重要作用，推动我省由商标大省向品牌强省转变，加快建设创新型广东，根据《国家工商行政管理总局关于贯彻落实〈国家知识产权战略纲要〉大力推进商标战略实施的意见》（工商标字〔2009〕108号）和我省国民经济和社会发展“十二五”规划有关精神，经省人民政府同意，制定本意见。

一、指导思想

深入贯彻落实科学发展观，围绕加快转型升级、建设幸福广东核心任务，着力完善政府推动、部门联动、企业主体、社会参与的商标品牌战略实施机制，推动形成有利于商标品牌战略实施的法制、政策和市场环境，不断提升我省商标创造、运用、保护和管理能力，不断提升我省自主品牌的核心竞争力和影响力，推动我省由商标大省向品牌强省转变，充分发挥商标、品牌在引领企业转型升级、参与市场竞争、扩大产品和服务销售以及方便广大群众改善民生、扩大消费、维护消费权益等方面的重要作用，逐步形成以自主创新、自主品牌为核心竞争力的经济可持续发展模式。

二、发展目标

到2015年，初步形成以促进自主品牌建设为主要内容的商标品牌战略实施体系，商标注册数量持续增加，自主品牌的市场价值明显提升，商标发展指标全国领先的地位更加巩固，在先进制造业、现代服务业、传统产业、现代农业、高新技术产业和战略性新兴产业等领域中形成一批具有国际市场竞争力和影响力的品牌。

（一）商标品牌意识深入人心。各级政府更加重视商标品牌战略实施工作，自觉将商标品牌建设融入经济社会发展总体规划。企业商标意识普遍增强，注册商标的积极性明显提高，商标在企业经营中的核心作用基本确立。社会各界自觉抵制假货，自觉维护知名商标和品牌声誉。全省基本形成政府重视、企业参与、尊重知识、崇尚创新、诚信守法、注重商标品牌保护的法制、文化和社会环境。

（二）商标数量与质量同步提升。保持商标注册量，特别是商标国际注册量与广东经济发展和对外贸易水平相适应。到2015年，全省国内有效注册商标总量达到100万件，商标国际注册量有较大幅度增长；中国驰名商标达到500件，涌现一批具有市场竞争力和国际影响力的企业品牌、区域品牌和地理标志；驰名商标企业的销售额显著增长；农业和服务业商标品牌有突破性发展；地理标志商标品牌布局趋于合理；依托专业镇和产业集群，建立一到两个在国内外具有一定影响力的公共品牌。

（三）商标管理运用水平明显提高。企业商标管理制度进一步健全，对维护商标权益的投入大幅度增加，运用商标参与市场竞争的能力明显提升，企业商标品牌价值持续增值，商标在整合资源、吸引资金和开拓市场等方面的作用进一步发挥。商标成为更多企业的核心竞争力和提高经济效益的重要因素，“商标富农”、“商标兴企”作用更加明显，带动特色经济、品牌经济加快发展。

（四）商标保护能力显著增强。商标行政执法体系不断完善，执法协作机制基本建立，商标行业保护机制及自律机制逐步建立，市场主体自我维权能力明显提高，商标侵权行为得到有效遏制。

三、商标品牌培育的重点领域

（一）着力培育现代产业品牌。以广东现代产业500强项目中的100个先进制造业、100个现代服务业和100个战略性新兴产业项目为重点，加快推进现代产业企业品牌建设。

（二）做大做强传统优势产业品牌。以广东现代产业500强项目中的家电、陶瓷建材、纺织服装、食品与包装、中医药及传统优势产业100个项目为重点，支持企业利用商标开展兼并重组和连锁经营，推动优势产业品牌建设。

（三）努力打造文化产业品牌。落实《广东省建设文化强省规划纲要（2011—2020年）》有关要求，支持影视演出、新闻出版、广告会展、旅游娱乐等企业开发原创性文化产品，打造若干个在全国有较强竞争力和影响力的知名文化企业和品牌。规范和引导公共文化资源商标注册，有效保护广东的历史文化遗产，促进文化产业可持续发展。

（四）扶持发展特色农业品牌。以广东现代产业500强项目中的100个现代农业项目为重点，着力培育无公害、绿色、有机农产品商标品牌。引导我省优势农产品企业通过品牌运作延伸产业链，利用现代流通和营销体系提升无公害、绿色、有机农产品商标和地理标志的品牌效应。推广“公司（农民专业合作社）+商标+农户”的产业经营模式，提高农民进入市场的组织化程度。指导农产品商标、地理标志所有人争创驰名、著名商标。规范地理标志商标的使用，推广使用地理标志产品专用标识，督促地理标志所有人认真履行管理义务，指导其制订地理标志商标的使用和管理规则。

（五）加快创建区域品牌。以产业集群和专业镇为依托，引导培育公共品牌，推动产业集群内的企业开展竞争性合作，加快产业集群从产品经营、资产经营向品牌经营升级，提高市场竞争力和可持续发展能力。逐步形成以区域品牌为纽带的产业集群专业化分工协作体系，加强产业集群公共服务平台建设，制定产品质量和服务标准，着力提升产业集群的综合品质，提升产业核心竞争力。

四、主要工作措施

（一）优化商标注册环境。积极向国家工商行政管理总局申请在广东设立商标注册分支机构。引导市场主体将商标注册工作融入其发展规划，推动市场主体在国内外注册商标，支持驰名商标、著名商标企业扩大类别的国内商标注册和国际商标注册，支持从事加工贸易的企业创立自主品牌。积极引导农产品商标、农业服务商标以及地理标志证明商标、集体商标的注册，引导有特色的出口农产品经营主体开展商标国际注册。推动我省商标注册从注重数量向注重质量转变。

（二）加速提升企业品牌竞争力。引导企业制订商标品牌发展规划，提升产品质量、管理水平和创新能力、诚信服务、营销能力、社会责任和企业文化等支撑品牌发展的综合要素。引导和鼓励我省优势产业和企业开展商标国际注册和自主品牌国际化建设。支持驰名、著名商标企业发展。对驰名、著名商标企业，开展商标权获取和保护全程跟踪服务。对于在国家和广东省重点支持的产业领域内开发新产品、新技术、新工艺的驰名、著名商标企业，按照国家税法规定落实税收优惠。优先扶持驰名、著名商标企业建立国家级、省级企业技术中心。继续奖励获得中国驰名商标的企业。依法制止使用他人驰名商标，防止驰名商标被淡化；对跨类使用著名商标和其他知名商标的行为要根据商标权利人投诉立案调查，并报请国家工商行政管理总局认定驰名商标。

（三）提高商标品牌管理水平。分类指导和支持市场主体实施商标品牌战略。引导和协助大中型企业提高商标管理水平，支持其申报驰名商标，扩大保护领域。鼓励和引导广东现代产业500强项目建立涉及商标管理、信息检索和重大事项预警制度。鼓励驰名、著名商标企业和广东现代产业500强项目建立商标保护网络，提高自我保护水平；鼓励企业开展商标宣传，形成独具特色的企业商标文化。支持企业加快将创新成果与自主品牌相结合，并转化为市场效益，依托自主品牌转变发展模式。引导和支持企业通过商标出资、质押、并购、许可和转让等手段，实现商标的经济价值。探索开展商标权质押贷款。引导、支持企业以商标为资产进行参股控股、重组合并，建立多元化的产权结构。

（四）实施商标品牌国际化战略。完善对外合作商标管理制度，指导企业运用商标品牌加强国际国内经济合作，吸引战略投资者加盟，促进生产要素向优势品牌聚集。指导企业把握市场机遇，收购有一定影响力的国际商标、品牌，利用其知名度和营销渠道，扩大企业的市场占有率。推进自主国际知名品牌培育示范区建设。建立海外商标注册资助基金，引导和支持企业实施“走出去”战略，助推我省企业运用自主品牌开拓国际市场，并逐步成长为国际知名品牌。

（五）营造商标品牌战略实施政策环境。大力推进全方位商标政策体系构建，从财政、信贷、供地、通关、检验检测、认证和人才引进等方面，为企业实施商标品牌战略，培育驰名、著名商标提供扶持政策。把自主品牌建设融入地区经济、科技、贸易发展政策。建立自主品牌建设的激励机制。建立重大经济活动商标审查制度。支持国家商标战略实施示范城市、示范企业继续深化战略实施，引导其他地区、企业加快推进商标战略。将商标侵权信息纳入我省社会信用体系。建立省级商标公共服务平台，为社会提供商标信息查询、管理使用、侵权投诉、预警、交易等方面的服务。

（六）健全商标品牌保护体系。形成企业自我保护、行政保护和司法保护三位一体的商标保护体系。加大商标执法工作力度，形成部门联动、快速反应、运转高效的执法机制。逐步建立行政执法部门之间的信息共享和协作机制，进一步完善涉嫌商标犯罪案件的移送制度。开展与港澳台地区及外国商标管理部门的交流合作，逐步建立商标案件协查机制。加强泛珠三角区域商标保护合作，形成跨区域商标保护机制。探索建立商标海外维权救济渠道，为企业提供维权服务。

五、主要保障措施

（一）加强商标品牌战略实施的组织领导。建立省商标品牌战略实施工作领导协调机制，负责全面统筹、组织领导和督导协调战略实施工作，省工商局具体承担战略实施的日常工作。各有关单位要按照职责分工，共同负责，协同推进商标品牌战略的实施。各级政府要结合当地实际，加强对商标品牌战略实施工作的组织领导，建立相应的工作机制，深入推进战略实施。大力发展商标专业人才队伍，加强基层商标管理机构服务能力建设。

（二）引导行业协会、中介组织参与商标工作和品牌建设。推动各地商标、品牌等专业协会、中介组织建设。支持各行业协会、商标协会、消费者委员会以及质量协会搭建行业（专业）公共服务平台，提供有关商标和品牌推广运营、职业技术培训、信息咨询发布、维权投诉协调等服务。支持成立提供全省商标预警和法律服务的民间团体。规范商标代理市场秩序，探索建立商标代理组织、代理人信用分类管理制度，引导行业自律，倡导诚信经营。支持成立商标价值评估机构，规范商标品牌评估行为。

（三）加强对商标品牌战略实施的资金投入。强化商标政策导向，引导企业加大对商标注册、运用、保护的投入，发挥资金投入的主体作用。探索开展商标权质押贷款，鼓励银行着眼驰名和著名商标培育提供信贷产品，创新信贷服务。加大各级财政对商标品牌战略实施工作的投入，支持商标公益宣传、驰名和著名商标培育、人才教育培训、建立商标公共服务平台、商标国际注册补贴、区域国际品牌创建试点、商标品牌战略规划评估及专题研究等工作。

（四）加强商标品牌知识的宣传教育。建立政府主导、部门负责、企业联动、媒体支持、公众参与的商标宣传工作体系。充分发挥媒体的作用，宣传商标法规，普及商标知识；弘扬创新光荣、假冒可耻的行业风尚，培育优秀的商标文化。加强企业商标法律、商标战略、品牌运作的专业培训。支持高等院校开设相关商标课程，开展商标品牌战略研究。开展知识产权保护和品牌建设对外宣传工作，增强对外交往中的商标意识和品牌意识，树立我省良好的国际形象。

（五）强化商标品牌战略实施的考核评估。建立商标品牌战略实施绩效评估指标体系，开展年度评估和五年（2011—2015年）期终评估，切实加强对战略实施的监督和指导，及时研究和解决实施过程中出现的新问题，确保战略健康顺利实施，并取得预期成效。

广东省人民政府办公厅

2012年3月28日

知识产权大事记

1月

5日 全国知识产权局局长会议在北京召开。省知识产权局局长陶凯元作了题为《开拓创新 锐意进取 推进知识产权工作迈上新台阶》的交流发言，东莞市知识产权局和华南理工大学专利事务中心获得全国专利系统先进集体荣誉称号，深圳市知识产权局龚复兴和中山市知识产权局焦学军获得全国专利系统先进工作者荣誉称号。

5—6日 广东知识产权保护协会第二届理事会第三次会议在清远佛冈召开。省知识产权局副局长唐毅出席会议并致辞。广东知识产权保护协会会长唐善新、理事会成员单位及列席单位代表共70多人参加了会议。

6日 省知识产权局党组书记、副局长马宪民带队赴韶关调研专利申请、科技考核、专利产业化、知识产权宣传培训、专利资助和奖励等方面的工作。

是日 省知识产权局纪检组长、监察专员严小宜带队赴河源市紫金县龙窝镇琴星村进行春节慰问。

9—16日 省知识产权局召开局系统2011年工作总结会议。总结会分三个阶段进行：第一阶段，局机关各处室、局属各单位负责人在全局干部职工大会上作2011年工作总结。第二阶段，局党组书记、副局长马宪民传达省委十届十一次全会精神，局长陶凯元传达全国知识产权局局长会议精神，局领导、局机关处级以上干部和局属各单位班子成员对照年度工作计划，分析当前知识产权形势，研究探讨2012年工作思路。第三阶段，局党组书记、副局长马宪民作局领导班子2011年度工作总结和干部选拔任用工作情况报告，局长陶凯元部署2012年工作任务。

11日 省人民政府副省长陈云贤到广东知识产权服务中心调研，先后视察国家知识产权局专利局广州代办处广州开发区受理点、国家知识产权局区域专利信息服务中心、广东省知识产权维权援助中心、中国（广州）专利技术展示交易中心、国家知识产权局专利复审委员会第一巡回庭第二审理室等服务中心服务场所，听取有关服务内容及工作设想的汇报。省人民政府副秘书长李捍东，省知识产权局局长陶凯元、党组书记马宪民等陪同调研。

11—15日 省知识产权局局长陶凯元列席广东省政协十届五次会议。

13—17日 省知识产权局局长陶凯元列席广东省人大十一届五次会议。

18日 省知识产权局召开新春慰问退休老干部座谈会。局领导陶凯元、马宪民、唐毅、朱万昌、袁有楼等参加会议。

19日 省知识产权局党组书记马宪民、副局长唐毅走访慰问部分退休老领导。

是日 省知识产权局成立党务公开领导小组。

20日 省委、省人民政府颁布《关于加快建设知识产权强省的决定》（粤发〔2012〕4号）。这是广东首次以省委、省政府名义颁布的涵盖各类知识产权的政策性文件，是广东省知识产权事业发展进程中的一件具有里程碑意义的大事，对于充分发挥知识产权对经济社会发展的助推器作用具有重要意义。

31日 阿根廷驻广州总领馆Mario Quinteros副总领事拜访省知识产权局。此次拜访为阿根廷官方机构首次到访广东省知识产权局。

2月

1日 省公安厅经济犯罪侦查局情报处到省知识产权局就“两法衔接”工作进行调研。

2日 欧修平、张学军副庭长入选国家知识产权局专家库专家，全国法院系统共有12名专家入选，广东省入选专家人数占全国的16.67%。

7日 广东省“三打”领导小组在省委召开省“三打”领导小组成员会议，省工商局党组书记、局长卢炳辉参加会议。

7—20日 省知识产权局连续两周参加由省政府纠风办、南方传媒集团、广东人民广播电台和广东电视台联合主办的广东“民声热线”直播节目。局领导陶凯元、马宪民、唐毅、袁有楼及6名机关处室和局属单位负责人走进“民声热线”直播室，接听公众电话，解答公众问题，处理公众投诉，宣传知识产权法律法规、政策措施、办事程序等。

8日 深圳市举行市知识产权局挂牌仪式。国家知识产权局局长田力普，广东省委常委、深圳市委书记王荣，深圳市市长许勤，省知识产权局局长陶凯元共同为“深圳市知识产权局”揭牌。

8—9日 国家知识产权局调研组成员在省知识产权局副局长朱万昌陪同下赴中山古镇调研中国中山（灯饰）知识产权快速维权中心建设情况。

8—9日 国家工商总局商标局局长许瑞表在深圳、广州主持召开商标工作座谈会，就商标战略实施、驰名著名商标工作与广东省企业、商标代理组织、行业（专业）协会及广东省工商局、广州市工商局、深圳市工商局的代表进行了交流。

9日 省知识产权局党组书记、副局长马宪民、副局长唐毅参加在广州召开的广东省“三打两建”工作会议。

10日 省知识产权局党组书记、副局长马宪民带队赴审查协作广东中心过渡期办公场所进行调研，就审查协作广东中心筹建工作与广东中心相关人员进行座谈。

14日 省知识产权局纪检组长、监察专员严小宜参加2012年省直机关党的工作会议。

是日 广东高院就如何加强知识产权保护推动文化强省建设问题向省委、省政府提交专门的司法建议报告——《关于建议进一步加强知识产权保护推动文化强省建设的报告》，受到省委、省政府领导高度重视，中央政治局委员、广东省委书记汪洋，省委副书记、省长朱小丹，省委副书记朱明国，省委常委、宣传部长林雄，省委政法委书记梁伟发先后分别做出重要批示。

2012年，广东高院开通社会公众申请旁听知识产权案件审理自动审查系统，方便公众参与旁听庭审。还以微博直播方式公开IPAD商标权属案，扩大重大案件的公开透明度，赢得国内外社会各界的赞誉。

15日 国家知识产权局专利局初审及流程管理部副部长何越峰、审查协作广东中心主任毕囡一行到国家知识产权局专利局广州代办处检查指导工作。

16日 省知识产权局召开挂职干部座谈会。局党组书记马宪民出席并主持会议，国家知识产权局专利复审委员会副主任杨光等有关领导和同志参加座谈会。

是日 省知识产权局副局长朱万昌率省打击侵犯知识产权和制售假冒伪劣商品专项行动领导小组办公室代表赴佛山市南海区督导检查汽配造假查处情况，并参加佛山市南海区打击汽配制假售假专项行动。

是日 国家知识产权局组织召开2012年专利代理人实务技能培训工作会议，省知识产权局副局长袁有楼出席会议并发言。

17日 省政府召开常务会议，省工商局姜海平副局长参加会议并作《关于实施商标战略的指导意见》汇报。

20日 省知识产权局制定并下发《广东省知识产权局系统“三打两建”专项行动实施方案》，成立由局长陶凯元任组长，局其他领导班子成员任副组长的专项行动领导小组。

21日 辽宁省知识产权局调研组来粤开展立法调研。省知识产权局纪检组长、监察专员严小宜出席座谈会并作讲话。

23日 广东专利代理协会召开第二届理事会第四次会议。省知识产权局纪检组长、监察专员严小宜出席会议并作讲话。

是日 阿根廷中国（广东）科技与知识产权系列合作活动在广州举行。阿根廷驻广州总领事胡里奥·法拉利、省知识产权局党组书记马宪民出席活动并致辞，阿根廷国家科技研究委员会和中国国家农业科技委员会、科技部、外交部，以及省科技厅、科学院、农科院、广州市外经贸局代表参加活动。

24日 省知识产权局副局长朱万昌赴北京列席国家知识产权战略实施工作部际联席会议第三次全体会议。

是日 省知识产权局召开机关工会第二届会员大会，选举产生第二届机关工会委员会和经费审查委员会。

26日 广东省工商局、佛山市工商局、南海区工商局三级联合行动，在南海区大沥镇某仓库成功查获涉嫌侵犯“华夏”、“长城”注册商标专用权的葡萄酒2000多箱，涉嫌假冒法国产地的“拉菲”葡萄酒约200箱。

27日 广东省打击制假售假专项行动小组在广州白云国际会议中心召开落实省打击制假售假专项行动方案暨专项行动誓师大会，广东省工商局经济检查局局长辛光辉参加会议。广州市工商局派出65名执法人员组成的方阵以及15辆执法车辆参加会议。是日，广东省工商局经检局执法人员在广州、佛山两地开展打假行动，捣毁皮具、葡萄酒制售假窝点3个。

27日至3月3日 应省知识产权局的邀请，国家知识产权局专利复审委员会电学处在广州审理6宗专利无效案件。

28日 全省知识产权局局长会议在广州召开。省人民政府副省长陈云贤出席会议并作重要讲话，省知识产权局局长陶凯元作题为《乘势而上 奋发有为 加快建设知识产权强省》的工作报告。省知识产权局党组书记马宪民主持会议。

是日 省知识产权局系统“三打两建”工作会议在广州召开，会议部署全省知识产权局系统“三打两建”专项行动工作任务。局长陶凯元主持会议，党组书记马宪民作动员讲话。省知识产权局领导班子全体成员出席会议，来自全省各地级以上市及顺德区的知识产权局局长和执法部门负责人参加会议。

是日 省知识产权局与广州市知识产权局召开省市局“三打两建”工作推进会。省知识产权局副局长唐毅、广州市知识产权局副局长邓佑满及省市局执法处全体同志参加会议。

29日 “广东省战略性新兴产业专利信息资源开发利用计划项目实施工作会议”在广州召开。省知识产权局副局长袁有楼出席会议并作讲话。“广东省战略性新兴产业专利信息资源开发利用计划”各项目负责人和研究团队核心人员70余人参加会议。

29日至3月3日 省知识产权局派员参加第10届中国（广州）国际专业音响、灯光展览会知识产权保护工作。展览会期间，共处理专利侵权投诉21件，检查有专利标识摊位35家，纠正涉嫌假冒专利摊位2家。

3月

1—3日 省知识产权局派员参加第36届广州国际美容美发化妆用品进出口博览会知识产权保护工作。博览会期间，共处理专利侵权投诉11件，检查有专利标识摊位53家，纠正涉嫌假冒专利摊位2家。

2日 国家知识产权局、广东省人民政府知识产权高层次战略合作工作委员会第四次会议在北京召开。国家知识产权局局长田力普、广东省人民政府副省长陈云贤出席会议并作重要讲话，国家知识产权局副局长贺化主持会议。会议取得两项重大成果：一是双方率先在广东共同创建国家促进知识产权服务业发展示范省，二是在广东设立国家知识产权局国际专利申请受理和审查分支机构。

是日 广东省打击制假售假专项行动小组在省委召开“三打”领导小组（扩大）会议暨宣传工作会议，广东省工商局党组书记、局长卢炳辉，经济检查局局长辛光辉参加会议。

3—13日 省知识产权局局长陶凯元赴京出席全国政协十一届五次会议。

5—9日 省知识产权局副局长朱万昌率国家知识产权局专利局广州代办处调研组赴江苏省、上海市、浙江省开展专利代办业务专题调研。

6—7日 省知识产权局在中山市召开省市（中山、东莞）联合执法暨“三打”推进工作座谈会。省知识产权局副局长唐毅出席会议。广东省、东莞市、中山市知识产权局的有关同志20多人参加座谈。

6—8日 省知识产权局副局长袁有楼率省知识产权局及华南理工大学联合调研组赴湖北、陕西、北京开展产业促进领域知识产权专项调研。

6—9日 省知识产权局纪检组长、监察专员严小宜，省法制办副主任陈春生联合带队赴广西开展展会知识产权保护专题调研。

7—10日 省知识产权局派员参加第17届华南国际口腔展的知识产权保护工作。展会期间共处理专利侵权投诉5件，涉及被投诉企业4家。

11—16日 应广东省知识产权局的邀请，国家知识产权局专利复审委员会通信第一、第二申诉处在广州审理9宗专利无效案件。

13日 国家社科基金“反假冒贸易协定”课题调研组来粤开展调研。省知识产权局纪检组长、监察专员严小宜出席座谈会，省外经贸厅政策处以及省知识产权局政策法规处、执法与监督处、维权援助中心相关人员参加座谈会。

13—16日 省知识产权局副局长朱万昌带队赴香港、澳门参加第七届泛珠三角区域知识产权公务人员交流活动。

14日 欧盟商会珠江三角洲分会代表访问省知识产权局。

是日 广东省打击制假售假专项行动小组在广东大厦召开省打击制假售假专项行动小组工作会议，广东省工商局经济检查局局长辛光辉参加会议。

16日 《广东知识产权年鉴》编辑部在东莞组织召开《广东知识产权年鉴》出版十周年纪念大会暨2011年编纂工作总结会。年鉴编纂委员会主任、省知识产权局局长陶凯元，东莞市知识产权局局长何跃沛出席会议并致辞，编纂委员会副主任、省知识产权局党组书记马宪民出席会议并讲话，年鉴编辑部主编、省知识产权局副局长唐毅对2011年年鉴编纂工作进行总结。

是日 英国驻华大使馆知识产权联络官、英国驻广州总领事馆政治经济领事茱莉女士访问省知识产权局。

19日 省知识产权局制定下发《广东省知识产权执法维权“护航”专项行动实施方案》，在全省范围内部署“护航”专项行动。该方案明确指导思想，强化工作目标和工作重点，并提出九大具体措施确保专项行动的全面深入推进。

是日 广东省委政法委、省“三打”办在茂名市召开阳江、湛江、茂名三市“三打”工作推进会，省工商局党组书记、局长卢炳辉、经济检查局局长辛光辉局参加会议。

21日 省政府在广东大厦召开《国家工商行政管理总局关于支持广东加快转型升级、建设幸福广东的意见》专题新闻发布会，省工商局党组书记、局长卢炳辉参加会议，并对贯彻落实《意见》的措施、步骤进行公布。

22日 省知识产权局在广州市举办知识产权强省政策宣讲师资培训班。培训班由省知识产权局党组书记马宪民授课，纪检组长、监察专员严小宜主持。各地级以上市知识产权局、顺德区经济和科技促进局分管领导及政策法规工作的负责人、省知识产权局机关各处室和局属单位有关同志参加了培训。

是日 省知识产权局副局长唐毅参加在广州召开的省“三打”领导小组第7次全体成员

会议。

是日 广东省委政法委、省“三打”办在珠岛宾馆召开省“三打”领导小组第七次（扩大）会议，省工商局副局长钱永成参加会议。

23日 上海“真牌真品”承诺活动办公室到访省知识产权局，与省工商局、广州市知识产权局就广东“正版正货”活动与上海“真牌真品”承诺活动进行座谈，并走访广州采芝林药业有限公司。

26—30日 应省知识产权局的邀请，国家知识产权局专利复审委员会材料处和医药处在广州审理9宗专利无效案件。

26—30日 由省知识产权局主办、华南理工大学知识产权学院承办的“广东省专利行政执法培训班”在广州举办。来自全省各地市（区、县）专利行政部门的近70名学员参加本次培训。

27日 省知识产权局副局长朱万昌出席全省推进使用正版软件工作联席会议第一次会议。

28日 由中共广东省委组织部、广东省知识产权局主办，中国知识产权培训中心协办的“广东省市（区）领导干部知识产权战略专题高级研究班”在北京举办。广东省人民政府副省长陈云贤、国家知识产权局副局长贺化出席开班仪式并作重要讲话。省知识产权局局长陶凯元出席开班仪式。省知识产权局有关局领导、各地级以上市分管副市长、知识产权局局长、佛山市顺德区分管副区长和顺德区经济促进局长等约50人参加培训。这是广东省贯彻落实中共中央《关于推进学习型党组织建设的意见》精神和省委关于创建学习型党组织及大规模培训干部要求的重要举措。

是日 广东省人民政府办公厅发布《关于实施商标品牌战略的指导意见》（粤府办〔2012〕23号）。这是省政府第一次将商标品牌上升为全省一项发展战略，并从政府层面对商标工作与品牌建设统筹规划，给予政策指导。

28—31日 中央纪委驻国家知识产权局纪检组副组长、监察局局长唐大立一行来粤开展执法监察相关工作调研。

30日 省知识产权局组队参加第二届广东省直机关应急技能竞赛活动。

4月

1日 广东省“三打”领导小组办公室在省委1号楼召开“三打”工作会议，省工商局党组书记、局长卢炳辉参加会议。

8日 省知识产权局副局长朱万昌出席第27届广东省青少年科技创新大赛开幕式。

10日 省政府知识产权办公会议办公室在萝岗会议中心举行2012年全省“4·26知识产权宣传周”活动方案发布仪式。省政府知识产权办公会议主持人、副省长陈云贤出席发布仪式并作重要讲话，省政府知识产权办公会议副主持人、副秘书长李捍东主持会议。省政府知识产权办公会议副主持人、办公室主任、省知识产权局局长陶凯元发布《2012年全省“4·26知识产权宣传周”活动方案》。省政府知识产权办公会议办公室副主任、省知识产权局副局长朱万昌发布2011年度广东知识产权保护重大事件及有影响人物。

是日 广东省人民政府与国家知识产权局合作共建的国家知识产权局区域专利信息服务（广州）中心揭牌暨泛珠三角区域内地九省（区）专利信息运用合作协议签署仪式在广州萝岗会议中心隆重举行。广东省人民政府副省长陈云贤、国家知识产权局副局长杨铁军出席会议并作重要讲话。省知识产权局局长陶凯元出席揭牌仪式并与泛珠三角区域内地八省（区）知识产权局局长签署合作协议。

是日 湖南省知识产权局纪委书记李丽娅一行到国家知识产权局专利局广州代办处调研试点工作。

11日 国家知识产权局在上海举办国家知识产权服务业集聚发展研讨会。省知识产权局副局长唐毅出席会议，并到上海盛知华知识产权服务有限公司进行调研。

12日 上海市知识产权局来粤调研，省知识产权局副局长朱万昌出席座谈会并作讲话。

是日 省知识产权局副局长袁有楼参加在广州召开的省“三打”领导小组第9次全体成员会议。

是日 省知识产权局党组书记马宪民，纪检组长、监察专员严小宜带队到河源市紫金县龙窝镇琴星村检查指导驻村扶贫工作。

是日 国家知识产权局在北京召开《2011年度全国专利实力状况报告》征求意见会。省知识产权局副局长唐毅出席会议并发表意见。

12—13日 国家工商行政管理总局商标局在浙江省宁波市召开全国工商系统商标战略实施工作研讨会。广东省工商局商标处负责人参加会议。

13日 省人民政府省长朱小丹会见外国驻穗领团，42个国家的总领事或代表参加会见。省知识产权局局长陶凯元陪同会见。

是日 省委组织部在“广东干部培训大讲坛”上组织题为“助推经济发展方式转变的知识产权”的讲座，邀请同济大学教授、博士生导师朱雪忠授课。省直机关数百名处以上干部参加学习。

14日 省知识产权局组织召开第111届广交会知识产权保护工作动员大会。省知识产权局副局长唐毅、广州市局副局长邓佑满出席会议，省局及各有关地市局第一期驻会的30多名执法人员参加会议。

15—19日、23—27日、5月1—5日 应商务部的邀请和省政府的委派，省知识产权局组织50多人的省市联合专利执法队伍，会同广州市工商局、版权局执法人员，进驻第111届广交会开展知识产权保护工作。展会期间共受理专利类投诉386宗，涉及被投诉企业504家，认定涉嫌侵权企业233家，处理不规范专利标识行为3起。

16日 广东省打击制假售假专项行动小组办公室召开工作会议，广东省工商局党组书记、局长卢炳辉，经检局局长辛光辉参加会议。

16—20日 广东省工商局在广州举办全省工商系统2012年度商标广告业务培训班，省工商局副局长姜海平参加并作总结讲话。

17日 广州市举办知识产权强省政策广州宣讲会。省知识产权局党组书记马宪民出席会议并主讲。广州市知识产权工作领导小组成员单位、各区（县）知识产权局、行业协会、中介代理机构、知识产权优势企业、高校及科研单位约200人参加会议。

18日 省知识产权局局长陶凯元、副局长唐毅前往第111届广交会视察知识产权保护工作，并亲切看望知识产权系统驻会的工作人员。

18—20日 省知识产权局副局长袁有楼出席在北京召开的2012年全国重大经济科技活动知识产权评议试点工作会议。

19日 省政府新闻办、省政府知识产权办公会议办公室联合召开2011年广东省知识产权保护状况新闻发布会。省知识产权办公会议副主持人、办公室主任、省知识产权局局长陶凯元发布《2011年广东省知识产权保护状况》。省公安厅、工商局、版权局、法院、质监局、知识产权局和海关广东分署等部门负责人出席发布会并回答提问。省政府知识产权办公会议成员单位代表，各国驻广州领事馆代表，中央驻粤和广东各新闻单位代表，境外驻穗新闻媒体代表90余人参加发布会。

20日 由广东省知识产权局、阳江市人民政府共同主办的“4·26”知识产权日宣传纪念活动和集中销毁现场会在阳江市体育馆举办。省知识产权局副局长唐毅、阳江市政府副市长李日芳出席现场会并作讲话。

22日 国家知识产权局专利复审委员会张茂于常务副主任一行来粤对委局合作工作进行调研，省知识产权局局长陶凯元、党组书记马宪民、副局长唐毅出席座谈会。

23日 省政府办公厅印发《关于成立省打击侵犯知识产权和制售假冒伪劣商品工作领导小组的通知》，省“双打”领导小组正式成立，办公室设在省知识产权局，承担领导小组日常工作。

24日 省知识产权局派员参加欧盟商会“交易会知识产权保护研讨会”。

是日 省知识产权局副局长唐毅出席汕头市“4·26”保护知识产权宣传周主题活动暨2011年知识产权保护状况通报会并作讲话。

是日 省知识产权局派员参加在广州举行的2012年侵权盗版及非法出版物集中销毁活动。

是日 惠州市举办“2012年4·26知识产权宣传周系列活动——知识产权强省政策宣讲会”。省知识产权局党组书记马宪民出席会议并主讲。

是日 广东省“三打”领导小组办公室在省委大院1号楼召开全省深入推进三打工作电视电话会议，省工商局党组书记、局长卢炳辉参加会议。

25日 省政府知识产权办公会议办公室举行广东省2012年十个知识产权典型案件发布会。省知识产权局副局长唐毅代表省政府知识产权办公会议办公室，向新闻界公布今年评选的十个知识产权典型案件。

是日 省知识产权局在《南方日报》“要闻”专版，刊登了《关于加快建设知识产权强省的决定》文件的摘要、专访省人民政府陈云贤副省长文章和专家评论文章等共三篇。

26日 广东省“深圳世界大学生夏季运动会加强知识产权保护，各项任务圆满完成”、“粤港澳三地海关联合开展打击侵权货物跨境运输‘海龙行动’”等事件入选2011年度全国知识产权保护十大事件；“华为公司在美国诉摩托罗拉在诺西交易中侵犯知识产权案达成和解”、“珠海拱北海关查获珠海某公司出口墨盒侵犯国内企业专利权案”入选十大案件，王海波、徐友军入选十名最具影响力人物。

是日 省知识产权局党组书记马宪民、副局长唐毅视察第111届广交会视察知识产权保护工作，与广交会知识产权投诉站主任张嘉庆进行座谈。并亲切看望知识产权系统驻会的工作人员。

是日 中央政治局委员、广东省委书记汪洋，观看设在揭阳市工商局机关大楼内的“揭阳市‘三打’专项行动实物展”，现场检查并听取包括揭阳市工商局在内的揭阳市直10个单位的“三打”情况汇报，对各单位的工作给予肯定。

是日 广东省委副书记、省长朱小丹到佛山督查“三打”工作，省工商局党组书记、局长卢炳辉及佛山市委领导陪同。

27日 2012年东莞市知识产权工作会议暨专利奖励大会顺利召开。国家知识产权局专利管理司副巡视员陆毅、省知识产权局局长陶凯元、东莞市委书记徐建华出席会议并讲话。在此次会议上，省知识产权局副局长朱万昌和东莞市人民政府副市长成洪波共同签署《关于建立知识产权合作会商制度的议定书》，双方确定在八个方面进行深入合作。

是日 省知识产权局组织召开“规范代理机构专利申请工作座谈会”，深入贯彻国家知识产权局《关于规范专利申请行为的若干规定》文件精神。来自省内部分专利代理机构的近40多名专利代理人参加会议。

5月

5日 省知识产权局与中国对外贸易中心在广交会展馆内联合举办广交会知识产权“三打两建”工作座谈会。

是日 广东省“三打”领导小组办公室召开“三打”工作会议，省工商局党组书记、局长卢炳辉参加会议。

7日 广东省工商局召开全省工商系统“三打”工作推进会，省工商局经济检查局局长辛光辉主持会议并作讲话。

7—8日 由商务部市场秩序司王镇钢副司长率领的全国打击侵权假冒工作领导小组办公室两法衔接工作调研组赴东莞调研，省知识产权局朱万昌副局长陪同调研并汇报广东省近期打击侵权假冒工作情况。

8日 国家开发银行评审管理局李颂中副局长、广东省分行李品武副行长一行来省知识产权局调研知识产权质押融资工作，省知识产权局副局长袁有楼出席并主持会议。

8—9日 广东省工商局经济检查局局长辛光辉到惠州市工商局检查指导“三打”工作。

9日 省知识产权局纪检组长、监察专员严小宜带队赴广州粤高专利商标代理有限公司、广州新诺专利商标事务所有限公司调研专利代理机构内部管理制度建设及人才队伍建设等情况。

9—10日 国家知识产权局规划发展司金泽俭副司长一行在省知识产权局副局长唐毅陪同下赴省发展改革委就审协广东中心业务用房建设项目立项问题进行商谈，会议议定项目在广州开发区立项。

9—13日 省知识产权局党组书记马宪民出席中国共产党广东省第十一次代表大会。

10日 《粤澳知识产权合作备忘录》签署仪式暨知识产权工作小组第一次会议在广州举行，省知识产权局局长陶凯元与澳门经济局副局长戴建业共同签署《粤澳知识产权合作备忘录》。

11日 广东商标协会代理分会正式成立。国家工商行政管理总局商标局副局长吕志华，广东省工商局副局长、广东商标协会会长姜海平等领导和全省近70家商标代理组织参加会议。

13—17日 国家知识产权局专利权评价报告制度相关问题研究课题组来粤考察调研。

13—18日 应广东省知识产权局的邀请，国家知识产权局专利复审委员会行政诉讼处、外观处、电学处在广州审理9宗专利无效案件。

14日 国家知识产权局专利局初审及流程管理部副部长何越峰一行到国家知识产权局专利局广州代办处检查指导工作。

是日 省知识产权局召开传达贯彻省十一次党代会精神大会，党组书记马宪民传达会议精神，局党组成员、纪检组长严小宜主持会议。

15日 珠海市举办贯彻知识产权强省政策宣讲会。省知识产权局党组书记马宪民出席会议并主讲。珠海市委党校处级干部培训班和中青班的学员、市政府知识产权联席会议组成单位和各区县知识产权局的负责同志、部分企业的代表参加宣讲会。

是日 山东省知识产权局副巡视员吴庆军一行来粤开展专利代办业务专题调研，省知识产权局副局长朱万昌出席座谈会。

17—21日 2012年专利代理人实务技能培训班分别在广州市和深圳市举办。省知识产权局纪检组长、监察专员严小宜出席开班式并作讲话。来自省内近200名专利代理人参加培训。

22—25日 省知识产权局副局长朱万昌参加2012年度全国知识产权外事工作会议暨培训班。

24日 华南理工大学举行第七届“华学”学术创新奖终审答辩赛，省知识产权局纪检组长严小宜出席开幕式并致词。

是日 省知识产权局举办“知识产权学习讲坛”，局党组书记马宪民宣讲《中共广东省委广东省人民政府关于加快建设知识产权强省的决定》。

是日 省知识产权局副局长袁有楼参加在广州召开的省“三打”领导小组第12次全体成员会议。

是日 东莞市工商行政管理局查获一宗生产假冒知名商标“crocs”休闲鞋的大型窝点，查扣涉案物品一批，按市场同类产品售价估算货值约为5000万元人民币。

28日 由广东省发展改革委员会副巡视员林喜南担任组长的广东省实施《珠三角规划纲要》评估考核组对广东省知识产权局2011年度实施《珠三角规划纲要》情况及2008年以来实施《珠三角规划纲要》推动“四年大发展”工作情况进行实地考核。局领导陶凯元、马宪民、朱万昌、严小宜及局机关各处室、局属各单位主要负责人参加实地考核汇报。评估考核组组长林喜南高度肯定广东省知识产权局实施《珠三角规划纲要》的工作：工作力度大、功夫足、亮点多、成绩好、意义大，对省企业、社会和经济发展做出很大贡献。

28日至6月1日 应广东省知识产权局的邀请，国家知识产权局专利复审委员会通信一处在广州审理8宗专利无效案件。

29日 中央政治局委员、广东省委书记汪洋会见日本贸易振兴机构理事长石毛博行一行。省知识产权局局长陶凯元陪同会见。

30日至6月4日 省知识产权局副局长朱万昌率领省政府软件正版化第九督查组对省林业厅等11个省直单位的软件正版化工作进行督导检查。

6月

1日 广东省工商局党组书记、局长卢炳辉，经济检查局局长辛光辉和广州市“三打”办、广州市工商局有关负责人亲自指挥广东省、广州市工商部门，并会同广州市公安局便衣支队，在白云区破获一制售假冒国际名牌皮具大案，摧毁了一个产、运、销名牌皮具制假售假网络。经商标权利人初步估算，案件涉案金额约 1.5 亿元。

4日 省知识产权局在广州组织召开“珠江三角洲地区专利电子申请推广工作座谈会”，副局长朱万昌出席并主持会议。

是日 广东省打假办在东莞市召开打击制假售假专项行动珠三角片区汇报会，省人民政府副省长刘志庚主持会议。省工商局经济检查局局长辛光辉参加汇报会。

5日 由省知识产权局、佛山市政府、香港知识产权署、香港贸易发展局主办，佛山市知识产权局承办的“2012粤港知识产权与中小企业发展（佛山）研讨会”在佛山举行。国家知识产权局港澳台办公室副主任刘剑、省知识产权局副局长朱万昌、佛山市政协副主席杨军辉、香港知识产权署副署长梁家丽、香港贸易发展局代表出席会议并致辞。

是日 重庆市知识产权局局长袁杰一行来粤调研。广东省知识产权局局长陶凯元出席并主持会议。会议双方就广东、重庆两省市各项知识产权工作情况进行深入交流。副局长袁有楼一同出席座谈会。

5—8日 省知识产权局副局长朱万昌出席在南宁召开的2012年国家知识产权局专利局代办工作会议。国家知识产权局专利局广州代办处连续第十次获得“全国先进代办处”荣誉称号，广州代办处陈晶、邓嘉伦、卢婕虹三位同志被评为“先进个人”。

6日 省知识产权局组织全省12个地市（区）知识产权局的执法人员开展查处“护康胶囊”假冒专利的统一执法行动。局长陶凯元、副局长唐毅亲临现场进行指挥和督导。

7日 美国专利商标局政策及对外事务管理办公室、美国驻广州总领事馆代表一行来访省知识产权局。

是日 广东省工商局、佛山市工商局和佛山市公安局开展“三打”联合行动，依法对佛山市南海区大沥镇的4个非法组拼装销售摩托车窝点进行查处，一举摧毁一非法组拼装摩托车链条。

8日 广东专利代理协会2012年年会暨专利代理行业发展研讨会在广州市召开。省知识产权局纪检组长、监察专员严小宜出席会议并讲话。

12日 广东省“三打”领导小组办公室召开“三打”工作会议，省工商局党组书记、局长卢炳辉参加会议。

13日 省知识产权局党组书记马宪民带队赴华南师范大学调研“广东省战略性新兴产业专利信息资源开发利用计划”项目——LED产业专利信息资源开发工程实施进展情况。

是日 省知识产权局副局长朱万昌带队赴汕头市督导粤东地区“三打两建”专项工作。

是日 省知识产权局在汕头市组织召开“粤东五市专利电子申请推广暨‘三打两建’

工作会议”。副局长朱万昌出席并主持会议。

13—15日 广东省工商局副局长姜海平率相关处室负责人赴深圳市市场监督管理局、惠州市工商局督导“三打两建”工作。

14日 省知识产权局副局长唐毅参加在广州召开的省“三打”领导小组第13次全体成员会议。

是日 省知识产权局副局长袁有楼带队赴河源市督导河源市知识产权局“三打两建”专项工作。

15日 省知识产权局副局长袁有楼带队赴河源市紫金县龙窝镇琴星村检查指导局驻村扶贫工作。

16—17日 省知识产权局副局长袁有楼出席第十届广东省少年儿童发明奖优秀作品展暨首届广东省创意机器人大赛。

19日 英国伯明翰大学ALTA创新中心代表来访省知识产权局。

是日 省知识产权局在阳江市组织召开“粤西三市专利电子申请推广暨‘三打两建’工作会议”。副局长朱万昌出席并主持会议。

是日 省知识产权局副局长朱万昌带队赴阳江市督导阳江、湛江和茂名等粤西三市知识产权局的“三打两建”专项工作。

19—20日 省知识产权局党组书记马宪民，纪检组长、监察专员严小宜带队赴中山督导“三打两建”专项工作，听取中山市人民政府副市长冯煜荣关于开展“三打两建”工作情况和下一步工作打算的介绍。

20日 省政府办公厅在省政府1号楼召开研究王老吉商标权纠纷问题会议，省工商局副局长姜海平参加会议。

21日 省知识产权局副局长唐毅赴京与国家知识产权局专利复审委员会副主任王霄蕙进行会谈，就如何深化和扩大委局合作进行深入交流。

是日 省知识产权局副局长唐毅参加在北京召开的第六届中国知识产权执法论坛。

是日 日本经济产业省模仿品对策及通商室代表和日本贸易振兴机构广州代表处代表一行来访省知识产权局。

25—30日 省知识产权局在中国延安干部学院举办广东省知识产权系统高级培训班，局党组书记马宪民出席开班式并作动员讲话，副局长唐毅、朱万昌和省部分地市知识产权局领导以及局机关部分干部参加了培训。培训期间，局长陶凯元专程到延安看望参训学员。

26日 广东省“三打”领导小组办公室召开“三打”工作会议，省工商局党组书记、局长卢炳辉参加会议。

26—28日 省知识产权局派员参加中国（广州）国际金融交易博览会的知识产权保护工作。展会期间，共接受现场咨询30多人次，发放宣传资料300多份。

27日 最高法院作出《关于同意指定广东省广州市荔湾区等8个基层法院审理部分知识产权民事纠纷案件的批复》（法〔2012〕154号），批准广州市荔湾区等8个基层法院审理部分知识产权民事纠纷案件，至此，广东省具有部分知识产权案件管辖权的基层法院数量达到30个，居全国之首。

最高法院作出《关于同意广东省广州市两级法院开展由知识产权审判庭统一受理知识产权民事、行政和刑事案件试点工作的批复》（法〔2012〕153号），批准广州市两级法院开展由知识产权审判庭统一受理知识产权民事、行政和刑事试点工作。至此，广东省有5家中院、21家基层法院开展“三合一”试点工作，主要布局在案件相对集中的珠三角地区。

27—28日 省知识产权局纪检组长、监察专员严小宜赴辽宁省丹东市参加全国知识产权系统党风廉政建设工作座谈会，并被聘为第三批国家知识产权局党风廉政建设特邀监督员。

28日至7月2日 省知识产权局派员协助新疆维吾尔自治区喀什地区知识产权局和大会组委会做好第八届中国新疆喀什·中亚南亚商品交易会知识产权保护工作。

29日 国家知识产权局专利局审查业务管理部副部长蒋彤一行来粤开展审查业务调

研，省知识产权局副局长袁有楼出席座谈会。

是日 最高法院作出《关于批准广东省佛山市中级人民法院审理涉及驰名商标认定民事纠纷案件的批复》（法函〔2012〕50号），同意佛山市中级人民法院作为第一审法院审理发生在其管辖范围内涉及驰名商标认定的民事纠纷案件。佛山中院成为继山东东营中院和烟台中院之后全国第三家获得驰名商标管辖权的特别授权法院。

7月

2日 韩国知识产权局代表团拜会广东省工商行政管理局，省工商局副局长姜海平及商标处、外资处、经检局负责人参加会见。这是省工商局首次接待来自韩国的知识产权官方代表团。韩方对中国政府为保护知识产权所做出的努力给予正面评价。

3日 韩国特许厅专利商标审判院代表来访省知识产权局，省知识产权局副局长朱万昌出席座谈会。

是日 国家知识产权局在北京召开创先争优总结表彰大会。国家知识产权局专利局广州代办处党支部作为全国29家代办处唯一获得“创先争优先进基层党组织”荣誉称号的代办处而受邀出席表彰大会，并在会上做先进经验交流发言。

4日 广东省副省长许瑞生率队深入河源市督导“三打”工作，察看河源市工商局前期查获的案值1.2亿元的特大皮具造假窝点。副省长许瑞生对山区市的工商部门在“三打”工作中能取得这么好的成绩表示赞扬，勉励工商部门再接再厉、再创佳绩。省工商局党组书记、局长卢炳辉陪同督导。

5日 省知识产权局副局长唐毅参加在广州召开的省“三打”领导小组第14次全体成员（扩大）会议。

是日 省知识产权局党组书记马宪民、副局长袁有楼带队赴广州奥凯信息咨询有限公司调研专利信息资源开发利用工作。

是日 省知识产权局副局长朱万昌参加迎接国务院推进政府机关使用正版软件工作督查汇报会。

6日 省知识产权局局长陶凯元主持召开局办公会（扩大）会议，传达贯彻省“三打”领导小组第14次成员（扩大）会议精神，部署省知识产权局下一阶段“三打”工作任务。

是日 由国家知识产权局主办、广东省知识产权局承办、广州市知识产权局协办的“2012年全国专利代理管理业务培训班”在广州举行。省知识产权局纪检组长、监察专员严小宜出席培训班并作讲话。

9日 省政府召开全省打击侵权假冒工作电视电话会议。省人民政府副省长、省打击侵权假冒工作领导小组组长陈云贤做重要讲话，省打击侵权假冒工作领导小组副组长、办公室主任、省知识产权局局长陶凯元做工作报告，省人民政府副秘书长、省打击侵权假冒工作领导小组副组长李捍东主持会议。

是日 广东省工商局召开全省工商系统“三打两建”工作视频会议，进一步贯彻落实广东省委、省政府关于“三打两建”的工作部署，总结前一阶段全省工商系统“三打”工作情况，部署下一阶段“三打”工作任务。省工商局设主会场，各地市局、县（市、区）工商局（分局）设分会场。省工商局领导班子成员及全系统1万多名工商干部参加视频会议。

10日 省打击侵权假冒工作领导小组办公室副主任、省知识产权局副局长朱万昌出席全国打击侵权假冒工作会议并作题为《结合“三打两建” 加大工作力度 推动打击侵权假冒工作不断深入》的发言。

11日 省知识产权局局长陶凯元、副局长唐毅带队赴省“三打”办汇报省知识产权局开展“三打”工作情况。省“三打”办常务副主任朱穗生、副主任徐学锦及相关部门负责人出席汇报会。

是日 广东省委组织部“三打”跟案考核组到广东省工商局，对省工商局局长卢炳辉和经济检查局局长辛光辉在“三打”工作中包案的案件进行跟案考核，分别与省工商局领导班子成员，办案团队全体成员等进行个别谈话，查阅案卷卷宗、文件资料等材料，并书面征求意见。

13日 省知识产权局在清远市组织召开“粤北四市专利电子申请推广暨‘三打两建’工作会议”。副局长朱万昌出席并主持会议。

17—21日 省知识产权局副局长唐毅带领省知识产权局“三打两建”专项行动第二督导组分赴深圳市、阳江市和湛江市督导三市知识产权局“三打两建”专项行动的进展情况。

19日 粤港保护知识产权合作专责小组第十一次会议暨粤港知识产权合作十周年庆祝活动在香港举行。省人民政府副秘书长江海燕、香港商务及经济发展局常任秘书长黄灏玄出席活动并讲话。专责小组粤方组长、省知识产权局局长陶凯元，专责小组港方组长、香港知识产权署署长张锦辉率领成员代表参加活动。

20日 广东和重庆两省市知识产权局开展查处假冒专利的联合执法行动，广东省知识产权局查处位于广州市的生产商，重庆市知识产权局查处位于重庆市的总经销商。

是日 省知识产权局纪检组长、监察专员严小宜带领省知识产权局督导组到广州市局督导“三打”工作。督导组听取广州市知识产权局的工作汇报。

22日 广东省工商局召开全省工商系统“三打两建”工作视频会议，贯彻落实全省“三打两建”工作会议精神，在全省工商系统全面部署下一阶段“三打两建”工作。省工商局设主会场，各地市局、县（市、区）工商局（分局）设分会场。省工商局领导班子成员及全系统1万多名工商干部参加视频会议。

23日 国家知识产权局专利管理司马维野司长一行来粤开展知识产权质押融资工作专题调研。

24日 省知识产权局副局长唐毅参加在广州召开的广东省市场监管体系建设试点工作会议。

是日 国家知识产权局专利局初审及流程管理部副部长顾晓莉一行到国家知识产权局专利局广州代办处检查指导工作。

是日 省政府召开全省知识产权工作会议暨广东省专利奖励大会。国家知识产权局局长田力普、广东省人民政府副省长陈云贤出席会议并作重要讲话。省知识产权局长陶凯元作题为《抢抓机遇　乘势而上　全面推进知识产权强省建设》的工作报告。省人民政府副秘书长赵坤主持会议。省直有关部门、地市、高校、科研院所、企业以及获奖单位的200多名代表参加会议。

是日 共建审协广东中心领导小组第一次会议在广州召开，国家知识产权局局长田力普、广东省人民政府副省长陈云贤出席会议并作重要讲话，省人民政府副秘书长赵坤主持会议，省知识产权局局长陶凯元、党组书记马宪民、副局长唐毅以及审协广东中心共建领导小组其他成员单位相关负责人出席会议。

是日 全国知识产权快速维权工作现场会在中山市古镇举行，国家知识产权局局长田力普出席会议并作重要讲话。世界知识产权组织副总干事王彬颖、省知识产权局局长陶凯元、中山市副市长冯煜荣出席会议并致辞。

25日 省委副书记、省长朱小丹会见国家知识产权局局长田力普，双方就深化知识产权工作、携手发展知识产权服务业达成共识。副省长陈云贤、省知识产权局局长陶凯元陪同会见。

是日 省知识产权局在广州市召开全省知识产权局系统“三打两建”工作推进会。省“三打”领导小组办公室副主任徐学锦到会指导并作重要讲话。省知识产权局领导班子全体成员出席会议，局长陶凯元作讲话，副局长唐毅传达省委、省政府关于“三打两建”工作的重要精神，通报全系统“三打”工作进展情况。

25—26日 省知识产权局副局长唐毅出席了粤东地区知识产权系统“三打两建”工作推进会暨第十一届知识产权局长联席会议。此次会议的主题是深入推进知识产权系统“三打两建”工作，完善区域间专利行政执法协作机制。

27日 省知识产权局局长陶凯元率广东代表团参加在新疆喀什召开的第二次全国知识产权系统对口援疆工作会议及知识产权对口援喀座谈会，介绍广东省知识产权工作概况和粤喀知识产权对口合作情况。

30日至8月3日 省知识产权局“三打两建”专项行动第三督导组赴汕头、潮州、揭阳和梅州督导“三打两建”专项行动的进展情况。

8月

2日 省知识产权局副局长唐毅参加省“三打”领导小组第15次成员（扩大）会议。

3日 省知识产权局党组书记马宪民、副局长唐毅带队赴省打假专项办汇报省知识产权局开展打击制假售假专项行动工作情况。

是日 国家知识产权局专利局广州代办处被中共广东省知识产权局直属机关委员会授予“创先争优活动先进党支部”荣誉称号。

5—14日 省知识产权局局长陶凯元率省知识产权代表团赴日本、韩国考察交流，访问日本经济产业省、日本特许厅、日本贸易振兴机构、日本知识产权协会、大阪大学知识产权中心、横滨海关、韩国特许厅、韩国知识产权国际研修院等机构。

6日 省知识产权局“三打”专项行动督导组召开碰头会。

7日 省知识产权局“三打两建”专项行动第四督导组赴佛山市督导“三打两建”专项行动的进展情况。

8日 法国LPG系统公司向广东省知识产权局赠送牌匾，感谢广东省知识产权局在第36届美博会上对权利人权益的保护，称赞广东省知识产权局是“严执法、秉公办事，勤为民、周到热情”。

9日 省知识产权局副局长朱万昌参加消费维权和社会监督体系建设专责小组首次会议。

10日 省知识产权局副局长袁有楼出席在广州举办的“广东省战略性新兴产业——生物医药产业专利分析及预警报告会”。

13日 国家知识产权局专利复审委员会立案及流程管理处处长许静华一行到国家知识产权局专利局广州代办处，就专利复审与无效请求受理业务试点工作的开展进行业务培训。

是日 省知识产权局副局长唐毅参加省人大常委会、省政协视察“三打”工作情况汇报会。

24日 省知识产权局副局长袁有楼、广东省生产力促进中心主任黄炳贺等领导出席在广州举办的“广东省战略性新兴产业——LED产业重点产品专利分析及预警报告会”。

27—29日 国家知识产权局保护协调司组织工信部、文化部、工商总局、版权局等代表组成的调研组来粤调研陶瓷产业和相关专业市场的知识产权保护工作情况。

28日 省知识产权局副局长袁有楼出席广东省加快专业镇中小微企业服务平台建设新闻发布会。通报省出台《关于加快专业镇中小微企业服务平台建设的意见》的具体内容及下一步贯彻落实措施。

30日 省知识产权局印发《广东省知识产权局重点环节权力运行监督办法》。

9月

2012年9月，广东高院就如何提高商品质量，建立企业诚信体系问题，向省工商局提出《关于提高商品质量　建立企业诚信体系的司法建议》，成为相关职能部门完善市场监管制度的重要参考。

4日 省知识产权局在广州召开知识产权软科学研究工作座谈会。省知识产权局纪检组长、监察专员严小宜出席会议并作讲话。

是日 省知识产权局联合肇庆市知识产权局、四会市知识产权局以及四会市打假办、公安、工商、食药监等部门，对5件假冒专利案件进行现场检查。

5日 肇庆市举办贯彻知识产权强省政策宣讲会。省知识产权局党组书记马宪民出席会议并主讲。肇庆市委党校县处级干部培训班、乡镇党委书记轮训班、第二期县（市、区）局长轮训班及肇庆市中青年干部培训班的有关同志、部分企业的代表参加讲座。

是日 省知识产权局副局长唐毅参加省“三打”领导小组第16次成员（扩大）会议。

6日 省知识产权局召开创先争优表彰暨2012年纪律教育学习月动员大会，局党组书记马宪民作动员讲话，局纪检组长、监察专员严小宜主持会议。

是日 由广东省知识产权局主办、梅州市知识产权局承办的“粤东地区专利申请与资助工作会议”在梅州召开。省知识产权局副局长唐毅出席并作讲话，汕头、梅州、汕尾、潮州和揭阳五个地级以上市知识产权局负责人、相关科室负责人及粤东地区部分县、区（市）知识产权局的负责人60余人参加会议。

6—7日 省知识产权局组织广州、深圳、佛山、惠州、东莞和清远六市知识产权局以及顺德区经济和科技促进局，对惠州市某食品有限公司和90家涉案商行或百货公司开展联合查处假冒专利统一行动，查获假冒专利产品超过2000箱。

6—7日 省知识产权局副局长唐毅带队赴梅州市“博敏电子股份有限公司”、揭阳市“广东巨轮模具股份有限公司”和“广东海兴塑料有限公司”调研。

7日 省知识产权局派员参加摩托车企业与政府部门交流座谈会。

11日 省知识产权服务业集聚中心《项目建议书》专家评审会在省机电建筑研究院召开，评审会原则通过《项目建议书》。

11—12日 由国家知识产权局主办、知识产权出版社承办的“中国专利信息年会2012”在北京国家会议中心举行。省知识产权局副局长袁有楼带队参加此次年会并做主题演讲。

12日 东莞市一家人食品有限公司向广东省知识产权局送上锦旗，感谢广东省知识产权局积极组织查处“酸辣粉”假冒专利违法行为，赞誉广东省知识产权局“保护知识产权建设诚信社会”。

是日 佛山市建设国家商标战略实施示范城市领导小组办公室、佛山市工商局与世界知识产权组织（WIPO）联合举办马德里商标国际注册培训班，邀请世界知识产权组织马德里注册部推广信息司高级顾问陶俊英女士和国家商标局国际注册处杨国名副处长为佛山企业做专题培训。这是世界知识产权组织首次在广东省地级市中开展马德里商标国际注册培训。

12—16日 省知识产权局副局长朱万昌赴黑龙江参加国家知识产权培训基地研讨班。

14日 省知识产权局副局长朱万昌赴大连参加由国家知识产权局、香港特别行政区政府知识产权署、澳门经济局联合主办的2012年内地与香港、澳门特别行政区知识产权研讨会。

是日 省知识产权局党组书记马宪民出席在广州召开的粤港合作联席会议第十五次会议。

14—17日 省知识产权局派员参加2012中国（广东）国际旅游产业博览会知识产权保护工作。

15日 省知识产权局副局长唐毅出席首届中国加工贸易产品博览会知识产权保护工作动员会并作讲话。

16日 省知识产权局派员参加首届中国加工贸易产品博览会知识产权保护工作。

是日 中央政治局委员、广东省委书记汪洋视察中国加工贸易产品博览会专利投诉站并了解大会知识产权保护工作情况。国家知识产权局副局长甘绍宁、广东省知识产权局局长陶凯元等陪同视察。

17—19日 省知识产权局派员参加第37届广州国际美容美发化妆用品进出口博览会的知识产权保护工作。

18日 省知识产权局在广州召开全省知识产权局系统“三打两建”工作会议，深入贯彻落实省第十一次党代会精神，传达贯彻省委、省政府8月16日“三打两建”工作会议精神，研究部署下一步工作任务。局长陶凯元讲话，党组书记马宪民主持会议，局全体领导班子成员出席会议。

是日 省知识产权局副局长朱万昌参加市场竞争秩序建设专责小组第二次工作会议。

19—21日 国家知识产权局专利局初审及流程管理部年检工作组到国家知识产权局专利局广州代办处检查指导工作。省知识产权局副局长朱万昌听取工作组对广州代办处工作检查情况的通报。

19—21日 国家知识产权局专利局初审及流程管理部相关技术人员到国家知识产权局专利局广州代办处对专利登记簿副本、本地扫描、受理中间文件的业务系统进行安装和调试及业务培训。

21—27日 广东省工商局副局长姜海平率省工商局机关相关处室负责人赴新疆维吾尔自治区工商局，就市场监管体制建设、商事登记制度改革、商标广告监管等工作进行考察交流。

24日 省知识产权局局长陶凯元、党组书记马宪民、副局长唐毅向广东省“三打”办汇报广东省知识产权局“三打”阶段性工作情况。广东省“三打”办主任陈少波、常务副主任朱穗生、副主任徐学锦及相关部门负责人出席汇报会。

24—27日 由国家知识产权局会同全国人大等单位组成的调研组来粤开展专利保护问题和《职务发明条例（草案）》征求意见专题调研。省知识产权局纪检组长、监察专员严小宜主持座谈会并陪同考察中国中山（灯饰）知识产权快速维权援助中心。

24—27日 省知识产权局副局长袁有楼出席在宁波召开的2012年全国知识产权软科学工作研讨会。

25日 省知识产权局局长陶凯元视察第九届中国国际中小企业博览会知识产权保护工作。

29日 省知识产权局副局长朱万昌参加广东省暨广州市首届“南粤幸福活动周”启动仪式。

10月

14日 省知识产权局召开第112届广交会知识产权工作动员会。省知识产权局副局长唐毅、广州市知识产权局副局长邓佑满出席会议，省局及各有关地市局第一期驻会的30多名执法人员参加会议。

15—19日、23—27日、31日至11月4日 根据商务部的邀请和省政府的委派，广东省知识产权局组织50多人的省市联合专利执法队伍，会同广州市工商局、版权局执法人员，进驻第112届广交会开展知识产权保护工作。展会期间共受理专利类投诉366宗，涉及被投诉企业417家，认定涉嫌侵权企业218家。专利投诉以外观设计和实用新型专利为主，其中外观设计287宗，占78.4%，实用新型71宗，占19.4%，发明8宗，占2.2%。

16—17日 省知识产权局派员参加闽粤沿海十二城市保护知识产权工作第九次联席会议。

17日 省人民政府副省长陈云贤视察第112届广交会知识产权保护工作，省知识产权局局长陶凯元陪同视察。

18日 省知识产权局副局长唐毅参加省“三打”领导小组第17次成员会议。

18—19日 按照省市场竞争秩序监管体系建设专责小组的部署，省知识产权局副局长朱万昌率领省工商局、版权局、公安厅代表，赴珠海市和佛山顺德区调研督导知识产权保护综合监管分体系建设工作。

19日 省知识产权局派员参加第11届中国（阳江）国际五金刀剪博览会知识产权保护工作。

是日 省直机关工委副书记周建民带队到

省知识产权局调研机关党建工作情况。局党组书记马宪民出席座谈会，局党组成员、纪检组长严小宜汇报机关党建工作情况。

是日 省知识产权局召开知识产权保护综合监管分体系建设试点工作座谈会，副局长朱万昌出席会议并作讲话。

24—26日 省知识产权局副局长唐毅出席在北京召开的九省市专利行政执法协作会议。

25日 由国家知识产权局和广东省知识产权局联合主办的“专利电子申请推广工作座谈会及系统使用培训班”在广州举行。国家知识产权局专利局自动化部副部长蒋彤、省知识产权局副局长朱万昌出席开班式并讲话，全省部分专利代理机构代表、企事业单位知识产权工作者及其他知识产权服务从业人员共150人参加培训。

25—27日 省知识产权局党组书记马宪民应邀赴汕头调研并作《知识产权与区域经济发展》专题报告。金平区委中心组成员、各街道党政主要领导、区直局以上单位和市驻区单位的主要领导、重点科技企业负责人近百人参加报告会。

28—31日 国家知识产权局专利局初审及流程管理部副部长顾晓莉率调研组到粤开展2012年专利许可软科学课题调研。

31日 日本贸易振兴机构广州代表处家田裕之所长来访省知识产权局，副局长袁有楼出席座谈会。

是日 广东高院制定下发《关于充分发挥审判职能作用为深化科技体制改革和加快国家创新体系建设提供司法保障的意见》，为科技创新提供更加有力的司法保障。

11月

1日 国家知识产权局专利复审委副主任王霄蕙视察第112届广交会知识产权保护工作，省知识产权局副局长唐毅陪同视察。

是日 省知识产权局副局长朱万昌率党员代表赴河源市紫金县龙窝镇琴星村视察指导局驻村扶贫工作。

是日 省知识产权局副局长袁有楼出席“2012年中国（东莞）国际科技合作周暨招才引智大会”。

1—2日 由省知识产权局支持，英国睿阁律师事务所和Potter Clarkson知识产权代理事务所主办的2012年欧盟知识产权讲座在广州、深圳举行。

2日 省知识产权局纪检组长、监察专员严小宜检查第112届广交会知识产权投诉站知识产权保护工作，并看望省市知识产权局系统驻会工作人员。

5—6日 由国家知识产权局组织的“2012年全国专利代理人资格考试”在包括广州在内的全国20个城市举行。省知识产权局党组书记马宪民，纪检组长、监察专员严小宜亲临广州考场指导。

6日 内蒙古自治区知识产权局副局长田颖男一行来粤调研，省知识产权局副局长袁有楼出席并主持会议。

6—9日 由省知识产权研究与发展中心和美国飞翰律师事务所联合主办，省知识产权局支持举办的美国专利制度巡回研讨会在广州、深圳、惠州和珠海举行。省知识产权局副局长朱万昌会见美方讲师代表。

8日 由省知识产权局主办、肇庆市知识产权局协办的百所千企知识产权服务对接工程系列活动在肇庆高新区举行。省知识产权局纪检组长、监察专员严小宜出席活动并作讲话。

是日 省知识产权局组织全体干部职工收看中国共产党第十八次全国代表大会开幕式。

是日 广东省工商局局长、省著名商标评审委员会主任卢炳辉主持召开2012年广东省著名商标评审委员会会议。省工商局副局长姜海平、丁文、钱永成，经济检查局局长辛光辉和省经济和信息化委员会、省农业厅、省国家税务局、省地方税务局、省环境保护厅、省食品药品监管局、省安全生产监管局、省消费者委员会、广东商标协会、省质量检验协会、省工商局有关处室的27名评审委员会委员及委托代表出席会议。

9日 山东省知识产权局于智勇局长一行来粤调研，省知识产权局局长陶凯元出席座谈会，副局长唐毅主持会议。双方就广东、山东两省各项知识产权工作情况进行深入交流。

是日 国家知识产权局副局长李玉光视察中国（中山）知识产权快速维权中心，省知识产权局副局长袁有楼陪同视察。

12—13日 由世界知识产权组织和国家知识产权局联合主办、省知识产权局承办、顺德区政府协办的“亚太地区外观设计研讨会”在顺德举行。世界知识产权组织副总干事王彬颖、国家知识产权局副局长李玉光出席会议并讲话，省知识产权局局长陶凯元、顺德区人民政府区长黄喜忠致开幕词。来自亚太地区16个国家知识产权机构的代表以及中国各省代表等150人参加会议。

13日 珠三角地区专利申请促进工作会议在广东迎宾馆召开，省知识产权局党组书记马宪民、副局长袁有楼出席会议并作讲话。广州、深圳、珠海、佛山、惠州、中山、江门、肇庆市等珠三角地区市、区县两级知识产权局负责人及相关业务处室负责人70余人参加会议。

14日 省知识产权局副局长袁有楼出席在中山市小榄镇举办的“广东省战略性新兴产业—LED产业封装和MOCVD设备领域核心专利分析及预警报告会”。

是日 上海市知识产权局副局长洪涌清一行来粤开展代办处机构建设及规范化管理专题调研。省知识产权局副局长朱万昌出席相关活动并主持召开座谈会。

15日 由省知识产权局主办，清远市知识产权局、广东专利代理协会协办的百所千企知识产权服务对接工程系列活动在清远市清城区举行。来自省内12家专利代理机构的29名资深专利代理人，清远市88家企业约120多名企业知识产权工作人员，以及清城区各区（镇）知识产权工作负责人参加此次活动。

是日 英国负责环境、食品和农村事务的国务大臣欧文·佩特森先生及英国驻广州领事馆总领事摩根先生一行来访广东省工商局。广东省工商局副局长姜海平及商标处、消保处、食品处、经检局相关负责人出席此次会面。双方就商标专用权保护方面的问题展开交流。

16日 以“推进科技创新、提升发展质量”为主题的第十四届中国国际高新技术成果交易会（高交会）在深圳开幕。国家知识产权局副局长贺化、广东省知识产权局局长陶凯元、副局长袁有楼、深圳市市场监督管理局局长徐友军出席开幕式。

是日 国家知识产权局副局长贺化赴东莞厚街调研知识产权工作，省知识产权局局长陶凯元和副局长朱万昌、袁有楼陪同调研。

18—23日 国家工商行政管理总局商标局副局长李亚莉带领国家商标战略实施示范评估小组，对广州、深圳、佛山市国家商标战略实施示范城市和珠海格力电器、深圳中兴通讯国家商标战略实施示范企业工作开展情况进行评估。广东省工商局副局长姜海平、商标处负责人作为评估小组成员参与评估工作。

19—23日 应广东省知识产权局的邀请，国家知识产权局专利复审委员会机械申诉处、光电申诉处在广州审理9宗专利无效案件。

19—28日 省知识产权局副局长朱万昌率省知识产权代表团赴新加坡、南非考察交流，访问南非公司与知识产权注册局、南非知识产权常务顾问委员会、南非开普敦大学知识产权法律与政策研究中心、新加坡知识产权局、新加坡知识产权学院等机构。

20日 粤西地区专利申请促进工作会议在湛江召开。省知识产权局副局长袁有楼出席会议并作讲话。粤西地区市、县区两级知识产权局领导和相关科室负责人、广东省知识产权局规划发展处、国家知识产权局专利局广州专利代办处有关同志30余人参加会议。

20—22日 省知识产权局党组书记马宪民率队赴福建参加全国知识产权人才工作交流

会。

22日 广东省首支“保护知识产权志愿服务队”正式成立。广东省知识产权维权援助中心携手共青团广州市委员会、共青团华南理工大学法学院团委在华南理工大学组建“保知志愿队”。

是日 宁夏回族自治区知识产权局局长廖斌一行来粤调研知识产权信息利用、专利转让许可实施等工作，省知识产权局党组书记马宪民出席并主持会议。

23日 国家工商行政管理总局副局长付双建在广东省工商局党组书记、局长卢炳辉陪同下到佛山调研，实地考察广东新明珠陶瓷集团有限公司，进行工作指导，推动商标战略的实施。

25日 广州能源研究所知识产权维权援助服务工作站签约授牌仪式在广州能源研究所举行。省知识产权局副局长袁有楼、中国科学院广州分院副院长李定强、能源研究所所长吴创之出席仪式并讲话。

25日至12月8日 省知识产权局副局长袁有楼率知识产权管理机构、执法机构和研究部门代表团赴日本开展为期14天的培训，并访问日本特许厅（JPO）、日本经济贸易振兴机构（JETRO）、东京海关、东京都知识产权综合中心、中村合同特许法律事务所、株式会社万代（BANDAI）等机构。

26—27日 由广东省知识产权局和广东省经济和信息化委联合主办企业知识产权管理规范培训班在华南理工大学举行。来自广东省知识产权示范企业、广东省推荐作为工业和信息化部知识产权运用能力培育工程试点企业的代表约210人参加本次培训。

27—30日 根据省开展市场中介组织防治腐败工作专责小组统一部署，省知识产权局纪检组长、监察专员严小宜率领第七检查组赴汕头、汕尾、揭阳开展市场中介组织防治腐败工作检查。

28日 陕西省知识产权局副局长杨行云一行来粤调研，省知识产权局副局长唐毅出席并主持会议。

是日 省知识产权局局长陶凯元赴南京出席2012年度全国地方知识产权战略实施工作会议。

29日 《珠江三角洲地区专利行政执法合作协议》签字仪式暨珠江三角洲地区专利行政执法联席会议第一次会议在广州召开，省知识产权局副局长唐毅出席仪式，来自广州、深圳、珠海、佛山、惠州、东莞、中山、江门、肇庆等珠三角地区9个地市知识产权局的代表参加会议。

30日 天津市知识产权局党组书记陈养发一行来粤调研知识产权人员培养、知识产权保护、知识产权服务业促进等工作，省知识产权局党组书记马宪民出席并主持会议，副局长朱万昌一同出席。

是日 省知识产权局在广州召开广东省专利行政执法业务研讨会。会议交流全省知识产权局系统“三打”专项行动有关工作情况，分享相关地市局的工作经验，并就专利行政执法中的具体业务工作和相关案例进行研讨。

是日 广东省工商局副局长姜海平会见比利时王国驻广州总领事达乐文先生一行5人。姜海平副局长介绍广东近年与比利时的经济贸易往来情况，听取达乐文总领事、比利时艾施时尚钟表有限公司代表提出的问题。

12月

3日 省知识产权局副局长朱万昌接待日本知识产权协会副理事长一行来访。

是日 台湾高地科技顾问公司代表一行来省知识产权局访问。

4日 全省知识产权质押融资与价值评估管理宣讲会在广州举行，省知识产权局党组书记马宪民、国家知识产权局专利管理司市场处处长王双龙、广州市黄埔区副区长黄晓峰等领导出席会议。各地级以上市知识产权局、顺德区经济和科技促进局领导及相关部门负责人，以及广州市黄埔区相关部门、有关银行及金融机构，知识产权、投融资、资产评估等服务机构，行业协会、商会，企业、科研院所的代表等近200人参加会议。

是日 由省知识产权局和澳门经济局知识产权厅联合主办、广东专利代理协会承办的首届粤澳知识产权中介服务机构交流活动在广州举行。纪检组长、监察专员严小宜，澳门经济局知识产权厅厅长郑晓敏出席活动并致辞。粤澳中介服务机构和管理部门代表45人参加活动。

4—5日 由省知识产权局举办的“上市公司知识产权总裁培训班”在惠州举行。副局长朱万昌出席开幕式并致辞。

5日 “全国知识产权质押融资（广州）试点验收会”在广州市举行。国家知识产权局专利管理司司长马维野、省知识产权局党组书记马宪民、广东省科技风险投资有限公司副总经理余和平等领导出席会议。广州顺利通过考评验收，成为广东省继佛山市南海区之后第二个通过验收的国家知识产权质押融资试点单位。

是日 国家专利产业化（广州数字家庭）试点基地揭牌仪式在广州举行，国家知识产权局专利管理司司长马维野、省知识产权局党组书记马宪民、广州市番禺区区长楼旭逵、中山大学校长助理李文军等领导出席仪式。来自广东省促进战略性新兴产业发展领导小组各成员单位、广东省各地市知识产权管理部门等单位代表约230人参加仪式。

是日 “广东省战略性新兴产业——数字家庭产业专利分析及预警报告会”在广州举办，省知识产权局党组书记马宪民、广东省经济和信息化委员会副主任彭平出席会议。来自广东省促进战略性新兴产业发展领导小组各成员单位、广东省各地市知识产权管理部门等单位代表约230人参加报告会。

是日 “全国知识产权质押融资（东莞）试点验收会”在东莞市举行，国家知识产权局专利管理司司长马维野、省知识产权局党组书记马宪民、东莞市政府副市长张科出席会议。东莞市顺利通过考评验收，成为广东省第三个通过验收的国家知识产权质押融资试点单位。

6日 省知识产权局副局长唐毅参加省“三打”领导小组第18次全体成员（扩大）会议。

是日 省知识产权局副局长朱万昌出席第六届广东工业设计活动周开幕式。

是日 第八届泛珠三角区域工商行政管理部门高层联席会议在海口召开，会议共同签署《实施商标战略服务科学发展合作协议书》，国家工商行政管理总局副局长付双健、海南省人大副主任张力夫、泛珠九省区工商部门代表出席会议并共同启动实施商标战略。广东省工商局党组书记、局长卢炳辉出席会议并作演讲。

7日 省知识产权局召开学习贯彻党的十八大精神大会，局党组书记马宪民宣讲十八大报告精神，局党组成员、纪检组长严小宜主持会议。

是日 省“三打”领导小组办公室第四检查考核组到省知识产权局进行检查。省知识产权局局长陶凯元、副局长唐毅出席会议并作情况汇报。

10—14日 由省知识产权局主办、暨南大学知识产权学院承办的“第五期政府知识产权行政管理人员研修班”在暨南大学举行。省知识产权局副局长朱万昌、暨南大学副校长饶敏出席开班式并致辞。来自全省市县知识产权行政管理部门52名学员参加学习。

11日 粤渝两省市专利行政执法协作第三次会议在广州市召开，省知识产权局局长陶凯元和重庆市知识产权局局长袁杰出席会议并致辞。广东省和重庆市知识产权局分别介绍2012年两省市开展专利行政执法专项行动工作总体情况及“双打”工作情况。

是日 省知识产权局召开国家城市知识产权示范工作督导会议，副局长朱万昌出席会议并讲话，局机关各处室、局属各单位主要负责人和广州、深圳知识产权局代表参加会议。

是日 国家工商行政管理总局副局长付

双建率总局商标局局长许瑞表、信息中心总工程师石跃军等一行赴深圳市市场监督管理局调研，听取深圳市市场监督管理局商标战略实施和信息化建设、知识产权保护等有关情况汇报。

11—14日 应广东省知识产权局的邀请，国家知识产权局专利复审委员会通信二处在广州审理9宗专利无效案件。

12—14日 省知识产权局纪检组长、监察专员严小宜带队赴浙江省宁波市进行知识产权工作专题调研。

14日 广东高院制定下发《关于审理侵害影视和音乐作品著作权纠纷案件若干问题的办案指引》，统一相关类型案件的裁判标准，加强对著作权人合法权益的保护力度，促进广东省文化产业建设和文化软实力。

18日 省打击侵权假冒工作领导小组办公室召开会议研究讨论打击侵权假冒工作绩效考核办法。省打击侵权假冒办公室副主任、省知识产权局副局长朱万昌出席会议并作讲话。省打击侵权假冒工作领导小组18个单位的代表参加会议。

19日 共建审协广东中心领导小组办公室会议在广东中心召开。省知识产权局党组书记马宪民、审协广东中心主任毕囡、广州开发区管委会副主任蔡刚强出席会议。会议通报了审协广东中心基本建设、审查业务开展等工作情况，并对广东省知识产权服务业集聚中心增加10亩用地事宜达成共识。

20日 由广东省知识产权局和广东省经济和信息化委员会联合举办的"广东省战略性新兴产业——新一代通信产业专利分析及预警报告会"在广州举行，国家知识产权局国之专利预警咨询中心总经理王娇丽，省知识产权局纪检组长、监察专员严小宜，省经济和信息化委员会副巡视员陆建生出席会议。

21日 省人民政府副省长陈云贤、省知识产权局党组书记马宪民出席"2012中国（广东）金融·科技·产业融合创新洽谈会"。

是日 省知识产权局纪检组长、监察专员严小宜出席"2012中国（广东）知识产权投融资项目对接大会（生物医药专场）"。

25日 省知识产权局副局长朱万昌率工作组对东莞市国家知识产权示范城市创建工作进行考核验收。东莞市顺利通过考核。

26日 省知识产权局副局长唐毅出席广东省文化市场管理暨文化市场综合执法工作会议。

是日 由中国科技部海峡两岸交流中心和省知识产权局联合主办的海峡两岸知识产权合作研讨会在广州举行。中国科技部港澳台办公室副主任徐海、省知识产权局党组书记马宪民出席会议并致辞。来自海峡两岸的知识产权专家、企业以及服务机构代表100余人参加研讨会。

是日 省知识产权局局长陶凯元、副局长唐毅应邀出席审协广东中心新年联欢会，双方就审协广东中心建设进展情况及下一阶段工作重点进行沟通交流。

28日 省知识产权局、省教育厅、团省委和少工委联合在广州市第四中学召开"全省中小学知识产权教育示范学校经验交流会"。省知识产权局副局长朱万昌，省教育厅副处长张宏伟，团省委、省少工委副部长肖伟鸿，广州市知识产权局纪检组长陆志红，荔湾区知识产权局局长赵必强，第四中学校长陈秋兰等领导出席会议。

28日 广东省工商局"三打"小组组长、经济检查局局长辛光辉率工作组到中山检查指导三打"重点产品、重点区域"整治工作，要求从"社会的认可度、群众的满意度和市场的好转度"方面入手做好"三打两建"工作。

23—30日 省知识产权局纪检组长严小宜率省知识产权行政管理部门和服务机构代表团赴台湾开展研修考察活动。

31日 国家工商行政管理总局在中国商标网上公布商标局和商标评审委员会新认定的699件中国驰名商标，其中广东省48件，占认定总数的6.87%。至此，广东省驰名商标总数达到445件，继续位居全国首位。

统计资料

1985—2012年广东省专利申请统计表

类别 年份	小计	专利种类构成						专利申请人构成									
		发明		实用新型		外观设计		企业		高校		科研单位		机关团体		个人	
		件	占%	件	占%	件	占%	件	占%	件	占%	件	占%	件	占%	件	占%
1985	286	128	44.8	136	47.6	22	7.7	54	18.9	42	14.7	30	10.5	13	4.5	147	51.4
1986	390	88	22.6	264	67.7	38	9.7	92	23.6	32	8.2	31	7.9	7	1.8	228	58.5
1987	825	140	17.0	511	61.9	174	21.1	220	26.7	27	3.3	53	6.4	103	12.5	422	51.2
1988	1203	148	12.3	790	65.7	265	22.0	285	23.7	35	2.9	51	4.2	130	10.8	702	58.4
1989	1276	175	13.7	683	53.5	418	32.8	346	27.1	45	3.5	58	4.5	158	12.4	669	52.4
1990	1948	231	11.9	1001	51.4	716	36.8	716	36.8	33	1.7	90	4.6	157	8.1	952	48.9
1991	2997	322	10.7	1371	45.7	1304	43.5	924	30.8	36	1.2	60	2.0	514	17.2	1463	48.8
1992	4656	476	10.2	1640	35.2	2540	54.6	1554	33.4	39	0.8	64	1.4	932	20.0	2067	44.4
1993	5020	603	12.0	2002	39.9	2415	48.1	1494	29.8	65	1.3	74	1.5	958	19.1	2429	48.4
1994	5883	605	10.3	1960	33.3	3318	56.4	1334	22.7	48	0.8	49	0.8	1687	28.7	2765	47.0
1995	7729	463	6.0	2367	30.6	4899	63.4	3017	39.0	65	0.8	50	0.6	1186	15.3	3411	44.1
1996	9946	510	5.1	2798	28.1	6638	66.7	5442	54.7	47	0.5	54	0.5	87	0.9	4316	43.4
1997	12858	680	5.3	3173	24.7	9005	70.0	7084	55.1	62	0.5	102	0.8	17	0.1	5593	43.5
1998	13473	753	5.6	3621	26.9	9099	67.5	7230	53.7	88	0.7	115	0.9	40	0.3	6000	44.5
1999	16802	1127	6.7	4561	27.1	11114	66.1	8372	49.8	175	1.0	147	0.9	57	0.3	8051	47.9
2000	21123	1760	8.3	6033	28.6	13330	63.1	9988	47.3	237	1.1	194	0.9	27	0.1	10677	50.5
2001	27596	2549	9.2	8144	29.5	16903	61.3	10882	39.4	305	1.1	276	1.0	51	0.2	16082	58.3

（续上表）

类别 年份	小计	专利种类构成						专利申请人构成									
		发明		实用新型		外观设计		企业		高校		科研单位		机关团体		个人	
		件	占%	件	占%	件	占%	件	占%	件	占%	件	占%	件	占%	件	占%
2002	34352	3819	11.1	9972	29.0	20561	59.9	11769	34.3	384	1.1	194	0.6	59	0.2	21946	63.9
2003	43186	6181	14.3	12985	30.1	24020	55.6	14510	33.6	532	1.2	299	0.7	86	0.2	27759	64.3
2004	52201	8093	15.5	14682	28.1	29426	56.4	17222	33.0	671	1.3	227	0.4	113	0.2	33968	65.1
2005	72220	12887	17.8	18951	26.2	40382	55.9	23999	33.2	1070	1.5	371	0.5	96	0.1	46684	64.6
2006	90886	21351	23.5	23886	26.3	45649	50.2	33737	37.1	1537	1.7	429	0.5	174	0.2	55009	60.5
2007	102449	26692	26.1	25389	24.8	50368	49.2	42701	41.7	1593	1.6	500	0.5	194	0.2	57461	56.1
2008	103883	28099	27.0	28883	27.8	46901	45.1	47954	46.2	2322	2.2	783	0.8	165	0.2	52659	50.7
2009	125673	32247	25.7	39027	31.1	54399	43.3	60450	48.1	3029	2.4	1068	0.8	250	0.2	60876	48.4
2010	152907	40866	26.7	47706	31.2	64335	42.1	78119	51.1	4696	3.1	1412	0.9	484	0.3	68196	44.6
2011	196275	52012	26.5	67336	34.3	76927	39.2	107806	54.9	5165	2.6	3347	1.7	1028	0.5	78929	40.2
2012	229514	60448	26.3	78731	34.3	90335	39.4	125503	54.7	6191	2.7	2730	1.2	1321	0.6	93769	40.9
扣除非正常专利	1492	775		410		307		2								1490	
合计	1336065	302678	22.7	408193	30.6	625194	46.8	622802	46.6	28571	2.1	12858	1.0	10094	0.8	661740	49.5

1985—2012年广东省专利授权统计表

类别/年份	小计	专利种类构成						专利申请人构成									
		发明		实用新型		外观设计		企业		高校		科研单位		机关团体		个人	
		件	占%	件	占%	件	占%	件	占%	件	占%	件	占%	件	占%	件	占%
1985	1	0	0	1	100	0	0	0	0	1	0	0	0	0	0	0	0
1986	78	3	3.8	69	88.5	6	7.7	16	20.5	7	9.0	8	10.3	1	1.3	46	59.0
1987	182	8	4.4	138	75.8	36	19.8	58	31.9	8	4.4	17	9.3	1	0.5	98	53.8
1988	379	21	5.5	276	72.8	82	21.6	138	36.4	22	5.8	28	7.4	12	3.2	179	47.2
1989	683	32	4.7	462	67.6	189	27.7	268	39.2	25	3.7	39	5.7	34	5.0	317	46.4
1990	889	40	4.5	571	64.2	278	31.3	274	30.8	33	3.7	39	4.4	81	9.1	462	52.0
1991	1348	30	2.2	661	49.0	657	48.7	597	44.3	25	1.9	42	3.1	174	12.9	510	37.8
1992	1708	34	2.0	891	52.2	783	45.8	580	34.0	28	1.6	39	2.3	294	17.2	767	44.9
1993	4546	96	2.1	1822	40.1	2628	57.8	1556	34.2	55	1.2	67	1.5	966	21.2	1902	41.8
1994	3149	63	2.0	1440	45.7	1646	52.3	909	28.9	44	1.4	34	1.1	783	24.9	1379	43.8
1995	4611	56	1.2	1447	31.4	3108	67.4	1277	27.7	30	0.7	33	0.7	1423	30.9	1848	40.1
1996	5273	57	1.1	1399	26.5	3817	72.4	2412	45.7	46	0.9	37	0.7	726	13.8	2052	38.9
1997	7173	49	0.7	1606	22.4	5518	76.9	4340	60.5	22	0.3	30	0.4	88	1.2	2693	37.5
1998	10707	77	0.7	1992	18.6	8638	80.7	6503	60.7	45	0.4	71	0.7	28	0.3	4060	37.9
1999	14328	123	0.9	3897	27.2	10308	71.9	7697	53.7	80	0.6	89	0.6	50	0.3	6412	44.8
2000	15799	261	1.7	4797	30.4	10741	68.0	7937	50.2	132	0.8	118	0.7	41	0.3	7571	47.9
2001	18259	301	1.6	5246	28.7	12712	69.6	8354	45.8	130	0.7	108	0.6	29	0.2	9638	52.8
2002	22761	352	1.5	6395	28.1	16014	70.4	8612	37.8	135	0.6	135	0.6	26	0.1	13853	60.9
2003	29235	953	3.3	7921	27.1	20361	69.6	9467	32.4	233	0.8	196	0.7	46	0.2	19293	66.0
2004	31446	1941	6.2	9307	29.6	20198	64.2	9899	31.5	382	1.2	224	0.7	58	0.2	20883	66.4
2005	36894	1876	5.1	11017	29.9	24001	65.1	11518	31.2	393	1.1	206	0.6	45	0.1	24732	67.0

（续上表）

类别 / 年份	小计	专利种类构成						专利申请人构成									
		发明		实用新型		外观设计		企业		高校		科研单位		机关团体		个人	
		件	占%	件	占%	件	占%	件	占%	件	占%	件	占%	件	占%	件	占%
2006	43516	2441	5.6	15644	35.9	25431	58.4	13801	31.7	503	1.2	283	0.7	72	0.2	28857	66.3
2007	56451	3714	6.6	21636	38.3	31101	55.1	19776	35.0	759	1.3	272	0.5	109	0.2	35535	62.9
2008	62031	7604	12.3	25072	40.4	29355	47.3	25703	41.4	984	1.6	327	0.5	119	0.2	34898	56.3
2009	83621	11355	13.6	27438	32.8	44828	53.6	36706	43.9	1419	1.7	525	0.6	158	0.2	44813	53.6
2010	119346	13691	11.5	43901	36.8	61754	51.7	56334	47.2	1926	1.6	767	0.6	258	0.2	60061	50.3
2011	128413	18242	14.2	51402	40.0	58771	45.8	68914	53.7	2946	2.3	1121	0.9	539	0.4	54895	42.7
2012	153598	22153	14.4	65946	42.9	65499	42.6	85375	55.6	3084	2.0	1555	1.0	2357	1.5	61227	39.9
合计	856425	85573	10.0	312394	36.5	458460	53.5	389021	45.4	13497	1.6	6410	0.7	8518	1.0	438981	51.3

1986—2012年广东省各类申请人三种专利申请统计表

单位：件

申请人	类别＼年份	1986—1997年	1998年	1999年	2000年	2001年	2002年	2003年	2004年	2005年	2006年	2007年	2008年	2009年	2010年	2011年	2012年	扣除非正常专利	合计
企业	发明	646	212	427	665	1058	1973	3508	5032	8677	15455	20296	21282	24151	30226	37770	45774		217152
	实用新型	3843	1233	1605	2245	2845	3239	4089	4898	6667	8671	10843	14068	21352	29206	44375	52470	2	211647
	外观设计	18019	5785	6340	7078	6979	6557	6913	7292	8655	9611	11562	12604	14947	18687	25661	27259		193949
高校	发明	251	48	82	154	204	271	389	495	811	1188	1254	1663	1944	2566	2988	3294		17602
	实用新型	251	34	85	80	97	111	138	170	256	314	331	473	594	785	1204	1301		6224
	外观设计	32	6	8	3	4	2	5	6	3	35	8	186	491	1345	973	1596		4703
科研单位	发明	284	45	75	112	203	134	215	174	265	292	355	515	708	950	2419	1875		8621
	实用新型	340	34	44	55	61	55	76	43	89	105	126	246	293	398	803	696		3464
	外观设计	113	36	28	27	12	5	8	10	17	32	19	24	67	64	125	159		746
机关团体	发明	378	8	15	13	24	20	48	47	55	83	84	91	106	163	369	430		1934
	实用新型	1375	26	20	10	24	19	33	47	38	64	61	57	103	231	591	759		3458
	外观设计	4183	6	22	4	3	20	5	19	3	27	49	15	41	90	68	132		4687
个人	发明	2882	440	528	816	1057	1421	2021	2345	3079	4333	4703	4548	5338	6961	8466	9075	775	57238
	实用新型	12751	2294	2807	3643	5117	6548	8649	9524	11901	14732	14028	14039	16685	17086	20363	23505	408	183264
	外观设计	9383	3266	4716	6218	9908	13977	17089	22099	31704	35944	38730	34072	38853	44149	50100	61189	307	421090
合计		54731	13473	16802	21123	27596	34352	43186	52201	72220	90886	102449	103883	125673	152907	196275	229514	1492	1335779

1986—2012年广东省各类申请人三种专利授权统计表

单位：件

申请人	类别＼年份	1986—1997年	1998年	1999年	2000年	2001年	2002年	2003年	2004年	2005年	2006年	2007年	2008年	2009年	2010年	2011年	2012年	合计
企业	发明	60	14	27	54	72	123	434	1033	1024	1366	2443	5800	8839	10814	14117	17226	63446
	实用新型	2182	659	1428	1904	2068	2386	2869	3176	4173	6215	9235	11963	14808	26096	34112	45067	168341
	外观设计	10187	3845	6242	5979	6214	6103	6164	5690	6321	6220	8098	7934	13059	19424	20685	23082	155247
高校	发明	109	15	21	36	52	56	117	266	240	283	395	564	770	946	1477	1708	7055
	实用新型	220	28	51	90	74	78	111	116	149	215	346	416	469	629	893	1148	5033
	外观设计	20	2	8	6	4	1	5	0	4	5	18	2	180	351	576	228	1410
科研单位	发明	95	9	12	32	39	57	127	172	145	178	139	165	220	318	463	645	2816
	实用新型	261	29	48	45	57	63	59	44	51	80	119	145	270	355	548	682	2856
	外观设计	57	33	29	41	12	15	10	8	10	25	14	13	35	94	110	228	734
机关团体	发明	50	7	8	17	14	5	8	13	11	25	30	19	36	57	76	184	560
	实用新型	1060	14	28	20	12	18	24	35	23	43	54	61	60	163	347	1405	3367
	外观设计	3473	36	14	4	3	3	14	10	11	4	25	38	62	38	116	768	4619
个人	发明	175	32	55	122	124	111	267	457	456	589	707	1044	1490	1556	2109	2390	11684
	实用新型	7059	1262	2342	2738	3035	3850	4858	5936	6621	9091	11882	12487	11831	16658	15502	17644	132796
	外观设计	5011	4722	4015	4711	6479	9892	14168	14490	17655	19177	22946	21368	31492	41847	37284	41193	296450
合计		30019	10707	14328	15799	18259	22761	29235	31446	36894	43516	56451	62019	83621	119346	128415	153598	856414

2006—2012年广东省各地级以上市专利申请统计表

单位：件

类别	2006年				2007年				2008年				2009年				2010年				2011年				2012年			
地区	发明	实用新型	外观设计	合计	发明	实用新型	外观设计	合计	发明	实用新型	外观设计	合计	发明	实用新型	外观设计	合计	发明	实用新型	外观设计	合计	发明	实用新型	外观设计	合计	发明	实用新型	外观设计	合计
广州	2706	3735	5855	12296	2894	3613	5550	12057	4047	4444	5499	13990	5042	5635	5853	16530	6503	7141	7159	20803	8173	10219	9705	28097	9815	11824	11748	33387
深圳	14583	6766	8390	29739	19198	7879	8734	35811	18757	9009	8495	36261	20525	12717	9050	42292	23955	15113	10354	49422	28823	21196	13503	63522	31068	23706	18335	73109
珠海	401	929	788	2118	458	993	766	2217	437	1063	744	2244	644	1323	811	2778	847	1765	942	3554	1484	2706	1404	5594	2287	3513	1297	7097
汕头	160	689	2803	3652	219	705	3345	4269	217	676	3929	4822	330	838	5510	6678	675	859	8058	9592	1423	1452	9796	12671	1638	2130	6620	10388
韶关	85	272	104	461	88	183	89	360	79	206	122	407	71	277	166	514	158	337	435	930	179	428	638	1245	274	757	783	1814
河源	10	42	84	136	35	67	84	186	34	116	159	309	28	89	128	245	77	244	101	422	147	151	191	489	125	229	216	570
梅州	30	73	100	203	48	85	98	231	54	74	198	326	73	133	279	485	80	210	285	575	111	317	560	988	126	401	618	1145
惠州	75	377	425	877	84	436	715	1235	252	510	398	1160	359	801	601	1761	823	1352	714	2889	1296	2236	2497	6029	1676	2614	5604	9894
汕尾	28	43	170	241	14	47	120	181	25	54	85	164	25	54	204	283	65	93	136	294	69	86	187	342	93	166	501	760
东莞	553	2603	6723	9879	876	3458	9508	13842	1188	4606	8612	14406	1593	6557	10956	19106	3143	7677	10834	21654	4214	10821	9419	24454	5568	13167	10464	29199
中山	192	1263	2794	4249	293	1330	4790	6413	555	1781	4565	6901	645	2541	5513	8699	985	3333	7714	12032	1289	4162	8684	14135	1816	5067	11518	18401
江门	200	802	2279	3281	184	937	2413	3534	313	1010	2864	4187	403	1257	3256	4916	531	1403	3911	5845	821	2100	4776	7697	1259	2322	4585	8166
佛山	2016	5248	11790	19054	1891	4497	11144	17532	1575	4198	7796	13569	1853	5229	8259	15341	2182	6312	9358	17852	2758	8424	9191	20373	3310	9514	9780	22604
阳江	24	156	625	805	24	175	736	935	22	167	768	957	38	234	830	1102	68	238	946	1252	73	250	1009	1332	47	272	938	1257
湛江	112	153	318	583	130	205	307	642	204	256	186	646	198	306	335	839	219	318	279	816	225	426	401	1052	263	373	516	1152
茂名	22	118	174	314	50	122	179	351	75	109	207	391	79	191	227	497	98	199	306	603	109	293	506	908	172	398	1026	1596
肇庆	41	171	163	375	41	169	148	358	82	150	187	419	100	226	225	551	161	334	264	759	266	805	395	1466	323	824	404	1551
清远	20	64	86	170	35	88	111	234	29	54	97	180	43	96	103	242	51	146	268	465	115	337	355	807	127	290	333	750
潮州	28	187	1415	1630	64	222	1070	1356	73	243	1419	1735	86	325	1481	1892	95	342	1410	1847	282	497	2259	3038	251	606	2671	3528
揭阳	32	145	470	647	49	134	380	563	51	102	495	648	86	144	516	746	109	211	715	1035	97	330	1256	1683	142	344	2043	2529
云浮	29	47	91	167	16	43	77	136	28	51	72	151	25	52	95	172	40	67	133	240	58	98	195	351	55	167	284	506
校正值	4	3	2	9	1	1	4	6	2	4	4	10	1	2	1	4	1	12	13	26	0	2	0	2	13	47	51	111
合计	21351	23886	45649	90886	26692	25389	50368	102449	28099	28883	46901	103883	32247	39027	54399	125673	40866	47706	64335	152907	52012	67336	76927	196275	60448	78731	90335	229514

2006—2012年广东省各地级以上市专利授权统计表

单位：件

类别	2006年				2007年				2008年				2009年				2010年				2011年				2012年			
地区	发明	实用新型	外观设计	合计	发明	实用新型	外观设计	合计	发明	实用新型	外观设计	合计	发明	实用新型	外观设计	合计	发明	实用新型	外观设计	合计	发明	实用新型	外观设计	合计	发明	实用新型	外观设计	合计
广州	705	2539	3155	6399	846	3492	4186	8524	1122	3709	3250	8081	1516	3990	5589	11095	1990	6152	6949	15091	3146	8032	7168	18346	4027	9692	8278	21997
深圳	1263	4952	5279	11494	2260	6685	6617	15562	5426	7974	5425	18825	8138	9002	8771	25910	9611	14265	11076	34952	11824	16309	11230	39363	13143	20799	14919	48861
珠海	63	596	592	1251	50	976	631	1657	143	1099	555	1797	203	961	844	2008	201	1597	970	2768	323	1999	1368	3690	503	3198	1235	4936
汕头	52	403	1569	2024	53	684	2328	3065	59	710	2158	2927	88	596	3008	3692	109	923	4686	5718	149	979	3243	4371	179	1451	4953	6583
韶关	14	170	41	225	24	246	74	344	25	171	69	265	29	176	111	316	40	321	197	558	29	258	381	668	39	536	856	1431
河源	1	25	15	41	5	37	56	98	9	57	49	115	6	86	141	233	12	86	98	196	5	209	158	372	19	139	168	326
梅州	24	47	62	133	19	67	55	141	15	73	119	207	17	76	184	277	27	172	332	531	29	225	438	692	57	372	486	915
惠州	21	301	319	641	33	353	340	726	66	426	519	1011	73	488	424	985	44	992	592	1628	117	1577	1223	2917	313	2227	1553	4093
汕尾	5	20	94	119	3	31	123	157	14	42	83	139	11	30	111	152	4	60	189	253	4	60	163	227	21	139	342	502
东莞	28	1729	3115	4872	44	2507	4201	6752	115	3616	4362	8093	254	4370	8294	12918	442	7529	12426	20397	758	7976	10618	19352	1381	10667	8852	20900
中山	17	850	1568	2435	21	1220	2155	3396	49	1350	2943	4342	102	1650	3324	5076	165	2914	5459	8538	355	3400	6272	10027	465	3822	6591	10878
江门	41	583	1390	2014	32	828	1634	2494	66	900	1394	2360	103	913	2434	3450	151	1383	3884	5418	213	1549	3547	5309	362	1917	2991	5270
佛山	132	2712	6221	9065	231	3540	6313	10084	366	3889	6422	10677	646	4045	8175	12866	683	5872	10395	16950	974	6651	8715	16340	1152	8131	8535	17818
阳江	1	101	397	499	7	158	498	663	9	155	497	661	8	168	759	935	6	239	973	1218	10	204	641	855	17	239	656	912
湛江	22	118	194	334	27	135	320	482	18	198	160	376	55	245	207	507	68	300	397	765	110	329	308	747	144	382	375	901
茂名	14	90	84	188	11	91	104	206	6	101	111	218	13	106	122	241	12	133	177	322	23	197	176	396	39	239	416	694
肇庆	5	99	102	206	7	149	112	268	27	143	99	269	24	116	189	329	31	285	234	550	56	492	341	889	98	758	317	1173
清远	1	54	41	96	3	53	53	109	7	55	87	149	6	46	98	150	16	128	272	416	13	233	151	397	51	290	328	669
潮州	8	118	787	913	13	191	886	1090	9	209	696	914	26	241	1403	1670	22	318	1725	2065	47	365	1465	1877	63	480	1859	2402
揭阳	15	93	348	456	20	147	328	495	17	128	305	450	27	91	550	668	39	153	573	765	43	286	1011	1340	59	317	1537	1913
云浮	8	38	54	100	5	41	82	128	6	41	50	97	10	41	88	139	4	58	128	190	12	69	154	235	19	125	225	369
校正值	1	6	4	11	0	5	5	10	30	26	2	58	0	1	2	3	14	21	22	57	2	3	0	3	2	26	27	55
合计	2441	15644	25431	43516	3714	21636	31101	56451	7604	25072	29355	62031	11355	27438	44828	83621	13691	43901	61754	119346	18242	51402	58771	128413	22153	65946	65499	153598

2002—2012年全国及广东省PCT国际专利申请统计表

年 份	全 国		广 东		广东占全国比例（%）
	数量（件）	增长率（%）	数量（件）	（%）增长率	
2002年	951	/	200	/	21.03
2003年	1146	20.50	287	43.50	25.04
2004年	1592	38.92	467	62.72	29.33
2005年	2438	53.14	989	111.78	40.57
2006年	3826	56.93	1731	75.03	45.24
2007年	5401	41.17	2646	52.86	48.99
2008年	5853	8.37	3120	17.91	53.31
2009年	8000	36.68	4418	41.60	55.23
2010年	12016	50.20	6678	51.15	55.58
2011年	16089	33.90	8941	33.89	55.57
2012年	18145	12.78	9211	3.02	50.76

2012年广东省各地级以上市PCT国际专利申请统计表

地级以上市	数量（件）	占全省比例（%）	地级以上市	数量（件）	占全省比例（%）
广州	323	3.51	江门	22	0.24
深圳	8021	87.08	佛山	120	1.30
珠海	151	1.64	阳江	5	0.05
汕头	57	0.62	湛江	6	0.07
韶关	4	0.04	茂名	1	0.01
河源	0	0	肇庆	14	0.15
梅州	0	0	清远	15	0.16
惠州	134	1.45	潮州	9	0.10
汕尾	0	0	揭阳	7	0.08
东莞	236	2.56	云浮	1	0.01
中山	84	0.91	其他	1	0.01

2012年广东省各地级以上市专利行政执法统计表

单位：件

执法部门	专利纠纷案件情况											查处假冒专利行为		强制执行累计	涉外案件	行政诉讼
	纠纷案件受理							纠纷案件结案								
	合计	专利种类			纠纷种类			合计	结案方式			假冒立案	假冒结案	（包括港澳台）	（受理）	
		发明	实用新型	外观设计	侵权	权属	其他		处理	调解	撤回					
广东省知识产权局	5	1		4	4	1		8	3	1	4	7	7		3	
广州市知识产权局	56	13	16	27	56			81	24	19	38	184	161		20	
深圳市知识产权局	36	6	13	17	34	2		43	13	4	26	46	35		11	
珠海市知识产权局												12	12			
汕头市知识产权局	35	1	5	29	35			31	3	16	12	76	68		4	
佛山市知识产权局	24	1	11	12	24			25	3	13	9	27	21			
顺德区经济和科技促进局	2			2	2			2			2	3	3			
韶关市知识产权局												6	6			
河源市知识产权局												2	4			
梅州市知识产权局	2		1	1	2							26	25			
惠州市知识产权局	5		2	3	5			10		10		76	52			
汕尾市知识产权局												30	30			
东莞市知识产权局	17	8	6	3	16	1		20	8	1	11	56	56		11	
中山市知识产权局	229		79	150	229			148	17	125	6	7	7		3	
江门市知识产权局	5		2	3	5			3		2	1	7	3		5	
阳江市知识产权局	19	2	4	13	19			9		3	6	8	8		2	
湛江市知识产权局												13	13			
茂名市知识产权局												6	4			
肇庆市知识产权局	1		1		1							2	1			
清远市知识产权局	1			1	1							8	8			

（续上表）

执法部门	专利纠纷案件情况											查处假冒专利行为		强制执行累计	涉外案件	行政诉讼
	纠纷案件受理							纠纷案件结案								
	合计	专利种类			纠纷种类			合计	结案方式			假冒立案	假冒结案			
		发明	实用新型	外观设计	侵权	权属	其他		处理	调解	撤回			（包括港澳台）	（受理）	
潮州市知识产权局	41		6	35	41			29	10	10	9	24	24			1
揭阳市知识产权局	11		3	8	11			9	3	2	4	5				
云浮市知识产权局												3	3			
合　计	489	32	149	308	485	4		418	84	206	128	634	551		59	1

1985—2012年广东省受理、审结专利案件统计表

单位：件

执法部门			1985至1991年	1992年	1993年	1994年	1995年	1996年	1997年	1998年	1999年	2000年	2001年	2002年	2003年	2004年	2005年	2006年	2007年	2008年	2009年	2010年	2011年	2012年	合计	历年查处假冒他人专利案件
行政	广东省知识产权局	受理	35	11	0	18	45	83	102	72	96	97	57	44	6	29	23	42	23	23	22	33	0	5	866	89
		审结	30	6	7	12	32	56	80	56	93	83	75	55	23	13	25	20	33	26	13	33	10	8	789	
	其他地级以上市知识产权局	受理	67	5	2	16	22	78	99	115	113	221	240	374	350	347	307	194	233	176	122	112	220	484	3897	1629
		审结	49	16	7	9	12	55	81	76	75	210	173	265	269	267	252	180	181	172	79	74	137	410	3049	
	小计	受理	102	16	2	34	67	161	201	187	209	318	297	418	356	376	330	236	256	199	144	145	220	489	4763	1718
		审结	79	22	14	21	44	111	161	132	168	293	248	320	292	280	277	200	214	198	92	107	147	418	3838	
司法	法院	受理	26	62	64	77	125	92	81	123	119	131	161	421	395	646	655	648	992	1115	1200	625	571	678	9007	
		审结	18	56	41	49	101	78	108	114	117	124	123	326	459	480	590	756	937	1006	1200	623	563	673	8542	
全省合计		受理	128	78	66	111	192	253	282	310	328	449	458	839	751	1022	985	884	1248	1314	1344	770	791	1167	13770	1718
		审结	97	78	55	70	145	189	269	246	285	417	371	646	751	760	867	956	1151	1204	1292	730	710	1091	12380	

2012年广东省会展活动解决专利纠纷情况统计表

展会名称	专利投诉案件数（件）	涉及被投诉企业（家）	最后认定涉嫌侵权企业数（家）	涉外案件（件）		专利类型（件）			备 注
				港澳台	其他国家	发明	实新	外观	
第10届音响乐器展	36	15	5				4	32	
第17届华南国际口腔展	5	4	2					5	
第36届美博会	17	13	5			12		5	
第27届国际名家具（东莞）展览会	28	6	4			2	2	24	
第111届广交会	386	504	233			11	60	315	
广州国际广告标识展、第八届广州国际LED展	18	14					14	4	
广州国际给排水、水泵、水处理技术展览会	6	2	2				4	2	
第二十九届中国广州国际家具博览会（民用家具展） 2012中国广州国际家居饰品/用品展览会 2012中国广州国际户外家具及休闲用品展览会 2012中国（广州）国际家用纺织品及辅料博览会	48	19	15					48	
第二十九届中国广州国际家具博览会（办公环境展） 2012中国广州国际木工机械、家具配料展览会	57	34	31			1	27	29	
2012广州国际照明+建筑电气技术展览会	11	10	8				8	3	
第14届中国（广州）国际建筑装饰博览会	65	29	11			1	20	44	
第30届广州国际家具博览会	41	5	3					41	
第112届广交会	366	417	218			8	71	287	
第28届（东莞）国际名家具展览会	11	8	5			3	2	6	
第19届广州酒店用品展	17	12					1	16	
合 计	1112	1092	556			38	213	861	

2012年广东省行业协会解决专利纠纷情况统计表

行业协会名称	专利投诉案件数（件）	投诉类别（件）			专利类型（件）			备 注
		会员间投诉	对外投诉	外来投诉	发明	实新	外观	
潮安县庵埠食品行业协会	5	3	2				5	
潮州市陶瓷行业协会	27	17	9	1		5	22	
合 计	32	20	11	1		5	27	

第十四届中国专利奖广东省获奖项目

中国专利金奖

序号	专利号	项目名称	发明人	专利权人
1	ZL200920237392.8	室外天线	杨瑞雄	杨瑞雄

中国外观设计金奖

序号	专利号	项目名称	发明人	专利权人
1	ZL201030234585.6	空调室内机（分体壁挂式10-76）	张辉、李亮、吴欢龙、陈绍林、徐美双、龙腾、靳岚、杨俭群、古汤汤、王现林	珠海格力电器股份有限公司

中国专利优秀奖

序号	专利号	项目名称	发明人	专利权人
1	ZL99801139.8	结构纹理防伪方法	陈明发	广东正迪网络科技有限公司、海南亚元防伪科技有限公司
2	ZL01125689.3	对流媒体服务器实现负载均衡的方法和设备	邓学来	华为技术有限公司
3	ZL02114903.8	蛇床子总香豆素在制备治疗银屑病药物中的应用	杨利平	杨利平
4	ZL03114172.2	聚丙烯、金属用热熔黏合剂	汪加胜、徐剑峰、唐舫成、朱东湖	广州鹿山新材料股份有限公司
5	ZL03122892.5	网络通信系统中用户位置信息的传递方法	吴海军、徐晓林	华为技术有限公司
6	ZL03146951.5	复方青蒿素	李国桥、宋建平	李国桥
7	ZL200310111775.8	一种可实现燃气—空气比例调节的家用燃气快速热水器	黄启均	中山华帝燃具股份有限公司
8	ZL200410026463.1	辐射扩张式贴合鼓	蔡汉生、郑伍昌	广东巨轮模具股份有限公司
9	ZL200410050869.3	水性单组分聚氨酯木器漆及其制造方法	李锋、周伟建	广东美涂士建材股份有限公司
10	ZL200410077255.4	一种单组分湿气固化硅酮组合物的连续化制造工艺	缪明松、王洪敏、庞学新	广州市白云化工实业有限公司
11	ZL200510005292.9	机动车制动防抱死的控制系统和方法	宋佑川	比亚迪股份有限公司
12	ZL200510036168.9	高韧性填充增强聚苯硫醚复合材料及其制备方法	郭建明、薄文海、叶南飚、王林、蔡彤旻	金发科技股份有限公司、上海金发科技发展有限公司

（续上表）

序号	专利号	项目名称	发明人	专利权人
13	ZL200510100147.9	消除彩色血流图像中速度异常点的方法	董永强	深圳迈瑞生物医疗电子股份有限公司
14	ZL200610033254.9	一种喷涂聚脲高强弹性防水涂料及其施工方法	谢亦富、颜再荣、周子鹤、李赉周	广州秀珀化工股份有限公司
15	ZL200610034641.4	调整移动通信天线电下倾角的控制装置	段红彬、刘英宇	京信通信技术（广州）有限公司
16	ZL200610036536.4	消除文件存储系统中冗余文件的系统及方法	熊展志、张立明	腾讯科技（深圳）有限公司
17	ZL200610060910.4	一种片式元件表面材料喷雾涂敷的方法	贾广平、成学军、邵庆云、李蕾、郭海、吴耀华、彭朝阳	深圳顺络电子股份有限公司
18	ZL200610080064.2	一种用于交通抗车辙的沥青改性剂及其改性沥青和沥青混合料	赵欣平、汤惠工、何唯平	深圳市海川实业股份有限公司、深圳海川工程科技有限公司
19	ZL200610123893.4	用于锡膏印刷的L形双镜头图像采集装置	张宪民、邝泳聪、卢盛林、吴晖辉、李华会	华南理工大学
20	ZL200610143861.0	无线接入系统及其方法	卢忱、梁永胜、王云峰、李岩、冯维昭	中兴通讯股份有限公司
21	ZL200710027348.X	过硫酸钠生产过程中的脱氨方法	李金荣、张志洪、黄伟鹏、刘志平、庄景发、郑鹤立	西陇化工股份有限公司
22	ZL200710031502.0	微浏览器处理JavaScript信息的方法及其装置	何小鹏、梁捷、郑从威、陈德志、江蔚然	广州市动景计算机科技有限公司、优视科技有限公司
23	ZL200710031812.2	用细胞系生产猪瘟活疫苗的方法	宁宜宝、吴文福、林旭埜、张毓金、李嘉爱、赖月辉、张国丽、岑小清、游启有、王少英、司徒剑谋	中国兽医药品监察所、广东永顺生物制药股份有限公司
24	ZL200710090273.X	一种光传送网中客户信号传送方法及相关设备	董立民、吴秋游	华为技术有限公司
25	ZL200710097263.9	控制空调器按照自定义曲线运行的方法	马颖江、张有林、梁博、米雪涛、曹璇	珠海格力电器股份有限公司
26	ZL200710121993.8	立体显示装置	杨扬、戈张	深圳超多维光电子有限公司
27	ZL200710188308.3	一种安全信息校验方法和安全信息校验装置及其客户端	陈坚、蔡耿平	腾讯科技（深圳）有限公司
28	ZL200810028653.5	分体式LED灯具	陈家强	广州市雅江光电设备有限公司

（续上表）

序号	专利号	项目名称	发明人	专利权人
29	ZL200810029352.4	半芳香族聚酰胺及其低废水排放量的制备方法	曹民、夏世勇、黄险波、蔡彤旻、曾祥斌	金发科技股份有限公司、上海金发科技发展有限公司
30	ZL200810087760.5	一种指示服务网关承载管理的方法	卢飞、朱进国	中兴通讯股份有限公司
31	ZL200810142291.2	一种分布式文件系统及其数据块一致性管理的方法	杜守富、王瑞丰、程剑	中兴通讯股份有限公司
32	ZL200810142624.1	一种控制移动终端射频通信距离的系统和方法	余运波	国民技术股份有限公司
33	ZL200810198040.6	利用营养调控技术实现长臀鮠种苗量产化的方法	吴玲芳	吴玲芳
34	ZL200910036833.2	基于LLC串联谐振的低电压应力单级AC-DC变换器	张波、肖文勋、张桂东	华南理工大学
35	ZL200910037735.0	有价文件识别方法及装置	梁添才、牟总斌	广州广电运通金融电子股份有限公司
36	ZL200910041608.8	古建筑木结构原位修复方法	黄文铮	佛山市工程承包总公司
37	ZL200910189936.2	一种核电厂数字化报警系统及方法	谷鹏飞、江国进、王志方、孙永滨、徐晓梅、张学刚	中广核工程有限公司、中国广东核电集团有限公司
38	ZL201010236841.4	石头纸吹膜法生产设备	李浩、陈新辉、李孟东、蒋中成、林永忠、何二君	广东金明精机股份有限公司
39	ZL200720048978.0	绝缘复合管母线	罗志昭	广东日昭新技术应用有限公司

中国外观设计优秀奖

序号	专利号	项目名称	设计人	专利权人
1	ZL200430001914.7	热像仪（2）	张小清	广州飒特红外股份有限公司
2	ZL200430086307.5	电磁炉（KJ-08E）	陈俊平	陈俊平
3	ZL200930163445.1	调制解调器（二十五）	陈琴娜	华为终端有限公司
4	ZL200930251444.2	手表(5485-01)	郭劼	珠海罗西尼表业有限公司
5	ZL201030110381.1	电压力锅	王长生、李中林、唐炜	广东洛贝电子科技有限公司
6	Zl201030239668.4	柜台（BL5101）	黄茂强	汕头市华莎驰家具家饰有限公司
7	ZL201030241583.X	橱柜（巴洛克印象）	李秋丽	广东欧派家居集团有限公司
8	ZL201030262670.3	分体落地空调器室内机（20100223D）	阳虹、刘晓辉、喻巍	广东美的电器股份有限公司

（续上表）

序号	专利号	项目名称	设计人	专利权人
9	ZL201030505593.X	分体落地式房间空调器(K10021)	李胜辉	海信科龙电器股份有限公司、广东科龙空调器有限公司
10	ZL201030602439.4	手表（凯旋系列GA8180）	何分开、黄中奇	飞亚达（集团）股份有限公司
11	ZL201030696166.4	汽车	但卡、凌和平、廉玉波	比亚迪股份有限公司
12	ZL201130005506.9	MP4播放器(S100)	彭日峰	艾利和电子科技(中国)有限公司
13	ZL201130036049.X	玩具遥控直升机（空翼号）	蔡东青	广东奥飞动漫文化股份有限公司、广东奥迪动漫玩具有限公司、广州奥飞文化传播有限公司
14	ZL201130181520.4	移动终端（CP18）	王林林	深圳市嘉兰图设计有限公司

2012年广东省专利技术实施计划项目表

（共31项，其中重大项目10项，重点项目21项）

序号	所在地市/系统	申报单位	项目名称	立项类别
1	广州	金发科技股份有限公司	新型高光泽耐划伤免喷涂塑料产业化	重大项目
2		广州市动景计算机科技有限公司	移动终端浏览器技术及产业化应用	重大项目
3		广州益善生物技术有限公司	肿瘤个体化医疗靶标检测液相芯片	重大项目
4		京信通信系统（中国）有限公司	新一代移动通信多网融合室内分布系统关键技术开发和产业化	重点项目
5	深圳	深圳市怀德科技发展有限公司	一种室内空气杀菌、消毒方法	重大项目
6		研祥智能科技股份有限公司	一种电子硬盘及电子设备	重点项目
7		深圳市邦贝尔电子有限公司	大功率LED道路照明产品产业化	重点项目
8	珠海	丽珠医药集团股份有限公司	金得乐制剂研发	重点项目
9	汕头	汕头华尔怡医疗器械有限公司	全自动自毁式安全注射器	重大项目
10	佛山	佛山市国星光电股份有限公司	大功率LED产业化及其应用	重大项目
11		广东好帮手电子科技股份有限公司	汽车智能轨迹倒车系统升级改造	重点项目
12	韶关	深圳市中金岭南有色金属股份有限公司凡口铅锌矿	无底柱深孔后退式采矿方法	重点项目
13	河源	河源正信硬质合金有限公司	硬质合金长条布料方法及装置	重大项目
14		河源市东星科技有限公司	36V安全低压供电LED路灯照明系统研发及其应用	重点项目
15	梅州	广东新大地生物科技股份有限公司	山茶籽去屑洗发露	重点项目
16	惠州	惠州市德赛西威汽车电子有限公司	汽车音响单片机及周边电路设备的电源掉电方法	重点项目
17	汕尾	汕尾展辉实业有限公司	自动充液排气磁罗经	重点项目
18	东莞	广东生益科技股份有限公司	高频电路用基板材料的研究开发	重点项目
19	中山	广东百佳百特实业有限公司	一种钞票成色的检测与识别方法	重点项目
20	江门	嘉宝莉化工集团股份有限公司	基于柔质手感涂料专利应用的产品系列化研究及产业化项目	重点项目
21	阳江	广东康力日用制品有限公司	一种错位双面蚀刻的刨片加工方法	重点项目

（续上表）

序号	所在地市/系统	申报单位	项目名称	立项类别
22	湛江	广东恒兴饲料实业股份有限公司	一种预防军曹鱼脂肪肝的复合添加剂	重点项目
23	茂名	广东信翼新材料股份有限公司	一种功率型LED封装用的有机硅材料及其合成方法	重点项目
24	肇庆	广东风华高新科技股份有限公司	高端信息产业新型片式元器件关键技术应用及产业化	重大项目
25	清远	广东先导稀材股份有限公司	一种二氧化硒的生产工艺及设备	重点项目
26	潮州	潮州宏业陶瓷制作厂有限公司	镁质陶瓷按摩器产业化	重点项目
27	揭阳	广东科迪微晶玻璃实业有限公司	超低膨胀系数高透明度微晶玻璃以及其制品的生产方法	重点项目
28	云浮	广东凌丰集团股份有限公司	高效节能双层不锈钢压力锅的研究开发	重点项目
29		广东大华农动物保健品股份有限公司	新型畜禽专用纳米无抗生素保健品研究及应用	重大项目
30	顺德	广东科达机电股份有限公司	陶瓷超大超薄板材冷加工装备	重点项目
31	省科学院	中科院广州电子技术有限公司	精密工业机械零部件快速原型设计与制造系统	重大项目

2012年广东省专利技术实施计划立项重点项目

一、新型高光泽耐划伤免喷涂塑料产业化（广州一金发科技股份有限公司）

二、移动终端浏览器技术及产业化应用（广州市动景计算机科技有限公司）

三、肿瘤个体化医疗靶标检测液相芯片（广州益善生物技术有限公司）

四、一种室内空气杀菌、消毒方法（深圳市怀德科技发展有限公司）

五、全自动自毁式安全注射器（汕头华尔怡医疗器械有限公司）

六、大功率LED产业化及其应用（佛山市国星光电股份有限公司）

七、硬质合金长条布料方法及装置（河源正信硬质合金有限公司）

八、高端信息产业新型片式元器件关键技术应用及产业化（广东风华高新科技股份有限公司）

九、新型畜禽专用纳米无抗生素保健品研究及应用（云浮一广东大华农动物保健品股份有限公司）

十、精密工业机械零部件快速原型设计与制造系统（中科院广州电子技术有限公司）

2012年广东省商标侵权假冒案件统计表

项目		机器编号	案件总数（件）		其中:涉外案件		立案查处案件(件)								案值(万元)	罚款金额(万元)	没收、销毁侵权商品(件)	没收、销毁侵权商标标识（件）	没收、销毁专门用于制造侵权商品和伪造注册商标标识的工具（件）	移送司法机关					
																				案件数			其中:涉外案件数		
			合计	其中：投诉案件	合计	其中：投诉案件	小计	其中：投诉案件	案值5万元以下	案值5万至10万元	案值10万至30万元	案值30万至100万元	案值100万元以上	罚款10万元以上						合计（件）	其中：投诉案件	移送人数（人）	合计（件）	其中：投诉案件	移送人数（人）
甲		乙	1	2	3	4	5	6	7	8	9	10	11	12	13	14	15	16	17	18	19	20	21	22	23
合计		1	10628	3930	4924	2380	10617	3918	10176	301	73	36	31	41	35856.21	9916.47	9211841	5459654	661						
假冒商标	小计	2	2155	856	1157	556	2155	851	2041	36	26	29	23	4	18923.30	2541.07	3222987	3581848	379	369	185	332	288	153	201
	未经注册商标所有人的许可，在相同商品上使用与其注册商标相同的商标的	3	1113	450	700	315	1113	449	1051	15	13	23	11	1	10390.84	1458.95	2580522	649640	134	255	124	249	206	102	134
	伪造、擅自制造他人注册商标标识或者销售伪造、擅自制造的注册商标标识的	4	224	75	115	27	224	71	203	10	6	1	4	1	630.13	252.72	232353	2931621	245	40	21	29	20	14	16
	销售明知是假冒注册商标的商品的	5	818	331	342	214	818	331	787	11	7	5	8	2	7902.33	829.40	410112	587	0	74	40	54	62	37	51
商标侵权	小计	6	8473	3074	3767	1824	8462	3067	8135	265	47	7	8	37	16932.91	7375.40	5988854	1877806	282						

（续上表）

项目		机器编号	案件总数（件）		其中：涉外案件		立案查处案件(件)								案值（万元）	罚款金额（万元）	没收、销毁侵权商品（件）	没收、销毁侵权商标标识（件）	没收、销毁专门用于制造侵权商品和伪造注册商标标识的工具（件）	移送司法机关					
																				案件数			其中:涉外案件数		
			合计	其中：投诉案件	合计	其中：投诉案件	小计	其中：投诉案件	案值5万元以下	案值5万至10万元	案值10万至30万元	案值30万至100万元	案值100万元以上	罚款10万元以上						合计（件）	其中：投诉案件	移送人数（人）	合计（件）	其中：投诉案件	移送人数（人）
商标侵权	未经注册商标所有人的许可，在相同商品上使用与其注册商标近似的商标或在类似商品上使用与其注册商标相同或近似的商标的	7	2089	588	877	327	2084	588	2037	25	18	1	3	12	2210.93	2396.00	3617705	943311	176						
	销售侵犯注册商标专用权的商品的	8	6237	2432	2815	1476	6231	2426	5955	238	29	6	3	24	14500.94	4771.35	2200840	791150	20						
	在同一种或类似商品上，将与他人注册商标相同或近似的标志作为商品名称或者商品装潢使用，误导公众的	9	79	37	35	10	79	36	78	0	0	0	1	0	52.19	70.61	57131	11255	5						

（续上表）

项目		机器编号	案件总数（件）		其中：涉外案件		立案查处案件(件)								案值(万元)	罚款金额(万元)	没收、销毁侵权商品(件)	没收、销毁侵权商标标识（件）	没收、销毁专门用于制造侵权商品和伪造注册商标标识的工具（件）	移送司法机关					
																				案件数			其中:涉外案件数		
			合计	其中：投诉案件	合计	其中：投诉案件	小计	其中：投诉案件	案值5万元以下	案值5万至10万元	案值10万至30万元	案值30万至100万元	案值100万元以上	罚款10万元以上						合计（件）	其中：投诉案件	移送人数（人）	合计（件）	其中：投诉案件	移送人数（人）
商标侵权	故意为侵犯他人注册商标专用权行为提供仓储、运输、邮寄、隐匿便利条件的	10	17	1	8	0	17	1	17	0	0	0	0	0	6.39	15.78	77	12728	5						
	未经商标注册人同意更换其注册商标并将该更换商标的商品又投入市场的	11	0	0	0	0	0	0	0	0	0	0	0	0	0.00	0.00	0	0	0						
	给他人注册商标专用权造成其他损害的	12	48	16	32	11	48	16	45	2	0	0	1	1	159.71	118.98	112147	119362	76						
	侵犯地理标志专用权的	13	2	0	0	0	2	0	2	0	0	0	0	0	0.18	0.11	0	0	0						
	侵犯特殊标志所有权的	14	0	0	0	0	0	0	0	0	0	0	0	0	0.00	0.00	0	0	0						
	侵犯奥林匹克标志专用权的	15	1	0	0	0	1	0	1	0	0	0	0	0	2.57	2.57	954	0	0						
	侵犯世界博览会标志专用权的	16	0	0	0	0	0	0	0	0	0	0	0	0	0.00	0.00	0	0	0						

（续上表）

项目	机器编号	案件总数（件）		其中：涉外案件		立案查处案件(件)								案值(万元)	罚款金额(万元)	没收、销毁侵权商品(件)	没收、销毁侵权商标标识（件）	没收、销毁专门用于制造侵权商品和伪造注册商标标识的工具（件）	移送司法机关					
																			案件数			其中:涉外案件数		
		合计	其中：投诉案件	合计	其中：投诉案件	小计	其中：投诉案件	案值5万元以下	案值5万至10万元	案值10万至30万元	案值30万至100万元	案值100万元以上	罚款10万元以上						合计（件）	其中：投诉案件	移送人数（人）	合计（件）	其中：投诉案件	移送人数（人）
补充资料	17	1. 本期行政复议案件		0件，维持0件，变更0件，撤销0件，责令重作0件，撤回0件																				
	18	2. 本期行政诉讼案件		0件，维持0件，撤诉0件，败诉0件																				
	19	3. 出动执法人员		92980次																				
	20	4. 检查经营户		153128个																				
	21	5. 检查商品交易市场		5178个																				
	22	6. 捣毁侵权窝点		1137个																				
	23	7. 根据检察机关建议移送案件		18件																				
	24	8. 公安机关不接受移送案件		3件																				
	25	9. 对外公布查处案件		41件																				

2012年广东省查处商标一般违法案件统计表

项目		机器编号	案件总数（件）		其中：涉外案件		立案查处案件(件)							罚款10万元以上	案值(万元)	罚款金额(万元)	收缴和销毁商标标识(件)	销毁物品(件)
			合计	其中：投诉案件	合计	其中：投诉案件	小计	其中：投诉案件	案值5万元以下	案值5万至10万元	案值10万至30万元	案值30万至100万元	案值100万元以上					
甲		乙	1	2	3	4	5	6	7	8	9	10	11	12	13	14	15	16
合计		1	468	37	26	5	459	37	433	8	14	4	0	2	757.34	319.64	435	350
注册商标使用的管理	自行改变注册商标的	2	2	0	0	0	2	0	2	0	0	0	0	0	0.08			
	自行改变注册商标注册人名义、地址或其他注册事项的	3	0	0	0	0	0	0	0	0	0	0	0	0	0.00			
	自行转让注册商标的	4	0	0	0	0	0	0	0	0	0	0	0	0	0.00			
	商品粗制滥造、以次充好、欺骗消费者的	5	6	1	0	0	6	1	6	0	0	0	0	0	6.71	6.51		
未注册商标使用的管理	冒充注册商标的	6	287	30	18	3	278	30	255	7	12	4	0	2	657.66	226.80		
	商品粗制滥造、以次充好、欺骗消费者的	7	0	0	0	0	0	0	0	0	0	0	0	0	0.00	0.00		
	违反《商标法》第六条规定的	8	0	0	0	0	0	0	0	0	0	0	0	0	0.00	0.00		
	违反《商标法》第十条规定的	9	0	0	0	0	0	0	0	0	0	0	0	0	0.00	0.00		
商标使用许可合同的管理	违反《商标法》第四十条第一款规定的	10	0	0	0	0	0	0	0	0	0	0	0	0	0.00	0.00		
	违反《商标法》第四十条第二款规定的	11	0	0	0	0	0	0	0	0	0	0	0	0	0.00		0	0
违反《商标法》第十三条规定的		12	1	1	0	0	1	1	1	0	0	0	0	0	0.50		10	0

（续上表）

项目	机器编号	案件总数（件）		其中：涉外案件		立案查处案件(件)							罚款10万元以上	案值(万元)	罚款金额(万元)	收缴和销毁商标标识(件)	销毁物品(件)
		合计	其中：投诉案件	合计	其中：投诉案件	小计	其中：投诉案件	案值5万元以下	案值5万至10万元	案值10万至30万元	案值30万至100万元	案值100万元以上					
违反《商标印制管理办法》规定的	13	165	5	8	2	165	5	162	1	2	0	0	0	92.03	83.83	425	171
违法使用地理杂志的	14	5	0	0	0	5	0	5	0	0	0	0	0	0.00	0.90	0	0
违法使用地理标志产品专用标志的	15	0	0	0	0	0	0	0	0	0	0	0	0	0.00	0.00	0	0
违法使用特殊标志的	16	0	0	0	0	0	0	0	0	0	0	0	0	0.00	0.00	0	0
违法使用奥林匹克标志的	17	2	0	0	0	2	0	2	0	0	0	0	0	0.36	1.60	0	179
补充资料	18	1．本期行政复议案件		0件，其中维持0件，变更0件，撤销0件													
	19	2．责令重作		0件，撤回0件													
	20	3．本期行政诉讼案件		0件，其中维持0件，撤诉0件,败诉0件													

2012年广东省查处侵犯港澳台和外国商标注册人权益案件统计表

国别（地区）	机器编号	案件总数(件)	其中：投诉案件	案值(万元)	案值30万元以上（件）	罚款10万元以上（件）	假冒商标案件 案件数（件）	假冒商标案件 其中：投诉案件	假冒商标案件 案值（万元）	商标侵权案件 案件数（件）	商标侵权案件 其中：投诉案件	商标侵权案件 案值（万元）	移送案件 案件数（件）	移送案件 其中：投诉案件	移送案件 移送人数（人）	罚款金额(万元)	没收、销毁侵权商品(件)	没收、销毁侵权商标标识(件)	没收、销毁专门用于制造侵权商品和伪造注册商标标识的工具	重点涉案行业 食品 案件数（件）	食品 案值（万元）	化妆品 案件数（件）	化妆品 案值（万元）	服装 案件数（件）	服装 案值万元）	生产资料 案件数（件）	生产资料 案值（万元）	家用电器 案件数（件）	家用电器 案值（万元）	烟酒 案件数（件）	烟酒 案值（万元）
甲	乙	1	2	3	4	5	6	7	8	9	10	11	12	13	14	15	16	17	18	19	20	21	22	23	24	25	26	27	28	29	30
合计	1	4924	2380	30310.38	40	41	1157	556	16820.52	3767	1824	13489.86	283	153	202	6122.44	7454820	2120385	311	330	460.54	65	164.80	850	2097.62	73	74.99	160	1074.73	44	84.32
美国	2	1552	705	9691.25	21	7	378	176	8800.10	1174	529	891.15	114	60	77	1712.65	3451383	402312	141	8	134.36	35	33.78	384	998.08	27	10.93	40	467.86	2	2.10
日本	3	744	375	844.28	1	5	91	59	189.30	653	316	654.98	18	13	13	902.76	732664	124628	50	2	9.40	4	4.31	21	22.24	22	41.16	51	115.61	0	0.00
德国	4	376	161	461.19	2	2	83	35	184.38	293	126	276.81	9	3	5	473.43	145591	45958	16	0	0.00	2	0.54	100	112.60	4	5.14	4	51.99	0	0.00
英国	5	220	129	661.86	1	3	71	39	481.04	149	90	180.82	12	6	7	318.07	131062	48075	2	1	0.94	1	0.00	53	72.63	1	3.00	2	0.70	7	17.18
法国	6	681	336	2002.30	8	9	256	119	573.78	425	217	1428.52	53	30	21	1222.38	640324	775992	28	3	4.79	19	118.56	68	395.20	4	5.26	2	120.01	34	64.99
俄罗斯	7	0	0	0.00	0	0	0	0	0.00	0	0	0.00	0	0	0	0.00	0	0	0	0	0.00	0	0.00	0	0.00	0	0.00	0	0.00	0	0.00
瑞士	8	123	83	5650.22	0	3	30	13	5561.63	93	70	88.59	4	1	4	223.95	95888	27197	0	0	0.00	0	0.00	21	18.78	1	0.00	0	0.00	0	0.00
韩国	9	118	57	275.96	2	0	17	5	154.38	101	52	121.58	12	4	11	137.23	128189	23576	29	0	0.00	0	0.00	1	0.05	5	8.75	30	166.44	0	0.00
意大利	10	288	168	378.78	0	2	92	56	170.14	196	112	208.64	17	8	8	499.07	72868	43882	14	0	0.00	0	0.00	135	187.16	1	0.00	0	0.00	0	0.00
新加坡	11	246	156	63.03	0	1	11	8	5.58	235	148	57.45	0	0	0	114.29	12557	8341	1	184	40.01	0	0.00	5	5.21	0	0.00	0	0.00	0	0.00
维尔京	12	2	0	0.09	0	0	0	0	0.00	2	0	0.09	0	0	0	0.50	87	0	0	0	0.00	0	0.00	0	0.00	0	0.00	0	0.00	0	0.00
澳大利亚	13	3	3	1.23	0	0	0	0	0.00	3	3	1.23	0	0	0	2.40	2486	0	0	0	0.00	0	0.00	1	0.57	0	0.00	0	0.00	0	0.00
瑞典	14	4	2	3.84	0	0	1	1	2.36	3	1	1.48	0	0	0	5.39	5995	0	1	0	0.00	0	0.00	0	0.00	0	0.00	0	0.00	0	0.00
加拿大	15	5	2	6.82	0	0	2	2	3.50	3	0	3.32	0	0	0	8.00	2108	0	0	0	0.00	0	0.00	2	3.50	0	0.00	1	3.00	0	0.00
芬兰	16	133	22	256.42	1	2	19	6	224.38	114	16	32.04	10	3	12	71.26	91263	30960	2	0	0.00	0	0.00	1	0.26	0	0.00	16	100.13	0	0.00
泰国	17	112	32	258.67	1	3	1	1	15.00	111	31	243.67	2	1	5	114.50	1724520	416063	12	102	257.58	0	0.00	0	0.00	0	0.00	0	0.00	0	0.00
比、荷、卢	18	55	35	71.63	0	2	23	9	29.10	32	26	42.53	6	3	4	112.37	52915	18216	8	1	1.64	2	7.35	6	3.50	0	0.00	1	0.00	0	0.00

（续上表）

国别（地区）	机器编号	案件总数(件)	其中：投诉案件	案值(万元)	案值30万元以上（件）	罚款10万元以上（件）	假冒商标案件			商标侵权案件			移送案件			罚款金额(万元)	没收、销毁侵权商品(件)	没收、销毁侵权商标标识(件)	没收、销毁专门用于制造侵权商品和伪造注册商标标识的工具	重点涉案行业											
																				食品		化妆品		服装		生产资料		家用电器		烟酒	
							案件数（件）	其中：投诉案件	案值（万元）	案件数（件）	其中：投诉案件	案值（万元）	案件数（件）	其中：投诉案件	移送人数（人）					案件数（件）	案值（万元）	案件数（件）	案值（万元）	案件数（件）	案值万元）	案件数（件）	案值（万元）	案件数（件）	案值（万元）	案件数（件）	案值（万元）
丹麦	19	16	11	24.25	0	1	5	3	4.81	11	8	19.44	0	0	0	46.46	86303	200	0	0	0.00	0	0.00	3	3.42	0	0.00	0	0.00	0	0.00
西班牙	20	20	8	15.18	0	0	12	7	12.52	8	1	2.66	0	0	0	19.68	2949	837	0	0	0.00	0	0.00	4	1.37	0	0.00	0	0.00	0	0.00
马来西亚	21	0	0	0.00	0	0	0	0	0.00	0	0	0.00	0	0	0	0.00	0	0	0	0	0.00	0	0.00	0	0.00	0	0.00	0	0.00	0	0.00
香港	22	86	43	55.20	0	0	16	0	7.55	70	43	47.65	1	1	0	70.89	23738	9008	5	15	9.16	1	0.26	10	6.18	3	0.53	0	0.00	1	0.05
澳门	23	0	0	0.00	0	0	0	0	0.00	0	0	0.00	0	0	0	0.00	0	0	0	0	0.00	0	0.00	0	0.00	0	0.00	0	0.00	0	0.00
台湾	24	21	10	9.98	0	0	4	2	2.37	17	8	7.61	2	2	2	15.50	9116	21300	0	5	0.57	0	0.00	1	0.11	0	0.00	4	3.50	0	0.00
其他	25	119	42	9578.20	3	1	45	15	398.60	74	27	9179.60	23	18	33	51.66	42814	123840	2	9	2.09	1	0.00	34	266.76	5	0.22	9	45.49	0	0.00

2012年广东省著名商标认定名单

（按商标注册用商品或服务国际分类顺序）

商 标	商标注册人	认定商品或服务项目	商 标	商标注册人	认定商品或服务项目	商 标	商标注册人	认定商品或服务项目
盛和化工	东莞市盛和化工有限公司	邻苯二甲酸酐，二辛酯，二异壬酯	yby 白玉莹	广东惠云钛业股份有限公司	二氧化钛（颜料）	圣薇娜	广东圣薇娜精细化工有限公司	染发剂
Huimei 汇美淀粉科技	东莞市汇美淀粉科技有限公司	工业用淀粉	自然涂 FABRICO	广东自然涂化工有限公司	油漆（弹性质感涂料）	EUBO 優寶	深圳市优宝惠新材料科技有限公司	润滑脂
3REC	惠州市斯瑞尔环境化工有限公司	絮凝剂，腐蚀剂，水净化用化学品	迪彩	广州市迪彩化妆品有限公司	护发素，焗油，摩丝	兴华	东莞市兴华燃气投资有限公司	石油气
绿叶	肇庆福田化学工业有限公司	合成树脂，未加工的合成树脂	家家宜 Jia Jia Yi	东莞市立顿洗涤用品实业有限公司	洗衣粉	999	华润三九医药股份有限公司	人用药
华辉 HUAHUI	茂名市穗田复合肥有限公司	农业肥料，混合肥料，化学肥料		中山市美日洁宝有限公司	浴液，洗头水	康臣 CONSUN	广州康臣药业有限公司	人用药
	珠海裕田化工制品有限公司	鞋黏合剂	诗朗	惠州市博美化妆品有限公司	洗发剂，浴液	一品红	广东一品红药业有限公司	中药成药
INTERNETWG 永特耐	广州市永特耐木胶贸易有限公司	工业用黏合剂（木工黏合剂）	금벽신 CO.E 韩伊	广东雅威生物科技有限公司	化妆用雪花膏		广州白云山星群（药业）股份有限公司	医用冲剂
千里马	肇庆浩宏新材料有限公司	玻璃黏合剂	Racien 雨洁	拉芳家化股份有限公司	洗发剂，洗涤剂	安寿	广东艾希德药业有限公司	各种针剂、水剂
KUAI SHI DA 大 快事达	江门市快事达胶粘实业有限公司	工业用黏合剂（有机硅酮密封胶）	雅丽洁	广东雅丽洁精细化工有限公司	化妆品（美容面膜）	EBANG	珠海亿邦制药股份有限公司	人用药（注射用克林霉素磷酸酯、注射用伏立康唑、注射用左卡尼汀）
棒仔	广东新峰药业股份有限公司	搽剂，干混悬剂，中药成药		中山富士化工有限公司	除霉化学物质（丸、片），防蛀剂（片、丸）		广东新通达钢管厂有限公司	金属管（镀锌管）
伊泰青	珠海润都制药股份有限公司	人用药（厄贝沙坦胶囊）	翰宇	深圳翰宇药业股份有限公司	人用药（多肽药物）		广东兴发铝业有限公司	铝合金门，铝合金窗，铝合金幕墙

（续上表）

商 标	商标注册人	认定商品或服务项目	商 标	商标注册人	认定商品或服务项目	商 标	商标注册人	认定商品或服务项目
	清远嘉博制药有限公司	麻醉剂	WESTERN	佛山市承安铜业有限公司	铜（阳极铜、电子电镀铜材）		建峰索具有限公司	金属吊索，装卸金属吊带索
JATIE	深圳市佳泰药业股份有限公司	医用药物（妇炎康软胶囊、抗宫炎软胶囊）	伟 业	广东伟业铝厂有限公司	铝型材	HONG YI JIN	深圳市鸿益进五金有限公司	金属螺丝
逸舒	广东逸舒制药有限公司	人用药（氯雷他定片）		佛山市南海区中联铝型材有限公司	铝型材	ANDISI	广东安帝斯智能家具组件有限公司	家具用金属附件
宠怡	深圳市利邦达实业有限公司	兽用洗涤剂	VITAL	广东先导稀材股份有限公司	镉，锌，铟	XIEHE	高要市金利镇协和锁厂	挂锁，金属锁(非电)
灭害灵	中山凯中有限公司	杀害虫剂，蚊香	盈泉 YingQuan	广东盈泉钢制品有限公司	钢板（冷轧取向硅钢）		深圳市平进股份有限公司	冷铸模（铸造）
阿锐达	广东福尔康化工科技股份有限公司	除草剂	诚德	佛山市诚德特钢有限公司	钢管		广东肇庆市科华食品机械实业有限公司	制食品用电动机械
农卫士	广东德利生物科技有限公司	杀害虫剂		广州市钜溢钢管制造有限公司	钢管，金属排泄管，油井用金属套管		广东中窑窑业股份有限公司	陶瓷工业用机器设备（包括建筑用陶瓷机械、辊道窑）
瑞洲 RUIZHOU	郭华忠	电脑刻绘机	科瑞 Colibri	科瑞自动化技术（深圳）有限公司	电子工业设备，自动操作机（机械手），机器人（机械）	HT	阳西县恒达刀剪制造有限公司	剪刀
vanta	刘远强	包装机	沃尔奔达	深圳市沃尔奔达新能源股份有限公司	交流发电机，发电机，发电机(组)	XIAO SHI FU 小师傅	阳东小师傅工贸有限公司	菜刀
OUKE欧科	佛山市顺德区欧科电器有限公司	家用豆浆机	JIANGKOU	台山市江口电器制造有限公司	马达和引擎起动器，马达和引擎用风扇	JINFULI	阳东县金富利五金刀具厂（普通合伙）	切菜刀
	广东嘉和微特电机股份有限公司	串激微电机		东明机电（深圳）有限公司	马达和引擎起动器，非陆地车辆发电机		珠海市香之君贸易有限公司	切肉刀（陶瓷刀）

（续上表）

商 标	商标注册人	认定商品或服务项目	商 标	商标注册人	认定商品或服务项目	商 标	商标注册人	认定商品或服务项目
顺发 SF	佛山市顺发起重设备有限公司	起重机	天虹 TIAN HONG	中山市天虹电机制造有限公司	缝纫机用电机	毅能达 EINOLDA	深圳毅能达智能卡制造有限公司	智能卡（集成电路卡）
YT	广东永通起重机械实业有限公司	起重机	CLCZH	广东超力微电机有限公司	电动机（玩具用）	保千里	深圳市保千里电子有限公司	监视器（计算机硬件）
VPOWER	伟能机电设备（深圳）有限公司	柴油发电机组	偉光 WEIGUANG	陈伟光	液压元件，气动元件	PosteK 博思得	深圳市博思得科技发展有限公司	与计算机联用的打印机（条码打印机）
兴电	广东鸿源机电股份有限公司	水轮机，发电机（低水位）	10moons 天敏	惠州市天敏科技发展有限公司	计算机用电视卡	百佳	广东百佳百特实业有限公司	钱点数和分检机，假币检测器
快利	佛山市南海日东工具制造有限公司	圆锯片（机器零件）	BD	蓝盾信息安全技术股份有限公司	数据处理设备，计算机软件（已录制），计算机程序（可下载软件）	旺龙 WIT LONG	深圳市旺龙智能科技有限公司	停车计时器
TPK	申箭峰	电动螺丝刀，电动扳手，气动螺丝刀	WXD	陈日铃	计算器袋（套），摄影器具包	EVA	亿和精密金属制品（深圳）有限公司	打印机用五金配件（金属冲压件、金属轴），复印机用五金配件（金属冲压件、金属轴），传真机用五金配件
MART	广东智慧电子信息产业股份有限公司	考勤机，感应器（电）	HUISU	广东晖速通信技术有限公司	天线（移动通信基站用一体化美化天线）	勝達	中山市通达电线电缆实业有限公司	电源材料（电线、电缆）
HUAWEI	华为技术有限公司	网络通讯设备，手提电话，计算机软件（已录制）	雷洋	东莞市雷洋电子科技有限公司	DVD机，电视机，功放机	Comlink	深圳市金洋电子股份有限公司	电源材料（电线、电缆），同轴电缆，插座、插头和其他连接物（电器连接）

（续上表）

商　标	商标注册人	认定商品或服务项目	商　标	商标注册人	认定商品或服务项目	商　标	商标注册人	认定商品或服务项目
FORYOU	惠州市华阳集团有限公司	卫星导航仪器，车辆用收音机，电子防盗装置	Holoart	深圳大学反光材料厂	全息图		深圳市金环宇电线电缆有限公司	电线，电缆
Pharos丰诺	广东丰诺汽车安全科技有限公司	车辆用导航仪器（随车计算机）	怡文	广州市怡文环境科技股份有限公司	监测仪器，环境监测仪器，分析仪器	KINWONG	景旺电子（深圳）有限公司	印刷电路，集成电路，集成电路板
	广东盛华德通讯科技股份有限公司	天线（移动通信基站用一体化美化天线）	SIUI	汕头市超声仪器研究所有限公司	工业超声检测仪器		广东风华高新科技股份有限公司	电容器，电阻器，磁性材料和器件
GREENTEK	张伟强	天线（数字电视接收天）	GENTOS	深圳市建恒测控股份有限公司	流量计（超声波流量计）	盈聚	东莞市盈聚电子有限公司	整流器，变压器
AEE	深圳一电科技有限公司	摄像机	德维 TACWIRE	中山市德维线材有限公司	电线（电线内层铜丝线）		深圳市兴森快捷电路科技股份有限公司	集成电路板
台电 TECLAST	广州商科信息科技有限公司	（计算机用）自动电唱机		广东坚宝电缆有限公司	电缆，电线	EAGLERISE	伊戈尔电气股份有限公司	变压器（电）
SAMBAO	深圳市森电电子有限公司	激光影碟机	民兴电缆 MINXING CABLES	东莞市民兴电缆有限公司	电线，电缆		广东兴达鸿业电子有限公司	印刷电路
三华	惠州三华工业有限公司	低压电源，逆变器（电）	Pilot	珠海派诺科技股份有限公司	配电控制台	BVB	深圳科安达电子科技股份有限公司	避雷器
Highlight	深圳市海光电子有限公司	变压器，线圈，电源器	广威	东莞市康德威变压器有限公司	变压器	WQTB	深圳市威勒达科技开发有限公司	电焊电极，电焊设备，电焊接器具
KEIELE 基電	东莞市基业机电有限公司	配电箱（电），高低压开关板，配电盘	ace	广东东研网络科技有限公司	放大器，发射机（电信）	视邦	东莞粤恒光学有限公司	光学矫正透镜片（光）
	深圳市晶导电子有限公司	集成电路，半导体器件，晶体管（电子）	TTC	余正明	变阻器，电器接插件	mei si 美斯	徐广桢	眼镜，眼镜架
	深圳市豪鹏科技有限公司	电池，蓄电池，手电筒电池	KINGSUN	东莞勤上光电股份有限公司	照明灯，路灯，天花板灯	李洲 OASIS	东莞李洲电子科技有限公司	车辆照明设备

（续上表）

商　标	商标注册人	认定商品或服务项目	商　标	商标注册人	认定商品或服务项目	商　标	商标注册人	认定商品或服务项目
骏丰频谱	广东骏丰频谱实业有限公司	医疗器械和仪器（骏丰频谱水治疗保健仪）		佛山电器照明股份有限公司	灯	GL AUTO	广东祥新光电科技有限公司	汽车灯(LED汽车灯泡)
BLT	广东宝莱特医用科技股份有限公司	医疗器械（监护仪）	HUYU 虎宇	广东金源照明科技有限公司	照明手电筒	Weidaofu	广东威多福集团有限公司	电热壶
兵兵	珠海国佳高分子新材料有限公司	医疗器械和仪器（退热贴）	Dickpo	谭根华	枝形吊灯	Ker欧格尔	广东欧格尔电器有限公司	电饭煲
艾克瑞 XRAY	深圳市艾克瑞电气有限公司	医用放射设备(厢式X射线机)	皇宫	东莞市好又快照明电器制造有限公司	照明防护装置,聚光灯	AILIAN 爱廉	广东爱廉电器有限公司	电炊具（电饭煲）
松景	中山市松井电器有限公司	电炉	祥立 XIANGLI	广东祥立实业有限公司	风扇	FUHE	佛山市富合汽车工业配件有限公司	车辆车轴
Enaiter 伊莱特	中山市伊莱特电器有限公司	电炊具（微电脑电饭煲）	信达满 Xindaman	黄志欢	电吹风	达成	东莞市达成机械设备制造有限公司	升降尾板（陆地车辆部件），倾卸装置（卡车和货车的零件）
Otlan奥特朗	广州市奥特朗企业有限公司	热水器(电)	XIANG FENG 祥丰	梁锐昌	燃气具用调节和安全附件	南鹰	中山市蓝鹰电动车科技有限公司	自行车（电动自行车）
贝龙	广州贝龙环保热力设备股份有限公司	制冷设备和装置，锅炉（非机器零件），蒸汽发生设备	太阳花 SUNFAR	佛山市太阳花散热器有限公司	暖气装置(水),中心暖气散热器	SONNY	肇庆骏鸿实业有限公司	汽车轮胎
穗凌 SUILING	广州市穗凌电器有限公司	冰柜	金凯达 J·K·D	潮安县金凯达五金实业有限公司	地漏	DIAMOND	广州国际集团有限公司	车辆轮胎（自行车内外胎，摩托车内外胎）
SIUKONDA	广东西屋康达空调有限公司	空气净化装置和机器，空气冷却装置	樱奥厨具	广东樱奥厨具有限公司	洗涤槽	同晖首饰	深圳市同晖珠宝首饰有限公司	未加工或半加工贵重金属，贵重金属艺术品，小饰物（珠宝）

（续上表）

商 标	商标注册人	认定商品或服务项目	商 标	商标注册人	认定商品或服务项目	商 标	商标注册人	认定商品或服务项目
好生活	中山市好生活电器有限公司	抽油烟机	新中 NEW CENTER	广州市中新塑料有限公司	汽车用塑料零件，摩托车用塑料零件	Gyang Jewelry	深圳市金地珠宝首饰有限公司	未加工或半加工贵重金属，铂(金属)，项链
多菱 DUOLING	佛山市顺德区大明企业集团有限公司	风扇(空气调节)	永泰和 YONGTAIHE	骆澜涛	车辆倒退报警器	卡尼	深圳市卡尼珠宝首饰有限公司	项链(珠宝)，戒指(珠宝)，耳环
曼格斯 Mangesi	揭阳市顺立模具电器有限公司	电吹风	CNC	珠海华粤离合器有限公司	陆地车辆用离合器	缘与美	深圳市缘与美实业有限公司	戒指(珠宝)
金百富	深圳市金百福珠宝首饰有限公司	项链(宝石)	汾江牌	佛山佛塑科技集团股份有限公司	薄膜	丰江 丰江水泥 fengjiangshuini	兴宁市龙江建材实业有限公司	水泥
Xima	揭阳市西马钟表工业有限公司	钟	冠盛塑膠 GUANSHENG	广东冠盛塑胶有限公司	非包装用塑料膜	三和	广东三和管桩有限公司	混凝土桩杆
VICSTAR	洪壁钦	钟(石英钟)	P	江门市制漆厂有限公司	合成树脂(半成品)	BODE 博德	广东博德精工建材有限公司	非金属砖瓦，非金属地板砖，瓷砖
PASNEW	广州市百圣牛实业有限公司	手表(电波数字石英手表)	LIEBAO 猎豹	广州明峻巴夫斯胶管有限公司	非金属软管，浇水软管	合美	冼伟昌谢达海罗显锡	瓷砖
Martin&Co	梁泽敏	乐器(吉他)	粤海	广东粤海控股有限公司	皮	宜美佳 YIMEIJIA	肇庆市宜美佳陶瓷有限公司	瓷砖，非金属地板砖，建筑用非金属砖瓦
Kapok 红棉	广州红棉吉它有限公司	中式乐器，西式乐器	EBCX	广东裕宝伟业科技发展有限公司	手提包，公文包，小皮夹	KING ART 金欧雅	清远市欧雅陶瓷有限公司	建筑用非金属砖瓦，建筑用非金属墙砖，非金属地板砖
NIKson	新会荣泽纸品有限公司	卡纸板(鞋用中底纸板)	KASAM	深圳市嘉森木业贸易有限公司	地板	乾隆 QIANLONG	肇庆市永圣陶瓷有限公司	瓷砖
德冠	广东德冠薄膜新材料股份有限公司	包装用塑料膜	骏丰	东莞市东骏长和木业有限公司	三合板(细木工板)	楼兰 lola	佛山市方圆陶瓷有限公司	瓷砖(仿古砖)

（续上表）

商　标	商标注册人	认定商品或服务项目	商　标	商标注册人	认定商品或服务项目	商　标	商标注册人	认定商品或服务项目
NAN SING	东莞南星塑胶有限公司	保鲜膜，密实袋	伟业牌	广州市伟正木制品有限公司	三合板（细木工板）		广东新明珠陶瓷集团有限公司	建筑用非金属墙砖，非金属地板砖，瓷砖
Suitian	广州天河胶管制品有限公司	高压钢丝编织胶管，纤维胶管	YG	云浮市永光兄弟石材有限责任公司	大理石，花岗石		广东新润成陶瓷有限公司	瓷砖，非金属地板砖
William	清远市升华建陶有限公司	瓷砖	百匠	广州市百匠座椅有限公司	椅子(座椅)	ZHONGLI	佛山市高明中礼家具有限公司	家具(沙发)
	广东金牌陶瓷有限公司	瓷砖		东莞诺华家具有限公司	家具	国景	中山市中泰龙办公用品有限公司	家具（办公家具）
GOLDEN GLASS	广东金刚玻璃科技股份有限公司	安全玻璃，镀膜玻璃，建筑玻璃	楷模	东莞市楷模家居用品制造有限公司	家具	紅點	深圳市红点家具有限公司	沙发
GFTC	广东省外贸开发公司	家具	GICASA	广东红旗家具有限公司	家具	ZHENRONG 真荣家私	深圳真荣家具有限公司	家具(鞋柜)
新悦	鹤山市新红阳实业有限公司	茶几，床，电视机架	華尚	广州华尚实业有限公司	家具		珠海经济特区龙狮瓶盖有限公司	非金属瓶盖
HOLiKE	广州好莱客创意家居股份有限公司	家具		中山市华盛家具制造有限公司	办公室用家具	SHUNFA顺发	广东顺发五金制品有限公司	非贵重金属杯，非电力压力锅（高压锅），非贵重金属厨房用具
富之岛	深圳市大富豪实业发展有限公司	家具	LANDBOND	广东联邦家私集团有限公司	家具	吉美	广东龙兴宝富五金实业有限公司	非贵重金属厨房用具，非贵重金属制厨房容器
gom	周汉杰	办公家具	cityw	东莞市城市之窗家具有限公司	家具	CHUANGYU 創宇	潮安县创宇不锈钢有限公司	非贵重金属厨房用具，非贵重金属制厨房容器
	潮州市桦达陶瓷制作有限公司	家庭用陶瓷制品，日用瓷器（包括盆、碗、盘、壶、餐具、缸、坛、罐）	Art 雅诚德	潮安县凤塘雅诚德陶瓷制作厂	瓷器，日用瓷器(包括盆、碗、盘、壶、餐具、缸、坛、罐)，家庭用陶瓷制品	五 和 WU HE	惠州五和实业有限公司	仿瓷器（密胺餐具）

（续上表）

商 标	商标注册人	认定商品或服务项目	商 标	商标注册人	认定商品或服务项目	商 标	商标注册人	认定商品或服务项目
好太太	广东好太太科技发展有限公司	晾衣架	bobaolon 柏堡龙	广东柏堡龙股份有限公司	T恤	铅笔俱乐部 V字手	东莞市添翔服饰有限公司	童装
WHITE JADE	刘利明	牙刷	N+a 纳迪亚	中山市新纳迪亚制衣有限公司	服装	LittleDongMak	麦振林	童装
粤飞龙 Yuefeilong	余伟红	牙签	Sanpowa	中山市三桥实业有限公司	服装	nikeer 妮可儿	广东妮可儿服饰有限公司	服装（家居服）
乐 狮	佛山市华兴保温器皿有限公司	保温瓶，暖水瓶	La pargay	吴建明	服装	TANGY	深圳市梁子时装实业有限公司	服装(莨绸)
SHU YE 树業	广东树业环保科技股份有限公司	编织袋	亚狮龙	吴仲桂	服装（休闲裤）	精雅	汕头市精雅服饰有限公司	服装（家居服）
湘隆 XIANGLONG	佛山市湘隆纺织有限公司	纺织纤维织物	YXW	中山市利兴旺服装有限公司	童装	千色年华	汕头市威爽制衣实业有限公司	内衣
夢爾絲 MENG.ER SI	揭西县礼兴达纺织有限公司	纺织品毛巾，毛巾被，纺织品洗脸巾	浩将 haojiang	中山康弘制衣有限公司	服装(内衣)	LIUX 丽茜	惠东县正泰毛织厂有限公司	服装(毛衣)
卡撒天嬌	科思特家居用品（深圳）有限公司	被子，床单（纺织品），被罩	Ohinya 欧仙雅	广东鹏升服装实业有限公司	服装（内衣裤），游泳衣	sunroo	深圳市欣业源新技术有限公司	婴儿全套衣
KALTENDIN 卡尔丹顿	深圳市卡尔丹顿服饰股份有限公司	服装	Qimier	汕头市琦密儿针织内衣有限公司	乳罩	康莉	王方园	鞋（脚上的穿着物）
ORIGIN	深圳市闻道服饰有限公司	服装	健尔禅 JianErDan	汕头市利源内衣实业有限公司	奶罩		广东永金兴集团有限公司	鞋（脚上的穿着物）
	广东省丝丽国际集团股份有限公司	服装	Qiaodieer 俏蝶儿	汕头市万兴泰内衣实业有限公司	奶罩	EASTMAN	宏凯鞋业（惠州）有限公司	鞋子，皮鞋
Noleya 摩利亞	中山市裕骏制衣有限公司	服装（牛仔裤）	俏丹娜 QIAODANNA	汕头市俏丹娜实业有限公司	乳罩	Wabao 娃宝	马立波	袜子
OLÉNO	广东奥丽侬内衣集团有限公司	内衣	YENG YAN	汕头市锋燕发服饰有限公司	乳罩		比音勒芬服饰股份有限公司	服装

（续上表）

商 标	商标注册人	认定商品或服务项目	商 标	商标注册人	认定商品或服务项目	商 标	商标注册人	认定商品或服务项目
金钩 FASWEL	东莞立春纺织有限公司	松紧带，搭扣带	羽帆	广东好味来食品有限公司	死家禽（加工过的盐焗鸡）	慈福堂	广东省阳春市信德生物科技发展有限公司	秋梨膏
Y-G BLOSSOM 義帆	汕头国艺实业有限公司	人造花，人工花花圈，人造盆景	佳宝	广东佳宝集团有限公司	果脯	理科	中山市理科虫草制品有限公司	非医用滋补液（虫草王口服液）
	广东奥飞动漫文化股份有限公司	玩具，玩具车，游戏机	八果圣 BAGUOSHENG	广东阳江八果圣食品有限公司	蜜饯	Huamel 华美	东莞市华美食品有限公司	月饼，饼干，糕点
RACE-TIN 雷速登	广东奥飞动漫文化股份有限公司	玩具，玩具车，塑料跑道	粤清香	广州市清香农产有限公司	干蔬菜	安琪	深圳安琪食品有限公司	糕点
STAR-MOON 星月	东莞市星月实业有限公司	玩具	鹏昌	惠州市鹏昌农业科技有限公司	蛋，蛋黄，皮蛋（松花蛋）	陶陶居	广州饮食服务企业集团有限公司	月饼，糕点，面包
LX	汕头市澄海区龙祥玩具实业有限公司	智能玩具，玩具车	金聲玉振	紫金县金葫芦保健品有限公司	糖炒栗子	CinXin 心心	廉江市心心食品有限公司	年糕，月饼，蛋糕
DX	广东东信玩具实业有限公司	玩具车	金雕 Jindiao	深圳市深宝华城科技有限公司	茶及茶叶代用品	南海一號 NAN HAI YI HAO	广东旺通食品有限公司	饼干，糕点
小白龙	广东小白龙动漫玩具实业有限公司	智能玩具	我和你	英德市我和你食品有限公司	茶	金位	廉江市明兴食品有限公司	糕点，豆沙，莲蓉
	怡高企业（中山）有限公司	玩具望远镜	欧力多	量子高科（中国）生物股份有限公司	天然增甜剂（低聚糖）	百合花	肇庆市福加德面粉有限公司	面粉
MESUCA	广东麦斯卡体育用品有限公司	运动球类，网球拍，羽毛球拍	美顿 METON	汕尾市美顿食品有限公司	糖果，巧克力	紫荆	湛江金海面粉有限公司	面粉
无尽	林舜韬	死家禽	汤臣倍健	汤臣倍健股份有限公司	非医用营养粉，非医用营养胶囊，螺旋藻（非医用营养品）	生鱼 SONFISH	佛山市顺德区生鱼米业有限公司	米

（续上表）

商 标	商标注册人	认定商品或服务项目	商 标	商标注册人	认定商品或服务项目	商 标	商标注册人	认定商品或服务项目
Man Ki 萬其 MK	惠州市好收成农贸有限公司	米	旺农科	惠州市旺旺农业科技有限公司	鲜水果（番石榴）	龍鄉貢	广东三友酿酒股份有限公司	黄酒
北田	深圳市春谷园茉莉香贸易有限公司	米	谷 花	中粮新沙粮油工业（东莞）有限公司	动物食用豆科类种子和豆荚，饲料	一線天 Yixiantian	广东一线天酒业有限公司	酒（米香型白酒）
金鲜美 JINXIANMEI	郭少锋	米（无公害大米）	旺大	广东旺大生物科技有限公司	饲料	建智	广州建智投资顾问有限公司	商业管理咨询（招商引资和投资咨询）
	广东穗丰食品有限公司	方便面（非油炸方便面）	立达尔	广州立达尔生物科技股份有限公司	非医用饲料添加剂	广百	广州市广百股份有限公司	推销（替他人）
七寶一丁	胡展生	面条及米面制品	FAST ROC 東鵬	深圳市东鹏饮料实业有限公司	无酒精饮料	亨吉利	深圳市亨吉利世界名表中心有限公司	进出口代理，推销（替他人）
SALTING 广盐	广东省盐业集团有限公司	食盐	隐雪 EN-SNOW	佛山市三水区隐雪食品有限公司	无酒精饮料（膳食纤维饮料）	Giallen 娇兰佳人	广州娇兰佳人化妆品连锁有限公司	推销（替他人）（化妆品推销）
	广州市致美斋酱园有限公司	酱油，醋，酱	金葫芦	广州市金葫芦凉茶有限公司	无酒精饮料（凉茶）	AKD 澳康达	广东澳康达二手车经销有限公司	推销（替他人）（二手车推销）
BERBY 百利	东莞市鸿兴食品有限公司	调味品，食用淀粉产品	BOSUN 宝桑园	广东宝桑园健康食品研究发展中心	果汁（桑果汁）	时代地产 Times Property	广州市时代发展企业集团有限公司	不动产出租，不动产代理，不动产管理
省食出	广东省食品进出口集团公司	活动物（活猪）	果真	广东帝浓酒业有限公司	果酒（含酒精），蒸馏酒精饮料		合富辉煌（中国）房地产顾问有限公司	不动产经纪人
神湾 SHEN WAN	中山市神湾镇种养服务公司	鲜水果（菠萝）	鄉純	广东省九江酒厂有限公司	酒（饮料），米酒		东莞市长实集团有限公司	不动产管理
	广东顺兴种养股份有限公司	柚子		广东德庆无比养生酒业有限公司	果酒（含酒精）		深圳市洪涛装饰股份有限公司	室内装潢
	韶关市金果农业生态园有限公司	柚子	石岐 SHI QI	中山市石岐酒厂有限公司	酒（米酒）		深圳市中建南方装饰工程有限公司	室内装潢，室内外油漆

（续上表）

商 标	商标注册人	认定商品或服务项目	商 标	商标注册人	认定商品或服务项目	商 标	商标注册人	认定商品或服务项目
CNTRANS	深圳市华运国际物流有限公司	货运，海上运输，空中运输	Eachtravel 新景界	深圳中国国际旅行社有限公司	安排旅游，观光旅游，旅行社（不包括预定旅馆）	voion	深圳市旺盈彩盒纸品有限公司	印刷，丝网印刷，包装设计
华南城	华南国际工业原料城（深圳）有限公司	货物贮存，汽车运输	欧浦	广东欧浦钢铁物流股份有限公司	金属处理	真功夫	广州市真功夫餐饮管理有限公司	快餐馆，餐厅，餐馆
广食G.F	广东省广弘食品集团有限公司	食物冷藏间出租，货物贮存，贮藏	绿色動力 DYNAGREEN	绿色动力环保集团股份有限公司	废物和垃圾的回收，废物处理（变形），废物和垃圾的焚化	GDH	广东粤海控股有限公司	提供食宿旅馆
GDH	广东粤海控股有限公司	给水	GDH	广东粤海控股有限公司	水净化	SANZHENG 三正	广东三正集团有限公司	餐馆
原飞航 Y.F.H	深圳市原飞航物流有限公司	包裹投递（航空投递）	深港	深圳市深港机动车驾驶培训有限公司	培训（驾驶培训）		中山市硕泉古建园林艺术有限公司	花卉摆放，园艺，庭院风景布置
华进 ADVANCE	广州华进联合专利商标代理有限公司	国内外专利和商标申请的代理，法律服务，知识产权咨询	赛宝	中国赛宝实验室	质量控制，校准（测量），材料测试	润驰	广东润驰服饰辅料有限公司	包装设计（服装辅料设计）

2012年广东省著名商标延续认定名单

（按商标注册用商品或服务国际分类顺序）

商 标	商标注册人	延续商品或服务项目	商 标	商标注册人	延续商品或服务项目	商 标	商标注册人	延续商品或服务项目
宇田 YUTIAN	广东东方锆业科技股份有限公司	氧氯化锆，氧化锆，氧化锆粉	XL	西陇化工股份有限公司	化学试剂	NANGO	南海南光化工包装有限公司	鞋用黏合剂
TINCI 天赐 指定颜色	广州天赐高新材料股份有限公司	阳离子泛醇，透明硅油，乳化硅油		广东光华科技股份有限公司	化学试剂	LUSHAN	广州鹿山新材料股份有限公司	工业用黏合剂
BAIYINGHUA 白樱華	恩平市嘉维化工实业有限公司	碳酸钙	KINGFA	金发科技股份有限公司	未加工合成树脂，塑料分散体，合成树脂塑料	多正	广东多正化工科技有限公司	工业用黏合剂
宝利	云浮市宝利硫酸有限责任公司	硫酸	金发	金发科技股份有限公司	合成树脂塑料	亨迪	东莞市阳光树脂制品有限公司	鞋黏合剂，皮革黏合剂，工业黏合剂
	东莞立茂化工有限公司	碳酸钙（纳米碳酸钙）	華迅 hua xun	广东华迅实业有限公司	未加工的人造合成树脂，未加工塑料物质（不包括未加工的天然树脂）	康和	中山市康和化工有限公司	工业用黏合剂（干式复合胶黏剂）
GUANGXIN	郁南县广鑫冶炼有限公司	氧化锑，锑酸钠，五氧化二锑		中山市南荣化工有限公司	发泡性聚苯乙烯		广东鼎丰纸业有限公司	木浆，纸浆，纤维素浆
KH	江门市科恒实业股份有限公司	荧光粉(灯用稀土荧光粉)	东风	广州市东风化工实业有限公司	环氧树脂	秀珀	广州秀珀化工股份有限公司	油漆，涂料，颜料
HONG QIANG 红墙	广东红墙新材料股份有限公司	混凝土凝结剂，混凝土用凝结剂，除油漆外的水泥防水制剂	信澳	广东信澳化肥有限公司	肥料	DIPROSIN	怀集东邦化学有限公司	歧化松香
银华 YIN HUA	茂名市银华高岭土实业有限公司	高岭土，瓷土	保得	东莞市保得生物工程有限公司	植物生长调节剂	彩艳	广东彩艳股份有限公司	色母粒
钻石 DIAMOND	湛江外加剂厂	减水剂，外加剂	金葵子	佛山金葵子植物营养有限公司	肥料制剂(肥料增效剂)	RONGDA	深圳市容大电子材料有限公司	印刷合成物(PCB用油墨)

（续上表）

商 标	商标注册人	延续商品或服务项目	商 标	商标注册人	延续商品或服务项目	商 标	商标注册人	延续商品或服务项目
华润漆 Huarun	广东华润涂料有限公司	涂料，油漆	三 叶	深圳市广田环保涂料有限公司	涂料，油漆，油漆稀释剂	雪完美 Xuewanmei	中山市嘉丹婷日用品有限公司	化妆品
DAIHO大宝	东莞大宝化工制品有限公司	涂料，油漆，涂料稀释剂	立白 Liby	广州立白企业集团有限公司	洗衣粉，清洁制剂，牙膏		广东雅丽洁精细化工有限公司	洗发露
萬宜	嘉宝莉化工集团股份有限公司	油漆，木材涂料(油)，漆	花世界	中山市美日洁宝有限公司	浴液，洗头水	缤纯	广东拉芳日化有限公司	化妆品，增白霜，洗面奶
Galaxxo	恒昌涂料(惠阳)有限公司	清漆，油漆，油漆稀释剂	高富力	广州市浪奇实业股份有限公司	清洁制剂，洗涤剂，洗衣粉	美晨	美晨集团股份有限公司	牙膏
电视塔	广州珠江化工集团有限公司	油漆	大洁王	深圳市洁王精细化工科技有限公司	去污粉，去色剂，去油剂(纺织工业用)	黑妹	美晨集团股份有限公司	牙膏
好日子	广州市枫源化工有限公司	油漆	biaobang 標榜	增城市正茂精细化工厂	清洁制剂(汽车专用)，去渍剂(汽车专用)	JIEYIN	广州高露洁有限公司	牙膏
Idol 爱的漆	广东华润涂料有限公司	涂料，油漆		广州百花香料股份有限公司	(第3类)化妆香精香料，(第30类)食用香精香料	爱诺	普宁市嘉宝日用化工有限公司	面乳
FULLN	佛山市禅城区丰霖化工企业中心	陶瓷品用漆，陶瓷涂料，陶瓷制品上的亮铂	蒂花之秀	广东名臣有限公司	化妆品，洗发液，香皂		广东新华粤石化股份有限公司	白石蜡，模料蜡，白油
五羊	广州市五羊油漆股份有限公司	乳胶漆	FALAIYA 法来雅	江选虹	洗发液，浴液		中山市中南烛业有限公司	蜡烛，照明用蜡，蜡烛芯
君子蘭	佛山市顺德区乐从镇科斯化工有限公司	涂料（家具漆）	EFFI	汕头市宝兰丝精细化工有限公司	化妆品		丽珠医药集团股份有限公司	人用药
	广东省土产进出口(集团)公司	松香	EFFI	汕头市宝兰丝精细化工有限公司	化妆品	丽珠	丽珠医药集团股份有限公司	人用药品

（续上表）

商 标	商标注册人	延续商品或服务项目	商 标	商标注册人	延续商品或服务项目	商 标	商标注册人	延续商品或服务项目
	广州白云山天心制药股份有限公司	西药	Y·H 鹰皇	广东鹰皇参茸制品有限公司	西洋参片，西洋参丸	新瑞普欣	丽珠医药集团股份有限公司	人用药（头孢类抗生素复合制剂）
APOLLO 太阳神	广东太阳神集团有限公司	口服液	好德快	广东同德药业有限公司	医药制剂(双氯芬酸钠气雾剂、利多卡因氯己定气雾剂、硝酸益康唑喷剂)		广州星群(药业)股份有限公司	医用口服冲剂
明兴	广州白云山明兴制药有限公司	中药成药，片剂，针剂		台山市化学制药有限公司	西药（红霉素、环孢素）	好迪	广州好迪集团有限公司	空气清新剂
奇星	广州医药集团有限公司	人用药	康丽能	丽珠医药集团股份有限公司	人用药(注射用头孢地嗪钠)	榄菊	中山榄菊日化实业有限公司	蚊香，盘香，杀虫剂
何济公	广州白云山制药股份有限公司	西药成药，中药成药	信力威	深圳信立泰药业股份有限公司	人用药(注射用盐酸头孢吡肟)	香雪	广州市香雪制药股份有限公司	人用药(抗病毒口服液、板蓝根冲剂)
潘高寿	广州医药集团有限公司	中成药	嘉应牌	广东嘉应制药股份有限公司	中成药（双料喉风散）	万年青牌	广东万年青制药有限公司	中西成药(内外)
中智	中山市中智药业集团有限公司	中药成药(咳嗽用药、抗菌消炎胶囊、银黄制剂)，药茶	卫伦 WEI LUN	广东卫伦生物制药有限公司	人用药，生化药品，血液制品		广东全美实业日用化工有限公司	蚊香，杀虫剂，电热蚊香片
德众	佛山德众药业有限公司	片剂(鼻炎康片)，中药成药(牛黄解毒片)，医药制剂(鼻炎滴剂)	力欣奇	清远华能制药有限公司	人用药(头孢羟氨苄片、头孢羟氨苄颗粒)	金兰	佛山金兰铝厂有限公司	铝型材
指定颜色	中山大学达安基因股份有限公司	医用诊断制剂	一禾	广东一禾药业有限公司	中药成药(足光散)	WACANG	广东华昌铝厂有限公司	铝型材
彼迪	广东彼迪药业有限公司	人用药	大卫 DAVID	润和生物医药科技(汕头)有限公司	医用诊断制剂（测孕试纸和排卵测试纸）	兆基	曾兆基	钢板
顺峰	广东顺峰药业有限公司	西药		广州白云山制药股份有限公司广州白云山制药总厂	人用药	坚美	广东坚美铝型材厂有限公司	铝型材

（续上表）

商 标	商标注册人	延续商品或服务项目	商 标	商标注册人	延续商品或服务项目	商 标	商标注册人	延续商品或服务项目
CP	中山中粤马口铁工业有限公司	马口铁，罐头马口铁	WALTON	中山华通钢塑管有限公司	金属水管，金属塑料复管		东莞市石龙万通实业有限公司	家具金属滑轨
GD 高力登	高力登	普通金属合金，金属窗框	美亚宝铝业 MEI YA BAO ALUMINUM	清远市美亚宝铝业有限公司	金属窗框，金属门框架，金属建筑材料	JANESLOCK	广东坚士制锁有限公司	金属锁，弹簧锁，挂锁
国耀牌	四会市国耀铝业有限公司	铝型材	HUA FENG 華鋒	中山市华锋五金制品厂	金属锁，车辆用金属锁，门用铁制品	皇鼎五金	中山市皇鼎五金有限公司	金属锁(非电)
WEIYE	广东伟业铝厂有限公司	铝型材	華爾泰 HUAERTAI	东莞华尔泰装饰材料有限公司	金属建筑嵌板，建筑用金属板，建筑用金属包层		揭阳市东辉锁具实业有限公司	金属锁(非电)
	梅州市金雁实业集团公司	铜(标准阴极铜)	耀达	佛山市南海耀达建材有限公司	可移动的金属建筑物	QNN 全能	广东安能保险柜制造有限公司	保险柜(箱)
	佛山市沥东铝型材制品有限公司	铝合金型材		兴宁市金雁电工有限公司	电工圆铜线(绝缘)，聚酯漆包铜圆线，聚氨酯漆包圆铜线	DIYA	梁雪华	金属陈列架
海 利	广东省化州市海利集团有限公司不锈钢制管厂	不锈钢(管材)	四 五 六	广东中侨五金电器制造有限公司	金属铰链		佛山市南华铝业有限公司	铝(铝型材)
	佛山市季华铝业公司	铝合金型材	ARCHIE	广东雅洁五金有限公司	家具用金属附件，金属门把手，金属挂衣钩	Guoyue	揭阳市国粤不锈钢型材有限公司	钢条，钢管，金属片或金属板
	广东嘉元科技股份有限公司	电解铜箔	BIAOZHI	揭阳市标致五金有限公司	金属活页，家具金属部件	汇泰龙	广州市汇泰龙装饰材料有限公司	家具金属部件
日丰	佛山市日丰企业有限公司	各种金属管道，管道金属接头	IKEA	高要市金利祥兴金属制品有限公司	金属铰链	松果	博罗县东田实业有限公司	喷雾机，喷雾器(机器)
长 城	佛山市澜石炜联不锈钢制品有限公司	金属管(装饰用)	JUSTOR	高要市开达五金装饰有限公司	非电动门弹簧		韶关市第二拖拉机有限公司	小型收割机

（续上表）

商 标	商标注册人	延续商品或服务项目	商 标	商标注册人	延续商品或服务项目	商 标	商标注册人	延续商品或服务项目
	广州广兴牧业设备有限公司	工厂化蛋鸡饲养成套机械自动化设备，其他动物自动化饲养设备	震雄 CH	震雄机械(深圳)有限公司	注塑机	海洋	广东省广宁船用水泵制造有限公司	船用水泵
V-HOLD	佛山市顺德区富豪木工机械制造有限公司	木材加工机	国珠	佛冈县国珠塑胶有限公司	自动吹制机，加工塑料用模具		广州市白云泵业集团有限公司	水泵
	何培炜	木材加工机，机锯(机器)，压力机		珠海仕高玛机械设备有限公司	混凝土搅拌器(机器)		中山市小榄镇富达电器厂(普通合伙)	进水电磁阀
萬聯	广东万联包装机械有限公司	纸板机	GUANGRI 广日牌	广州广日投资管理有限公司	电梯	TR	东莞市TR轴承有限公司	轴承，轴承座
JIN PENG 金鹏	阳东县金鹏针织机械有限公司	针织机械	iFE快意	快意电梯股份有限公司	电梯（升降机），自动梯		佛山市星光传动机械有限公司	减速变速器
H.L 恒联	广东恒联食品机械有限公司	制食品用电动机械	康思达	佛山市康思达液压机械有限公司	液压机，液压元件，制食品用电动机械	CHAO BAO	广州市白云区超宝清洁用品公司	电动清洁机械和设备，电动打蜡机器和设备，清洗设备
高砖	高州市砖机厂	制砖机		东泰机械工具(东莞)有限公司	高速冲压机床，冲压机床零配件	東	日东电子发展(深圳)有限公司	清洗设备（超声波）
	广州达意隆包装机械股份有限公司	装瓶机，包装机	环球	广东省东莞电机有限公司	电动机	金象 gold elephant	珠海大象磨料磨具有限公司	砂轮
	广东东方精工科技股份有限公司	包装机，印刷机，轮转印刷机	LINGGE 灵格	中山市灵格电器制造有限公司	冰箱电机	Ri,Mei	广东金达五金制品有限公司	指甲刀(电动或非电动的)
万家达	广东万家达家用电器有限公司	洗衣机，洗衣甩干机	凌霄	广东凌霄泵业股份有限公司	泵	创新	佛山市南海创新五金实业有限公司	指甲刀(电动或非电动),修指甲工具
吉阳	广东巨轮模具股份有限公司	轮胎成型机	BOYU博宇	广东博宇集团有限公司	(水族用)空气压缩机，真空泵，离心泵	NAN-YU	东莞市东良实业有限公司	手工操作的手工具

（续上表）

商 标	商标注册人	延续商品或服务项目	商 标	商标注册人	延续商品或服务项目	商 标	商标注册人	延续商品或服务项目
Topwin	汕头市特普王五金工具厂有限公司	抹刀（手工具），泥刀，泥瓦工具	GSK	广州数控设备有限公司	数据处理设备	JXC	周小聪	计算机软件（已录制的中小企业管理软件）
金 辉 GOLDSUN	阳江市阳东金辉刀剪制品有限公司	剪刀，刀	EVOC	研祥智能科技股份有限公司	工业计算机，工业计算机软件(录制好的)	HanRun	中山市汉仁电子有限公司	连接器（通讯网络用）
SHENGDA 盛達	广东盛达工业集团有限公司	切菜刀，餐具(刀、叉和匙)，剪刀	Jolimark Jolimark 映美	新会江裕信息产业有限公司	与计算机联用的打印机	远光	远光软件股份有限公司	计算机软件(已录制好的电力软件)
	林庆秋	剪刀，刀	远望谷	深圳市远望谷信息技术股份有限公司	商品电子标签，计算机软件（已录制），读出器(数据处理设备)	岭南	广州岭南电缆股份有限公司	电源材料（电线、电缆）
选夫人 XUAN FUREN	阳江十八子集团有限公司阳江十八子厨业有限公司阳江十八子刀剪制品有限公司	刀(手工具)，切刀，剪刀	优盘	深圳市朗科科技股份有限公司	计算机存储器	HUIBAO 汇宝	中山市汇宝电子衡器有限公司	电子秤
銀 鷹	广东银鹰实业集团有限公司	刀(手工具)，剪刀，切菜刀	扬明	东莞市扬明精密塑胶五金电子有限公司	连接器(数据处理设备)	GAOXINQI	深圳市高新奇科技股份有限公司	成套无线电话，电话机
	阳江市江城得利刀剪厂	剪刀		广东东方电讯科技有限公司	全电子式智能型电能表	振辉	中山市振辉消防设备有限公司	夜明或机械信号标志
海 聯	阳江市海联五金塑料制品有限公司	餐具(刀、叉和匙)	GENLOT	深圳市穗彩科技开发有限公司	数据处理设备、已录制的计算机程序、计算机周边设备(彩票投注专用)	侨兴	侨兴集团有限公司	电话机，传真机，移动电话机
GRAND HARVEST	阳江鸿丰实业有限公司	折叠刀		任子行网络技术股份有限公司	计算机软件(已录制)	GIONEE金立	深圳市金立通信设备有限公司	手提电话，电池，电池充电器
	广州市广州刀剪厂	一般用刀	ANC	深圳市奥尼电子工业有限公司	计算机周边设备(摄像头)	金鹏	广州金鹏集团有限公司	移动电话，电话机，成套无线电话
inWin	广东银鹰实业集团有限公司	刀(手工具)，剪刀，切菜刀	HS	惠州市恒升实业有限公司	变压器(电脑用)	天乐 TIANLE	广东天乐通信设备有限公司	光通讯设备，载波设备

（续上表）

商 标	商标注册人	延续商品或服务项目	商 标	商标注册人	延续商品或服务项目	商 标	商标注册人	延续商品或服务项目
JW	深圳市京华电子股份有限公司	收音机，收录机	南 NAN	广东南洋电缆集团股份有限公司	电话线，电源材料（电线、电缆）	GR 金路	汕头市金桥电缆有限公司	电缆（有线电视电缆、无线卫星基地站馈线）
CASKA	广东好帮手电子科技股份有限公司	影碟机，摄像机，显示屏（车用）	BK 奔达康	深圳市奔达康电缆股份有限公司	电线，电缆		广东生益科技股份有限公司	敷铜板
	深圳市奋达科技股份有限公司	扩音器喇叭	光 GDYG	广东远光电缆实业有限公司	电线(电源材料)，电源材料(电缆)		东莞生益电子有限公司	印制电路板
YDD	广东省粤东磁电有限公司	录音带，录像带，光盘（音像）	吉青	广东吉青电缆实业有限公司	电线	三 环	潮州三环(集团)股份有限公司	电阻器，电阻瓷基体，无线电瓷件
Kchibo	深圳市凯隆电子有限公司	收音机	金龙羽	金龙羽集团有限公司	电线，电缆	BOMIN	深圳市博敏电子有限公司	集成电路块，线路板
SOMIC	广东硕美科实业有限公司	耳塞机	YIDA益达	东莞市益达实业有限公司	电线，电缆	BYE	广州白云电器设备股份有限公司	高低压电器元件，高压、低压配电柜，低压配电箱
ANGTE	广东昂特音像有限公司	光盘(音像)	GUANGYANG 广洋	广州市番禺五羊电缆厂有限公司	电源材料(电线、电缆)，绝缘铜线，合金线	EAST 易事特	广东易事特电源股份有限公司	稳压电源
GRANDVIEW	广州美视晶莹银幕有限公司	投影银幕	汾江 FENJIANG 汾 江 FENJIANG	李运新	电源材料（电线、电缆）	海鸿升	广东海鸿变压器有限公司	变压器(电力变压器)
FF 佛分	佛山分析仪有限公司	气体分析仪器表，测量仪器，测量器械	創興	广东创兴电缆有限公司	电线	广特 GUANGTE	广东广特电气有限公司	变压器(电)，变压器
JUNSD 君斯达	深圳市君斯达实业有限公司	速度测定仪器	SHENGYU 胜宇	广东胜宇电缆实业有限公司	电源材料(电线、电缆)	松本電工	广东伟雄集团有限公司	高低压开关板，插座及其他接触器
Hansen	珠海汉胜科技股份有限公司	电源材料(电线、电缆)	玉葉王 YU YE WANG	许福章	电线(音视频连接线)	UNIRISE	东莞市联升电线电缆有限公司	电器插头，电线连接物

（续上表）

商 标	商标注册人	延续商品或服务项目	商 标	商标注册人	延续商品或服务项目	商 标	商标注册人	延续商品或服务项目
三源	广东钜龙电力设备有限公司	电力变压器		广东正超电气有限公司	高低压开关板，配电控制台（电），配电盘	欣旺達	欣旺达电子股份有限公司	电池(锂离子)
HUAQUAN 华全	佛山市华全电气照明有限公司	变压器，灯光调节器（电）	新氏	广东省江门市新会电气控制设备厂有限公司	磁力起动器，交直流配电屏	McNair	东莞市迈科科技有限公司	电池
HPC	乳源东阳光磁性材料有限公司	磁性材料及器件	CONTRL	长园共创电力安全技术股份有限公司	电站自动化装置	ZHENGLONG 正龍	潮州正龙电池工业有限公司	干电池
MiG	广东明家科技股份有限公司	(防雷)插座、插头和其他连接物(电器连接)	NFEA	广东南丰电气自动化有限公司	水电站用电站自动化装置，整流用电力装置	555 555	广州轻工工贸集团有限公司	电池
KING BROTHER	深圳市金百泽电子科技股份有限公司	印刷电路(特种)	SENJE	冯毅	灭火器，灭火设备，火灾报警器	T. E. T	东莞市石排通用蓄电池有限公司	车辆蓄电池，蓄电池，照明电池
品上 UASANG	中山品上照明有限公司	照明设备用镇流器	新綸	深圳市新纶科技股份有限公司	防止事故放射性物质及特殊温度用衣服，防火服，防事故手套	万兴 WANXING	郁南县虎豹电池有限公司	电池(干电池)
CONYA 创亚	广东创亚电气有限公司	高低压开关板，变压器(电)，断路器	华泰 HUATAI	何国华	防盗报警器，警报装置(车用)	藍韵	深圳市蓝韵实业有限公司	医疗器械和仪器，医用X光器械，医疗分析仪器
HUANTIA 华田	广东华田电器有限公司	(电饭锅用)自动定时开关，感应器(电)，传感器	ADEL	深圳市爱迪尔电子有限公司	电锁，电开门器，防盗报警器	紫薇星	广东紫薇星实业有限公司	电子净化血液循环机
珠江	广东珠江开关有限公司	漏电开关，高低压电器成套装置及其元件(高低压开关柜)		广东必达保安系统有限公司	电锁	SIUI	汕头市超声仪器研究所有限公司	医用超声诊断仪器，医用超声换能器
江東 JIANG DONG	信宜江东电子有限公司	磁性材料及器件(限温器)	BYD	比亚迪股份有限公司	电池	IMPROVE	广州阳普医疗科技股份有限公司	一次性使用自动抽血玻璃管
铁塔	广东铁塔电气科技有限公司	稳压器系列		广州轻工工贸集团有限公司	电池	事達 STAR	湛江市事达实业有限公司	医用引流管

（续上表）

商标	商标注册人	延续商品或服务项目	商标	商标注册人	延续商品或服务项目	商标	商标注册人	延续商品或服务项目
Double One 双一	广州广橡企业集团有限公司双一乳胶厂	避孕套	鼎能 DINGNENG	汕头市裕丰实业有限公司	照明手电筒	安博尔	李学滨	电热壶
古镇	中山市古镇镇资产经营有限公司	灯，照明器	TOUVE	佛山市托维环境亮化工程有限公司	照明器械及装置	天际	广东天际电器股份有限公司	烹调器具(电炖锅)
海洋王	海洋王照明科技股份有限公司	灯(特种用灯)	RL	广东兴必佳电器有限公司	照明灯(小夜灯)	LONGLI龙力	广东龙力电器有限公司	电饭煲，电压力锅(高压锅)
KAIYAN 开元	中山市开元灯饰有限公司	照明器(灯)	GUANYA 冠雅	中山市光阳电器有限公司	照明器（台灯、落地灯）	共上 PROGRESS TOGETHER	湛江共上电器有限公司	电炊具(电饭煲)
汾江	佛山电器照明股份有限公司	照明灯，白炽灯	Galanz 格兰仕	广东格兰仕集团有限公司	微波炉	川凌 CHUANLING	佛山市川凌电器有限公司	电热壶
KENNEDE	广东金莱特电器股份有限公司	安全灯，照明手电筒，日光灯管	華帝 Vantage	中山华帝燃具股份有限公司	燃气炉，燃气热水器	MIBAO 蜜宝	广东蜜宝电器有限公司	电饭锅
JUHAO 钜豪	广东钜豪照明电器有限公司	灯，日光灯管，电灯插座	Galanz 格兰仕	广东格兰仕集团有限公司	电磁炉	CHUANG WEI 创威	广东创威电器有限公司	电炊具(电饭锅)
Meite 美特	中山市澳克士照明电器有限公司	灯	创尔特	广东长青(集团)股份有限公司	煤气热水器，电热水器	三源 SANYUAN	广东三源生活电器有限公司	电饭锅，电瓦罉(电瓦锅)
骑光牌 QGP	广东骑光车灯工业有限公司	摩托车灯具	Halsmart 鸿智电器	湛江鸿智电器有限公司	电炊具(慢炖锅)，灯	申菱	广东申菱空调设备有限公司	空调机，制冷设备
SENQIU	中山市胜球灯饰集团有限公司	灯，照明器械及装置	五角 WUJIAO	广东恒光电器有限公司	电炊具(电饭锅、电压力锅)	Wanbao 萬寶 WANBAO	广州万宝集团有限公司	电冰箱
松业 PINE CAUSE	广东松业电器制造有限公司	灯盘，光管支架	依立	佛山市顺德区简氏家用电器厂	紫砂电炊具	BAILI 百利	东莞市百利电器有限公司	冰柜

（续上表）

商 标	商标注册人	延续商品或服务项目	商 标	商标注册人	延续商品或服务项目	商 标	商标注册人	延续商品或服务项目
劲 力	中山市劲力冷冻设备制造有限公司	冷藏柜，冷藏陈列柜，冷冻设备	东鹏	广东东鹏陶瓷股份有限公司	洗脸盆，洗澡盆，抽水马桶	GELIN 格林	湛江喜红集团有限公司	电炊具(电饭煲)
GREE格力	珠海格力电器股份有限公司	空调机	萬 事 達	佛山市高明粤华卫生洁具有限公司	浴室装置(蒸汽房)，洗澡盆	夏野	广东夏野日用电器有限公司	电炉
奥 特 龙	广东奥特龙电器制造有限公司	厨房用抽油烟机	APOLLO	阿波罗(中国)有限公司	蒸汽浴装置，沐浴用设备，澡盆	五星 Five Star	广东五星太阳能股份有限公司	太阳能热水器，太阳能收集器
F.X.P. 飞行	佛山市南海飞行电器实业有限公司	风扇	MICAWA	佛山市美加华陶瓷有限公司	坐便器，坐浴浴盆，盥洗盆（卫生设备件）	比亚迪	比亚迪股份有限公司	汽车，电动车辆，小汽车
Deton 德通	广东肇庆德通有限公司	通风柜，风扇（空气调节），排气风扇	EMAUX 意万仕	意万仕(中山)泳池设备有限公司	水过滤器	Fuwa	广东富华工程机械制造有限公司	汽车或货车零件(车轴)
千葉	中山市家用电器总厂有限公司	风扇(空气调节)，排气风扇	GREE格力	珠海格力电器股份有限公司	电暖器		广州安达精密工业股份有限公司	发动机轴瓦
TIANLU 天鹿	广州天鹿锅炉有限公司	锅炉(非机器零件)	Mega	麦钱江	小型取暖器		韶关市正星车轮有限公司	车轮圈
HUAYI 华艺卫浴	广东华艺卫浴实业有限公司	水龙头，水管龙头，龙头	万嘉福	广东万嘉福电器有限公司	电压力锅(高压锅)		平远县恒明汽车底盘制造有限公司	车辆车轴，陆地车辆刹车，车轮毂
annwa 安华洁具	佛山市高明安华陶瓷洁具有限公司	水龙头	格蘭 Grandlite	惠兰灯饰(惠东)有限公司	照明灯(工程用)		广东井得电机有限公司	汽车配件(启动机、发电机)
HENT	谢向新	自来水设备的调节和安全附件(阀芯)	半球	广东半球实业集团公司	保温式自动电饭锅	ADLO	广东爱得乐集团有限公司	摩托车尾箱
Meitu	中山市美图塑料工业有限公司	马桶座圈，冲水装置，水冲洗装置	inse 樱雪	中山市樱雪集团有限公司	热水器，燃气炉		五羊—本田摩托(广州)有限公司	摩托车

（续上表）

商 标	商标注册人	延续商品或服务项目	商 标	商标注册人	延续商品或服务项目	商 标	商标注册人	延续商品或服务项目
凯洋	广东凯洋医疗科技集团有限公司	轮椅，手推椅	玖龍	东莞玖龙纸业有限公司	牛皮卡纸,灰底白板纸，瓦楞原纸(纸板)		汕头市远生实业有限公司	文件夹（文具），公文套
	佛山市东方医疗设备厂有限公司	轮椅，座厕车		湛江冠龙纸业有限公司	复写纸(无碳复写原纸及CF纸、热敏原纸)，印刷纸(证券纸)	皇冠	中山市皇冠胶粘制品有限公司	办公或家用胶带
珠江	广州广橡企业集团有限公司广州轮胎厂	轮胎	Vinda 维达	维达纸业(广东)有限公司	纸巾，纸餐巾，卫生纸	Camat	广州宏昌胶粘带厂	胶粘带
NH 南虹	广东省南海化工总厂有限公司	引火线，炸药	太阳	中顺洁柔纸业股份有限公司	卫生纸，纸手帕，纸巾	JEBO	广东振华电器有限公司	鱼缸
金鼎	广东金鼎黄金有限公司	贵重金属锭，贵重金属合金，未加工或半加工贵重金属	波斯猫	汕头市金平区飘合纸业有限公司	纸巾	Babruy 貝柔	东莞市白天鹅纸业有限公司	卫生纸,纸巾,纸制或纤维制婴儿纸尿布(一次性)
BHD 寶亨達	深圳市宝福珠宝首饰有限公司	项链(珠宝)，装饰品(珠)，戒指(珠宝)	茵茵 YINYIN	东莞市百顺纸品有限公司	纸制和纤维制婴儿尿裤（一次性）	Newera 新時代	新时代粘合胶企业有限公司	非医用、非文具或家用粘合胶带
TB 百泰首饰 BAI TAI JEWELLERY	深圳市百泰珠宝首饰有限公司	宝石(珠宝)，贵重金属艺术品，电镀制品(贵重金属电镀)	嶺峰	广东岭峰包装印刷有限公司	印刷品	大胡子	广州市花都联华包装材料有限公司	金拉线
福麒	深圳市福麒珠宝首饰有限公司	项链(珠宝)，戒指(珠宝)，铂(金属)	東田 DONGTIAN	汕头市东田转印有限公司	转印的图画	港豐	广东港丰电器有限公司	塑料管
石頭記	石头记珠宝有限公司	首饰(半宝石)	SAILS	惠州艺都文化用品有限公司	包装用塑料膜(护卡膜)	合力 HELI	湛江合力塑胶有限公司	塑料管、板、杆、条(塑料软管)
FIYTA 飛亞達	飞亚达（集团）股份有限公司	钟表	YINFENG	湛江包装材料企业有限公司	包装用塑料膜		广东超华科技股份有限公司	覆铜箔层压酚醛树脂板(绝缘材料)
Pearl River 珠江 Pearl River	广州珠江钢琴集团股份有限公司	钢琴	达美	广东达美新材料有限公司	包装用纸(保护纸)	永一	永一胶粘(中山)有限公司	绝缘胶布和绝缘带

（续上表）

商标	商标注册人	延续商品或服务项目	商标	商标注册人	延续商品或服务项目	商标	商标注册人	延续商品或服务项目
Hongshang	深圳市宏商材料科技股份有限公司	绝缘材料(冷、热收缩性材料)	仙石牌 FAIRYROCK	河源和兴水泥有限公司	水泥	恒福	广东恒福陶瓷有限公司	非金属地板砖
SUNION	广东众和化塑有限公司	电缆绝缘体，绝缘材料，合成橡胶	標牌 BIAO PAI	广东省国营三马水泥厂	水泥	卓远	佛山市三水宏源陶瓷企业有限公司	非金属砖瓦(墙地砖)
千色 QIANSE	东莞市千色有机玻璃有限公司	有机玻璃		英德市英金旋转窑水泥厂	水泥(普通硅酸盐水泥)	VENIZEA 威爾斯	广东宏威陶瓷实业有限公司	砖，瓷砖，建筑用非金属墙砖
SUMMIT 莎米特	东莞市莎米特箱包有限公司	旅行箱,旅行包		广东宏基管桩有限公司	混凝土管桩	GRIFINE	广东能强陶瓷有限公司	瓷砖，建筑用非金属砖瓦，建筑用嵌砖
WEIWANG 威王	广州市斐高箱包有限公司	旅行包(箱)，手提包,书包	澳翔	广东金牌陶瓷有限公司	瓷砖，非金属地板砖	利家居陶瓷	广东强辉陶瓷有限公司	非金属地板砖，建筑用非金属墙砖
WEIBAO 威豹	广东威豹实业有限公司	旅行包,箱，袋,书包,公文包	金舵	佛山市金舵陶瓷有限公司	墙地砖	荣冠 RONG GUAN	佛山市荣冠玻璃建材有限公司	玻璃马赛克
lapearl	江门市丽明珠实业有限公司	(行李)箱，手提包，公文包	Marco Polo 馬可波羅	广东唯美陶瓷有限公司	瓷质墙地砖，建筑陶瓷砖，建筑用非金属墙砖	卓宝	深圳市卓宝科技股份有限公司	建筑用沥青产品，防水卷材
Yi hua	广东省宜华木业股份有限公司	半成品木材	INIBAO	清远市欧雅陶瓷有限公司	砖，建筑用非金属墙砖，非金属地板砖	创益	深圳市创益科技发展有限公司	太阳能电池组成的非金属屋顶板，镀膜玻璃，建筑玻璃
塔牌 TA PAI	广东塔牌集团股份有限公司	水泥	百特	佛山市高明贝斯特陶瓷有限公司	砖，瓷砖，建筑用非金属墙砖	KETELONG	佛山金科特塑胶有限公司	非金属建筑隔板
广英	广东清远广英水泥有限公司	水泥	XINGHUI 兴辉	广东兴辉陶瓷集团有限公司	瓷砖，非金属地板砖	SG	中国南玻集团股份有限公司	建筑玻璃，安全玻璃，镀膜玻璃
英洲牌 YINGZHOU BRAND	英德市文德实业发展有限公司	水泥	GELAISI 格莱斯	广东新明珠陶瓷集团有限公司	建筑用非金属墙砖，非金属地板砖，瓷砖	南玻	中国南玻集团股份有限公司	建筑玻璃，隔热玻璃，安全玻璃

（续上表）

商 标	商标注册人	延续商品或服务项目	商 标	商标注册人	延续商品或服务项目	商 标	商标注册人	延续商品或服务项目
BOHUA	广东博华陶瓷有限公司	瓷砖，建筑用非金属墙砖	軒紅坊	中山市大涌镇太兴家具厂	家具(红木家具)	HG 恒光	潮安恒光五金实业有限公司	非贵重金属制厨房用具(免火再煮锅)
KNT	深圳长江家具有限公司	沙发(家具)，办公桌		深圳市通产丽星股份有限公司	塑料包装容器		广东联和不锈钢企业有限公司	非贵重金属餐具
迪 諾 雅	深圳市仁豪家具发展有限公司	家具		佛山市南海东兴塑料制罐有限公司	塑料包装容器，木或塑料箱，塑料周转箱	YUTAI	广东玉泰陶瓷有限公司	家庭用陶瓷制品，瓷器
VICTORY	广州市百利文仪实业有限公司	家具，办公家具，金属家具	珠江	广州市塑料工业股份有限公司	水桶，日用非金属周转箱，日用非金属周转箩	Yusui	潮州市裕穗陶瓷制作厂有限公司	日用瓷器(包括盆、碗、盘、壶、餐具、缸、坛、罐)，瓷器装饰品
YOPYE优派	广东优派家私集团有限公司	办公家具	SAOSWN	东莞市兆生家具实业有限公司	家具(办公家具)	NCC	潮州宏业陶瓷制作厂有限公司	日用瓷器(包括盆、碗、盘、壶、餐具、缸、坛、罐)
大涌	中山市卓成贸易有限公司	家具		广东东方家私有限公司	办公家具	QS 強盛	广东强盛陶瓷玻璃有限公司	日用瓷器(盆、碗、盘、壶、餐具、缸、坛、罐)，家用陶瓷制品
XINGMUZAI	罗桂明	儿童床	兴XingCai财	揭阳市兴财不锈钢制品厂有限公司	非贵重金属制厨房用具，非贵重金属制厨房容器，真空瓶		潮州市联源陶瓷制作有限公司	日用瓷器(包括盆、碗、盘、壶、餐具、缸、坛、罐)
yakeboluo 雅科波罗	广州市马可波罗有限公司	碗柜，餐具柜，餐具架	GRAND	广东省五金矿产进出口集团公司	家用非贵重金属器皿，非贵重金属餐具，非贵重金属烛台	HY	潮州市华玉陶瓷有限公司	日用瓷器(包括盆、碗、盘、壶、餐具、缸、坛、罐)
燊腾 Sunteam	广东燊腾钢木制品有限公司	办公家具		新兴县新港城不锈钢制品有限公司	成套的烹饪锅，非贵重金属厨房用具，非贵重金属餐具	三益	饶平县三益实业发展有限公司	家用陶瓷制品，日用瓷器(盆、碗、盘、壶、餐具、缸、坛、罐)
HOPEFULL	谢健峰	医院用病床，医院用床	TOPIN	广东省食品进出口集团公司	非贵重金属厨房用具	威成	潮州市威成瓷艺有限公司	陶器(仿古园林陶器)

（续上表）

商 标	商标注册人	延续商品或服务项目	商 标	商标注册人	延续商品或服务项目	商 标	商标注册人	延续商品或服务项目
藝藤居 VINE ART GALLERY	东莞盈茂家具制造有限公司	家具（藤制家具），藤编制品（不包括鞋、帽、席、垫）		潮州市城西吉街工艺美术彩瓷厂	日用瓷器	DA XIN	潮州市大新工艺厂有限公司	日用瓷器(包括盆、碗、盘、壶、餐具、缸、坛、罐)
中勝	潮州市中胜陶瓷实业有限公司	日用瓷器（盘、碗、壶、餐具、茶具），工艺美术陶瓷(花瓶、坛、罐、盆、缸)		深圳市棕榈滩露营用品有限公司	帐篷		广东浪登服装有限公司	服装(西装、西裤、衬衫)
	广东四通集团股份有限公司	赤陶艺术品，日用瓷器，日用陶器		肇庆市昆庆毛绒厂有限公司	毛毯	爱莎 AISHA	中山市小榄镇金龙制衣厂	内衣裤
	广东长城集团股份有限公司	瓷、赤陶艺术品，日用瓷器	黛富妮	佛山市黛富妮家饰用品有限公司	床罩，被罩，被子	MALIANLU 玛莲露	广东威文服装有限公司	服装
	潮州市庆发陶瓷有限公司	瓷器装饰品(陶瓷布娃娃)		佛山市嘉喜被服厂有限公司	被，帐子	KINGKEY	金奇集团有限公司	服装
ZE ZHOU	潮州市泽洲陶瓷有限公司	瓷器装饰品，家庭用陶瓷制品	GIORGIO GIULINI	广东省纺织品进出口股份有限公司	服装	Cifuca 丝佛卡	东莞市圣旗路时装有限公司	衣服，毛织衣服，针织衣服
SANTAI	潮州市三泰陶瓷有限公司	瓷器装饰品	富紳	富绅集团有限公司	衬衣，西服，茄克	Comsoft	东莞市中玲实业有限公司	内衣
联昌 LUEN CHEONG	中山市联昌喷雾泵有限公司	非医用喷雾器，喷壶莲蓬头，喷香水器		广州市杰丰纺织品有限公司	内裤，内衣(服装)		东莞市众圣针织有限公司	服装
绮梦 QIMENG	林俊智	牙刷	NAERSI 娜尔思	深圳市赢家服饰有限公司	服装(女装)	棉店	中山坚成制衣厂有限公司	内衣裤
TAILI太力	中山市太力家庭用品制造有限公司	保温袋，食品保温容器	帝柏納	广东华商实业有限公司	服装，鞋，领带	尼娇芬 NIJIAOFEN	汕头市永生发针织有限公司	紧身衣裤
	广东明朗生活用品制造厂有限公司	清洁器具(手工操作)	HITWON	广州胜兴隆服装有限公司	衣物(牛仔服装)	Duocaiduozi 多彩多姿	蔡信钦	乳罩
BSG	珠海华尚汽车玻璃工业有限公司	车窗玻璃(半成品)		广东宏杰内衣实业有限公司	乳罩，胸衣，睡衣裤	柏仙多格	中山市柏仙多格制衣贸易有限公司	服装

（续上表）

商 标	商标注册人	延续商品或服务项目	商 标	商标注册人	延续商品或服务项目	商 标	商标注册人	延续商品或服务项目
BOTON	广东波顿时装有限公司	服装	圣地亚	陈晓茹	服装(手绣服装)	佐曼 Zuoman	汕头市乔妮舒内衣有限公司	奶罩，内衣裤
peisilei	广东莫尼卡实业有限公司	奶罩	GIUCHAN	广州市利工民实业公司	汗衫，背心	XUSANY	深圳市雪仙丽实业发展有限公司	睡衣裤
英伟	东莞市英伟实业有限公司	服装	拉比	全发拉比妇婴童用品股份有限公司	童装	民生 MINSHENG	汕头市民生塑胶有限公司	塑料头珠，塑料发夹，塑料珠项链
Duolamei	郭俊昌	针织服装(运动服休闲)	奥 AS 山	汕头市奥山服饰有限公司	雨衣	XING GE	东莞市悠悠美居家居制造有限公司	地垫
依之舍	中山市小榄镇依之舍时装厂	内裤(服装)	ST&SAT	佛山星期六鞋业股份有限公司	鞋	WEN GE 指定颜色	佛山市远华塑料实业有限公司	地垫(瑜珈垫)
贝利爽 BALISO	深圳市贝利爽实业有限公司	吸汗内衣裤		广东顺风实业有限公司	凉鞋，拖鞋	AULDEY	广东奥飞动漫文化股份有限公司	玩具
安吉小羊 AN JI XIAO YANG	汕头市宝贝儿实业有限公司	婴儿全套衣，童装	罗敷 Luo Fu	陈尔越	拖鞋，凉鞋	GOLDLOK	广东高乐玩具股份有限公司	玩具
Andini	普宁市宝贤内衣有限公司	内裤，内衣	飞天鹅	吴川永泰鞋业有限公司	拖鞋	AUSINI	广东奥斯尼玩具实业有限公司	玩具，玩具车，玩具手枪
琪比小美屋	惠州市世纪海洋制衣有限公司	服装(童装)	牧羊女 MUYANGNU	惠州市远东鞋业有限公司	鞋		汕头市锦兴塑胶有限公司	玩具，智能玩具，玩具车
choose 乔士	阳江市乔士协信营销有限公司	服装	TUO FENG	揭阳市南峰塑胶鞋业有限公司	鞋底，靴(塑胶雨靴)	YINRUN	广东银润实业有限公司	玩具车
富康莱 Fu Kang Lai	中山市富康莱内衣服饰有限公司	内裤	KALA LIER	广东天鹅星鞋业有限公司	鞋（女鞋）	SONG YANG TOYS	王壮鹏	智能玩具
	汕头市澄海区凯利达玩具实业有限公司	玩具，玩具娃娃		汕头粤兴企业有限公司	水产品（非活虾），速冻菜	佳盛	汕头市佳盛副食品有限公司	紫菜
双鱼	广州轻工工贸集团有限公司	乒乓球		广州市珍奇味食品有限公司	蜜饯	顺 明	珠海市顺明有限公司	蛋（鸡蛋）

（续上表）

商 标	商标注册人	延续商品或服务项目	商 标	商标注册人	延续商品或服务项目	商 标	商标注册人	延续商品或服务项目
	广东温氏食品集团有限公司	冻肉，冻鸡，蛋品	展翠	广东展翠食品股份有限公司	蜜饯果类	强人	中山市强人集团有限公司	牛奶饮料(以奶为主)
唐顺興 TANG SHUN XING	惠州顺兴食品有限公司	肉，死家禽	粤农 YUE NONG	惠州市四季鲜绿色食品有限公司	干荔枝	東泰	广东东泰乳业有限公司	牛奶制品(炼乳)
金冠牌 皇上皇	广州市食品公司	加工过的肉，腊肠，腌腊肉	QI FENG	东莞市食品有限公司	腌腊，生熟肉，蛋品	鸿禧牌	东莞市永益食品有限公司	食用油,食用菜子油,玉米油
	广东真美食品集团有限公司	猪肉脯，牛肉脯	同享 TONGXIANG	广东同享食品有限公司	果脯，话梅	珍果 ZHEN GUO	阳东县大发益智食品厂	精制坚果仁
无穷	广东无穷食品有限公司	死家禽	今荣 JINRONG	中山市黄圃镇今荣肉类制品厂	腊肠	益元 YIYUAN	江门市新会区益元虫草培植场	干食用菌(蛹虫草)
	广州酒家集团股份有限公司	腊肉，咸猪肉，鱼制食品	誠	中山市坤波食品进出口有限公司	干枣，莲子，木耳	國溢 GO-HARVEST	湛江市国溢水产有限公司	鱼(非活的)，虾(非活)，贝壳类动物(非活)
	广州食品企业集团有限公司	香肠，加工过的肉，鱼制食品	粤旺	广东源丰食品有限公司	果酱，果肉	Xi Yan Shan	大埔县枫朗镇西岩茶场	茶叶
恒兴恒 GO-EVERGREEN	湛江恒兴水产科技有限公司	虾(非活)，鱼制食品		开平广合腐乳有限公司	腐乳	和潤堂	广东和润堂保健品实业有限公司	茶叶代用品，非医用营养粉，非医用营养膏
華孚 HUAFU	潮州市华海水产有限公司	鱼(非活的)，鱼制食品，鱼片		博罗县柏塘光华食品有限公司	五味姜	L.X LONG XING 龙星	丰顺县凤山茶业发展有限公司	茶(乌龙茶、绿茶)
NANFU 南馥	潮安县凤凰南馥茶叶有限公司	茶叶（乌龙单枞茶）	万士发 Wanshifa	广东万士发饼业有限公司	饼干，方便面	Gualu 桂绿	增城市优质米生产基地公司	大米（丝苗米）
甘 岭	广东金岭糖业集团有限公司	白沙糖	日威	中山市日威食品有限公司	糕点	黑牛	黑牛食品股份有限公司	豆奶粉（以大豆为主）
红棉	广州轻工工贸集团有限公司	白砂糖	至尊帝皇	中山市坤波食品进出口有限公司	月饼	美怡乐 MeiYiLe	广东美怡乐食品有限公司	冰淇淋，冰棍，冰糕
量子高科	量子高科（中国）生物股份有限公司	天然增甜剂（低聚糖）	WANTTONE 旺通	广东旺通食品有限公司	饼干，糕点	厨邦	广东美味鲜调味食品有限公司	酱油，鸡精（调味品），调味酱

（续上表）

商标	商标注册人	延续商品或服务项目	商标	商标注册人	延续商品或服务项目	商标	商标注册人	延续商品或服务项目
WEICKY 味奇	深圳市味奇生物科技有限公司	食用葡萄糖		东莞市穗丰食品有限公司	面粉	东古	鹤山市东古调味食品有限公司	酱油，醋，豆酱
展翠	广东展翠食品股份有限公司	糖果	金友 JINYOU	广东金友集团有限公司	大米（有机米）		广州轻工工贸集团有限公司	味精
笑咪咪 XIAOMIMI	广东笑咪咪食品有限公司	糖果	红牡丹	广州市南方面粉股份有限公司	面粉	劲霸 Jingba	广东嘉豪食品股份有限公司	调味品（鸡汁、青芥辣）
立爽	广东金利食品工业有限公司	糖果		台山市粮食购销总公司	米	陽江橋牌	广东阳江豆豉有限公司	姜豉
庆联 QLFOOD	佛山市庆联食品有限公司	（无糖）糖果，（无糖）饼干，（无糖）月饼	伴永康 BAN YONG KANG	惠州伴永康粮油食品有限公司	米		汕头鱼露厂有限公司	鱼露
嘉士利	广东嘉士利食品集团有限公司	饼干，糕点，面包		罗定市稻香园农业发展有限公司	米（有机米）	宝平	广东省中山食品水产进出口集团有限公司	活鱼
采蝶轩	卢宜坚梁或	面包，蛋糕	白马	广东联益马坝米业(曲江)有限公司	大米（油粘米）	黑凤 HEI FENG	开平市合民养殖发展有限公司	活家禽
MA TOU 马头	高州市桑马生态农业发展有限公司	鲜水果（龙眼、荔枝）	普罗宝 Pro-Bio	东莞市银华生物科技有限公司	动物食用蛋白	益力	深圳达能益力泉饮品有限公司	不含酒精饮料（矿泉水）
	惠州市四季绿农产品有限公司	新鲜蔬菜	珠江牌	广州珠江啤酒股份有限公司	啤酒	鼎湖山泉	广东鼎湖山泉有限公司	水（天然净水）
	广东海大集团股份有限公司	饲料，动物食品，动物饲料	金威	深圳金威啤酒有限公司	啤酒		广东鼎湖山泉有限公司	水（天然净水）
宜海	湛江粤华水产饲料有限公司	饲料	怡寶	华润怡宝食品饮料（深圳）有限公司	水（饮料），无酒精饮料	JIALINSHAN	珠海市永隆加林山矿泉水有限公司	矿泉水，蒸馏水
溢多酶	广东溢多利生物科技股份有限公司	非医用饲料添加剂	健力寶	广东健力宝集团有限公司	汽水，果汁	泉之乡	广东泉之乡矿泉饮料有限公司	矿泉水（饮料）

（续上表）

商 标	商标注册人	延续商品或服务项目	商 标	商标注册人	延续商品或服务项目	商 标	商标注册人	延续商品或服务项目
	广东省东莞市沙田顺发畜禽实业有限公司	动物饲料	王老吉	广州医药集团有限公司	(第5类)人用药，（第32类)无酒精饮料，固体饮料	老中医	广东老中医保健食品有限公司	饮料制剂
欣尔达	茂名市昌达饲料厂有限公司	家畜催肥熟饲料	日之泉	广东日之泉集团有限公司	无酒精饮料（蒸馏水）		广东顺德酒厂有限公司	酒
源信	广东源信饲料实业有限公司	饲料（禽饲料、水产饲料）	景田	深圳市景田食品饮料有限公司	矿泉水，蒸馏水	打虎牌	清远市酒厂有限公司	酒
莞利	东莞市广利饲料有限公司	猪饲料（预混料）	天地壹号	天地壹号饮料股份有限公司	无酒精饮料（醋饮料）		广州龙程酒业有限公司	葡萄酒
剑花 JIAN HUA	广东华红饲料科技有限公司	动物饲料（添加剂预混合饲料）	深宝	深圳市深宝实业股份有限公司	菊花茶	长乐牌 CHANGLEPAI	广东长乐烧酒业股份有限公司	各种酒（米香型白酒）
	揭东县越群水产发展有限公司	饲料（虾苗、鱼苗饲料）	福地	东莞市福地饮用水有限公司	水（饮料）		深圳烟草工业有限责任公司	香烟
	广东中烟工业有限责任公司	卷烟	中域	中域电讯连锁集团股份有限公司	推销（替他人）		广州市地下铁道总公司	旅客运输
	广东中烟工业有限责任公司	卷烟	大參林	广东大参林连锁药店有限公司	推销（替他人）（医药销售）	粤运快车	广东省汽车运输集团有限公司	旅客运输
	广东中烟工业有限责任公司	卷烟	创美	汕头市创美药业有限公司	推销（替他人）		广州市广骏旅游汽车企业集团有限公司	运输，出租车运输，租车
	广东中烟工业有限责任公司	卷烟	金地	金地（集团）股份有限公司	不动产出租，不动产管理	海格物流	深圳市海格物流股份有限公司	海上运输，汽车运输，空中运输
壹加壹 One Plus One	廖皓炜廖皓炫廖皓辉	推销（替他人），商业管理辅助，职业介绍所	WONDERLAND	万科企业股份有限公司	不动产管理，不动产代理，不动产出租	顺丰	广州顺丰速运有限公司	包裹投递，汽车运输，空中运输
	广州博亚展览发展有限公司	组织技术展览，组织商业或广告交易会，组织商业广告性的贸易交易会	宏遠	广东宏远集团有限公司	不动产出租，不动产管理	万绿湖	东源县万绿湖旅游发展有限公司	旅行安排

（续上表）

商 标	商标注册人	延续商品或服务项目	商 标	商标注册人	延续商品或服务项目	商 标	商标注册人	延续商品或服务项目
	众业达电气股份有限公司	推销（替他人）		广东众安康后勤集团股份有限公司	不动产管理（医院物业管理）	丹霞山 DANXIASHAN	韶关市丹霞山风景名胜区管理委员会	旅行社（不包括预订旅馆）
赛格	深圳市赛格集团有限公司	推销（替他人），货物展出，商业管理和组织咨询	侨鑫 KINGOLD	侨鑫集团有限公司	不动产管理，不动产代理，不动产出租	GDNGA	阳山县广东第一峰旅游风景区有限公司	观光游览，旅游安排
GMG	广东省机械进出口股份有限公司	进出口代理		广州市城市建设开发集团有限公司	不动产出租，不动产代理，不动产管理		深圳市朝向高尔夫管理有限公司	提供高尔夫球设施，组织体育比赛，培训
EA 怡亞通	深圳市怡亚通供应链股份有限公司	进出口代理	银达 Yinda	广东银达融资担保投资集团有限公司	经纪	PHYSICAL CLUB 中航健身会	深圳市中航健身时尚股份有限公司	健身俱乐部
	广东益华百货有限公司	推销（替他人）	Tencent 腾讯	腾讯科技（深圳）有限公司	信息传送，计算机终端通讯，电讯信息		珠海经济特区圆明新园旅游有限公司	公共游乐场，娱乐，演出服务
白天鹅 WHITE SWAN	白天鹅宾馆	旅馆	金海湾 GOLDEN GULF	汕头经济特区金海湾大酒店有限公司	旅馆，餐馆，自助餐馆	二天堂	张科	医疗辅助，医药咨询
	广东嘉华酒店有限公司	提供食宿旅馆,餐厅,备办宴席	杏林春	广东杏林春凉茶有限公司	清凉茶店,凉茶店	BAINA 宝娜美容	江门市新会区会城宝娜美容培训中心	美容院，按摩，修指甲

广东省驰名、著名商标地区分布情况表

（截至2012年12月31日）

地　区	驰名商标数量	著名商标数量
广州市	70	397
深圳市	103	394
珠海市	9	90
汕头市	18	257
佛山市	93	395
韶关市	1	23
河源市	1	23
梅州市	1	50
惠州市	10	87
汕尾市	2	18
东莞市	34	237
中山市	45	257
江门市	15	103
阳江市	3	67
湛江市	7	80
茂名市	1	53
肇庆市	3	72
清远市	8	46
潮州市	8	132
揭阳市	11	111
云浮市	2	27
全省合计	445	2919

2012年广东省新增驰名商标名单

序号	注册人/使用人	商　标	类别	请求认定商品/服务	地区
1	中山市好生活电器有限公司	Haotaitai	11	厨房用抽油烟机，燃气炉	中山市
2	广东豪美铝业有限公司	HAOMEI及图	6	铝、金属建筑材料	清远市
3	中山达华智能科技股份有限公司	MANGO及图	9	非接触式IC卡读卡器、智能卡(集成电器卡)	中山市
4	广东金达五金制品有限公司	Ri,Mei及图	8	指甲刀（电动或非电动的）	佛山市

（续上表）

序号	注册人/使用人	商 标	类别	请求认定商品/服务	地区
5	深圳市中惠福实业有限公司	V VERSINO及图	25	服装	深圳市
6	广东苹果实业有限公司	第1381214号图形	25	服装	广州市
7	广州增城市广英服装有限公司	VIGOSS	25	服装	广州市
8	广州立白企业集团有限公司	超威SUPERB及图	5	蚊香	广州市
9	深圳市海川实业股份有限公司	Oceanpower及图	19	筑路及铺路材料、混凝土建筑材料、修路用粘合剂	深圳市
10	深圳市金凤凰家具集团有限公司	菲妮斯及图	20	家具	深圳市
11	中山市光阳电器有限公司	冠雅；GUANYA	11	照明器械及装置，照明器，灯	中山市
12	东莞市森世纪木业有限公司	光益KY及图	19	木地板	东莞市
13	海洋王照明科技股份有限公司	海洋王	11	灯	深圳市
14	环球石材（东莞）有限公司	UMGG及图	19	大理石、花岗石、石灰石	东莞市
15	广东华昌铝厂有限公司	华昌WACANG及图	6	铝型材	佛山市
16	深圳市艺华珠宝首饰股份有限公司	金艺华	14	装饰品（珠宝）、戒指（珠宝）、链（珠宝）	深圳市
17	深圳市科陆电子科技股份有限公司	科陆	9	电工仪表及仪器、电测量仪器、成套电气校验装置	深圳市
18	广东欧浦钢铁物流股份有限公司	欧浦	39	货物贮存、运输、仓库	佛山市
19	中山市世宇动漫科技有限公司	世宇科技	28	游戏机	中山市
20	广东汤臣倍健生物科技股份有限公司	汤臣倍健	30	非医用营养液、非医用营养粉	珠海市
21	深圳市永丰源实业有限公司	auratic及图	21	日用陶瓷(包括盆、碗、盘、壶、餐具、缸、坛、罐)	深圳市
22	广东兴辉陶瓷集团有限公司	兴辉XINGHUI	19	瓷砖、非金属地板砖	佛山市
23	广东伊之密精密机械股份有限公司	伊之密YIZUMI及图	7	注塑机，压铸机	佛山市
24	广州市番禺永华家具有限公司	永華YONGHUA	20	家具	广州市
25	深圳市缘与美实业有限公司	缘与美及图	14	金刚石、戒指（珠宝）、项链（宝石）	深圳市
26	深圳市左右家私有限公司	左右ZUOYOU及图	20	家具	深圳市
27	珠海泰坦科技股份有限公司	TITANS及图	9	电源设备，不停电电源	珠海市
28	广东新润成陶瓷有限公司	新润成及图	19	非金属地板砖	佛山市
29	中国南玻集团股份有限公司	南玻	19	建筑玻璃，安全玻璃	深圳市

（续上表）

序号	注册人/使用人	商　标	类别	请求认定商品/服务	地区
30	深圳市格雅表业有限公司	GEYA	14	钟表计时器及其零部件	深圳市
31	清远市致雅陶瓷有限公司	奥米茄	19	砖，非金属地板砖，瓷砖，建筑用非金属墙砖	清远市
32	广东广益科技实业有限公司	广益GUANGYI及图	1	食品防腐用化学品，食品储存用化学品	东莞市
33	广东紫薇星实业有限公司	紫薇星及图	10	电子净化血液循环机	汕头市
34	广州医药集团有限公司	中一	5	人用药	广州市
35	广州白云山制药股份有限公司	抗之霸	5	人用药	广州市
36	广东伟业铝厂有限公司	伟业	6	铝型材	佛山市
37	佛山金兰铝厂有限公司	金兰及图	6	铝型材、铝带	佛山市
38	佛山市南海广源铝业有限公司	CR及图	6	铝型材	佛山市
39	广东顶固集创家居股份有限公司	顶固	6	金属锁（非电），金属滑轮（非机器用）	中山市
40	广东科达机电股份有限公司	KEDA	7	陶瓷工业用机器设备（包括建筑用陶瓷机械）	佛山市
41	东莞市金业电子科技有限公司	金业 GOLDYIP	9	收音机，录音机，耳塞机	东莞市
42	深圳市杰科电子有限公司	杰科GIEC	9	影碟机	深圳市
43	广东冠豪高新技术股份有限公司	冠豪	16	无碳复写纸	湛江市
44	中山市皇冠胶粘制品有限公司	皇冠GROWN及图	16	办公或家用胶带，文具用胶布，不干胶纸	中山市
45	佛山高明顺成陶瓷有限公司	顺辉SH及图	19	砖，瓷砖	佛山市
46	清远市欧雅陶瓷有限公司	意利宝陶瓷INIBAO及图	19	建筑用非金属墙砖、非金属地板砖、瓷砖	清远市
47	佛山市天纬陶瓷有限公司	TW及图	19	瓷砖	佛山市
48	尹银南430224194907093015	好媳妇及图	21	拖把等	广州市
49	广东珠密琪内衣有限公司	ZHUMIQI珠密琪	25	服装	揭阳市
50	广东恒威集团有限公司	WEIPENG及图	25	服装	佛山市
51	广州轻工工贸集团有限公司	鹰金钱及图	29	鱼，水产品，鱼罐头、水产罐头	广州市
52	广东嘉豪食品股份有限公司	劲霸jinba	29	鸡汁	中山市
53	东莞锦泰食品有限公司	思朗silang及图	30	饼干	东莞市
54	广州酒家集团股份有限公司	广州酒家	42	餐馆	广州市

（续上表）

序号	注册人/使用人	商　标	类别	请求认定商品/服务	地区
55	中国南方航空集团公司	第811935号图形	39	运输、货运、旅客运送	广州市
56	深圳市宝鹰建设集团股份有限公司	第3861254号图形	37	室内装潢	深圳市
57	深圳华强集团有限公司	华强	35	推销（替他人）	深圳市
58	深圳市雪仙丽实业发展有限公司	雪仙丽xusany	25	睡衣裤	深圳市
59	京基集团有限公司	京基	36	不动产管理、商品房销售	深圳市
60	宝德科技集团股份有限公司	宝德科技PowerLeader	9	数据处理设备、计算机存储器、信息处理机（中央处理装置）	深圳市
61	比亚迪股份有限公司	比亚迪	12	电动车辆、汽车	深圳市
62	中山市澳克士照明电器有限公司	澳克士KES及图	11	灯	中山市
63	快意电梯有限公司	IFE快意	7	电梯（滑雪运输机除外）、电梯（升降机）、自动梯	东莞市
64	东莞市富宝沙发制造有限公司	Frandiss	20	家具	东莞市
65	广东东箭汽车用品制造有限公司	锐搏	12	车辆保险杆	佛山市
66	广东优派家私集团有限公司	优派	20	办公室用家具	广州市
67	广东天地壹号饮料有限公司	天地壹号	32	醋饮料，苹果醋饮料	江门市
68	广东海兴塑胶有限公司	HAIXIN及图	21	水桶、筛(家用器具)、日用搪瓷塑料器皿(包括盆、碗、盘、壶、杯)	揭阳市
69	琪雅集团有限公司	琪雅	3	化妆品	汕头市
70	佛山市恒洁陶瓷有限公司	恒洁HENGJIE	11	坐便器（卫生设施），淋浴用设备	佛山市
71	深圳市迈尔格表业有限公司	保时捷POSCER	14	表	深圳市
72	广东新中源陶瓷有限公司	圣德保SANDEBO及图	19	建筑用嵌砖，非金属砖瓦，瓷砖	佛山市
73	广东欧珀移动通信有限公司	OPPO	9	手提电话，数字音乐播放器	东莞市
74	广东多正化工科技有限公司	多正	1	工业用粘合剂	佛山市
75	广东龙马化学有限公司	龙马及图	1	白乳胶（聚醋酸乙烯乳液）	东莞市
76	广东华隆涂料实业有限公司	华隆hualong	2	油漆、漆	佛山市
77	嘉宝莉化工集团股份有限公司	嘉宝莉CARPOLY及图	2	涂料、油漆、水性漆	江门市
78	中山市丽莎涂料有限公司	沙漠绿洲 DESER OASIS及图	2	涂料、油漆	中山市
79	广东美涂士建材股份有限公司	嘉丽士	2	涂料	佛山市

（续上表）

序号	注册人/使用人	商　标	类别	请求认定商品/服务	地区
80	佛山市南海区丹灶新农中兴皮件厂	ABC	5	卫生巾	佛山市
81	佛山市南海华豪铝型材有限公司	华豪HUAHAO及图	6	铝型材	佛山市
82	广东华昌铝厂有限公司	伟昌	6	铝、普通金属合金	佛山市
83	佛山市南海区现代国际企业集团	银100	6	铝型材	佛山市
84	广亚铝业有限公司	廣亞及图	6	未加工或半加工普通金属、普通金属合金、金属板、各种型材	佛山市
85	震雄机械（深圳）有限公司	震雄CH及图	7	注塑机	深圳市
86	广东巨轮模具股份有限公司	吉阳及图	7	轮胎成型机	揭阳市
87	深圳市多彩实业有限公司	DeLUX多彩	9	计算机外围设备、计算机周边设备	深圳市
88	深圳市鑫源通电子有限公司	掌门神及图	9	探测仪和探测机	深圳市
89	广州金鹏集团有限公司	金鹏	9	移动电话、电话机、成套无线电话	广州市
90	佛山市高明安华陶瓷洁具有限公司	安华洁具annwa	11	水龙头	佛山市
91	江门市大长江集团有限公司	豪爵Haojue	12	摩托车	江门市
92	广东新明珠陶瓷集团有限公司	惠万家	19	建筑用非金属墙砖、非金属地板砖	佛山市
93	中山固莱尔阳光板有限公司	固莱尔GOODLIFE及图	19	非金属建筑材料（非金属板）	中山市
94	广州富林地板木业有限公司	富林FWPC及图	19	木制地板	广州市
95	广东新润成陶瓷有限公司	汇强及图	19	瓷砖、建筑用非金属墙砖	佛山市
96	佛山欧神诺陶瓷股份有限公司	欧神诺OCEANO及图	19	瓷砖	佛山市
97	佛山市高明美陶陶瓷有限公司	美陶MEITAO及图	19	砖、瓷砖、非金属地砖、建筑用非金属墙砖	佛山市
98	惠东县裕顺鞋业有限公司	香恋XIANGLIAN	25	鞋	惠州市
99	惠州市世纪海洋制衣有限公司	琪比小美屋CHIPISHEAUMEIU及图	25	服装、婴儿服装、鞋	惠州市
100	广州市食品公司	皇上皇	29	加工过的肉、腌腊肉、腊肠	广州市
101	佛山市吉利贸易有限公司	百年糊塗酒	33	酒	佛山市
102	东莞市太子酒店有限公司	奥威斯OYC及图	43	餐馆、住所（旅馆、供膳寄宿处）	东莞市

广东省已注册地理标志名录

（截至2012年12月31日）

序号	商标名称	注册人	注册号	商品	类别	注册日期	地区
1	清远鸡	清远市清远鸡研究开发中心	2016498	活鸡	31	2003年1月7日	清远市
2	清远麻鸡	清远市清远鸡研究开发中心	2016501	活鸡	31	2003年1月7日	清远市
3	翁源三华李	翁源县三华李研究发展中心	3130826	三华李(水果)	31	2006年10月7日	韶关市
4	郁南无核黄皮	郁南县无核黄皮协会	4813314	黄皮(鲜水果)	31	2006年11月14日	云浮市
5	三水黑皮冬瓜	佛山市三水区农业技术推广中心	4843870	黑皮冬瓜	31	2006年11月14日	佛山市
6	四会沙糖桔	四会市沙糖桔协会	5101208	沙糖桔(桔)	31	2007年4月28日	肇庆市
7	四会贡柑	四会市沙糖桔协会	5101207	贡柑(柑橘)	31	2007年4月28日	肇庆市
8	新兴香荔	新兴县水果生产协会	4520816	荔枝	31	2007年6月14日	云浮市
9	信宜怀乡鸡	信宜市畜牧水产学会	3761179	鸡(活)	31	2007年7月7日	茂名市
10	德庆沙糖桔	德庆县农业技术推广中心	5009908	柑橘	31	2007年9月14日	肇庆市
11	德庆贡柑	德庆县农业技术推广中心	5009909	柑橘	31	2007年9月14日	肇庆市
12	新会陈皮	江门市新会区农学会	2024528	陈皮	29	2008年6月28日	江门市
13	惠州梅菜	惠州市梅菜产销协会	4263575	腌制梅菜，梅菜罐头	29	2009年1月21日	惠州市
14	潮州柑	潮州市果树研究所	5188939	柑橘	31	2009年1月21日	潮州市
15	封开杏花鸡	封开县杏花鸡繁育中心	5596282	活鸡	31	2009年1月21日	肇庆市
16	合水粉葛	佛山市粉葛种植协会	6179017	粉葛(新鲜蔬菜)	31	2009年8月14日	佛山市
17	合水粉葛	佛山市粉葛种植协会	6179018	粉葛(新鲜蔬菜)	31	2009年8月14日	佛山市
18	石湾公仔	佛山市陶瓷行业协会	7134888	瓷器艺术品、陶器艺术品等	21	2009年12月7日	佛山市
19	乐平雪梨瓜	佛山市三水区乐平镇农业服务中心	6310720	雪梨瓜	31	2009年12月14日	佛山市
20	阳东双肩玉荷包荔枝	阳东县农业技术推广中心	4634450	荔枝	31	2010年2月21日	阳江市
21	南山荔枝	深圳市南山区农业技术推广站	7104300	荔枝	31	2010年3月28日	深圳市
22	凤凰单丛	潮安县凤凰茶叶专业协会	5365101	茶	30	2010年4月14日	潮州市
23	普宁蕉柑	普宁市水果蔬菜局	6510100	蕉柑	31	2010年8月21日	揭阳市
24	英德红茶	英德市茶叶发展推广中心	5868390	茶	30	2010年11月21日	清远市
25	增城菜心	增城市蔬菜行业协会	8107346	大白菜	31	2010年11月21日	广州市
26	端砚	肇庆市端砚协会	4865263	砚(墨水池)	16	2011年2月14日	肇庆市
27	封开油栗	封开县水果协会	6450451	新鲜栗子	31	2011年6月14日	肇庆市
28	肇实	肇庆市鼎湖区肇实协会	7735064	芡实(新鲜)	31	2012年8月7日	肇庆市

2010—2012年广东省名牌产品（农业类）名录

序号	生产企业	地市	注册商标	产品名称	被评为名牌年份
1	潮安县朝阳农业开发有限公司	潮州	朝陽盛	潮州柑	2010
2	潮州市雅力斯科技实业有限公司	潮州	雅力斯	芡实维钙片	2010
3	广东潮盛食品实业有限公司	潮州	潮盛	橄榄菜	2010
4	广东海富药业有限公司	潮州	广海	鱼虾安可	2010
5	广东宏伟集团有限公司	潮州	凤凰山	宋种茶	2010
6	广东济公保健食品有限公司	潮州	济公	加应子	2010
7	广东康辉集团有限公司	潮州	康辉	香瓜子	2010
8	广东康辉集团有限公司	潮州	康辉	话梅	2010
9	广东元穷食品有限公司	潮州	无穷	鸡翅	2010
10	新华海集团有限公司	潮州	华孚	鳗鲡	2010
11	饶平县高堂一卜食品有限公司	潮州	一卜	高堂菜脯	2010
12	饶平县高堂裕盛食品厂	潮州	高堂大嫂	高堂菜脯	2010
13	饶平县黄冈元香茶行	潮州	蜜兰	岭头单丛茶	2010
14	饶平县金利香生态茶叶有限公司	潮州	迎花树	黄枝香单丛茶	2010
15	饶平县凌旭茶业有限公司	潮州	凌旭	凉瓜茶	2010
16	潮安县凤凰南馥茶叶有限公司	潮州	南馥	凤凰单丛红茶	2011
17	潮安县凤凰南馥茶叶有限公司	潮州	南馥	凤凰蜜兰香单丛茶	2011
18	潮安县凤凰南馥茶叶有限公司	潮州	南馥	凤凰黄枝香单丛茶	2011
19	潮州市康辉食品工业有限公司	潮州	正一品	鲜卤鸭肫肝	2011
20	广东传丰复合肥厂有限公司	潮州	传丰+图形	活力素复混肥	2011
21	广东光宇生物科技有限公司	潮州	勇杰琦+图形	铁皮石斛	2011
22	广东国宾集团有限公司	潮州	国牌+图形	奇兰茶	2011
23	广东好味来食品有限公司	潮州	羽帆	盐焗鸡腿	2011
24	广东宏伟集团有限公司	潮州	凤凰山	单丛茶	2011
25	广东济公保健食品有限公司	潮州	济公	佛手果	2011
26	广东康辉集团有限公司	潮州	康辉+图形	杨梅	2011
27	广东永生源生物科技有限公司	潮州	图形商标	铁皮石斛	2011
28	广东真美食品集团有限公司	潮州	真美牌	真美牌猪肉脯	2011
29	潮安县庵埠天凤食品有限公司	潮州	天凤+图形	桂味杨梅	2012

（续上表）

序号	生产企业	地市	注册商标	产品名称	被评为名牌年份
30	潮安县凤凰南馥茶叶有限公司	潮州	图形商标	凤凰八仙单丛茶	2012
31	潮州市雅力斯科技实业有限公司	潮州	雅力斯	灵芝剥壁孢子粉	2012
32	广东国宾集团有限公司	潮州	图形商标	单丛茶	2012
33	广东宏伟集团有限公司	潮州	凤凰山	芝兰香单丛茶	2012
34	广东宏伟集团有限公司	潮州	宏伟	单丛茶	2012
35	广东康辉集团有限公司	潮州	康辉	多味花生	2012
36	新华海集团有限公司	潮州	华孚	冻烤鳗	2012
37	广东真美食品集团有限公司	潮州	真美+图形	牛肉脯	2012
38	饶平县双雄食品有限公司	潮州	双雄+图形	橄榄菜	2012
39	饶平县坪溪古山生态茶叶有限公司	潮州	古山赤叶	单丛茶	2012
40	东莞泛亚太生物科技有限公司	东莞	保来康	饲用酶制剂（pk100）	2010
41	东莞市保得生物工程有限公司	东莞	保得	微生物土壤接种剂	2010
42	东莞市道滘联合米制品厂	东莞	翠竹	东莞米粉	2010
43	东莞市东骏长和木业有限公司	东莞	骏丰	细木工板	2010
44	东莞市广利饲料有限公司	东莞	莞利	猪用复合预混料	2010
45	东莞市瑞丹生物科技有限公司	东莞	瑞丹	蛹虫草子实体	2010
46	东莞市沙田顺发畜禽实业有限公司	东莞	沙田顺发	鸡配合饲料	2010
47	东莞市养生源蜂业有限公司	东莞	养生源	蜂蜜	2010
48	东莞市银华生物科技有限公司	东莞	普罗宝	酶解蛋白粉	2010
49	东莞市永益食品有限公司	东莞	凤球唛	番茄沙司	2010
50	广东绿卡实业有限公司	东莞	绿卡	中华鳖	2010
51	东莞市冠宇木业有限公司	东莞	WALTO	木方	2011
52	东莞市恒基木业有限公司	东莞	图形商标	木质门	2011
53	东莞市鸿兴食品有限公司	东莞	百利BERRY	红腰豆	2011
54	东莞市金良稻丰米业有限公司	东莞	牛坝香	牛坝香油粘米	2011
55	东莞市金燕粮油食品有限公司	东莞	金燕	金燕牌米粉	2011
56	东莞市骏东木业有限公司	东莞	JOO	细木工板	2011
57	东莞市奇的肥业有限公司	东莞	奇的	柑桔专用肥	2011
58	东莞市瑞德丰生物科技有限公司	东莞	卡德龙	20%百草枯水剂	2011

（续上表）

序号	生产企业	地市	注册商标	产品名称	被评为名牌年份
59	东莞市瑞德丰生物科技有限公司	东莞	瑞华	2.5%高效氯氟氰菊酯微乳剂	2011
60	东莞市沙田顺发畜禽实业有限公司	东莞	沙田顺发+图形	504肥鸭配合饲料	2011
61	东莞市沙田顺发畜禽实业有限公司	东莞	沙田顺发+图形	312小猪配合饲料	2011
62	东莞市太粮米业有限公司	东莞	太粮	油粘米	2011
63	东莞市养生源蜂业有限公司	东莞	养生源	蜂王浆	2011
64	东莞市银华生物科技有限公司	东莞	银华	鳗鱼饲料	2011
65	东莞市永益食品有限公司	东莞	凤球唛	凤球唛鲍鱼汁	2011
66	广东绿卡实业有限公司	东莞	绿卡	乌龟苗	2011
67	广东星河生物科技股份有限公司	东莞	玉龙洞	真姬菇	2011
68	广东星河生物科技股份有限公司	东莞	玉龙洞	金针菇	2011
69	东莞市保得生物工程有限公司	东莞	保得	微生物叶面增效剂	2012
70	广东大众农业科技股份有限公司	东莞	田师傅	土壤调理剂	2012
71	东莞市金良稻丰米业有限公司	东莞	客家情	晚籼米	2012
72	东莞市穗丰食品有限公司	东莞	穗嘉丰	小麦粉	2012
73	东莞市太粮米业有限公司	东莞	靓虾王	晚籼米	2012
74	广东绿卡实业有限公司	东莞	绿卡	中华鳖种苗	2012
75	广东绿卡实业有限公司	东莞	绿卡	乌龟	2012
76	东莞市天富板业有限公司	东莞	TF+图形	白色PE高光饰面中密度纤维板	2012
77	东莞市林氏饲料发展有限公司	东莞	汇昌+图形	蒸汽鱼粉	2012
78	广东康达尔农牧科技有限公司	东莞	康达尔	105肥鸡配合饲料	2012
79	东莞市金良稻丰米业有限公司	东莞	米乐丝苗	米乐丝苗米（晚灿米）	2012
80	佛山金葵子植物营养有限公司	佛山	金葵子	腐秆剂	2010
81	广东耀东华家具板材有限公司	佛山	红棉花	不饱和聚酯树脂装饰人造板	2010
82	佛山市顺德星星饲料有限公司	佛山	星星	海水白鲳鱼配合饲料	2010
83	广东粤星实业发展有限公司	佛山	粤星	蛙配合饲料	2010
84	佛山市卖口乖食品有限公司	佛山	卖口乖	罗非鱼干	2011
85	佛山市南海种禽有限公司	佛山	狮山牌+图形	南海黄鸡苗	2011
86	佛山市三水宝叶木业有限公司	佛山	南盛	细木工板	2011
87	佛山市正典生物技术有限公司	佛山	球苗	鸡球虫四价活疫苗	2011
88	佛山市海航饲料有限公司	佛山	图形商标	163AA大鸡配合饲料	2012

（续上表）

序号	生产企业	地市	注册商标	产品名称	被评为名牌年份
89	广东耀东华家具板材有限公司	佛山	红棉花+图形	浸渍胶膜纸饰面人造板	2012
90	佛山市三水区联科畜牧有限公司	佛山	联科	三水白鸭鸭苗	2012
91	佛山市正典生物技术有限公司	佛山	虫力黑	虫力黑（阿苯达唑、伊维菌素预混剂）	2012
92	佛山市正典生物技术有限公司	佛山	加能速补	加能速补（电解质多维预混料）	2012
93	美亚环球木业（佛山）有限公司	佛山	美亚环球	细木工板	2012
94	佛山市南海甘力木业有限公司	佛山	甘力	细木工板	2012
95	佛山市南海红宝蛋类食品有限公司	佛山	红宝	咸蛋黄	2012
96	佛山市佳洁斯门业有限公司	佛山	佳洁斯	全实木榫拼门	2012
97	广东广远渔业集团有限公司	广州	广远	冰鲜金枪鱼	2010
98	广东海大集团股份有限公司	广州	海因特	鲤鱼预混料A801	2010
99	广东海大集团股份有限公司	广州	海因特	草食性鱼预混料1011	2010
100	广东省金稻种业有限公司	广州	金稻	天优998杂交水稻种子	2010
101	广东省金稻种业有限公司	广州	图形商标	天优122	2010
102	广东省前沿动物保健有限公司	广州	五球宁	球卡丹	2010
103	广东新南都饲料科技有限公司	广州	南都富血	复方富血铁	2010
104	广州大丘有机农产有限公司	广州	图形商标	火龙果	2010
105	广州大台农饲料有限公司	广州	大台侬	4011乳猪饲料	2010
106	广州巨元生化有限公司	广州	天丽红	天丽红	2010
107	广州力智农业有限公司	广州	力智	杜洛克种猪	2010
108	广州力智农业有限公司	广州	力智	长白种猪	2010
109	广州立达尔生物科技股份有限公司	广州	立达尔	复合预混合饲料（九州红）	2010
110	广州立达尔生物科技股份有限公司	广州	立达尔	饲用叶黄素V号	2010
111	广州南宝饲料有限公司	广州	爱宝	302快大肥鸭配合饲料	2010
112	广州市澳洋实业有限公司	广州	粤盛丰	罗非鱼配合饲料	2010
113	广州市百兴畜牧饲料有限公司	广州	穗香	鸡	2010
114	广州市宝生园有限公司	广州	宝生园	槐花蜜	2010
115	广州市番禺粮食储备有限公司米业分公司	广州	绿榕	绿榕雪花粘米	2010
116	广州市番禺区农业科学研究所	广州	禺山	奥尼罗非鱼苗	2010

（续上表）

序号	生产企业	地市	注册商标	产品名称	被评为名牌年份
117	广州市番禺区伟恒人造板厂	广州	伟恒	细木工板	2010
118	广州市丰恒农产品进出口有限公司	广州	丰莲牌	莲藕	2010
119	广州市江丰实业股份有限公司	广州	粤江丰	鸡配合饲料	2010
120	广州市骏宝饲料有限公司	广州	骏宝	233蛋鸭配合饲料	2010
121	广州市良种猪场	广州	广良	猪肉	2010
122	广州南宝饲料有限公司	广州	图形商标	308蛋鸭配合饲料	2010
123	广州南宝饲料有限公司	广州	图形商标	553中猪配合饲料	2010
124	广州市农业科学研究院	广州	穗农	广糯1号	2010
125	广州市谭山蜂业有限公司	广州	谭新	蜂蜜	2010
126	广州天王动物保健品有限公司	广州	天王	天王高利高	2010
127	广州市兴达动物药业有限公司	广州	海利	美维素	2010
128	广东珍奇味集团有限公司	广州	珍奇味	地瓜干	2010
129	广东珍奇味集团有限公司	广州	珍奇味	甜话梅	2010
130	广州市洲星食品有限公司	广州	洲星	马蹄粉	2010
131	广州天科生物科技有限公司	广州	天科	奇力锌	2010
132	广州天王动物保健品有限公司	广州	天王	1号注射液	2010
133	广州市先步农业发展有限公司	广州	先步（xianbu）	鳄龟苗种	2010
134	广东拉多美化肥有限公司	广州	拉多美	硫酸钾型复肥	2011
135	广东省金稻种业有限公司	广州	金稻	五优308	2011
136	广东旺大生物科技有限公司	广州	图形商标	中猪复合预混料	2011
137	广东兴亿海洋生物工程有限公司	广州	兴亿高	优鲜肽	2011
138	广东智威农业科技股份有限公司	广州	岭南黄	岭南黄鸡（活鸡）	2011
139	广州飞禧特水产科技有限公司	广州	特免皇	水产动物多糖预混合饲料	2011
140	广州陆仕水产企业有限公司	广州	新新一煮	冷冻鱼丸	2011
141	广州迈高化学有限公司	广州	消特灵	有机氯消毒剂	2011
142	广东恒发集团有限公司	广州	图形商标	钻石牌冻罗非鱼片	2011
143	广州市佳荔干鲜果食品有限公司	广州	伟明	糯米糍荔枝干	2011
144	广州市江丰实业股份有限公司	广州	粤江丰	多种矿物元素预混合饲料——高硒禽矿-1000	2011

（续上表）

序号	生产企业	地市	注册商标	产品名称	被评为名牌年份
145	广州市骏宝饲料有限公司	广州	骏宝	215出口肥鸭配合饲料	2011
146	广州市荔泉食品有限公司	广州	妃子笑+图形	七丝软粘米	2011
147	广州市清香农产有限公司	广州	粤清香	白菜干	2011
148	广州市清香农产有限公司	广州	粤清香	苦瓜干	2011
149	广州市伟正木制品有限公司	广州	伟业牌	细木工板	2011
150	广州市增城祥惠香蕉专业合作社	广州	祥惠	香蕉	2011
151	广东珍奇味集团有限公司	广州	珍奇味	贡枣	2011
152	广州天王动物保健品有限公司	广州	天王+图形	恩诺沙星注射液	2011
153	广州雄迪食品有限公司	广州	雄迪	雄迪牌水磨糯米粉	2011
154	广州智特奇生物科技有限公司	广州	图形商标	智特红10%	2011
155	广州智特奇生物科技有限公司	广州	图形商标	金黄素Y-20	2011
156	广州智特奇生物科技有限公司	广州	图形商标	智富磷5000	2011
157	广东茶叶进出口有限公司	省直	全帆	广云饼茶	2011
158	广东省广垦橡胶集团有限公司	省直	广垦橡胶	高氨浓缩天然胶乳	2011
159	广东永顺生物制药股份有限公司	省直	永顺制药	鸡传染性法氏囊病中等毒力活疫苗（K85株）	2011
160	广东永顺生物制药股份有限公司	省直	永顺制药	重组禽流感病毒H5亚型二价灭活疫苗(H5N1，Re-5株+Re-4株)	2011
161	广东永顺生物制药股份有限公司	省直	永顺制药	猪瘟活疫苗	2011
162	广东永顺生物制药股份有限公司	省直	永顺制药	重组禽流感病毒灭活疫苗(H5N1)	2011
163	广州市友生园林有限公司	广州	友生	玫瑰	2012
164	广东爱保农科技有限公司	广州	applon 爱保农	爱保农536猪用多维	2012
165	广东东升农场有限公司	广州	东升	菜心	2012
166	广东天禾中加化肥有限公司	广州	彩虹	高浓度水稻专用肥	2012
167	广东正大康地有限公司	广州	广大	552小猪配合饲料	2012
168	广州力智农业有限公司	广州	穗康	肉猪	2012
169	广州鹭业水产有限公司	广州	鹭业	彩虹鲷（红罗非）苗种	2012
170	广州迈高化学有限公司	广州	百迪	高效消毒剂	2012
171	广州市宝生园有限公司	广州	宝生园	纯鲜蜂王浆	2012
172	广州市海维饲料有限公司	广州	HaiLong+图形	8612草鱼料	2012

（续上表）

序号	生产企业	地市	注册商标	产品名称	被评为名牌年份
173	广州市华侨糖厂	广州	红棉	白砂糖	2012
174	广州市江丰实业股份有限公司	广州	江村黄	江村黄鸡	2012
175	广州市江丰实业股份有限公司	广州	粤江丰	鸡用复合维生素预混料C101	2012
176	广州市凌利木业有限公司	广州	凌利	细木工板	2012
177	广东希普生物科技股份有限公司	广州	普乐宝	普乐宝	2012
178	广州市兴达动物药业有限公司	广州	海利	杀毒先锋（二氯异氰脲酸钠粉）	2012
179	广州天河奥特农化新技术有限公司	广州	奥特	小牛硫酸钾三元复肥	2012
180	广州天科生物科技有限公司	广州	天科	甘氨酸铁络合物	2012
181	增城市泰稷发展有限公司	广州	泰稷	丝苗米	2012
182	增城市优质米生产基地公司	广州	挂绿	丝苗米	2012
183	正大康地（蛇口）有限公司番禺厂	广州	红朱岭	311S瘦肉型膨化乳猪配合饲料	2012
184	广州飞禧特水产科技有限公司	广州	飞禧特	蛋氨酸预混合饲料	2012
185	广州陆仕水产企业有限公司	广州	陆仕	冻罗非鱼片	2012
186	广州从化润至园蜂业有限公司	广州	润至园	荔枝蜂蜜	2012
187	广州雄迪食品有限公司	广州	田迪+图形	水磨糯米粉	2012
188	广东省前沿动物保健有限公司	广州	图形商标	复合酚（消毒灵）	2012
189	广州一衣口田有机农业有限公司	广州	一衣口田	鸡（活鸡）	2012
190	广州智特奇生物科技有限公司	广州	智特奇+图形	β-胡萝卜素	2012
191	广州智特奇生物科技有限公司	广州	智特奇+图形	虾青素	2012
192	广东永顺生物制药股份有限公司	省直	永顺制药	伪狂犬病活疫苗	2012
193	广东永顺生物制药股份有限公司	省直	永顺制药	猪链球菌2型氢氧化铝灭活疫苗	2012
194	广东广三保养猪有限公司	省直	广三保+图形	杜洛克种猪	2012
195	广东广三保养猪有限公司	省直	广三保+图形	长白种猪	2012
196	东源县茶果发展有限公司	河源	上莞仙湖	茶叶	2010
197	广东万绿宝食品有限公司	河源	万绿宝	酸萝卜	2010
198	河源过江龙农业发展有限公司	河源	万家富	炒栗	2010
199	河源市石坪顶茶业发展有限公司	河源	石坪顶	绿茶	2010
200	河源市天仙湖农业发展有限公司	河源	圣仙湖	灵芝茶	2010
201	河源市万家香实业有限公司	河源	万家香	大米	2010

（续上表）

序号	生产企业	地市	注册商标	产品名称	被评为名牌年份
202	紫金县黄花茶业有限公司	河源	黄花	绿茶	2010
203	紫金县金葫芦保健品有限公司	河源	金声玉振	溪黄草茶	2010
204	东源县顺景农民专业合作社	河源	义宝牌	赤灵芝破壁孢子粉	2011
205	广东瑞昌食品进出口有限公司	河源	东瑞	长白种猪	2011
206	广东雄达实业发展有限公司	河源	神农宝	灵芝	2011
207	河源市创始人农业发展有限公司	河源	原创人	风味炒栗	2011
208	河源市伊势农业有限公司	河源	伊势	鲜鸡蛋	2011
209	紫金县千禧食品有限公司	河源	永安	紫金椒酱	2011
210	东源县板栗发展有限公司	河源	望郎回	风味炒栗	2012
211	广东瑞昌食品进出口有限公司	河源	东瑞	活肉猪	2012
212	广东中兴绿丰发展有限公司	河源	options	尤力克柠檬	2012
213	紫金县龙塘三高农业开发有限公司	河源	春甜	紫金春甜桔	2012
214	广东霸王花食品有限公司	河源	霸王花	河源米粉	2012
215	河源富万家农业发展有限公司	河源	富万家	原味炒栗	2012
216	河源万绿湖食品有限公司	河源	万绿湖	营养米排粉	2012
217	紫金县金山茶业科技发展有限公司	河源	武顿山	红茶	2012
218	东源县顺景农民专业合作社	河源	义宝	赤灵芝子实体	2012
219	惠东县九华农贸有限公司	惠州	九华	马铃薯	2010
220	惠州市惠阳区绿兴开发公司	惠州	梅姑	土桥梅菜	2010
221	惠州市四季鲜绿色食品有限公司	惠州	粤农	龙眼干	2010
222	惠州顺兴食品有限公司	惠州	唐顺兴	鸽	2010
223	惠东县广兴农贸有限公司	惠州	平海牌	马铃薯	2011
224	惠东县中源农业发展有限公司	惠州	美之源	梅花白萝卜	2011
225	惠州梅菜产销有限公司	惠州	祯州牌	即食梅菜	2011
226	惠州市澳华饲料有限公司	惠州	图形商标	鸡饲料	2011
227	惠州市潮记食品有限公司	惠州	潮记	鲜冻鸭	2011
228	惠州市东海王海洋食品有限公司	惠州	粒粒纯	原榨玉米汁	2011
229	广东海纳农业有限公司	惠州	水中鲤	丝苗米	2011
230	惠州市好收成农贸有限公司	惠州	万其	过年米	2011

（续上表）

序号	生产企业	地市	注册商标	产品名称	被评为名牌年份
231	惠州市鹏昌农业科技有限公司	惠州	鹏昌	鲜鸡蛋	2011
232	惠州市四季绿农产品有限公司	惠州	四季绿如蓝	小白菜	2011
233	惠州市四季绿农产品有限公司	惠州	四季绿如蓝	菜心	2011
234	龙门县科信食品有限公司	惠州	奥蜜	蜂蜜酿造醋	2011
235	惠州伴永康粮油食品有限公司	惠州	伴永康	野澳丝苗米	2012
236	惠州市绿色食品有限公司	惠州	悠久	无公害惠州梅菜	2012
237	惠州市四季绿农产品有限公司	惠州	四季绿如蓝	青瓜	2012
238	惠州市四季鲜绿色食品有限公司	惠州	粤农	荔枝干	2012
239	惠州顺兴食品有限公司	惠州	唐顺兴	冰鲜鸡	2012
240	惠东县广兴农贸有限公司	惠州	好运莲	多祝银丝粘	2012
241	博罗县柏塘光华食品有限公司	惠州	华恒	话梅姜	2012
242	惠州市财兴实业有限公司	惠州	惠绿源	中华鳖	2012
243	惠州市兴牧畜牧发展有限公司	惠州	惠牧	大白种猪	2012
244	惠州市金种家禽发展有限公司	惠州	金种	麻黄鸡	2012
245	惠州李艺金钱龟生态发展有限公司	惠州	李艺	金钱龟（三线闭壳龟）	2012
246	龙门县裕华竹制品实业有限公司	惠州	南昆山+NAN KUN SHAN	竹餐签2.5毫米×250毫米	2012
247	惠东县东进保鲜肉类有限公司	惠州	东进农牧+图形	冰鲜猪肉	2012
248	龙门县云鹏实业有限公司双丰鱼米厂	惠州	双丰鱼+图形	丝苗米	2012
249	惠州市四季绿农产品有限公司	惠州	四季绿如蓝+图形	西红柿	2012
250	惠州市四季鲜绿色食品有限公司	惠州	四季鲜	糯米糍鲜荔枝	2012
251	勇记农业开发（惠州）有限公司	惠州	图形商标	菜心	2012
252	惠州市祥浩实业有限公司	惠州	粤来粤好+图形	甜玉米粒罐头	2012
253	广东新粮实业有限公司	江门	永丰+图案	202出口肥鸭料	2010
254	鹤山市东古调味食品有限公司	江门	东古	野山椒	2010
255	鹤山市墟岗黄畜牧有限公司	江门	旺禽+图案	墟岗黄鸡	2010
256	江门汇海饲料厂有限公司	江门	汇海+图案	汇海膨化乳猪料	2010
257	江门汇海饲料厂有限公司	江门	汇海+图案	8895膨化罗非鱼料	2010
258	江门市大光明农化有限公司	江门	大光明	绿福乳油	2010

（续上表）

序号	生产企业	地市	注册商标	产品名称	被评为名牌年份
259	江门市得宝集团有限公司	江门	劲宝+图案	553瘦肉型中猪配合饲料	2010
260	江门市丰正食品有限公司	江门	丰正	即食天然海蜇	2010
261	江门市江帆水产制品厂有限公司	江门	江帆	即食天然海蜇	2010
262	江门市新康虫草有限公司	江门	岗州春	虫草子实体	2010
263	台山市粮食购销总公司	江门	珍香	大米	2010
264	广东新粮实业有限公司	江门	永丰牌	1322A罗非中成鱼膨化配合饲料	2011
265	鹤山市东古调味食品有限公司	江门	东古牌	蚝油	2011
266	鹤山市华粮米业有限公司	江门	鹤粮+图形	址山贡粮	2011
267	江门汇海饲料厂有限公司	江门	汇银丰	F835草鱼料	2011
268	江门市鸿豪生物科技有限公司	江门	鸿豪	虫草子实体	2011
269	江门市大光明农化有限公司	江门	DAGUANGMING+图形	天丰素可溶液剂	2012
270	江门市丰正食品有限公司	江门	丰正+图形	即食海洋蔬菜	2012
271	台山市长江食品有限公司	江门	图形商标	大白猪种猪	2012
272	台山市科朗现代农业有限公司	江门	科朗+图形	麻黄鸡苗	2012
273	江门嘉年华饲料实业有限公司	江门	嘉年华	1#小猪料	2012
274	江门汇海饲料厂有限公司	江门	图形商标	H3203瘦肉型中猪料	2012
275	广东新粮实业有限公司	江门	永丰	111小鸡料	2012
276	广东茂林食品有限公司	揭阳	茂林	瓜子	2010
277	广东农夫山庄食品工业有限公司	揭阳	农夫山庄	九制杨梅	2010
278	广东星期八食品工业有限公司	揭阳	星期8	开心果	2010
279	广东雄发食品工业有限公司	揭阳	雄发+图形	盐焗杏仁	2010
280	广东亿心食品工业有限公司	揭阳	亿心	葡萄干	2010
281	广东越群海洋生物研究开发有限公司	揭阳	图形商标	车元配合饲料	2010
282	广东京明茶叶综合发展有限公司	揭阳	京明	红心铁观音茶	2010
283	揭西县同心食品有限公司	揭阳	粤揭同心	地瓜干	2010
284	揭西县雅林食品有限公司	揭阳	雅林	花生	2010
285	揭阳市富德园果蔬种植有限公司	揭阳	富德园	佛手	2010
286	普宁市金枝（茶业）保健品有限公司	揭阳	金枝	铁观音	2010

（续上表）

序号	生产企业	地市	注册商标	产品名称	被评为名牌年份
287	广东百得佳高新农业发展有限公司	揭阳	百得佳baidejia	仙蜜果	2011
288	广东富城食品工业有限公司	揭阳	金碧富城+图形	花生（烤制花生果）	2011
289	广东茂林食品有限公司	揭阳	茂林	清甜杨梅	2011
290	广东农夫山庄食品工业有限公司	揭阳	农夫山庄	西瓜子	2011
291	广东星期八食品工业有限公司	揭阳	星期8+图形	瓜子	2011
292	广东亿心食品工业有限公司	揭阳	亿心牌+图形	九制橄榄	2011
293	揭东试验区宏安食品有限公司	揭阳	奥仕嘉	甜玉米	2011
294	广东越群海洋生物研究开发有限公司	揭阳	图形商标	特级无渣虾片饲料	2012
295	揭西县京溪园罐头厂	揭阳	龙江+图形	甜玉米粒罐头	2012
296	广东志诚食品有限公司	揭阳	XingHeng+图形	甜玉米罐头	2012
297	广东广信食品有限公司	揭阳	广信	冬瓜丁	2012
298	普宁市绿活食品有限公司	揭阳	叶原坊	花生（带壳烘炒）	2012
299	电白县绿色农业发展有限公司	茂名	水东鸡心芥	水东鸡心芥	2010
300	电白县永发水产有限公司	茂名	永发	速冻虾仁	2010
301	电白亿顺食品有限公司	茂名	亿品	鲜鱼丸	2010
302	高州伊势农业有限公司	茂名	伊势	鲜鸡蛋	2010
303	广东立威化工有限公司	茂名	立威牌	5.7%氟氯氰菊酯乳油	2010
304	化州市肥业有限公司	茂名	丰字牌	过磷酸钙	2010
305	茂名长兴食品有限公司	茂名	长之兴	冻罗非鱼片	2010
306	茂名长兴食品有限公司	茂名	长之兴	冻罗非鱼	2010
307	茂名市大地丰肥业有限公司	茂名	华茂	过磷酸钙	2010
308	茂名市金信米业有限公司	茂名	锦旺牌	旺上旺靓米	2010
309	茂名市茂南三高渔业发展有限公司	茂名	三高奥雄	奥本品系奥尼罗非鱼苗	2010
310	茂名市穗田复合肥有限公司	茂名	穗田牌	复混肥料〔氮、磷、钾总养分≥30%（15−6−9）〕	2010
311	茂名市新振耀投资有限公司	茂名	丰利王	肉鸽	2010
312	高州市丰盛贸易有限公司	茂名	桂康	生晒桂圆肉	2011
313	广东光环化肥有限公司	茂名	光环	过磷酸钙（一等品有效P2O5≥16%）	2011

（续上表）

序号	生产企业	地市	注册商标	产品名称	被评为名牌年份
314	广东立威化工有限公司	茂名	立威	高效氯氰菊酯母药	2011
315	广东信澳化肥有限公司	茂名	信澳	信澳水稻专用肥〔总养分≥53%（含氯）〕	2011
316	广东盈富农业有限公司	茂名	信宜怀乡鸡+图形	信宜怀乡鸡（活鸡）	2011
317	广东正红鸭蛋开发有限公司	茂名	正红	咸鸭蛋黄	2011
318	茂名市金信米业有限公司	茂名	锦旺	贵族香油粘	2011
319	茂名市金阳热带海珍养殖有限公司	茂名	正金阳	南美白对虾苗	2011
320	茂名市金阳热带海珍养殖有限公司	茂名	正金阳	南美白对虾	2011
321	茂名市茂南三高渔业发展有限公司	茂名	三高奥雄	奥尼罗非鱼	2011
322	茂名市农丰复合肥厂	茂名	图形商标	复混肥料〔50%掺混肥料（氮25、磷5、钾20）〕	2011
323	茂名市农丰复合肥厂	茂名	图形商标	53%水稻专用肥（氮24、磷9、钾20）	2011
324	电白县永发水产有限公司	茂名	永发	冻带头南美白对虾	2012
325	广东立威化工有限公司	茂名	立威	氟氯氰菊酯原药	2012
326	茂名龙海海蜇集团有限公司	茂名	longbao+图形	即食海蜇	2012
327	茂名市伟业罗非鱼良种场	茂名	简伟业	吉奥罗非鱼苗	2012
328	茂名龙海海蜇集团有限公司	茂名	LongBao+图形	盐渍海蜇	2012
329	茂名市伟业罗非鱼良种场	茂名	简伟业+图形	新吉富罗非鱼苗	2012
330	广东立威化工有限公司	茂名	立威+图形	95%氯氰菊酯原药	2012
331	高州市桑马生态农业发展有限公司	茂名	马头+图形	储良龙眼	2012
332	高州市晟丰水果专业合作社	茂名	晟丰园+图形	桂圆肉	2012
333	电白县正绿菜业有限公司	茂名	水东正绿+图形	水东芥菜	2012
334	电白县新科养殖有限公司	茂名	新海養+图形	南美白对虾苗	2012
335	广东信澳化肥有限公司	茂名	信澳	信澳BB肥（总养分≥57%、含氯）	2012
336	电白亿顺食品有限公司	茂名	億品+图形	包心鱼豆腐	2012
337	电白县永发水产有限公司	茂名	永发+图形	冻熟虾	2012
338	广东省大埔县西岩茶叶集团有限公司	梅州	西竺	西岩黄枝香	2010
339	广东省大埔县西岩茶叶集团有限公司	梅州	西竺	西岩单丛茶	2010

（续上表）

序号	生产企业	地市	注册商标	产品名称	被评为名牌年份
340	丰顺县凤山茶业发展有限公司	梅州	龙星	乌龙茶	2010
341	丰顺县黄金食品厂	梅州	黄金	可口姜糖	2010
342	广东健神科技股份有限公司	梅州	健神	健神茶	2010
343	广东蓝田农业有限公司	梅州	图形商标	杏鲍菇	2010
344	广东龙岗马山茶业股份有限公司	梅州	马山牌	绿茶	2010
345	广东省大埔县西岩茶叶集团有限公司	梅州	西竺牌	西岩奇兰茶	2010
346	广东省大埔县西岩茶叶集团有限公司	梅州	岩中玉兔	岩中玉兔	2010
347	广东顺兴种养股份有限公司	梅州	太子妃	太子妃名柚	2010
348	梅县雁南飞茶田有限公司	梅州	雁南飞	金单枞乌龙茶	2010
349	梅州惠玲投资实业有限公司	梅州	绿兰春	梅菜干（脱水蔬菜）	2010
350	广东侨微生物科技有限公司	梅州	侨微	原木赤灵芝孢子粉	2010
351	梅州市稻丰实业有限公司	梅州	金良稻丰	晚籼米	2010
352	梅州市惠兴米业发展有限公司	梅州	君惠	丝苗米	2010
353	梅州市木子金柚专业合作社	梅州	木子	金柚	2010
354	广东凯达茶业股份有限公司	梅州	凯达	香妃翠玉乌龙茶	2011
355	广东凯达茶业股份有限公司	梅州	凯达	凯达乌龙茶	2011
356	广东银新现代农业股份有限公司	梅州	晨露	金针菜	2011
357	广东飞天马实业有限公司	梅州	飞天马	飞天马乌龙茶	2011
358	广东富农生物科技股份有限公司	梅州	图形商标（HL）	精制纯鸡油	2011
359	广东客乡农牧发展有限公司	梅州	客乡香	客乡香猪肉	2011
360	广东梅县雁球食品有限公司	梅州	客乡	米粉	2011
361	广东省大埔县西岩茶叶集团有限公司	梅州	西竺牌	西岩乌龙茶	2011
362	广东顺兴种养股份有限公司	梅州	星奇泰	蜜柚	2011
363	蕉岭县天然蜂业有限公司	梅州	桂岭	野桂花蜜	2011
364	梅州市稻丰实业有限公司	梅州	金良稻丰	客家丝苗米	2011
365	梅州市佳仙食品有限公司	梅州	佳仙	柚皮蜜饯	2011
366	广东客家黄畜牧有限公司	梅州	梅客黄	鲜鸡蛋	2011

（续上表）

序号	生产企业	地市	注册商标	产品名称	被评为名牌年份
367	梅县嘉俊金柚食品厂	梅州	嘉俊	金柚凉果	2012
368	广东梅县雁球食品有限公司	梅州	雁球	山泉米粉	2012
369	梅州市稻丰实业有限公司	梅州	金良稻丰	鄱阳湖顶上香米	2012
370	梅州市金穗生态农业发展有限公司	梅州	辰曲	辰曲香米（晚籼米）	2012
371	广东省大埔县西岩茶叶集团有限公司	梅州	Xi Yan Shan	西岩绿茶	2012
372	梅州市盈安生态农牧发展有限公司	梅州	大坪八斗种	八斗种有机沙田柚	2012
373	梅州市平远锅叾土特产有限公司	梅州	锅叾+图形	水仙绿茶	2012
374	梅州市稻丰实业有限公司	梅州	金良稻丰	客家情象牙粘米	2012
375	广东金霖竹业有限公司	梅州	金霖	竹编胶合板	2012
376	梅州市东恒食品有限责任公司	梅州	客家亲+图形	腐竹	2012
377	梅州惠玲投资实业有限公司	梅州	绿兰春+图形	腐竹	2012
378	梅州市同仁柚果出口农民专业合作社	梅州	梅妃	红肉蜜柚	2012
379	梅州市金稻实业有限公司	梅州	梅江桥	农夫山水晚籼米	2012
380	凤中皇清远麻鸡发展有限公司	清远	凤中皇	清远鸡	2010
381	广东林中宝食用菌有限公司	清远	林中宝	灵芝	2010
382	广东林中宝食用菌有限公司	清远	林中宝	灵芝茶	2010
383	清新县骆姨坑农副产品有限公司	清远	骆坑牌	骆坑鲜笋	2010
384	清远根本农业科技扶贫有限公司	清远	红不让	灵芝孢子粉	2010
385	清远震兴农产品有限公司	清远	巧口	即食脆笋	2010
386	英德市鸿德食品有限公司	清远	鸿大牌	农家脆笋	2010
387	广东天农食品有限公司	清远	凤中皇	清远麻鸡鲜蛋	2011
388	连州市嘉农现代农业发展有限公司	清远	嘉利园	水晶梨	2011
389	清远根本农业科技扶贫有限公司	清远	红不让	灵芝	2011
390	英德市上茗轩茶叶有限责任公司	清远	上茗轩	上茗轩绿茶	2011
391	广东林中宝食用菌有限公司	清远	林中宝	黑木耳	2012
392	广东林中宝食用菌有限公司	清远	林中宝	灵芝孢子粉胶囊	2012
393	广东省佛冈金鲜美粮油食品有限公司	清远	金鲜美	精品油粘米	2012

（续上表）

序号	生产企业	地市	注册商标	产品名称	被评为名牌年份
394	连山壮族瑶族自治县民族食品有限公司	清远	壮瑶家香	有机大米	2012
395	清远根本农业科技扶贫有限公司	清远	红不让	灵芝茶	2012
396	广东豪爽天然保健食品有限公司	清远	豪爽	溪黄草	2012
397	英德市上茗轩茶叶有限责任公司	清远	上茗轩	红茶	2012
398	广东省佛冈金鲜美粮油食品有限公司	清远	金鲜美	精选小香米	2012
399	广东林中宝食用菌有限公司	清远	林中宝	粤北冬菇	2012
400	广东富味制果厂有限公司	汕头	富味	苹果脆	2010
401	广东绍河珍珠有限公司	汕头	绍河SHAOHE	珍珠	2010
402	汕头龙锋食品有限公司	汕头	龙丰	单冻罗非鱼片	2010
403	汕头市白沙禽畜原种研究所	汕头	狮头	鹅	2010
404	广东蓬盛实业有限公司	汕头	蓬盛	橄榄菜	2011
405	汕头鳗联股份有限公司	汕头	MANLIAN +图形	冷冻烤鳗	2011
406	汕头市德兴种养实业有限公司	汕头	绿都	杜洛克种猪	2012
407	汕头市粮丰集团有限公司	汕头	粮丰	配方米	2012
408	汕头市玉蕾食品实业有限公司	汕头	玉蕾	橄榄菜	2012
409	汕头鱼露厂有限公司	汕头	潮汕	鱼露	2012
410	汕头市微补植物营养科技有限公司	汕头	微补	微补果力（磷钙型）	2012
411	汕头市澄海区新寮米面制品厂有限公司	汕头	雄利+图形	水磨糯米粉	2012
412	广东省生宝种养有限公司	汕尾	生宝	木瓜	2011
413	海丰海纳现代有机农业有限公司	汕尾	水中鲤	有机米	2011
414	海丰县供销果蔬加工厂	汕尾	皇斋虎噉	皇斋虎噉金针菜	2011
415	海丰县莲苑种植有限公司	汕尾	图形商标	莲苑茗茶	2011
416	海丰县新学士种养专业合作社	汕尾	飞鹅+图形	西番莲	2011
417	陆丰市跨越种养专业合作社	汕尾	华夏独秀	野青米	2011
418	陆丰市跨越种养专业合作社	汕尾	南塘	南塘花生（炒制花生果）	2011
419	陆河县陆发实业有限公司	汕尾	图形商标	蜜饯奇味梅	2011
420	陆河县陆发实业有限公司	汕尾	图形商标	青梅果酱	2011

（续上表）

序号	生产企业	地市	注册商标	产品名称	被评为名牌年份
421	陆河县乌盾山茶业科研发展有限公司	汕尾	乌盾山	乌盾山茶	2011
422	汕尾市得壹食品有限公司	汕尾	得壹食品	得壹鱼丸	2011
423	汕尾市城区丰祺蔬菜种植专业合作社	汕尾	丰祺绿科	丰祺黄瓜	2012
424	广东省汕尾市绿地高新农业有限公司	汕尾	漢标	绿地刺苦瓜	2012
425	广东省陆丰市跨越生态农业科技有限公司	汕尾	华夏独秀	萝卜条	2012
426	汕尾市碧泉农业开发有限公司	汕尾	荔碧泉	凤山红灯笼荔枝	2012
427	汕尾吉发食品有限公司	汕尾	松洲	牡蛎	2012
428	广东联益马坝米业（曲江）有限公司	韶关	白马	马坝油粘米	2010
429	广东金友集团有限公司	韶关	金友	优质米	2010
430	乳源瑶族自治县南水渔业开发有限公司	韶关	银源	三角鲂鱼	2010
431	广东省翁源县茂源糖业有限公司	韶关	李花	白砂糖	2010
432	广东慧园米业有限公司	韶关	慧园	慧园油粘	2011
433	乐昌市沿溪山茶场有限公司	韶关	雾翔牌	沿溪山白毛尖茶	2011
434	乳源瑶族自治县南水渔业开发有限公司	韶关	银源牌	银鱼（冷冻）	2011
435	新丰县新力农业发展有限公司	韶关	新力	佛手瓜	2011
436	韶关市金果农业生态园有限公司	韶关	长坝	沙田柚	2012
437	韶关市七里香粮油实业有限公司	韶关	国粤天香	美香粘	2012
438	乐昌市华翔木业有限公司	韶关	华翔	细木工板	2012
439	广东慧园米业有限公司	韶关	慧园+图形	慧园福米	2012
440	乐昌市九峰镇绿峰果菜专业合作社	韶关	九峰山+图形	蜜橘	2012
441	始兴县洪源果业有限公司	韶关	五月红+图形	杨梅	2012
442	深圳比利美英伟营养饲料有限公司	深圳	INVE	PS-2-125乳猪浓缩料	2010
443	深圳市芭田生态工程股份有限公司	深圳	芭田	蓝复肥	2010
444	深圳市芭田生态工程股份有限公司	深圳	芭田	三个十五复肥	2010

（续上表）

序号	生产企业	地市	注册商标	产品名称	被评为名牌年份
445	深圳市宝安沙井水产公司	深圳	沙香	沙井蚝油	2010
446	深圳市金新农饲料股份有限公司	深圳	图形商标	仔猪浓缩料40811	2010
447	深圳市金新农饲料股份有限公司	深圳	Sa成农	4%猪用复合预混料	2010
448	深圳市农牧实业有限公司	深圳	美益	深农猪配套系种猪	2010
449	深圳市农牧实业有限公司	深圳	美益	美益猪肉	2010
450	深圳市永桦农产品有限公司	深圳	田夫	脐橙	2010
451	深圳市永桦农产品有限公司	深圳	田夫	西瓜	2010
452	深圳博广天兴食品有限公司	深圳	BGTX	即食章鱼	2011
453	深圳联合水产发展有限公司	深圳	双峰+图形	冻罗非鱼片	2011
454	深圳市芭田生态工程股份有限公司	深圳	芭田	芭田高塔新接力复肥（原芭田高塔138复肥）	2011
455	深圳市宝安沙井水产公司	深圳	沙井	沙井蚝豉	2011
456	深圳市华宝（集团）饲料有限公司	深圳	华宝牌	709种鸽配合饲料	2011
457	深圳市金新农饲料股份有限公司	深圳	成农	代乳王810	2011
458	深圳市永桦农产品有限公司	深圳	田夫	柚子	2011
459	鑫成食品（深圳）有限公司	深圳	图形商标	冻熟制调味裙带菜	2011
460	正大康地（蛇口）有限公司	深圳	CTC正大康地	4326哺乳母猪复合预混料	2011
461	正大康地（蛇口）有限公司	深圳	CTC正大康地	4318强化大猪复合预混料	2011
462	正大康地（蛇口）有限公司	深圳	CTC正大康地	4325怀孕猪复合预混料	2011
463	深圳比利美英伟营养饲料有限公司	深圳	比利美英伟	PS-0-100B乳猪配合饲料	2012
464	深圳市金新农饲料股份有限公司	深圳	成农	代乳王310	2012
465	深圳市金新农饲料股份有限公司	深圳	成农	乳猪王311	2012
466	深圳市稼贾福实业有限公司	深圳	谷尊+图形	谷尊香油粘米	2012
467	深圳市光明畜牧有限公司	深圳	深光+图形	光明配套系肉猪	2012
468	佛山市顺德区利宝饲料有限公司	顺德	利宝牌	233蛋鸭配合饲料	2011
469	佛山市顺德区利宝饲料有限公司	顺德	利宝牌	602草鱼配合饲料	2011
470	广东养宝生物制药有限公司	顺德	福来可	氟苯尼考可溶性粉	2011
471	佛山市顺德区利宝饲料有限公司	顺德	图形商标	236红心蛋鸭配合饲料	2012
472	佛山市顺德区利宝饲料有限公司	顺德	图形商标	615草鱼配合饲料	2012

（续上表）

序号	生产企业	地市	注册商标	产品名称	被评为名牌年份
473	佛山市顺德区利宝饲料有限公司	顺德	图形商标	213快大肥鸭配合饲料	2012
474	广东顺德广顺饲料有限公司	顺德	广顺	209肥鸭配合饲料	2012
475	广东顺德广顺饲料有限公司	顺德	广顺	803中猪配合饲料	2012
476	广东顺德广顺饲料有限公司	顺德	广顺	208蛋鸭配合饲料	2012
477	广东养宝生物制药有限公司	顺德	泡易泡	复合酚	2012
478	佛山市顺德区利宝饲料有限公司	顺德	图形商标	216出口肥鸭配合饲料	2012
479	广东泰峰膨化饲料有限公司	顺德	锦峰+图形	塘虱2号配合饲料	2012
480	广东嘉华生物化工有限公司	阳江	阳灵	脱水甜玉米	2010
481	广东绿业工业集团股份有限公司	阳江	绿业	蜜饯黄皮	2010
482	广东绿业工业集团股份有限公司	阳江	春砂	绿得宝（白龙散）	2010
483	广东顺欣海洋渔业有限公司	阳江	顺兴	罗非鱼片	2010
484	广东阳帆食品有限公司	阳江	阳帆	阳江豆豉	2010
485	阳东县大发益智食品厂	阳江	珍果	甜酸益智	2010
486	广东省阳江市大开水产有限公司	阳江	大开	冷冻虾仁	2010
487	广东嘉华生物化工有限公司	阳江	阳灵	九香仁面	2011
488	广东金凤生物科技有限公司	阳江	朝阳凤	金凤五彩薯	2011
489	广东绿业工业集团股份有限公司	阳江	春砂	皮茶	2011
490	广东绿业工业集团股份有限公司	阳江	绿业	桂圆宝	2011
491	广东阳江八果圣食品有限公司	阳江	八果圣	黄皮干果	2011
492	广东羽威农业集团有限公司	阳江	图形商标	鲜（冻）鸭肉	2011
493	阳春市水果生产服务中心	阳江	Chun NONG	马水桔	2011
494	阳东县大发益智食品厂	阳江	珍果	珍果益智（干果）	2011
495	阳江市平海水产制品有限公司	阳江	平海	鱼丸	2011
496	阳西县沙扒兴盛水产制品有限公司	阳江	兴盛	墨鱼丸	2011
497	阳西县粤富水产养殖鱼粉有限公司	阳江	资源富	鱼粉	2011
498	广东嘉华生物化工有限公司	阳江	阳灵	脱水黑豆	2012
499	广东嘉华生物化工有限公司	阳江	阳灵	脱水春砂仁	2012
500	广东绿业工业集团股份有限公司	阳江	绿业	春砂仁干果	2012
501	广东阳江豆豉有限公司	阳江	陽江橋牌	阳江豆豉	2012
502	广东阳江八果圣食品有限公司	阳江	八果圣	益智干果	2012

（续上表）

序号	生产企业	地市	注册商标	产品名称	被评为名牌年份
503	阳江市平海水产制品有限公司	阳江	平海	虾干鱼丸	2012
504	阳江市谊林海达速冻水产有限公司	阳江	谊林海达	冻裹面包屑虾	2012
505	阳江市谊林海达速冻水产有限公司	阳江	谊林海达	冻熟虾	2012
506	阳江市谊林海达速冻水产有限公司	阳江	谊林海达	冻虾仁	2012
507	广东万事达水产股份有限公司	阳江	BOBOGO+图形	冻虾仁	2012
508	广东阳江八果圣食品有限公司	阳江	八果圣+图形	杨桃干果	2012
509	广东绿业工业集团股份有限公司	阳江	春砂	春砂仁茶	2012
510	广东丰多采农业发展有限公司	阳江	丰多采	网纹甜瓜	2012
511	阳江市莲香食品有限公司	阳江	瑞莲	炒米饼	2012
512	广东顺欣海洋渔业有限公司	阳江	顺兴+图形	冰虾仁	2012
513	广东羽威农业集团有限公司	阳江	图形商标	鲜（冻）羽威鹅	2012
514	阳东县大发益智食品厂	阳江	珍果+图形	黄皮干果	2012
515	广东温氏食品集团有限公司	云浮	温氏Wens group	温氏新兴麻鸡（黄油鸡）	2010
516	新兴县温氏佳润食品有限公司	云浮	地球	温氏冻(鲜)鸡	2010
517	广东广业云硫矿业有限公司	云浮	云硫	过磷酸钙	2011
518	广东明基水产品有限公司	云浮	双雕	冻罗非鱼片	2011
519	广东温氏食品集团有限公司	云浮	温氏+图形	温氏新兴矮脚黄鸡	2011
520	罗定市丰智昌顺科技有限公司	云浮	亚灿米	有机米	2011
521	罗定市生力凉亭禽业有限公司	云浮	生力凰	肉鸡（活鸡）	2011
522	新兴县广华食品有限公司	云浮	广华	广华排米粉	2011
523	广东华农温氏畜牧股份有限公司	云浮	WEN’S GROUP+图形	华农温氏猪配套系 I 号肉猪	2012
524	广东温氏食品集团有限公司	云浮	温氏+图形	温氏新兴竹丝鸡	2012
525	广东马林食品有限公司	云浮	马林+图形	话梅皇	2012
526	罗定市稻香园农业发展有限公司	云浮	聚龙	澳丝米	2012
527	罗定市合生竹制品专业合作社	云浮	罗竹+图形	竹蒸笼	2012
528	罗定市原始蛋鸡养殖有限公司	云浮	生江	鲜鸡蛋	2012
529	新兴县翔顺生态旅游发展有限公司	云浮	象窝+图案	红茶	2012
530	郁南县富康农业发展有限公司	云浮	郁江+图形	郁南无核黄皮	2012
531	广东恒兴饲料实业股份有限公司	湛江	恒兴	鸡系列配合饲料	2010

（续上表）

序号	生产企业	地市	注册商标	产品名称	被评为名牌年份
532	广东恒兴饲料实业股份有限公司	湛江	恒兴	鸭配合饲料	2010
533	广东省丰收糖业发展有限公司复肥厂	湛江	蜂泉	白砂糖	2010
534	广东省华海糖业发展有限公司	湛江	雄鸥/勇士	蒸青绿茶	2010
535	广东源泰农业科技有限公司	湛江	绿力	龙优665	2010
536	广东粤海饲料集团有限公司	湛江	粤海	草虾配合饲料	2010
537	广东粤海饲料集团有限公司	湛江	粤海	南美白对虾配合饲料	2010
538	广东粤佳饲料有限公司	湛江	粤佳牌	草虾配合饲料	2010
539	广东粤佳饲料有限公司	湛江	粤佳牌	南美白对虾配合饲料	2010
540	广东湛化股份有限公司	湛江	海珠花	过磷酸钙	2010
541	湛江市雅沙糖业有限公司	湛江	雅沙	一级白砂糖	2010
542	廉江市劳福茂茶业有限公司	湛江	劳福茂	乌龙茶	2010
543	品先（湛江）水产有限公司	湛江	SAVVY	冻虾仁	2010
544	品先（湛江）水产有限公司	湛江	SAVVY	冻裹面包屑虾	2010
545	吴川市天然食品加工有限公司	湛江	博茂	即食海蜇	2010
546	徐闻海浪养殖有限公司	湛江	海浪	冻熟带头虾	2010
547	亚洲海产（湛江）有限公司	湛江	ASZJ	冻罗非鱼片	2010
548	湛江国联水产开发股份有限公司	湛江	图形商标	南美白对虾苗	2010
549	湛江国联水产开发股份有限公司	湛江	GuoLian	熟凤尾虾	2010
550	湛江国联饲料有限公司	湛江	国联	罗非鱼配合饲料	2010
551	湛江恒兴水产科技有限公司	湛江	恒兴恒	罗非鱼片	2010
552	湛江虹宝水产开发有限公司	湛江	虹宝ZJRAINBOW	冻虾仁	2010
553	湛江经济开发区东方剑麻制品厂	湛江	太阳	地毯	2010
554	广东绿环水产有限公司	湛江	绿环	冻虾仁	2010
555	湛江市海荣饲料有限公司	湛江	海荣	草虾配合饲料	2010
556	湛江市海荣饲料有限公司	湛江	海荣	南美白对虾配合饲料	2010
557	湛江市霞山粮食企业集团公司	湛江	三餐	优质大米	2010
558	湛江市霞山粮食企业集团公司	湛江	三餐壹号	三餐壹号米	2010
559	湛江粤华糖业有限公司	湛江	甘晶	白砂糖	2010
560	广东大华糖业有限公司	湛江	金坡	白砂糖	2011

（续上表）

序号	生产企业	地市	注册商标	产品名称	被评为名牌年份
561	广东金岭糖业集团有限公司	湛江	甘岭	绵白糖	2011
562	广东绿环水产有限公司	湛江	图形商标	冻熟虾	2011
563	广东茗皇茶业有限公司	湛江	茗皇	乌龙茶	2011
564	广东省东方剑麻集团有限公司	湛江	太阳牌	剑麻纤维	2011
565	广东省丰收糖业发展有限公司复肥厂	湛江	肥农	生物有机肥	2011
566	广东省华海糖业发展有限公司	湛江	丰	白砂糖	2011
567	广东粤佳饲料有限公司	湛江	粤佳	海水鱼配合饲料	2011
568	广东湛绿农业科技开发有限公司	湛江	湛绿	尖椒	2011
569	湛江港洋水产有限公司	湛江	港洋	块冻南美白虾	2011
570	湛江国联水产开发股份有限公司	湛江	GUOLIAN	冻去头虾	2011
571	湛江国联水产开发股份有限公司	湛江	GUOLIAN	冻熟虾仁	2011
572	湛江海茂水产生物科技有限公司	湛江	海茂	南美白对虾虾苗	2011
573	湛江恒兴水产科技有限公司	湛江	恒兴恒	寿司虾	2011
574	湛江恒兴水产科技有限公司	湛江	恒兴恒	生虾仁	2011
575	湛江恒兴特种饲料有限公司	湛江	恒兴	对虾配合饲料	2011
576	湛江华资农垦糖业发展有限公司广丰分公司	湛江	三环牌	白砂糖	2011
577	湛江环球水产有限公司	湛江	UNIVERSAL	冻罗非鱼片	2011
578	湛江龙之珍珠有限公司	湛江	龙之珍	海水珍珠项链	2011
579	湛江市金丰糖业有限公司	湛江	银月牌	白砂糖	2011
580	湛江市盛田饲料有限公司	湛江	盛田	对虾配合饲料	2011
581	湛江新昶食品有限公司	湛江	AUSTAR	冻熟连头虾	2011
582	湛江粤华水产饲料有限公司	湛江	宜海牌	虾配合饲料	2011
583	广东恒福糖业集团有限公司	湛江	雪仙	白砂糖	2012
584	广东金岭糖业集团有限公司	湛江	甘岭	白砂糖	2012
585	广东省东方剑麻集团有限公司	湛江	东成	剑麻布	2012
586	广东省东方剑麻集团有限公司	湛江	太阳	剑麻细纱	2012
587	广东壹号食品股份有限公司	湛江	壹号土猪	猪肉	2012
588	广东富强网业有限公司	湛江	富强	三重活鲜网	2012
589	广东源泰农业科技有限公司	湛江	绿力	华优665	2012

（续上表）

序号	生产企业	地市	注册商标	产品名称	被评为名牌年份
590	广东茗上茗茶业有限公司	湛江	茗上茗	乌龙茶	2012
591	湛江东腾饲料有限公司	湛江	东腾	草虾饲料	2012
592	湛江国联水产开发股份有限公司	湛江	guolian	冻带头虾	2012
593	湛江国联饲料有限公司	湛江	图形商标	南美白对虾配合饲料（中虾3号料）	2012
594	湛江恒兴珊瑚饲料有限公司	湛江	珊瑚	斑节对虾配合饲料	2012
595	湛江恒兴水产科技有限公司	湛江	恒兴恒	连头熟虾	2012
596	湛江巾帼水产食品有限公司	湛江	巾帼+图形	熟带头虾	2012
597	湛江市国溢水产有限公司	湛江	图形商标	冻对虾	2012
598	湛江市国溢水产有限公司	湛江	图形商标	冻罗非鱼	2012
599	广东安康实业有限公司	湛江	安康	猪肉	2012
600	徐闻县利民北运果菜有限公司	湛江	登云塔	辣椒	2012
601	徐闻县绿源果菜发展有限公司	湛江	福民+图形	香蕉	2012
602	广东茗上茗茶业有限公司	湛江	茗上茗	红茶	2012
603	湛江恒兴珊瑚饲料有限公司	湛江	珊瑚+图形	南美白对虾配合饲料	2012
604	广东粤佳饲料有限公司	湛江	粤佳	罗非鱼配合饲料	2012
605	湛江汇丰水产有限公司	湛江	钟氏汇丰+图形	冻罗非鱼片	2012
606	德庆县仙罗果业有限公司	肇庆	仙罗	贡柑	2010
607	广宁县创展农业科技有限公司	肇庆	第一吉	沙糖桔	2010
608	广宁县万众竹木工艺制品有限公司	肇庆	柏运达	竹砧板	2010
609	肇庆大华农生物药品有限公司	肇庆	图形商标	高致病性禽流感油乳灭活苗	2010
610	肇庆市华雄农牧有限公司	肇庆	剑花+图形	4314大猪预混合饲料	2010
611	广东兴腾科生物科技有限公司	肇庆	图形商标	猪用微量元素预混料	2011
612	广东兴腾科生物科技有限公司	肇庆	图形商标	鸡用微量元素预混料	2011
613	广东肇庆市灵莲畜牧有限公司	肇庆	北岭	虫子鸡（活鸡）	2011
614	怀集高山青农产品有限公司	肇庆	图形商标	新岗高山冻顶茶	2011
615	怀集县粮食管理储备中心储备库	肇庆	威州	怀集油粘米	2011
616	肇庆鲁卡建材有限公司	肇庆	鲁卡	挤压木塑复合板材	2011
617	肇庆市鼎湖区广利砚洲粉葛专业合作社	肇庆	砚洲	粉葛	2011

（续上表）

序号	生产企业	地市	注册商标	产品名称	被评为名牌年份
618	肇庆市鼎湖区威龙经济发展有限公司	肇庆	羚羊峡	肇实（芡实）	2011
619	肇庆市肥仔伟食品有限公司	肇庆	肥仔伟	传统裹蒸粽	2011
620	德庆县金福绿色家禽科技发展有限公司	肇庆	三奇	山地鸡	2012
621	封开县智诚家禽育种有限公司	肇庆	金凤凰	杏花鸡	2012
622	肇庆市种畜繁育场	肇庆	广鸿+图形	澳洲大白种猪	2012
623	怀集高山青农产品有限公司	肇庆	图形商标	新岗美人茶	2012
624	高要市振业水产有限公司	肇庆	图形商标	冻罗非鱼片	2012
625	广东华红饲料科技有限公司	肇庆	剑花+图形	4%4313中猪预混合饲料	2012
626	怀集县瑞源现代农牧业开发有限公司	肇庆	瑞源	怀集菜心	2012
627	广东省中山食品水产进出口集团有限公司	中山	宝平	鳙鱼	2010
628	广东省中山食品水产进出口集团有限公司	中山	宝平	冻罗非鱼片	2010
629	广东腾骏动物药业股份有限公司	中山	威	二氯异氰脲酸钠粉	2010
630	广东杨氏南北鲜果有限公司	中山	YANG'S-NS	脐橙	2010
631	中山市潮兴家禽发展有限公司	中山	潮兴	石岐肉鸡	2010
632	中山市黄圃银华腊味有限公司	中山	建华	腊鱼	2010
633	中山市凯达精细化工股份有限公司	中山	强力	18%杀虫双水剂	2010
634	中山市凯达精细化工股份有限公司	中山	强力	高效氯氰菊酯原药	2010
635	中山市穗浩圆米业有限公司	中山	园万	园万晚汕米	2010
636	中山市新荣果仁食品有限公司	中山	图形商标	香酥核桃仁	2010
637	中山市渔农产冷冻厂有限公司	中山	欧风	冻对虾	2010
638	中山统一企业有限公司	中山	统一	鳗鱼配合饲料	2010
639	广东腾骏动物药业股份有限公司	中山	腾骏	霉消安-Ⅰ	2011
640	广东腾骏动物药业股份有限公司	中山	腾骏	加康氟苯尼考粉	2011
641	广东腾骏动物药业股份有限公司	中山	威	戊二醛、癸甲溴铵溶液	2011
642	中山市聚丰园粮油食品有限公司	中山	聚丰园	八泰香粘大米	2011
643	中山市泰山饲料有限公司	中山	泰山牌	中猪配合饲料	2011

（续上表）

序号	生产企业	地市	注册商标	产品名称	被评为名牌年份
644	中山市泰山饲料有限公司	中山	泰山牌	草鱼配合饲料	2011
645	中山市渔农产冷冻厂有限公司	中山	欧风	冻脆肉鲩鱼	2011
646	中山市种猪场有限公司	中山	禄园	杜洛克种猪	2011
647	中山万通冷冻食品有限公司	中山	万通	冻罗非鱼柳（片）	2011
648	中山粤海饲料有限公司	中山	海佳	对虾配合饲料	2011
649	中山市白石猪场有限公司	中山	白石龙骏	肉猪	2012
650	中山市白石猪场有限公司	中山	白石龙骏	大白种猪	2012
651	中山市白石猪场有限公司	中山	白石龙骏	杜洛克种猪	2012
652	广东省中山食品水产进出口集团有限公司	中山	宝平	鲮鱼肉片	2012
653	广东省中山食品水产进出口集团有限公司	中山	宝平	草鱼	2012
654	中山市东升农副产品贸易有限公司	中山	东裕	脆肉鲩	2012
655	中山市合益蛋类制品有限公司	中山	合益	咸蛋黄	2012
656	中山市天天动物保健科技有限公司	中山	香山	二氯异氰脲酸钠粉	2012
657	中山市小榄永宁粮油综合加工厂	中山	秋菊+图形	粘米粉	2012
658	中山市潮兴家禽发展有限公司	中山	潮兴	沙栏鸡（活鸡）	2012
659	中山粤海饲料有限公司	中山	海佳	生鱼配合饲料	2012
660	金钱（珠海）有限公司	珠海	金钱	猪饲料	2010
661	珠海市世海饲料有限公司	珠海	世海	南美白对虾配合饲料	2010
662	珠海市世海饲料有限公司	珠海	世海	世海海水鱼高级配合饲料5#	2010
663	珠海市世海饲料有限公司	珠海	世海	世海海水鱼高级配合饲料6#	2010
664	珠海市世海饲料有限公司	珠海	世海	南美白对虾配合饲料3#	2010
665	广东乡意浓农业科技有限公司	珠海	寰宝	瑞龙香粘米	2011
666	珠海市世海饲料有限公司	珠海	世海	生鱼配合饲料	2011
667	珠海市顺明有限公司	珠海	顺明	鲜鸡蛋	2011
668	广东省珠海粮油食品进出口有限公司	珠海	粤香	活肉猪	2012
669	广东溢多利生物科技股份有限公司	珠海	溢多利	饲料用酶制剂 溢多酶A-F811	2012
670	珠海海壹水产饲料有限公司	珠海	海Ⅰ+图形	南美白对虾2LB配合饲料	2012

（续上表）

序号	生产企业	地市	注册商标	产品名称	被评为名牌年份
671	珠海经济特区大海水产饲料有限公司	珠海	图形商标	草虾2号料	2012
672	广东乡意浓农业科技有限公司	珠海	乡意浓	有机米	2012
673	珠海市金果达农业高新技术有限公司	珠海	金果达+图形	糯米糍荔枝	2012
674	珠海市世海饲料有限公司	珠海	TREASUREL-AND+图形	南美白对虾配合饲料	2012
675	珠海市金果达农业高新技术有限公司	珠海	金果达+图形	妃子笑荔枝	2012
676	广东溢多利生物科技股份有限公司	珠海	溢多利	饲料用植酸酶	2012

注：名牌产品有效期为3年。有效期从被评为名牌产品当年开始计。

2012年广东省名牌产品（工业类）名单

编号	产品名称	商标	企业名称	所属地市
GD2012-1	(钢芯)铝合金导线	光GDYG	广东远光电缆实业有限公司	清远
GD2012-2	FFS重包装膜	图形	广东众和化塑有限公司	茂名
GD2012-3	IC卡	图形	东信和平科技股份有限公司	珠海
GD2012-4	IC卡读写机	SMART	广东智慧电子信息产业股份有限公司	广州
GD2012-5	IC卡读写机	XGD	深圳市新国都技术股份有限公司	深圳
GD2012-6	LED模块用电子控制装置	UE	东莞市石龙富华电子有限公司	东莞
GD2012-7	LED模块用电子控制装置	图形	深圳市迈锐光电有限公司	深圳
GD2012-8	LED日光灯	聚作	深圳市聚作照明股份有限公司	深圳
GD2012-9	LED日光灯	NationStar	佛山市国星光电股份有限公司	佛山
GD2012-10	LED日光灯	bcct	东莞市邦臣光电有限公司	东莞
GD2012-11	LED日光灯	图形	广东本邦电器有限公司	顺德
GD2012-12	LED日光灯	MOD	广东凯乐斯光电科技有限公司	顺德
GD2012-13	LED日光灯	欧和	佛山市顺德区欧和照明电器有限公司	顺德
GD2012-14	LED日光灯	LONON朗能	霍尼韦尔朗能电器系统技术（广东）有限公司	中山
GD2012-15	PP-R/PE-RT管材管件	联塑	广东联塑科技实业有限公司	顺德
GD2012-16	PP-R/PE-RT管材管件	日丰	佛山市日丰企业有限公司	佛山
GD2012-17	PTC热敏电阻加热元器件	龙基	东莞市龙基电子有限公司	东莞
GD2012-18	PVC给排水管	联塑	广东联塑科技实业有限公司	顺德
GD2012-19	PVC给排水管	和塑	广东三凌塑料管材有限公司	汕头
GD2012-20	PVC给排水管	锚	中山环宇实业有限公司	中山
GD2012-21	PVC给排水管	雄塑	广东雄塑科技实业有限公司	佛山
GD2012-22	PVC给排水管	永高	深圳市永高塑业发展有限公司	深圳
GD2012-23	PY40T硬质合金	普益	河源普益硬质合金厂有限公司	河源
GD2012-24	按摩器材	索弗SOFO	广东索弗电子实业有限公司	广州
GD2012-25	按摩浴缸	ARROW	佛山市顺德区乐华陶瓷洁具有限公司	顺德

（续上表）

编号	产品名称	商标	企业名称	所属地市
GD2012-26	按摩浴缸	图形	广州蒙娜丽莎建材有限公司	广州
GD2012-27	按摩浴缸	annwa安华洁具	佛山市高明安华陶瓷洁具有限公司	佛山
GD2012-28	按摩浴缸	益高	佛山市南海益高卫浴有限公司	佛山
GD2012-29	按摩浴缸	SSWW浪鲸	佛山市家家卫浴有限公司	佛山
GD2012-30	按压式真空定量喷雾泵	联昌+LUENCHEONG	中山市联昌喷雾泵有限公司	中山
GD2012-31	白乳胶	图形	广州一江化工有限公司	广州
GD2012-32	办公家具	图形	东莞光润家具股份有限公司	东莞
GD2012-33	办公家具	中泰 JONGTAY	中山市中泰龙办公用品有限公司	中山
GD2012-34	办公家具	图形	深圳长江家具有限公司	深圳
GD2012-35	办公家具	虹桥（图形）	佛山市虹桥家具有限公司	顺德
GD2012-36	办公家具	美时LAMEX	东莞美时家具有限公司	东莞
GD2012-37	办公家具	迪欧	中山迪欧家具实业有限公司	中山
GD2012-38	办公家具	富之岛	深圳市大富豪实业发展有限公司	深圳
GD2012-39	办公家具	ONLEAD	广州市欧林家具有限公司	广州
GD2012-40	办公家具	国景 GOKENG	中山市国景家具有限公司	中山
GD2012-41	办公家具	CITYW	东莞市城市之窗家具有限公司	东莞
GD2012-42	办公家具	图形	江门健威家具装饰有限公司	江门
GD2012-43	办公家具	雅柏（图形）	广东雅柏家具实业有限公司	佛山
GD2012-44	办公家具	兆生家具	东莞市兆生家具实业有限公司	东莞
GD2012-45	变压器(110千伏及以下油浸式)	海鸿升	广东海鸿变压器有限公司	江门
GD2012-46	变压器(110千伏及以下油浸式)	WELECTONE+图形	广东华力通变压器有限公司	佛山
GD2012-47	变压器(110千伏及以下油浸式)	广高牌	广州广高高压电器有限公司	广州
GD2012-48	变压器(110千伏及以下油浸式)	eaglerise	伊戈尔电气股份有限公司	佛山
GD2012-49	标准阴极铜	金雁	梅州市金雁实业集团公司	梅州
GD2012-50	丙纶高膨丝	图形	惠阳中核辉新化纤有限公司	惠州
GD2012-51	不锈钢刀	十八子作	阳江十八子集团有限公司	阳江
GD2012-52	不锈钢刀	选夫人	阳江十八子集团有限公司	阳江

（续上表）

编号	产品名称	商标	企业名称	所属地市
GD2012-53	不锈钢刀	图形	阳东县天上红厨业有限公司	阳江
GD2012-54	不锈钢刀	银鹰+图形	广东银鹰实业集团有限公司	阳江
GD2012-55	不锈钢刀	三宝	阳江市三宝刀业有限公司	阳江
GD2012-56	不锈钢刀	图形	永光刀剪集团有限公司	阳江
GD2012-57	不锈钢刀	图形	阳江市安得利刀业有限公司	阳江
GD2012-58	抹泥刀	topwin特普王	汕头市特普王五金工具厂有限公司	汕头
GD2012-59	不锈钢真空杯	图形	揭阳市兴财金属制品有限公司	揭阳
GD2012-60	不锈钢真空杯	图形	广东顺发五金制品有限公司	潮州
GD2012-61	不锈钢装饰管材	WINNER	广州永大不锈钢有限公司	广州
GD2012-62	不锈钢装饰管材	图形	佛山市南海中港兴不锈钢五金制品有限公司	佛山
GD2012-63	不锈钢装饰管材	艺华（图形）	佛山市南海艺华不锈钢铝业有限公司	佛山
GD2012-64	不锈钢装饰管材	CHANG SHI(图形)	佛山市高明协进不锈钢制品有限公司	佛山
GD2012-65	不锈钢装饰管材	图形	佛山市顺德区万佳泓不锈钢制品有限公司	顺德
GD2012-66	不锈钢装饰管材	图形	肇庆新鸿秀金属有限公司	肇庆
GD2012-67	不锈钢装饰管材	图形	佛山市南海瑜顺不锈钢五金制品有限公司	佛山
GD2012-68	不锈钢装饰管材	坚正	佛山市南海双兴不锈钢有限公司	佛山
GD2012-69	彩色涂层钢板	图形	深圳华美板材有限公司	深圳
GD2012-70	餐具洗涤剂	立白	广州立白企业集团有限公司	广州
GD2012-71	餐具洗涤剂	图形	广东鹏锦实业有限公司	揭阳
GD2012-72	餐具洗涤剂	高富力	广州市浪奇实业股份有限公司	广州
GD2012-73	餐具洗涤剂	榄菊+图形	中山雅黛日用化工有限公司	中山
GD2012-74	超细高岭土	六角牌	茂名高岭科技有限公司	茂名
GD2012-75	传统荧光灯	澳克士	中山市澳克士照明电器有限公司	中山
GD2012-76	传统荧光灯	OPPLE	中山市欧普照明股份有限公司	中山
GD2012-77	传统荧光灯	图形	中山市欧帝尔电器照明有限公司	中山
GD2012-78	船体结构用钢	图形	广东韶钢松山股份有限公司	韶关
GD2012-79	纯密胺餐具	五和WUHE	惠州五和实业有限公司	惠州
GD2012-80	纯密胺餐具	图形 TP	东莞万善美耐皿制品有限公司	东莞
GD2012-81	磁共振成像系统	BASDA	深圳市贝斯达医疗器械有限公司	深圳
GD2012-82	磁性材料	图形	广东江粉磁材股份有限公司	江门

（续上表）

编号	产品名称	商标	企业名称	所属地市
GD2012-83	弹簧床垫	慕思	东莞市慕思寝室用品有限公司	东莞
GD2012-84	弹簧床垫	雅兰	雅兰实业（深圳）有限公司	深圳
GD2012-85	弹簧床垫	源田	佛山市源田床具机械有限公司	佛山
GD2012-86	弹簧床垫	红苹果	深圳天诚家具有限公司	深圳
GD2012-87	弹簧床垫	穗宝	广州市欧亚床垫家具有限公司	广州
GD2012-88	灯用稀土三基色荧光粉	图形	江门市科恒实业股份有限公司	江门
GD2012-89	低合金高强度结构钢	图形	广东韶钢松山股份有限公司	韶关
GD2012-90	低烟难燃PVC电线槽管	联塑	广东联塑科技实业有限公司	顺德
GD2012-91	低烟难燃PVC电线槽管	雄塑	广东雄塑科技实业有限公司	佛山
GD2012-92	低噪声移动式燃气发电机组	康达	东莞市康达机电工程有限公司	东莞
GD2012-93	地坪漆	秀珀SUPE及图形	广州秀珀化工股份有限公司	广州
GD2012-94	电冰箱	万宝WANBAO图形	广州万宝集团有限公司	广州
GD2012-95	电冰箱	容声	海信科龙电器股份有限公司	顺德
GD2012-96	电冰箱	Homa奥马	广东奥马电器股份有限公司	中山
GD2012-97	电冰箱	志高	广东志高空调有限公司	佛山
GD2012-98	电动旅游观光车	朗晴LangQing	广州朗晴电动车有限公司	广州
GD2012-99	电动旅游观光车	MARSHELL	广东玛西尔电动科技有限公司	肇庆
GD2012-100	电动旅游观光车	LVTONGFANYING	东莞市绿通高尔夫观光车有限公司	东莞
GD2012-101	电动童车	群兴及图形	广东群兴玩具股份有限公司	汕头
GD2012-102	电动童车	图形+CHILOKBO智乐堡	东莞市智乐堡儿童玩具有限公司	东莞
GD2012-103	电动玩具	AULDEY+双钻	广东奥飞动漫文化股份有限公司	汕头
GD2012-104	电动玩具	图形	骅威科技股份有限公司	汕头
GD2012-105	电动玩具	XQ（图形）	广东信宇工艺玩具有限公司	汕头
GD2012-106	电动玩具	RASTAR	广东星辉车模股份有限公司	汕头
GD2012-107	电动玩具	SF	广东实丰玩具实业有限公司	汕头
GD2012-108	电动玩具	maisto	东莞美驰图实业有限公司	东莞
GD2012-109	电动玩具	Feilun	广东飞轮科技实业有限公司	汕头
GD2012-110	电动玩具	GOLDLOK	广东高乐玩具股份有限公司	揭阳
GD2012-111	电动自行车	台铃 TaiLG	深圳市深铃车业有限公司	深圳

（续上表）

编号	产品名称	商标	企业名称	所属地市
GD2012-112	电风扇	midea	广东美的环境电器制造有限公司	中山
GD2012-113	电风扇	格力GREE	格力电器（中山）小家电制造有限公司	中山
GD2012-114	电风扇	机灵+图形+英文	佛山市顺德区机灵电器有限公司	顺德
GD2012-115	电风扇	图形+JINLING+金羚	江门市金羚风扇制造有限公司	江门
GD2012-116	电工用铜线坯	天乙铜业	中山市天乙铜业有限公司	中山
GD2012-117	电话机	美思奇	惠州市惠阳区美思奇实业发展有限公司	惠州
GD2012-118	电烤箱	格兰仕	广东格兰仕生活电器制造有限公司	中山
GD2012-119	电路板水平式湿制程设备	图形	东莞宇宙电路板设备有限公司	东莞
GD2012-120	电脑机箱	金河田（图形）	东莞市金河田实业有限公司	东莞
GD2012-121	电脑机箱	大水牛	七喜控股股份有限公司	广州
GD2012-122	电压力锅	美的	广东美的生活电器制造有限公司	顺德
GD2012-123	电压力锅	浩特	广东浩特电器有限公司	湛江
GD2012-124	电压力锅	图形	中山市乐邦生活电器有限公司	中山
GD2012-125	电压力锅	雅乐思	中山市雅乐思电器实业有限公司	中山
GD2012-126	电压力锅	志高	广东志高空调有限公司	佛山
GD2012-127	电子级环氧树脂	图形	宏昌电子材料股份有限公司	广州
GD2012-128	电子书阅读器	iriver	艾利和电子科技(中国)有限公司	东莞
GD2012-129	豆浆机	MESTER	中山市美斯特实业有限公司	中山
GD2012-130	多层片式陶瓷电容	FH图形	广东风华高新科技股份有限公司	肇庆
GD2012-131	多层印制板用粘结片预浸材料	图形	广东生益科技股份有限公司	东莞
GD2012-132	多层印制板用粘结片预浸材料	宏仁	广州宏仁电子工业有限公司	广州
GD2012-133	多功能货架	图形	佛山市顺德区勒流镇黄连冠宇金属制品厂	顺德
GD2012-134	多功能货架	Haili海力	东莞市海力物流系统设备有限公司	东莞
GD2012-135	额定电压450/750V及以下聚氯乙烯绝缘电线	吉青+图形	广东吉青电缆实业有限公司	揭阳
GD2012-136	额定电压450/750V及以下聚氯乙烯绝缘电线	新亚SHINE	广东新亚光电缆实业有限公司	清远
GD2012-137	额定电压450/750V及以下聚氯乙烯绝缘电线	图形	广东中联电缆集团有限公司	佛山

（续上表）

编号	产品名称	商标	企业名称	所属地市
GD2012-138	额定电压450/750V及以下聚氯乙烯绝缘电线	联嘉祥	深圳市联嘉祥科技股份有限公司	深圳
GD2012-139	额定电压450/750V及以下聚氯乙烯绝缘电线	图形	广东华达电缆有限公司	东莞
GD2012-140	额定电压450/750V及以下聚氯乙烯绝缘电线	图形	广东电缆厂有限公司	佛山
GD2012-141	额定电压450/750V及以下聚氯乙烯绝缘电线	图形	广州市新兴电缆实业有限公司	广州
GD2012-142	额定电压450/750V及以下聚氯乙烯绝缘电线	成天泰（图形）	深圳成天泰电缆实业发展有限公司	深圳
GD2012-143	额定电压450/750V及以下聚氯乙烯绝缘电线	乐光牌	广州番禺电缆集团有限公司	广州
GD2012-144	额定电压450/750V及以下聚氯乙烯绝缘电线	EFG	广州广日电气设备有限公司	广州
GD2012-145	额定电压450/750V及以下聚氯乙烯绝缘电线	环威	深圳市金环宇电线电缆有限公司	深圳
GD2012-146	额定电压450/750V及以下聚氯乙烯绝缘电线	奔达康	深圳市奔达康电缆股份有限公司	深圳
GD2012-147	额定电压450/750V及以下聚氯乙烯绝缘电线	图形	广东穗星电缆实业有限公司	广州
GD2012-148	额定电压450/750V及以下聚氯乙烯绝缘电线	WASUNG	广东华声电器股份有限公司	顺德
GD2012-149	额定电压450/750V及以下聚氯乙烯绝缘电线	坚宝+图形	广东坚宝电缆有限公司	广州
GD2012-150	额定电压450/750V及以下聚氯乙烯绝缘电线	环市	广州市珠江电线厂有限公司	广州
GD2012-151	额定电压450/750V及以下聚氯乙烯绝缘电线	nan南牌	广东南洋电缆集团股份有限公司	汕头
GD2012-152	额定电压450/750V及以下聚氯乙烯绝缘电线	光GDYG	广东远光电缆实业有限公司	清远
GD2012-153	额定电压450/750V及以下聚氯乙烯绝缘电线	图形	广东创兴电缆有限公司	揭阳
GD2012-154	额定电压450/750V及以下聚氯乙烯绝缘电线	图形	广州番禺五羊电缆制造有限公司	广州
GD2012-155	儿童运动跳床	happyhop	中山新宏达日用制品有限公司	中山
GD2012-156	发动机进排气门	登云	怀集登云汽配股份有限公司	肇庆

（续上表）

编号	产品名称	商标	企业名称	所属地市
GD2012-157	发动机进排气门	VTC	中山市正洲汽门有限公司	中山
GD2012-158	发胶	好迪	广州好迪集团有限公司	广州
GD2012-159	防腐涂料	jointas	广州集泰化工有限公司	广州
GD2012-160	防伪膜	光群	东莞光群雷射科技有限公司	东莞
GD2012-161	粉末涂料	KINTE	广州擎天实业有限公司	广州
GD2012-162	缝纫线	春燕	广东春燕纺织有限公司	江门
GD2012-163	钢筋焊接网	裕丰	广州市裕丰企业集团有限公司	广州
GD2012-164	钢筋混凝土用热轧带肋钢筋	珠海粤钢	珠海粤裕丰钢铁有限公司	珠海
GD2012-165	钢筋混凝土用热轧带肋钢筋	图形	广东韶钢松山股份有限公司	韶关
GD2012-166	钢筋混凝土用热轧带肋钢筋	图形	广东开盛钢铁实业有限公司	揭阳
GD2012-167	钢筋混凝土用热轧带肋钢筋	图形	广东大明钢铁实业有限公司	揭阳
GD2012-168	钢筋混凝土用热轧带肋钢筋	图形	广东中润钢铁实业有限公司	揭阳
GD2012-169	钢筋混凝土用热轧带肋钢筋	裕丰	广州市裕丰企业集团有限公司	广州
GD2012-170	钢筋混凝土用热轧带肋钢筋	图形	广东大兴钢铁实业有限公司	揭阳
GD2012-171	钢筋混凝土用热轧带肋钢筋	图形	深圳市华美钢铁有限公司	深圳
GD2012-172	钢筋混凝土用热轧带肋钢筋	图形	广东友钢钢铁有限公司	揭阳
GD2012-173	钢制采暖散热器	太阳花	佛山市太阳花散热器有限公司	顺德
GD2012-174	高分子防水涂料	CKS 科顺	广东科顺化工实业有限公司	顺德
GD2012-175	高精度铜管材(内螺纹铜管)	图形	广东龙丰精密铜管有限公司	珠海
GD2012-176	高精度铜管材(内螺纹铜管)	鲸龙	广东龙丰精密铜管有限公司	珠海
GD2012-177	高精度铜管材(内螺纹铜管)	精艺（图形）	广东精艺金属股份有限公司	顺德
GD2012-178	高精度铜管材(内螺纹铜管)	天乙铜业	中山市天乙铜业有限公司	中山

（续上表）

编号	产品名称	商标	企业名称	所属地市
GD2012-179	高强度螺丝	图形	鹏驰五金制品有限公司	东莞
GD2012-180	高强度螺丝	图形	春雨（东莞）五金制品有限公司	东莞
GD2012-181	高速水性印刷开槽模切糊箱联动线	科盛隆+图形	广州科盛隆纸箱包装机械有限公司	广州
GD2012-182	工业用空调机	格力gree	珠海格力电器股份有限公司	珠海
GD2012-183	工业用空调机	吉荣	广东吉荣空调有限公司	揭阳
GD2012-184	工业用空调机	志高	广东志高空调有限公司	佛山
GD2012-185	工业用空调机	申菱	广东申菱空调设备有限公司	顺德
GD2012-186	工业用密封胶	图形	广东恒大新材料科技有限公司	惠州
GD2012-187	工艺蜡烛	图形	中山市中南烛业有限公司	中山
GD2012-188	骨质瓷器	shunxiang	广东顺祥陶瓷有限公司	潮州
GD2012-189	骨质瓷器	图形	广东松发陶瓷股份有限公司	潮州
GD2012-190	骨质瓷器	伯林	广东伯林陶瓷实业有限公司	潮州
GD2012-191	骨质瓷器	展慧陶瓷	潮州市荣昌陶瓷工艺实业有限公司	潮州
GD2012-192	骨质瓷器	金鹿	潮安县金鹿陶瓷有限公司	潮州
GD2012-193	骨质瓷器	雅诚德	潮安县凤塘雅诚德陶瓷制作厂	潮州
GD2012-194	鼓乐	魔鲨MUZA	得理乐器（珠海）有限公司	珠海
GD2012-195	瓜果蔬菜刨	LHS	利惠（英德）五金塑料制品有限公司	清远
GD2012-196	瓜果蔬菜刨	KANGLI康力	广东康力日用制品有限公司	阳江
GD2012-197	贵金属首饰	嘉华	深圳市大盘珠宝首饰股份有限公司	深圳
GD2012-198	贵金属首饰	百爵	深圳市百爵实业发展有限公司	深圳
GD2012-199	贵金属首饰	同晖首饰	深圳市同晖珠宝首饰有限公司	深圳
GD2012-200	贵金属首饰	泰源	深圳市泰源福珠宝有限公司	深圳
GD2012-201	贵金属首饰	图形+文字	深圳市金福佳金银珠宝有限公司	深圳
GD2012-202	贵金属首饰	IDEAL	深圳市爱迪尔珠宝股份有限公司	深圳
GD2012-203	贵金属首饰	炫舞金	深圳市翠绿首饰股份有限公司	深圳
GD2012-204	贵金属首饰	意大隆	深圳市意大隆珠宝首饰有限公司	深圳
GD2012-205	合成洗衣粉	立白	广州立白企业集团有限公司	广州
GD2012-206	合成洗衣粉	图形	广东鹏锦实业有限公司	揭阳
GD2012-207	护肤膏霜	美肤宝	广州环亚化妆品科技有限公司	广州
GD2012-208	护肤膏霜	图形	完美(中国)有限公司	中山

（续上表）

编号	产品名称	商标	企业名称	所属地市
GD2012-209	护肤膏霜	法兰琳卡	广州环亚化妆品科技有限公司	广州
GD2012-210	护肤膏霜	七日香	美晨集团股份有限公司	广州
GD2012-211	护肤膏霜	图形	广东雅威生物科技有限公司	汕头
GD2012-212	护肤膏霜	图形	广东雅丽洁精细化工有限公司	汕头
GD2012-213	护肤膏霜	蒂花之秀	广东名臣有限公司	汕头
GD2012-214	换气扇	美的Midea	广东美的环境电器制造有限公司	中山
GD2012-215	换气扇	图形	广东梁田兄弟电器有限公司	顺德
GD2012-216	换气扇	正野GENUIN	广东正野电器有限公司	佛山
GD2012-217	换气扇	金羚	江门市金羚排气扇制造有限公司	江门
GD2012-218	换气扇	绿岛风（图形）	台山港益电器有限公司	江门
GD2012-219	激光打标机	图形	广东大族粤铭激光科技股份有限公司	东莞
GD2012-220	吉他	Homage	佛山市三水龙声乐器制造有限公司	佛山
GD2012-221	吉他	红棉牌	广州红棉吉它有限公司	广州
GD2012-222	吉他	AZALEA	揭阳市长城乐器有限公司	揭阳
GD2012-223	挤包绝缘电力电缆附件	GCA	广东吉熙安电缆附件有限公司	佛山
GD2012-224	家具金属玻璃夹	图形	广东冠辉科技有限公司	东莞
GD2012-225	家具用平板封边条	兄奕	东莞市兄奕塑胶制品有限公司	东莞
GD2012-226	家具用平板封边条	图形	东莞市华立实业股份有限公司	东莞
GD2012-227	家用电器用压缩机	RECHI瑞智	TCL瑞智（惠州）制冷设备有限公司	惠州
GD2012-228	家用电器用压缩机	GREE	珠海凌达压缩机有限公司	珠海
GD2012-229	家用衡器	图形	广东香山衡器集团股份有限公司	中山
GD2012-230	家用洗衣机	威力	中山东菱威力电器有限公司	中山
GD2012-231	家用洗衣机	志高	广东志高空调有限公司	佛山
GD2012-232	剪刀	图形	永光刀剪集团有限公司	阳江
GD2012-233	剪刀	银鹰+图形	广东银鹰实业集团有限公司	阳江
GD2012-234	剪刀	金辉	阳江市阳东金辉刀剪制品有限公司	阳江
GD2012-235	剪刀	利达行	惠州市利达行五金刀具有限公司	惠州
GD2012-236	剪刀	图形	阳西县恒达刀剪制造有限公司	阳江
GD2012-237	建陶用辊道窑	KEDA	广东科达机电股份有限公司	顺德
GD2012-238	建筑管桩端板	毅马	中山市毅马五金有限公司	中山

（续上表）

编号	产品名称	商标	企业名称	所属地市
GD2012-239	建筑涂料	嘉宝莉 carpoly	嘉宝莉化工集团股份有限公司	江门
GD2012-240	建筑涂料	美涂士	广东美涂士建材股份有限公司	顺德
GD2012-241	建筑涂料	华润漆	广东华润涂料有限公司	顺德
GD2012-242	建筑用硅酮密封胶	BY+图形	广州市白云化工实业有限公司	广州
GD2012-243	建筑用硅酮密封胶	高士	广州市高士实业有限公司	广州
GD2012-244	脚轮	图形+ASIA FLYWHEEL+亚洲飞轮	阳江市飞轮金属制品有限公司	阳江
GD2012-245	脚轮	万里	中山市万里脚轮有限公司	中山
GD2012-246	铰链	家具铰链	广东东泰金属制品有限公司	顺德
GD2012-247	铰链	星鹏	广东星鹏实业有限公司	揭阳
GD2012-248	铰链	SH-ABC	广东星徽精密制造股份有限公司	顺德
GD2012-249	铰链	四五六	广东中侨五金电器制造有限公司	顺德
GD2012-250	节能金属复合门	顶固	广东顶固集创家居股份有限公司	中山
GD2012-251	洁厕剂	蓝月亮	广州蓝月亮实业有限公司	广州
GD2012-252	洁面乳	图形	完美(中国)有限公司	中山
GD2012-253	洁面乳	图形	广东蕾琪化妆品有限公司	汕头
GD2012-254	洁面乳	丹姿	广州市白云联佳精细化工厂	广州
GD2012-255	聚脲涂料	秀珀SUPE及图形	广州秀珀化工股份有限公司	广州
GD2012-256	聚脲涂料	CKS 科顺	广东科顺化工实业有限公司	顺德
GD2012-257	聚脲涂料	图形	珠海飞扬化工有限公司	珠海
GD2012-258	开罐器	图形	阳江市华泉工业制品有限公司	阳江
GD2012-259	可记录光盘CDR	YDD	广东省粤东磁电有限公司	汕头
GD2012-260	可记录光盘CDR	ANGTE	广东昂特音像有限公司	汕头
GD2012-261	可记录光盘CDR	图形	广东粤华磁电实业有限公司	汕头
GD2012-262	离心泵	凌霄	广东凌霄泵业股份有限公司	阳江
GD2012-263	离心泵	粤华牌	广东永力泵业有限公司	阳江
GD2012-264	锂离子电池	Mcnair	东莞市迈科科技有限公司	东莞
GD2012-265	锂离子电池	德赛DESAY	惠州市德赛集团有限公司	惠州
GD2012-266	锂离子电池	EVE	惠州亿纬锂能股份有限公司	惠州
GD2012-267	锂离子电池	鹏辉	广州鹏辉能源科技股份有限公司	广州

（续上表）

编号	产品名称	商标	企业名称	所属地市
GD2012-268	立式/卧式柴油机	图形	广东德力柴油机有限公司	顺德
GD2012-269	淋浴房	ROSERY	中山市伟莎卫浴有限公司	中山
GD2012-270	淋浴房	阿波罗APPOLLO	阿波罗（中国）有限公司	广州
GD2012-271	淋浴房	sally	中山市莎丽卫浴设备有限公司	中山
GD2012-272	淋浴房	FRAE	中山市福瑞卫浴设备有限公司	中山
GD2012-273	淋浴房	莱博顿	中山莱博顿卫浴有限公司	中山
GD2012-274	淋浴房	IDEAL	佛山市理想卫浴有限公司	佛山
GD2012-275	淋浴房	地中海	广东地中海卫浴科技有限公司	顺德
GD2012-276	硫铁矿	云硫	广东广业云硫矿业有限公司	云浮
GD2012-277	旅客登机桥	CIMC	深圳中集天达空港设备有限公司	深圳
GD2012-278	铝塑复合管	联塑	广东联塑科技实业有限公司	顺德
GD2012-279	铝塑复合管	日丰	佛山市日丰企业有限公司	佛山
GD2012-280	螺旋锥齿轮	图形	广东柳菱宏通实业有限公司	梅州
GD2012-281	马口铁	图形	中山中粤马口铁工业有限公司	中山
GD2012-282	模具标准件	集华	中山集华模具有限公司	中山
GD2012-283	摩丝	好迪	广州好迪集团有限公司	广州
GD2012-284	墨盒	天威	珠海天威飞马打印耗材有限公司	珠海
GD2012-285	墨盒	图形	珠海纳思达电子科技有限公司	珠海
GD2012-286	木地板	图形	巴洛克木业（中山）有限公司	中山
GD2012-287	木地板	宜华yihua	广东省宜华木业股份有限公司	汕头
GD2012-288	木地板	大自然	中山市大自然木业有限公司	中山
GD2012-289	木地板	PACO柏高	中山广新柏高装饰材料有限公司	中山
GD2012-290	奶泡壶机	WUXING	湛江市五星电器有限公司	湛江
GD2012-291	牛皮挂面箱纸板	玖龙+图形	东莞玖龙纸业有限公司	东莞
GD2012-292	牛仔服装	图形	佛山市顺德区力高制衣有限公司	顺德
GD2012-293	牛仔服装	D＆C	中山市裕骏制衣有限公司	中山
GD2012-294	啤酒灌装生产线	CLM商标	广东轻工机械二厂有限公司	汕头
GD2012-295	片式电感器	FH图形	广东风华高新科技股份有限公司	肇庆
GD2012-296	片式元器件端电极表面处理材料	图形	肇庆市羚光电子化学品材料科技有限公司	肇庆

（续上表）

编号	产品名称	商标	企业名称	所属地市
GD2012-297	偏光片	WINDA 纬达光电	佛山纬达光电材料有限公司	佛山
GD2012-298	频谱水治疗保健仪	骏丰频谱	广东骏丰频谱实业有限公司	广州
GD2012-299	乒乓球台	双鱼	广州双鱼体育用品集团有限公司	广州
GD2012-300	平板太阳能集热器	五星	广东五星太阳能股份有限公司	东莞
GD2012-301	漆包线	图形	广东蓉胜超微线材股份有限公司	珠海
GD2012-302	漆包线	格兰仕Galanz	格兰仕（中山）电工线材有限公司	中山
GD2012-303	漆包线	格力GREE	珠海格力电工有限公司	珠海
GD2012-304	漆包线	图形	兴宁市金雁电工有限公司	梅州
GD2012-305	漆包线	益达	东莞市益达实业有限公司	东莞
GD2012-306	气动元件	ZHICHENG	肇庆市志成气动有限公司	肇庆
GD2012-307	气动元件	方大	广东省肇庆方大气动有限公司	肇庆
GD2012-308	汽车、摩托车内外饰件	井上建上	东莞井上建上汽车部件有限公司	东莞
GD2012-309	汽车、摩托车内外饰件	POWERFUL	广东华钿勇士汽车用品有限公司	顺德
GD2012-310	汽车、摩托车内外饰件	锐搏WINBO+图形	广东东箭汽车用品制造有限公司	顺德
GD2012-311	汽车安全玻璃	图形	信义汽车玻璃（深圳）有限公司	深圳
GD2012-312	汽车安全玻璃	BSG	珠海华尚汽车玻璃工业有限公司	珠海
GD2012-313	汽车电子防盗设备	铁将军	广东铁将军防盗设备有限公司	中山
GD2012-314	汽车空调	JYAC	广州精益汽车空调有限公司	广州
GD2012-315	汽车空调	劲达	劲达技术（河源）有限公司	河源
GD2012-316	汽车漆	银帆	广东银帆化学有限公司	江门
GD2012-317	汽车漆	雅图	广东雅图化工有限公司	江门
GD2012-318	汽车散热器	BAIJIXIONG+图形	广东法拉达汽车散热器有限公司	广州
GD2012-319	汽车音响	德赛DESAY	惠州市德赛集团有限公司	惠州
GD2012-320	汽车音响	PEIYING培英	丰顺县培英电声有限公司	梅州
GD2012-321	汽车音响	CASKA	广东好帮手电子科技股份有限公司	佛山
GD2012-322	汽车音响	图形	深圳市航盛电子股份有限公司	深圳
GD2012-323	汽车音响	PASSWAY	惠州市达为汽车电子有限公司	惠州
GD2012-324	汽车雨刮片	山多力 SANDOLLY	东莞山多力汽车配件有限公司	东莞
GD2012-325	汽车雨刮片	金麒	广东亚太不锈钢制品有限公司	肇庆
GD2012-326	琴弦	愛麗絲	广州市罗曼士乐器制造有限公司	广州

（续上表）

编号	产品名称	商标	企业名称	所属地市
GD2012-327	燃气具用阀体总成	合胜	广东合胜金属制造有限公司	中山
GD2012-328	染烫发剂	迪彩	广州市迪彩化妆品有限公司	广州
GD2012-329	染烫发剂	现代	佛山市顺德区现代保健用品有限公司	顺德
GD2012-330	热浸镀锌卷板	图形+裕升钢铁	东莞裕升薄板有限公司	东莞
GD2012-331	热浸镀锌卷板	GJSS	广州JFE钢板有限公司	广州
GD2012-332	热双金属材料	FEPAC	佛山通宝精密合金股份有限公司	佛山
GD2012-333	日光灯支架灯盘	奇利王	广东奇利电器实业有限公司	顺德
GD2012-334	日光灯支架灯盘	TCL	惠州TCL照明电器有限公司	惠州
GD2012-335	日光灯支架灯盘	巴顿	广东信华电器有限公司	顺德
GD2012-336	熔化极气体保护焊机	焊王	广州友田机电设备有限公司	广州
GD2012-337	软磁铁氧体材料	FH图形	广东风华高新科技股份有限公司	肇庆
GD2012-338	软磁铁氧体材料	A-CORE	江门安磁电子有限公司	江门
GD2012-339	软磁铁氧体材料	HPC	乳源东阳光磁性材料有限公司	韶关
GD2012-340	软性印制电路板(FPC)	图形	珠海元盛电子科技股份有限公司	珠海
GD2012-341	沙发	图形	佛山市斯帝罗兰实业发展有限公司	顺德
GD2012-342	沙发	GUANGDA	汕头市华莎驰家具家饰有限公司	汕头
GD2012-343	沙发	元宗	东莞市元宗家具有限公司	东莞
GD2012-344	沙发	图形迪奥比	佛山市迪奥比家具有限公司	佛山
GD2012-345	沙发	Carpenter	中山四海家具制造有限公司	中山
GD2012-346	闪存盘	优盘	深圳市朗科科技股份有限公司	深圳
GD2012-347	商用衡器	图形	广东香山衡器集团股份有限公司	中山
GD2012-348	射频（RFID）识别系统	EASTRIVER依时利	东莞市依时利科技有限公司	东莞
GD2012-349	生活用纸加工设备	宝索	佛山市宝索机械制造有限公司	佛山
GD2012-350	生活用纸加工设备	图形	佛山市南海区德昌誉机械制造有限公司	佛山
GD2012-351	声光/塑料玩具	群兴及图标	广东群兴玩具股份有限公司	汕头
GD2012-352	声光/塑料玩具	智迪玩具	汕头市锦兴塑胶有限公司	汕头
GD2012-353	声光/塑料玩具	UNI FORTUNE	广东彩珀玩具实业有限公司	汕头
GD2012-354	施工升降机	图形	广州市京龙工程机械有限公司	广州
GD2012-355	时钟	百圣牛	广州市百圣牛实业有限公司	广州

（续上表）

编号	产品名称	商标	企业名称	所属地市
GD2012-356	时钟	图形	揭阳市西马钟表工业有限公司	揭阳
GD2012-357	时装（毛织类）	Street Girl	东莞市美姬服饰有限公司	东莞
GD2012-358	时装（毛织类）	皇仕鲨	东莞市盛泰针织制衣有限公司	东莞
GD2012-359	时装（毛织类）	波妮波比	东莞市汇盛针织时装有限公司	东莞
GD2012-360	时装（毛织类）	卷卷毛	东莞市辉骏针织时装有限公司	东莞
GD2012-361	时装（梭织类）	INSUN	深圳影儿时尚集团有限公司	深圳
GD2012-362	时装（梭织类）	歌莉娅	广州市格风服饰有限公司	广州
GD2012-363	时装（梭织类）	ELLASSAY	深圳歌力思服饰股份有限公司	深圳
GD2012-364	时装（梭织类）	丝佛卡	东莞市圣旗路时装有限公司	东莞
GD2012-365	时装（梭织类）	凯撒	凯撒(中国)股份有限公司	汕头
GD2012-366	时装（梭织类）	金嘉德	潮州市金嘉德服饰有限公司	潮州
GD2012-367	时装（晚礼服）	名瑞	广东名瑞（集团）股份有限公司	潮州
GD2012-368	时装（晚礼服）	金嘉德	潮州市金嘉德服饰有限公司	潮州
GD2012-369	时装（晚礼服）	图形	广东金潮集团有限公司	潮州
GD2012-370	食品包装纸制品	联兴landsing	东莞市石龙联兴实业有限公司	东莞
GD2012-371	室内加热器	格力（GREE）	格力电器（中山）小家电制造有限公司	中山
GD2012-372	室内加热器	艾美特	艾美特电器（深圳）有限公司	深圳
GD2012-373	手持机用锂离子电源充电器	图形	天宝电子(惠州)有限公司	惠州
GD2012-374	手电筒	雅格	广东太格尔电源科技有限公司	汕头
GD2012-375	手电筒	图形	广东金源照明科技有限公司	潮州
GD2012-376	手机电池	McNair	东莞市迈科科技有限公司	东莞
GD2012-377	书写笔	shuter树德	广东树德实业有限公司	汕头
GD2012-378	数控车床	图形	广州市敏嘉制造技术有限公司	广州
GD2012-379	数控弯管机	奥美森	中山市奥美森工业有限公司	中山
GD2012-380	数控铣床	图形	深圳市鼎泰数控机床股份有限公司	深圳
GD2012-381	数码相框	GADMEI	清远市佳的美电子科技有限公司	清远
GD2012-382	数字式测量投影仪	rational-wanhao	广东万濠精密仪器股份有限公司	东莞
GD2012-383	水电站计算机监控系统	NFEA	广东南丰电气自动化有限公司	梅州
GD2012-384	水性涂料	嘉宝莉 carpoly	嘉宝莉化工集团股份有限公司	江门

（续上表）

编号	产品名称	商标	企业名称	所属地市
GD2012-385	水性涂料	华隆	广东华隆涂料实业有限公司	顺德
GD2012-386	水性涂料	巴德士	广东巴德士化工有限公司	中山
GD2012-387	水性涂料	树熊+图形	澳达树熊涂料(惠州)有限公司	惠州
GD2012-388	水性油墨	佳景	广东佳景科技有限公司	东莞
GD2012-389	水性油墨	天龙	广东天龙油墨集团股份有限公司	肇庆
GD2012-390	税控燃油加油机	恒山	托肯恒山科技（广州）有限公司	广州
GD2012-391	丝绵被	雅路	东莞市雅路家用纺织品有限公司	东莞
GD2012-392	丝绵被	睡冬宝 SWEETSLEEP+图形	惠州市睡冬宝寝饰用品有限公司	惠州
GD2012-393	松香改性树脂	图形	广东科茂林产化工股份有限公司	肇庆
GD2012-394	塑料管材(聚乙烯波纹管材)	联塑	广东联塑科技实业有限公司	顺德
GD2012-395	塑料管材(聚乙烯波纹管材)	联塑+L&S+图形	鹤山联塑实业发展有限公司	江门
GD2012-396	塑料硬质容器	图形	揭东县顺胜工贸有限公司	揭阳
GD2012-397	塑料硬质容器	振兴及图形	广州市振兴实业有限公司	广州
GD2012-398	酸奶机	小熊	广东小熊电器有限公司	顺德
GD2012-399	锁芯	固力牌	中山亚萨合莱安防科技有限公司	中山
GD2012-400	锁芯	名门mingmen	广东名门锁业有限公司	中山
GD2012-401	锁芯	金点原子	广东金点原子制锁有限公司	中山
GD2012-402	陶瓷色料	大鸿	广东三水大鸿制釉有限公司	佛山
GD2012-403	陶瓷色料	正大制釉	佛山市高明区海帝陶瓷原料有限公司	佛山
GD2012-404	套尺文具系列	智高	东莞市智高文具有限公司	东莞
GD2012-405	套尺文具系列	联众	广东联众文具有限公司	中山
GD2012-406	特种服装	柏奴斯	广东柏奴斯服装科技股份有限公司	广州
GD2012-407	通讯天线	图形	广东通宇通讯股份有限公司	中山
GD2012-408	通讯天线	shenglu	广东盛路通信科技股份有限公司	佛山
GD2012-409	通讯天线	KBT+图形	佛山市健博通电讯实业有限公司	佛山
GD2012-410	通讯天线	硕贝德	惠州硕贝德无线科技股份有限公司	惠州
GD2012-411	童装	小猪班纳+图形	广东小猪班纳服饰股份有限公司	东莞
GD2012-412	童装	t100	广州市缔造亿百儿童用品有限公司	广州

（续上表）

编号	产品名称	商标	企业名称	所属地市
GD2012-413	童装	铅笔俱乐部 Pencil Club	东莞市添翔服饰有限公司	东莞
GD2012-414	童装	月光媚少女	东莞市贸利制衣有限公司	东莞
GD2012-415	童装	LittleDongMak(图形)	惠州市华美制衣有限公司	惠州
GD2012-416	童装	拉比	金发拉比妇婴童用品股份有限公司	汕头
GD2012-417	童装	图形	中山市利兴旺服装有限公司	中山
GD2012-418	童装	硕士猫	东莞雄业制衣有限公司	东莞
GD2012-419	童装	埃米希	东莞港之慧制衣有限公司	东莞
GD2012-420	涂布白纸板	玖龙+图形	东莞海龙纸业有限公司	东莞
GD2012-421	涂布白纸板	建晖	东莞建晖纸业有限公司	东莞
GD2012-422	玩具用电动机	图形	广东超力微电机有限公司	汕头
GD2012-423	温控器	川东磁电+图形	佛山市川东磁电股份有限公司	佛山
GD2012-424	无机酸制造	云硫	广东广业云硫矿业有限公司	云浮
GD2012-425	西服	富绅	广东富绅服饰有限公司	惠州
GD2012-426	西服	图形	广东宝丽华服装有限公司	梅州
GD2012-427	西服	浪登LANGDENG	广东浪登服装有限公司	顺德
GD2012-428	西服	观奇 KwunKee	东莞奇兴服装有限公司	东莞
GD2012-429	西服	KALTENDIN	深圳卡尔丹顿服饰股份有限公司	深圳
GD2012-430	吸油烟机	华帝	中山华帝燃具股份有限公司	中山
GD2012-431	吸油烟机	万和	广东万和新电气股份有限公司	顺德
GD2012-432	吸油烟机	欧意	广东欧意电器有限公司	中山
GD2012-433	吸油烟机	百得	中山百得厨卫有限公司	中山
GD2012-434	吸油烟机	美的	广东美的厨卫电器制造有限公司	顺德
GD2012-435	吸油烟机	万家乐	广东万家乐燃气具有限公司	顺德
GD2012-436	硒鼓/鼓粉盒	天威	珠海天威飞马打印耗材有限公司	珠海
GD2012-437	硒鼓/鼓粉盒	格之格	珠海赛纳打印科技股份有限公司	珠海
GD2012-438	箱包	SUMMIT	东莞市莎米特箱包有限公司	东莞
GD2012-439	箱包	onlysixteen16	惠州宏丰手袋实业有限公司	惠州
GD2012-440	箱包	crown图形	中山皇冠皮件有限公司	中山
GD2012-441	箱包	wxd	万信达（广州）科技制品有限公司	广州
GD2012-442	橡胶避孕套	双一	广州广橡企业集团有限公司双一乳胶厂	广州

（续上表）

编号	产品名称	商标	企业名称	所属地市
GD2012-443	橡胶机	ks科盛	东莞市科盛实业有限公司	东莞
GD2012-444	消防汽车	奥林宝	广东永强奥林宝国际消防汽车有限公司	东莞
GD2012-445	鞋用胶粘剂	裕田化工+YUTIAN CHEMICAL	珠海裕田化工制品有限公司	珠海
GD2012-446	鞋用胶粘剂	多正	广东多正化工科技有限公司	佛山
GD2012-447	鞋用胶粘剂	NANGO+图形	南海南光化工包装有限公司	佛山
GD2012-448	鞋用胶粘剂	德力DELI	广东东方树脂有限公司	顺德
GD2012-449	休闲服	Sanpowa	中山市三桥实业有限公司	中山
GD2012-450	休闲服	Aqounsenton	佛山市亿谷针织制衣有限公司	佛山
GD2012-451	休闲服	意邦奴 YIBANGNU	鹤山市高信制衣有限公司	江门
GD2012-452	休闲服	妮狄娅	广东协骅制衣有限公司	潮州
GD2012-453	休闲服	潮流前线	东莞市搜于特服装股份有限公司	东莞
GD2012-454	休闲鞋	图形	广东永金兴集团有限公司	潮州
GD2012-455	休闲鞋	骆驼牌	广东骆驼服饰有限公司	佛山
GD2012-456	休闲鞋	图形	新生港源鞋厂（惠阳）有限公司	惠州
GD2012-457	休闲鞋	zhongli	广东众利鞋业有限公司	潮州
GD2012-458	旋盘齿轮式微动开关	SOK	广东锦力电器有限公司	顺德
GD2012-459	压铸锌合金	图形	东莞市石碣华丰金属有限公司	东莞
GD2012-460	牙膏	黑妹	美晨集团股份有限公司	广州
GD2012-461	牙膏	舒客	广州薇美姿个人护理用品有限公司	广州
GD2012-462	氧化铝结构陶瓷	图形	大埔县特陶科技有限公司	梅州
GD2012-463	液晶电视	TCL	TCL王牌电器（惠州）有限公司	惠州
GD2012-464	液晶电视	创佳CANCA	潮州市创佳电子有限公司	潮州
GD2012-465	液晶显示屏	SLCD	广东汕头超声电子股份有限公司	汕头
GD2012-466	液压压砖机	恒力泰	佛山市恒力泰机械有限公司	佛山
GD2012-467	液压元件	HSG	韶关液压件厂有限公司	韶关
GD2012-468	一次性碱性电池（锌锰干电池）	kendal	东莞市力王电池有限公司	东莞
GD2012-469	一次性碱性电池（锌锰干电池）	图形	广东正龙股份有限公司	潮州
GD2012-470	一次性碱性电池（锌锰干电池）	555	广州市虎头电池集团有限公司	广州

（续上表）

编号	产品名称	商标	企业名称	所属地市
GD2012-471	引线多层陶瓷电容器	FH图形	广东风华高新科技股份有限公司	肇庆
GD2012-472	应用软件（财务/数字娱乐）	图形	远光软件股份有限公司	珠海
GD2012-473	婴儿手推车	小天使	中山市隆成日用制品有限公司	中山
GD2012-474	婴儿手推车	图形	广东乐美达集团有限公司	中山
GD2012-475	婴儿手推车	宝宝好	中山宝宝好儿童用品有限公司	中山
GD2012-476	婴儿手推车	图形	珠海优力创工贸有限公司	珠海
GD2012-477	优质碳素结构钢热轧钢板	图形	广东韶钢松山股份有限公司	韶关
GD2012-478	油墨	洋紫荆	洋紫荆油墨（中山）有限公司	中山
GD2012-479	油漆	嘉宝莉 carpoly	嘉宝莉化工集团股份有限公司	江门
GD2012-480	油漆	万宜	嘉宝莉化工集团股份有限公司	江门
GD2012-481	油漆	展辰	展辰涂料集团股份有限公司	深圳
GD2012-482	油漆	电视塔	广州珠江化工集团有限公司	广州
GD2012-483	羽绒被	创羽	广东鸿基羽绒制品有限公司	湛江
GD2012-484	羽绒被	羽威	广东羽威羽绒实业有限公司	阳江
GD2012-485	羽绒被	WENHUADOWN	广州文华羽绒制品有限公司	广州
GD2012-486	羽绒服	茵佳妮 YIN JIA NI	广东美联雅服饰股份有限公司	东莞
GD2012-487	羽绒服	创羽	广东鸿基羽绒制品有限公司	湛江
GD2012-488	羽绒服	图形	广州文华羽绒制品有限公司	广州
GD2012-489	羽绒服	羽威	广东羽威羽绒实业有限公司	阳江
GD2012-490	浴缸泵	凌霄	广东凌霄泵业股份有限公司	阳江
GD2012-491	浴室柜	图形	广东欧派家居集团有限公司	广州
GD2012-492	浴室柜	FAENZA 法恩莎	佛山市法恩洁具有限公司	佛山
GD2012-493	浴室柜	ARROW	佛山市顺德区乐华陶瓷洁具有限公司	顺德
GD2012-494	预应力混凝土钢棒用低合金热轧盘条	图形	广东韶钢松山股份有限公司	韶关
GD2012-495	针式打印机	映美	新会江裕信息产业有限公司	江门
GD2012-496	针式打印机	CITIC	深圳中航信息科技产业股份有限公司	深圳
GD2012-497	真空保鲜盒	HAIXIN 海兴	广东海兴塑胶有限公司	揭阳
GD2012-498	真空泵	肯富来KENFLO	广东省佛山水泵厂有限公司	佛山

（续上表）

编号	产品名称	商标	企业名称	所属地市
GD2012-499	蒸发式冷凝器冷水机组	高美+图形	佛山市顺德区高美空调设备有限公司	顺德
GD2012-500	指甲钳	Ri,Mei(图形)	广东金达五金制品有限公司	佛山
GD2012-501	智能电暖挂架	金瑞	广东金瑞不锈钢有限公司	潮州
GD2012-502	装箱机	达意隆	广州达意隆包装机械股份有限公司	广州
GD2012-503	装箱机	万世德	广州市万世德包装机械有限公司	广州
GD2012-504	自动扶梯梯级	HTPD	广东鸿泰科技股份有限公司	肇庆
GD2012-505	自动柜员机	图形	广州广电运通金融电子股份有限公司	广州
GD2012-506	阻燃型覆铜箔层压板	图形	广东生益科技股份有限公司	东莞
GD2012-507	阻燃型覆铜箔层压板	宏仁	广州宏仁电子工业有限公司	广州
GD2012-508	阻燃型覆铜箔层压板	GOWORLD	广东汕头超声电子股份有限公司	汕头

广东省地理标志产品名单

(截至2012年12月31日)

序号	产品名称	批准文号	批准时间	申报地
1	河源米粉	2003年第120号	2003年12月24日	河源
2	郁南无核黄皮	2004年第63号	2004年6月3日	云浮郁南
3	廉江红橙	2004年第126号	2004年9月20日	湛江廉江
4	马坝油粘米	2004年第127号	2004年9月20日	韶关曲江
5	增城丝苗米	2004年第128号	2004年9月20日	广州增城
6	端砚	2004年第160号	2004年10月29日	肇庆
7	流沙南珠	2005年第114号	2005年8月25日	湛江雷州
8	愚公楼菠萝	2005年第117号	2005年8月25日	湛江徐闻
9	覃斗芒果	2005年第118号	2005年8月25日	湛江雷州
10	埔田竹笋	2005年第179号	2005年12月21日	揭阳揭东
11	普宁蕉柑	2005年第180号	2005年12月21日	揭阳普宁
12	陆河青梅	2005年第181号	2005年12月21日	汕尾陆河
13	程村蚝	2005年第182号	2005年12月21日	阳江阳西
14	春砂仁	2005年第188号	2005年12月28日	阳江阳春
15	东陂腊味	2006年第11号	2006年1月24日	清远连州
16	合水粉葛	2006年第56号	2006年4月16日	佛山高明
17	英石	2006年第68号	2006年5月17日	清远英德
18	新会陈皮	2006年第159号	2006年10月25日	江门新会
19	新会柑	2006年第157号	2006年10月26日	江门新会
20	梅州金柚	2006年第173号	2006年11月30日	梅州
21	化橘红	2006年第219号	2006年12月31日	茂名化州
22	英德红茶	2006年第225号	2006年12月31日	清远英德
23	徐闻山羊	2007年第165号	2007年11月21日	湛江徐闻
24	龙门年桔	2007年第169号	2007年11月21日	惠州龙门
25	水东芥菜	2007年第176号	2007年12月6日	茂名电白
26	清远乌鬃鹅	2007年第190号	2007年12月13日	清远清新
27	星子红葱	2007年第201号	2007年12月24日	清远连州
28	惠来荔枝	2007年第213号	2007年12月27日	揭阳惠来
29	西牛麻竹叶	2007年第217号	2007年12月28日	清远英德
30	连南瑶山茶油	2007年第219号	2007年12月28日	清远连南
31	连州溪黄草	2007年第220号	2007年12月28日	清远连州
32	郁南无核沙糖桔	2008年第50号	2008年5月7日	云浮郁南
33	清新冰糖桔	2008年第55号	2008年5月8日	清远清新
34	罗定肉桂	2008年第58号	2008年5月13日	云浮罗定
35	西牛麻竹笋	2008年第64号	2008年5月30日	清远英德
36	新兴香荔	2008年第64号	2008年5月30日	云浮新兴

（续上表）

序号	产品名称	批准文号	批准时间	申报地
37	张溪香芋	2008年第112号	2008年10月31日	韶关乐昌
38	连南无核柠檬	2008年第112号	2008年10月31日	清远连南
39	中山脆肉鲩	2008年第132号	2008年12月10日	中山
40	普宁青梅	2008年第133号	2008年12月10日	揭阳普宁
41	金玉三捻橄榄	2008年第133号	2008年12月10日	汕头潮阳
42	南雄板鸭	2009年第51号	2009年5月26日	韶关南雄
43	沿溪山白毛尖	2009年第60号	2009年6月11日	韶关乐昌
44	北乡马蹄	2009年第60号	2009年6月11日	韶关乐昌
45	钱岗糯米糍	2009年第66号	2009年7月10日	广州从化
46	白蕉海鲈	2009年第89号	2009年9月21日	珠海斗门
47	乐平雪梨瓜	2009年第89号	2009年9月21日	佛山三水
48	新垦莲藕	2009年第131号	2009年12月28日	广州南沙
49	罗定皱纱鱼腐	2010年第15号	2010年2月24日	云浮罗定
50	三华李	2010年第17号	2010年2月24日	韶关翁源
51	凤凰单丛(枞)茶	2010年第30号	2010年4月6日	潮州潮安
52	南盛沙塘桔	2010年第30号	2010年4月6日	云浮云安
53	火山粉葛	2010年第30号	2010年4月6日	韶关曲江
54	长坝沙田柚	2010年第52号	2010年5月24日	韶关仁化
55	东坝蚕茧	2010年第71号	2010年7月13日	云浮郁南
56	清远鸡	2010年第95号	2010年9月3日	清远
57	乳源彩石	2010年第95号	2010年9月3日	韶关乳源
58	清化粉	2010年第96号	2010年9月3日	韶关始兴
59	怀集茶秆竹	2010年第96号	2010年9月3日	肇庆怀集
60	增城迟菜心	2010年第133号	2010年11月23日	广州增城
61	派潭凉粉草	2010年第133号	2010年11月23日	广州增城
62	九仙桃	2010年第142号	2010年12月10日	韶关翁源
63	新丰佛手瓜	2010年第142号	2010年12月10日	韶关新丰
64	西胪乌酥杨梅	2010年第163号	2010年12月24日	汕头潮阳
65	吴厝淮山	2010年第163号	2010年12月24日	揭阳揭东
66	象窝茶	2010年第166号	2010年12月29日	云浮新兴
67	大八益智	2010年第167号	2010年12月29日	阳江阳东
68	虎噉金针菜	2011年第14号	2011年1月30日	汕尾海丰
69	从化荔枝蜜	2011年第33号	2011年3月16日	广州从化
70	马水桔	2011年第38号	2011年3月28日	阳江阳春
71	高州桂圆肉	2011年第98号	2011年7月5日	茂名高州
72	香云纱	2011年第100号	2011年7月6日	佛山顺德
73	萝岗糯米糍	2011年第175号	2011年11月30日	广州萝岗
74	泗纶蒸笼	2011年第194号	2011年12月26日	云浮罗定
75	南澳牡蛎	2011年第197号	2011年12月26日	汕头南澳

（续上表）

序号	产品名称	批准文号	批准时间	申报地
76	新兴排米粉	2012年第88号	2012年6月8日	云浮新兴
77	麦溪鲤	2012年第91号	2012年6月21日	肇庆高要
78	麦溪鲩	2012年第91号	2012年6月21日	肇庆高要
79	托洞腐竹	2012年第91号	2012年6月21日	云浮云安
80	肇庆裹蒸	2012年第101号	2012年7月18日	广东肇庆
81	庙南粉葛	2012年第102号	2012年7月18日	广州南沙
82	增城荔枝	2012年第125号	2012年8月23日	广州增城
83	增城挂绿	2012年第125号	2012年8月23日	广州增城
84	萝岗甜橙	2012年第135号	2012年9月13日	广州萝岗

广东省第一批农产品地理标志登记产品名单

序号	产品名称	所在地域	申请人	划定的产地保护范围
1	高堂菜脯	广东	饶平县高堂菜脯加工企业协会	饶平县高堂、钱东、樟溪、黄冈、联饶、所城等6个镇。地理坐标为东经116°45′00″—117°08′00″，北纬23°35′00″—23°48′00″。
2	岭头单丛茶	广东	饶平县浮滨镇兴农茶叶专业合作社	饶平县浮滨、东山、汤溪、新塘、三饶、韩江林场、新丰、上饶、饶洋、建饶、樟溪等11个镇（场）。地理坐标为东经116°35′00″—116°58′00″，北纬23°45′00″—24°14′00″。
3	饶平狮头鹅	广东	饶平县农业技术推广中心	浮滨镇、浮山镇、联饶镇、高堂镇、樟溪镇、钱东镇、黄冈镇等中片和沿海淡水资源丰富的乡镇。地理坐标为东经116°35′00″—117°11′00″，北纬23°28′00″—24°14′00″。

2012年农资打假情况统计表

项目	查获数量		货值金额	查处起数	检查企业	整顿市场	受理举报案件	捣毁制假窝点	挽回经济损失	出动执法人员	印发资料	查获甲胺磷等5种高毒农药数量	立案查处						
													查处	结案	移送司法机关	涉案人数	逮捕人数	案值5万元以上案件	
																		总数	货值金额
单位	公斤	台件	万元	起	个/次	个/次	件	个	万元	人次	万份	吨	件	件	件	人	人	起	万元
1. 种子(含种苗、种畜禽)	11890	154	43.07	169	6507	275	28	0	50.68	13994	2013.57	0	196	164	0	42	0	0	0
2. 肥料	249390	98	65.19	202	8076	272	37	0	3066.06	17841	1010.97	0	212	136	0	61	0	0	0
3. 农药	22261	16781	4122.82	851	14420	416	132	5	310.74	34799	1019.69	0.04	738	579	7	229	8	1	4029.33
4. 饲料	126338	29	81.91	83	3661	133	9	0	3.89	7939	6.04	0	74	74	1	1	0	3	41.33
5. 兽药(含渔药)	4563	4411	47.3	271	5846	218	14	28	17.29	12753	7.05	0	164	138	5	38	0	1	7.76
6. 渔机渔具	0	1	0.33	2	636	6	2	0	0	1535	1.01	0	18	17	4	0	0	0	0
7. 农机及零配件	0	1	2.68	2	882	42	1	0	0	2598	2.12	0	7	7	0	0	0	0	0
合计	414441	21475	4363.3	1580	39849	1356	223	33	3448.66	91060	4060.16	0.04	1408	1115	17	371	8	5	4078.42

注：种子、肥料、农药、饲料、兽药农资品种单位按公斤计算，渔机渔具、农机及零配件农资品种单位按台件计算。

2012年广东省绿色食品、有机食品生产单位和产品分类表

（截至2012年年底）

地区	企业序号	产品序号	企业名称	商标	产品名称	标志编号	备注
广州市	1	1	广州交易会三千尺贸易有限公司	三千尺牌	三千尺饮用天然矿泉水	LB-38-1102191341A GF440104080298	绿色食品
	2	2	广东宝桑园健康食品有限公司	宝桑园牌	桑果汁	LB-40-1102191930A GF440106080225	绿色食品
		3		宝桑园+英文+图形	桑果汁饮料	LB-40-1207193524A GF440106080225	绿色食品
	3	4	广州燕塘乳业股份有限公司	燕塘牌	鲜牛奶	LB-33-1204191833A GF440100090770	绿色食品
	4	5	增城市优质米生产基地公司	挂绿牌	增城丝苗米	LB-03-1206191990A GF440183090824	绿色食品
	5	6	广州市果树科学研究所	粤好	番荔枝	LB-18-1002191062A GF440104070390	绿色食品
		7		美中红	番木瓜	LB-18-1002191061A GF440104070390	
	6	8	广州市东轩食品有限公司	名轩居牌	清香白莲蓉 (莲蓉馅料)	LB-51-1002190588A GF440113070167	绿色食品
		9			纯正白莲蓉 (纯莲蓉馅料)	LB-51-1002190589A GF440113070167	
		10			金装白莲蓉 (纯莲蓉馅料)	LB-51-1002190590A GF440113070167	
	7	11	广州市炜园水果种植有限公司	炜园果业+Wfarm+图形	红肉火龙果	LB-18-1011193404A GF440113101455	绿色食品
	8	12	广州麦芽有限公司		MY牌麦芽（澳麦）	LB-24-108192894A GF44011207893	绿色食品
		13				LB-24-1001190088A GF44011207893	
	9	14	广州大丘园有机农产有限公司	GH+大丘	仙密果(火龙果)	LB-18-1012194702A GF440184071727	绿色食品
	10	15	广州珠江啤酒股份有限公司	图形商标	10度珠江纯生啤酒	LB-47-1010194122A GF440400071117	绿色食品
		16			8度珠江纯生啤酒	LB-47-1010194123A GF440400071117	
		17			11度珠江纯生啤酒	LB-47-1010194124A GF440400071117	
		18			10度珠江纯生精品啤酒	LB-47-1010194125A GF440400071117	
		19			10度清醇珠江啤酒	LB-47-1010194126A GF440400071117	

（续上表）

地区	企业序号	产品序号	企业名称	商标	产品名称	标志编号	备注
广州市	10	20	广州珠江啤酒股份有限公司	图形商标	8度珠江纯生特制啤酒	LB-47-1010194127A GF440400071117	绿色食品
		21			9度珠江纯生特制啤酒	LB-47-1010194128A GF440400071117	
		22			9度珠江纯生精制啤酒	LB-47-1010194129A GF440400071117	
		23			9度珠江纯生精品啤酒	LB-47-1010194130A GF440400071117	
		24			10度零度清醇珠江啤酒	LB-47-1010194131A GF440400071117	
	11	25	广州东升农场有限公司	东升	菜心	LB-15-1004191128A	绿色食品
		26			芥蓝	LB-15-1004191130A	
		27			上海青	LB-15-1004191129A	
		28			甜玉米	LB-05-1004191131A	
		29			通菜	LB-15-1108192739A GF440113081133	
		30			生菜	LB-15-1108192740A GF440113081133	
		31			苋菜	LB-15-1108192741A GF440113081133	
		32			番茄	LB-15-1108192742A GF440113081133	
		33			荷兰豆	LB-15-1108192743A GF440113081133	
		34			甜豆	LB-15-1108192744A GF440113081133	
		35			四季豆	LB-15-1108192745A GF440113081133	
		36			毛豆	LB-15-1108192746A GF440113081133	
		37			丝瓜	LB-15-1108192747A GF440113081133	
		38			毛瓜	LB-15-1108192748A GF440113081133	
		39			苦瓜	LB-15-1108192749A GF440113081133	
	12	40	广州风行牛奶有限公司	风行牌	鲜牛奶	LB-33-1105193509A GF440106080655	绿色食品
		41			全脂调味酸奶	LB-33-1105193510A GF440106080655	

（续上表）

地区	企业序号	产品序号	企业名称	商标	产品名称	标志编号	备注
广州市	13	42	广州市丰恒农产品进出口有限公司	丰莲	莲藕	LB-15-1109193004A GF440113081344	绿色食品
	14	43	广州市从化西洋食品有限公司	深田牌	从化鸭稻米	LB-03-1109193253A GF440184081287	绿色食品
	15	44	广州市洲星食品有限公司	洲星牌	马蹄粉	LB-51-1106193498A GF440111080855	绿色食品
		45			马蹄糕	LB-51-1106193499A GF440111080855	
		46			千层马蹄糕	LB-51-1106193500A GF440111080855	
		47			马蹄粒马蹄糕	LB-51-1106193501A GF440111080855	
		48			双色马蹄糕	LB-51-1106193502A GF440111080855	
	16	49	广州市增城祥惠香蕉专业合作社	祥惠+xianghui	香蕉	LB-18-1112195616A GF440183112321	绿色食品
	17	50	广州酒家集团利口福食品有限公司	广州酒家+利口福+图形牌	纯白莲蓉馅料	LB-51-1208192467A GF440113091169	绿色食品
		51			纯红莲蓉馅料	LB-51-1208192468A GF440113091169	
		52			凤梨味馅料	LB-51-1208192469A GF440113091169	
		53			凤梨味月饼	LB-51-1208192470A GF440113091169	
		54			哈密瓜味月饼	LB-51-1208192471A GF440113091169	
		55			绿色健康月饼礼盒	LB-51-1208192472A GF440113091169	
		56			绿色广州精品月饼礼盒	LB-51-1208192473A GF440113091169	
		57			双黄纯红莲蓉月饼	LB-51-1208192474A GF440113091169	
		58			蛋黄纯红莲蓉月饼	LB-51-1208192475A GF440113091169	
		59			蛋黄纯白莲蓉月饼	LB-51-1208192476A GF440113091169	
		60			广州精品月饼	LB-51-1208192477A GF440113091169	
		61			双黄纯白莲蓉月饼	LB-51-1208192477A GF440113091169	

（续上表）

地区	企业序号	产品序号	企业名称	商标	产品名称	标志编号	备注
广州市	18	62	广州市流溪香雪食品有限公司	良口+图形	高山番薯	LB-13-1202191565A GF44018409271	绿色食品
	19	63	广州一衣口田有机农业有限公司	一衣口田	原生活鸡	LB-28-1202190144A GF440183120067	绿色食品
		64			原生鸡蛋	LB-31-1202190145A GF440183120067	绿色食品
	20	65	广州双桥股份有限公司	双桥+图形牌	葡萄糖浆	LB-12-1206192127A GF440105090870	绿色食品
		66			果葡糖浆	LB-12-1206192127A GF440105090870	
		67			啤酒用糖浆	LB-12-1206192127A GF440105090870	
	21	68	广州市番禺区悦佳水果专业合作社	悦佳	胭脂红番石榴	LB-18-1212193648A GF440113121645	绿色食品
	22	69	广东省金饭碗有机农业发展有限公司	金饭碗	复合微生物肥料（粉剂）	LSSZ-01-1101190003	生产资料
		70		欣扬康	复合微生物肥料（液体）	LSSZ-01-1101190004	
	23	71	从化市城郊东珊农场	图形	菜心	COFOO-R-1005-0097	有机食品
		72			稻谷		
		73			奇树菜	COFCC-R-1005-0096	
		74			火龙果		
	小计		绿色食品企业：21　　产品：68　　有机食品企业：1　　产品：4				
韶关市	1	1	乐昌市沿溪山茶场有限公司	雾翔牌	沿溪山白毛尖（绿茶	LB-44-1103191771A GF440281080469	绿色食品
	2	2	乐昌市沿溪山饮用水有限公司	沿溪山牌	沿溪山泉（饮用天然净水）	LB-44-1103191772A GF440281080469	
	3	3	新丰县城丰蔬菜贸易有限公司	碧丰	菜心	LB-15-1104191040A GF440233110490	绿色食品
		4			生菜	LB-15-1104191041A GF440233110490	
		5			油麦菜	LB-15-1104191042A GF440233110490	
		6			芥菜	LB-15-1104191043A GF440233110490	
		7			芥蓝	LB-15-1104191044A GF440233110490	
		8			奶白菜	LB-15-1104191045A GF440233110490	

（续上表）

地区	企业序号	产品序号	企业名称	商标	产品名称	标志编号	备注
韶关市	3	9	新丰县城丰蔬菜贸易有限公司	碧丰	上海青	LB-15-1104191046A GF440233110490	绿色食品
	4	10	广东金友集团有限公司	金友	粤香王（米）	LB-03-1105191403A GF440282110650	绿色食品
		11			贡米	LB-03-1105191404A GF440282110650	
	5	12	乐昌市北乡镇黑珍珠马蹄生产流通专业合作社	北乡+图形	北乡马蹄	LB-15-1109192695A GF440281111230	绿色食品
	6	13	广东省翁源县茂源糖业有限公司	李花+lihua+图形	白砂糖	LB-38-1108192142A GF440229111013	绿色食品
	7	14	乐昌市老平农场	老平牌	沙糖桔	LB-18-1205191676A GF440281090635	绿色食品
	8	15	始兴县洪源果业有限公司	五月红+图形牌	东魁杨梅	LB-18-1205192140A GF440222090604	绿色食品
	9	16	乐昌市九峰镇绿峰果菜专业合作社	九峰山+图形牌	九峰山水晶奈李	LB-18-1205192789A GF440281090690	绿色食品
		17			九峰山油桃	LB-18-1205192790A GF440281090690	
		18			九峰山柑桔	LB-18-1205192791A GF440281090690	
		19			九峰山水晶梨	LB-18-1205192792A GF440281090690	
	10	20	仁化县和而友生态农业有限公司	和粤+heyueshengtai+图形	长坝沙田柚	LB-18-1206195155A GF440224090769	绿色食品
	11	21	乳源瑶族自治县祈泰农业发展有限公司	番泰行+图形	乳源瑶山杨梅	LB-18-0912194307A GF440232091804	绿色食品
	12	22	韶关市慧园米业有限公司	慧园福米+图形牌	慧园福米	LB-03-0912194330A GF440229091814	绿色食品
	13	23	广东联益马坝米业(曲江)有限公司	白马牌	特级马坝油粘米	LB-03-0912194868A GF440205061608	绿色食品
	14	24	翁源县兴农水果专业合作社	翁南+图形牌	椪柑	LB-18-0912194331A GF440229091815	绿色食品
		25			砂糖桔	LB-18-0912194332A GF440229091815	
	16	26	翁源县（香港)金利达发展有限公司	翁源三华李牌	三华李	LB-18-1012195706A GF440229072009	绿色食品
	小计		绿色食品企业：16　　产品：26　　有机食品企业：0　　产品：0				
梅州市	1	1	广东泉之乡矿泉水饮料有限公司	泉之乡牌	珍贵天然矿泉水	LB-38-1101190727A GF441422080119	绿色食品
	2	2	梅州五指石山泉水厂	五指石牌	五指石山泉	LB-38-1101191055A GF441426080144	绿色食品
	3	3	梅州市万事好种养有限公司	锦豪	万事好脐橙	LB-38-1109192764A GF441402111258	绿色食品

（续上表）

地区	企业序号	产品序号	企业名称	商标	产品名称	标志编号	备注
梅州市	4	4	广东新大地生物科技股份有限公司	曼佗神露牌	高山茶油（压榨一级）	LB-10-1112195976A GF441426081870	绿色食品
		5		曼佗	茶籽油	LB-10-1112195977A GF441426081870	
	5	6	梅县鹰山果园	海燕	沙田柚	LB-18-1110193194A GF441421111429	绿色食品
		7			蜜柚	LB-18-1110193195A GF441421111429	
	6	8	梅州市平远锅叾土特产有限公司	锅叾+guoduking+图形	锅叾茶	LB-44-1112196182A GF441426112569	绿色食品
	7	9	广东泰源农科有限公司	茶树林+图形+拼音牌	茶树林山茶油（压榨一级）	LB-10-1112196959A GF441402081780	绿色食品
	8	10	广东蓝田农业有限公司	图形商标牌	杏鲍菇（鲜）	LB-21-1201190025A GF441423120014	绿色食品
	9	11	梅县天草农业发展有限公司	嘉应天草	天草柑	LB-18-1201190046A GF441421120026	绿色食品
	10	12	梅县嘉园农业发展有限公司	嘉园+图形牌	嘉园香米	LB-03-1201192540A GF441421090004	绿色食品
	11	13	梅县华银雁鸣湖旅游度假村有限公司	雁鸣湖牌	金柚	LB-18-1202191459A GF441421090162	绿色食品
	12	14	梅州市运兴实业有限公司	绿园金+图形	绿园金柚	LB-18-1204191618A GF441402090528	绿色食品
	13	15	梅州市原源现代农业有限公司	原源	原源红心蜜柚	LB-18-1205191094A GF441427120475	绿色食品
	14	16	梅县大坪镇鹿湖里农庄	嵩峰+SONGFENG+图形	嵩峰沙田柚	LB-18-1208192098A GF441421120893	绿色食品
		17			嵩峰蜜柚	LB-18-1208192099A GF441421120893	
	15	18	梅州市清山生态农业发展有限公司	绿来香	沙田柚	LB-18-1208191918A GF441421120810	绿色食品
	16	19	广东梅龙柚果发展有限公司	嘉应梅龙	嘉应梅龙葡萄柚	LB-18-1210192682A GF441421121162	绿色食品
		20			嘉应梅龙沙田柚	LB-18-1210192683A GF441421121162	
	17	21	平远县八尺九香果业专业合作社	嘉乡+JX+图形	平远慈橙	LB-18-1211193160A GF441426121408	绿色食品
	18	22	梅州石扇镇科涛水果专业合作社	科涛+拼音+图形	沙田柚	LB-18-1212195431A GF441421122292	绿色食品
		23			蜜柚	LB-18-1212195432A GF441421122292	
	19	24	梅州市惠兴米业发展有限公司	君惠	君惠丝苗米	LB-03-1212194895A GF441421122086	绿色食品

（续上表）

地区	企业序号	产品序号	企业名称	商标	产品名称	标志编号	备注
梅州市	20	25	梅州市泰来生物科技有限公司	万颗籽+拼音+图形	油茶籽油	LB-10-1212195517A GF441401130133	绿色食品
	21	26	梅州市杨文绿有农业发展有限公司	光兴发+图形	绿有菜心	LB-15-0911193815A GF4414402091584	绿色食品
	22	27	梅州市金稻实业有限公司	梅江桥+meijiangqiao+图形	农夫山水晚籼米	LB-03-1003190810A GF441402100343	绿色食品
	23	28	兴宁龙威农业发展有限公司	龙威牌	龙威绿柚	LB-18-1005191575A GF441481100673	绿色食品
	24	29	广东顺兴种养股份有限公司	星奇泰牌	太子妃名柚	LB-18-1005191626A GF441422100698	绿色食品
	25	30	梅州市稻丰实业有限公司	金良稻丰	客家丝苗米	LB-03-1006192080A GF441421070623	绿色食品
	26	31	大埔县国兴种养场	花环+图形牌	大埔蜜柚	LB-18-1010192831A GF441422101244	绿色食品
	27	32	广东大埔县蜜柚集团有限责任公司	虎山+HUSHAN+图形	大埔蜜柚	LB-18-1012194454A GF441422101913	绿色食品
	28	33	丰顺县果菜发展有限公司	和昌图形	苦瓜	LB-15-1012194571A GF441423101983	绿色食品
	29	34	广东飞天马实业有限公司	图形+飞天马	飞天马乌龙茶	LB-44-1012194908A GF441422102119	绿色食品
	30	35	梅州市凤山茶业有限公司	梅凤	梅尖银毫茶	LB-44-1012194793A GF441401102066	绿色食品
	31	36	广东梅县梅雁蓝藻有限公司	梅雁牌	螺旋藻片	LB-24-1012194895A GF441421071982	绿色食品
	32	37	平远县上举新福地果业专业合作社	举子牌	平远脐橙	LB-18-1012194973A GF441426102147	绿色食品
	33	38	梅州市龙岗马图绿茶股份有限公司	马山	绿茶	COFCC-R-0909-0271	有机食品
	34	39	梅州市金穗生态农业发展有限公司	辰曲	大米	COFCC-R-0909-0239	有机食品
		40			有机黄豆		
		41			有机红豆		
		42			有机绿豆		
		43			有机黑豆		
		44			有机大麦仁		
		45			有机花生		
		46			有机玉米		
		47			有机甘薯		
	35	48	广东泰源农科有限公司	茶树林	山茶籽	1000GA1200228 1000GA1200229	有机食品
		49			山茶油	COFCC-R-1004-0058	
	小计		绿色食品企业：32	产品：37	有机食品企业：3	产品：12	

（续上表）

地区	企业序号	产品序号	企业名称	商标	产品名称	标志编号	备注
揭阳市	1	1	普宁市玉昌农业种植有限公司	炎堆yandui	西红柿	LB-15-1106191637A GF445281110757	绿色食品
		2			甜玉米	LB-15-1106191638A GF445281110757	
		3			黄瓜	LB-15-1106191639A GF445281110757	
	2	4	广东佳隆食品股份有限公司	佳隆	鸡粉	LB-56-1108192076A GF445281110984	绿色食品
		5		佳隆	鸡精	LB-56-1108192077A GF445281110984	
		6		狮球牌	吉士粉	LB-56-1108192078A GF445281110984	
		7		家丰	玉米梗罐头	LB-56-1108192078A GF445281110984	
	3	8	普宁市金枝茶业保健品有限公司	金枝牌	金枝牌铁观音	LB-44-1108192458A GF445281111138	绿色食品
	4	9	广东京明茶叶综合发展有限公司	京明+图形牌	高山绿茶	LB-44-1204191670A GF445222090550	绿色食品
		10			红心铁观音（茶）	LB-44-1204191671A GF445222090550	
	5	11	揭西县京溪园罐头厂	龙江牌+图形	甜玉米粒（罐头）	LB-06-1207194546A GF445222090903	绿色食品
	6	12	广东蓝天果蔬农业科技开发有限公司	蓝天果+拼音	九制五味蒜茸萝卜	LB-56-1210194846A GF445222091414	绿色食品
		13			九制五味香辣萝卜	LB-56-1210194847A GF445222091414	
		14			九制五味虾仁萝卜	LB-56-1210194848A GF445222091414	
		15			九制五味乌榄萝卜	LB-56-1210194849A GF445222091414	
		16			九制五味美味萝卜	LB-56-1210194850A GF445222091414	
	7	17	揭西县天成农业发展有限公司	农成牌	红脚芥蓝	LB-15-1003190530A GF445222100224	绿色食品
		18			菠菜	LB-15-1003190531A GF445222100224	
		19			唐生菜	LB-15-1003190532A GF445222100224	
	8	20	广东志诚食品有限公司	XingHeng+图形	清水玉米粒罐头	LB-15-1012195337A GF445222102298	绿色食品
	9	21	揭阳市百得佳高新农业发展有限公司	百得佳	火龙果	COFCC-R-0312-0117	有机食品
		22			火龙果花		
	小计	绿色食品企业：8　产品：20　有机食品企业：1　产品：2					

（续上表）

地区	企业序号	产品序号	企业名称	商标	产品名称	标志编号	备注
汕头市	1	1	广东桑醇酒业有限公司	南国香邑牌	干型枇杷酒	LB-49-1104192171A GF440507080601	绿色食品
		2			干型荔枝酒	LB-49-1104192172A GF440507080601	
		3			干型菠萝酒	LB-49-1104192173A GF440507080601	
		4			干型杨桃酒	LB-49-1104192174A GF440507080601	
	2	5	金威啤酒（汕头）有限公司	金威+Kingway	8度P金威啤酒	LB-47-1106192589A GF440511080869	绿色食品
		6			8度P金纯金威啤酒	LB-47-1106192590A GF440511080869	
		7			10度P金纯金威啤酒	LB-47-1106192591A GF440511080869	
		8			10度精品金威啤酒	LB-47-1106192592A GF440511080869	
		9			10度P特酿精品金威啤酒	LB-47-1106192593A GF440511080869	
		10			11度P精制金威啤酒	LB-47-1106192594A GF440511080869	
	3	11	汕头市荔宝酿酒有限公司	荔宝牌	干型余干子酒	LB-49-1106194880A GF440514080882	绿色食品
	4	12	广东一家人食品有限公司	一家人	AD钙豆奶粉	LB-08-1111194211A GF440511111802	绿色食品
		13			婴儿奶米粉	LB-08-1111194212A GF440511111802	
		14			牛奶加钙营养麦片	LB-08-1111194213A GF440511111802	
	5	15	汕头市集泰种养有限公司	JTZY+图形（红白萝卜）	萝卜	LB-15-1202190219A GF440513120100	绿色食品
		16			胡萝卜	LB-15-1202190220A GF440513120100	
	6	17	汕头市潮阳区关埠绿生果园	喜圆圆+拼音牌	潮汕蕉柑	LB-18-1207192808A GF440513090997	绿色食品
	7	18	黑牛食品股份有限公司	黑牛牌	维他命豆奶粉	LB-08-107192258A GF440511070757	绿色食品
	8	19	汕头市粮丰集团有限公司	粮丰牌	金丝香米	LB-03-1007192701A GF440513070708	绿色食品
		20			胜泰香米	LB-03-1007192702A GF440513070708	
	9	21	汕头市濠江区金寿茶厂有限公司	金寿牌	铁观音	LB-44-1010193511A GF440512071113	绿色食品
	10	22	汕头市宝瑞食品有限公司	西门町牌	樱桃番茄果脯	LB-53-1012195321A GF440511071766	绿色食品
	小计		绿色食品企业：10　产品：22　有机食品企业：0　产品：0				

（续上表）

地区	企业序号	产品序号	企业名称	商标	产品名称	标志编号	备注
汕尾市	1	1	海丰县莲苑种植有限公司	莲苑	莲苑绿茶	LB-44-1112195675A GF441521112353	绿色食品
		2			莲苑铁观音	LB-44-1112195676A GF441521112353	
	2	3	海丰县公平供销社	九龙峒+图形	生姜	LB-15-0909193078A GF441521091291	绿色食品
	小计		绿色食品企业：2　产品：3　有机食品企业：0　产品：0				
潮州市	1	1	饶平金航深海网箱科技开发有限公司	旗头牌	鲫鱼（冷冻）	LB-36-1107196549A GF445122081036	绿色食品
		2			金鲳鱼（冷冻）	LB-36-1107196550A GF445122081036	
	2	3	潮安县中信食品有限公司	佳信	杨梅（蜜饯）	LB-53-1108192444A GF445121111131	绿色食品
	3	4	饶平县元峰茶业有限公司	古流香+图形牌	岭头单丛茶	LB-44-0908195386A GF445122060725	绿色食品
	4	5	饶平县凌旭茶叶有限公司	凌旭牌	凉瓜茶	LB-45-0909193322A	绿色食品
	5	6	饶平县三妙种养有限公司	妙妙妙+MIAOMIAOMIAO+图形、月尖+YUEJIAN	橄榄	LB-18-1206191177A GF445122120501	绿色食品
	6	7	饶平县绿扬农业科技有限公司	众格+ZHONGGE+图形	甜芦笋	LB-15-1210192783A GF445122121220	绿色食品
	7	8	潮州市肉类联合加工厂有限公司	古城农庄+拼音+图形	鲜猪肉	LB-25-1211193143A GF445101121395	绿色食品
	8	9	潮安县凤凰镇佳珍茶厂	佳珍+jiazhen+图形	凤凰乌岽单丛茶（乌龙单丛茶）	LB-44-1211193121A GF445121121380	绿色食品
	9	10	饶平县双雄食品有限公司	双雄牌	高堂菜脯（萝卜干）	LB-56-1003191192A GF445122070259	绿色食品
	10	11	广东佳宝集团有限公司	佳宝+果力沛+野牌	野酸枣糕	LB-53-1003190850A GF445121070315	绿色食品
	11	12	饶平县黄冈元香茶行	蜜兰	岭头单丛茶	LB-44-1003191338A GF445122070222	绿色食品
	12	13	潮安县朝阳农业开发有限公司	朝阳盛	潮州柑	LB-18-1004191176A GF445122070438	绿色食品
	13	14	饶平县永嘉食品工业公司	绿竹村牌	野山枣糕	LB-53-1008193516A GF445122070799	绿色食品
	14	15	潮州市华贸生态科技有限公司	珍吉	潮州柑	LB-18-1012195283A GF445101102266	绿色食品
	15	16	潮安县凤凰南馥茶叶有限公司	南馥牌	凤凰乌龙单丛	COFCC-R-0503-0018	有机食品
	16	17	潮州市天池凤凰茶业有限公司	乌岽山	凤凰单丛茶	COFCC-R-1102-0513	有机食品
	小计		绿色食品企业：14　产品：15　有机食品企业：2　产品：2				

（续上表）

地区	企业序号	产品序号	企业名称	商标	产品名称	标志编号	备注
惠州市	1	1	惠东县黑珍珠莲雾白花农场有限公司	图形	黑珍珠莲雾	LB-18-1101190043A GF441323110017	绿色食品
	2	2	惠东县九华农贸有限公司	九华+JIUHUA+图形牌	马铃薯	LB-15-1107193361A GF441323081007	绿色食品
	3	3	惠州市四季鲜绿色食品有限公司	四季鲜+sijixian牌	鲜荔枝	LB-18-1109195731A GF441323090608	绿色食品
		4		粤农+YUENONG牌	龙眼干	LB-19-1109196490A GF441323090608	
		5			荔枝干	LB-19-1205191623A GF441323090608	绿色食品
	4	6	惠东县四季鲜荔枝专业合作社	四季鲜+sijixian牌	龙眼	LB-18-1112195732A GF441323112381	绿色食品
	5	7	惠东县永惠水果有限公司	永惠水果+YONGHOIFRUIT+图形	永惠蜜柚	LB-18-1111193910A GF441323111686	绿色食品
	6	8	惠东县美味皇油脂有限公司	美味皇+拼音+图形牌	纯正花生油一级压榨	LB-10-1202191880A GF441323090209	绿色食品
	7	9	广东海纳农业有限公司	水中鲤牌	丝苗米	LB-03-1202190843A GF441302090230	绿色食品
	8	10	惠州市四季绿农产品有限公司	四季绿如蓝+图形牌	瑶寨菜心	LB-15-1003190618A GF441303100261	绿色食品
		11			瑶寨芥蓝	LB-15-1003190619A GF441303100261	
		12			瑶寨小白菜	LB-15-1003190620A GF441303100261	
		13			瑶寨大白菜	LB-15-1003190621A GF441303100261	
		14			瑶寨上海青	LB-15-1003190622A GF441303100261	
		15			瑶寨芥菜	LB-15-1003190623A GF441303100261	
	9	16	惠州市好收成农贸有限公司	萬其+Man Ki+MK+图形	好收成过年米（大米）	LB-03-1210192822A GF441323121241	绿色食品
	10	17	惠东县中源农业发展有限公司	美之源	中源尖椒	LB-15-1211193547A GF441323121591	绿色食品
		18			中源白萝卜	LB-15-1211193548A GF441323121591	
	11	19	惠东县广兴农贸有限公司	好运莲+拼音牌	多祝银丝粘(米)	LB-03-0906191943A GF441300090787	绿色食品
		20		平海+拼音+图形	马铃薯	LB-03-0906191944A GF441300090787	

（续上表）

地区	企业序号	产品序号	企业名称	商标	产品名称	标志编号	备注
惠州市	12	21	勇记农业开发(惠州)有限公司	YK牌	菜心	LB-15-0906192542A GF441302091041	绿色食品
		22			芥蓝	LB-15-0906192543A GF441302091041	
		23			生菜	LB-15-0906192544A GF441302091041	
		24			菠菜	LB-15-0906192545A GF441302091041	
		25			玉豆	LB-15-0906192546A GF441302091041	
		26			白菜	LB-15-0906192547A GF441302091041	
		27			豇豆	LB-15-0906192548A GF441302091041	
		28			豆苗	LB-15-0906192549A GF441302091041	
		29			茼蒿	LB-15-0906192550A GF441302091041	
		30			节瓜	LB-15-0906192551A GF441302091041	
	13	31	旺旺农业科技（惠州）有限公司	旺农科+图形	番石榴	LB-18-0909192957A GF441322091246	绿色食品
	小计		绿色食品企业：13 产品：31 有机食品企业：0 产品：0				
河源市	1	1	紫金县六和庄园有限责任公司		山楂	LB-18-1103190460A GF441621110229	绿色食品
	2	2	河源市天仙湖农业发展有限公司	锡场灵芝牌	人工种植灵芝（鲜）	LB-21-1104191796A GF441602080516	绿色食品
	3	3	东源县源海生态农业发展有限公司	绿之绿	菜心	LB-15-1108192140A GF441625111012	绿色食品
		4			奶白菜	LB-15-1108192141A GF441625111012	
	4	5	东源县板栗发展有限公司	望郎回+WANGLANGHUI+图形	东源板栗	LB-19-1109194259A GF441625081235	绿色食品
	5	6	东源县丰源农业发展有限公司	叶潭福禄牌	叶潭福禄柚	LB-18-1110197055A GF441625081413	绿色食品
	6	7	广东中兴绿丰发展有限公司	OPTIONS牌	柠檬	LB-18-1111196512A GF441602081617	绿色食品
		8			星路比葡萄柚	LB-18-1101190056A GF441602081617	绿色食品
		9			奥兰布兰科柚	LB-18-1101190057A GF441602081617	

（续上表）

地区	企业序号	产品序号	企业名称	商标	产品名称	标志编号	备注
河源市	7	10	和平县福联综合农场	福联	桔柚	LB-18-1112194998A GF441624112051	绿色食品
	8	11	河源市丹仙湖茶叶有限公司	丹仙湖牌	丹仙湖茶	LB-44-1205195719A GF441600092254	绿色食品
	9	12	河源过江龙农业发展有限公司	富万家牌	富万家原味炒栗	LB-20-1201190431A GF441625090005	绿色食品
	10	13	和平县东森堂农产品开发有限公司	青州	赤灵芝（干）	LB-21-1207191367A GF441624120597	绿色食品
	11	14	河源万绿湖食品有限公司	万绿湖+WANLUHU+图形	万绿湖米排粉	LB-04-1211193514A GF441601121572	绿色食品
	12	15	河源市新星实业发展有限公司	绿湖春+LUHUCHUNPAI牌	春甜桔	LB-18-0912194275A GF441602091784	绿色食品
		16			沙糖桔	LB-18-0912194276A GF441602091784	
	13	17	河源市神农宝灵芝生产经营专业合作社	神农宝+图形+拼音	神农宝灵芝	LB-21-1212195421A GF441602122286	绿色食品
	14	18	广东聪明人集团有限公司	聪明人	奇异果（猕猴桃）果汁饮料	LB-40-1004193548A GF441624070402	绿色食品
	15	19	河源市创始人农业发展有限公司	原创人牌	风味炒栗	LB-20-1006191753A GF441600100766	绿色食品
	16	20	河源市石坪顶茶叶发展有限公司	图形+石坪顶	石坪顶云雾绿茶	LB-44-1006195873A GF441602070598	绿色食品
	17	21	广东霸王花食品有限公司	霸王花+BaWanghua+图形	河源米粉	LB-04-1007192211A GF441602070693	绿色食品
		22			胡萝卜营养排粉	LB-04-1007192212A GF441602070693	
		23			南瓜营养排粉	LB-04-1007192213A GF441602070693	
		24			黑米营养排粉	LB-04-1007192214A GF441602070693	
		25			淮山河源米粉	LB-04-1011193638A GF441602070693	
	18	26	龙川县上坪金丰水果实业有限公司	金丰牌	金柑	LB-18-1008192853A GF441622070894	绿色食品
	19	27	裕东农业发展(连平)有限公司	裕东荘yuedong牌	菜心	LB-15-1011195200A GF441623081731	绿色食品
		28			菠菜	LB-15-1011195201A	
		29			西洋菜	LB-15-1011195202A	
		30			西兰花	LB-15-1011195203A	
		31			凉瓜	LB-15-1011195204A	
		32			青瓜	LB-15-1011195205A	
		33			蒜	LB-15-1011195206A	

（续上表）

<table>
<tr><th>地区</th><th>企业序号</th><th>产品序号</th><th>企业名称</th><th>商标</th><th>产品名称</th><th>标志编号</th><th>备注</th></tr>
<tr><td rowspan="21">河源市</td><td rowspan="17">19</td><td>34</td><td rowspan="17">裕东农业发展(连平)有限公司</td><td rowspan="17">裕东荘
yuedong牌</td><td>香麦菜</td><td>LB-15-1011195207A</td><td rowspan="17">绿色食品</td></tr>
<tr><td>35</td><td>玉豆</td><td>LB-15-1011195208A</td></tr>
<tr><td>36</td><td>豌豆苗</td><td>LB-15-1011195209A</td></tr>
<tr><td>37</td><td>豆角</td><td>LB-15-1011195210A</td></tr>
<tr><td>38</td><td>毛瓜</td><td>LB-15-1011195211A</td></tr>
<tr><td>39</td><td>生菜</td><td>LB-15-1011195212A</td></tr>
<tr><td>40</td><td>葱</td><td>LB-15-1011195213A</td></tr>
<tr><td>41</td><td>番薯</td><td>LB-15-1011195214A</td></tr>
<tr><td>42</td><td>韭菜</td><td>LB-15-1011195215A</td></tr>
<tr><td>43</td><td>潺菜</td><td>LB-15-1011195216A</td></tr>
<tr><td>44</td><td>木耳菜</td><td>LB-15-1011195217A</td></tr>
<tr><td>45</td><td>丝瓜</td><td>LB-15-1011195218A</td></tr>
<tr><td>46</td><td>苋菜</td><td>LB-15-1011195219A</td></tr>
<tr><td>47</td><td>空心菜</td><td>LB-15-1011195220A</td></tr>
<tr><td>48</td><td>芥蓝</td><td>LB-15-1011195221A</td></tr>
<tr><td>49</td><td>芥菜</td><td>LB-15-1011195222A</td></tr>
<tr><td>50</td><td>白菜</td><td>LB-15-1011195223A</td></tr>
<tr><td>20</td><td>51</td><td>东源万绿湖长丰水产有限公司</td><td>万绿湖</td><td>鳙鱼</td><td>COFCC-R-0601-0003</td><td>有机食品</td></tr>
<tr><td rowspan="2">21</td><td>52</td><td rowspan="2">河源金稳农业开发有限公司</td><td rowspan="2">金稳牌</td><td>安心铁观音</td><td>1000GA1200188</td><td rowspan="2">有机食品</td></tr>
<tr><td>53</td><td>青州如意茶</td><td>1000GA1200189</td></tr>
<tr><td colspan="2">小计</td><td colspan="5">绿色食品企业：19　产品：50　有机食品企业：2　产品：3</td></tr>
<tr><td rowspan="9">深圳市</td><td rowspan="3">1</td><td>1</td><td rowspan="3">深圳市雅芙食品有限公司</td><td rowspan="3">芙蓉牌</td><td>高钙型豆奶粉</td><td>LB-08-1105191661A
GF440306080744</td><td rowspan="3">绿色食品</td></tr>
<tr><td>2</td><td>维他型豆奶粉</td><td>LB-08-1105191662A
GF440306080744</td></tr>
<tr><td>3</td><td>中老年低糖型豆奶粉</td><td>LB-08-1105191663A
GF440306080744</td></tr>
<tr><td>2</td><td>4</td><td>深圳市晨光乳业有限公司</td><td>晨光牌</td><td>鲜牛奶</td><td>LB-33-1108193249A
GF440306081193</td><td>绿色食品</td></tr>
<tr><td rowspan="5">3</td><td>5</td><td rowspan="5">深圳市俊隆果菜农业技术开发有限公司</td><td rowspan="5">俊隆洪</td><td>菜心</td><td>LB-15-1109192862A
GF440303111297</td><td rowspan="5">绿色食品</td></tr>
<tr><td>6</td><td>大白菜</td><td>LB-15-1109192863A
GF440303111297</td></tr>
<tr><td>7</td><td>番茄</td><td>LB-15-1109192864A
GF440303111297</td></tr>
<tr><td>8</td><td>上海青</td><td>LB-15-1109192865A
GF440303111297</td></tr>
<tr><td>9</td><td>油麦菜</td><td>LB-15-1109192866A
GF440303111297</td></tr>
</table>

（续上表）

地区	企业序号	产品序号	企业名称	商标	产品名称	标志编号	备注
深圳市	3	10	深圳市俊隆果菜农业技术开发有限公司	俊隆洪	生菜	LB-15-1109192867A GF440303111297	绿色食品
		11			椰菜	LB-15-1109192868A GF440303111297	
		12			芥蓝	LB-15-1109192869A GF440303111297	
	4	13	深圳市南荔王果业中心	双荔牌	龙眼	LB-18-1211195660A GF440305061221	绿色食品
		14			荔枝	LB-18-1211195661A GF440305061221	
	5	15	深圳市田之林农业技术开发有限公司	图形牌	茄子	LB-15-1212193643A GF440301121643	绿色食品
		16			甜玉米（鲜食）	LB-05-1212193644A GF440301121643	
		17			青椒	LB-15-1212193645A GF440301121643	
		18			生菜	LB-15-1212193646A GF440301121643	
	6	19	深圳南顺油脂有限公司	刀唛+KNIFE BRAND+ 图形牌	刀唛花生油	LB-10-1009192572A GF440305101118	绿色食品
		20			刀唛玉米（粟米）油（压榨一级）	LB-10-1009192573A GF440305101118	
	7	21	深圳金威啤酒酿造有限公司	金威牌	11度金威啤酒	LB-47-1010194423A GF440303080983	绿色食品
		22			10度2008精品金威啤酒	LB-47-1010194424A GF440303080983	
		23			10度金纯金威啤酒	LB-47-1010194425A GF440303080983	
		24			9度冰爽精品金威啤酒	LB-47-1010194426A GF440303080983	
	8	25	深圳市湖尔美农业生物科技有限公司	湖美+HuMei+图形	菜心	LB-15-1004190952A GF440306100423	绿色食品
		26			生菜	LB-15-1004190953A GF440306100423	
		27			油麦菜	LB-15-1004190954A GF440306100423	
		28			菠菜	LB-15-1004190955A GF440306100423	
		29			芥菜	LB-15-1004190956A GF440306100423	
		30			芥蓝	LB-15-1004190957A GF440306100423	

（续上表）

地区	企业序号	产品序号	企业名称	商标	产品名称	标志编号	备注
深圳市	8	31	深圳市湖尔美农业生物科技有限公司	湖美+HuMei+图形	奶白菜	LB-15-1004190958A GF440306100423	绿色食品
		32			小白菜	LB-15-1004190959A GF440306100423	
		33			上海青	LB-15-1004190960A GF440306100423	
		34			茼蒿	LB-15-1004190961A GF440306100423	
	小计		绿色食品企业：8 产品：34 有机食品企业：0 产品：0				
珠海市	1	1	珠海市从海贸易有限公司	图形商标牌	从海池鱼（冷冻）	LB-36-1004191616A GF445122070438	绿色食品
	2	2	珠海斗门绿美水果专业合作社	珍美牌	珍珠芭乐（番石榴）	LB-18-1008192163A GF440401100514	绿色食品
	3	3	珠海经济特区南水企业集团公司	南水牌	锯缘青蟹	LB-36-1202191095A GF440404090249	绿色食品
	4	4	珠海市金湾区平沙敏达农场	敏达企业+图形+MINDA牌	台湾珍珠芭生（番石榴）	LB-18-1203191408A GF440404090400	绿色食品
	5	5	广东乡意浓农业科技有限公司（连山基地）	乡意浓（HONEY LONG）牌	有机大米	1000GA1200088 1000GA1200089	有机食品
		6			有机黑米		
		7			有机红米		
		8			有机喜米		
		9			有机福米		
		10			有机粥米		
		11			有机糙米		
		12	广东乡意浓农业科技有限公司（斗门基地）		有机大米		
		13			有机粥米		
		14	广东乡意浓农业科技有限公司（江西丰城基地）		有机大米		
	小计		绿色食品企业：4 产品：4 有机食品企业：1 产品：10				
东莞市	1	1	东莞金湖粤海酒店有限公司	粤海秋月牌	绿色凝香月饼	LB-51-1104191574A GF441900080645	绿色食品
	2	2	东莞市星河生物科技有限公司	玉龙洞牌	金针菇（鲜）	LB-21-1105192483A GF441900080698	绿色食品
	3	3	东莞谢岗银峰荔枝专业合作社	南面银瓶山+图形	桂味荔枝	LB-18-1105191127A GF441900110528	绿色食品
		4			糯米糍荔枝	LB-18-1105191127A GF441900110528	
	4	5	东莞市生态林业科学研究所	莞林+GUANLIN+莞	火龙果	LB-18-1105191262A GF441900110595	绿色食品
	5	6	东莞市黄江龙兴荔枝专业合作社	龙兴+图形	荔枝	LB-18-1112195814A GF441900112419	绿色食品
	6	7	东莞市凤山农业科技园经营有限公司	大朗	大朗荔枝	LB-18-1112195371A GF441900112223	绿色食品

（续上表）

地区	企业序号	产品序号	企业名称	商标	产品名称	标志编号	备注
东莞市	7	8	金威啤酒（东莞）有限公司	金威牌	10度P金纯金威啤酒	LB-47-1106195950A GF441900080908	绿色食品
		9			10度P纯生金威啤酒	LB-48-1201190100A GF441900080908	
		10			10度好运金威啤酒	LB-48-1201190101A GF441900080908	
		11			10度鲜酿金威啤酒	LB-48-1201190102A GF441900080908	
	8	12	东莞市养生源蜂业有限公司	养生源+YOUNGSOURCE+图形	雪旨花蜜（落子蜜）	LB-35-1201190037A GF441900120020	绿色食品
	9	13	东莞市阿吉科技农业有限公司	阿吉牌	阿吉荔枝	LB-18-1202190900A GF441900090198	绿色食品
	10	14	东莞市华美食品有限公司	华美+Huamei+图形牌	蛋黄白莲蓉月饼	LB-51-1205192441A GF441900080880	绿色食品
		15			蛋黄绿茶莲蓉月饼	LB-51-1205192442A GF441900080880	
		16			菠萝味冬蓉月饼	LB-51-1205192443A GF441900080880	
		17			草莓味冬蓉月饼	LB-51-1205192444A GF441900080880	
		18			哈密瓜味月饼	LB-51-1205192445A GF441900080880	
		19			红豆蓉月饼	LB-51-1205192446A GF441900080880	
		20			华美双黄白莲蓉月饼	LB-51-1205192447A GF441900080880	
		21			花团锦簇月饼（蛋黄白莲蓉月饼）	LB-51-1205192448A GF441900080880	
		22		华美牌	牛奶搭档(粗纤维麦香味饼干、酥性饼干)	LB-51-1007192592A GF441900080880	
		23			牛奶搭档(粗纤维芝麻味饼干、酥性饼干)	LB-51-1106193186A GF441900080880	
	11	24	东莞市樟木头农业发展总公司	樟木头观音绿	荔枝	LB-18-1205191049A GF441900120452	绿色食品
	12	25	东莞市瑞丹生物科技有限公司	瑞丹牌	虫草子实体（干基质培养）	LB-21-1208195501A GF441900060787	绿色食品
	13	26	东莞市金旺食品有限公司	金稻谷牌	金稻谷棒棒糖	LB-52-1003190751A GF441900100318	绿色食品
	14	27	东莞市塘厦远昌果场	昌堂	荔枝	LB-18-1012194449A GF441900101908	绿色食品
	15	28	东莞市金良稻丰米业有限公司	客家情	大米	COFCC-R-0911-0339	有机食品
	小计	绿色食品企业：15	产品：28	有机食品企业：1	产品：1		

（续上表）

地区	企业序号	产品序号	企业名称	商标	产品名称	标志编号	备注
湛江市	1	1	湛江市欢乐家食品有限公司	欢乐家+拼音+图形牌	糖水荔枝(罐头)	LB-20-0909194057A GF440800060894	绿色食品
		2			糖水菠萝罐头（全圆片）	LB-20-1102190302A GF440800060894	
		3			糖水菠萝罐头（扇形块片）	LB-20-1102190303A GF440800060894	
		4			糖水菠萝罐头（长块）	LB-20-1102190304A GF440800060894	
		5			糖水菠萝罐头（旋圆片）	LB-20-1102190305A GF440800060894	
	2	6	广东省国营红江农场	红江牌	红江橙	LB-18-1102191431A GF440881080231	绿色食品
	3	7	广东省丰收糖业发展有限公司	峰泉牌	白砂糖	LB-12-1103193118A GF440882080373	绿色食品
	4	8	徐闻县绿源果菜发展有限公司	福民牌	福民香蕉	LB-18-1106193942A GF440825080800	绿色食品
	5	9	广东湛绿农业科技开发有限公司	湛绿+ZHANLU牌	湛绿尖椒	LB-15-1109195650A GF440881081312	绿色食品
	6	10	遂溪县三宝食品有限公司	下录+图形	极品番薯	LB-23-1112196127A GF440823112546	绿色食品
	7	11	广东鹰峰食品有限责任公司	鹰峰牌	冰糖芦荟	LB-40-1202191625A GF440882090169	绿色食品
	8	12	广东大华糖业有限公司	金坡牌	白砂糖	LB-12-1202191313A GF440823090186	绿色食品
	9	13	广东恒福糖业集团有限公司	雪仙牌	白砂糖	LB-12-1203191979A GF440882090334	绿色食品
	10	14	广东省廉江水果企业集团公司	廉江红牌	廉江红橙	LB-18-1204191741A GF440881090494	绿色食品
	11	15	广东省华海糖业发展有限公司	丰+图形牌	白砂糖	LB-12-1203192233A GF440825090315	绿色食品
		16		雄欧+图形	蒸青绿茶	LB-44-1209195169A GF440825090315	绿色食品
		17			蒸青绿茶（春茶）	LB-44-1209195170A GF440825090315	
		18		勇士+YOMCSHI+图形	蒸青绿茶	LB-44-1209195171A GF440825090315	
	12	19	廉江市良垌日升荔枝专业合作社	广良牌	广良荔枝	LB-18-0908192702A GF440881091119	绿色食品
	13	20	湛江市平岭农产品加工厂	清一色牌	火龙果	LB-18-0911195416A GF440811061190	绿色食品

（续上表）

地区	企业序号	产品序号	企业名称	商标	产品名称	标志编号	备注
湛江市	14	21	湛江市伊齐爽食品实业有限公司	伊齐爽牌	果粒芦荟饮料	LB-40-0908192623A GF440882091078	绿色食品
		22			伊荟仙露芦荟饮料	LB-40-0908192624A GF440882091078	
		23			糖水菠萝长块罐头	LB-40-0908192625A GF440882091078	
		24			糖水菠萝扇块罐头	LB-40-0908192626A GF440882091078	
		25			糖水菠萝碎块罐头	LB-40-0908192627A GF440882091078	
		26			糖水菠萝碎米罐头	LB-40-0908192628A GF440882091078	
		27			糖水菠萝圆片罐头	LB-40-0908192623A GF440882091078	
		28			鲜菠萝	LB-18-1112195196A GF440882091078	
	15	29	廉江市石城红岭荔枝专业合作社	一骑红+YIQIHONG+图形	廉江荔枝	LB-18-1212194891A GF440881122082	绿色食品
	16	30	湛江市绿田菜业有限公司	绿轩	西红柿	LB-15-1002191383A GF440803070203	绿色食品
		31			芥菜	LB-15-1002191384A GF440803070203	
		32			青瓜	LB-15-1002191385A GF440803070203	
		33			菜心	LB-15-1002191386A GF440803070203	
		34			小葱	LB-15-1002191387A GF440803070203	
		35			豆苗	LB-15-1002191388A GF440803070203	
		36			玉豆	LB-15-1002191389A GF440803070203	
		37			韭菜	LB-15-1002191390A GF440803070203	
	17	38	徐闻县利民北运果菜有限公司	登云塔牌	小南瓜	LB-15-1003190593A GF440825100252	绿色食品
		39			莴笋	LB-15-1003190594A GF440825100252	
		40			圆椒	LB-15-1003190595A GF440825100252	
		41			黄瓜	LB-15-1003190596A GF440825100252	

（续上表）

地区	企业序号	产品序号	企业名称	商标	产品名称	标志编号	备注
湛江市	17	42	徐闻县利民北运果菜有限公司	登云塔牌	茄子	LB-15-1003190597A GF440825100252	绿色食品
		43			泡椒（鲜辣椒）	LB-15-1003190598A GF440825100252	
		44			良椒2313	LB-15-1003190599A GF440825100252	
		45			尖椒	LB-15-1003190600A GF440825100252	
	18	46	徐闻县恒福糖业发展有限公司	赛古牌	白砂糖	LB-12-1008192839A GF440825070844	绿色食品
	19	47	廉江市绿色新桂荔枝产销有限公司	早桂牌	荔枝	LB-18-1008193700A GF440881070832	绿色食品
	20	48	吴川市海滨福海大酒店	露庄园+YUHAI+图形牌	莲蓉月饼（热加工）	LB-51-1009192591A GF440883101126	绿色食品
	21	49	广东金岭糖业集团有限公司	甘岭牌	一级白砂糖	LB-12-1008192767A GF440811070783	绿色食品
		50			优质绵白糖	LB-12-1008192768A GF440811070783	
	22	51	雷州市纪家万吉种植业农民专业合作社	粤华+YUEHUA+图形牌	万吉番薯	LB-23-1010192822A GF440882101238	绿色食品
	23	52	雷州市恒大制糖有限公司	雷城牌	白砂糖	LB-12-1009193350A GF440882071043	绿色食品
	24	53	广东收获罐头食品有限公司	三叶牌	糖水菠萝罐头	LB-20-1012195646A GF440882072021	绿色食品
		54			糖水菠萝全园片	LB-20-1012195647A GF440882072021	
		55			糖水菠萝小扇块	LB-20-1012195648A GF440882072021	
		56			糖水菠萝扇块	LB-20-1012195649A GF440882072021	
		57			糖水菠萝碎块	LB-20-1012195650A GF440882072021	
		58			糖水菠萝长块	LB-20-1012195651A GF440882072021	
		59			糖水菠萝小扇形块	LB-20-1012195652A GF440882072021	
	25	60	湛江华资农垦糖业发展有限公司广丰分公司	三环牌	白砂糖	LB-12-1012195565A GF440823071740	绿色食品
	26	61	湛江市博泰生物化工科技实业有限公司	博泰botai+图形	虾肽氨基酸叶面肥（含氨基酸水溶肥料）	LSSZ-01-1201190002	绿色食品
	27	62	广东茗皇茶业有限公司	茗皇牌	（金玉）金观音（茶叶）	COFCC-R-0512-0206	有机食品
		63			翠玉（茶叶）		

（续上表）

地区	企业序号	产品序号	企业名称	商标	产品名称	标志编号	备注
湛江市	27	64	广东茗皇茶业有限公司	茗皇牌	高山红骨乌龙（茶叶）	COFCC-R-0512-0206	有机食品
		65			高山软枝乌龙（茶叶）		
		66			金萱（茶叶）		
		67			玉观音（茶叶）		
	小计		绿色食品企业：26　产品：61　有机食品企业：1　产品：6				
茂名市	1	1	高州市晟丰水果专业合作社	晟丰园+图形	高州荔枝	LB-18-1012195198A GF440981102233	绿色食品
		2			高州龙眼	LB-18-1012195199A GF440981102233	
		3			荔枝干	LB-20-1111194674A GF440981102233	绿色食品
		4			龙眼干	LB-20-1111194675A GF440981102233	
		5			桂圆肉	LB-20-1111194676A GF440981102233	
	2	6	电白县嘉农兴茂农业有限公司	家茂	小南瓜	LB-15-1103190700A GF440923110341	绿色食品
		7			紫色番薯	LB-15-1103190701A GF440923110341	
		8			水东芥菜	LB-15-1103190702A GF440923110341	
	3	9	电白县农本生物科技发展有限公司	水东一品+图形	水东芥菜	LB-15-1103190699A GF440923110340	绿色食品
	4	10	电白县丰泽水果蔬菜专业合作社	茂名泽丰园	荔枝	LB-18-1104191049A GF440923110493	绿色食品
	5	11	化州市绿田农作物种植专业合作社	迎春香+YINGCHUNXIANG+图形	绿田香米	LB-03-1110193284A GF440982111471	绿色食品
		12			绿田紫红米	LB-03-1110193285A GF440982111471	
		13			绿田全黑米	LB-03-1110193286A GF440982111471	
		14			绿田全黑糙米	LB-03-1110193287A GF440982111471	
	6	15	茂名钜园农业种植有限公司	龙博士+图形牌	龙眼	LB-18-1110196087A GF440982081439	绿色食品
	7	15	茂名市天力大地生态农业有限公司	水东清心芥	水东芥菜	LB-15-1112196226A GF440923112578	绿色食品
		17		水东大地	小白菜	LB-15-1112196227A GF440923112578	
		18			香芹	LB-15-1112196228A GF440923112578	
		19			青瓜	LB-15-1112196229A GF440923112578	

（续上表）

地区	企业序号	产品序号	企业名称	商标	产品名称	标志编号	备注
茂名市	8	20	高州市桑马生态农业发展有限公司	马头牌	龙眼	LB-18-0906191880A GF440981090767	绿色食品
		21			荔枝	LB-18-0906191881A GF440981090767	
		22			桂圆肉	LB-20-1112195655A GF440981112341	绿色食品
		23			龙眼干果	LB-20-1112195656A GF440981112341	
		24			荔枝干果	LB-20-1112195657A GF440981112341	
	9	25	茂名市金信米业有限公司	锦旺+拼音+图形牌	贵族香油粘(米)	LB-03-1201190921A GF440902090032	绿色食品
	10	26	电白县绿缘绿色食品有限公司	华楼大顶+HLDD+图形牌	水东芥菜	LB-15-1202191401A GF440923090190	绿色食品
		27			青刺瓜	LB-15-1202191402A GF440923090190	
		28			大顶苦瓜	LB-15-1202191403A GF440923090190	
		29			番茄	LB-15-1207191404A GF440923090190	绿色食品
		30			生菜	LB-15-1207191405A GF440923090190	
		31			胡萝卜	LB-15-1207191406A GF440923090190	
	11	32	茂名市广垦名富果业有限公司	图形+MF牌	番石榴	LB-18-1206192672A GF44090090712	绿色食品
		33			红杨桃	LB-18-1206192673A GF44090090712	
	12	34	高州市丰盛贸易有限公司	桂康+CUIKANC+图形	特级桂圆肉	LB-20-1208193023A GF440981091056	绿色食品
		35			桂圆干	LB-19-1208193024A GF440981091056	
		36			荔枝干	LB-19-1208193025A GF440981091056	
	13	37	茂名市粮丰园食品有限公司	粮丰园	金装红莲蓉	LB-51-1203190509A GF440903120245	绿色食品
		38			金装白莲蓉	LB-51-1203190510A GF440903120245	
	14	39	广东省新华农场茶叶公司	华煌+图形	华煌绿茶	LB-44-1205190871A GF440982120382	绿色食品
	15	40	化州市樱花泉食品有限公司	樱花泉+yinghuaquan+图形	笪桥黄瓜	LB-15-1210192879A GF440982121269	绿色食品

（续上表）

地区	企业序号	产品序号	企业名称	商标	产品名称	标志编号	备注
茂名市	15	41	化州市樱花泉食品有限公司	樱花泉+yinghuaquan+图形	笪桥黄瓜干	LB-15-1210192880A GF440982121269	绿色食品
		42			笪桥萝卜	LB-15-1210192881A GF440982121269	
		43			笪桥芥菜	LB-15-1210192882A GF440982121269	
	16	44	高州龙利果业有限公司	岭南红	高州龙眼	LB-18-1212194527A GF440981121923	绿色食品
		45			高州荔枝	LB-18-1212194528A GF440981121923	
		46		金壮	荔枝干	LB-20-1212194529A GF440981121923	
		47			龙眼干	LB-20-1212194528A GF440981121923	
		48			桂圆肉	LB-20-1212194531A GF440981121923	
	17	49	高州市金龙果业科技有限公司	岭南益微SOD龙眼	储良龙眼	LB-18-0911194778A GF440981061343	绿色食品
	18	50	高州市润信食品有限公司	高桂+图形	龙眼	LB-18-1212194898A GF440981122089	绿色食品
		51			桂圆肉	LB-18-1212194899A GF440981122089	
	19	52	高州市华峰农畜果业发展有限公司	高丰+拼音+图形	四季蜜树菠萝	LB-18-1212195338A GF440981122249	绿色食品
		53			荔枝	LB-18-1212195339A GF440981122249	
	20	54	信宜市四海永丰现代种养场	岭南宝+图+拼音	豆角	LB-15-1212195326A GF440983122247	绿色食品
		55			辣椒	LB-15-1212195327A GF440983122247	
		56			冬瓜	LB-15-1212195328A GF440983122247	
		57			苦瓜	LB-15-1212195329A GF440983122247	
		58			麦菜	LB-15-1212195330A GF440983122247	
		59			丝瓜	LB-15-1212195331A GF440983122247	
		60			茄子	LB-15-1212195332A GF440983122247	
	21	61	信宜市钱排供销社三华李专业合作社	钱排李+图形	三华李	LB-18-1012195290A GF440983102273	绿色食品

（续上表）

地区	企业序号	产品序号	企业名称	商标	产品名称	标志编号	备注
茂名市	22	62	高州市明河香蕉专业合作社	明河+MINGHE	香蕉	LB-18-1008192422A GF440981101082	绿色食品
	23	63	茂名嘉嗲食品有限公司	嘉嗲牌	纯正花生油（压榨一级）	LB-10-1011193743A GF440903101626	绿色食品
	24	64	电白县正绿菜业有限公司	水东正绿	水东正绿芥菜	LB-15-1012195235A GF440923102238	绿色食品
		65			水东正绿苦瓜	LB-15-1012195236A GF440923102238	
		66			水东正绿南瓜	LB-15-1012195237A GF440923102238	
		67			水东正绿茄瓜	LB-15-1012195238A GF440923102238	
	25	68	茂名市广垦名富果业有限公司	图形+MF牌	番石榴、火龙果	COFCC-R-1102-0506	有机食品
	26	69	茂名钜园农业有限公司	龙博士	红肉火龙果	COFCC-R-1109-0743	有机食品
	27	70	化州市益利化橘红专业合作社	橘利	化橘红	COFCC-R-1111-0792	有机食品
	28	71	茂名市惠生源生物科技有限公司	惠生源	铁皮石斛	COFCC-R-1111-0793	有机食品
	小计		绿色食品企业：24 产品：67 有机食品企业：4 产品：4				
肇庆市	1	1	德庆德皇农业发展有限公司	德皇+Qualigold+图形	贡柑	LB-18-1103190578A GF441226110288	绿色食品
		2			沙糖桔	LB-18-1103190579A GF441226110288	
	2	3	广宁县惠骏食品有限公司	惠骏+图形	惠骏山茶油（压榨一级）	LB-10-1201190030A GF441223120017	绿色食品
	3	4	德庆县仙罗果业有限公司	仙罗	仙罗贡柑	LB-18-1006191976A GF441226070605	绿色食品
	4	5	广宁县德阳露蔬菜生产专业合作社	露庄园+LZHY牌	人参菜	LB-15-1008192564A GF441223101115	绿色食品
	5	6	怀集高山青农产品有限公司	新岗天井坑牌	冻顶茶(乌龙茶)	LB-44-1009193680A GF441224070996	绿色食品
		7		图形商标牌	新岗美人茶	LB-44-1012195115A GF441224070996	
		8			新岗挂绿茶	LB-44-1012195116A GF441224070996	
	6	9	封开县奇香皇果业有限公司	奇香皇牌	封开油栗	LB-19-0910195344A GF441225060989	绿色食品
	小计		绿色食品企业：6 产品：9 有机食品企业：0 产品：0				
清远市	1	1	英德市俊汇绿色食品发展有限公司	英西峰林	鲜竹笋	LB-18-1103190614A GF441881110304	绿色食品
		2			黄豆	LB-18-1103190615A GF441881110304	
		3			甜瓜（薄皮甜瓜）	LB-18-1103190616A GF441881110304	

（续上表）

地区	企业序号	产品序号	企业名称	商标	产品名称	标志编号	备注
清远市	2	4	连州市龙坪镇龙兴水果场	鸿星牌	水晶梨	LB-18-1104195971A GF441882080580	绿色食品
	3	5	连州市金山水晶梨果场	秀源牌	水晶梨	LB-18-1104196016A 441882080624	绿色食品
	4	6	英德市上茗轩茶叶有限责任公司	上茗轩	上茗轩红茶	LB-44-1104191048A GF441881110492	绿色食品
	5	7	清新加多利农贸发展有限公司	加多利+kADORLI+图形	芥蓝	LB-15-1107191979A GF441827110935	绿色食品
		8			菜心	LB-15-1107191980A GF441827110935	
	6	9	佛冈县汤塘镇溼江荔枝专业合作社	白水带+BAISHUIDAI	荔枝	LB-18-1107191942A GF441821110912	绿色食品
	7	10	清远震兴农产品有限公司	巧口+图形牌	巧口脆笋（笋制品）	LB-17-1108194513A GF441802081096	绿色食品
		11			巧口凤尾笋（笋制品）	LB-17-1108194514A GF441802081096	
		12			巧口玉笋（笋制品）	LB-17-1108194515A GF441802081096	
	8	13	广东天农食品有限公司	凤中皇（文字+图形）	凤中皇清远鸡（活）	LB-28-1108192037A GF441802110965	绿色食品
		14			凤中皇清远鸡（冰鲜）	LB-28-1108192038A GF441802110965	
		15			凤中皇清远鸡初生蛋	LB-28-1108192039A GF441802110965	
	9	16	英德市东桥糖业有限公司	英洲牌+YINGZHOU+图形	白砂糖	LB-12-1108192080A GF441881110985	绿色食品
	10	17	阳山宜佳乐农场有限公司	宜佳乐+图形	结球甘蓝（椰菜）	LB-15-1112195199A GF441823112150	绿色食品
		18			菜心	LB-15-1112195200A GF441823112150	
		19			豆苗	LB-15-1112195201A GF441823112150	
		20			上海青	LB-15-1112195202A GF441823112150	
		21			芹菜	LB-15-1112195203A GF441823112150	
		22			香葱	LB-15-1112195204A GF441823112150	
		23			西洋菜	LB-15-1112195205A GF441823112150	
		24			马铃薯	LB-15-1112195206A GF441823112150	
		25			甜玉米	LB-05-1112195207A GF441823112150	

（续上表）

地区	企业序号	产品序号	企业名称	商标	产品名称	标志编号	备注
清远市	11	26	清远市大丰果业有限公司	奥丰达	火龙果	LB-18-1112195736A GF441802112385	绿色食品
	12	27	连州市高山绿稻米业有限公司	高山绿稻+拼音+图形	高山绿稻米（大米）	LB-03-1112196587A GF441882112724	绿色食品
	13	28	连南瑶族自治县益生源山茶油有限公司	金瑶山+GOLD YAO SHAN牌	金山茶油（一级压榨）	LB-10-0906192097A GF441826090859	绿色食品
	14	29	佛冈县汤塘镇官山水果专业合作社	湛一+PAYI牌	沙糖桔	LB-18-1208195861A GF441821091023	绿色食品
	15	30	佛冈县龙山供销合作社门楼富村沙糖桔专业合作社	门楼富+图形牌	沙糖桔	LB-18-0908192495A GF441821091024	绿色食品
	16	31	清远市金林果业有限公司	金爽牌	杨梅	LB-18-0910193778A GF441881061098	绿色食品
	17	32	英德市合兴果蔬专业合作社	标哥+拼音+图形	沙糖桔	LB-18-1210193045A GF441881121336	绿色食品
	18	33	连州市龙坪镇孔围蔬菜专业合作社	龙旺荣记	龙旺荣记萝卜	LB-15-1211193159A GF441882121407	绿色食品
	19	34	连州市金色田园农业开发有限公司	华沙园	连州菜心	LB-15-1211193140A GF441882121392	绿色食品
	20	35	阳山县第一峰茶业有限公司	第一峰+DIYIFENG	第一峰云雾茶（绿茶）	LB-44-1211193498A GF441823121562	绿色食品
	21	36	连州市东魁杨梅专业合作社	福山红+FUSHANHONG+图形	东魁杨梅	LB-18-1211193424A GF441882121535	绿色食品
	22	37	连州市嘉农现代农业发展有限公司	嘉利园+图形牌	嘉利园南瓜	LB-15-0911193825A GF441882091588	绿色食品
		38			嘉利园水晶梨	LB-15-0911193827A GF441882091588	
		39		自劳地+图形牌	高山紫心番薯	LB-15-0911193826A GF441882091588	绿色食品
	23	40	英德市华金园鸡心黄皮专业合作社	华沙园	鸡心黄皮	LB-18-1212194876A GF441881122075	绿色食品
	24	41	清新县育林农业开发有限公司	大蜜蜂	蜜糖桔	LB-18-1212194494A GF441827211907	绿色食品
		42			沙糖桔	LB-18-1212194495A GF441827211907	
	25	43	清远市清城区飞来峡诚信沙糖桔农民专业合作社	双钱沙糖桔+图形	沙糖桔	LB-18-1212193777A GF441802121708	绿色食品
	26	44	清新县高家庄油茶开发有限公司	图形商标	高山庄茶籽油	LB-10-0912194305A GF441827091802	绿色食品
	27	45	英德市纺生粮油种植有限公司	纺生+FANGSHEN	马岭油粘米	LB-03-0912194349A GF441881091826	绿色食品
	28	46	英德市鸿德食品有限公司	鸿大+图形	鸿大鲜竹笋	LB-15-1003190449A GF441881100191	绿色食品

（续上表）

地区	企业序号	产品序号	企业名称	商标	产品名称	标志编号	备注
清远市	29	47	英德市广海农业发展有限公司	图形	柠檬	LB-18-1012194473A GF441881101925	绿色食品
	30	48	连州市连正蔬菜发展有限公司	连正LIANZHENG	连正红椒	LB-15-1012194593A GF441882101992	绿色食品
		49			连正菜心	LB-15-1012194594A GF441882101992	
	31	50	英德市连江口镇富农沙糖桔专业合作社	浈阳牌+ZY+图形	沙糖桔	LB-18-1012195284A GF441881102267	绿色食品
	32	51	佛冈县供销合作社嘉华水果专业合作社	嘉鑫	沙糖桔	LB-18-1012194942A GF441821102134	绿色食品
	33	52	连山壮族瑶族自治县民族食品有限公司	壮瑶家香牌	大米	COFCC-R-0711-0249	有机食品
	小计		绿色食品企业：32　产品：51　有机食品企业：1　产品：1				
云浮市	1	1	罗定市稻香园农业发展有限公司	聚龙牌	澳丝米	LB-03-1105194434A GF445281080660	绿色食品
	2	2	郁南县西江淀粉厂	海鸥牌	木薯淀粉	LB-55-1106194362A GF445322080883	绿色食品
	3	3	云浮市安塘镇经济发展总公司	安塘牌+图形	安塘沙糖桔	LB-18-1110193485A GF445302111541	绿色食品
	4	4	广东省罗定市满塘茶场	天子岭+图形牌	天子茶（绿茶）	LB-44-1110196891A GF445381081468	绿色食品
	5	5	罗定市兴云种植专业合作社	兴云	粉葛	LB-23-1112195153A GF445381112128	绿色食品
	8	6	罗定市现代农业开发公司	九仔牌	马铃薯	LB-15-1112196469A GF445381112664	绿色食品
	7	7	云浮市庆丰农家农业生态园有限公司	金果丰牌	沙糖桔	LB-18-1112196405A GF445323112634	绿色食品
	8	8	郁南县富康农业发展有限公司	郁江+YUJIANG+图形牌	草鱼	LB-36-0910194968A GF445322061098	绿色食品
		9			郁南无核黄皮	LB-18-0912194969A GF445322061098	
		10			郁南沙糖桔	LB-18-0912194970A GF445322061098	
		11			庞寨黑叶荔枝	LB-18-0912194971A GF445322061098	
		12			郁南竹笋	LB-15-0912194972A GF445322061098	
		13			郁南粉葛	LB-23-1010193044A GF445322061098	绿色食品
		14			郁南油栗	LB-19-1108192075A GF445322061098	绿色食品

（续上表）

地区	企业序号	产品序号	企业名称	商标	产品名称	标志编号	备注
云浮市	9	15	云安县农丰农业综合开发有限公司	云雾山+图形牌	贡柑	LB-18-1202193054A GF445333090792	绿色食品
		16			沙糖桔	LB-18-1202193055A GF445333090792	
		17			西瓜	LB-18-1202193056A GF445333090792	
	10	18	新兴县龙圣茶业食品有限公司	龙盛+图形牌	菩提绿（绿茶）	LB-44-1005191653A GF445321100708	绿色食品
		19			袈裟红（红茶）	LB-44-1005191654A GF445321100708	
	11	20	罗定市连州茶业发展有限公司	白马碧翠牌	连州绿茶	LB-44-1006191722A GF445381100747	绿色食品
	12	21	郁南县天祥茶园	雁鹰山+YANYINGSHAN牌	雁鹰山蜜香茶（绿茶）	LB-15-1007191913A GF445322100857	绿色食品
	13	22	云安县南盛镇农业发展有限公司	南盛+lvansheng+图形牌	南盛沙糖桔	LB-18-1007192034A GF445323100906	绿色食品
	14	23	广东十二岭酒业有限公司	十二岭+TWELVERIDGE+图形	荔枝酒	LB-18-1007192122A GF445322100950	绿色食品
	15	24	罗定市豆丰园菜业有限公司	九仔牌	好仔豆(黎豆制品)	LB-17-1009194907A GF445381070947	绿色食品
	16	25	新兴县马林食品有限公司	马林牌	马林话梅皇	LB-53-1009194705A GF445321071032	绿色食品
	17	26	新兴县翔顺生态旅游发展有限公司	图案+象窝	象窝红茶	LB-44-1011193749A GF445321101630	绿色食品
		27			象窝绿茶	LB-44-1011193750A GF445321101630	
	18	28	罗定市丰智昌顺科技有限公司	亚灿米牌	大米	COFCC-R-0606-0090	有机食品
	小计		绿色食品企业：17　产品：27　有机食品企业：1　产品：1				
中山市	1	1	广东杨氏南北鲜果有限公司	YANG'S-NS牌	脐橙	LB-18-1101190659A GF442000080169	绿色食品
	2	2	广东省中山食品进出口有限公司	香山华丰	杨桃	LB-18-1105193900A GF442000080711	绿色食品
	3	3	中山市渔农产冷冻厂有限公司	欧风	冻脆肉鲩鱼	LB-36-1107191730A GF442000110791	绿色食品
	4	4	中山市神湾镇种养服务公司	神湾+SHENWAN+图形牌	神湾菠萝	LB-18-1110195244A GF442000081473	绿色食品
	5	5	中山市坦洲镇良胜菜场	良胜	通心菜	LB-15-1112196832A GF442000112666	绿色食品
		6			生菜	LB-15-1112196833A GF442000112666	

（续上表）

地区	企业序号	产品序号	企业名称	商标	产品名称	标志编号	备注
中山市	6	7	中山市港口镇港南水产养殖场	港南	草鱼	LB-36-1112196476A GF442000112666	绿色食品
	7	8	中山市东升农副产品贸易有限公司	东裕牌	脆肉鲩鱼(鲜活)	LB-36-0911193694A GF442000091533	绿色食品
	8	9	中山围垦总公司	香山牌	香蕉	LB-18-0912195058A GF4402000061603	绿色食品
	9	10	中山市欣欣食品有限公司	万利园	蛋黄白莲蓉月饼	LB-51-1006192304A GF442000070620	绿色食品
		11			牛奶红豆月饼	LB-51-1006192305A GF442000070620	
		12			绿茶莲蓉月饼	LB-51-1006192306A GF442000070620	
		13			凤梨月饼	LB-51-1006192307A GF442000070620	
		14			越来越美组合月饼	LB-51-1006192308A GF442000070620	
		15			福满天下广式组合月饼	LB-51-1006192309A GF442000070620	
	10	16	广东省中山食品水产进出口集团有限公司	宝平牌	草鱼（活）	LB-37-109192743A GF442000070934	绿色食品
		17			鳙鱼（活）	LB-37-109192744A GF442000070934	
		18			鲮鱼肉片(冷冻)	LB-37-109192745A GF442000070934	
	小计		绿色食品企业：10 产品：18 有机食品企业：0 产品：0				
佛山市	1	1	佛山市高明区合水镇农业发展总公司	明翠牌	合水粉葛	LB-15-1202191907A GF440608090175	绿色食品
	2	2	佛山西江农业生态园有限公司	绿之选+拼音牌	菜心	LB-15-1206191673A GF440605090833	绿色食品
		3			白菜	LB-15-1206191674A GF440605090833	
		4			生菜	LB-15-1206191675A GF440605090833	
	3	5	佛山市顺德区龙江镇左滩兴莹水产养殖场	左滩、右滩牌	草鱼（活）	LB-36-1006192652A GF440606070616	绿色食品
	小计		绿色食品企业：3 产品：5 有机食品企业：0 产品：0				
江门市	1	1	开平市开兰面粉有限公司	开兰牌	小麦粉（特级月饼粉）	LB-02-1103191118A GF440783080428	绿色食品
		2			糕点用小麦粉（特级糕点粉）	LB-02-1103191119A GF440783080428	
		3			面包用小麦粉（特级面包粉）	LB-02-1103191120A GF440783080428	

（续上表）

地区	企业序号	产品序号	企业名称	商标	产品名称	标志编号	备注
江门市	2	4	江门市鸿豪生物科技有限公司	鸿豪+HONGHAO+图形牌	鸿豪蛹虫草子实体（干品）	LB-21-1110194318A GF440703081410	绿色食品
	3	5	开平裕茂农业开发有限公司	图形商标牌	台湾紫玉火龙果	LB-18-1105193444A GF440783090211	绿色食品
		6			台湾翠玉蜜枣	LB-18-1105193445A GF440783090211	
		7			台湾番石榴	LB-18-1105193446A GF440783090211	
		8			裕茂红宝石芒果	LB-18-1105193447A GF440783090211	
		9			裕茂金星杨桃	LB-18-1105193448A GF440783090211	
		10			裕茂黑珍珠莲雾	LB-18-1105193449A GF440783090211	
	4	11	江门市新会区大鳌有机农业发展有限公司	大鳌+图形	莲藕	LB-15-1111195992A GF440705081558	绿色食品
		12			慈姑	LB-15-1111195993A GF440705081558	
	5	13	台山市长球米业有限公司	长球牌	小农米	LB-03-1107191688A GF440781110773	绿色食品
		14			小粒香米	LB-03-1107191689A GF440781110773	
		15			特色小农米	LB-03-1107191690A GF440781110773	
		16			台山小农米	LB-03-1107191691A GF440781110773	
		17			拾月米	LB-03-1107191692A GF440781110773	
		18			捌捌捌捌米	LB-03-1107191693A GF440781110773	
		19			捌叁捌大米	LB-03-1107191694A GF440781110773	
		20			经典沾米	LB-03-1107191695A GF440781110773	
	6	21	江门市新康虫草有限公司	岗州春+康夫人+图形+KANGFUREN牌	虫草子实体（菌种培养）	LB-21-1108195275A GF440705081143	绿色食品
		22		岗州春+图形牌	虫草子实体(菌种培养)	LB-21-1212195354A GF440705081143	绿色食品
		23			虫草皇(菌种培养)	LB-21-1212195355A GF440705081143	
	7	24	鹤山市华山泉食品饮料有限公司	华山泉+图形	华山泉优质天然矿泉水	LB-38-1205191713A GF440784090598	绿色食品

（续上表）

地区	企业序号	产品序号	企业名称	商标	产品名称	标志编号	备注
江门市	8	25	台山市粮食购销总公司	珍香牌	丝苗米——精品小珍米（大米）	LB-03-1206192459A GF440781090706	绿色食品
		26			丝苗米——四星（大米）	LB-03-1206192460A GF440781090706	
		27			丝苗米——五星（大米）	LB-03-1206192461A GF440781090706	
		28			丝苗米——精品香米（大米）	LB-03-1206192462A GF440781090706	
	9	29	鹤山市花皇淀粉厂有限公司	花皇牌+图形牌	特级生粉（木薯）	LB-55-0907192446A GF440784091005	绿色食品
	10	30	鹤山市华粮米业有限公司	鹤粮	址山贡粮(大米)	LB-03-1208193508A GF440784091166	绿色食品
	11	31	鹤山市轩宝农业发展有限公司	轩宝农业+图形	小白菜	LB-03-1208192101A GF440784120895	绿色食品
		32			菜心	LB-03-1208192102A GF440784120895	
		33			芥蓝	LB-03-1208192103A GF440784120895	
	12	34	恩平市聚泉农业有限公司	翠锦圆+图形牌	翠锦圆龙眼	LB-18-1011194349A GF440785071319	绿色食品
		35			龙眼干	LB-20-1006191841A GF440785071319	绿色食品
	13	36	江门市新会区祥益陈皮有限公司	冈州祥益+拼音+图形	新会柑	LB-18-1212193787A GF440705121715	绿色食品
	14	37	鹤山市共和现代农业发展有限公司	共裕牌	鹤山葛粉	LB-24-0912195031A GF440784061742	绿色食品
	小计		绿色食品企业：14	产品：37	有机食品企业：0	产品：0	
阳江市	1	1	阳江市大开水产有限公司	大开+图形	冷冻虾仁	LB-37-1109193030A GF441702111355	绿色食品
	2	2	广东阳帆食品有限公司	阳帆+图形	阳江豆豉	LB-56-1112195908A GF441723081728	绿色食品
	3	3	阳春市水果生产服务中心	GhunNong+图形	阳春马水桔	LB-18-1204191489A GF441781091013	绿色食品
	4	4	阳春市裕茂农业开发有限公司	图形商标牌	台湾翠玉蜜枣	LB-18-1204191786A GF441781091085	绿色食品
	5	5	阳西县粤富水产养殖鱼粉有限公司	资源富+拼音+图形牌	龙眼	LB-18-1207192778A GF441721090939	绿色食品
	6	6	阳江市江城区三洲海霞蔬菜专业合作社	海霞	三洲菜心	LB-15-1211193200A GF441702121433	绿色食品
	7	7	广东丰多采农业发展有限公司	丰多采+Fondos Fruit	丰多采1号青瓜（黄瓜）	LB-15-1212195195A GF441723122190	绿色食品
		8			丰多采1号薯	LB-15-1212195196A GF441723122190	

（续上表）

地区	企业序号	产品序号	企业名称	商标	产品名称	标志编号	备注
阳江市	8	9	广东金凤生物科技有限公司	朝阳凤牌	金凤五彩薯	LB-13-1005191259A GF441721100559	绿色食品
	9	10	阳东八果圣食品有限公司	八果圣牌	八果圣益智（九制）	LB-53-1011195554A GF441723071238	绿色食品
	10	11	阳江市江城明鑫现代农业开发有限公司	鑫桂+图形	朝桂山粉葛	LB-23-1012195281A GF441702102264	绿色食品
	小计		绿色食品企业：10　产品：11　有机食品企业：0　产品：0				

2012年广东省林业植物新品种授权品种名录

序号	品种名	所属的属（种）	品种权人	品种权号
1	真趣松2号	罗汉松属	黎德坚（东莞）	20120003
2	真趣松3号	罗汉松属	黎德坚（东莞）	20120004
3	绿星	木兰属	深圳市仙湖植物园管理处、陕西省西安植物园、棕榈园林股份有限公司	20120023
4	红金星	木兰属	深圳市仙湖植物园管理处、陕西省西安植物园、棕榈园林股份有限公司	20120024
5	红玉	木兰属	深圳市仙湖植物园管理处、陕西省西安植物园、棕榈园林股份有限公司	20120025
6	清心	木兰属	深圳市仙湖植物园管理处、陕西省西安植物园、棕榈园林股份有限公司	20120026
7	华桉1号	桉属	华南农业大学、国营雷州林业局林业科学研究所	20120052
8	华桉2号	桉属	华南农业大学、国营雷州林业局林业科学研究所	20120053
9	黄埔之浪	山茶属	棕榈园林股份有限公司	20120068
10	红吉星	木兰属	棕榈园林股份有限公司、深圳市仙湖植物园管理处	20120090
11	烈焰	山茶属	广东省林业科学研究院	20120102
12	郁金	山茶属	广东省林业科学研究院	20120103
13	普桉1号	桉属	嘉汉林业（广州）有限公司	20120130
14	普桉2号	桉属	嘉汉林业（广州）有限公司	20120131

广东省农业植物新品种有效期内授权品种名录

（截至2012年12月31日）

序号	申请号	植物种类	品种名称	申请日	申请/品种权人	公告号
1	20070808.2	水稻 Oryza sativa L.	228S	2007-12-29	广东华茂高科种业有限公司	CNA003510G
2	20070610.1	水稻 Oryza sativa L.	粤恢3008	2007-11-23	广东粤良种业有限公司	CNA003716G
3	20070555.2	花生 Arachis hypogaea L.	粤油13	2007-11-9	广东省农业科学院作物研究所	CNA003569G
4	20070465.6	水稻 Oryza sativa L.	深两优5814	2007-9-26	国家杂交水稻工程技术研究中心清华深圳龙岗研究所	CNA3538G
5	20070466.4	水稻 Oryza sativa L.	深优9734	2007-9-26	国家杂交水稻工程技术研究中心清华深圳龙岗研究所	CNA003539G
6	20070467.2	水稻 Oryza sativa L.	丙4114	2007-9-26	国家杂交水稻工程技术研究中心清华深圳龙岗研究所	CNA003490G
7	20070468	水稻 Oryza sativa L.	准两优2号	2007-9-26	国家杂交水稻工程技术研究中心清华深圳龙岗研究所	CNA003684G
8	20070469.9	水稻 Oryza sativa L.	R2134	2007-9-26	国家杂交水稻工程技术研究中心清华深圳龙岗研究所	CNA003491G
9	20070470.2	水稻 Oryza sativa L.	R152	2007-9-26	国家杂交水稻工程技术研究中心清华深圳龙岗研究所	CNA003492G
10	20070201.7	水稻 Oryza sativa L.	深97A	2007-4-18	国家杂交水稻工程技术研究中心清华深圳龙岗研究所	CNA003526G
11	20070184.3	玉米 Zea mays L.	新美408	2007-4-6	珠海市鲜美种苗发展有限公司	CNA003528G
12	20060832	水稻 Oryza sativa L.	丰优大占	2006-12-21	广东省农业科学院水稻研究所	CNA002552G
13	20060475.9	水稻 Oryza sativa L.	美香占2号	2006-9-1	广东省农业科学院水稻研究所	CNA003254G
14	20060371.X	玉米 Zea mays L.	百绿珍珠49	2006-6-25	深圳市百绿生物科技有限公司	CNA002866G
15	20060309.4	水稻 Oryza sativa L.	华小黑1号	2006-5-22	华南农业大学	CNA002991G
16	20060310.8	水稻 Oryza sativa L.	华粳籼1号	2006-5-22	华南农业大学	CNA002992G
17	20060287.X	水稻 Oryza sativa L.	黄华占	2006-4-25	广东省农业科学院水稻研究所	CNA002266G
18	20060169.5	水稻 Oryza sativa L.	荣丰A	2006-3-16	广东省农业科学院水稻研究所	CNA002260G
19	20060088.5	水稻 Oryza sativa L.	培杂35	2006-2-27	华南农业大学	CNA002681G

（续上表）

序号	申请号	植物种类	品种名称	申请日	申请/品种权人	公告号
20	20060062.1	水稻 Oryza sativa L.	粤泰B	2006-2-15	广东省农业科学院水稻研究所	CNA002518G
21	20060036.2	水稻 Oryza sativa L.	广恢398	2006-1-24	广东省农业科学院水稻研究所	CNA002675G
22	20060021.4	水稻 Oryza sativa L.	粤恢648	2006-1-12	广东省农业科学院水稻研究所	CNA002672G
23	20050920.9	水稻 Oryza sativa L.	N2S	2005-12-31	华南农业大学	CNA001794G
24	20050921.7	水稻 Oryza sativa L.	N28S	2005-12-31	华南农业大学	CNA001795G
25	20050922.5	水稻 Oryza sativa L.	华恢305	2005-12-31	华南农业大学	CNA001796G
26	20050923.3	水稻 Oryza sativa L.	N39S	2005-12-31	华南农业大学	CNA001797G
27	20050924.1	水稻 Oryza sativa L.	N9S	2005-12-31	华南农业大学	CNA001798G
28	20050943.8	水稻 Oryza sativa L.	华优638	2005-12-30	肇庆市农业科学研究所	CNA002662G
29	20050944.6	水稻 Oryza sativa L.	R268	2005-12-30	肇庆市农业科学研究所	CNA002663G
30	20050945.4	水稻 Oryza sativa L.	R263	2005-12-30	肇庆市农业科学研究所	CNA002664G
31	20050946.2	水稻 Oryza sativa L.	R239	2005-12-30	肇庆市农业科学研究所	CNA002665G
32	20050820.2	水稻 Oryza sativa L.	金恢138	2005-12-13	广东省金稻种业有限公司	CNA002097G
33	20050785	玉米 Zea mays L.	粤甜13号	2005-12-2	广东省农业科学院作物研究所	CNA002134G
34	20050639	水稻 Oryza sativa L.	航恢八号	2005-11-4	华南农业大学	CNA001781G
35	20050640.4	水稻 Oryza sativa L.	航恢88	2005-11-4	华南农业大学	CNA001782G
36	20050642	水稻 Oryza sativa L.	胜巴丝苗	2005-11-4	华南农业大学	CNA001783G
37	20050527	水稻 Oryza sativa L.	华粳籼74	2005-9-13	华南农业大学	CNA001779G
38	20050493.2	水稻 Oryza sativa L.	博优691	2005-8-26	汕头市农业科学研究所	CNA001868G
39	20050202.6	水稻 Oryza sativa L.	湛A	2005-4-4	湛江海洋大学	CNA001670G
40	20050203.4	水稻 Oryza sativa L.	万金A	2005-4-4	湛江海洋大学	CNA001671G

（续上表）

序号	申请号	植物种类	品种名称	申请日	申请/品种权人	公告号
41	20050051.1	水稻 Oryza sativa L.	龙A	2005-1-18	广东农作物杂种优势开发利用中心	CNA001651G
42	20040725.2	水稻 Oryza sativa L.	汕恢316	2004-12-30	汕头市农业科学研究所	CNA001457G
43	20040696.5	水稻 Oryza sativa L.	粤光S	2004-12-29	广东省农业科学院水稻研究所	CNA001241G
44	20040697.3	水稻 Oryza sativa L.	天优838	2004-12-29	广东省农业科学院水稻研究所	CNA001242G
45	20040554.3	水稻 Oryza sativa L.	龙优673	2004-12-2	广东农作物杂种优势开发利用中心	CNA001278G
46	20040535.7	水稻 Oryza sativa L.	龙优665	2004-11-26	广东农作物杂种优势开发利用中心	CNA001277G
47	20040225	水稻 Oryza sativa L.	华航一号	2004-5-11	华南农业大学	CNA001216G
48	20040226.9	水稻 Oryza sativa L.	航恢七号	2004-5-11	华南农业大学	CNA001217G
49	20040227.7	水稻 Oryza sativa L.	华航丝苗	2004-5-11	华南农业大学	CNA001218G
50	20040228.5	水稻 Oryza sativa L.	泰丰占	2004-5-11	华南农业大学	CNA001219G
51	20040186.6	水稻 Oryza sativa L.	广恢290	2004-4-6	广东省农业科学院水稻研究所	CNA001213G
52	20040120.3	水稻 Oryza sativa L.	广恢368	2004-3-10	广东省农业科学院水稻研究所	CNA001210G
53	20040109.2	水稻 Oryza sativa L.	振丰A	2004-2-19	广东省农业科学院水稻研究所	CNA001209G
54	20030541.7	水稻 Oryza sativa L.	穗丰A	2003-12-25	广东省农业科学院水稻研究所	CNA000776G
55	20030542.5	水稻 Oryza sativa L.	天丰A	2003-12-25	广东省农业科学院水稻研究所	CNA000777G
56	20030488.7	水稻 Oryza sativa L.	广恢308	2003-12-8	广东省农业科学院水稻研究所	CNA000898G
57	20030469	水稻 Oryza sativa L.	中9优288	2003-11-24	广东省农作物杂种优势利用站	CNA000940G
58	20030165.9	水稻 Oryza sativa L.	粤泰A	2003-5-23	广东省农业科学院水稻研究所	CNA000578G
59	20010226.5	水稻 Oryza sativa L.	粤丰A	2001-12-27	广东省农业科学院水稻研究所	CNA000584G
60	20010222.2	水稻 Oryza sativa L.	GD-1S	2001-12-26	广东省农业科学院水稻研究所	CNA000230G
61	20010216.8	水稻 Oryza sativa L.	广恢998	2001-12-24	广东省农业科学院水稻研究所	CNA000474G

（续上表）

序号	申请号	植物种类	品种名称	申请日	申请/品种权人	公告号
62	20010178.1	玉米 Zea mays L.	粤甜3号	2001-9-12	广东省农业科学院作物研究所	CNA000256G
63	20010018.1	水稻 Oryza sativa L.	Y华农A	2001-3-2	华南农业大学	CNA000282G

2012年广东省文化市场行政执法数据统计表

项目	日常检查			案件查办				行政处罚				
	出动检查(人次)	检查经营单位(家次)	责令改正(家次)	受理举报(件)	立案调查(件)	移交案件(件)	办结案件(件)	警告(家次)	罚款(元)	责令停业整顿(家次)	吊销许可证(家)	没收违法所得(元)
演出市场	13100	2275	64	18	11	1	10	5	46500.00	0	0	2130.00
艺术品市场	1549	471	18	3	5	0	3	0	10000.00	0	0	0
游艺娱乐场所	77020	29217	410	167	517	35	392	311	1203655.50	84	4	12420.00
歌舞娱乐场所	126707	50880	560	196	542	16	333	306	1573672.00	54	13	64305.00
互联网上网服务营业场所	212539	108061	1097	950	2048	21	1866	1160	7878705.00	174	0	62000.00
互联网文化经营单位	4238	2746	58	124	154	2	135	42	276501.00	1	0	1.00
电影发行放映单位	9650	3058	13	3	8	2	4	3	6000.00	1	0	0
广播电视、地面卫星接收设施	13412	3765	325	83	191	3	150	71	413500.00	0	0	0
互联网视听节目服务单位	1831	922	49	44	88	9	51	34	435500.00	0	0	0
互联网出版机构	887	270	5	1	1	2	1	1	0	0	0	0
书报刊经营单位	142348	60072	774	205	668	19	639	785	1250233.60	15	6	6828.00
音像（电子）出版物经营单位	81299	35656	571	380	933	73	864	382	772303.00	86	17	7741.50
印刷经营单位	100474	40595	447	51	393	19	296	257	2474950.00	15	0	22324.00
文物	2152	656	7	2	18	0	12	3	400000.00	0	0	0
其他	22161	9235	425	119	191	18	173	175	360300.00	10	0	3250.00
合计	809367	347879	4823	2346	5768	220	4929	3535	17101820.10	440	40	180999.50

专利代理机构

广东省专利代理机构名录

序号	代码	机构名称	地址	负责人	电话	传真
1	44001	广州科粤专利商标代理有限公司	广州市先烈中路100号科学院机关大楼101室	莫瑶江	020-87688146	020-87683303
2	44100	广州新诺专利商标事务所有限公司	广州市应元路越秀山体育场综合楼七楼	罗毅萍	020-83565354	020-83631275
3	44101	深圳市中知专利商标代理有限公司	深圳市福田区上步中路1001号科技大厦1楼	孙 皓	0755-83699465	0755-83699700
4	44102	广州粤高专利商标代理有限公司	广州市天河区体育西路中石化大厦B塔3912室	林德纬	020-38922329	020-38922322
5	44103	汕头市高科专利事务所	汕头市金砂路86号友谊国际大厦704	丁楚浩	0754-88632248	0754-88608236
6	44104	广州知友专利商标代理有限公司	广州市东风东路555号粤海集团大厦26楼2604室	刘小敏	020-87685310	020-87687207
7	44106	茂名市穗海专利事务所	茂名市油城6路5号大院207	李好珺	0668-2870299	0668-2283413
8	44202	广州三环专利代理有限公司	广州市先烈中路80号汇华商贸大厦1508	温 旭	020-37616191	020-37616451
9	44203	湛江市三强专利事务所	湛江市霞山人民南路30号	庞爱英	0759-2231844	0759-2218471
10	44205	广州嘉权专利商标事务所有限公司	广州市黄埔大道西100号富力盈泰广场A栋910	喻新学	020-38061202	020-38061201
11	44206	佛山市永裕信专利代理有限公司	佛山市汾江中路217号佛山市工商大厦第六层604室	朱永忠	0757-82281605	0757-82238752
12	44209	深圳市睿智专利事务所	深圳市南山区科技园科苑路6号科技大厦501A	陈鸿荫	0755-26614184	0755-26636489
13	44210	广州华创源专利事务所有限公司	广州市番禺区市桥盛泰路盛兴大街31号厂商会大厦十层103室	梁新杰	020-28655962	020-28655963
14	44211	中山市科创专利代理有限公司	中山市东区岐关西路55号朗晴假日园7幢2层1号	尹文涛	0760-88326997	0760-88330074
15	44214	广州红荔专利代理有限公司	广州市越秀区竹丝岗二马路37号617室	李彦孚	020-87695086	020-87626409
16	44215	东莞市华南专利商标事务所有限公司	东莞市南城区胜和路华凯大厦601	张 明	0769-22800788	0769-89032550
17	44216	广东世纪专利事务所	广州市天河区黄埔大道201号金泽大厦2109房	刘 卉	020-87502863	020-87567115
18	44217	深圳市顺天达专利商标代理有限公司	深圳市福田区深南大道7008号阳光高尔夫大厦8楼	蔡晓红	0755-82872707	0755-82873034
19	44218	深圳千纳专利代理有限公司	深圳市福田区深南中路新城大厦西座601-605	胡 坚	0755-25987001	0755-25986996
20	44219	汕头新星专利事务所	汕头市天山路绿园大厦17层C单元	林希南	0754-88167379	0754-86328655

（续上表）

序号	代码	机构名称	地址	负责人	电话	传真
21	44220	广州市一新专利商标事务所有限公司	广州市天河区天河北路892号7楼自编705单元	王德祥	020-38289945	020-38288563
22	44221	广东国欣律师事务所	深圳市红岭中路1010号国际信托大厦1、6楼	廖耀雄	0755-82117575	0755-25564216
23	44222	广州创颖专利事务所	广州市越秀区越华路22号二楼203室	刘晓雪	020-83311269	020-22003193
24	44223	深圳新创友知识产权代理有限公司	深圳市福田区上步南路东南园路北佳兆中心B713	江耀纯	0755-83671888	0755-83671968
25	44224	广州华进联合专利商标代理有限公司	广州市先烈中路69号东山广场918-920	胡　杰	020-87323188	020-87320273
26	44225	佛山市南海智维专利代理有限公司	佛山市南海区桂城南兴三路南海科学馆	梁国杰	0757-86224095	0757-81211785
27	44226	韶关市雷门专利事务所	韶关市新华北路科技中心大楼3楼	周胜明	0751-8611923	0751-8611923
28	44227	广州三辰专利事务所(普通合伙）	广州市越秀区中山三路11号越秀区工商联大厦11楼1102室	范钦正	020-83874231	020-83874231
29	44228	广州市南锋专利事务所有限公司	广州市先烈中路100号高技术中心实验楼2楼	刘　媖	020-87688686	020-87682576
30	44229	广州市深研专利事务所	广州市先烈中路100号黄花岗科贸街C栋305室	陈雅平	020-87685380	020-87688087
31	44230	汕头市潮睿专利事务有限公司	汕头市大华路8号之一	朱明华	0754-88985533	0754-88280803
32	44231	东莞市中正知识产权事务所	东莞市东城大道23号骏达商业中心901室	瞿友胜	0769-22366800	0769-22366878
33	44232	深圳市隆天联鼎知识产权代理有限公司	深圳市福田区南园路70号上田综合楼6楼C单元	刘　耿	0755-83752268	0755-82077567
34	44233	深圳市毅颖专利商标事务所	深圳市福田区八卦四路先科机电大厦534，536室	张艺影	0755-25844824	0755-25841694
35	44235	珠海市威派特专利事务所	珠海市香洲区凤凰路2088号珠都国际广场B座801室	张　润	0756-2237259	0756-2237258
36	44236	广州弘邦专利商标事务所有限公司	广州市天河区黄埔大道西路638号富力科讯大厦902室	张钇斌	020-37883640	020-37884462
37	44237	深圳中一专利商标事务所	深圳市福田区深南中路1014号深圳报春大厦四楼西面	张全文	0755-82094718	0755-82100908
38	44238	深圳汇智容达专利商标事务所（普通合伙）	深圳市福田区深南中路与广深高速公路交界东南金运世纪大厦04层04G	潘中毅	0755-23968600	0755-82290360
39	44239	广州中瀚专利商标事务所	广州市越秀区先烈中路100号大院23-1栋203室	黄　洋	020-87688195	020-37654678
40	44240	深圳市百瑞专利商标事务所	深圳市福田区竹子林益华综合楼A栋205	金　辉	0755-83581881	0755-83860058
41	44241	深圳市智科友专利商标事务所	深圳市罗湖区红岭中路2118号建设集团大厦A座9D	曲家彬	0755-25599215	0755-25572914
42	44242	深圳市精英专利事务所	深圳市福田区深南中路6009号绿景广场B栋20层B	李新林	0755-82073938	0755-82073295
43	44244	广州市天河庐阳专利事务所	广州市天河东路242号802之一室	胡济元	020-85260125	020-87531786

（续上表）

序号	代码	机构名称	地 址	负责人	电 话	传 真
44	44245	广州市华学知识产权代理有限公司	广州市天河区五山路381号华南理工大学物资大楼首层	李卫东	020-22237100	020-38744550
45	44246	深圳市兴力桥知识产权事务所	深圳市人民南路国商大厦东座401室	董洪波	0755-82175903	0755-82175766
46	44247	深圳市康弘知识产权代理有限公司	深圳市福田区彩田路5015号中银花园办公楼A栋6C1	胡朝阳	0755-83509309	0755-83509045
47	44248	深圳市科吉华烽知识产权事务所（普通合伙）	深圳市南山区深南西路深南花园裙楼A区402	胡吉科	0755-83900889	0755-83089268
48	44249	东莞市创益专利事务所	东莞市体育路二号鸿禧中心5楼B15	李卫平	0769-22806686	0769-22806676
49	44250	佛山市科顺专利事务所	佛山市顺德区大良国际商业城A区四座三楼108	梁红缨	0757-22619500	0757-22619501
50	44251	东莞市众达专利商标事务所（普通合伙）	东莞市莞城东城西路138号泰丰大厦701室	王 敏	0769-22337256	0769-22386465
51	44252	揭阳市博佳专利代理事务所	揭阳市东山区8号街东侧沿江路北侧立康花园E幢102号	黄镜芝	0663-8125608	0663-8125608
52	44253	广州致信伟盛知识产权代理有限公司	广州市东风东路767号东宝大厦1501-1502	郭晓桂	020-38210518	020-38210535
53	44254	广州中浚雄杰知识产权代理有限责任公司	广州市花都区新华街天贵路88号A座112房	周永强	020-36998272	020-36987762
54	44255	中山市汉通知识产权代理事务所	中山市石岐区岐关西路10号汇景台四层409	田子荣	0760-88803655	0760-88801595
55	44256	深圳市凯达知识产权事务所	深圳市南山区高新区南区方大大厦609房	王 琦	0755-83065409	0755-83922352
56	44257	深圳市汇力通专利商标代理有限公司	深圳市福田区振中路6号雍怡阁大厦（玮鹏花园4栋）13A	王锁林	0755-83989263	0755-83288438
57	44258	深圳市港湾知识产权代理有限公司	深圳市福田区深南中路1019号万德大厦1302—1303室	微 嘉	0755-25935228	0755-25935816
58	44259	广州凯东知识产权代理有限公司	广州市越秀区东风东路750号16楼1601—1606房	姚迎新	020-87663569	020-87656030
59	44260	深圳市兴科达知识产权代理有限公司	深圳市南山区科技园高新南一道008号创维大厦A座西602室022信箱	王 翀	0755-86116996	0755-83925316
60	44261	广州广信知识产权代理有限公司	广州市先烈中路100号大院58栋9楼915—917室	张文雄	020-87682813	020-87680381
61	44262	珠海智专专利商标代理有限公司	珠海市南屏坪岚路南屏企业大厦第六层	段淑华	0756-8813895	0756-8813896
62	44263	广东星辰律师事务所	深圳市深南大道田面村城市大厦24层	郭星亚	0755-82813366	0755-82816855
63	44264	佛山市粤顺知识产权代理事务所	佛山市顺德区大良国际商业城A区四座三楼411号	唐强熙	0757-22616777	0757-22615389
64	44265	深圳市德力知识产权代理事务所	深圳市福田区深南中路新闻大厦1号楼3楼307室	林才桂	0755-82090292	0755-82092120

（续上表）

序号	代码	机构名称	地　址	负责人	电　话	传　真
65	44266	广东国晖律师事务所	深圳市福田区莲花支路1001号公交大厦主楼3层	孙智峰	0755-83033000	0755-83033022
66	44267	深圳冠华专利事务所	深圳市福田区滨河大道与一田路交界东南皇都广场1号楼3304	诸兰芬	0755-83037378	0755-83037018
67	44268	深圳市君胜知识产权代理事务所	深圳市南山区麒麟路1号南山科技创业服务中心308,309	王永文	0755-26406581	0755-26406587
68	44269	深圳市维邦知识产权事务所	深圳市南山区科苑路6号科技园工业大厦东706室	黄　莉	0755-83635730	0755-83655056
69	44270	深圳市启明专利代理事务所	深圳市福田区深南中路北方大厦1119号	张信宽	0755-83279101	0755-83278318
70	44271	深圳市惠邦知识产权代理事务所	深圳市南山区科发路8号金融服务技术创新基地1栋5C01	满　群	0755-26506289	0755-26584255-802
71	44272	东莞市冠诚知识产权代理有限公司	东莞市东城区御景大厦2001号	杨正坤	0769-22505815	0769-22505895
72	44273	深圳市嘉宏博知识产权代理事务所	深圳市福田区红荔西路鹏基上步工业厂房302栋第二楼东201	杨　敏	0755-83255585	0755-83256786
73	44274	深圳市中联专利代理有限公司	深圳市罗湖区东门南路办公楼1栋（食出大厦）605房	李　俊	0755-82228908	0755-82250395
74	44275	深圳市博锐专利事务所	深圳市福田区上步中路1043号深勘大厦11E（1111-1112）	张　明	0755-82078127	0755-82078121
75	44276	深圳市远航专利商标事务所（普通合伙）	深圳市福田区福田路深圳国际文化大厦1019	褚治保	0755-82897199	0755-83981901
76	44277	广东中亿律师事务所	中山市孙文东路639号	罗春宝	0760-88223838	0760-88223188
77	44279	深圳市万商天勤知识产权事务所（普通合伙）	深圳市福田区深南大道4013号兴业银行大厦2107—C	王志明	0755-83024062	0755-83026990
78	44280	深圳市威世博知识产权代理事务所	深圳市南山区高新区南区粤兴三道8号中国地质大学产学研基地中地大楼A806	何青瓦	0755-82839168	0755-25335968
79	44281	深圳鼎合诚知识产权代理有限公司	深圳市福田区金田路与福华路交汇处现代商务大厦2201	彭家恩	0755-33335533	0755-33335558
80	44282	珠海市英华知识产权代理事务所（普通合伙）	珠海市吉大九洲大道东1023号怡海楼1102室	王　军	0756-3370193	0756-3370903
81	44283	佛山市中迪知识产权代理事务所（普通合伙）	佛山市顺德区大良连新路22街1号地下B室	薛家驹	0757-22276980	0757-22276980
82	44284	东莞市科安知识产权代理事务所	东莞市旗峰路国泰大厦6层B01房	周后俊	0769-22369373	0769-22369203
83	44285	深圳市深佳知识产权代理事务所（普通合伙）	深圳市国贸大厦15楼西座1521室	李文红	0755-89530474	0755-82211322

（续上表）

序号	代码	机构名称	地址	负责人	电话	传真
84	44286	中山市铭洋专利商标事务所（普通合伙）	中山市火炬开发区孙文东路濠头科益大厦四楼A区	邹常友	0760-88283758	0760-88387438
85	44287	深圳市世纪恒程知识产权代理事务所	深圳市南山区南山大道3838号设计产业园金栋二层210—212（原南头城工业村11栋）	胡海国	0755-86218128	0755-26470166
86	44288	广州市越秀区哲力专利商标事务所（普通合伙）	广州市越秀区东风中路300号之一东侧602房	李　悦	020-83646322	020-83646388
87	44289	深圳市中原力和专利商标事务所（普通合伙）	深圳市福田区八卦四路中浩大厦23层2321房	王英鸿	0755-82266719	0755-82266719
88	44290	深圳市钧含知识产权代理有限公司	深圳市福田区新闻路1号中电信息大厦西座610室	符立新	0755-82947277	0755-82948234
89	44291	广东秉德律师事务所	珠海市吉大路63号新怡发商贸大厦一、七楼	闵晓军	0756-3222483	0756-3222732
90	44293	佛山市名诚专利商标事务所（普通合伙）	佛山市顺德区大良街道办事处金榜居委会凤山西路21号四楼之二	卢志文	0757-22385005	0757-22385009
91	44294	广州天河互易知识产权代理事务所（普通合伙）	广州市天河区体育西路107号B座三楼A室	鲍子玉	020-22081000	020-22087610
92	44295	广州市越秀区海心联合专利代理事务所（普通合伙）	广州市连新路171号大院内自编4号楼308室	马丽丽	020-83560816	020-83516553
93	44296	深圳市国科知识产权代理事务所（普通合伙）	深圳市福田区深南中路3007号国际科技大厦2101	陈永辉	0755-83789455	0755-83789448
94	44297	深圳市金笔知识产权代理事务所（特殊普通合伙）	深圳市罗湖区笋岗东路2121号华凯大厦1405	胡清方	0755-25936787	0755-25936787-808
95	44298	广东广和律师事务所	深圳市福田区福虹路世贸广场A座20层	童　新	0755-89802529	0755-83679694
96	44299	广州天河恒华智信专利代理事务所（普通合伙）	广州市天河北路689号1307自编02号	区长钊	020-38351581	020-38351585
97	44300	深圳翼盛智成知识产权事务所（普通合伙）	深圳市福田区天安数码时代大厦主楼1409	欧阳启明	0755-82879626	0755-86621781
98	44301	汕头市南粤专利商标事务所（特殊普通合伙）	汕头市碧霞庄北区1幢汇泉大厦601之7	余建国	0754-86731088	0754-86731089

（续上表）

序号	代码	机构名称	地址	负责人	电话	传真
99	44302	广州圣理华知识产权代理有限公司	广州市越秀区先烈中路100号大院8号楼305房	顿海舟	020-37636018	020-37636018-818
100	44303	深圳市盈方知识产权事务所（普通合伙）	深圳市福田区福虹路9号世贸广场C座705室	朱晓江	0755-82979900	0755-82976600
101	44304	深圳市铭粤知识产权代理有限公司	深圳市南山区登良路21号南油第二工业区206栋6层611室（恒裕中心B座）	杨　林	0755-86599991	0755-86599995
102	44305	广东卓建律师事务所	深圳市福田区深南中路东风大厦21楼	张　斌	0755-33029968	0755-33002996
103	44306	深圳市携众至远知识产权代理事务所（普通合伙）	深圳市福田区深南大道2001号嘉麟豪庭A座2301室	成义生	0755-86508030	0755-86508265
104	44307	佛山东平知识产权事务所（普通合伙）	佛山市禅城区岭南大道北123号慧港国际一座1508室	詹仲国	0757-83394427	0757-83394376
105	44308	东莞市展智知识产权代理事务所（普通合伙）	东莞松山湖高新技术产业开发区松科苑9号楼215室	冯卫东	0769-33211185	0769-27226785
106	44309	深圳市合道英联专利事务所（普通合伙）	深圳市福田区竹子林紫竹四路道桥管理处综合楼1—3楼（市道桥管理处大楼二楼213）	廉红果	0755-88300116	0755-88300116
107	44310	广东赋权律师事务所	深圳市福田区泰然大道东路泰然劲松大厦9C	张　松	0755-22214568	0755-82682466
108	44311	深圳市鼎言知识产权代理有限公司	深圳市宝安区龙华街道梅龙路与东环一路交汇处梅龙苑2楼209	哈　达	0755-23156686	0755-27740164
109	44312	深圳市恒申知识产权事务所（普通合伙）	深圳市福田区南园路68号上步大厦6楼I单元	陈　健	0755-83468251	0755-82910622
110	44313	深圳力拓知识产权代理有限公司	深圳市南山区深南大道10128#南山软件园东塔1701	龚　健	0755-82209322	0755-82228011
111	44314	深圳市瑞方达知识产权事务所（普通合伙）	深圳市南山区科兴路11号深南花园裙楼B区2层208室	张秋红	0755-61372510	0755-61372511
112	44315	深圳市君盈知识产权事务所（普通合伙）	深圳市福田区华强北路圣廷苑B座1705室	陈　琳	0755-25323213	0755-25323213
113	44316	深圳市科进知识产权代理事务所（普通合伙）	深圳市南山区工业六路创业壹号大楼D栋210B	沈祖锋	0755-86350111-804	0755-86350180

广东省专利代理分支机构名录

序号	代码	机构名称	分支机构	负责人	地 址	电 话	传 真
1	44001	广州科粤专利商标代理有限公司	云浮办事处	黄培智	云浮市育华区市科技馆一楼	0766-8806636	0766-8921262
2			佛山办事处	莫瑶江	佛山市南海桂城南桂东路38号房地产发展大厦主楼6楼24号	0757-86323236	0757-86237605
3			深圳办事处	刘明星	深圳市南山区丽百旺大厦A栋3楼303房	0755-86157540	0755-86157540
4	44100	广州新诺专利商标事务所有限公司	江门新会办事处	黎伟虹	江门市新会区会城圭峰路科学馆内	0750-6196750	0750-6186768
5			湛江办事处	胡 武	湛江市赤坎区海田装饰材料市场灯饰行15-18号3楼	0759-3164202	0759-3164202
6			江门台山办事处	关静芬	台山市石花路科学馆	0750-5504184	0750-3161915
7			珠海分公司	李国钊	珠海市吉大九洲大道中1082号中电大厦3楼	0756-8885912	0756-8885919
8			江门分公司	华 辉	江门市港口一路13号之二29楼H单元（中远大厦远景阁）	0750-3161915	0750-3161915
9			佛山分公司	罗毅萍	佛山市顺德区大良街道办事处开平居委会东宏路昌裕花园美居阁二层铺之二	0757-23808575	0757-22913991
10			阳江分公司	曹爱红	阳江市江城区东门路东安小区11号	0662-3661772	0662-3503380
11			广州科学城办事处	罗庆西	广州市萝岗区科学城科汇发展中心（自编J-1栋）715房	020-83564153	020-83631275
12			韶关分公司	许英伟	韶关市新华北路32号科技局办公楼首层101号房	0751-8762001	0751-8762001
13	44102	广州粤高专利商标代理有限公司	惠州分公司	苏共练	惠州市江北云山西路十二号德赛大厦18楼1806室	0752-2818976	0752-2833631
14			阳江分公司	陈 卫	阳江市江城区安宁路富华小区A7号6楼	0662-3287575	0662-3222023
15			东莞分公司	罗晓林	东莞市南城区胜和路胜和广场B栋14A	0769-22993790	0769-22993799
16			中山分公司	林新中	中山市东区兴龙街27号地下	0760-88363611	0760-88363612
17			江门分公司	禹小明	江门市港口路72号江门市科技创业中心大楼10楼1006室	0750-3861201	0750-3861201
18			清远分公司	邱奕才	清远市新城东18号区科技生活服务区二层	0763-3361715	0763-3361715
19			汕头分公司	张伟杰	汕头市龙湖区长平路123号朝阳庄广海大厦801室之二	0754-83226000	0754-86320137
20			潮州分公司	张爱武	潮州市潮州大道中物花园二幢303号	0768-3299664	0768-2268685
21			湛江分公司	林伟斌	湛江市霞山区人民大道南53号国贸大厦B座3幢14层B01房	0759-2360690	0759-2678729
22	44103	汕头市高科专利事务所	汕头澄海办事处	黄河长	汕头市澄海区文冠路金冠园三幢B梯204单元	0754-88632248	0754-88608236
23	44104	广州知友专利商标代理有限公司	顺德办事处	刘小敏	佛山市顺德区北滘镇三乐路北1号	020-87684470	020-87687207
24			深圳办事处	宣国华	深圳市南山区南海大道海王大厦写字楼12F2	020-87685310	020-87687207

（续上表）

序号	代码	机构名称	分支机构	负责人	地址	电话	传真
25	44202	广州三环专利代理有限公司	中山分公司	温乾	中山市南头镇华辉花园环安三路二号	0760-23118002	0760-23118002
26			东莞分公司	张艳美	东莞市南城区鸿福路108号中盛商务大厦705-708	0769-22458956	0769-22496842
27			顺德分公司	何兆华	佛山市顺德区大良新宁路76号弘升大楼507室	0757-22269440	0757-22259770
28			深圳分公司	熊永强	深圳市福田区车公庙天安创新科技广场B1607-A	0755-82734660	0755-82734662
29			珠海分公司	温镜满	珠海市香洲区人民东路313号1栋901-902室	0756-2316632	0756-2316630
30			汕头分公司	温旭	汕头市高新区科技东路亨泽大厦15楼1508	0754-88272584	0754-88980990
31			佛山分公司	颜希文	佛山市禅城区华宝南路13号佛山国家火炬创新创业园B2-3	0757-82500236	0757-82500236
32			增城分公司	王会龙	增城市荔城接华丰西路6号104	020-82441689	020-82441689
33			江门办事处	杨磊	江门市金瓯路288号高新技术开发区管委会2楼	0750-3866190	0750-3866190
34			潮州办事处	朱信贵	潮州市潮州大道南段海逸花园B幢4楼405室	0768-2393145	0768-2393146
35			梅州办事处	韦廷建	梅州市法政路7号301室	0753-2250937	0753-2253790
36			惠州分公司	刘孟斌	惠州市江北16号小区双子星国际商务大厦B座1009号之一	0752-2222039	0752-2222026
37	44205	广州嘉权专利商标事务所有限公司	中山分公司	张海文	中山市中山二路32号志荣大厦后座203-205室	0760-88809855	0760-88924555
38			佛山分公司	谭英强	佛山市汾江中路121号东建大厦11层H号	0757-82135920	0757-82135910
39			佛山顺德分公司	张萍	佛山市顺德大良凤翔路创意产业园A105	0757-22213626	0757-22210236
40			江门分公司	冯剑明	江门市港口路183号新隆基大厦301	0750-3124468	0750-3101083
41			珠海分公司	谭志强	珠海市水湾头红塔大厦第7楼703室	0756-3339000	0756-3332444
42			深圳分公司	唐致明	深圳市南山区高新北区朗山路7号航空电子工程研发大厦8楼803	0755-86587393	0755-86587392
43	44211	中山市科创专利代理有限公司	小榄分公司	丁湘俊	中山市小榄镇民安北路28号	0760-22269859	0760-22282024
44	44214	广州红荔专利代理有限公司	珠海分公司	王贤义	珠海市香洲人民东路125号工商大厦1512房	0756-2620838	0756-2620899
45			广州东山分公司	黄大宇	广州市越秀区德政北路401-409号801房	020-83379501	020-83636966
46			东莞分公司	吴世民	东莞市东城区鳌峙塘连塘9号A07	0769-22302599	0769-22300598
47			河源分公司	余志军	河源市文明路43-1（科技局二楼）	0762-3116760	0762-3116760
48	44215	东莞市华南专利商标事务所有限公司	广州分公司	张明	广州市越秀区先烈中路83号802、803房	020-87685843	020-87685847

（续上表）

序号	代码	机构名称	分支机构	负责人	地 址	电 话	传 真
49	44218	深圳市千纳专利代理有限公司	东莞分公司	程修华	东莞市南城区鸿福簪花路华凯活力中心902	0769-21680518	0769-22000462
50	44218	深圳市千纳专利代理有限公司	梅州分公司	李开盛	梅州市梅县新城办事处广梅路顺风客运站侧二楼	0753-2510300	0753-2510300
51	44218	深圳市千纳专利代理有限公司	惠州分公司	张国良	惠州市惠城区东平东坡路11号天烽新地1单元704	0752-2885005	0752-2157309
52	44219	汕头新星专利事务所	汕头澄海办事处	许映扬	汕头市澄海区文祠东路34号	0754-85732817	0754-86328655
53	44220	广州市一新专利商标事务所有限公司	东莞分公司	王德祥	东莞市莞城区旗峰路159号东远大厦4楼407	0769-23395029	0769-23395092
54	44220	广州市一新专利商标事务所有限公司	深圳分公司	胡 杰	深圳市南山区高新区南区粤兴三道8号中国地质大学产学研基地中地大楼A803	0755-33012323	0755-33012322
55	44220	广州市一新专利商标事务所有限公司	珠海分公司	王 昕	珠海市拱北迎宾南路2188号名门大厦第三层之305号	0756-3895351	0756-3837667
56	44220	广州市一新专利商标事务所有限公司	东莞分公司	谭一兵	东莞市南城区胜和路3号胜和广场C座12楼F单元	0769-22220357	0769-22225317
57	44220	广州市一新专利商标事务所有限公司	中山分公司	谢 伟	中山市西区彩虹桥侧名成大楼435室	0760-88662878	0760-88662718
58	44220	广州市一新专利商标事务所有限公司	顺德分公司	何 冲	佛山市顺德区大良街道办事处府又居委会新桂路明日广场2楼313	020-87323188	020-87320273
59	44220	广州市一新专利商标事务所有限公司	惠州分公司	何 平	惠州市江北18号中信城市时代A单元904号	0752-2169621	0752-2169621
60	44228	广州市南锋专利事务所有限公司	东莞分公司	罗晓聪	东莞市南城区鸿福路鸿福广场A座1703	0769-22824580	0769-22824580
61	44228	广州市南锋专利事务所有限公司	东莞办事处	李永庆	东莞市南城区新城元美东路东侧东莞市商业中心A2320号	0769-23024178	0769-23024178
62	44228	广州市南锋专利事务所有限公司	肇庆办事处	梁哲文	肇庆市莲湖中路2号陶然居21卡（即湖滨派出所对面）	0758-2820823	0758-2906926
63	44228	广州市南锋专利事务所有限公司	湛江办事处	袁周珠	湛江市赤坎区军民路19号（荣基大厦）723房	0759-3289879	0759-3133855
64	44228	广州市南锋专利事务所有限公司	河源办事处	何海帆	河源市新市旺源路润宏居A栋A3-401	0762-3100361	0762-3100088
65	44228	广州市南锋专利事务所有限公司	潮州办事处	梁立全	潮州市枫春路中段潮州日报社办公楼12层西	0768-2355511	0768-2355511
66	44228	广州市南锋专利事务所有限公司	清远办事处	刘广生	清远市清城区B38#洲心工业园清远铜交易中心三楼	0763-3509740	0763-3509741
67	44230	汕头市潮睿专利事务有限公司	潮南区办事处	丁德轩	汕头市潮南区广汕公路峡山路段广新商住楼9号铺面	0754-87782992	0754-87782992
68	44231	东莞市中正知识产权事务所	佛山分所	成 伟	佛山市顺德区大良国际商业城B区3座103室	0757-22661119	0757-22661112
69	44231	东莞市中正知识产权事务所	中山分所	侯来旺	中山市古镇镇新兴中路88号邮电大楼七楼	0760-22323635	0760-22320995
70	44231	东莞市中正知识产权事务所	惠州分所	张汉青	惠州市麦兴路13号博美堂大厦三楼302单元	0752-2275834	0752-2275235

（续上表）

序号	代码	机构名称	分支机构	负责人	地址	电话	传真
71	44245	广州市华学知识产权代理有限公司	中山分公司	杨晓松	中山市石岐区莲塘东路8号422房	0760-88868163	0760-88331801
72			东莞分公司	李盛洪	东莞市莞城区南城路1号南城大厦1104室	0769-22320685	0769-86220326
73			南海分公司	梁莹	佛山市南海区桂城海辉路2号广一大厦10层1001	0757-86131499	020-38744550
74			萝岗分公司	黄磊	广州市高新技术产业开发区科学城科学大道111号科学城信息大厦主楼第10层1001—7单元	020-62800736	020-38744550
75			增城分公司	盛佩珍	增城市新塘镇广深公路北侧庵前巷32幢703房	020-22237111	020-38744550
76			惠州分公司	李卫东	惠州市惠台工业园区54号小区（厂房）（308-A）号房	0752-2622020	020-38744550
77			番禺分公司	陈燕娴	广州市番禺区市桥大北路150号华兴商贸大厦1510号	020-87113553	020-38744550
78	44248	深圳市科吉华烽知识产权事务所	东莞分所	鲁慧波	东莞市莞城区东城南路东升大厦1011室	0769-23360190	0769-23360190
79			广州分所	孙伟	广州市天河区华强路2号409房	020-38678810	020-38678267
80	44253	广州致信伟盛知识产权代理有限公司	东莞分公司	伍嘉陵	东莞市莞城区运河东二路20号二楼B室	0769-22119785	0769-22214155
81	44265	深圳市德力知识产权代理事务所	东莞分所	林才桂	东莞市南城区鸿福路200号第一国际财富中心D座1710A	0769-22036230	0769-22036230
82	44271	深圳市惠邦知识产权代理事务所	东莞分所	满群	东莞市南城区体育路2号鸿禧中心B117单元	0755-26506289-802	0755-26506289-802
83	11006	北京市律诚同业知识产权代理有限公司	深圳办事处	黄韧敏	深圳市福田区深南中路2008号华联大厦1411-1413室	0755-83667462	0755-83668754
84	11002	北京路浩知识产权代理有限公司	广州分公司	谢顺星	广州市天河区天河北路908号高科大厦B座3008室	010-62196988	010-62198011
85			东莞办事处	王鹏飞	东莞市东城区东城中路南73号铺之二	0769-22318516	0769-22318516
86	35203	厦门市新华专利商标代理有限公司	东莞分公司	朱凌	东莞市东城西路181号金澳大厦6座302室	0769-22495526	0769-22504005
87			广州分公司	李宁	广州市越秀区先烈中路92号大院8号8238房	020-37617125	020-37617125
88	11246	北京众合诚成知识产权代理有限公司	东莞办事处	连平	东莞市南城区元美路华凯广场A1716	0769-23186866	0769-23182369
89	11221	北京捷诚信通专利事务所	深圳办事处	杨竹清	深圳市福田区彩田南路海天大厦1928室	0755-83461499	0755-83460428

（续上表）

序号	代码	机构名称	分支机构	负责人	地 址	电 话	传 真
90	11290	北京信慧永光知识产权代理有限责任公司	佛山办事处	艾持平	佛山市禅城区惠景三街40号502房	0757–82328308	0757–83120342
91			东莞分公司	武玉琴	东莞市松山湖科技产业园区科苑6号楼四楼403A，403B室	0769–22890318	0769–22361353
92	11212	北京轻创知识产权代理有限公司	东莞分公司	吴英彬	东莞市南城区第一国际百安居A幢508	0769–23023265	0769–23182100
93	11285	北京北翔知识产权代理有限公司	深圳分公司	唐铁军	深圳市宝安区新安办创业西路富源商贸大厦1栋D座604室	0755–29075489	0755–61624078
94	12201	天津市北洋有限责任专利代理事务所	东莞分所	曹玉平	东莞市南城区鸿福西路南城商务大厦1210室	0769–23020555	0769–23020555
95	11227	北京集佳知识产权代理有限公司	广州分公司	陈剑华	广州市天河路351号广东外经贸大厦21楼2109室	020–38816190	020–38806446
96			东莞分公司	张 浩	东莞市南城区元美东路东侧商业中心F座1508号	0769–22020278	0769–22020248
97	11279	北京中誉威圣知识产权代理有限公司	东莞分公司	丛 芳	东莞市东城区岗贝雍华庭都市E站902号房	0769–22309696	0769–28200800
98	11234	中国商标专利事务所有限公司	东莞办事处	张少君	东莞市东城区育兴路84号	0769–22609984	0769–22295542
99	11335	北京汇信合知识产权代理有限公司	东莞分公司	孙宝利	东莞市莞城区东纵路2号地王广场24层2A	0769–22482526	0769–22087052
100	11330	北京市立方（广州）律师事务所	广州分所	刘延喜	广州市天河区体育西路189号城建大厦9B室	020–85561566	020–87583005
101	11332	北京品源专利代理有限公司	东莞办事处	刘宗杰	东莞市南城区鸿福路76号南城商务大厦办公楼707室	0769–23033956	0769–23033595
102			深圳办事处	赵红霞	深圳市福田区彩田路彩福大厦D座嘉福阁7G	0755–61547960	0755–61547961
103	11277	北京林达刘知识产权代理事务所（普通合伙）	广州分所	杨海涛	广州市先烈中路100号大院58号楼704室	020–62321018	020–62321068–812
104	11012	北京邦信阳专利商标代理有限公司	广州分公司	王昭林	广州市天河区林和西路9号耀中广场A座1302室	020–38010909	020–38010223
105	11350	北京科亿知识产权代理事务所（普通合伙）	东莞分所	宋 华	东莞市莞城八达路电子大厦901室	0769–89810940	0769–89810908

（续上表）

序号	代码	机构名称	分支机构	负责人	地址	电话	传真
106	11282	北京中海智圣知识产权代理有限公司	东莞办事处	白凤武	东莞市南城区莞太路鸿福路段63号鸿福广场A座1802C号	0769-22024556	0769-22024559
107	11340	北京天奇智新知识产权代理有限公司	深圳分公司	杨晖琼	深圳市福田区彩田南路中深花园A座2911室D01	0755-83475145	0755-83475145
108	11111	北京万慧达知识产权代理有限公司	广州办事处	杨　颖	广州市天河区林和西路3-15号耀中广场3901-03单元	020-81362728	020-81364186
109	11369	北京远大卓悦知识产权代理事务所（普通合伙）	江门办事处	张　清	江门市蓬江区港口路中远大厦17楼E座	0750-3963376	0750-3963376

主题索引

ZHU TI SUO YIN

主题索引

说　明

一、本索引采用主题分析方法，款目按汉语拼音字母（同音字按声调）顺序排列。

二、本索引一般摘录各篇的节题、目及小目作索引条目。

三、索引款目后的数字表示内容所在的页码，数字后的拉丁字母（a、b）表示栏别（即版面的1、2栏）。

四、同一主题的内容在文中多处出现的，在其款目后用不同的页码标明。

五、本索引对《知识产权大事记》和《附录》等篇不作内容主题分析。

A

B

C

D

H

T

W

X

Y

Z